THE BOYS
ES WIRD BLUTIG

STORY
GARTH ENNIS

ZEICHNUNGEN
DARICK ROBERTSON
JOHN B. HIGGINS

TUSCHE
DARICK ROBERTSON
JOHN B. HIGGINS

FARBEN
TONY AVIÑA

ÜBERSETZUNG
BERND KRONSBEIN

LETTERING
GIORGIO BARONI
STUDIO RAM

THE BOYS wurde erdacht von **GARTH ENNIS** und **DARICK ROBERTSON**

INHALT

THE BOYS erscheint bei **PANINI COMICS**, Schloßstraße 76, D-70176 Stuttgart. Druck: LEGO PRINT S.p.A. Pressevertrieb: Stella Distribution GmbH, D-22297 Hamburg. Direkt-Abos auf **www.paninicomics.de**. Geschäftsführer **Hermann Paul**, Publishing Director Europe **Marco M. Lupoi**, Finanzen/Logistik **Felix Bauer**, Marketing Director **Holger Wiest**, Marketing **Dr. Rebecca Haar**, Vertrieb **Alexander Bubenheimer**, PR/Presse **Steffen Volkmer**, Publishing Manager **Lisa Pancaldi**, Redaktion **Marlene Eggertsberger**, **Stephanie Jakob**, **Antonio Solinas**, **Nicola Soressi**, **Daniela Uhlmann**, Übersetzung **Bernd Kronsbein**, Proofreading **Marlene Eggertsberger**, Lettering **Giorgio Baroni, Studio RAM**, grafische Gestaltung **Marco Paroli** (coordinator), **Cinzia Morando**, Art Director **Alessandro Gucciardo**, Prepress **Cristina Bedini**, **Daniela Guidetti**, **Andrea Lusoli**, Repro/Packager **Alessandro Nalli** (coordinator), **Anna Boselli**, **Mario Da Rin Zanco**, **Valentina Esposito**, **Luca Ficarelli**, **Linda Leporati**. Published under license from Dynamite Entertainment. Originally published in single magazine form as The Boys #15-30.

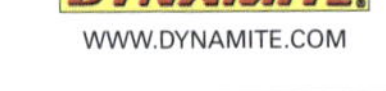

WWW.DYNAMITE.COM

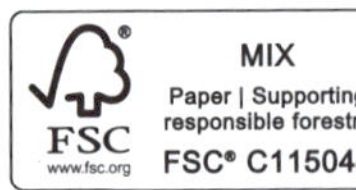

Bibliografische Information der Deutschen Nationalbibliothek
Die Deutsche Nationalbibliothek verzeichnet diese Publikation in der Deutschen Nationalbibliografie; detaillierte bibliografische Daten sind im Internet über dnb.d-nb.de abrufbar.

WAS BISHER GESCHAH ...

Billy Butcher, ein mysteriöser Engländer mit Spionagevergangenheit, hat eine offene Rechnung mit Superhelden zu begleichen. Er ist fest entschlossen, sie für ihre Taten bezahlen zu lassen, wobei ihm seine (sehr intime) Beziehung zur CIA-Direktorin **Susan L. Raynor** hilft, wieder in die Reihen des Geheimdienstes aufgenommen zu werden. Er hat die Aufgabe, ein neues Team zu bilden und die **Boys**, eine ausgewählte Gruppe von „Agenten" mit ganz besonderen Talenten, wieder in Gang zu bringen. Im Moment sind Superhelden die gefährlichste potenzielle Bedrohung für den Planeten und durch das Auftauchen vieler neuer Supies wird das Problem nur noch verschärft. Da Butcher mit dieser Sorge nicht allein ist, soll sich sein Team darum kümmern, die Superhelden im Auge zu behalten und Informationen über sie zu sammeln, sie zu erpressen oder im Extremfall auszuschalten, wenn sie aus der Reihe tanzen.

Butcher, ein Mann mit oft fragwürdigen Methoden, ruft seine alten Teamkollegen **Mother's Milk**, den **Frenchman** und das **Weibchen** zurück in den Dienst, aber er braucht Verstärkung. Hier kommt **Hughie** ins Spiel, ein junger Mann aus Schottland, der seine Freundin durch die rücksichtslosen Aktionen eines Superhelden verloren hat. Hughie, der keine finanzielle Entschädigung für den Tod seiner Geliebten fordern wollte, wird von Billy rekrutiert und in die USA gebracht.

In der Zwischenzeit hat auch die Gruppe der mächtigsten Superhelden der Welt – die **Seven**, die den populärsten, aber auch korruptesten Aspekt des Superheldenwesens verkörpern – ein neues Mitglied rekrutiert: **Starlight**. **Homelander**, der Anführer der Seven und eines der beliebtesten Superwesen der Welt, ist ein machthungriger und verdorbener Irrer, der keine Skrupel hat, Starlight zu bedrängen. Zunächst wird sie zu einer erniedrigenden Sex-Session mit einigen Mitgliedern der Seven gezwungen, und danach bei einem Treffen der gesamten Gruppe bloßgestellt.

In der Zwischenzeit nehmen die Boys die **Teenage Kix** ins Visier, eine unkonventionelle Gruppe junger Superhelden mit einer rücksichtslosen Punk-Attitüde. Die Teenage Kix werden während einer ausschweifenden Drogenorgie ausspioniert und als sie durch Erpressung gezwungen werden, die Homosexualität eines Teammitglieds zu enthüllen, erkennt Homelander, dass Butcher hinter der Aktion steckt. Die Boys sind zurück auf der Bildfläche … und der Kampf hat gerade erst begonnen!

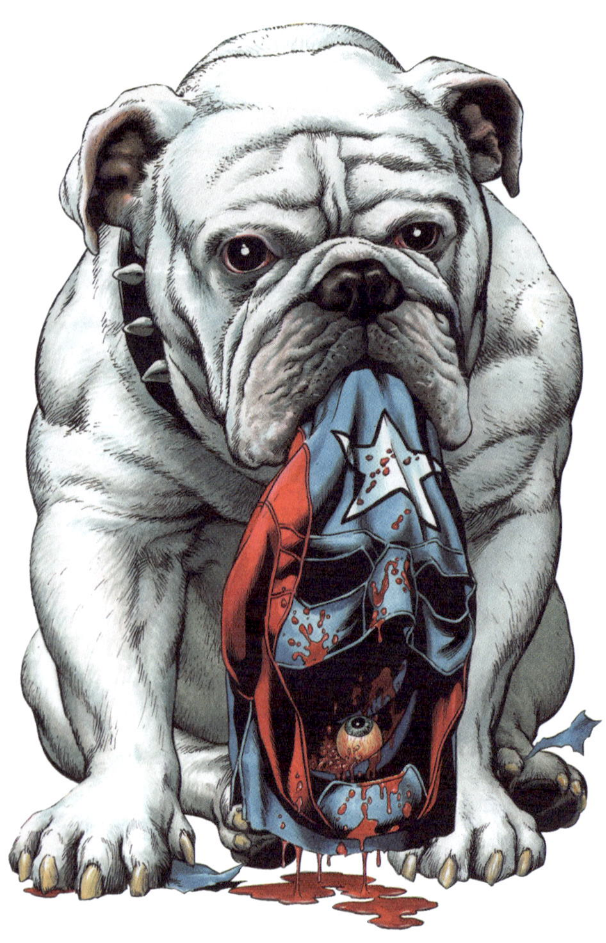

STREICHELEINHEITEN, TEIL 1

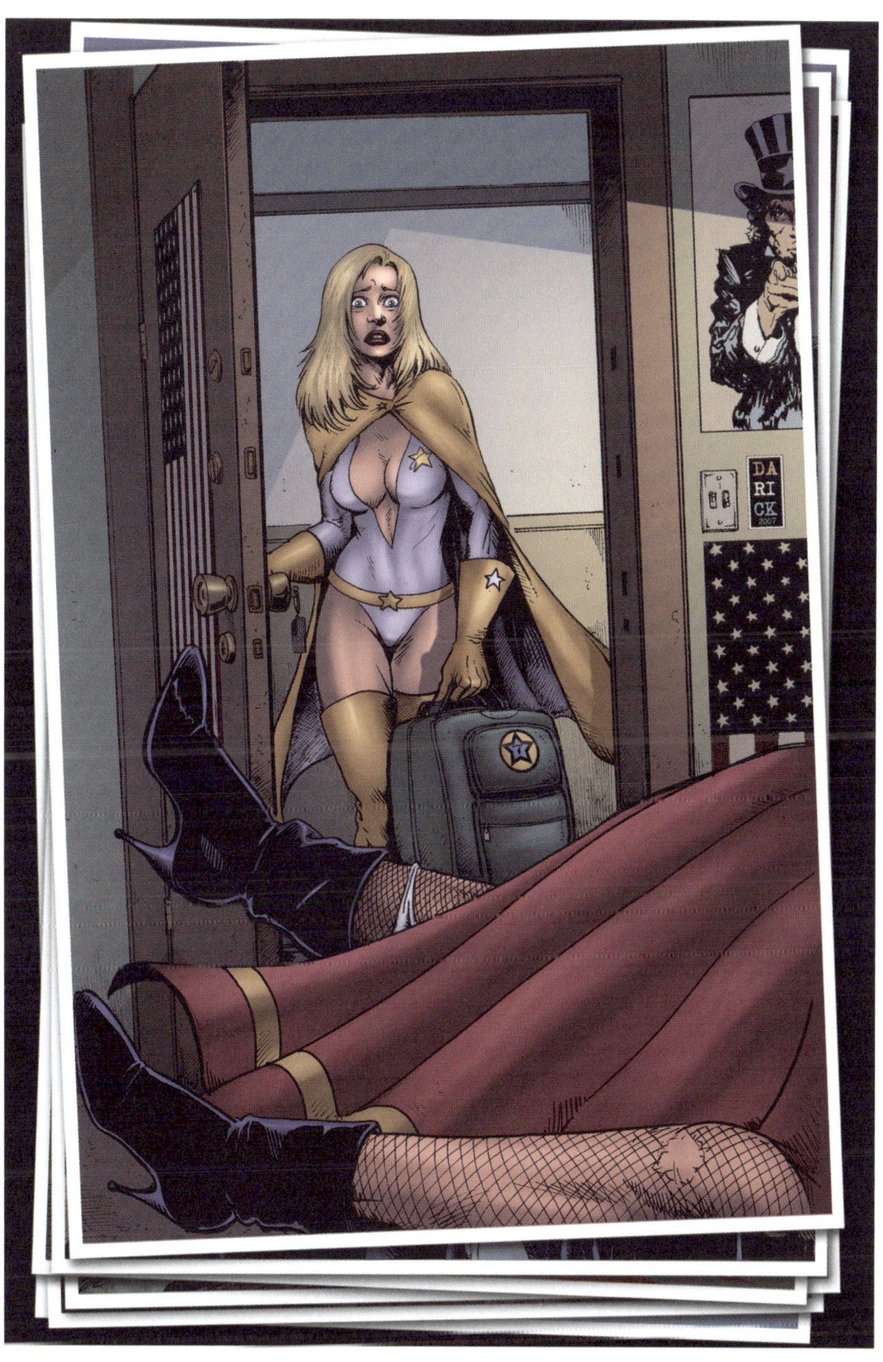

The Boys (2006) 15
Cover von **DARICK ROBERTSON**

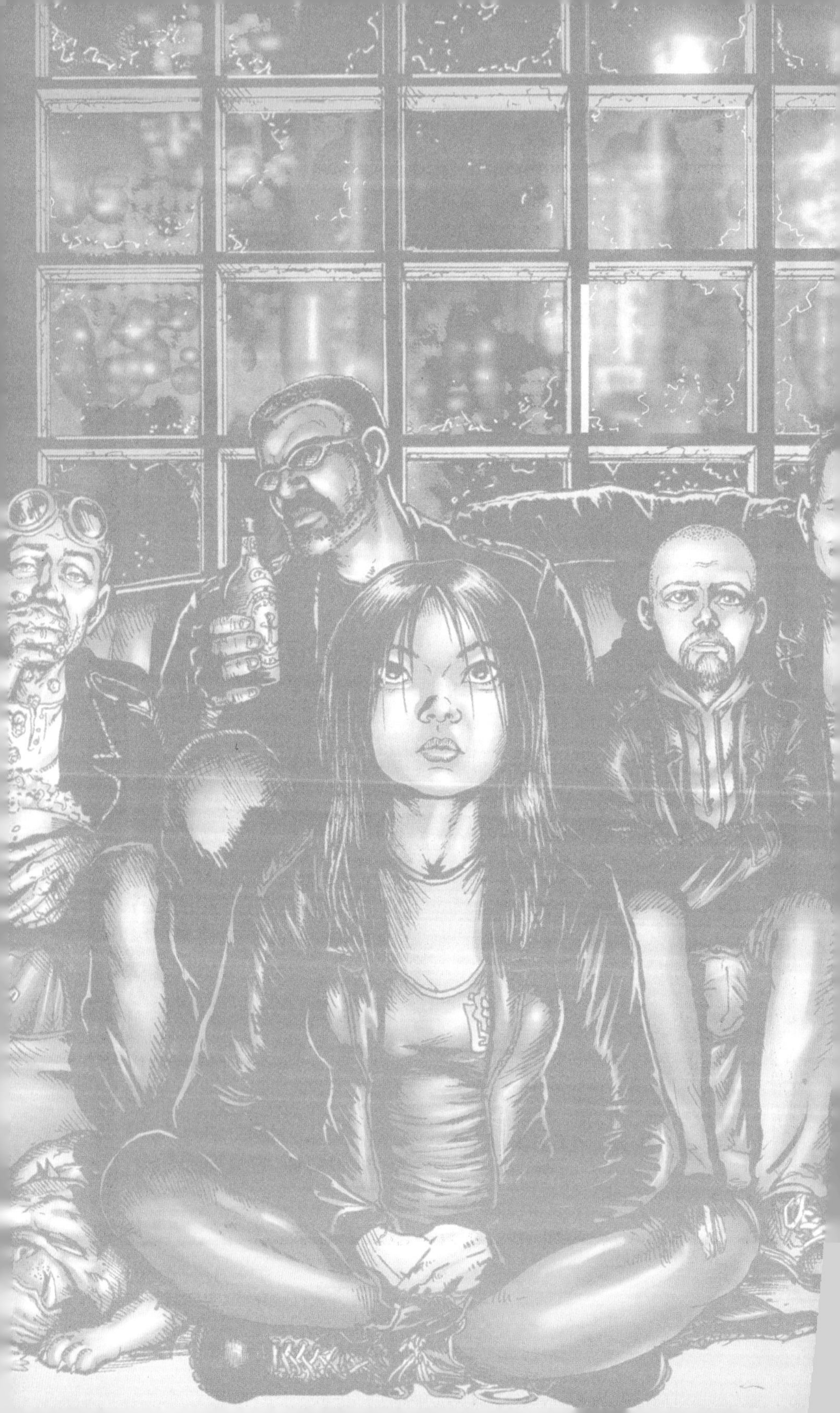

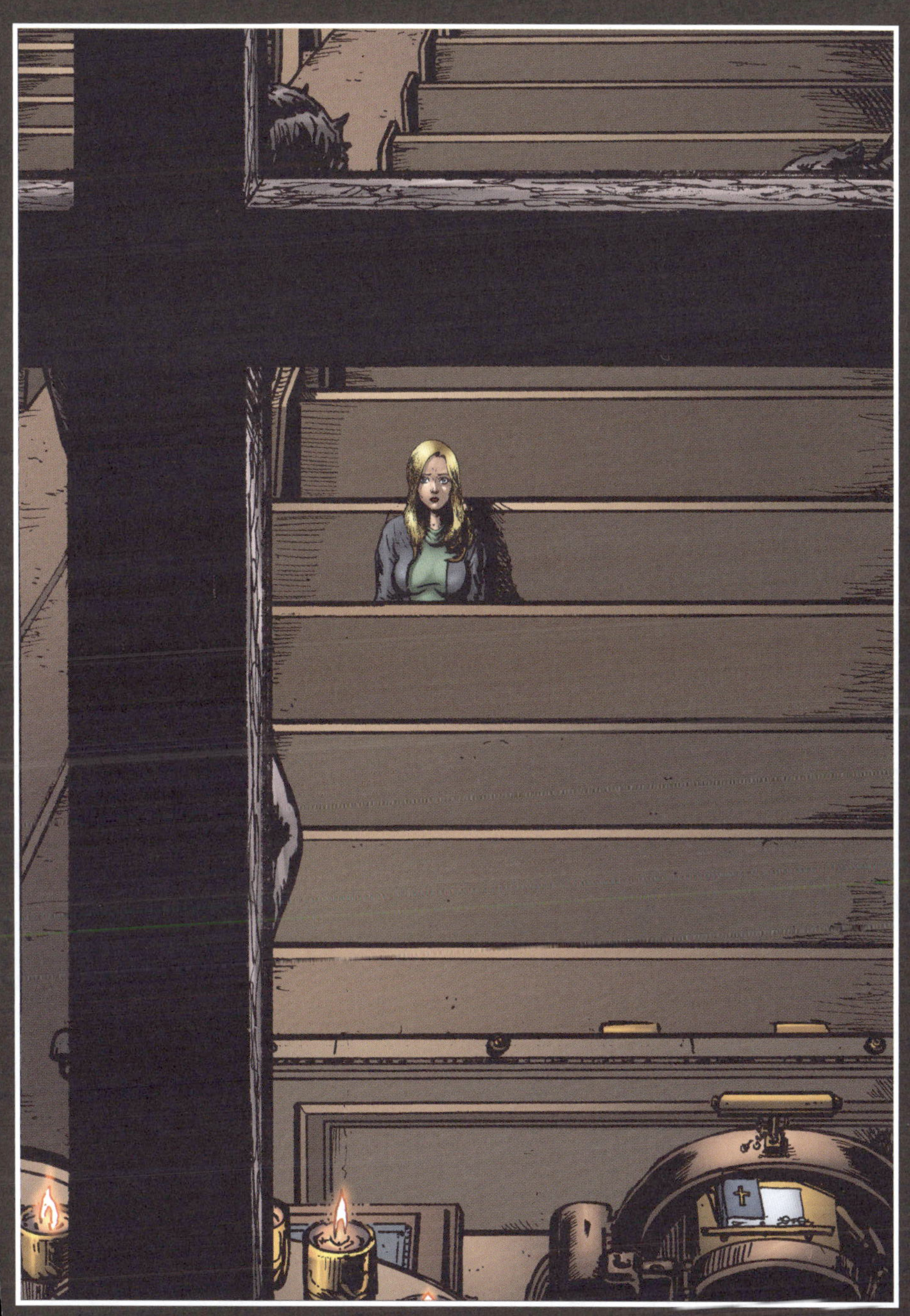

STREICHELEINHEITEN
TEIL 1

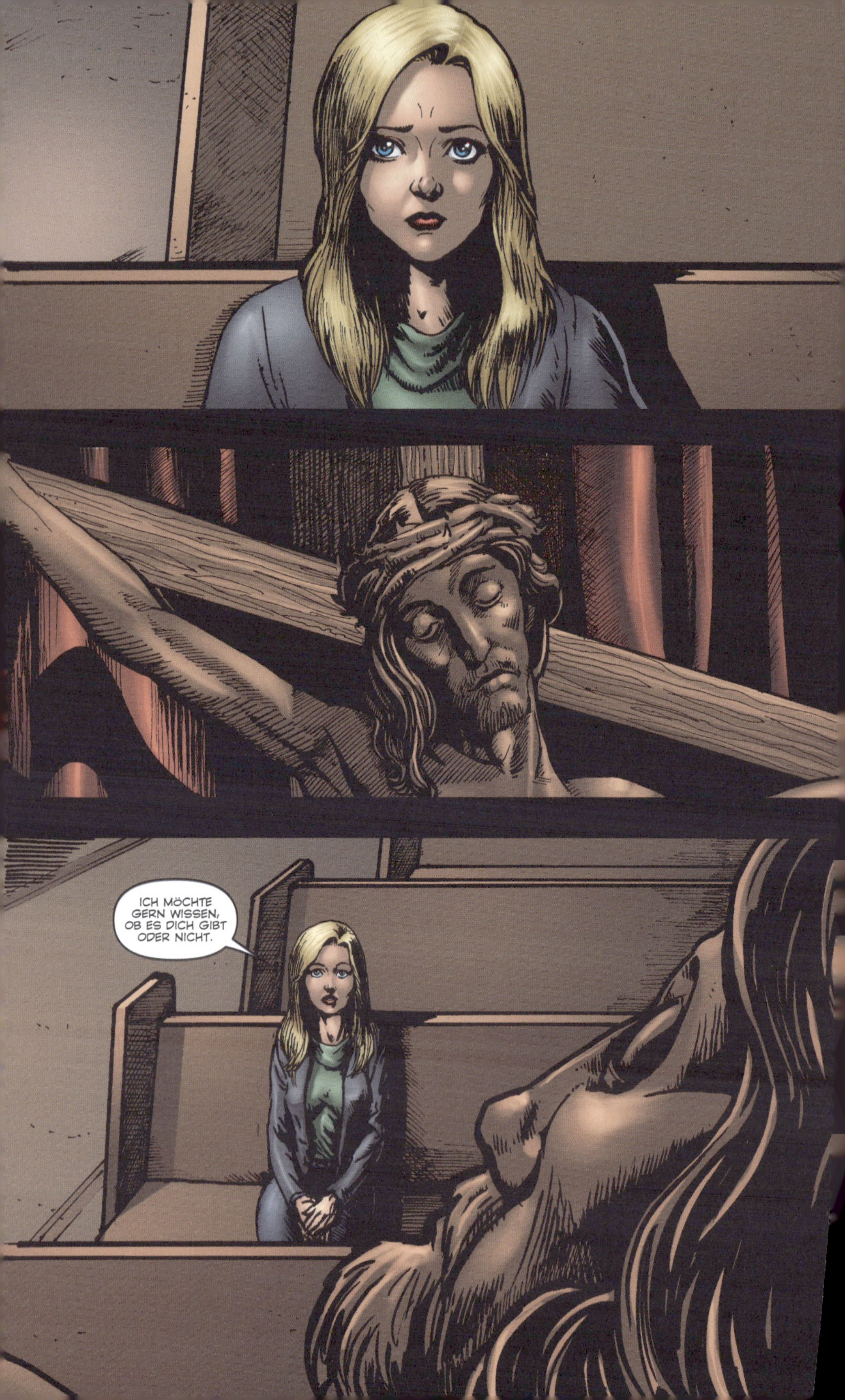
ICH MÖCHTE GERN WISSEN, OB ES DICH GIBT ODER NICHT.

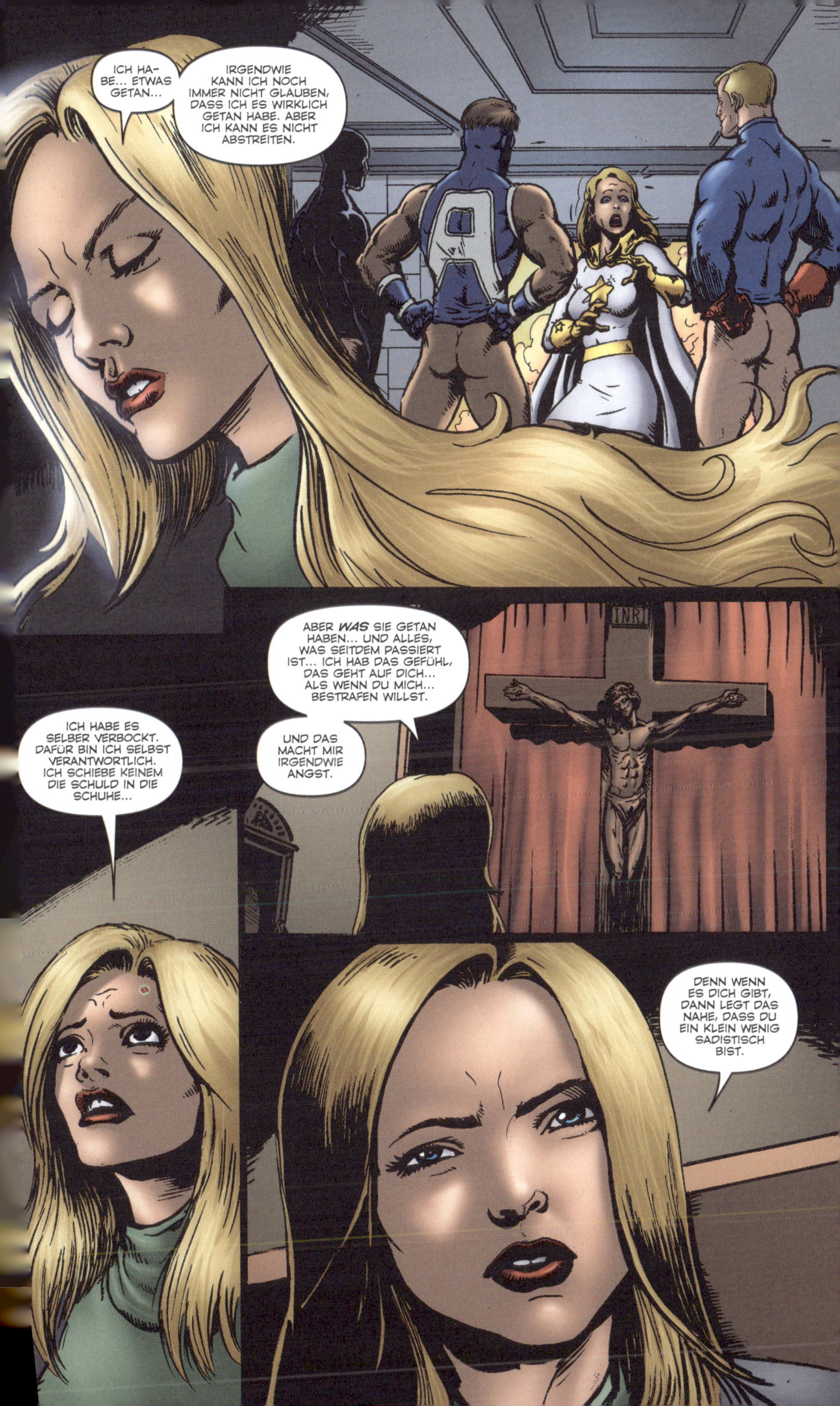
ICH HABE... ETWAS GETAN...
IRGENDWIE KANN ICH NOCH IMMER NICHT GLAUBEN, DASS ICH ES WIRKLICH GETAN HABE. ABER ICH KANN ES NICHT ABSTREITEN.
INRI
ICH HABE ES SELBER VERBOCKT. DAFÜR BIN ICH SELBST VERANTWORTLICH. ICH SCHIEBE KEINEM DIE SCHULD IN DIE SCHUHE...
ABER *WAS* SIE GETAN HABEN... UND ALLES, WAS SEITDEM PASSIERT IST... ICH HAB DAS GEFÜHL, DAS GEHT AUF DICH... ALS WENN DU MICH... BESTRAFEN WILLST.
UND DAS MACHT MIR IRGENDWIE ANGST.
DENN WENN ES DICH GIBT, DANN LEGT DAS NAHE, DASS DU EIN KLEIN WENIG SADISTISCH BIST.

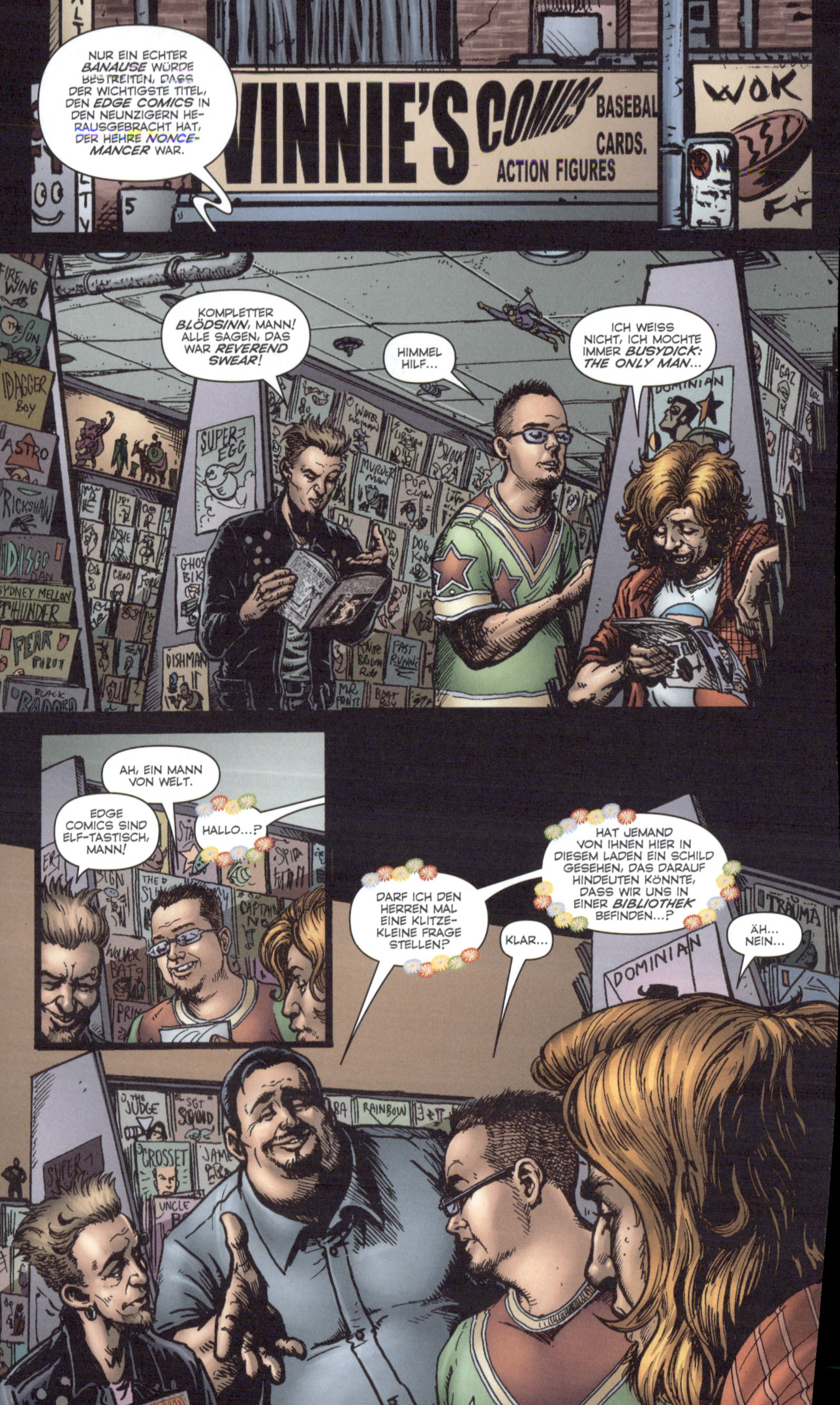

NUR EIN ECHTER BANAUSE WÜRDE BESTREITEN, DASS DER WICHTIGSTE TITEL, DEN EDGE COMICS IN DEN NEUNZIGERN HERAUSGEBRACHT HAT, DER HEHRE NONCEMANCER WAR.
VINNIE'S COMICS
BASEBAL
CARDS.
ACTION FIGURES
WOK
KOMPLETTER BLÖDSINN, MANN! ALLE SAGEN, DAS WAR REVEREND SWEAR!
HIMMEL HILF...
ICH WEISS NICHT, ICH MOCHTE IMMER BUSYDICK: THE ONLY MAN...
AH, EIN MANN VON WELT.
EDGE COMICS SIND ELF-TASTISCH, MANN!
HALLO...?
DARF ICH DEN HERREN MAL EINE KLITZEKLEINE FRAGE STELLEN?
KLAR...
HAT JEMAND VON IHNEN HIER IN DIESEM LADEN EIN SCHILD GESEHEN, DAS DARAUF HINDEUTEN KÖNNTE, DASS WIR UNS IN EINER BIBLIOTHEK BEFINDEN...?
ÄH... NEIN...

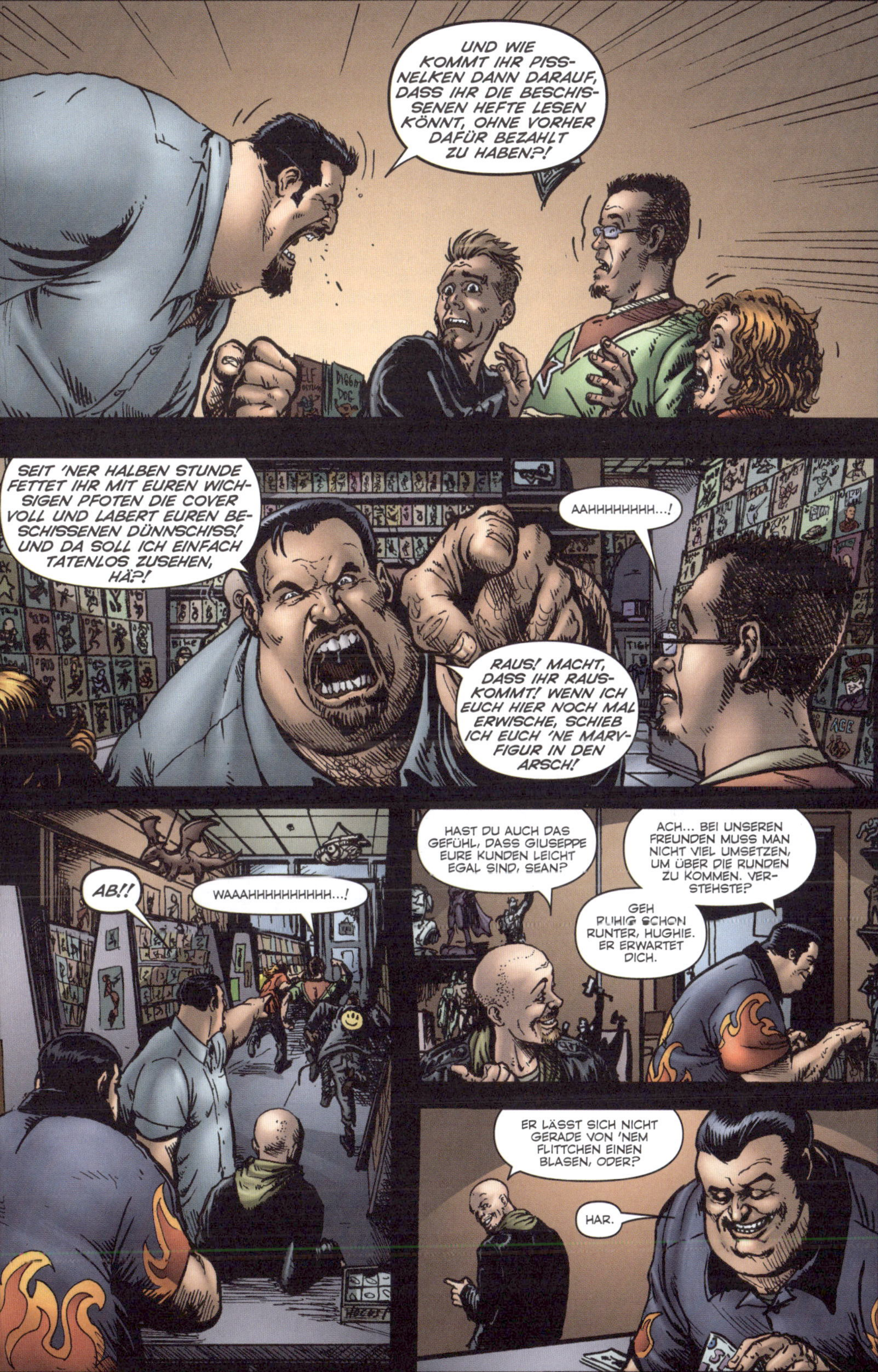

UND WIE KOMMT IHR PISS-NELKEN DANN DARAUF, DASS IHR DIE BESCHIS-SENEN HEFTE LESEN KÖNNT, OHNE VORHER DAFÜR BEZAHLT ZU HABEN?!
SEIT 'NER HALBEN STUNDE FETTET IHR MIT EUREN WICH-SIGEN PFOTEN DIE COVER VOLL UND LABERT EUREN BE-SCHISSENEN DÜNNSCHISS! UND DA SOLL ICH EINFACH TATENLOS ZUSEHEN, HÄ?!
AAHHHHHHHH...!
RAUS! MACHT, DASS IHR RAUS-KOMMT! WENN ICH EUCH HIER NOCH MAL ERWISCHE, SCHIEB ICH EUCH 'NE MARV-FIGUR IN DEN ARSCH!
AB!!
WAAAHHHHHHHHHH...!
HAST DU AUCH DAS GEFÜHL, DASS GIUSEPPE EURE KUNDEN LEICHT EGAL SIND, SEAN?
ACH... BEI UNSEREN FREUNDEN MUSS MAN NICHT VIEL UMSETZEN, UM ÜBER DIE RUNDEN ZU KOMMEN. VER-STEHSTE?
GEH RUHIG SCHON RUNTER, HUGHIE. ER ERWARTET DICH.
ER LÄSST SICH NICHT GERADE VON 'NEM FLITTCHEN EINEN BLASEN, ODER?
HAR.

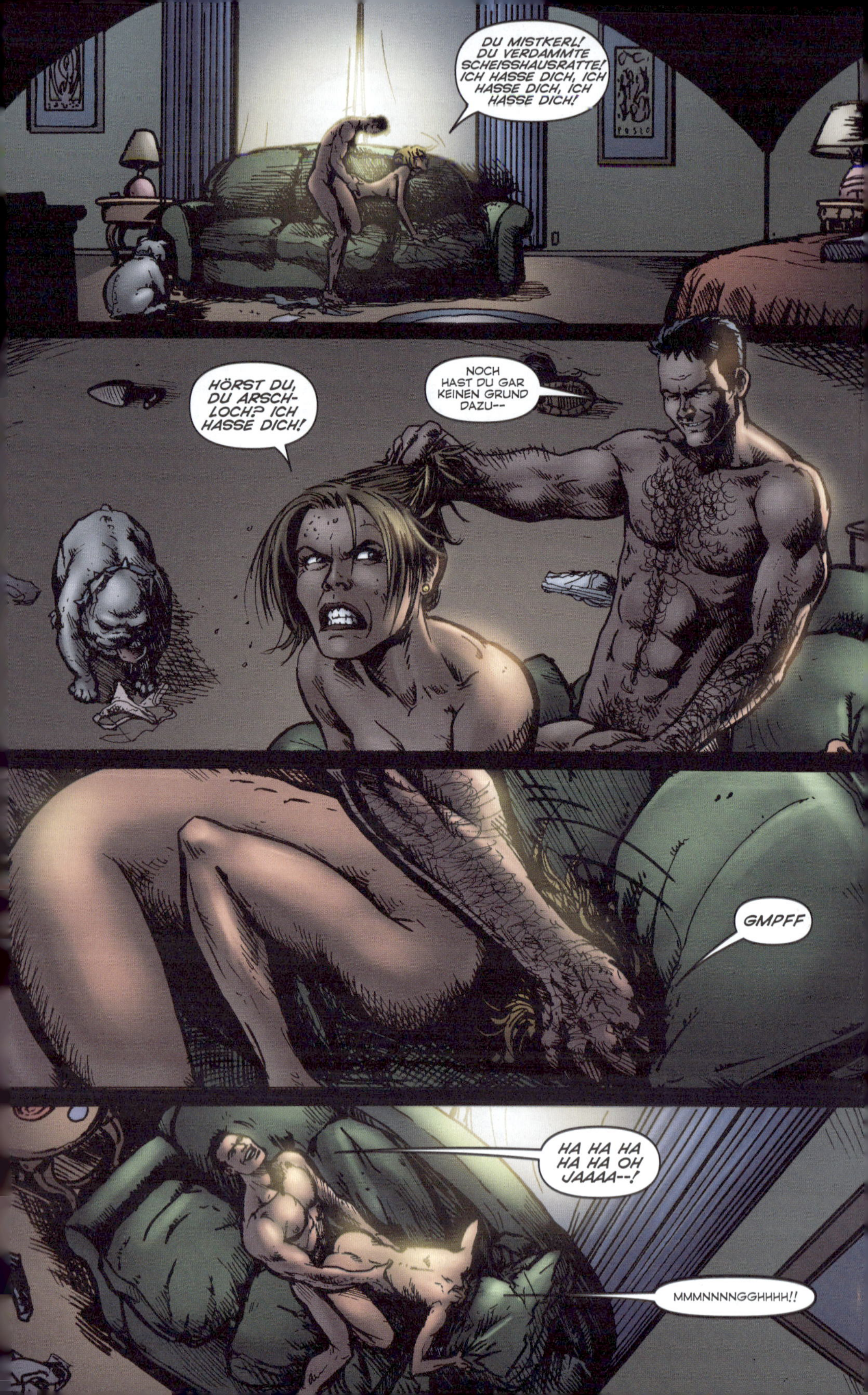
DU MISTKERL! DU VERDAMMTE SCHEISSHAUSRATTE! ICH HASSE DICH, ICH HASSE DICH, ICH HASSE DICH!
HÖRST DU, DU ARSCH-LOCH? ICH HASSE DICH!
NOCH HAST DU GAR KEINEN GRUND DAZU--
GMPFF
HA HA HA HA HA OH JAAAA--!
MMMNNNNGGHHHH!!

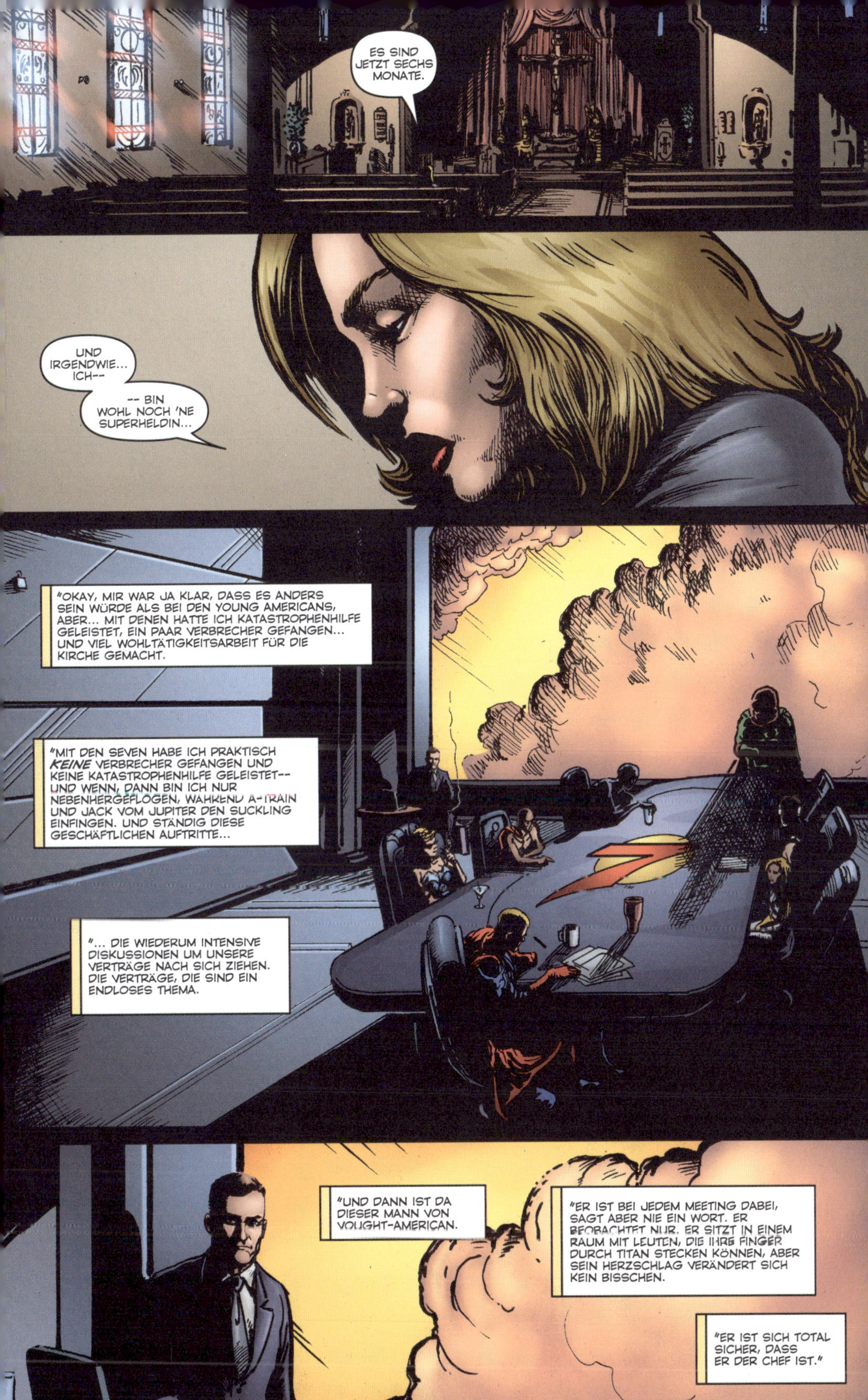

ES SIND JETZT SECHS MONATE.
UND IRGENDWIE... ICH--
-- BIN WOHL NOCH 'NE SUPERHELDIN...
"OKAY, MIR WAR JA KLAR, DASS ES ANDERS SEIN WÜRDE ALS BEI DEN YOUNG AMERICANS, ABER... MIT DENEN HATTE ICH KATASTROPHENHILFE GELEISTET, EIN PAAR VERBRECHER GEFANGEN... UND VIEL WOHLTÄTIGKEITSARBEIT FÜR DIE KIRCHE GEMACHT.
"MIT DEN SEVEN HABE ICH PRAKTISCH *KEINE* VERBRECHER GEFANGEN UND KEINE KATASTROPHENHILFE GELEISTET-- UND WENN, DANN BIN ICH NUR NEBENHERGEFLOGEN, WÄHREND A-TRAIN UND JACK VOM JUPITER DEN SUCKLING EINFINGEN. UND STÄNDIG DIESE GESCHÄFTLICHEN AUFTRITTE...
"... DIE WIEDERUM INTENSIVE DISKUSSIONEN UM UNSERE VERTRÄGE NACH SICH ZIEHEN. DIE VERTRÄGE, DIE SIND EIN ENDLOSES THEMA.
"UND DANN IST DA DIESER MANN VON VOUGHT-AMERICAN.
"ER IST BEI JEDEM MEETING DABEI, SAGT ABER NIE EIN WORT. ER BEOBACHTET NUR. ER SITZT IN EINEM RAUM MIT LEUTEN, DIE IHRE FINGER DURCH TITAN STECKEN KÖNNEN, ABER SEIN HERZSCHLAG VERÄNDERT SICH KEIN BISSCHEN.
"ER IST SICH TOTAL SICHER, DASS ER DER CHEF IST."

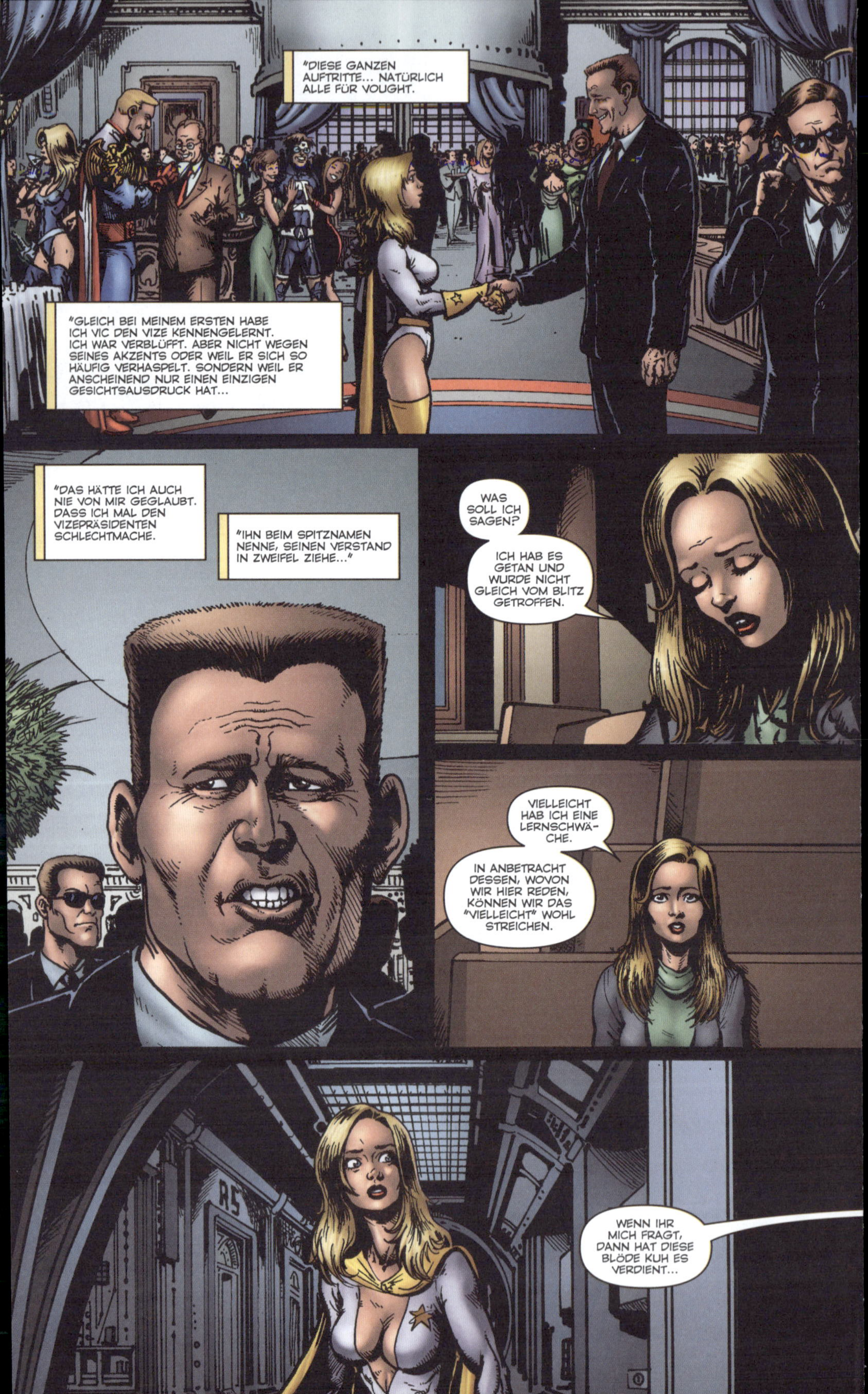
"DIESE GANZEN AUFTRITTE... NATÜRLICH ALLE FÜR VOUGHT.
"GLEICH BEI MEINEM ERSTEN HABE ICH VIC DEN VIZE KENNENGELERNT. ICH WAR VERBLÜFFT. ABER NICHT WEGEN SEINES AKZENTS ODER WEIL ER SICH SO HÄUFIG VERHASPELT. SONDERN WEIL ER ANSCHEINEND NUR EINEN EINZIGEN GESICHTSAUSDRUCK HAT...
"DAS HÄTTE ICH AUCH NIE VON MIR GEGLAUBT. DASS ICH MAL DEN VIZEPRÄSIDENTEN SCHLECHTMACHE.
"IHN BEIM SPITZNAMEN NENNE, SEINEN VERSTAND IN ZWEIFEL ZIEHE..."
WAS SOLL ICH SAGEN?
ICH HAB ES GETAN UND WURDE NICHT GLEICH VOM BLITZ GETROFFEN.
VIELLEICHT HAB ICH EINE LERNSCHWÄ-CHE.
IN ANBETRACHT DESSEN, WOVON WIR HIER REDEN, KÖNNEN WIR DAS "VIELLEICHT" WOHL STREICHEN.
WENN IHR MICH FRAGT, DANN HAT DIESE BLÖDE KUH ES VERDIENT...

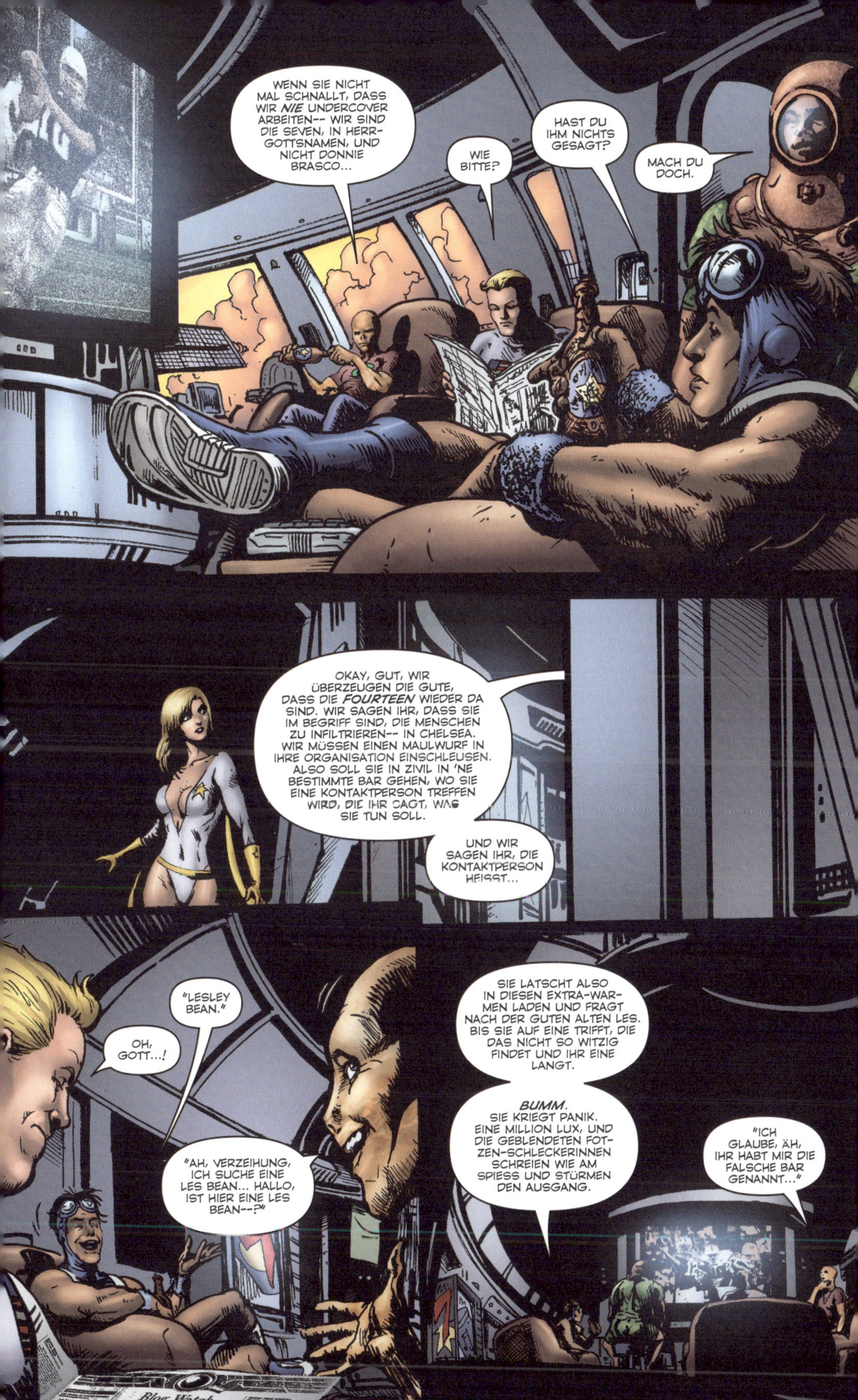
WENN SIE NICHT MAL SCHNALLT, DASS WIR NIE UNDERCOVER ARBEITEN-- WIR SIND DIE SEVEN, IN HERRGOTTSNAMEN, UND NICHT DONNIE BRASCO...
WIE BITTE?
HAST DU IHM NICHTS GESAGT?
MACH DU DOCH.
OKAY, GUT, WIR ÜBERZEUGEN DIE GUTE, DASS DIE FOURTEEN WIEDER DA SIND. WIR SAGEN IHR, DASS SIE IM BEGRIFF SIND, DIE MENSCHEN ZU INFILTRIEREN-- IN CHELSEA. WIR MÜSSEN EINEN MAULWURF IN IHRE ORGANISATION EINSCHLEUSEN. ALSO SOLL SIE IN ZIVIL IN 'NE BESTIMMTE BAR GEHEN, WO SIE EINE KONTAKTPERSON TREFFEN WIRD, DIE IHR SAGT, WAS SIE TUN SOLL.
UND WIR SAGEN IHR, DIE KONTAKTPERSON HEISST...
"LESLEY BEAN."
OH, GOTT...!
"AH, VERZEIHUNG, ICH SUCHE EINE LES BEAN... HALLO, IST HIER EINE LES BEAN--?"
SIE LATSCHT ALSO IN DIESEN EXTRA-WARMEN LADEN UND FRAGT NACH DER GUTEN ALTEN LES. BIS SIE AUF EINE TRIFFT, DIE DAS NICHT SO WITZIG FINDET UND IHR EINE LANGT.
BUMM. SIE KRIEGT PANIK. EINE MILLION LUX, UND DIE GEBLENDETEN FOTZEN-SCHLECKERINNEN SCHREIEN WIE AM SPIESS UND STÜRMEN DEN AUSGANG.
"ICH GLAUBE, ÄH, IHR HABT MIR DIE FALSCHE BAR GENANNT..."
Blog Watch

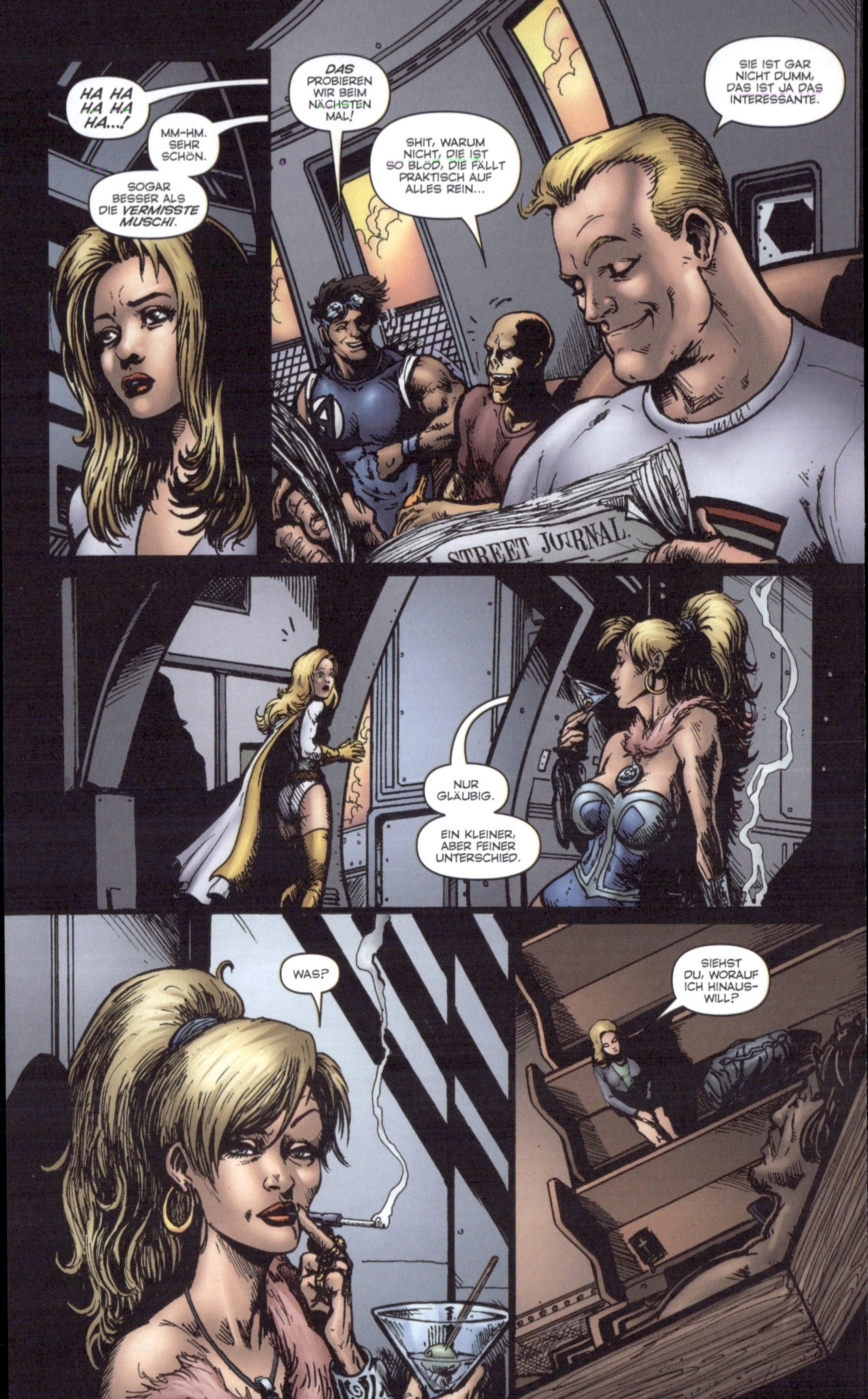
HA HA HA HA HA...!
MM-HM. SEHR SCHÖN.
SOGAR BESSER ALS DIE VERMISSTE MUSCHI.
DAS PROBIEREN WIR BEIM NÄCHSTEN MAL!
SHIT, WARUM NICHT, DIE IST SO BLÖD, DIE FÄLLT PRAKTISCH AUF ALLES REIN...
SIE IST GAR NICHT DUMM, DAS IST JA DAS INTERESSANTE.
STREET JOURNAL
NUR GLÄUBIG.
EIN KLEINER, ABER FEINER UNTERSCHIED.
WAS?
SIEHST DU, WORAUF ICH HINAUS-WILL?

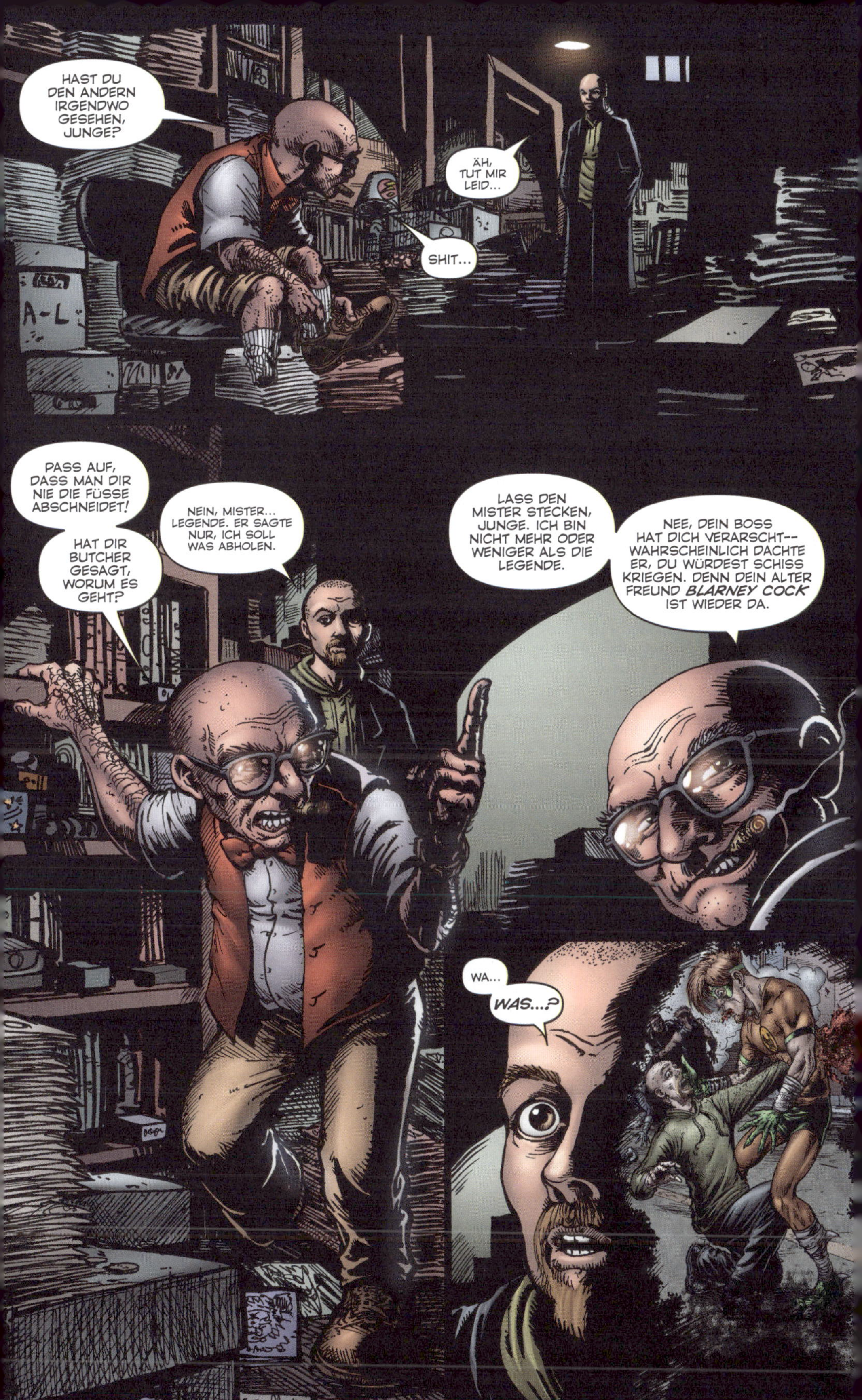
HAST DU DEN ANDERN IRGENDWO GESEHEN, JUNGE?
ÄH, TUT MIR LEID...
SHIT...
PASS AUF, DASS MAN DIR NIE DIE FÜSSE ABSCHNEIDET!
HAT DIR BUTCHER GESAGT, WORUM ES GEHT?
NEIN, MISTER... LEGENDE. ER SAGTE NUR, ICH SOLL WAS ABHOLEN.
LASS DEN MISTER STECKEN, JUNGE. ICH BIN NICHT MEHR ODER WENIGER ALS DIE LEGENDE.
NEE, DEIN BOSS HAT DICH VERARSCHT-- WAHRSCHEINLICH DACHTE ER, DU WÜRDEST SCHISS KRIEGEN. DENN DEIN ALTER FREUND BLARNEY COCK IST WIEDER DA.
WA...
WAS...?

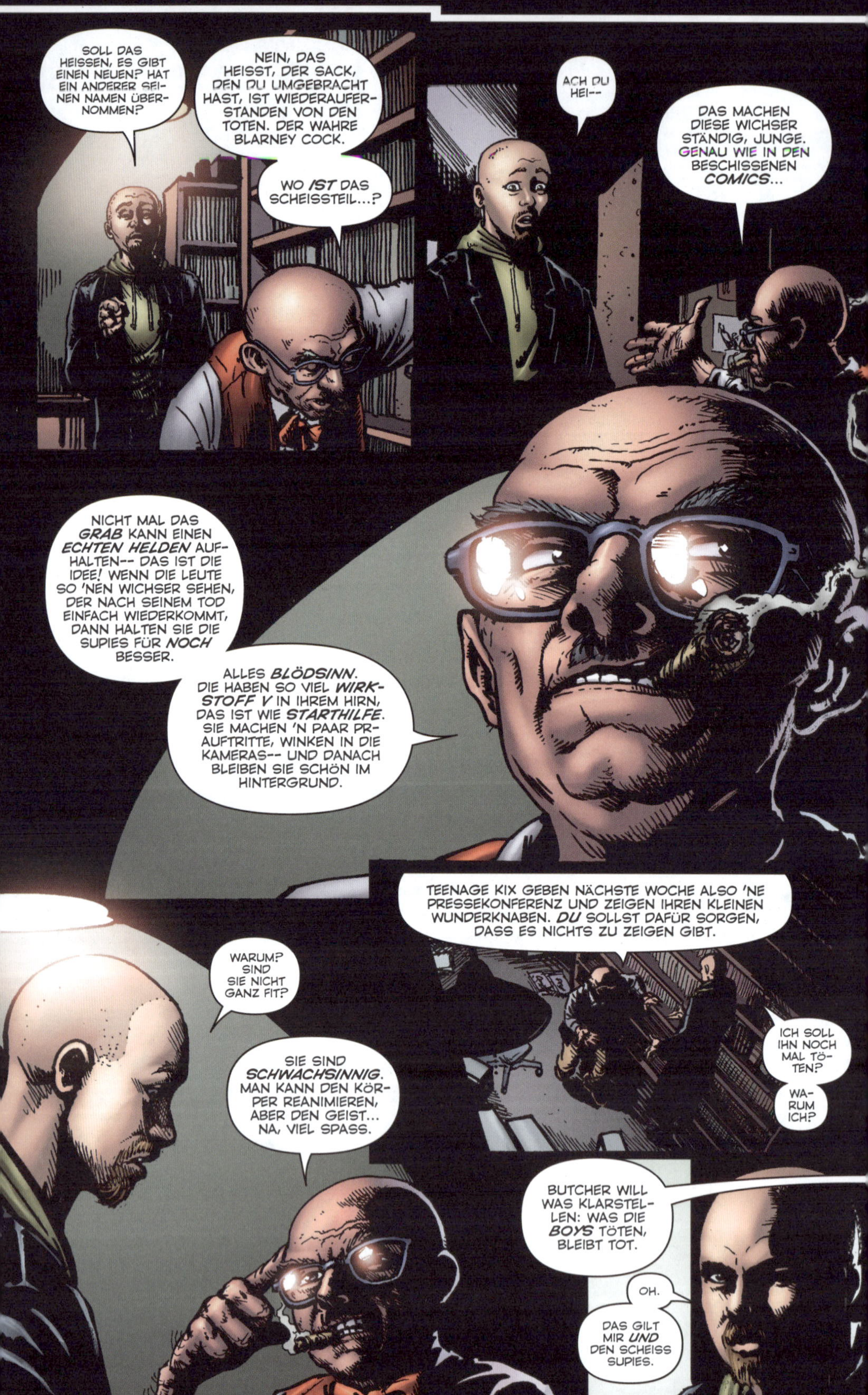

SOLL DAS HEISSEN, ES GIBT EINEN NEUEN? HAT EIN ANDERER SEINEN NAMEN ÜBERNOMMEN?
NEIN, DAS HEISST, DER SACK, DEN DU UMGEBRACHT HAST, IST WIEDERAUFERSTANDEN VON DEN TOTEN. DER WAHRE BLARNEY COCK.
WO *IST* DAS SCHEISSTEIL...?
ACH DU HEI--
DAS MACHEN DIESE WICHSER STÄNDIG, JUNGE. GENAU WIE IN DEN BESCHISSENEN *COMICS*...
NICHT MAL DAS *GRAB* KANN EINEN *ECHTEN HELDEN* AUFHALTEN-- DAS IST DIE IDEE! WENN DIE LEUTE SO 'NEN WICHSER SEHEN, DER NACH SEINEM TOD EINFACH WIEDERKOMMT, DANN HALTEN SIE DIE SUPIES FÜR *NOCH* BESSER.
ALLES *BLÖDSINN*. DIE HABEN SO VIEL *WIRKSTOFF V* IN IHREM HIRN, DAS IST WIE *STARTHILFE*. SIE MACHEN 'N PAAR PR-AUFTRITTE, WINKEN IN DIE KAMERAS-- UND DANACH BLEIBEN SIE SCHÖN IM HINTERGRUND.
TEENAGE KIX GEBEN NÄCHSTE WOCHE ALSO 'NE PRESSEKONFERENZ UND ZEIGEN IHREN KLEINEN WUNDERKNABEN. *DU* SOLLST DAFÜR SORGEN, DASS ES NICHTS ZU ZEIGEN GIBT.
ICH SOLL IHN NOCH MAL TÖTEN?
WARUM ICH?
WARUM? SIND SIE NICHT GANZ FIT?
SIE SIND *SCHWACHSINNIG*. MAN KANN DEN KÖRPER REANIMIEREN, ABER DEN GEIST... NA, VIEL SPASS.
BUTCHER WILL WAS KLARSTELLEN: WAS DIE *BOYS* TÖTEN, BLEIBT TOT.
OH.
DAS GILT MIR *UND* DEN SCHEISS SUPIES.

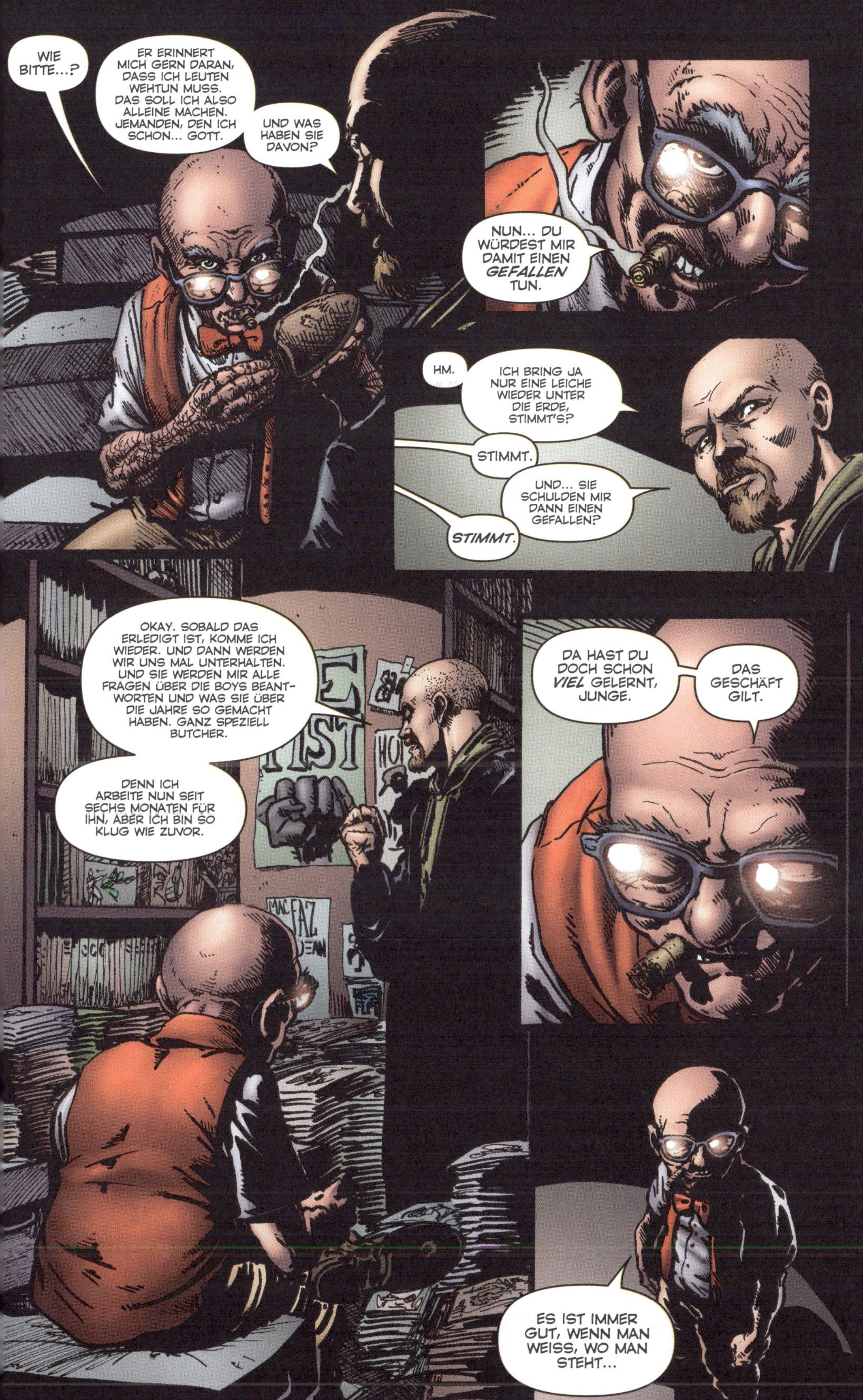

WIE BITTE...?
ER ERINNERT MICH GERN DARAN, DASS ICH LEUTEN WEHTUN MUSS. DAS SOLL ICH ALSO ALLEINE MACHEN. JEMANDEN, DEN ICH SCHON... GOTT.
UND WAS HABEN SIE DAVON?
NUN... DU WÜRDEST MIR DAMIT EINEN *GEFALLEN* TUN.
HM.
ICH BRING JA NUR EINE LEICHE WIEDER UNTER DIE ERDE, STIMMT'S?
STIMMT.
UND... SIE SCHULDEN MIR DANN EINEN GEFALLEN?
STIMMT.
OKAY. SOBALD DAS ERLEDIGT IST, KOMME ICH WIEDER. UND DANN WERDEN WIR UNS MAL UNTERHALTEN. UND SIE WERDEN MIR ALLE FRAGEN ÜBER DIE BOYS BEANTWORTEN UND WAS SIE ÜBER DIE JAHRE SO GEMACHT HABEN. GANZ SPEZIELL BUTCHER.
DENN ICH ARBEITE NUN SEIT SECHS MONATEN FÜR IHN, ABER ICH BIN SO KLUG WIE ZUVOR.
DA HAST DU DOCH SCHON *VIEL* GELERNT, JUNGE.
DAS GESCHÄFT GILT.
ES IST IMMER GUT, WENN MAN WEISS, WO MAN STEHT...

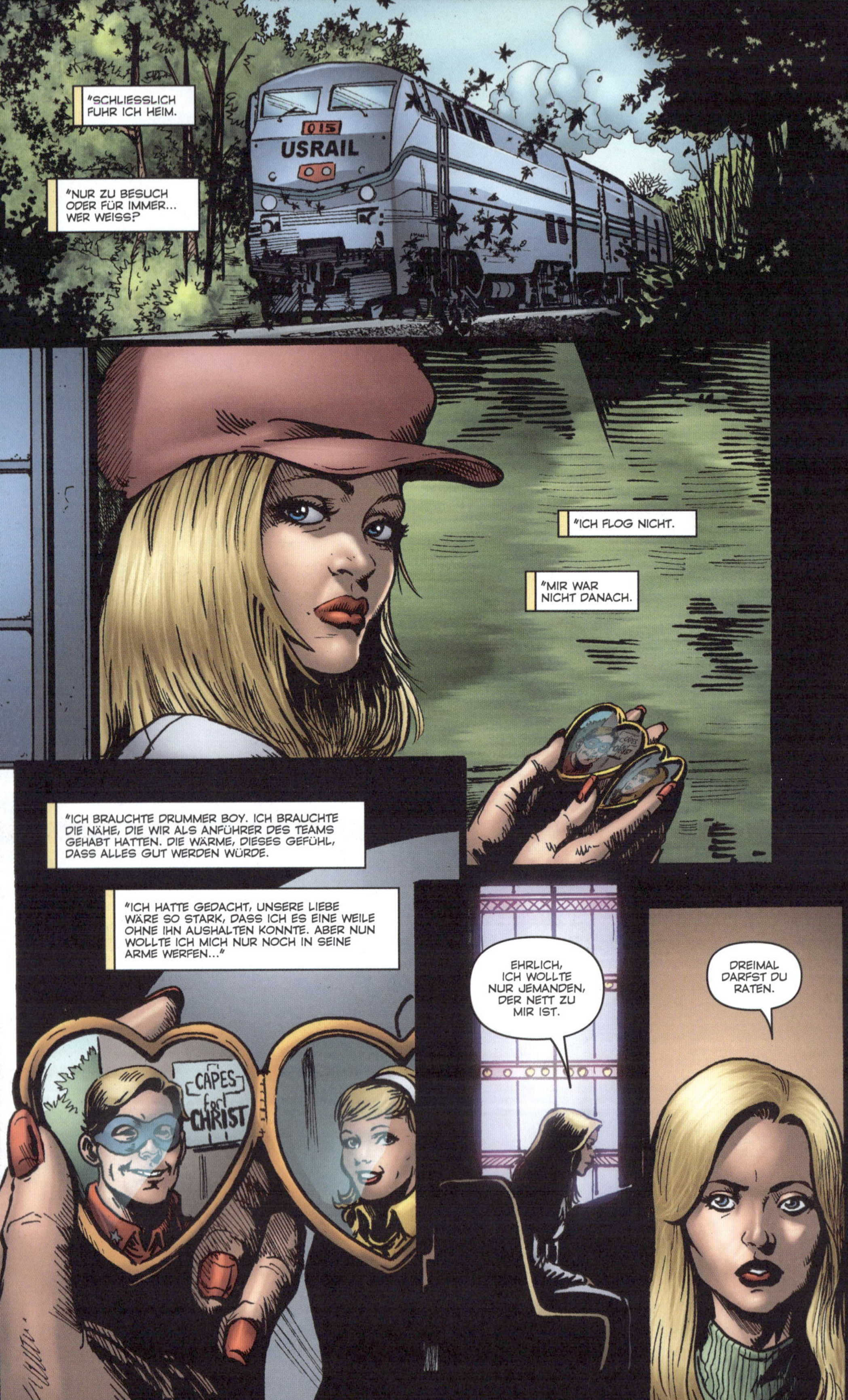
"SCHLIESSLICH FUHR ICH HEIM.
"NUR ZU BESUCH ODER FÜR IMMER... WER WEISS?
015
USRAIL
"ICH FLOG NICHT.
"MIR WAR NICHT DANACH.
"ICH BRAUCHTE DRUMMER BOY. ICH BRAUCHTE DIE NÄHE, DIE WIR ALS ANFÜHRER DES TEAMS GEHABT HATTEN. DIE WÄRME, DIESES GEFÜHL, DASS ALLES GUT WERDEN WÜRDE.
"ICH HATTE GEDACHT, UNSERE LIEBE WÄRE SO STARK, DASS ICH ES EINE WEILE OHNE IHN AUSHALTEN KONNTE. ABER NUN WOLLTE ICH MICH NUR NOCH IN SEINE ARME WERFEN..."
CAPES for CHRIST
EHRLICH, ICH WOLLTE NUR JEMANDEN, DER NETT ZU MIR IST.
DREIMAL DARFST DU RATEN.

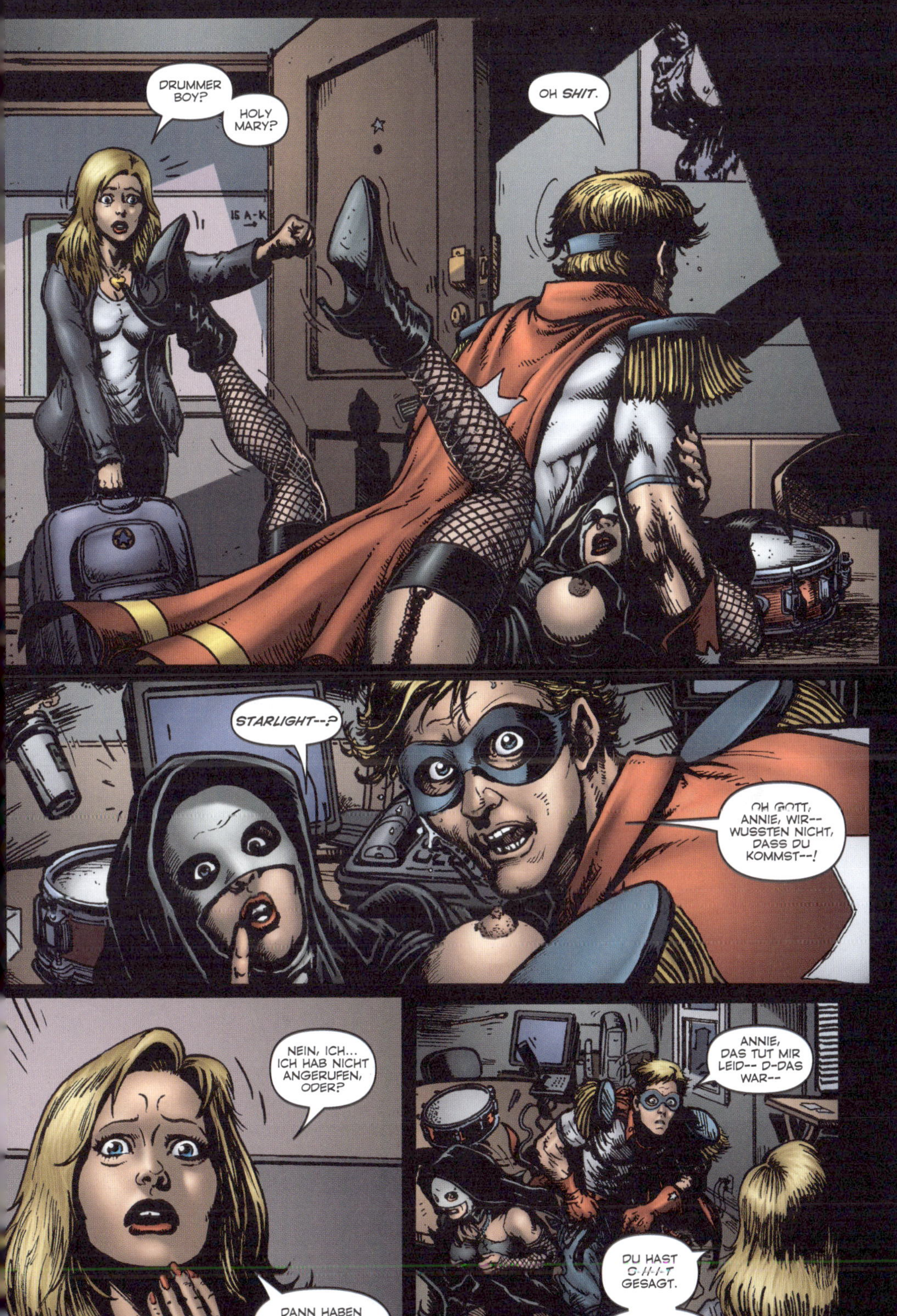
DRUMMER BOY?
HOLY MARY?
OH SHIT.
STARLIGHT--?
OH GOTT, ANNIE, WIR-- WUSSTEN NICHT, DASS DU KOMMST--!
NEIN, ICH... ICH HAB NICHT ANGERUFEN, ODER?
DANN HABEN WIR JETZT ALSO EINEN TISCH FÜR DIE MEETINGS...
ANNIE, DAS TUT MIR LEID-- D-DAS WAR--
DU HAST S-H-I-T GESAGT.
UND DEN NAMEN DES HERRN UNNÜTZ GEFÜHRT.

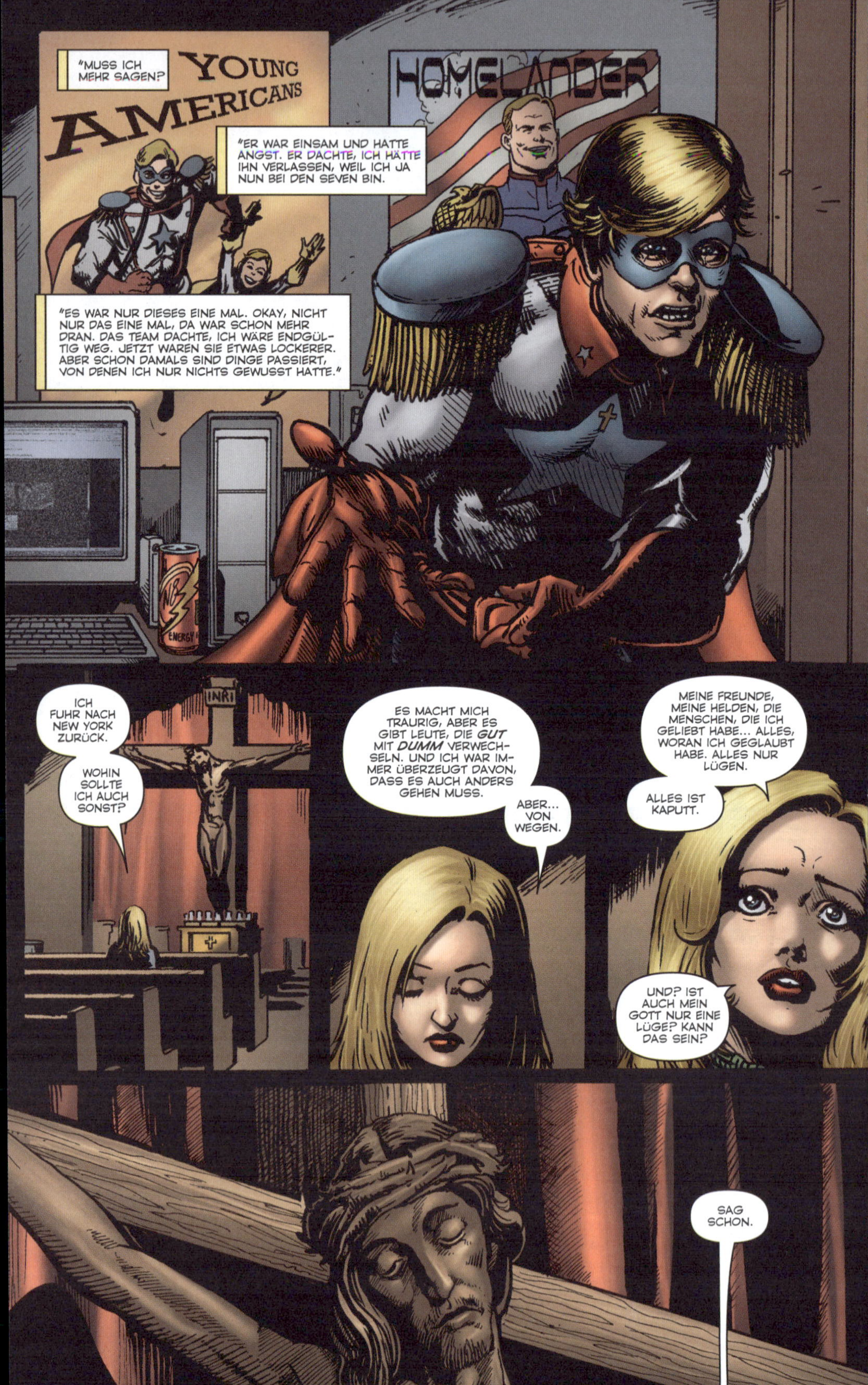
"MUSS ICH MEHR SAGEN?
YOUNG AMERICANS
HOMELANDER
"ER WAR EINSAM UND HATTE ANGST. ER DACHTE, ICH HÄTTE IHN VERLASSEN, WEIL ICH JA NUN BEI DEN SEVEN BIN.
"ES WAR NUR DIESES EINE MAL. OKAY, NICHT NUR DAS EINE MAL, DA WAR SCHON MEHR DRAN. DAS TEAM DACHTE, ICH WÄRE ENDGÜLTIG WEG. JETZT WAREN SIE ETWAS LOCKERER. ABER SCHON DAMALS SIND DINGE PASSIERT, VON DENEN ICH NUR NICHTS GEWUSST HATTE."
INRI
ICH FUHR NACH NEW YORK ZURÜCK.
WOHIN SOLLTE ICH AUCH SONST?
ES MACHT MICH TRAURIG, ABER ES GIBT LEUTE, DIE GUT MIT DUMM VERWECHSELN. UND ICH WAR IMMER ÜBERZEUGT DAVON, DASS ES AUCH ANDERS GEHEN MUSS.
ABER... VON WEGEN.
MEINE FREUNDE, MEINE HELDEN, DIE MENSCHEN, DIE ICH GELIEBT HABE... ALLES, WORAN ICH GEGLAUBT HABE. ALLES NUR LÜGEN.
ALLES IST KAPUTT.
UND? IST AUCH MEIN GOTT NUR EINE LÜGE? KANN DAS SEIN?
SAG SCHON.

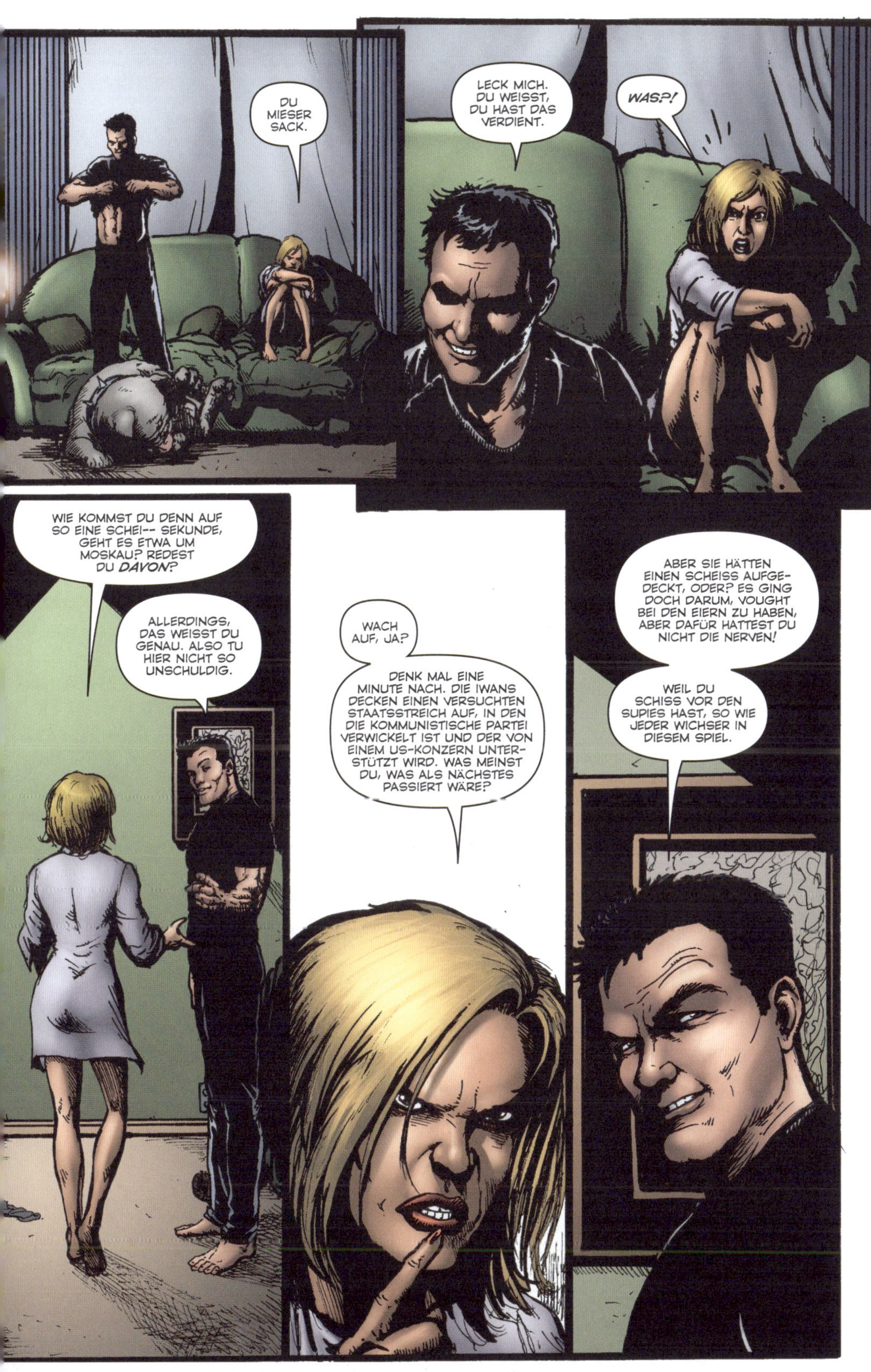
DU MIESER SACK.
LECK MICH. DU WEISST, DU HAST DAS VERDIENT.
WAS?!
WIE KOMMST DU DENN AUF SO EINE SCHEI-- SEKUNDE, GEHT ES ETWA UM MOSKAU? REDEST DU DAVON?
ALLERDINGS, DAS WEISST DU GENAU. ALSO TU HIER NICHT SO UNSCHULDIG.
WACH AUF, JA?
DENK MAL EINE MINUTE NACH. DIE IWANS DECKEN EINEN VERSUCHTEN STAATSSTREICH AUF, IN DEN DIE KOMMUNISTISCHE PARTEI VERWICKELT IST UND DER VON EINEM US-KONZERN UNTERSTÜTZT WIRD. WAS MEINST DU, WAS ALS NÄCHSTES PASSIERT WÄRE?
ABER SIE HÄTTEN EINEN SCHEISS AUFGEDECKT, ODER? ES GING DOCH DARUM, VOUGHT BEI DEN EIERN ZU HABEN, ABER DAFÜR HATTEST DU NICHT DIE NERVEN!
WEIL DU SCHISS VOR DEN SUPIES HAST, SO WIE JEDER WICHSER IN DIESEM SPIEL.

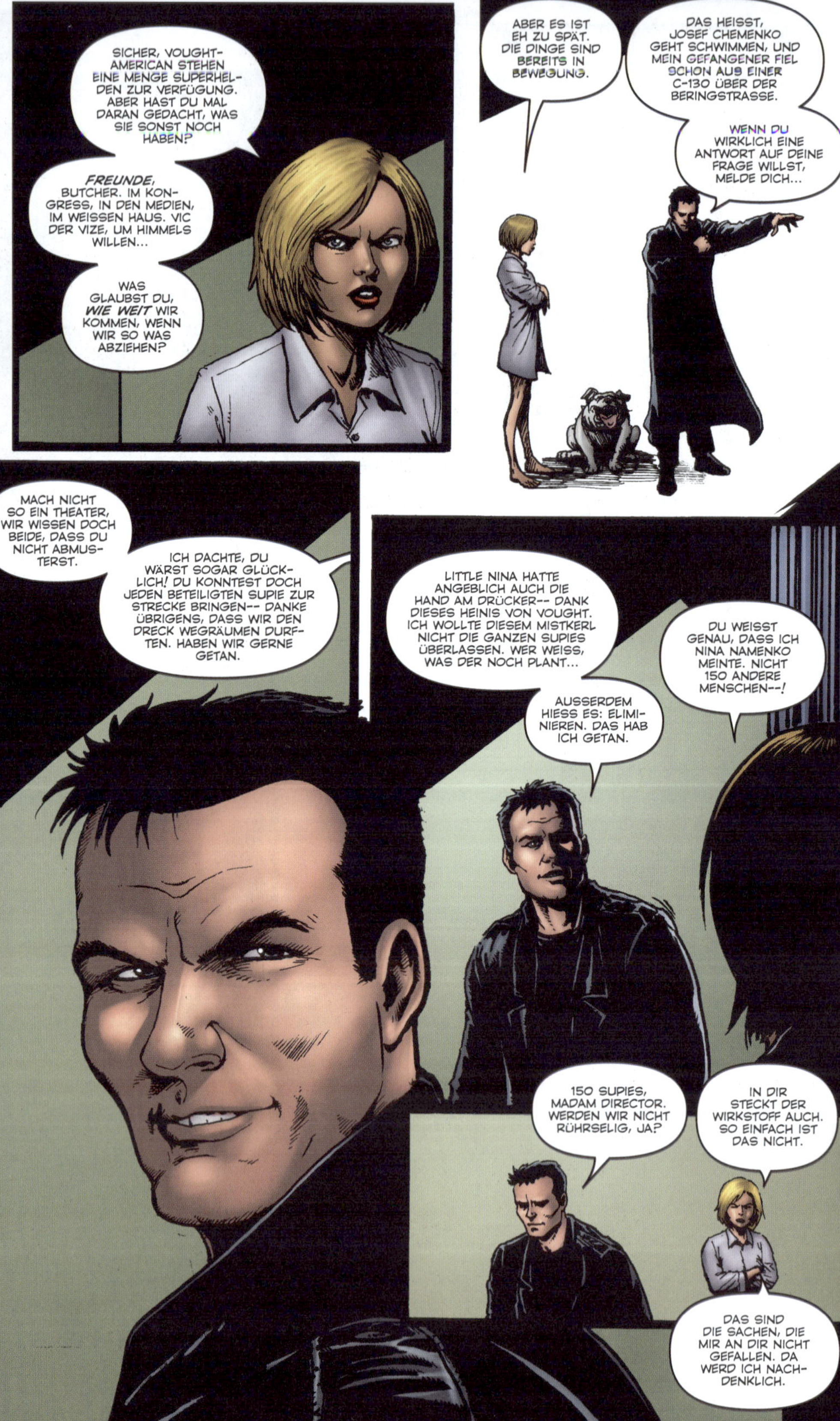
SICHER, VOUGHT-AMERICAN STEHEN EINE MENGE SUPERHELDEN ZUR VERFÜGUNG. ABER HAST DU MAL DARAN GEDACHT, WAS SIE SONST NOCH HABEN?
FREUNDE, BUTCHER. IM KONGRESS, IN DEN MEDIEN, IM WEISSEN HAUS. VIC DER VIZE, UM HIMMELS WILLEN...
WAS GLAUBST DU, WIE WEIT WIR KOMMEN, WENN WIR SO WAS ABZIEHEN?
ABER ES IST EH ZU SPÄT. DIE DINGE SIND BEREITS IN BEWEGUNG.
DAS HEISST, JOSEF CHEMENKO GEHT SCHWIMMEN, UND MEIN GEFANGENER FIEL SCHON AUS EINER C-130 ÜBER DER BERINGSTRASSE.
WENN DU WIRKLICH EINE ANTWORT AUF DEINE FRAGE WILLST, MELDE DICH...
MACH NICHT SO EIN THEATER, WIR WISSEN DOCH BEIDE, DASS DU NICHT ABMUSTERST.
ICH DACHTE, DU WÄRST SOGAR GLÜCKLICH! DU KONNTEST DOCH JEDEN BETEILIGTEN SUPIE ZUR STRECKE BRINGEN-- DANKE ÜBRIGENS, DASS WIR DEN DRECK WEGRÄUMEN DURFTEN. HABEN WIR GERNE GETAN.
LITTLE NINA HATTE ANGEBLICH AUCH DIE HAND AM DRÜCKER-- DANK DIESES HEINIS VON VOUGHT. ICH WOLLTE DIESEM MISTKERL NICHT DIE GANZEN SUPIES ÜBERLASSEN. WER WEISS, WAS DER NOCH PLANT...
AUSSERDEM HIESS ES: ELIMINIEREN. DAS HAB ICH GETAN.
DU WEISST GENAU, DASS ICH NINA NAMENKO MEINTE. NICHT 150 ANDERE MENSCHEN--!
150 SUPIES, MADAM DIRECTOR. WERDEN WIR NICHT RÜHRSELIG, JA?
IN DIR STECKT DER WIRKSTOFF AUCH. SO EINFACH IST DAS NICHT.
DAS SIND DIE SACHEN, DIE MIR AN DIR NICHT GEFALLEN. DA WERD ICH NACHDENKLICH.

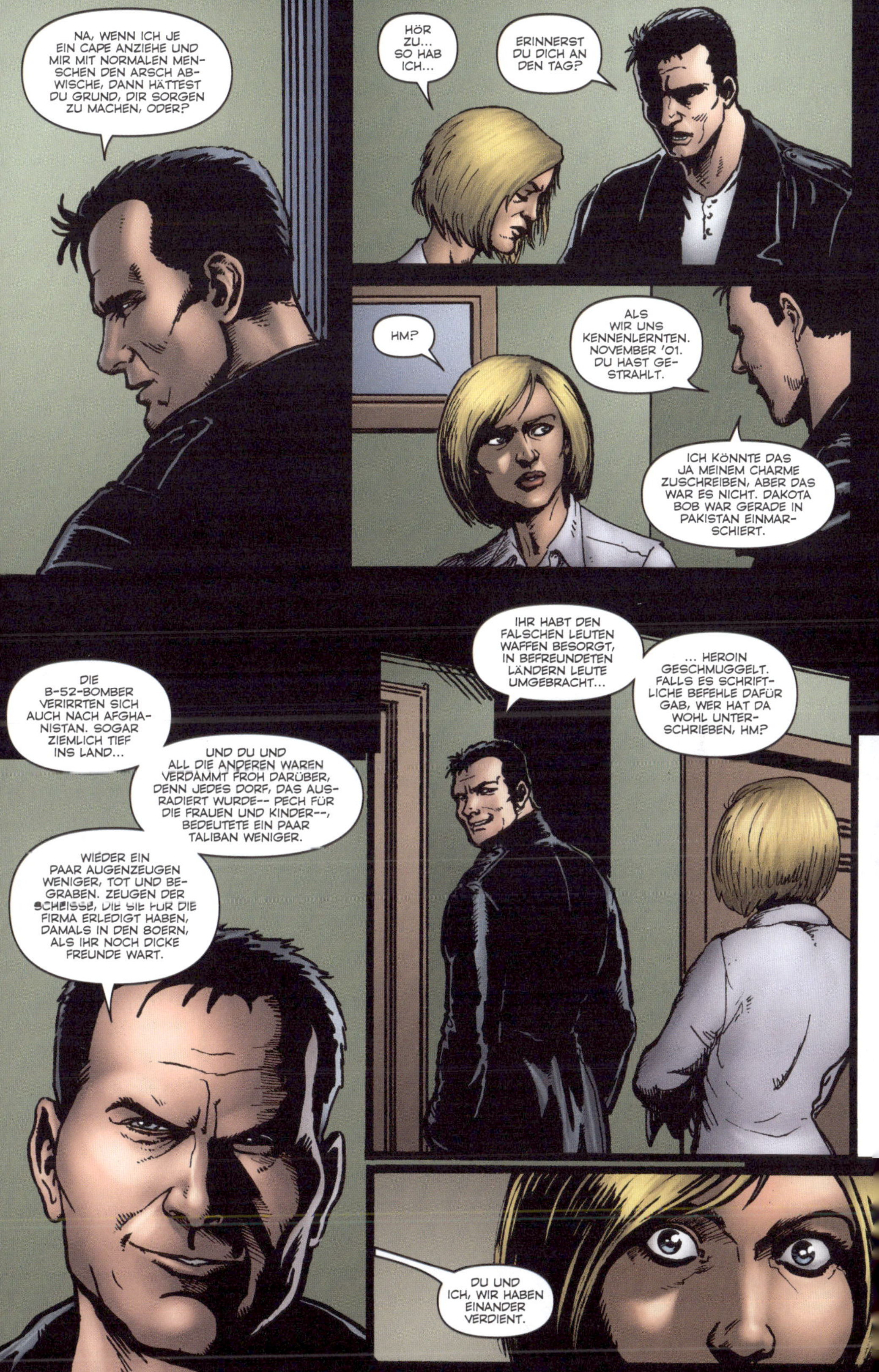
NA, WENN ICH JE EIN CAPE ANZIEHE UND MIR MIT NORMALEN MENSCHEN DEN ARSCH ABWISCHE, DANN HÄTTEST DU GRUND, DIR SORGEN ZU MACHEN, ODER?
HÖR ZU... SO HAB ICH...
ERINNERST DU DICH AN DEN TAG?
HM?
ALS WIR UNS KENNENLERNTEN. NOVEMBER '01. DU HAST GESTRAHLT.
ICH KÖNNTE DAS JA MEINEM CHARME ZUSCHREIBEN, ABER DAS WAR ES NICHT. DAKOTA BOB WAR GERADE IN PAKISTAN EINMARSCHIERT.
DIE B-52-BOMBER VERIRRTEN SICH AUCH NACH AFGHANISTAN. SOGAR ZIEMLICH TIEF INS LAND...
UND DU UND ALL DIE ANDEREN WAREN VERDAMMT FROH DARÜBER, DENN JEDES DORF, DAS AUSRADIERT WURDE-- PECH FÜR DIE FRAUEN UND KINDER--, BEDEUTETE EIN PAAR TALIBAN WENIGER.
WIEDER EIN PAAR AUGENZEUGEN WENIGER, TOT UND BEGRABEN. ZEUGEN DER SCHEISSE, DIE SIE FÜR DIE FIRMA ERLEDIGT HABEN, DAMALS IN DEN BOERN, ALS IHR NOCH DICKE FREUNDE WART.
IHR HABT DEN FALSCHEN LEUTEN WAFFEN BESORGT, IN BEFREUNDETEN LÄNDERN LEUTE UMGEBRACHT...
... HEROIN GESCHMUGGELT. FALLS ES SCHRIFTLICHE BEFEHLE DAFÜR GAB, WER HAT DA WOHL UNTERSCHRIEBEN, HM?
DU UND ICH, WIR HABEN EINANDER VERDIENT.

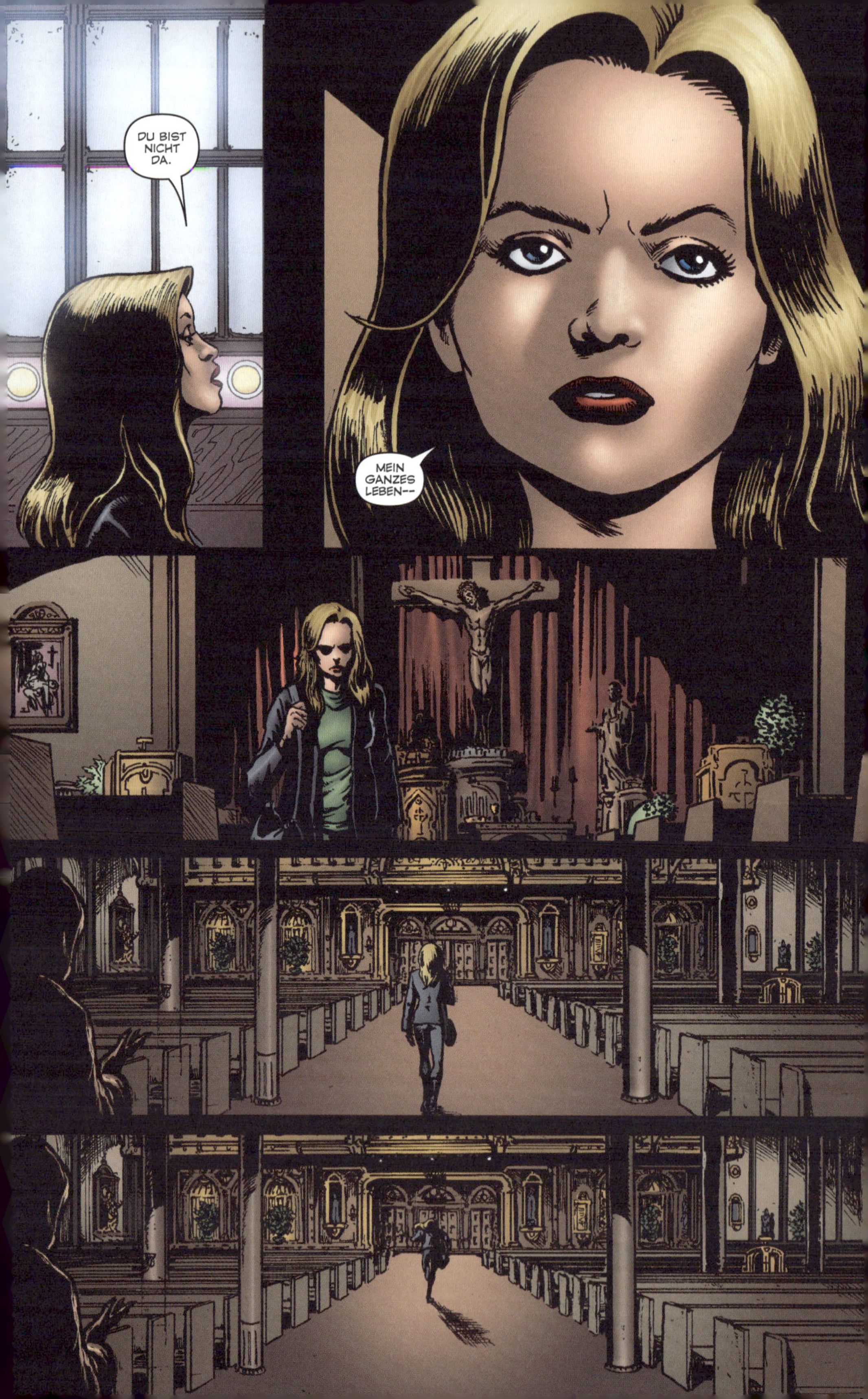
DU BIST NICHT DA.
MEIN GANZES LEBEN--

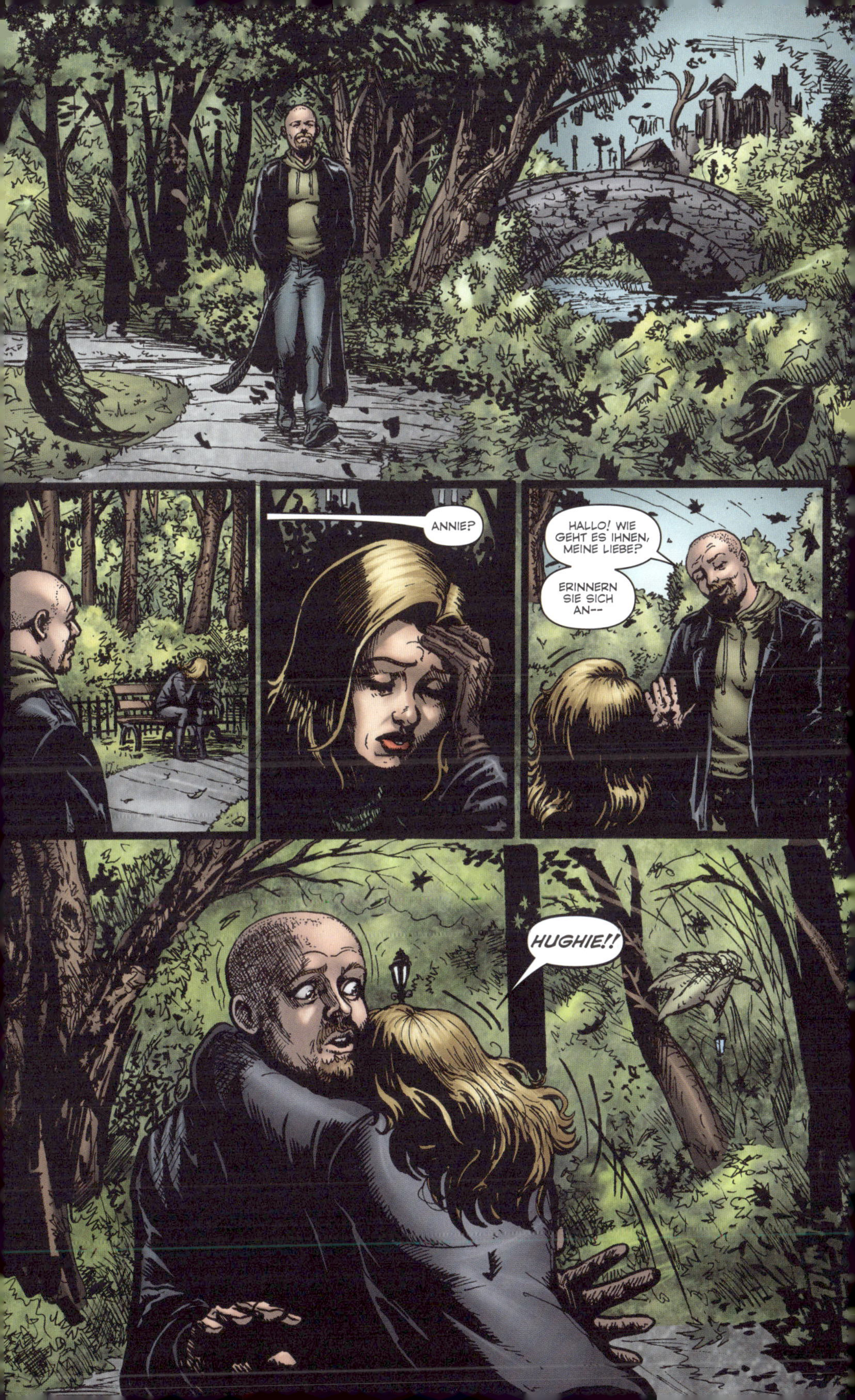
ANNIE?
HALLO! WIE GEHT ES IHNEN, MEINE LIEBE?
ERINNERN SIE SICH AN--
HUGHIE!!

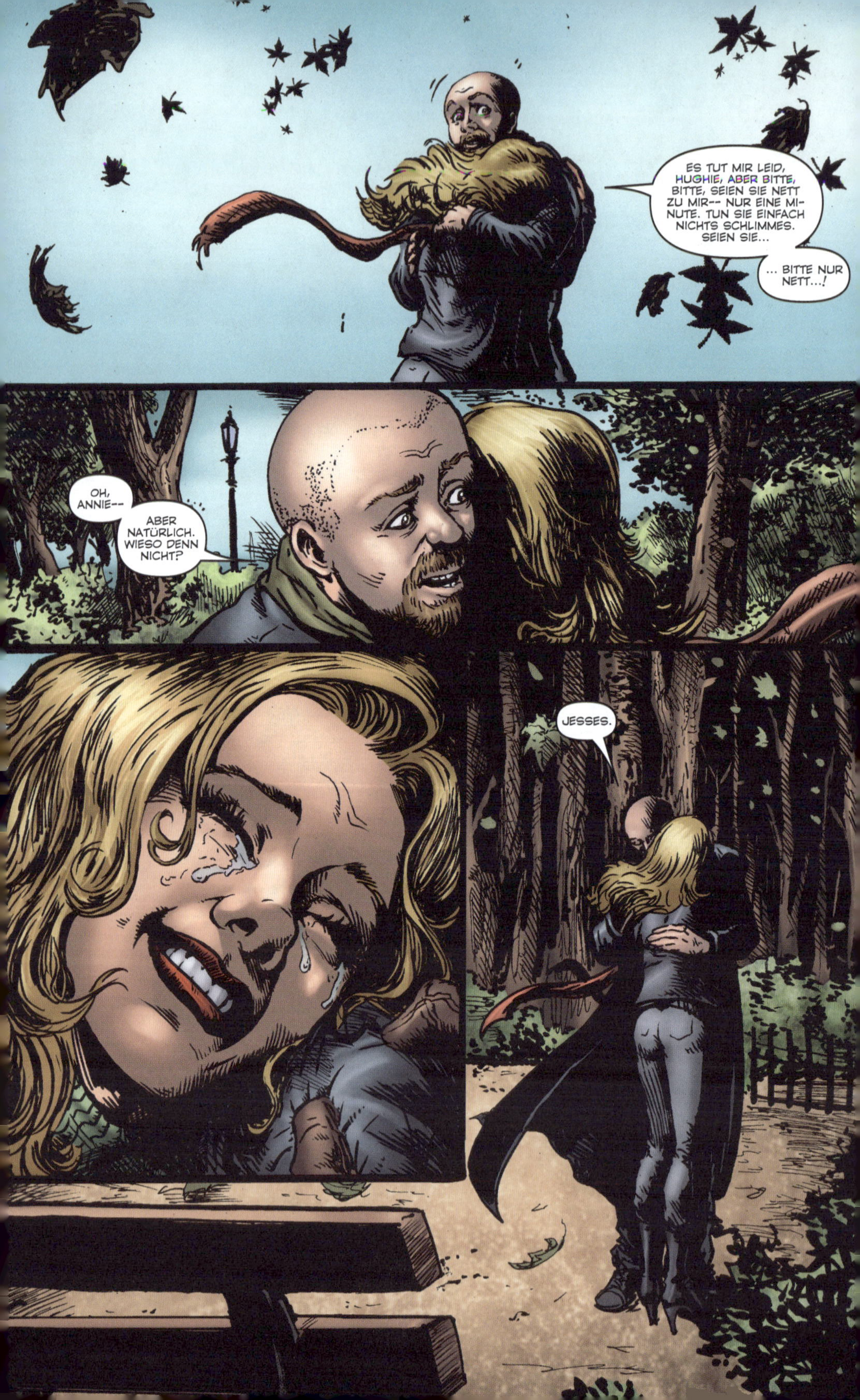

ES TUT MIR LEID, HUGHIE, ABER BITTE, BITTE, SEIEN SIE NETT ZU MIR-- NUR EINE MINUTE. TUN SIE EINFACH NICHTS SCHLIMMES. SEIEN SIE...
... BITTE NUR NETT...!
OH, ANNIE--
ABER NATÜRLICH. WIESO DENN NICHT?
JESSES.

STREICHELEINHEITEN, TEIL 2

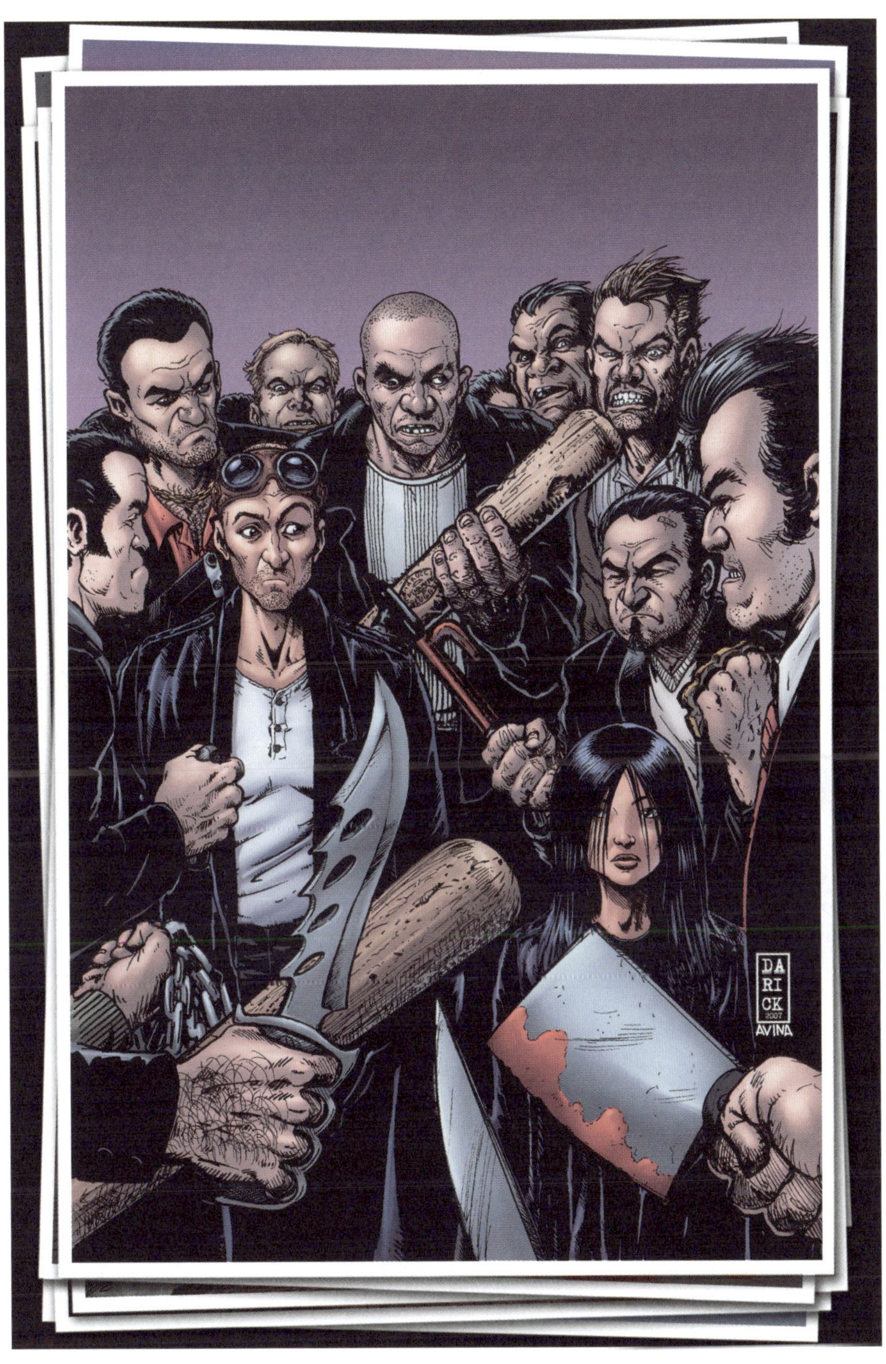

The Boys (2006) 16
Cover von **DARICK ROBERTSON**

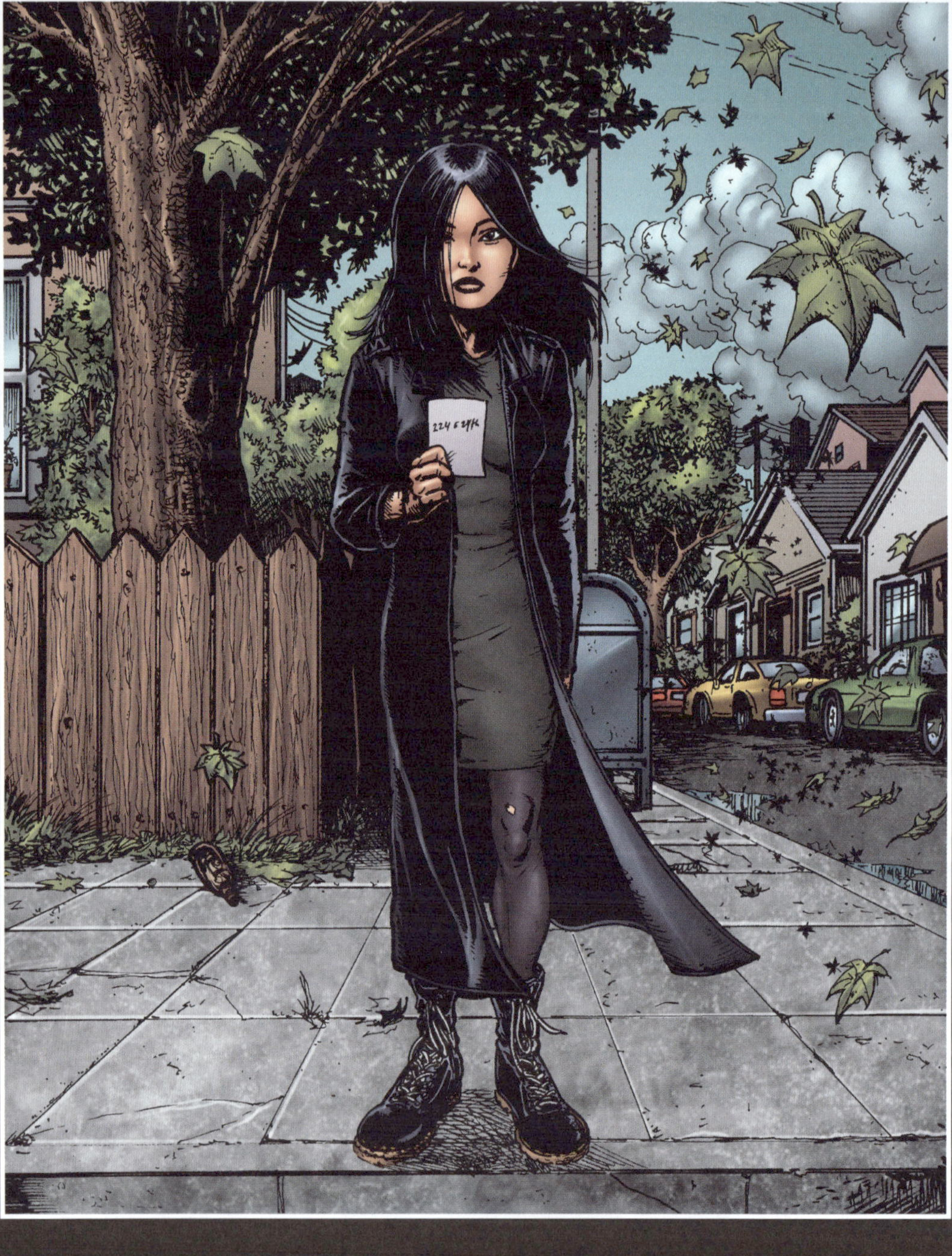

STREICHELEINHEITEN
TEIL 2

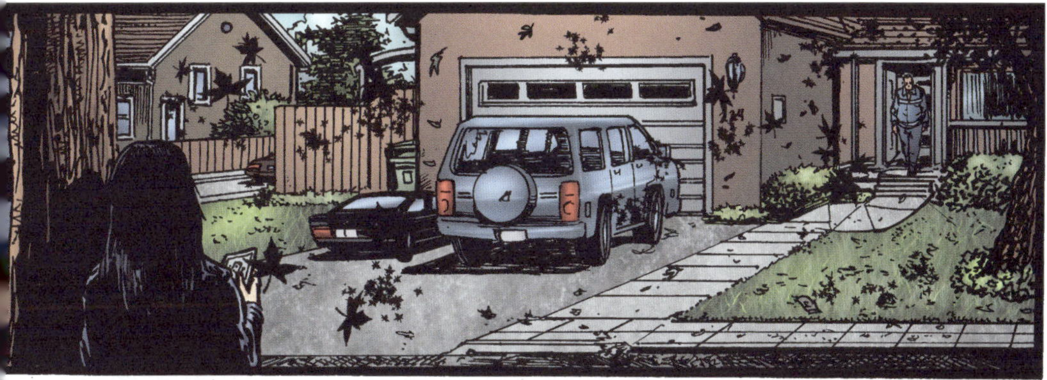

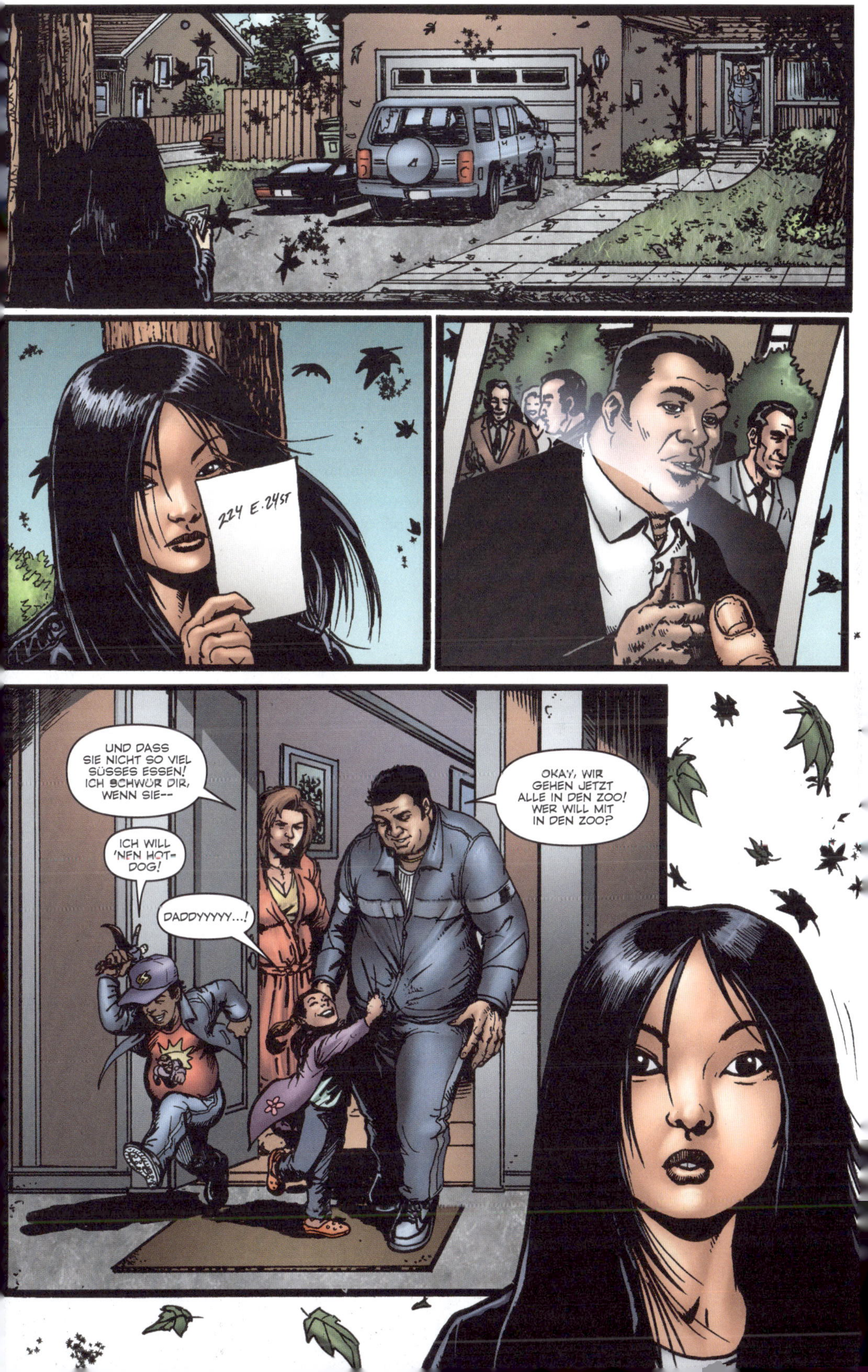

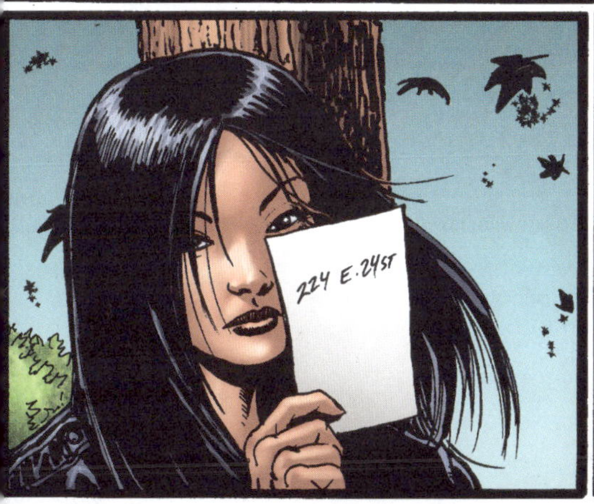

224 E. 24ST

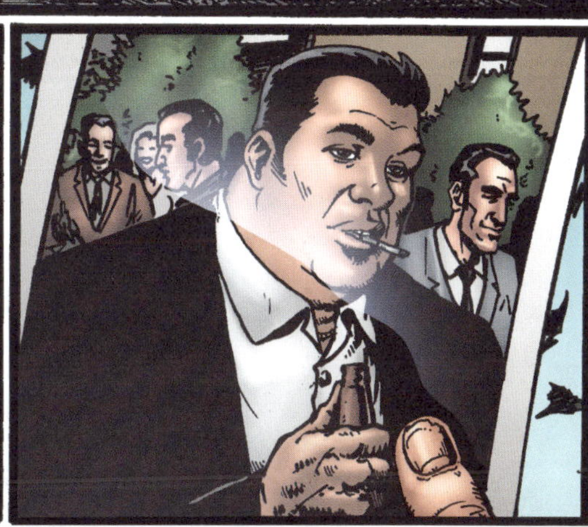

UND DASS SIE NICHT SO VIEL SÜSSES ESSEN! ICH SCHWÖR DIR, WENN SIE--
ICH WILL 'NEN HOT-DOG!
DADDYYYYY...!
OKAY, WIR GEHEN JETZT ALLE IN DEN ZOO! WER WILL MIT IN DEN ZOO?

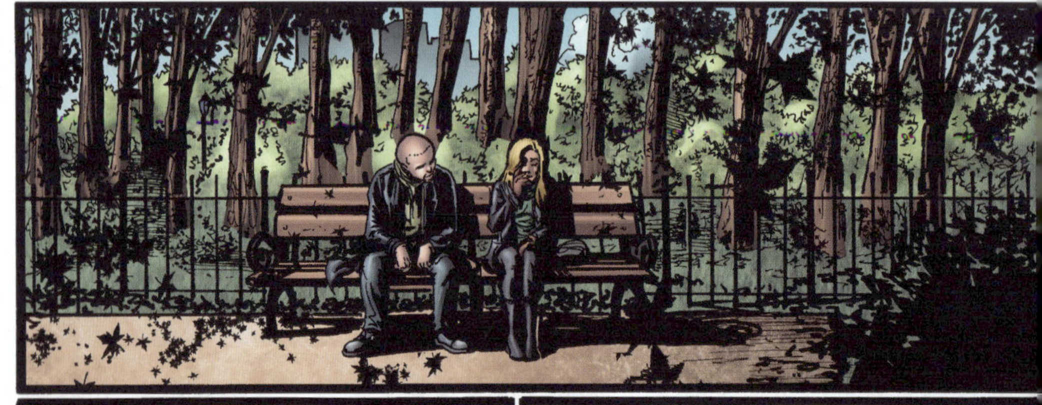

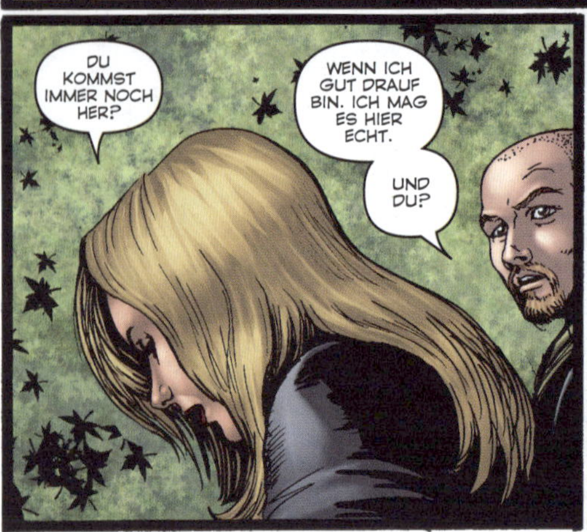

DU KOMMST IMMER NOCH HER?
WENN ICH GUT DRAUF BIN. ICH MAG ES HIER ECHT.
UND DU?

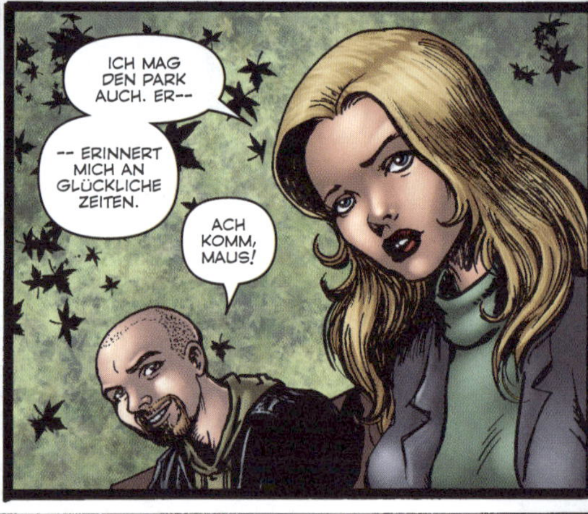

ICH MAG DEN PARK AUCH. ER--
-- ERINNERT MICH AN GLÜCKLICHE ZEITEN.
ACH KOMM, MAUS!

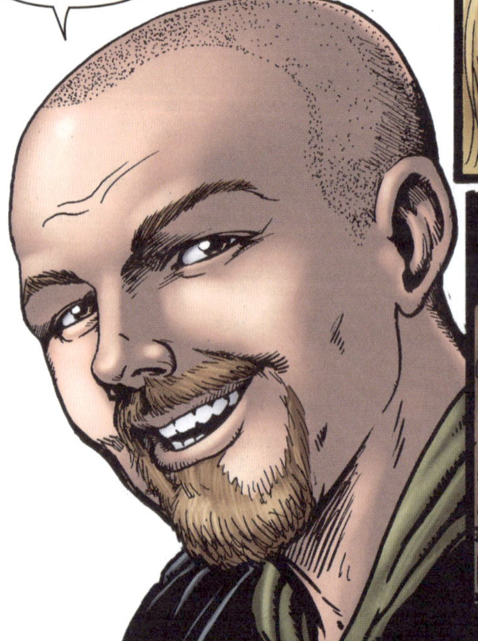

DU WILLST MIR DOCH NICHT IM ERNST VERKLICKERN, DASS DU DIE LETZTEN SECHS MONATE NUR UNGLÜCKLICH WARST, ODER? KOMM SCHON!

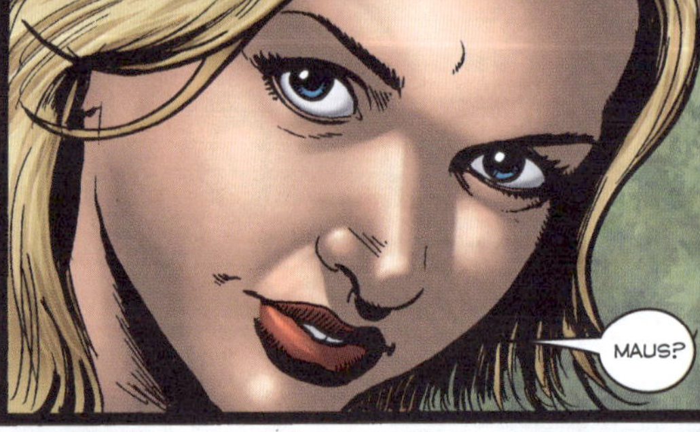

MAUS?

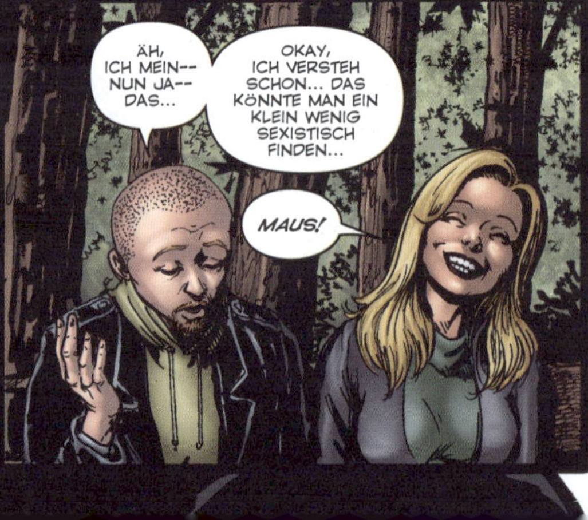

ÄH, ICH MEIN-- NUN JA-- DAS...
OKAY, ICH VERSTEH SCHON... DAS KÖNNTE MAN EIN KLEIN WENIG SEXISTISCH FINDEN...
MAUS!

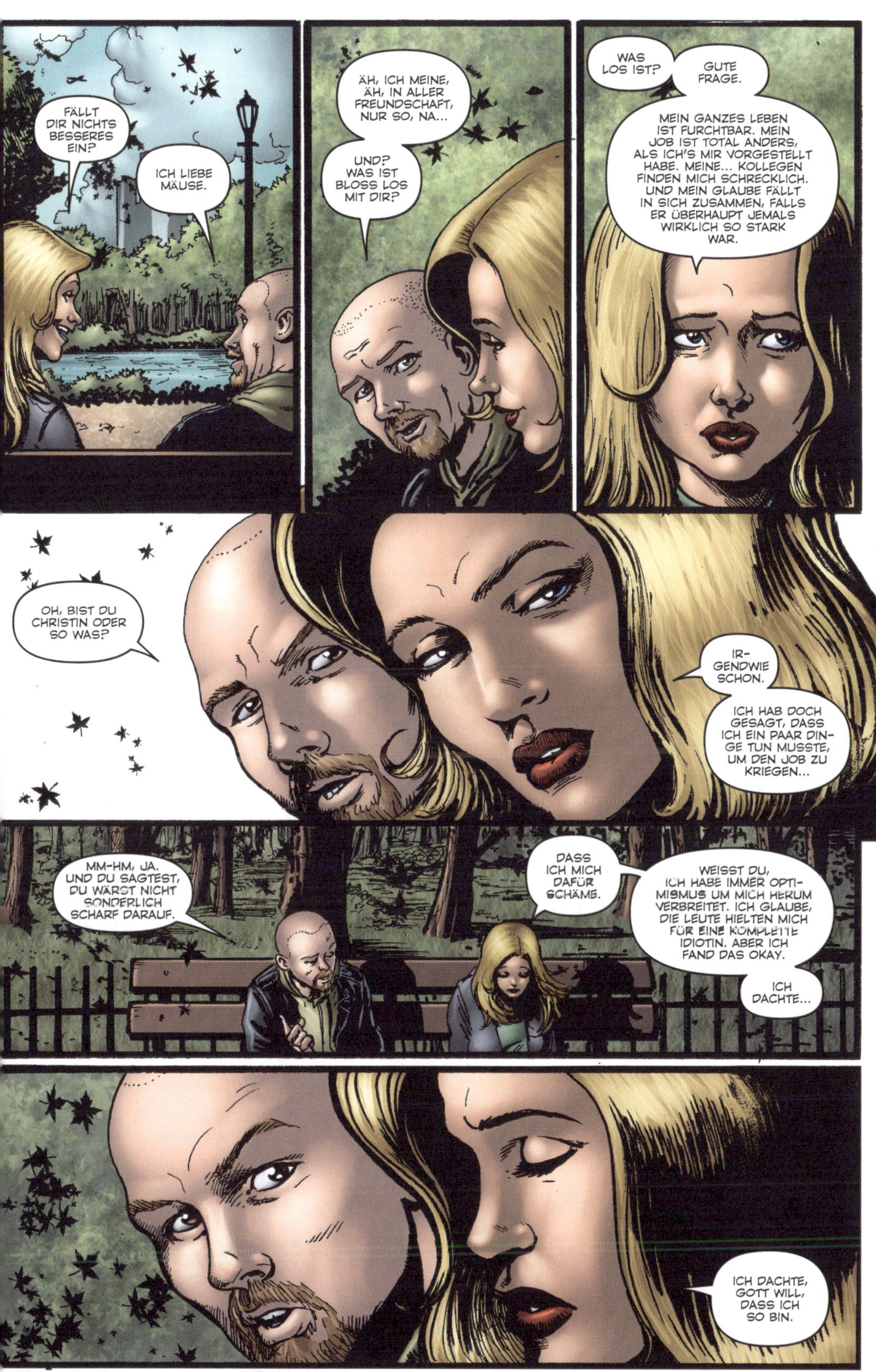

FÄLLT DIR NICHTS BESSERES EIN?
ICH LIEBE MÄUSE.
ÄH, ICH MEINE, ÄH, IN ALLER FREUNDSCHAFT, NUR SO, NA...
UND? WAS IST BLOSS LOS MIT DIR?
WAS LOS IST?
GUTE FRAGE.
MEIN GANZES LEBEN IST FURCHTBAR. MEIN JOB IST TOTAL ANDERS, ALS ICH'S MIR VORGESTELLT HABE. MEINE... KOLLEGEN FINDEN MICH SCHRECKLICH. UND MEIN GLAUBE FÄLLT IN SICH ZUSAMMEN, FALLS ER ÜBERHAUPT JEMALS WIRKLICH SO STARK WAR.
OH, BIST DU CHRISTIN ODER SO WAS?
IR-GENDWIE SCHON.
ICH HAB DOCH GESAGT, DASS ICH EIN PAAR DIN-GE TUN MUSSTE, UM DEN JOB ZU KRIEGEN...
MM-HM, JA. UND DU SAGTEST, DU WÄRST NICHT SONDERLICH SCHARF DARAUF.
DASS ICH MICH DAFÜR SCHÄME.
WEISST DU, ICH HABE IMMER OPTI-MISMUS UM MICH HERUM VERBREITET. ICH GLAUBE, DIE LEUTE HIELTEN MICH FÜR EINE KOMPLETTE IDIOTIN. ABER ICH FAND DAS OKAY.
ICH DACHTE...
ICH DACHTE, GOTT WILL, DASS ICH SO BIN.

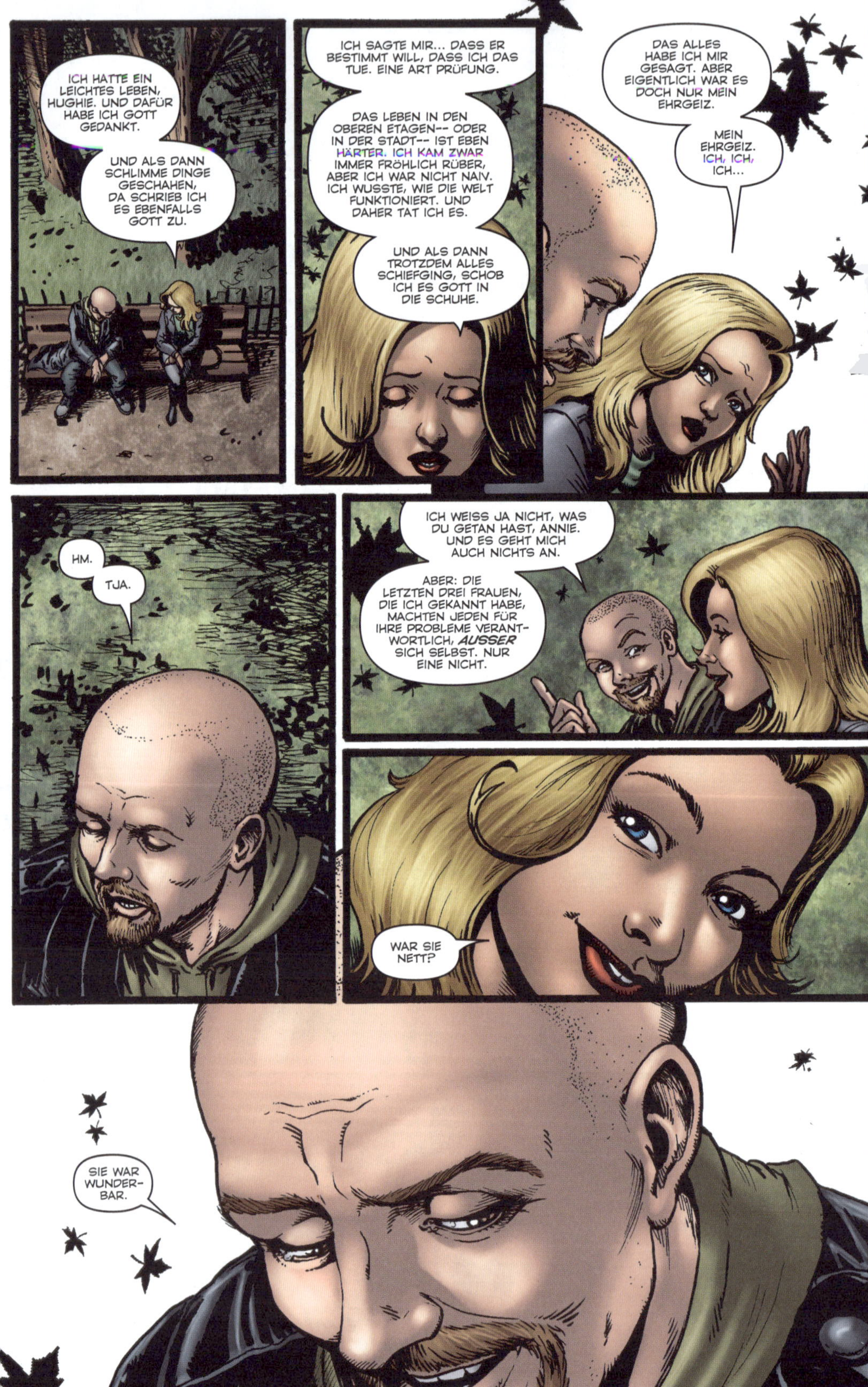
ICH HATTE EIN LEICHTES LEBEN, HUGHIE. UND DAFÜR HABE ICH GOTT GEDANKT.
UND ALS DANN SCHLIMME DINGE GESCHAHEN, DA SCHRIEB ICH ES EBENFALLS GOTT ZU.
ICH SAGTE MIR... DASS ER BESTIMMT WILL, DASS ICH DAS TUE. EINE ART PRÜFUNG.
DAS LEBEN IN DEN OBEREN ETAGEN-- ODER IN DER STADT-- IST EBEN HÄRTER. ICH KAM ZWAR IMMER FRÖHLICH RÜBER, ABER ICH WAR NICHT NAIV. ICH WUSSTE, WIE DIE WELT FUNKTIONIERT. UND DAHER TAT ICH ES.
UND ALS DANN TROTZDEM ALLES SCHIEFGING, SCHOB ICH ES GOTT IN DIE SCHUHE.
DAS ALLES HABE ICH MIR GESAGT. ABER EIGENTLICH WAR ES DOCH NUR MEIN EHRGEIZ.
MEIN EHRGEIZ. ICH, ICH, ICH...
HM.
TJA.
ICH WEISS JA NICHT, WAS DU GETAN HAST, ANNIE. UND ES GEHT MICH AUCH NICHTS AN.
ABER: DIE LETZTEN DREI FRAUEN, DIE ICH GEKANNT HABE, MACHTEN JEDEN FÜR IHRE PROBLEME VERANT-WORTLICH, AUSSER SICH SELBST. NUR EINE NICHT.
WAR SIE NETT?
SIE WAR WUNDER-BAR.

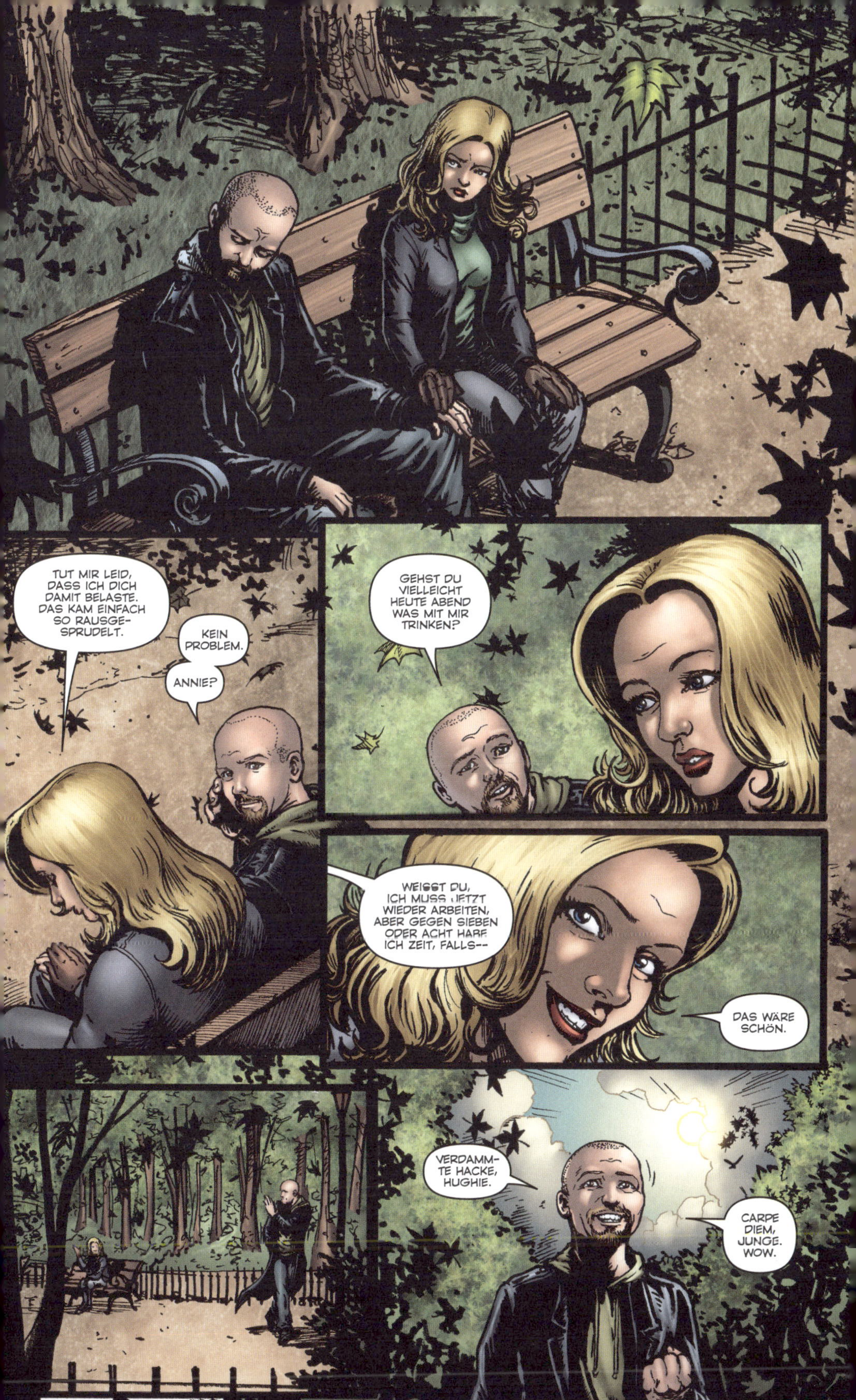
TUT MIR LEID, DASS ICH DICH DAMIT BELASTE. DAS KAM EINFACH SO RAUSGE-SPRUDELT.
KEIN PROBLEM.
ANNIE?
GEHST DU VIELLEICHT HEUTE ABEND WAS MIT MIR TRINKEN?
WEISST DU, ICH MUSS JETZT WIEDER ARBEITEN, ABER GEGEN SIEBEN ODER ACHT HABE ICH ZEIT, FALLS--
DAS WÄRE SCHÖN.
VERDAMM-TE HACKE, HUGHIE.
CARPE DIEM, JUNGE. WOW.

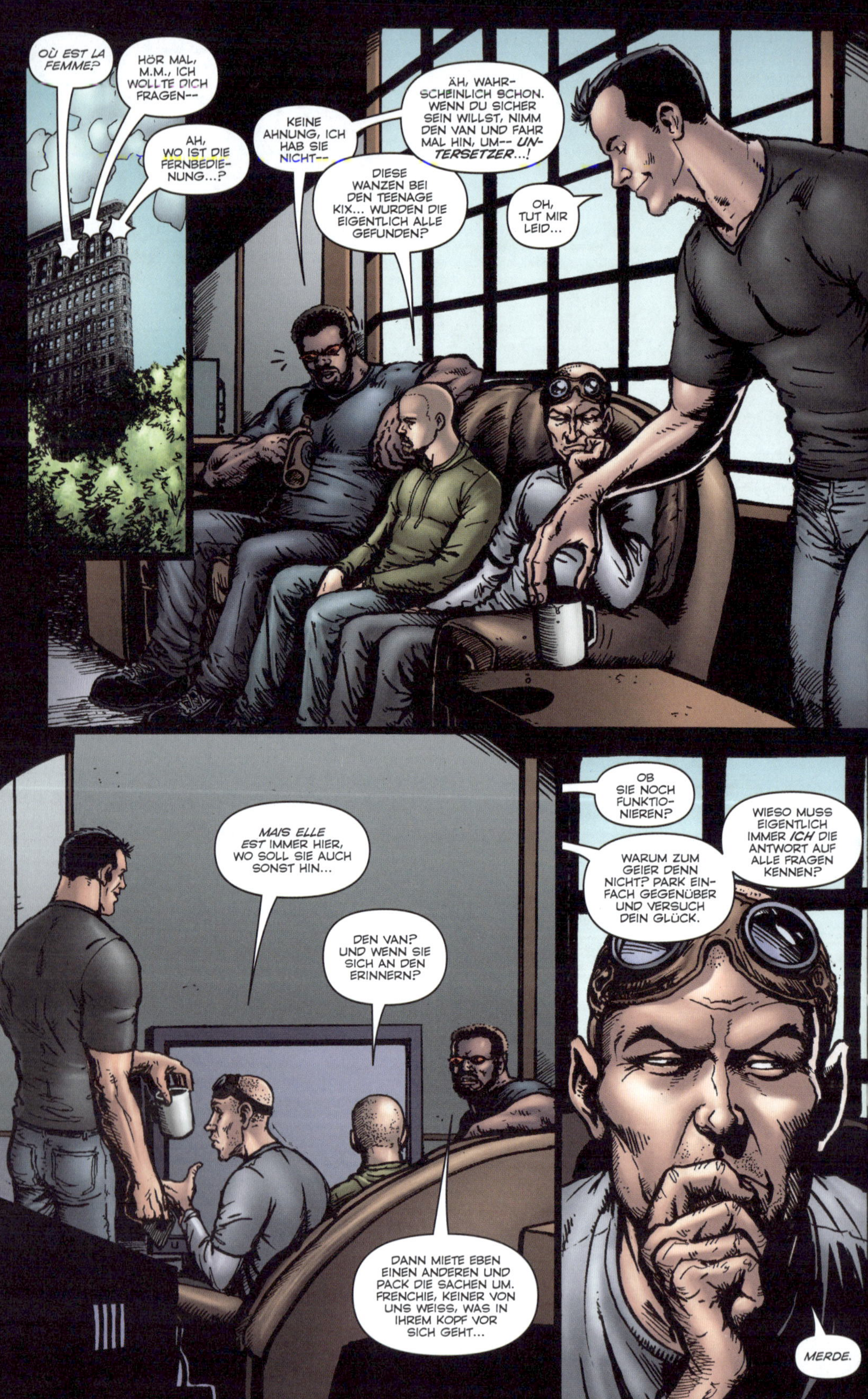
OÙ EST LA FEMME?
HÖR MAL, M.M., ICH WOLLTE DICH FRAGEN--
AH, WO IST DIE FERNBEDIENUNG...?
KEINE AHNUNG, ICH HAB SIE NICHT--
ÄH, WAHRSCHEINLICH SCHON. WENN DU SICHER SEIN WILLST, NIMM DEN VAN UND FAHR MAL HIN, UM-- UNTERSETZER...!
DIESE WANZEN BEI DEN TEENAGE KIX... WURDEN DIE EIGENTLICH ALLE GEFUNDEN?
OH, TUT MIR LEID...
MAIS ELLE EST IMMER HIER, WO SOLL SIE AUCH SONST HIN...
DEN VAN? UND WENN SIE SICH AN DEN ERINNERN?
DANN MIETE EBEN EINEN ANDEREN UND PACK DIE SACHEN UM. FRENCHIE, KEINER VON UNS WEISS, WAS IN IHREM KOPF VOR SICH GEHT...
OB SIE NOCH FUNKTIONIEREN?
WARUM ZUM GEIER DENN NICHT? PARK EINFACH GEGENÜBER UND VERSUCH DEIN GLÜCK.
WIESO MUSS EIGENTLICH IMMER ICH DIE ANTWORT AUF ALLE FRAGEN KENNEN?
MERDE.

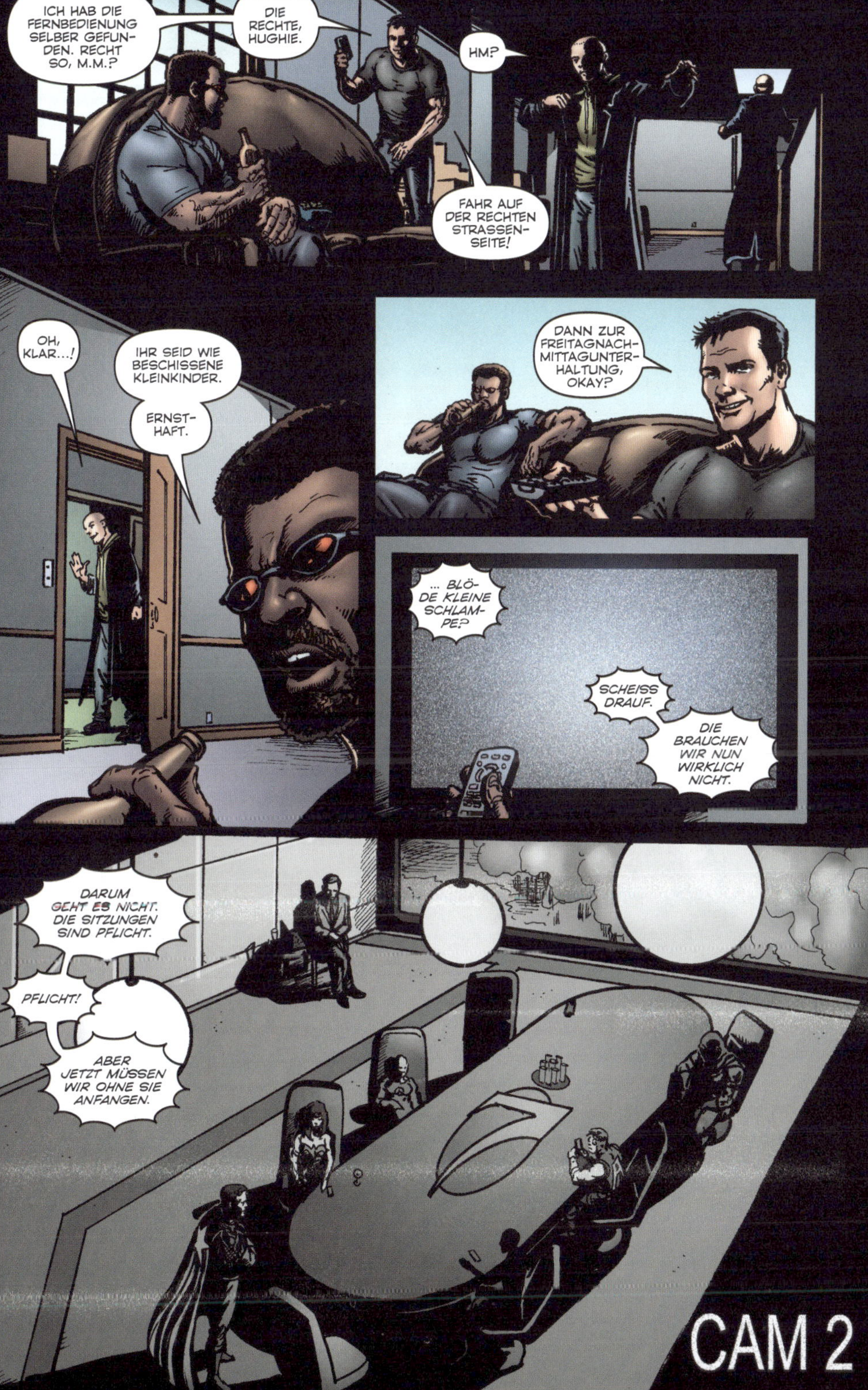
ICH HAB DIE FERNBEDIENUNG SELBER GEFUNDEN. RECHT SO, M.M.?
DIE RECHTE, HUGHIE.
HM?
FAHR AUF DER RECHTEN STRASSENSEITE!
OH, KLAR...!
IHR SEID WIE BESCHISSENE KLEINKINDER.
ERNSTHAFT.
DANN ZUR FREITAGNACHMITTAGUNTERHALTUNG, OKAY?
... BLÖDE KLEINE SCHLAMPE?
SCHEISS DRAUF.
DIE BRAUCHEN WIR NUN WIRKLICH NICHT.
DARUM GEHT ES NICHT. DIE SITZUNGEN SIND PFLICHT.
PFLICHT!
ABER JETZT MÜSSEN WIR OHNE SIE ANFANGEN.
CAM 2

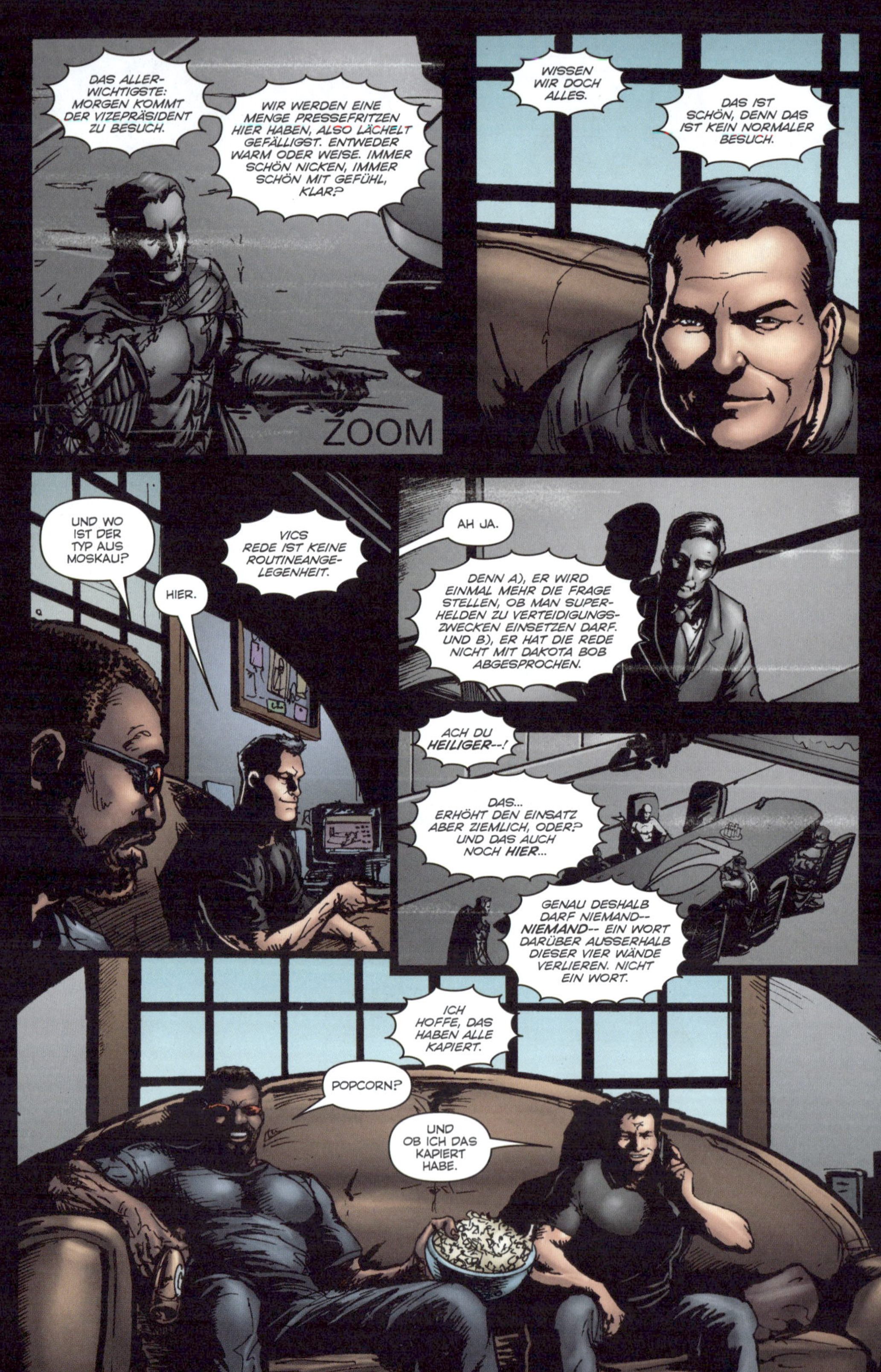

DAS ALLER-WICHTIGSTE: MORGEN KOMMT DER VIZEPRÄSIDENT ZU BESUCH.
WIR WERDEN EINE MENGE PRESSEFRITZEN HIER HABEN, ALSO LÄCHELT GEFÄLLIGST. ENTWEDER WARM ODER WEISE. IMMER SCHÖN NICKEN, IMMER SCHÖN MIT GEFÜHL, KLAR?
ZOOM
WISSEN WIR DOCH ALLES.
DAS IST SCHÖN, DENN DAS IST KEIN NORMALER BESUCH.
UND WO IST DER TYP AUS MOSKAU?
HIER.
VICS REDE IST KEINE ROUTINEANGE-LEGENHEIT.
AH JA.
DENN A), ER WIRD EINMAL MEHR DIE FRAGE STELLEN, OB MAN SUPER-HELDEN ZU VERTEIDIGUNGS-ZWECKEN EINSETZEN DARF. UND B), ER HAT DIE REDE NICHT MIT DAKOTA BOB ABGESPROCHEN.
ACH DU HEILIGER--!
DAS... ERHÖHT DEN EINSATZ ABER ZIEMLICH, ODER? UND DAS AUCH NOCH HIER...
GENAU DESHALB DARF NIEMAND-- NIEMAND-- EIN WORT DARÜBER AUSSERHALB DIESER VIER WÄNDE VERLIEREN. NICHT EIN WORT.
ICH HOFFE, DAS HABEN ALLE KAPIERT.
POPCORN?
UND OB ICH DAS KAPIERT HABE.

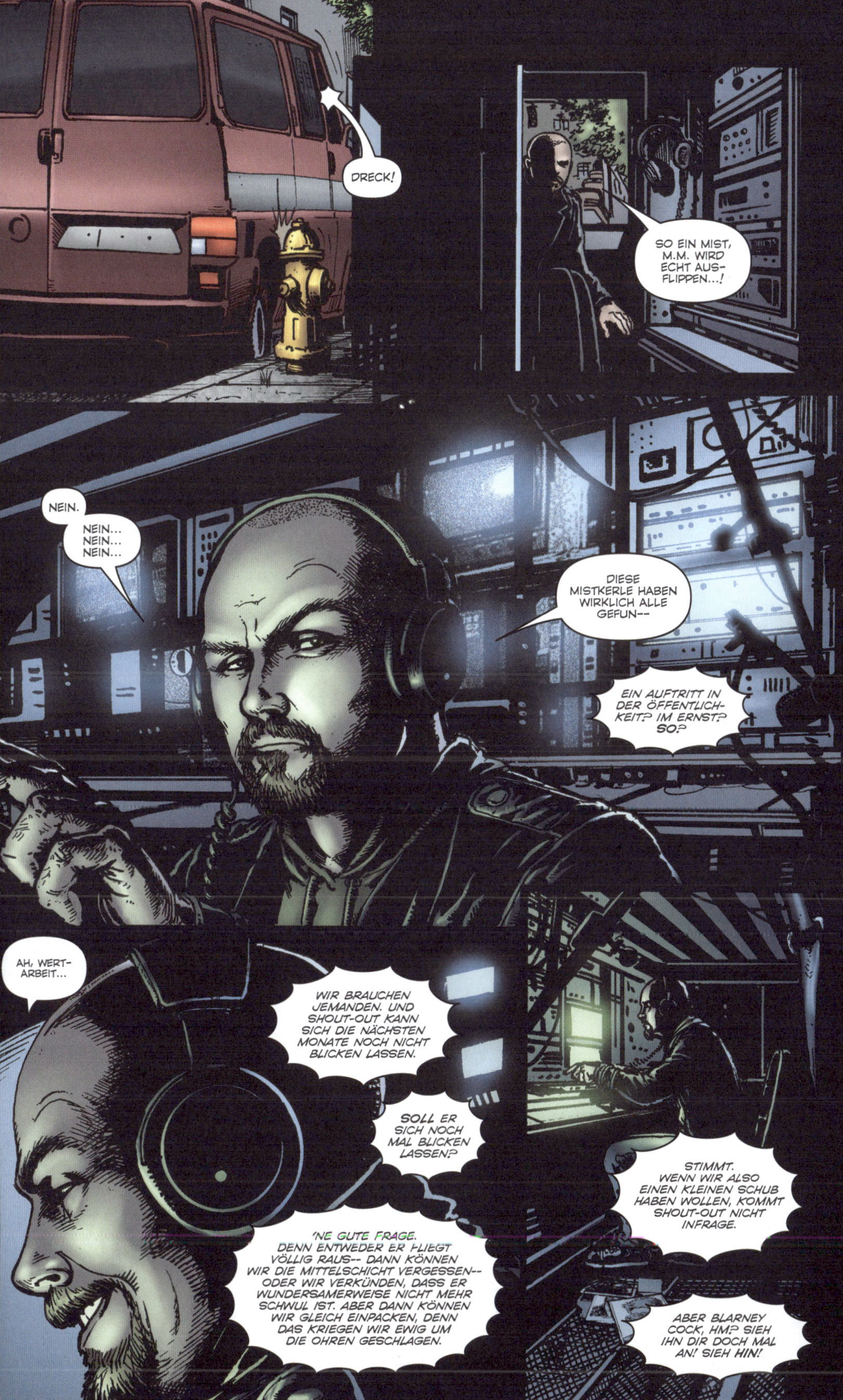
DRECK!
SO EIN MIST, M.M. WIRD ECHT AUS-FLIPPEN...!
NEIN.
NEIN... NEIN... NEIN...
DIESE MISTKERLE HABEN WIRKLICH ALLE GEFUN--
EIN AUFTRITT IN DER ÖFFENTLICH-KEIT? IM ERNST? SO?
AH, WERT-ARBEIT...
WIR BRAUCHEN JEMANDEN. UND SHOUT-OUT KANN SICH DIE NÄCHSTEN MONATE NOCH NICHT BLICKEN LASSEN.
SOLL ER SICH NOCH MAL BLICKEN LASSEN?
'NE GUTE FRAGE. DENN ENTWEDER ER FLIEGT VÖLLIG RAUS-- DANN KÖNNEN WIR DIE MITTELSCHICHT VERGESSEN-- ODER WIR VERKÜNDEN, DASS ER WUNDERSAMERWEISE NICHT MEHR SCHWUL IST. ABER DANN KÖNNEN WIR GLEICH EINPACKEN, DENN DAS KRIEGEN WIR EWIG UM DIE OHREN GESCHLAGEN.
STIMMT. WENN WIR ALSO EINEN KLEINEN SCHUB HABEN WOLLEN, KOMMT SHOUT-OUT NICHT INFRAGE.
ABER BLARNEY COCK, HM? SIEH IHN DIR DOCH MAL AN! SIEH HIN!

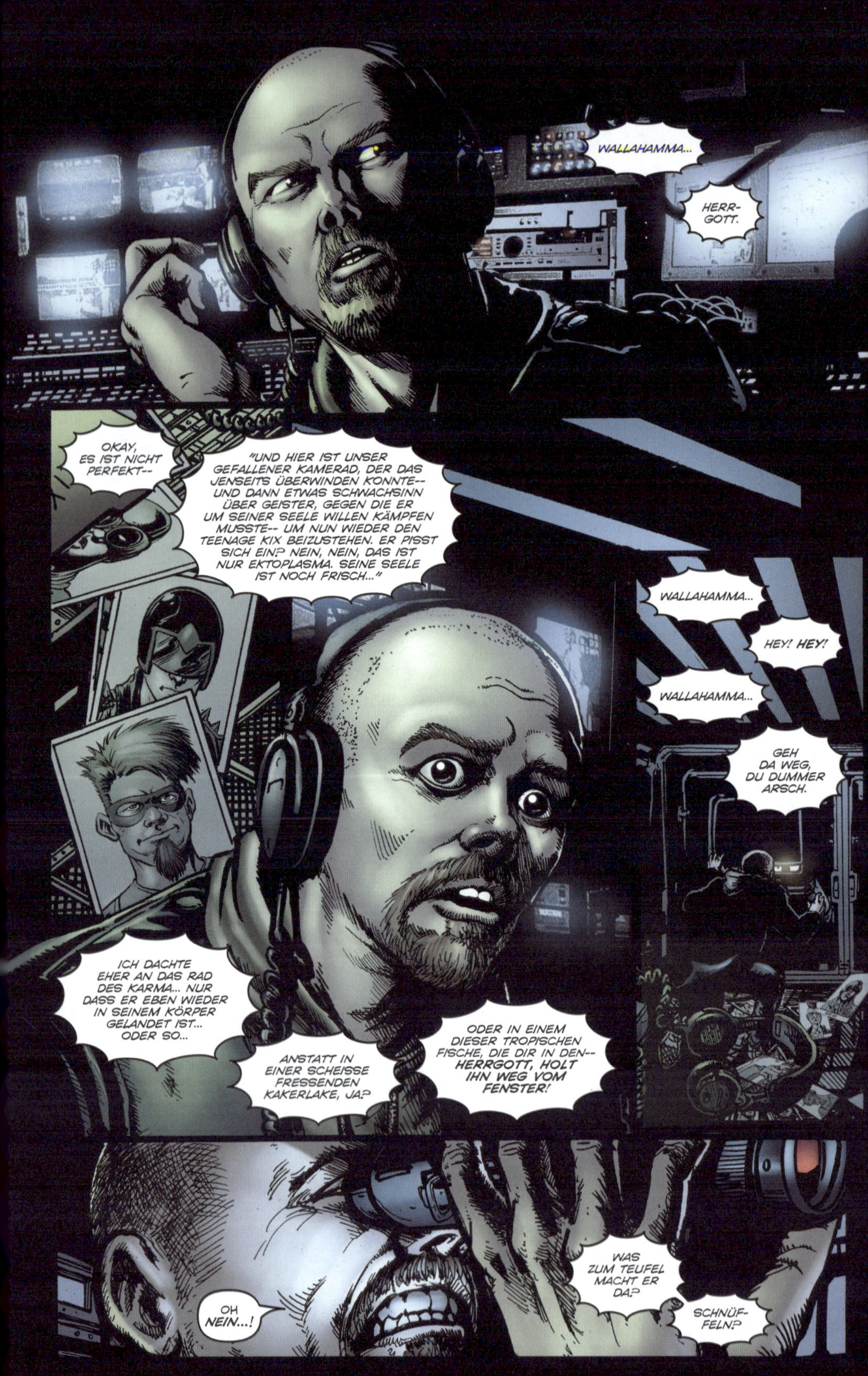
WALLAHAMMA...
HERR-
GOTT.
OKAY,
ES IST NICHT
PERFEKT--
"UND HIER IST UNSER
GEFALLENER KAMERAD, DER DAS
JENSEITS ÜBERWINDEN KONNTE--
UND DANN ETWAS SCHWACHSINN
ÜBER GEISTER, GEGEN DIE ER
UM SEINER SEELE WILLEN KÄMPFEN
MUSSTE-- UM NUN WIEDER DEN
TEENAGE KIX BEIZUSTEHEN. ER PISST
SICH EIN? NEIN, NEIN, DAS IST
NUR EKTOPLASMA. SEINE SEELE
IST NOCH FRISCH..."
WALLAHAMMA...
HEY! HEY!
WALLAHAMMA...
GEH
DA WEG,
DU DUMMER
ARSCH.
ICH DACHTE
EHER AN DAS RAD
DES KARMA... NUR
DASS ER EBEN WIEDER
IN SEINEM KÖRPER
GELANDET IST...
ODER SO...
ANSTATT IN
EINER SCHEISSE
FRESSENDEN
KAKERLAKE, JA?
ODER IN EINEM
DIESER TROPISCHEN
FISCHE, DIE DIR IN DEN--
HERRGOTT, HOLT
IHN WEG VOM
FENSTER!
OH
NEIN...!
WAS
ZUM TEUFEL
MACHT ER
DA?
SCHNÜF-
FELN?

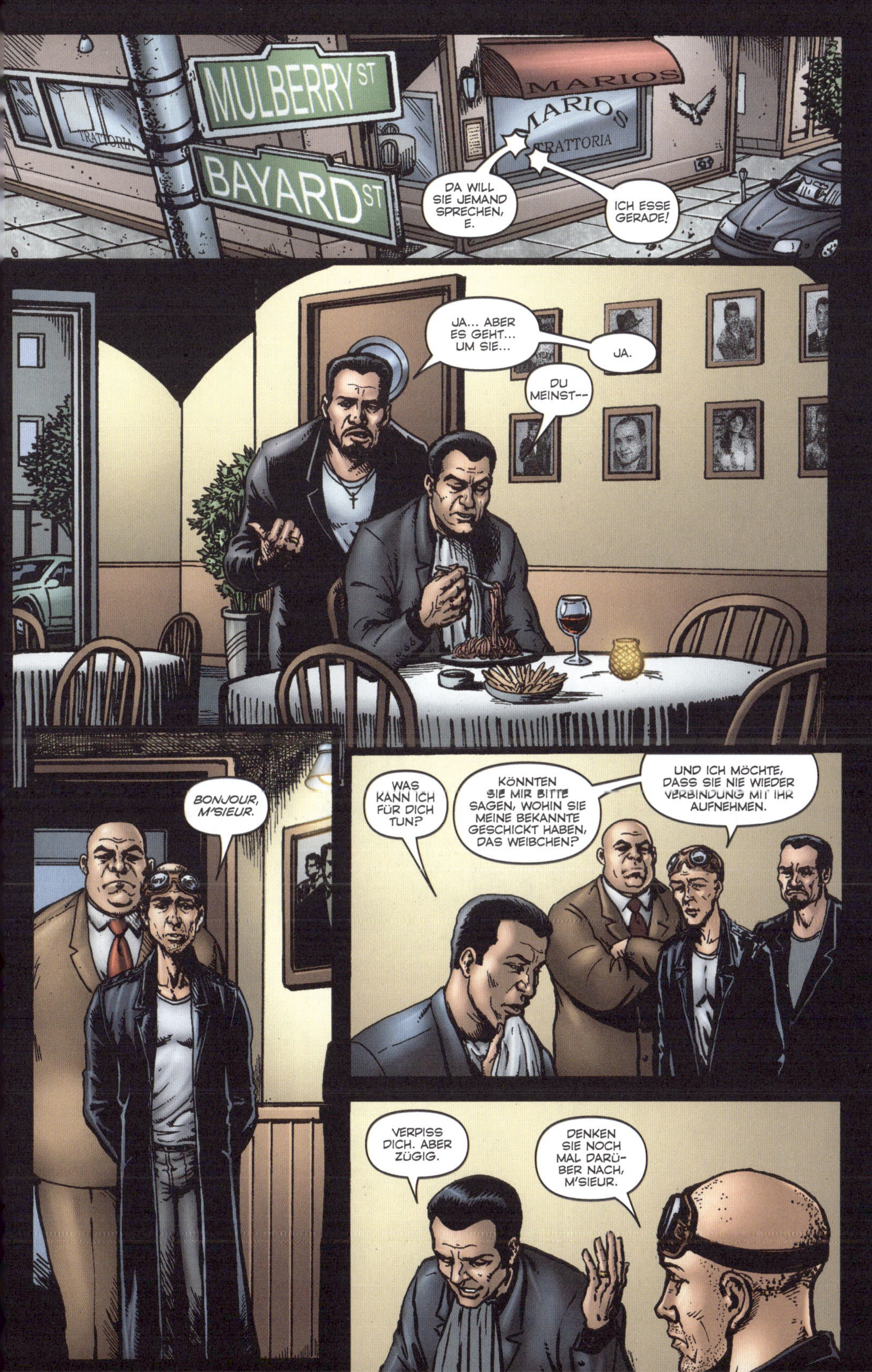
MULBERRY ST
BAYARD ST
MARIOS
MARIOS TRATTORIA
DA WILL SIE JEMAND SPRECHEN, E.
ICH ESSE GERADE!
JA... ABER ES GEHT... UM SIE...
JA.
DU MEINST--
BONJOUR, M'SIEUR.
WAS KANN ICH FÜR DICH TUN?
KÖNNTEN SIE MIR BITTE SAGEN, WOHIN SIE MEINE BEKANNTE GESCHICKT HABEN, DAS WEIBCHEN?
UND ICH MÖCHTE, DASS SIE NIE WIEDER VERBINDUNG MIT IHR AUFNEHMEN.
VERPISS DICH. ABER ZÜGIG.
DENKEN SIE NOCH MAL DARÜBER NACH, M'SIEUR.

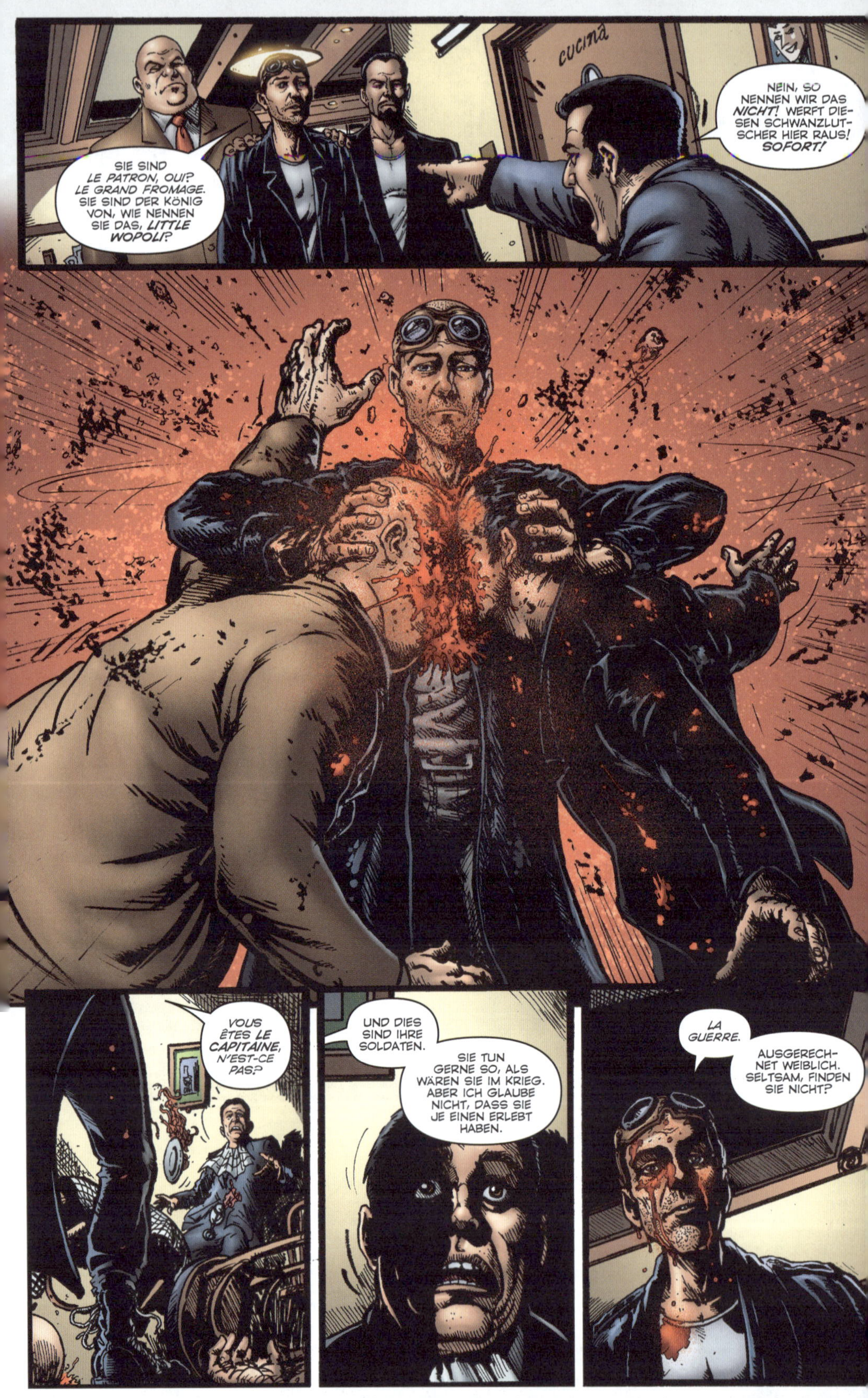
SIE SIND LE PATRON, OUI? LE GRAND FROMAGE. SIE SIND DER KÖNIG VON, WIE NENNEN SIE DAS, LITTLE WOPOLI?
NEIN, SO NENNEN WIR DAS NICHT! WERFT DIESEN SCHWANZLUTSCHER HIER RAUS! SOFORT!
VOUS ÊTES LE CAPITAINE, N'EST-CE PAS?
UND DIES SIND IHRE SOLDATEN.
SIE TUN GERNE SO, ALS WÄREN SIE IM KRIEG. ABER ICH GLAUBE NICHT, DASS SIE JE EINEN ERLEBT HABEN.
LA GUERRE.
AUSGERECHNET WEIBLICH. SELTSAM, FINDEN SIE NICHT?

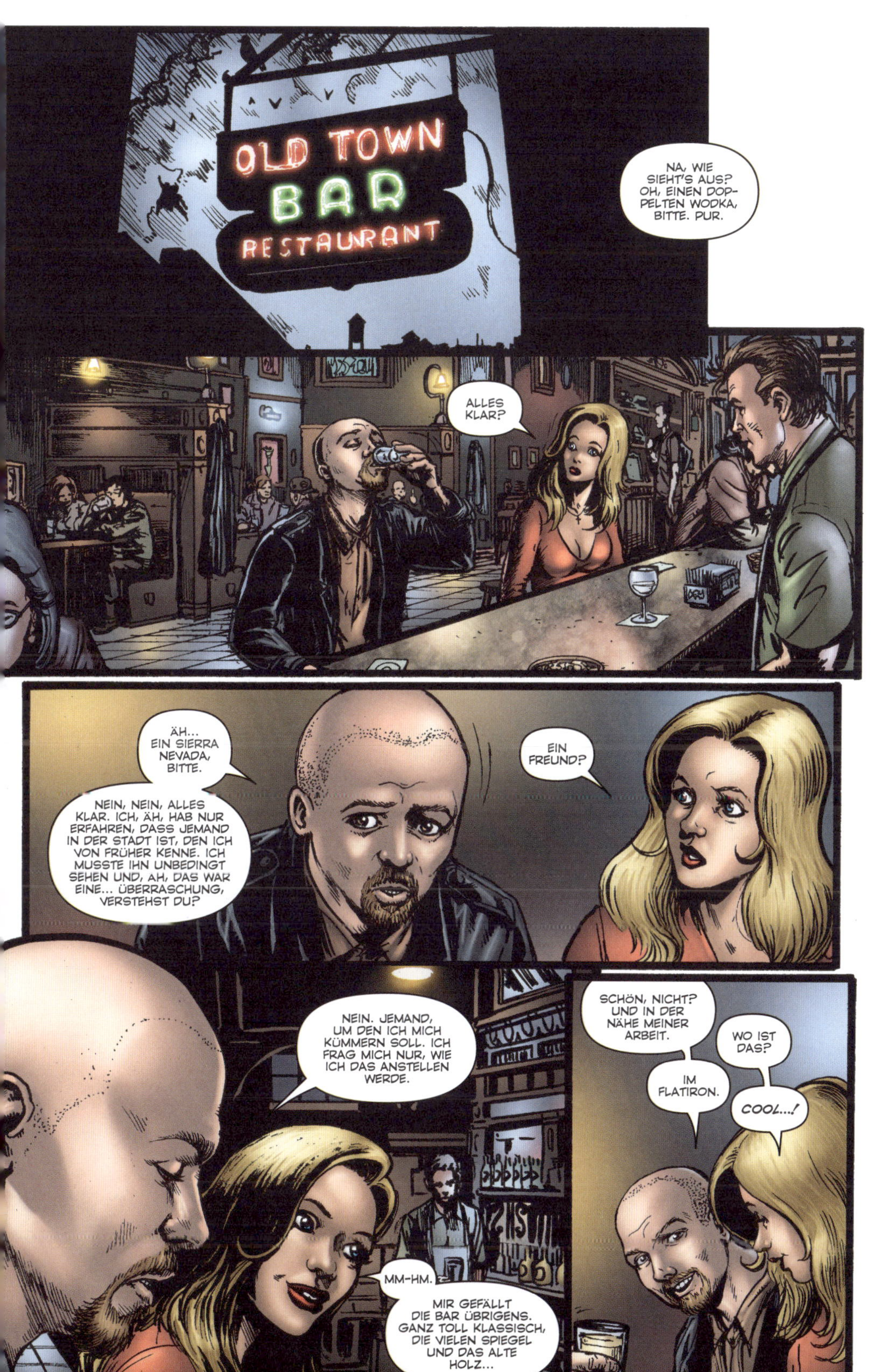
OLD TOWN
BAR
RESTAURANT
NA, WIE SIEHT'S AUS? OH, EINEN DOP-PELTEN WODKA, BITTE. PUR.
ALLES KLAR?
ÄH... EIN SIERRA NEVADA, BITTE.
NEIN, NEIN, ALLES KLAR. ICH, ÄH, HAB NUR ERFAHREN, DASS JEMAND IN DER STADT IST, DEN ICH VON FRÜHER KENNE. ICH MUSSTE IHN UNBEDINGT SEHEN UND, AH, DAS WAR EINE... ÜBERRASCHUNG, VERSTEHST DU?
EIN FREUND?
NEIN. JEMAND, UM DEN ICH MICH KÜMMERN SOLL. ICH FRAG MICH NUR, WIE ICH DAS ANSTELLEN WERDE.
MM-HM.
MIR GEFÄLLT DIE BAR ÜBRIGENS. GANZ TOLL KLASSISCH, DIE VIELEN SPIEGEL UND DAS ALTE HOLZ...
SCHÖN, NICHT? UND IN DER NÄHE MEINER ARBEIT.
WO IST DAS?
IM FLATIRON.
COOL...!

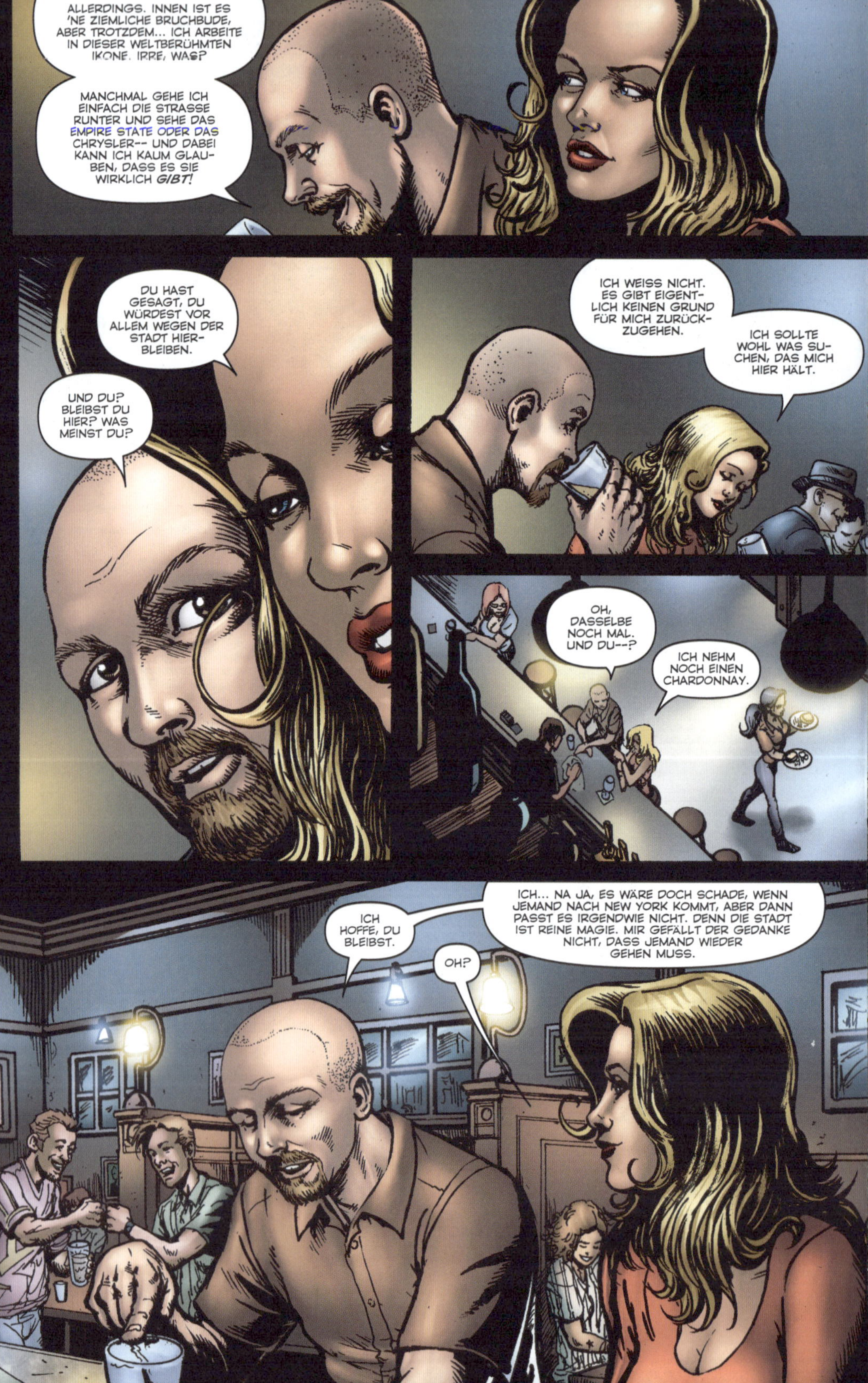

ALLERDINGS. INNEN IST ES 'NE ZIEMLICHE BRUCHBUDE, ABER TROTZDEM... ICH ARBEITE IN DIESER WELTBERÜHMTEN IKONE. IRRE, WAS?
MANCHMAL GEHE ICH EINFACH DIE STRASSE RUNTER UND SEHE DAS EMPIRE STATE ODER DAS CHRYSLER-- UND DABEI KANN ICH KAUM GLAUBEN, DASS ES SIE WIRKLICH GIBT!
DU HAST GESAGT, DU WÜRDEST VOR ALLEM WEGEN DER STADT HIERBLEIBEN.
UND DU? BLEIBST DU HIER? WAS MEINST DU?
ICH WEISS NICHT. ES GIBT EIGENTLICH KEINEN GRUND FÜR MICH ZURÜCKZUGEHEN.
ICH SOLLTE WOHL WAS SUCHEN, DAS MICH HIER HÄLT.
OH, DASSELBE NOCH MAL. UND DU--?
ICH NEHM NOCH EINEN CHARDONNAY.
ICH HOFFE, DU BLEIBST.
OH?
ICH... NA JA, ES WÄRE DOCH SCHADE, WENN JEMAND NACH NEW YORK KOMMT, ABER DANN PASST ES IRGENDWIE NICHT. DENN DIE STADT IST REINE MAGIE. MIR GEFÄLLT DER GEDANKE NICHT, DASS JEMAND WIEDER GEHEN MUSS.

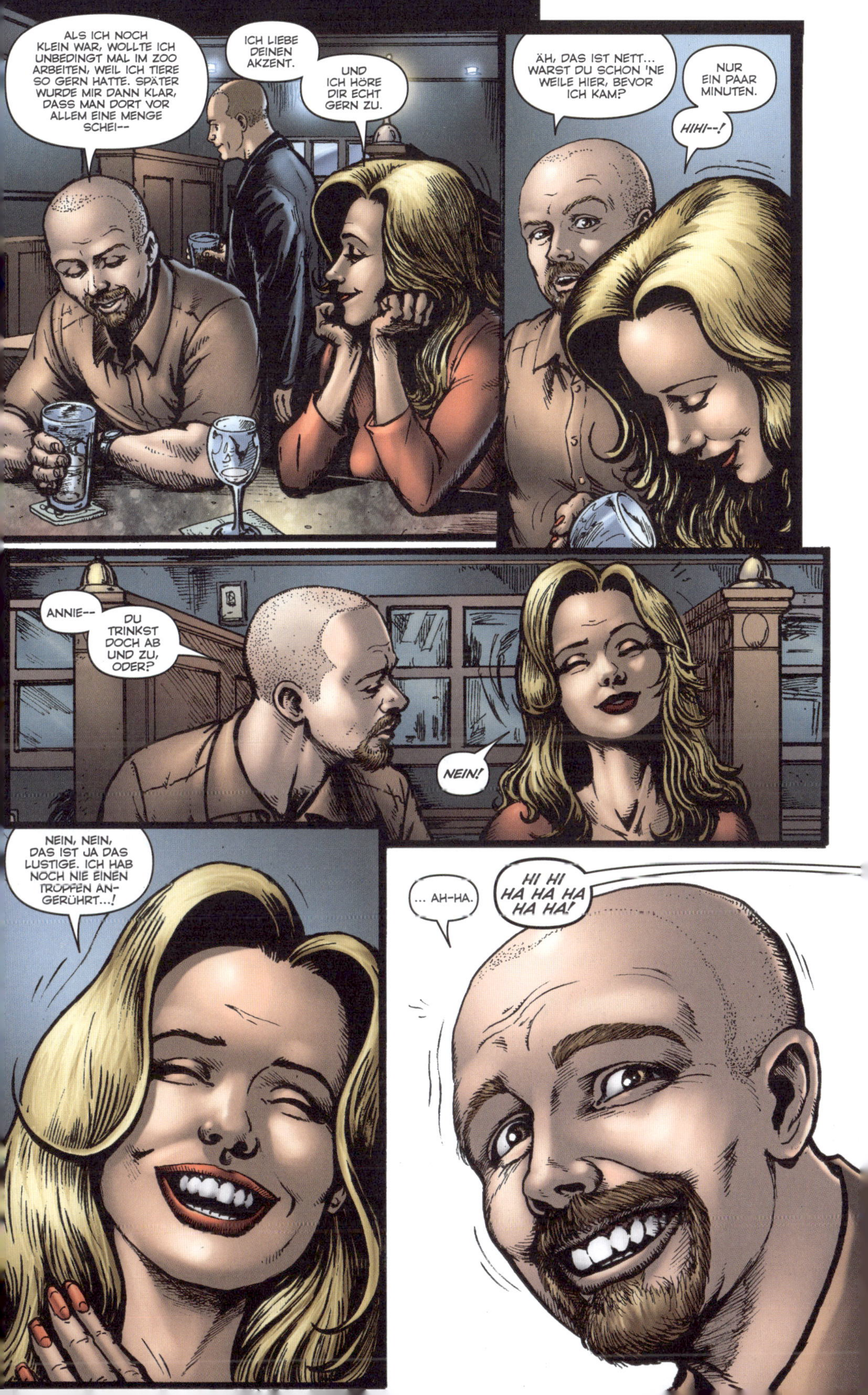

ALS ICH NOCH KLEIN WAR, WOLLTE ICH UNBEDINGT MAL IM ZOO ARBEITEN, WEIL ICH TIERE SO GERN HATTE. SPÄTER WURDE MIR DANN KLAR, DASS MAN DORT VOR ALLEM EINE MENGE SCHEI--

ICH LIEBE DEINEN AKZENT.

UND ICH HÖRE DIR ECHT GERN ZU.

ÄH, DAS IST NETT... WARST DU SCHON 'NE WEILE HIER, BEVOR ICH KAM?

NUR EIN PAAR MINUTEN.

HIHI--!

ANNIE--

DU TRINKST DOCH AB UND ZU, ODER?

NEIN!

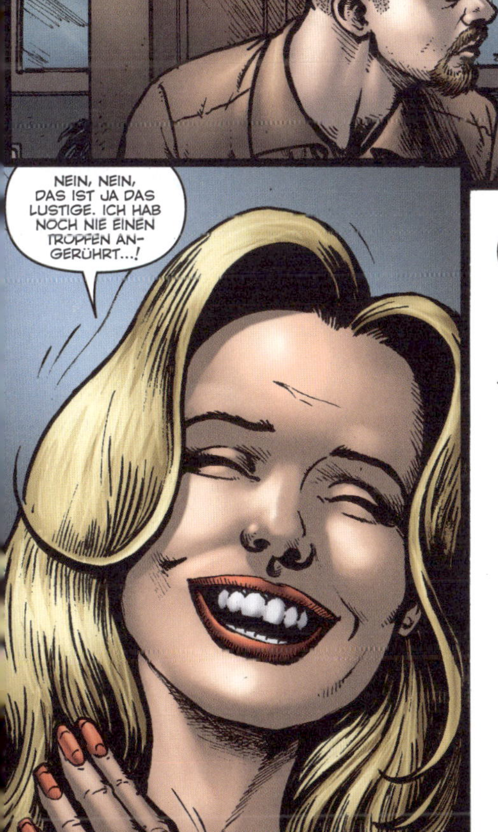

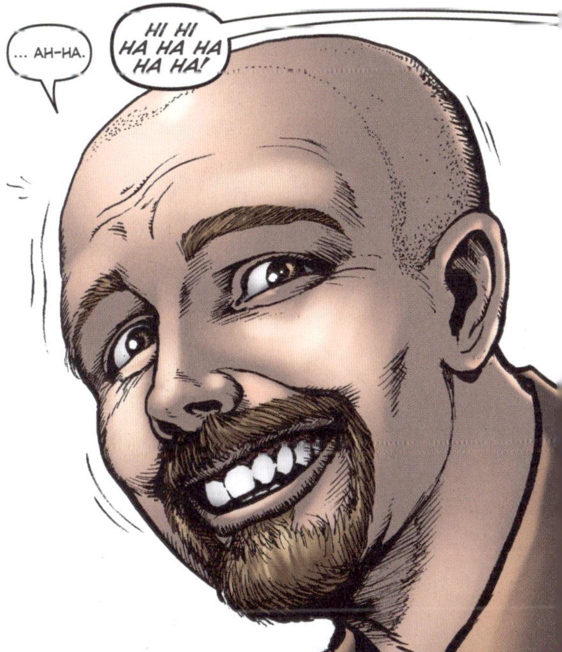

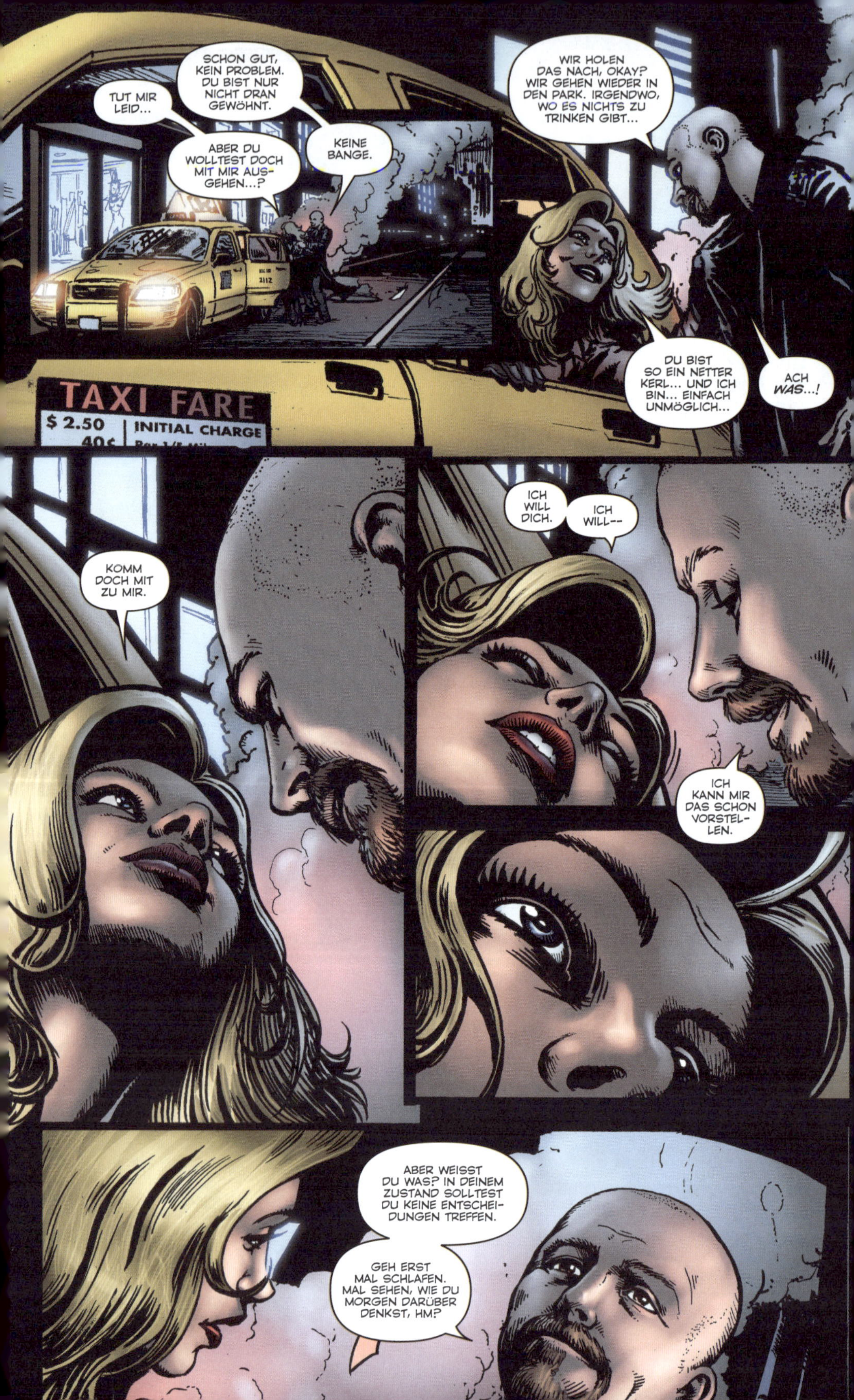
TUT MIR LEID...
SCHON GUT, KEIN PROBLEM. DU BIST NUR NICHT DRAN GEWÖHNT.
ABER DU WOLLTEST DOCH MIT MIR AUS-GEHEN...?
KEINE BANGE.
WIR HOLEN DAS NACH, OKAY? WIR GEHEN WIEDER IN DEN PARK. IRGENDWO, WO ES NICHTS ZU TRINKEN GIBT...
DU BIST SO EIN NETTER KERL... UND ICH BIN... EINFACH UNMÖGLICH...
ACH *WAS*...!
TAXI FARE
$ 2.50 INITIAL CHARGE
KOMM DOCH MIT ZU MIR.
ICH WILL DICH.
ICH WILL--
ICH KANN MIR DAS SCHON VORSTEL-LEN.
ABER WEISST DU WAS? IN DEINEM ZUSTAND SOLLTEST DU KEINE ENTSCHEI-DUNGEN TREFFEN.
GEH ERST MAL SCHLAFEN. MAL SEHEN, WIE DU MORGEN DARÜBER DENKST, HM?

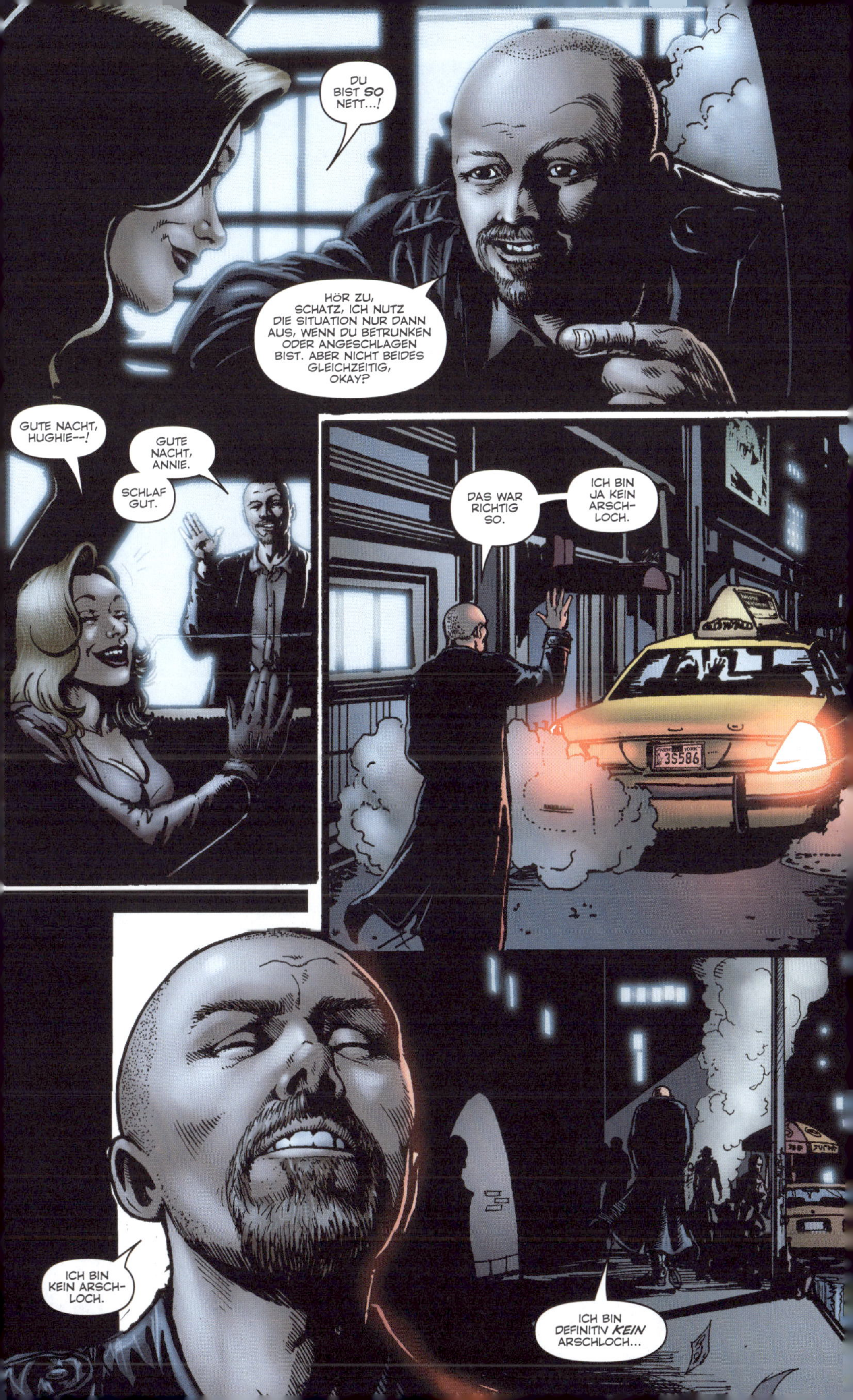
DU BIST *SO* NETT...!
HÖR ZU, SCHATZ, ICH NUTZ DIE SITUATION NUR DANN AUS, WENN DU BETRUNKEN ODER ANGESCHLAGEN BIST. ABER NICHT BEIDES GLEICHZEITIG, OKAY?
GUTE NACHT, HUGHIE--!
GUTE NACHT, ANNIE.
SCHLAF GUT.
DAS WAR RICHTIG SO.
ICH BIN JA KEIN ARSCH-LOCH.
ICH BIN KEIN ARSCH-LOCH.
ICH BIN DEFINITIV *KEIN* ARSCHLOCH...

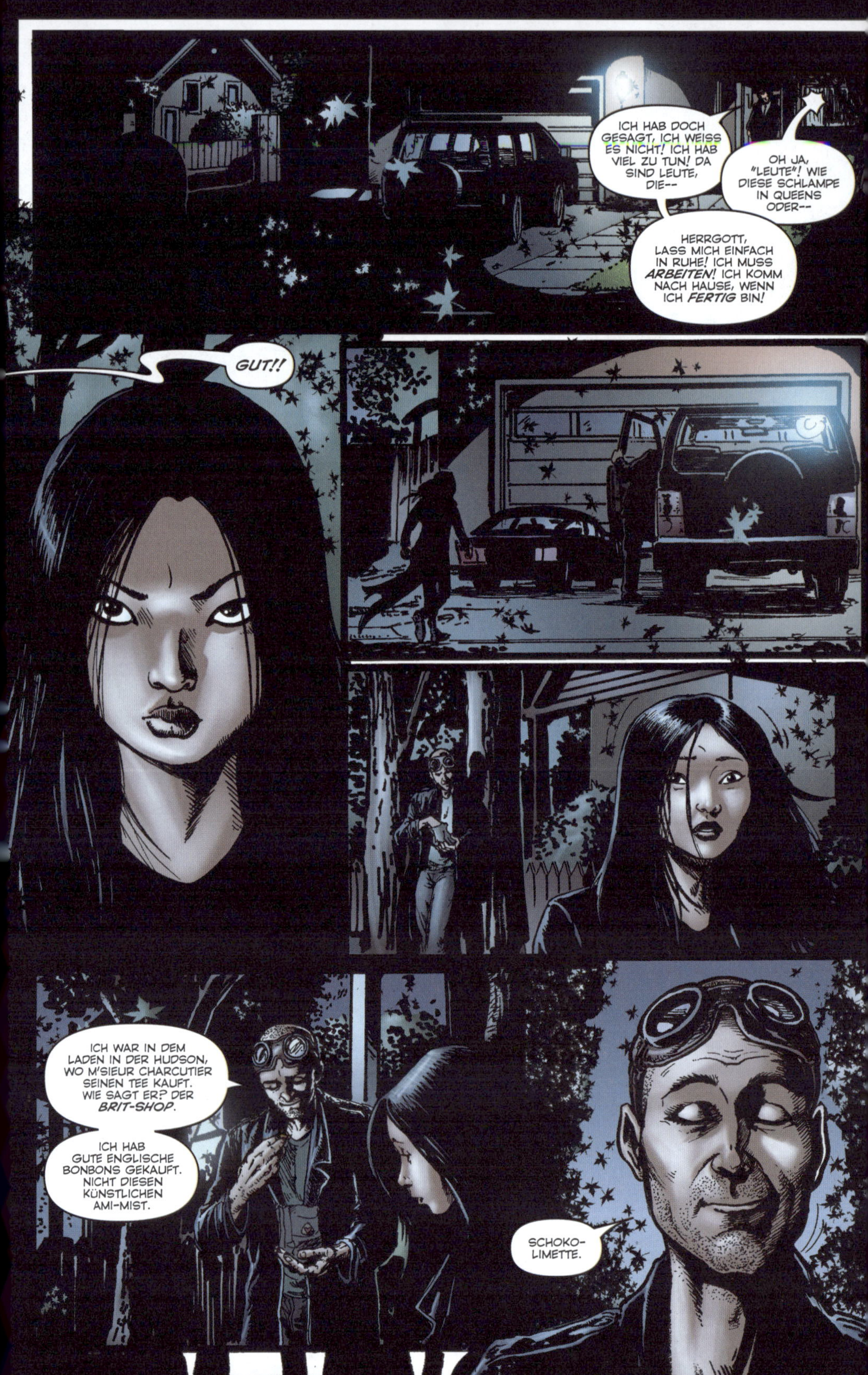

ICH HAB DOCH GESAGT, ICH WEISS ES NICHT! ICH HAB VIEL ZU TUN! DA SIND LEUTE, DIE--
OH JA, "LEUTE"! WIE DIESE SCHLAMPE IN QUEENS ODER--
HERRGOTT, LASS MICH EINFACH IN RUHE! ICH MUSS ARBEITEN! ICH KOMM NACH HAUSE, WENN ICH FERTIG BIN!
GUT!!
ICH WAR IN DEM LADEN IN DER HUDSON, WO M'SIEUR CHARCUTIER SEINEN TEE KAUFT. WIE SAGT ER? DER BRIT-SHOP.
ICH HAB GUTE ENGLISCHE BONBONS GEKAUFT. NICHT DIESEN KÜNSTLICHEN AMI-MIST.
SCHOKO-LIMETTE.

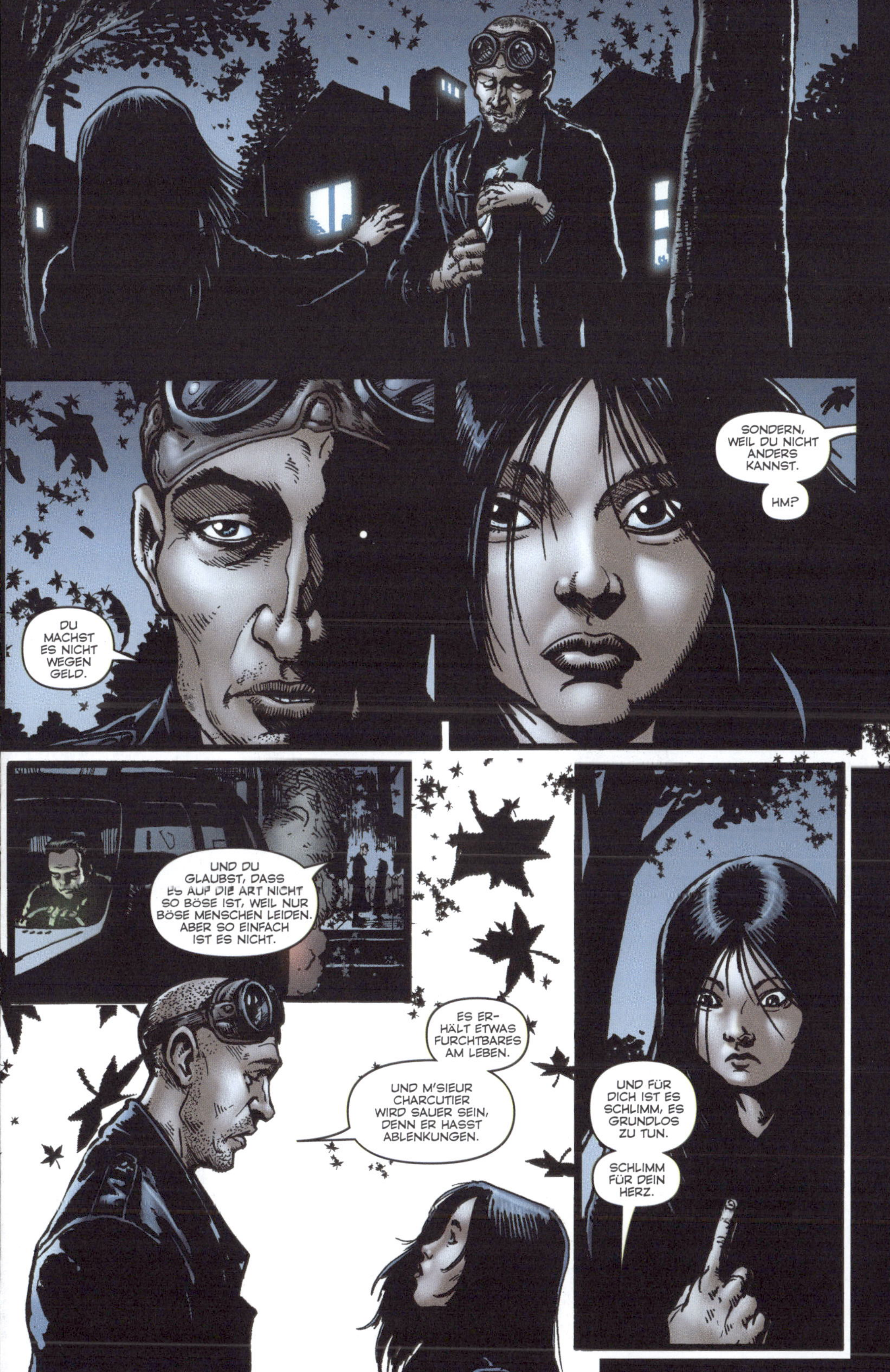

DU MACHST ES NICHT WEGEN GELD.
SONDERN, WEIL DU NICHT ANDERS KANNST.
HM?
UND DU GLAUBST, DASS ES AUF DIE ART NICHT SO BÖSE IST, WEIL NUR BÖSE MENSCHEN LEIDEN. ABER SO EINFACH IST ES NICHT.
ES ERHÄLT ETWAS FURCHTBARES AM LEBEN.
UND M'SIEUR CHARCUTIER WIRD SAUER SEIN, DENN ER HASST ABLENKUNGEN.
UND FÜR DICH IST ES SCHLIMM, ES GRUNDLOS ZU TUN.
SCHLIMM FÜR DEIN HERZ.

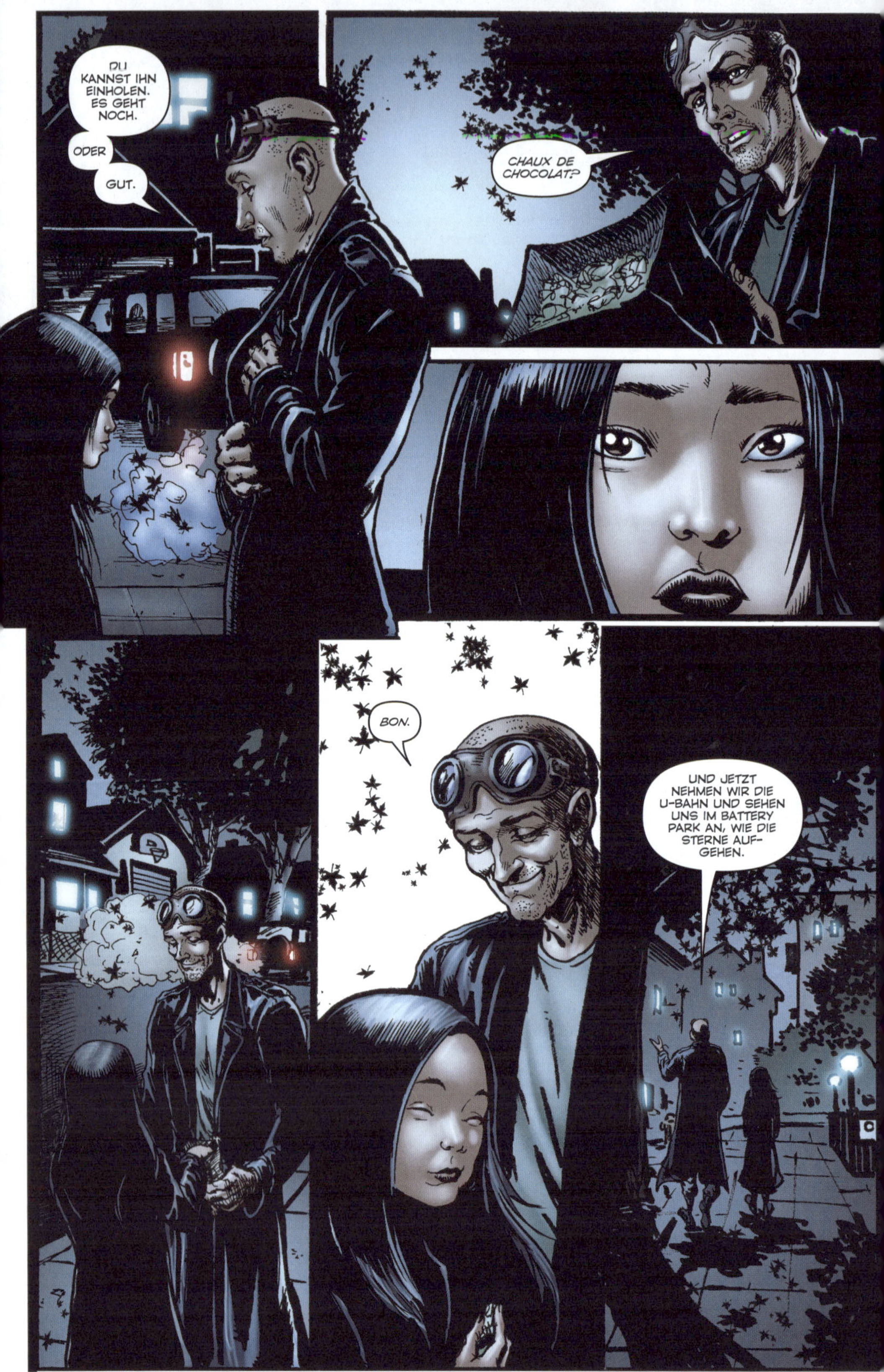
DU KANNST IHN EINHOLEN. ES GEHT NOCH.
ODER
GUT.
CHAUX DE CHOCOLAT?
BON.
UND JETZT NEHMEN WIR DIE U-BAHN UND SEHEN UNS IM BATTERY PARK AN, WIE DIE STERNE AUF-GEHEN.

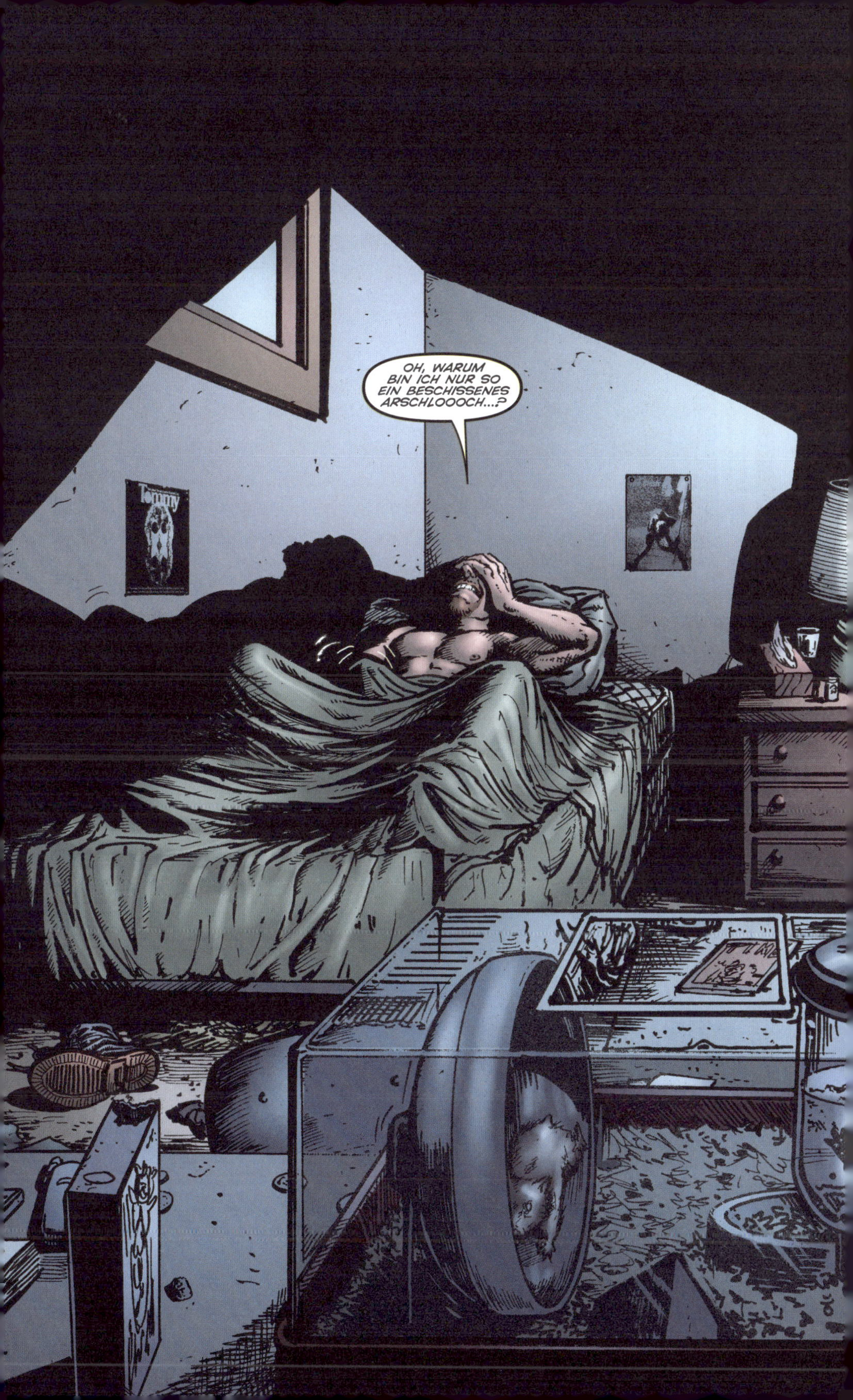
OH, WARUM BIN ICH NUR SO EIN BESCHISSENES ARSCHLOOOCH...?
Tommy

STREICHELEINHEITEN, TEIL 3

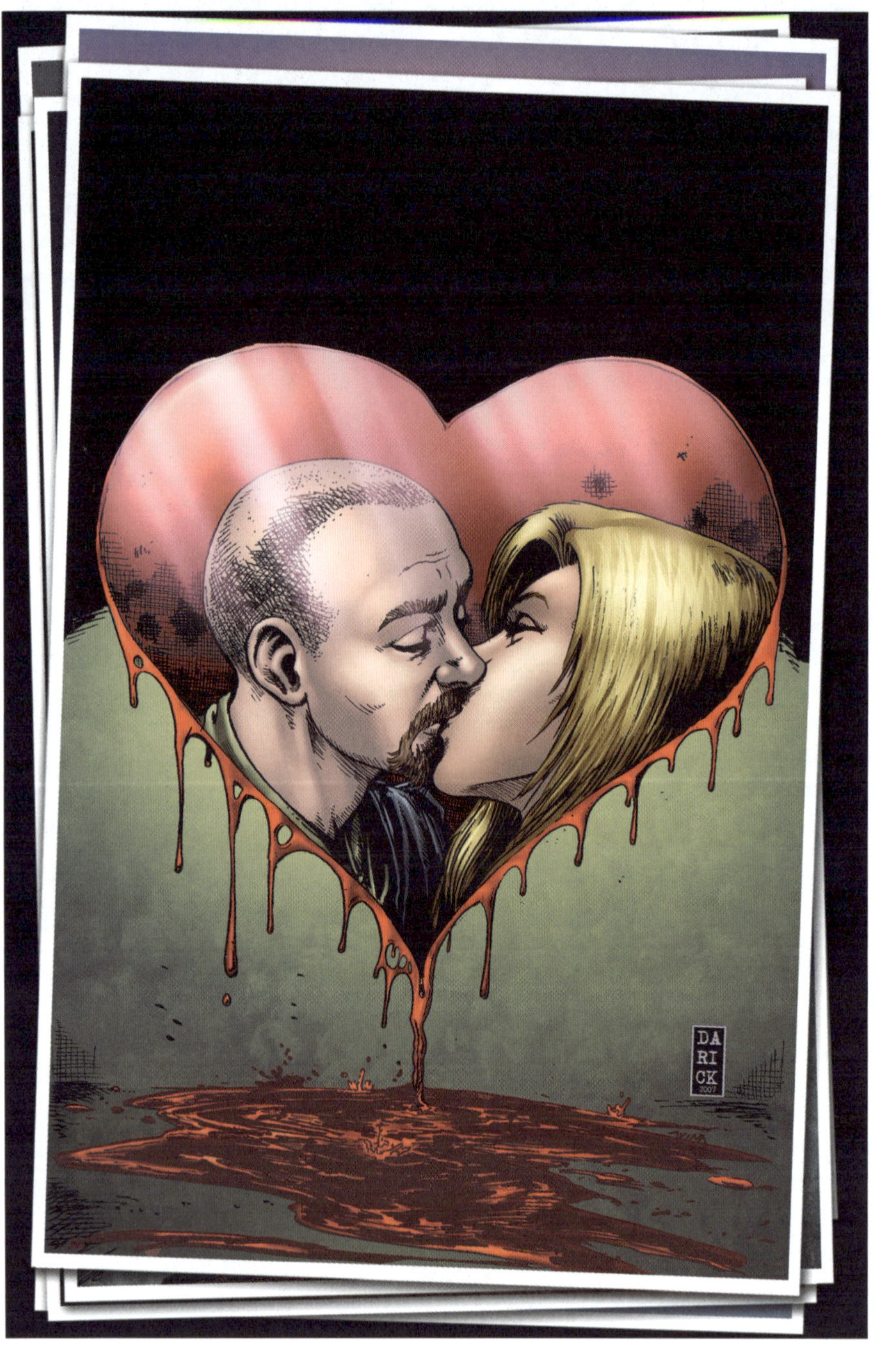

The Boys (2006) 17
Cover von **DARICK ROBERTSON**

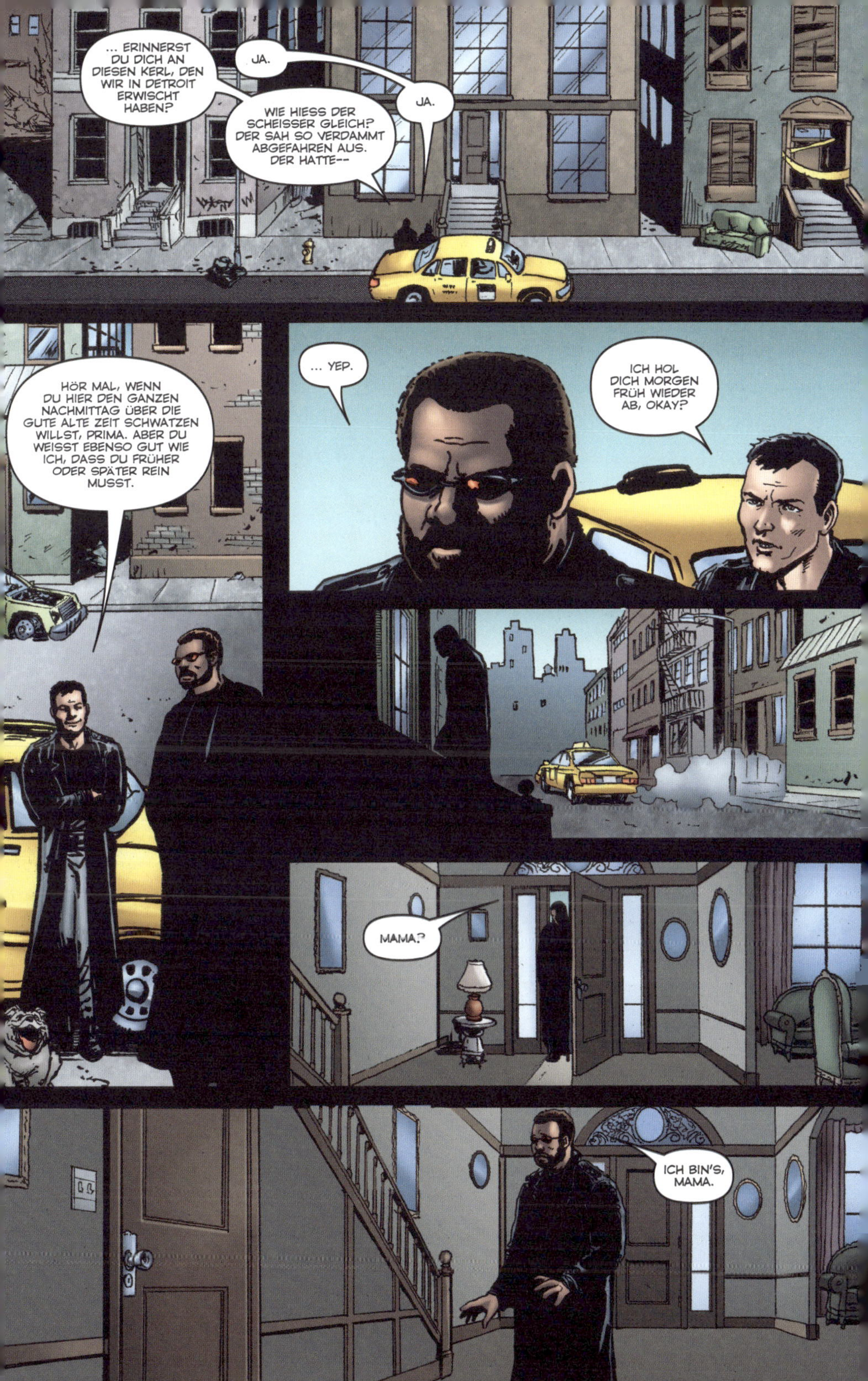

... ERINNERST DU DICH AN DIESEN KERL, DEN WIR IN DETROIT ERWISCHT HABEN?
JA.
WIE HIESS DER SCHEISSER GLEICH? DER SAH SO VERDAMMT ABGEFAHREN AUS. DER HATTE--
JA.
HÖR MAL, WENN DU HIER DEN GANZEN NACHMITTAG ÜBER DIE GUTE ALTE ZEIT SCHWATZEN WILLST, PRIMA. ABER DU WEISST EBENSO GUT WIE ICH, DASS DU FRÜHER ODER SPÄTER REIN MUSST.
... YEP.
ICH HOL DICH MORGEN FRÜH WIEDER AB, OKAY?
MAMA?
ICH BIN'S, MAMA.

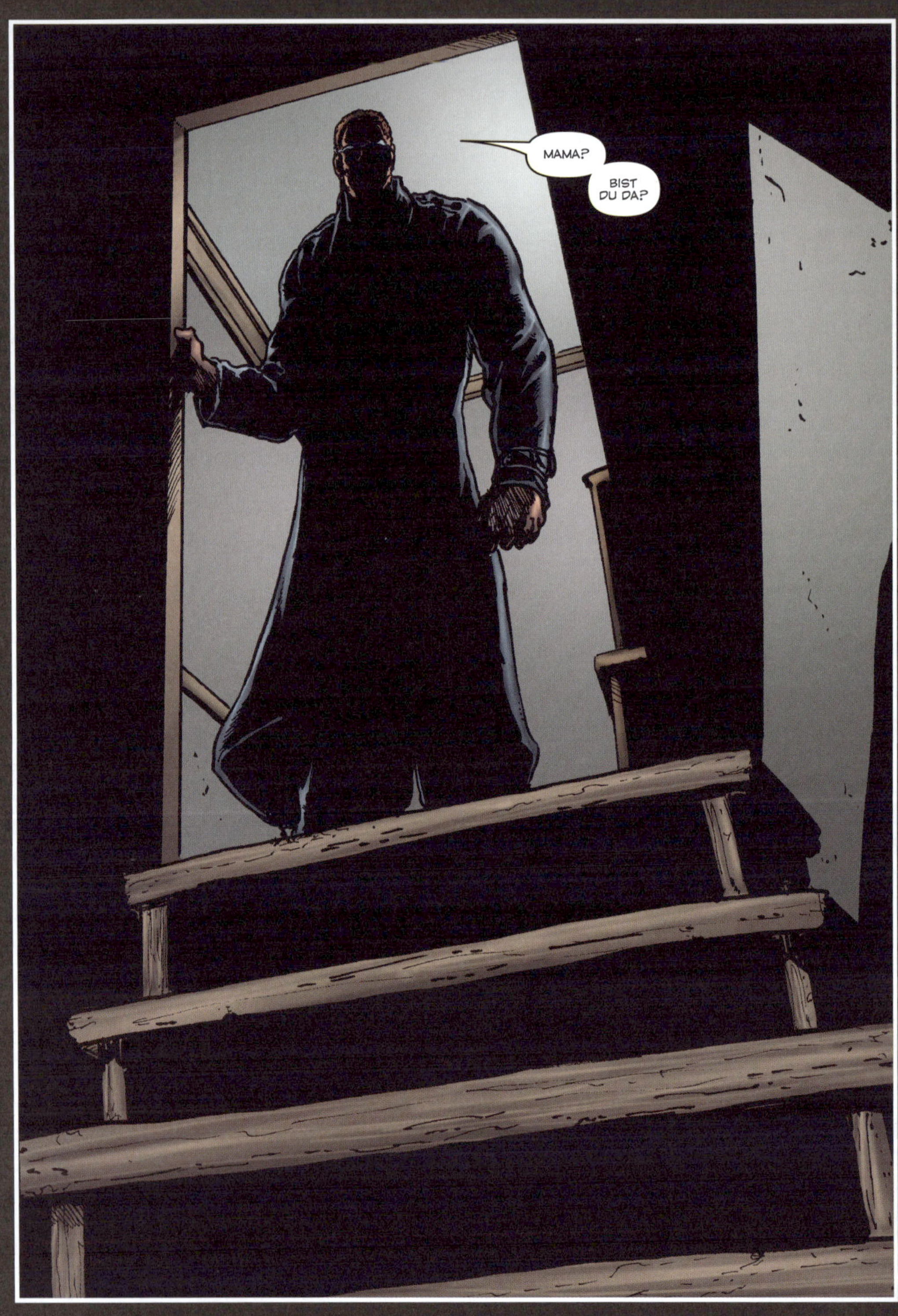

STREICHELEINHEITEN TEIL 3

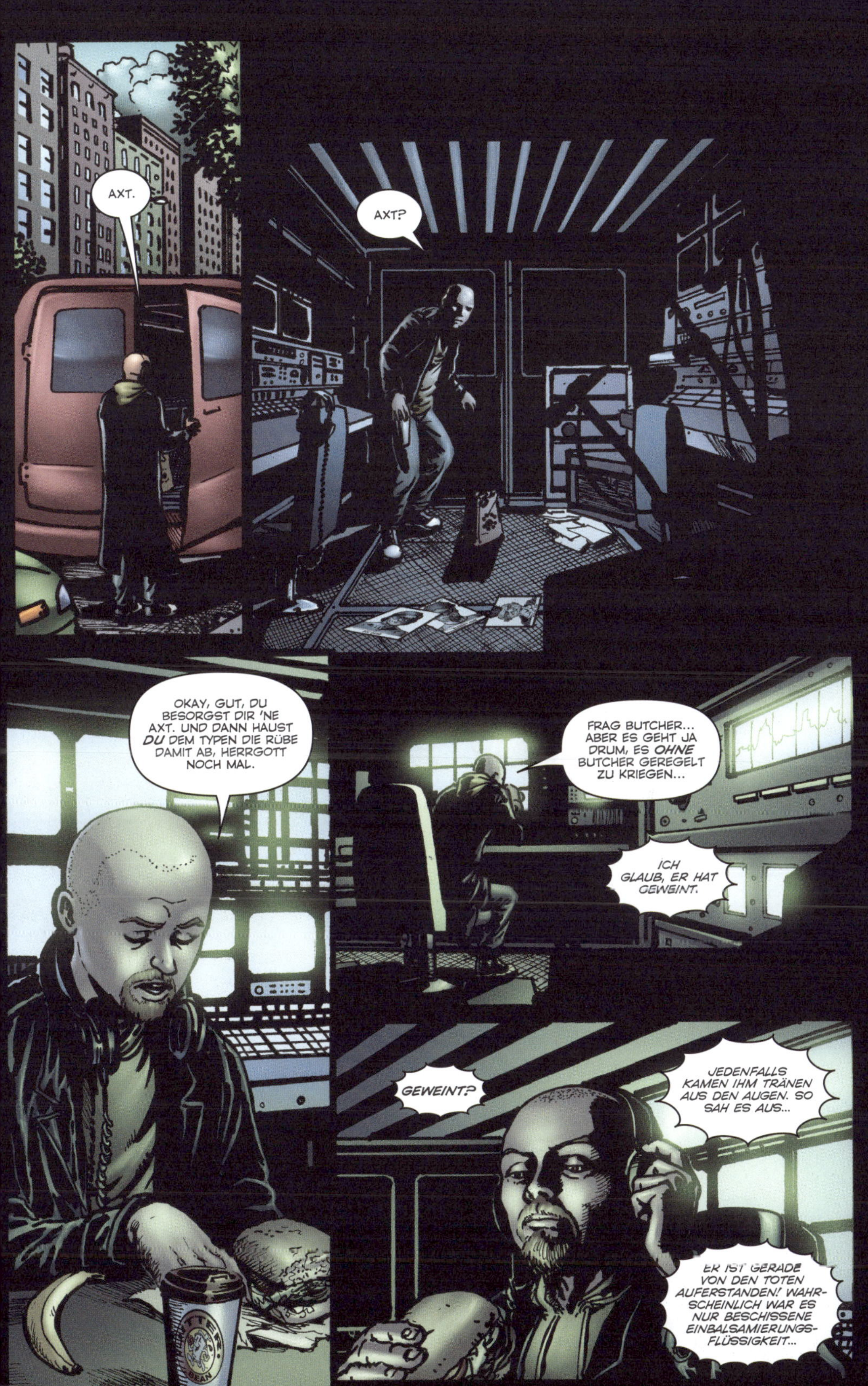

AXT.
AXT?
OKAY, GUT, DU BESORGST DIR 'NE AXT. UND DANN HAUST *DU* DEM TYPEN DIE RÜBE DAMIT AB, HERRGOTT NOCH MAL.
FRAG BUTCHER... ABER ES GEHT JA DRUM, ES *OHNE* BUTCHER GEREGELT ZU KRIEGEN...
ICH GLAUB, ER HAT GEWEINT.
GEWEINT?
JEDENFALLS KAMEN IHM TRÄNEN AUS DEN AUGEN. SO SAH ES AUS...
ER IST GERADE VON DEN TOTEN AUFERSTANDEN! WAHRSCHEINLICH WAR ES NUR BESCHISSENE EINBALSAMIERUNGS-FLÜSSIGKEIT...

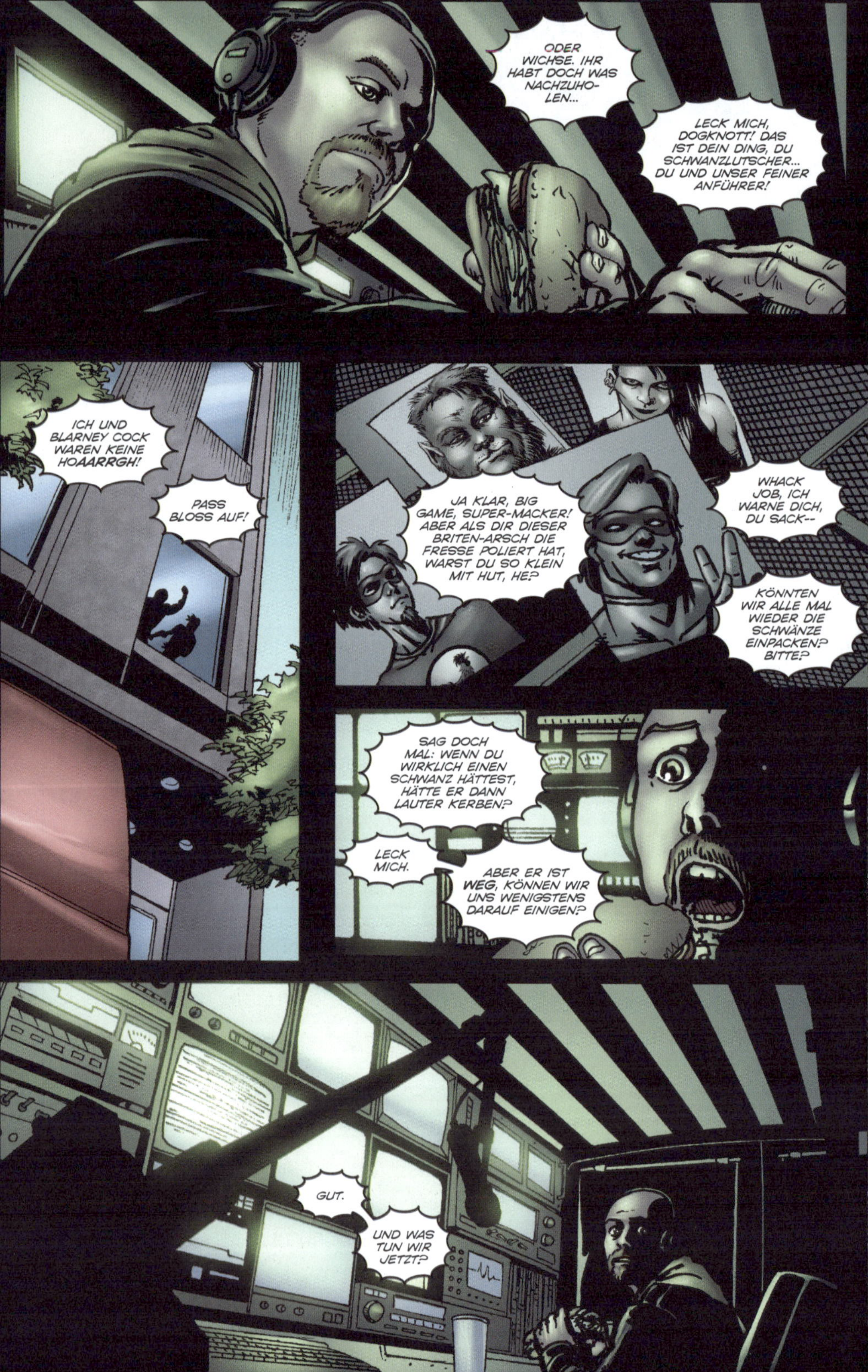
ODER WICHSE. IHR HABT DOCH WAS NACHZUHOLEN...
LECK MICH, DOGKNOTT! DAS IST DEIN DING, DU SCHWANZLUTSCHER... DU UND UNSER FEINER ANFÜHRER!
ICH UND BLARNEY COCK WAREN KEINE HOAARRGH!
PASS BLOSS AUF!
JA KLAR, BIG GAME, SUPER-MACKER! ABER ALS DIR DIESER BRITEN-ARSCH DIE FRESSE POLIERT HAT, WARST DU SO KLEIN MIT HUT, HE?
WHACK JOB, ICH WARNE DICH, DU SACK--
KÖNNTEN WIR ALLE MAL WIEDER DIE SCHWÄNZE EINPACKEN? BITTE?
SAG DOCH MAL: WENN DU WIRKLICH EINEN SCHWANZ HÄTTEST, HÄTTE ER DANN LAUTER KERBEN?
LECK MICH.
ABER ER IST WEG, KÖNNEN WIR UNS WENIGSTENS DARAUF EINIGEN?
GUT.
UND WAS TUN WIR JETZT?

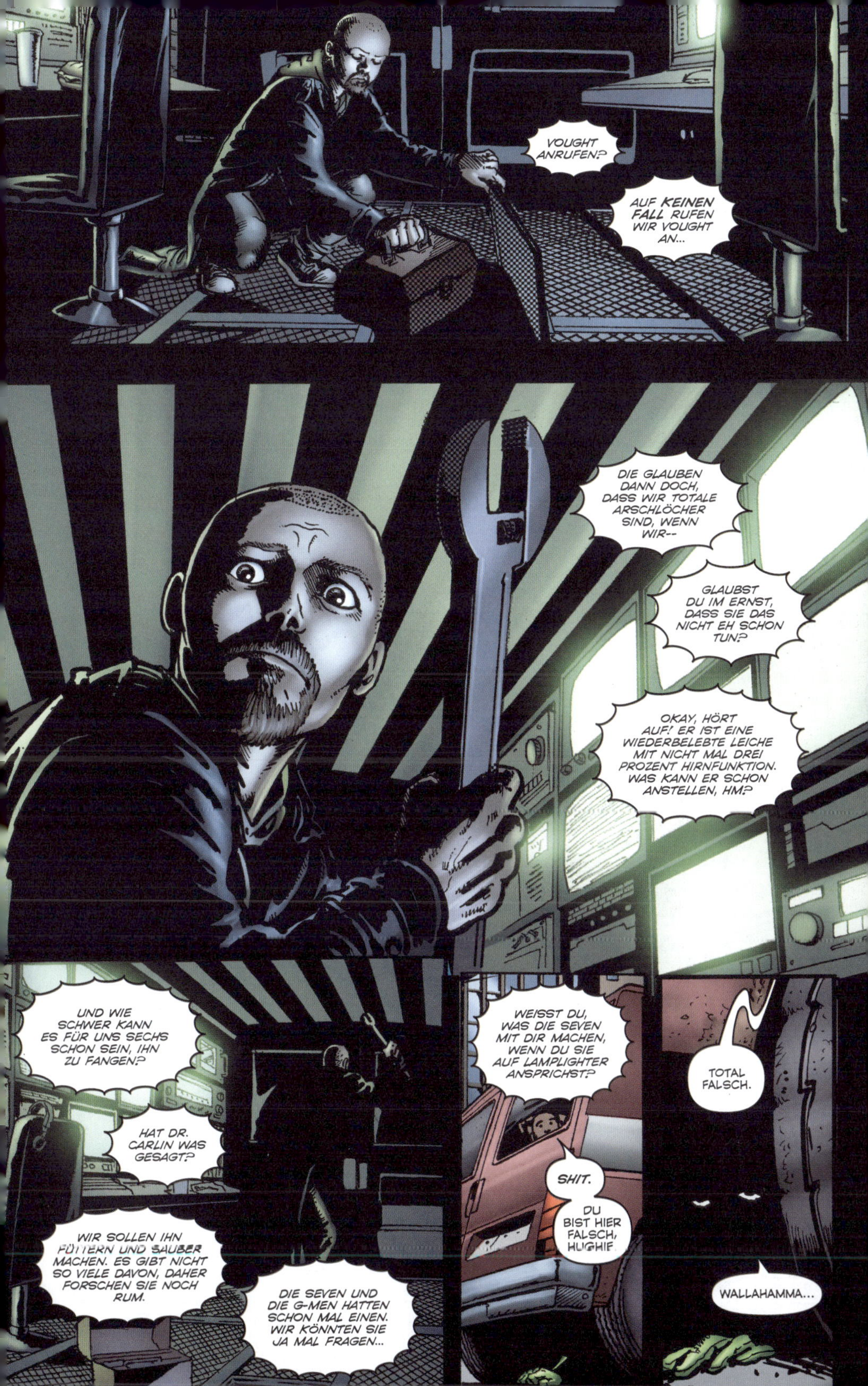
VOUGHT ANRUFEN?
AUF KEINEN FALL RUFEN WIR VOUGHT AN...
DIE GLAUBEN DANN DOCH, DASS WIR TOTALE ARSCHLÖCHER SIND, WENN WIR--
GLAUBST DU IM ERNST, DASS SIE DAS NICHT EH SCHON TUN?
OKAY, HÖRT AUF! ER IST EINE WIEDERBELEBTE LEICHE MIT NICHT MAL DREI PROZENT HIRNFUNKTION. WAS KANN ER SCHON ANSTELLEN, HM?
UND WIE SCHWER KANN ES FÜR UNS SECHS SCHON SEIN, IHN ZU FANGEN?
HAT DR. CARLIN WAS GESAGT?
WIR SOLLEN IHN FÜTTERN UND SAUBER MACHEN. ES GIBT NICHT SO VIELE DAVON, DAHER FORSCHEN SIE NOCH RUM.
DIE SEVEN UND DIE G-MEN HATTEN SCHON MAL EINEN. WIR KÖNNTEN SIE JA MAL FRAGEN...
WEISST DU, WAS DIE SEVEN MIT DIR MACHEN, WENN DU SIE AUF LAMPLIGHTER ANSPRICHST?
SHIT.
DU BIST HIER FALSCH, HUGHIE
TOTAL FALSCH.
WALLAHAMMA...

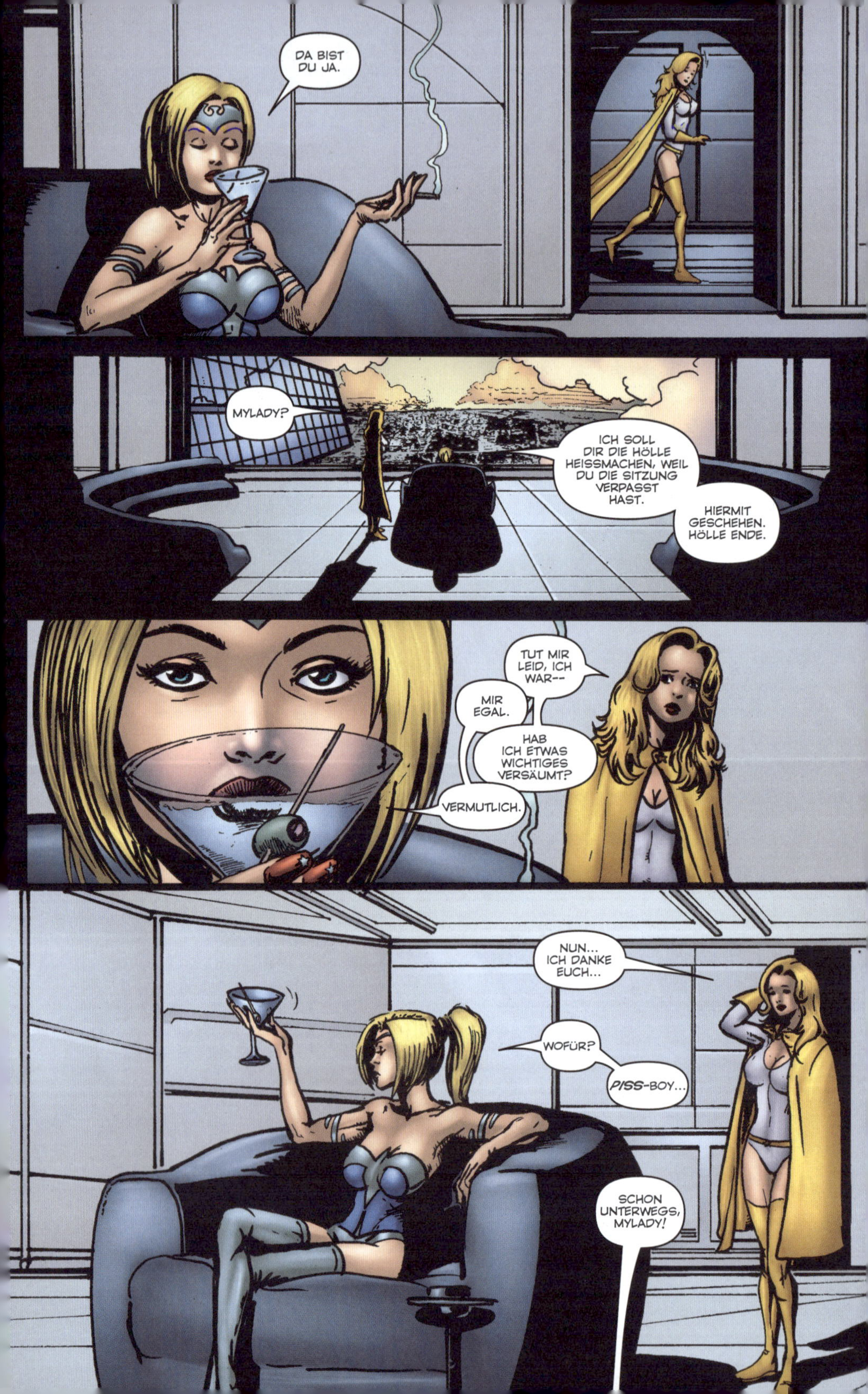
DA BIST DU JA.
MYLADY?
ICH SOLL DIR DIE HÖLLE HEISSMACHEN, WEIL DU DIE SITZUNG VERPASST HAST.
HIERMIT GESCHEHEN. HÖLLE ENDE.
TUT MIR LEID, ICH WAR--
MIR EGAL.
HAB ICH ETWAS WICHTIGES VERSÄUMT?
VERMUTLICH.
NUN... ICH DANKE EUCH...
WOFÜR?
PISS-BOY...
SCHON UNTERWEGS, MYLADY!

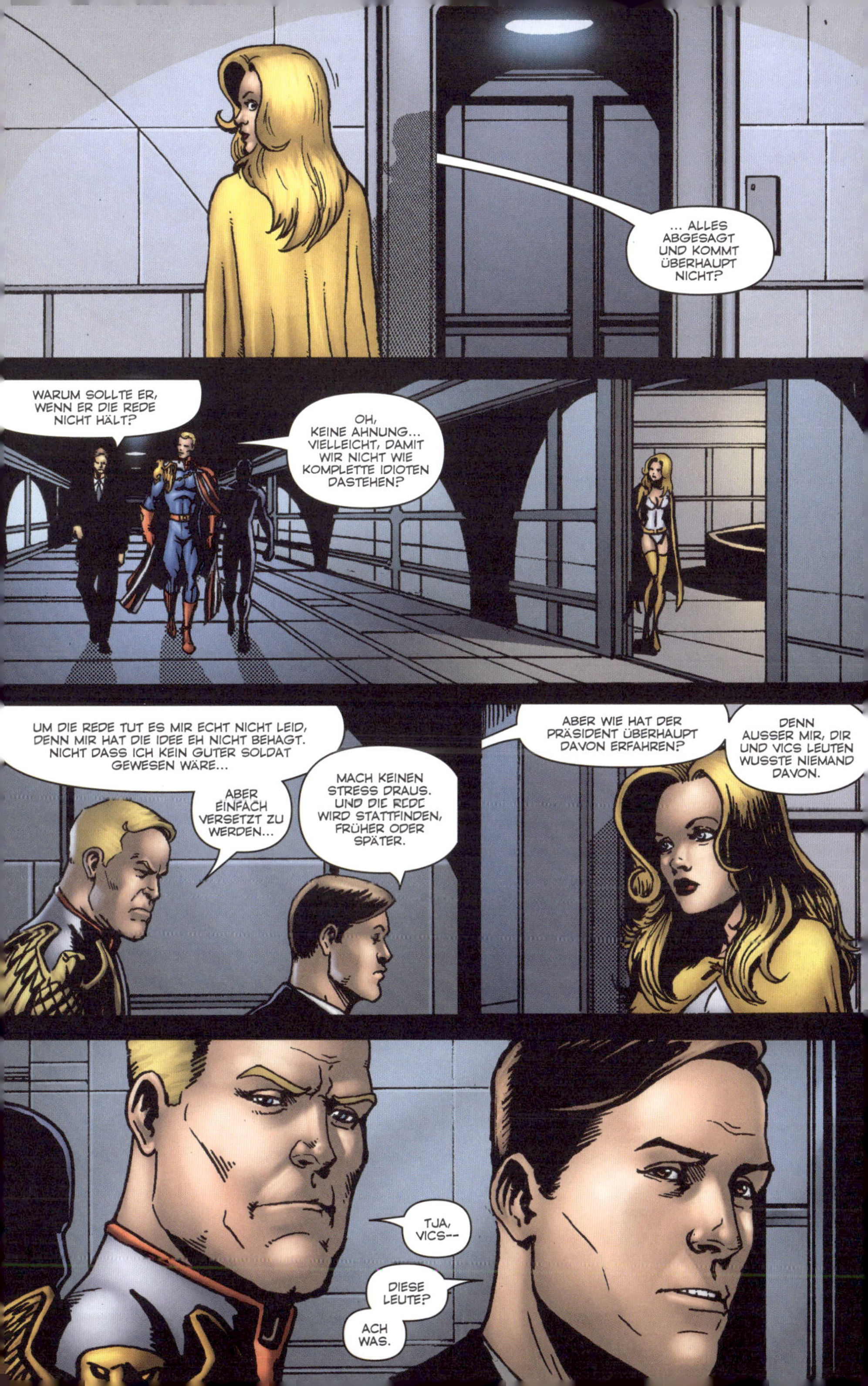
... ALLES ABGESAGT UND KOMMT ÜBERHAUPT NICHT?
WARUM SOLLTE ER, WENN ER DIE REDE NICHT HÄLT?
OH, KEINE AHNUNG... VIELLEICHT, DAMIT WIR NICHT WIE KOMPLETTE IDIOTEN DASTEHEN?
UM DIE REDE TUT ES MIR ECHT NICHT LEID, DENN MIR HAT DIE IDEE EH NICHT BEHAGT. NICHT DASS ICH KEIN GUTER SOLDAT GEWESEN WÄRE...
ABER EINFACH VERSETZT ZU WERDEN...
MACH KEINEN STRESS DRAUS. UND DIE REDE WIRD STATTFINDEN, FRÜHER ODER SPÄTER.
ABER WIE HAT DER PRÄSIDENT ÜBERHAUPT DAVON ERFAHREN?
DENN AUSSER MIR, DIR UND VICS LEUTEN WUSSTE NIEMAND DAVON.
TJA, VICS--
DIESE LEUTE?
ACH WAS.

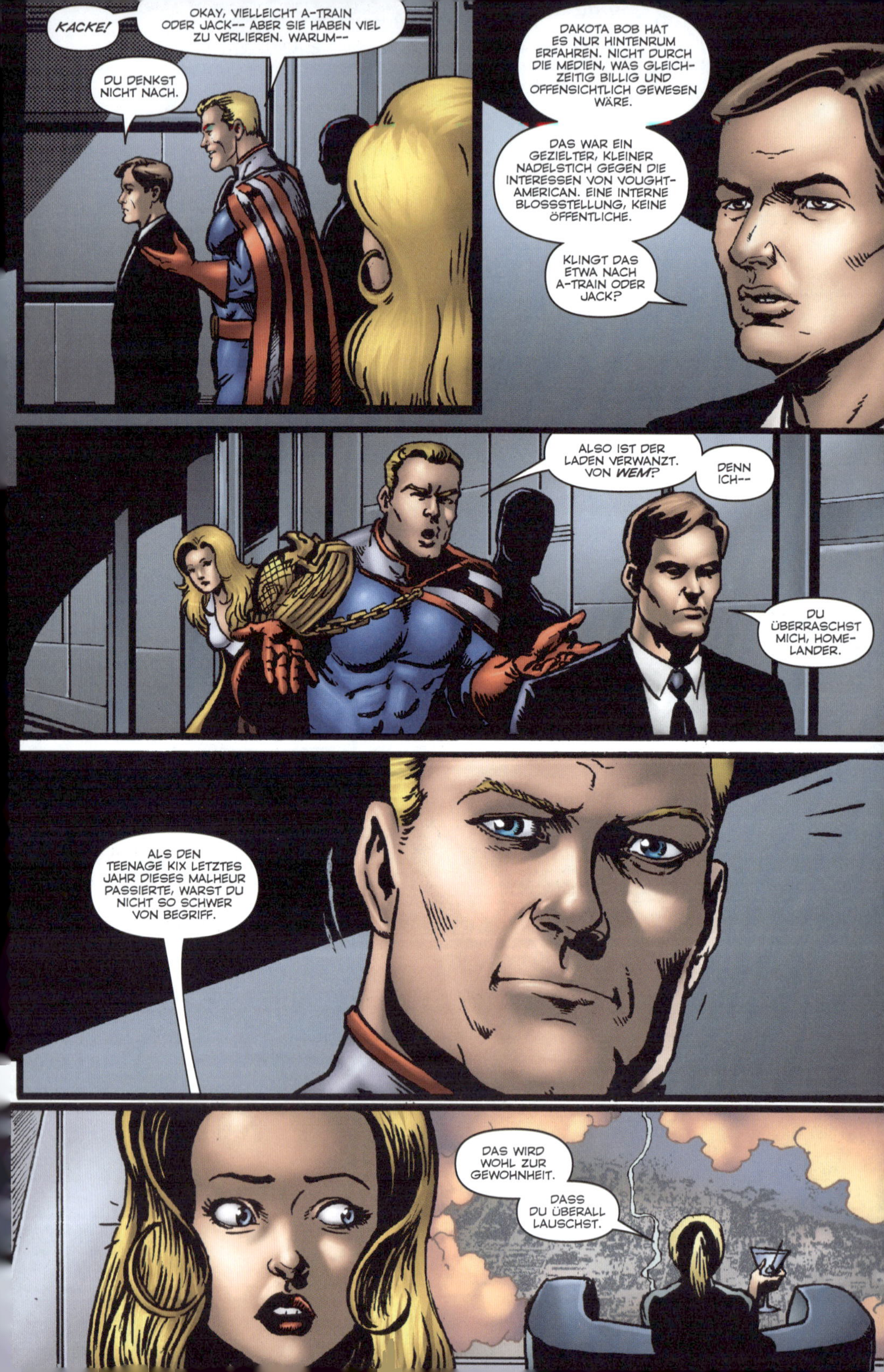

KACKE!
OKAY, VIELLEICHT A-TRAIN ODER JACK-- ABER SIE HABEN VIEL ZU VERLIEREN. WARUM--
DU DENKST NICHT NACH.
DAKOTA BOB HAT ES NUR HINTENRUM ERFAHREN. NICHT DURCH DIE MEDIEN, WAS GLEICHZEITIG BILLIG UND OFFENSICHTLICH GEWESEN WÄRE.
DAS WAR EIN GEZIELTER, KLEINER NADELSTICH GEGEN DIE INTERESSEN VON VOUGHT-AMERICAN. EINE INTERNE BLOSSSTELLUNG, KEINE ÖFFENTLICHE.
KLINGT DAS ETWA NACH A-TRAIN ODER JACK?
ALSO IST DER LADEN VERWANZT. VON *WEM*?
DENN ICH--
DU ÜBERRASCHST MICH, HOMELANDER.
ALS DEN TEENAGE KIX LETZTES JAHR DIESES MALHEUR PASSIERTE, WARST DU NICHT SO SCHWER VON BEGRIFF.
DAS WIRD WOHL ZUR GEWOHNHEIT.
DASS DU ÜBERALL LAUSCHST.

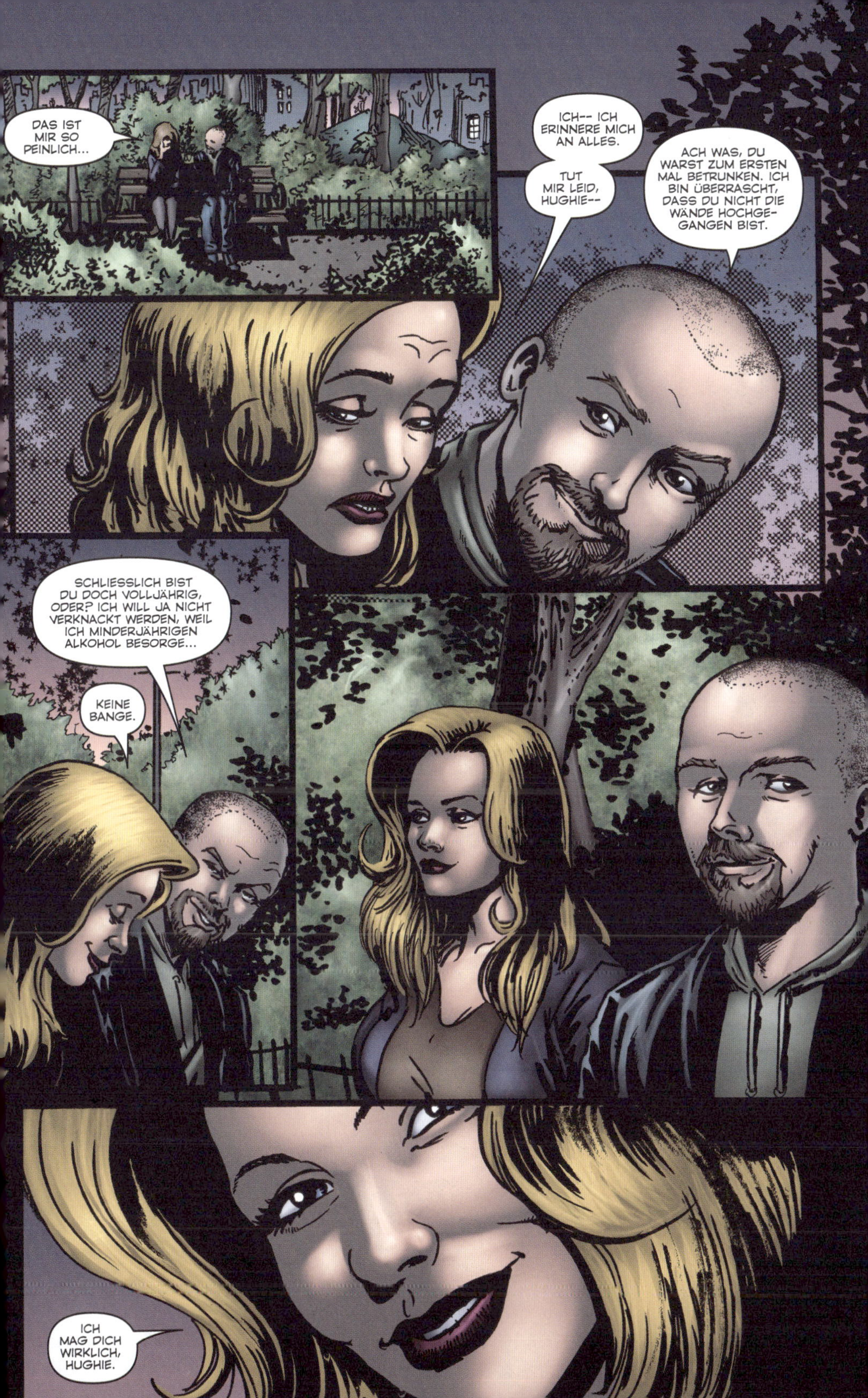
DAS IST MIR SO PEINLICH...
ICH-- ICH ERINNERE MICH AN ALLES.
TUT MIR LEID, HUGHIE--
ACH WAS, DU WARST ZUM ERSTEN MAL BETRUNKEN. ICH BIN ÜBERRASCHT, DASS DU NICHT DIE WÄNDE HOCHGEGANGEN BIST.
SCHLIESSLICH BIST DU DOCH VOLLJÄHRIG, ODER? ICH WILL JA NICHT VERKNACKT WERDEN, WEIL ICH MINDERJÄHRIGEN ALKOHOL BESORGE...
KEINE BANGE.
ICH MAG DICH WIRKLICH, HUGHIE.

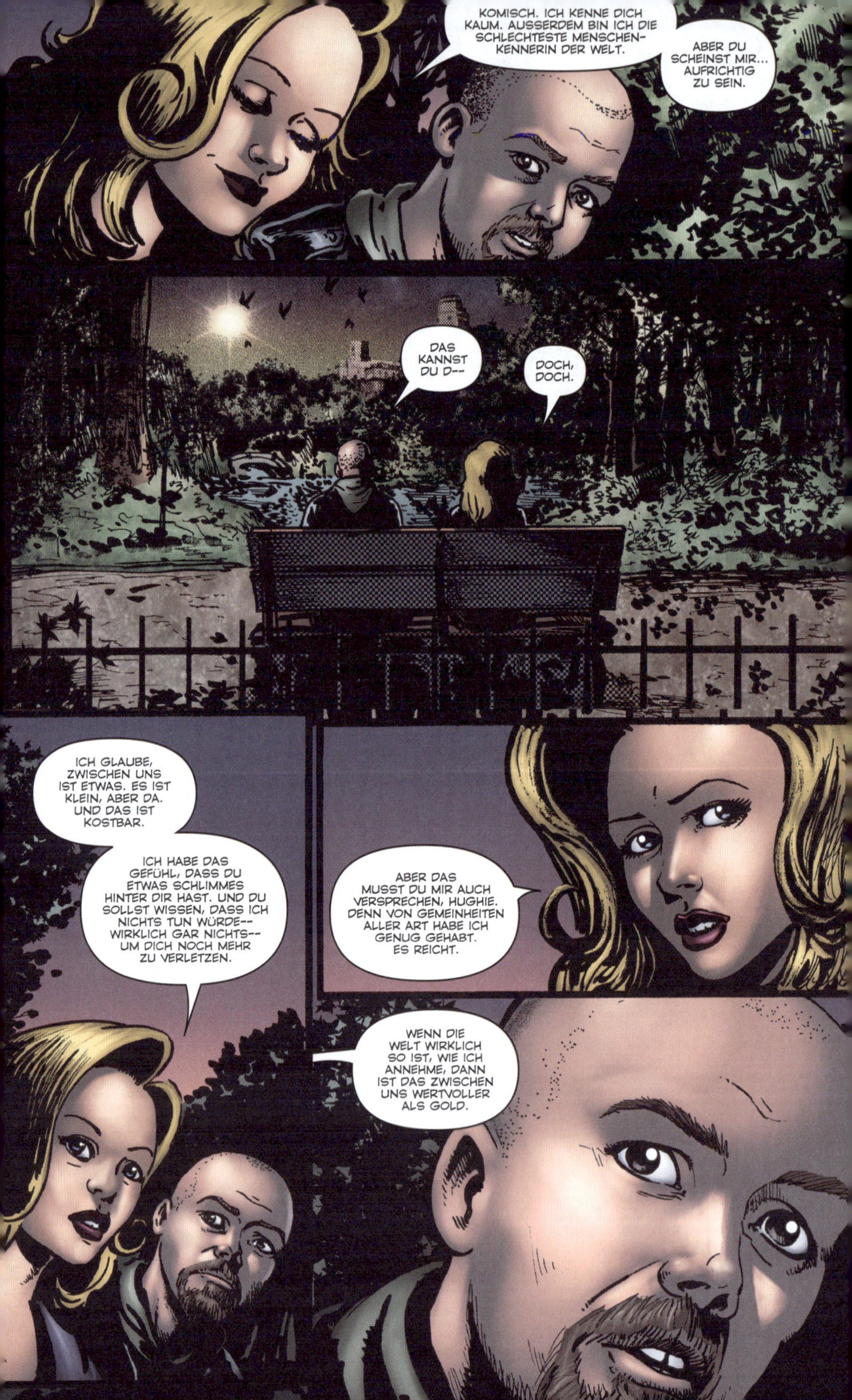
KOMISCH. ICH KENNE DICH KAUM. AUSSERDEM BIN ICH DIE SCHLECHTESTE MENSCHEN-KENNERIN DER WELT.
ABER DU SCHEINST MIR... AUFRICHTIG ZU SEIN.
DAS KANNST DU D--
DOCH, DOCH.
ICH GLAUBE, ZWISCHEN UNS IST ETWAS. ES IST KLEIN, ABER DA. UND DAS IST KOSTBAR.
ICH HABE DAS GEFÜHL, DASS DU ETWAS SCHLIMMES HINTER DIR HAST. UND DU SOLLST WISSEN, DASS ICH NICHTS TUN WÜRDE-- WIRKLICH GAR NICHTS-- UM DICH NOCH MEHR ZU VERLETZEN.
ABER DAS MUSST DU MIR AUCH VERSPRECHEN, HUGHIE. DENN VON GEMEINHEITEN ALLER ART HABE ICH GENUG GEHABT. ES REICHT.
WENN DIE WELT WIRKLICH SO IST, WIE ICH ANNEHME, DANN IST DAS ZWISCHEN UNS WERTVOLLER ALS GOLD.

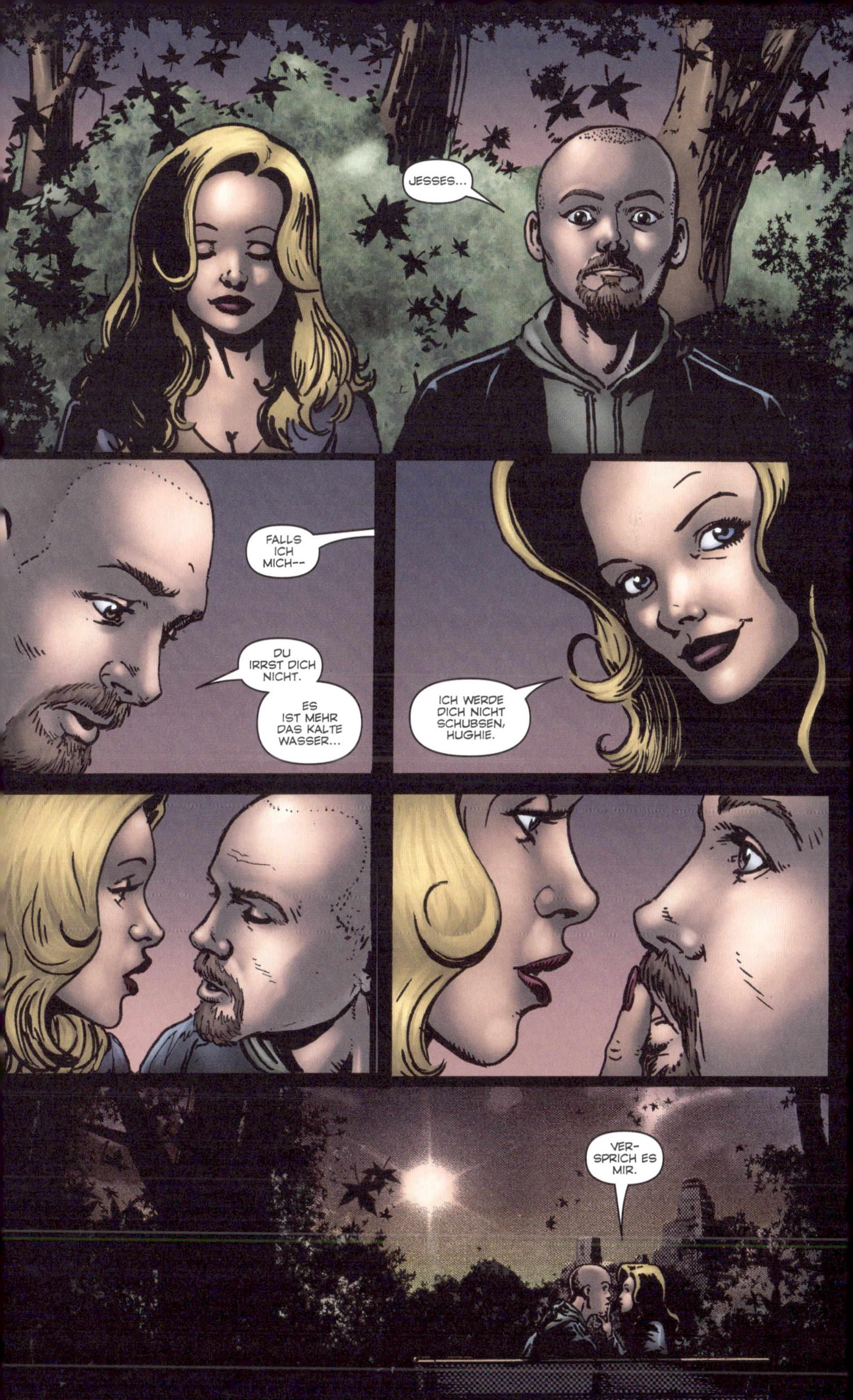
JESSES...
FALLS ICH MICH--
DU IRRST DICH NICHT.
ES IST MEHR DAS KALTE WASSER...
ICH WERDE DICH NICHT SCHUBSEN, HUGHIE.
VER-SPRICH ES MIR.

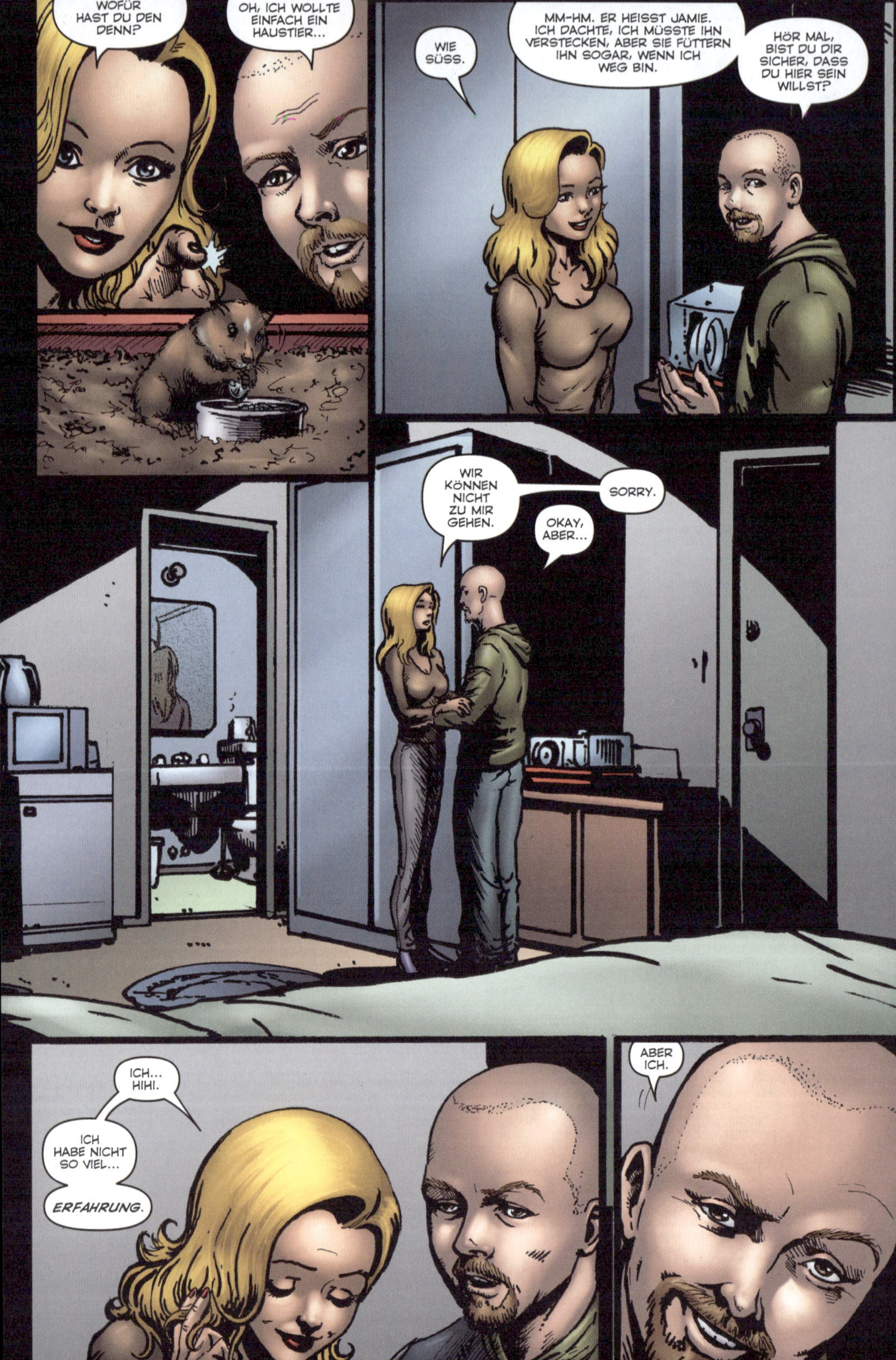
WOFÜR HAST DU DEN DENN?
OH, ICH WOLLTE EINFACH EIN HAUSTIER...
WIE SÜSS.
MM-HM. ER HEISST JAMIE. ICH DACHTE, ICH MÜSSTE IHN VERSTECKEN, ABER SIE FÜTTERN IHN SOGAR, WENN ICH WEG BIN.
HÖR MAL, BIST DU DIR SICHER, DASS DU HIER SEIN WILLST?
WIR KÖNNEN NICHT ZU MIR GEHEN.
SORRY.
OKAY, ABER...
ICH... HIHI.
ICH HABE NICHT SO VIEL...
ERFAHRUNG.
ABER ICH.

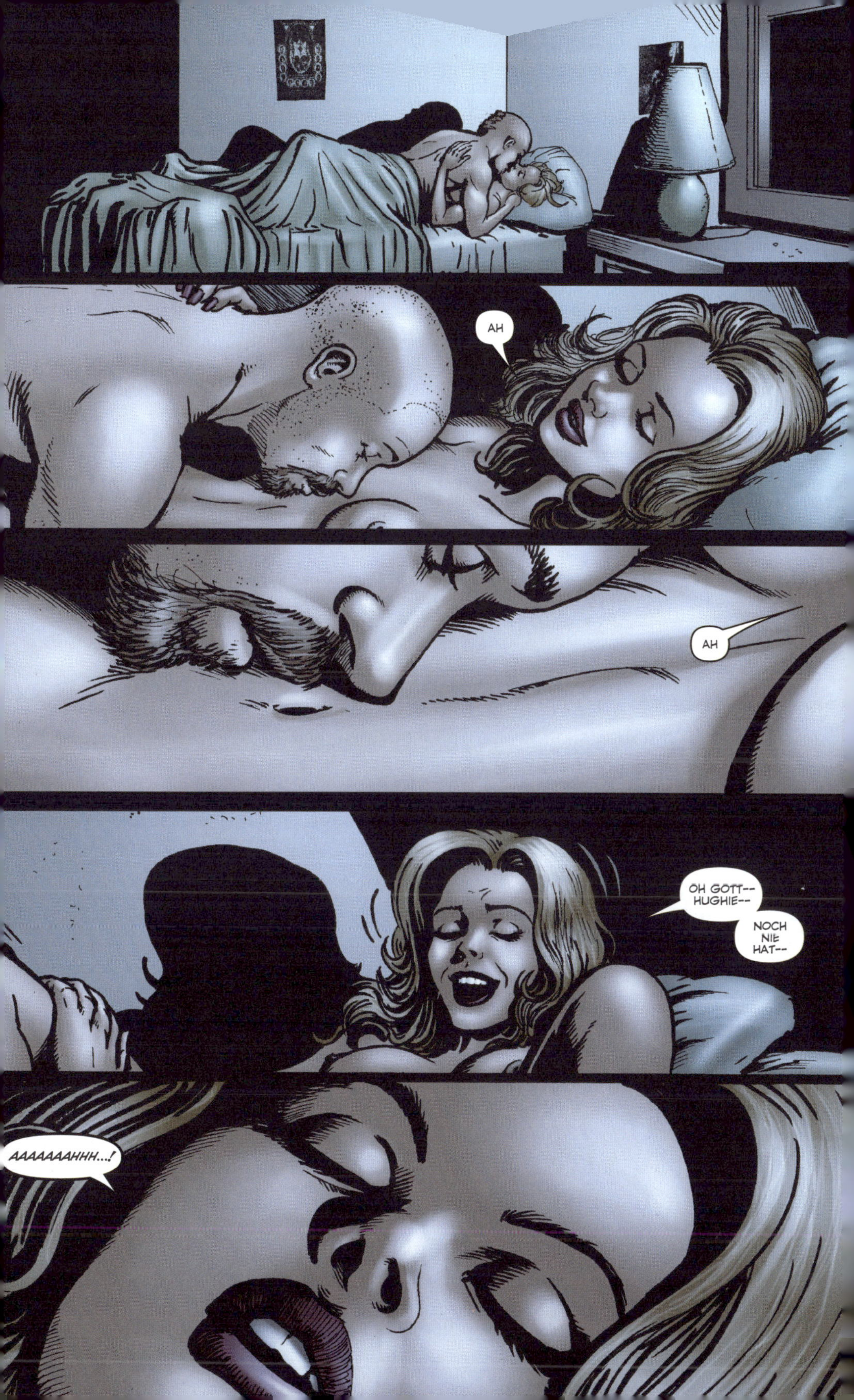
AH
AH
OH GOTT--
HUGHIE--
NOCH
NIE
HAT--
AAAAAAAAHHH...!

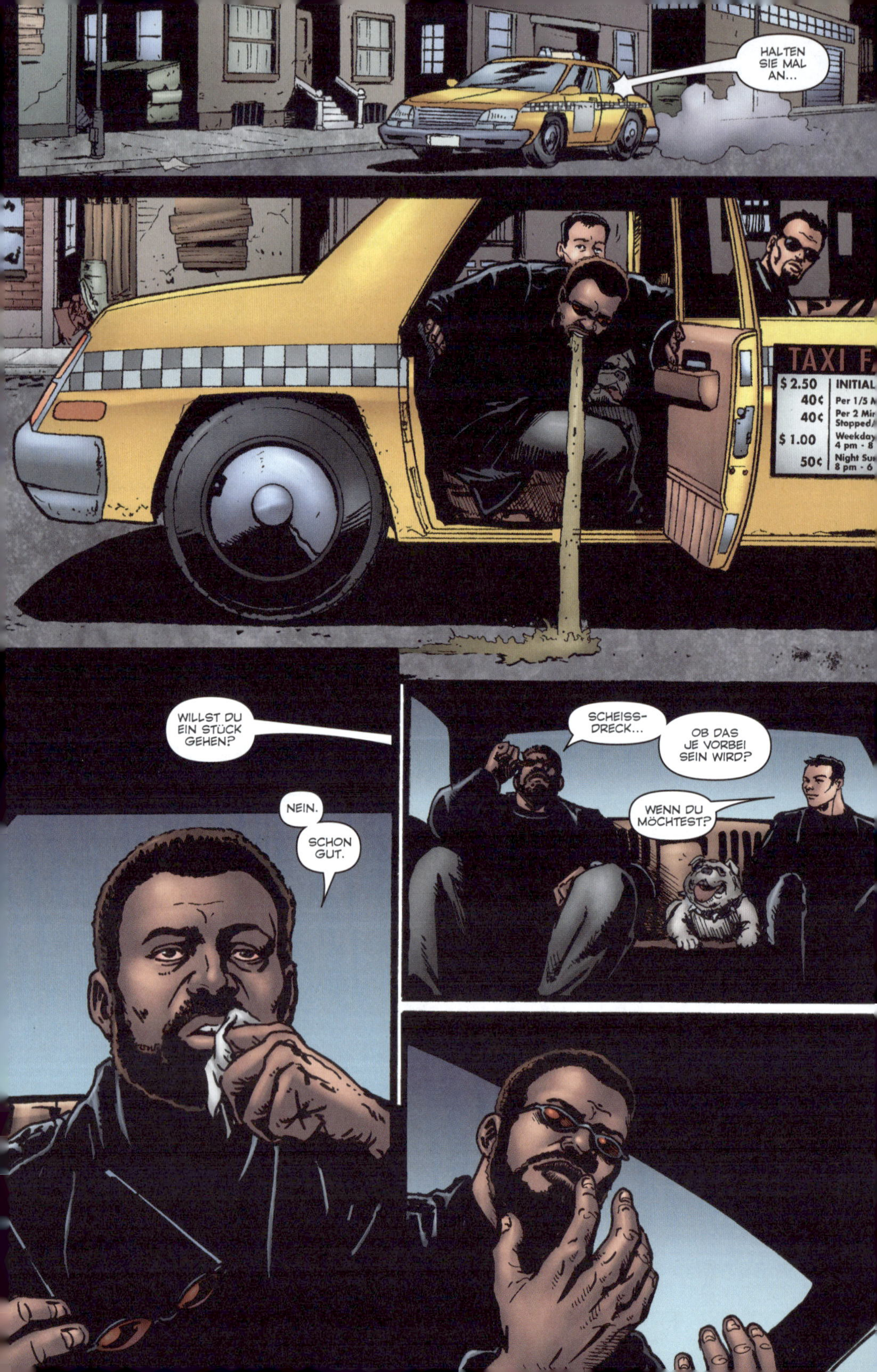
HALTEN SIE MAL AN...
TAXI
$2.50 INITIAL
40¢
40¢
$1.00
50¢
WILLST DU EIN STÜCK GEHEN?
SCHEISS-DRECK...
OB DAS JE VORBEI SEIN WIRD?
NEIN.
WENN DU MÖCHTEST?
SCHON GUT.

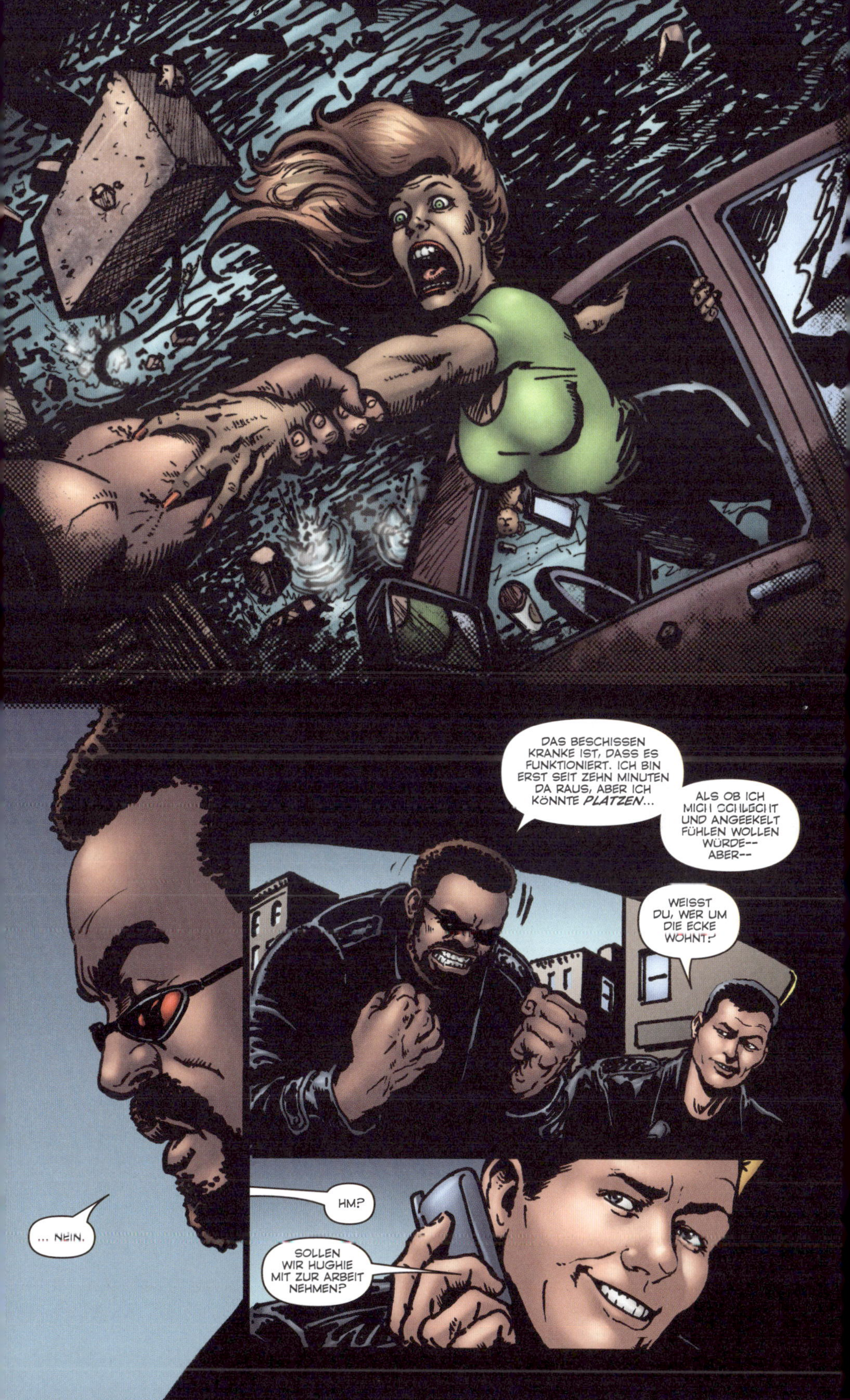
DAS BESCHISSEN KRANKE IST, DASS ES FUNKTIONIERT. ICH BIN ERST SEIT ZEHN MINUTEN DA RAUS, ABER ICH KÖNNTE *PLATZEN*...
ALS OB ICH MICH SCHLECHT UND ANGEEKELT FÜHLEN WOLLEN WÜRDE-- ABER--
WEISST DU, WER UM DIE ECKE WOHNT?
HM?
SOLLEN WIR HUGHIE MIT ZUR ARBEIT NEHMEN?
... NEIN.

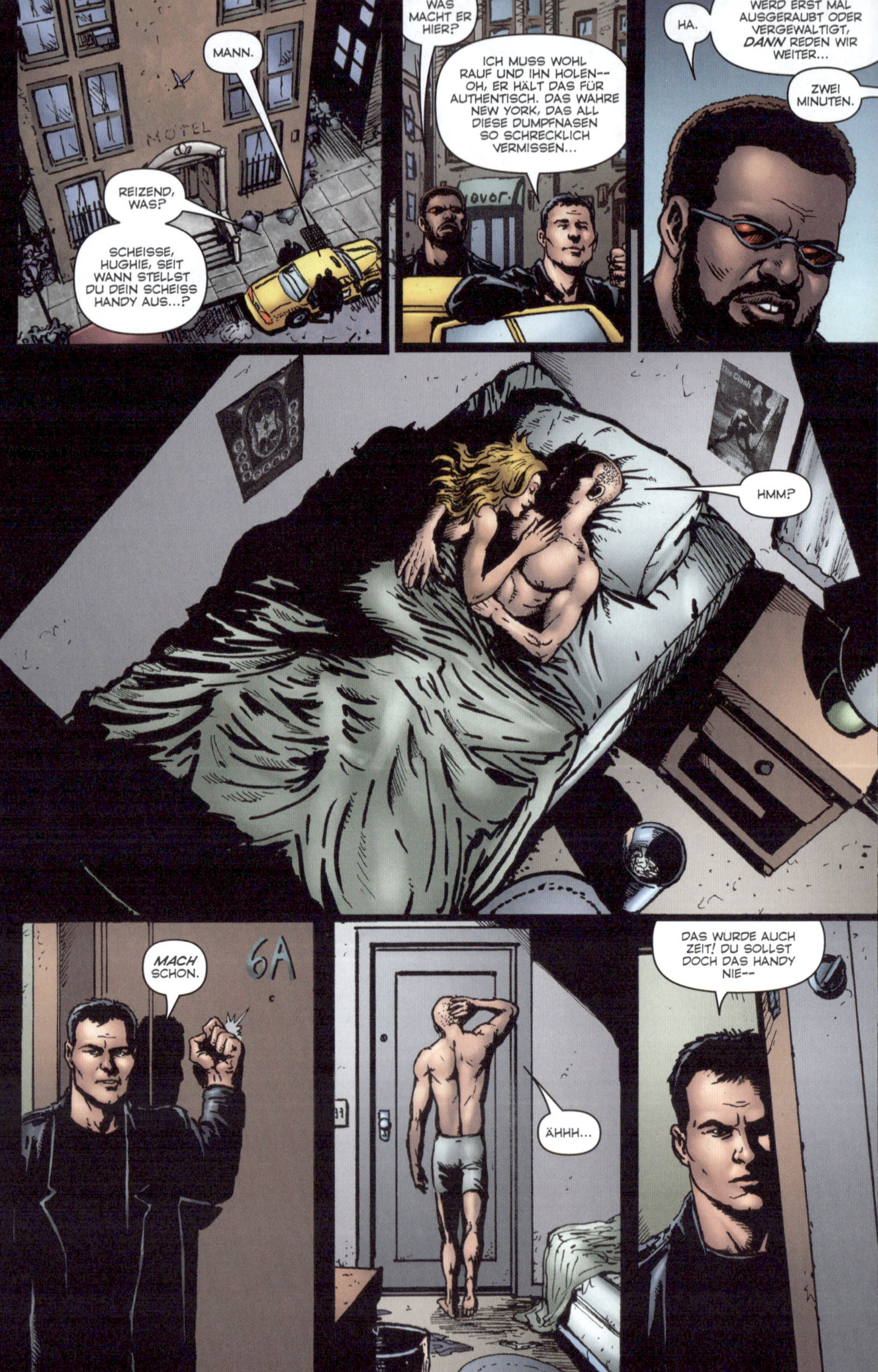
MANN.
REIZEND, WAS?
SCHEISSE, HUGHIE, SEIT WANN STELLST DU DEIN SCHEISS HANDY AUS...?
WAS MACHT ER HIER?
ICH MUSS WOHL RAUF UND IHN HOLEN-- OH, ER HÄLT DAS FÜR AUTHENTISCH. DAS WAHRE NEW YORK, DAS ALL DIESE DUMPFNASEN SO SCHRECKLICH VERMISSEN...
HA.
WERD ERST MAL AUSGERAUBT ODER VERGEWALTIGT, *DANN* REDEN WIR WEITER...
ZWEI MINUTEN.
HMM?
MACH SCHON.
6A
ÄHHH...
DAS WURDE AUCH ZEIT! DU SOLLST DOCH DAS HANDY NIE--

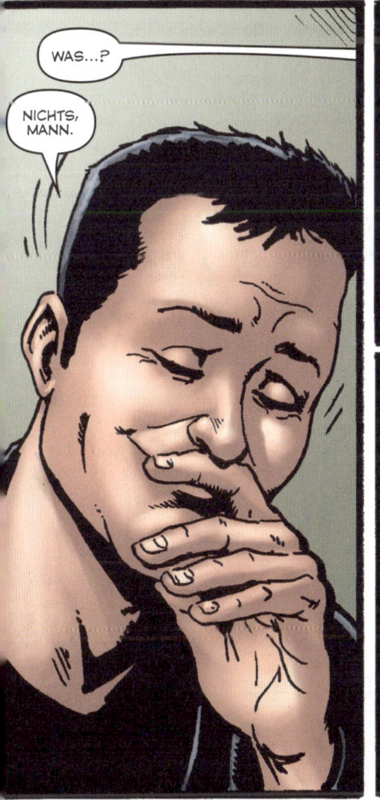
WAS...?
NICHTS, MANN.

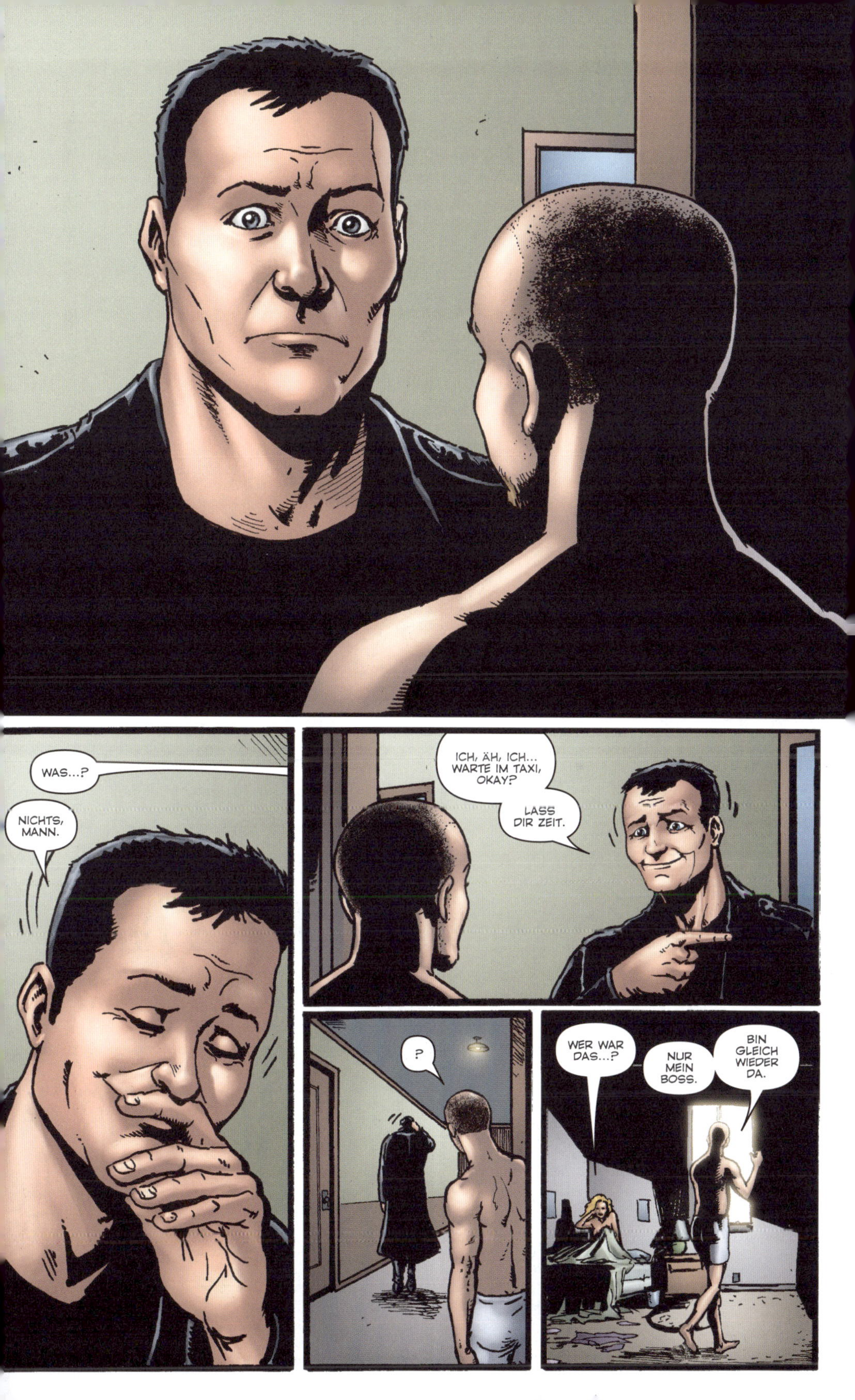

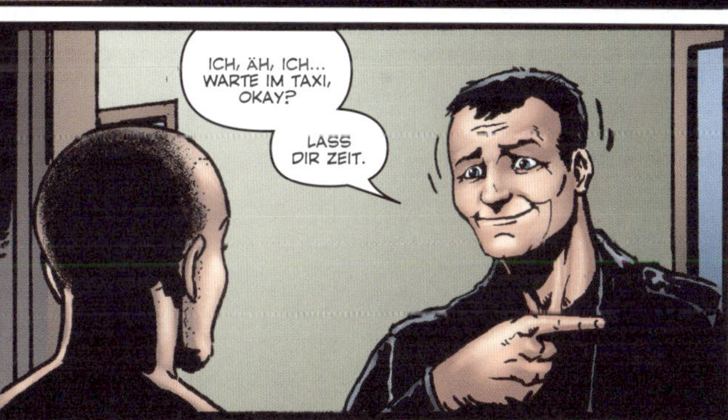
ICH, ÄH, ICH... WARTE IM TAXI, OKAY?
LASS DIR ZEIT.

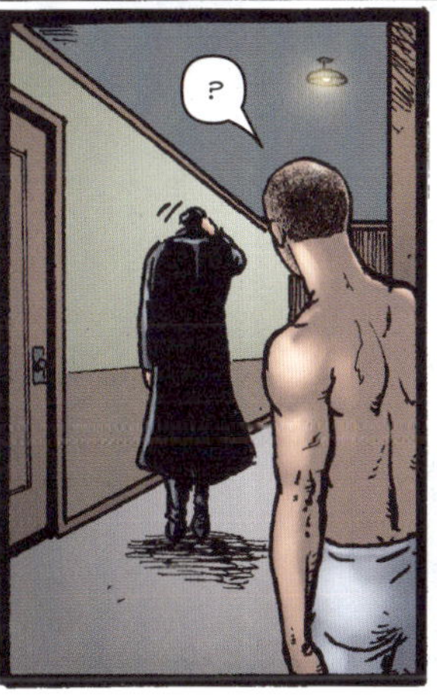
?

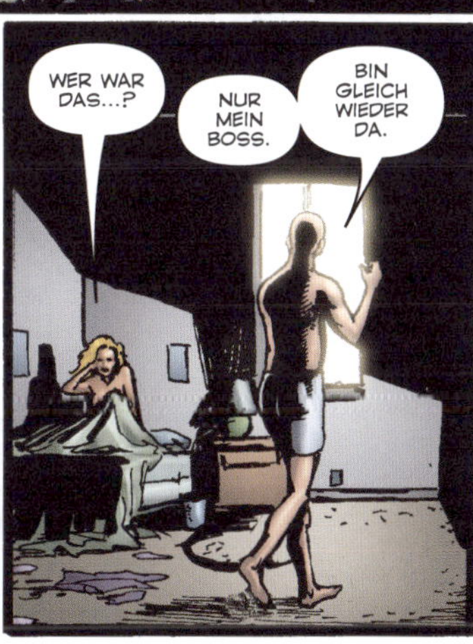
WER WAR DAS...?
NUR MEIN BOSS.
BIN GLEICH WIEDER DA.

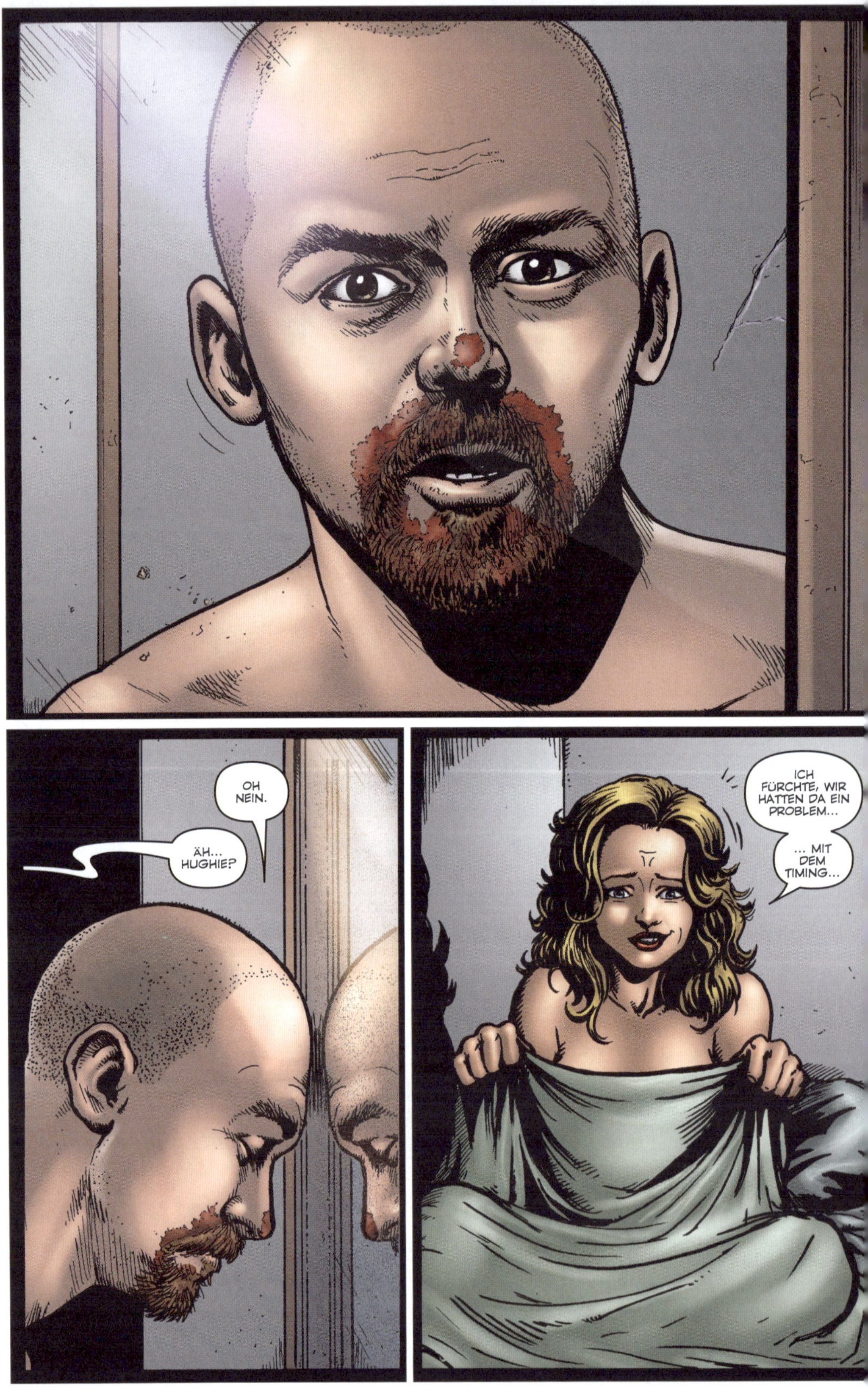

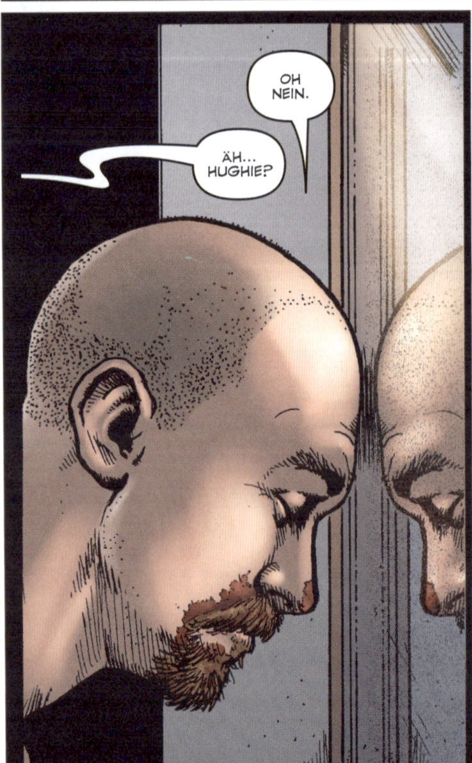
OH NEIN.
ÄH... HUGHIE?

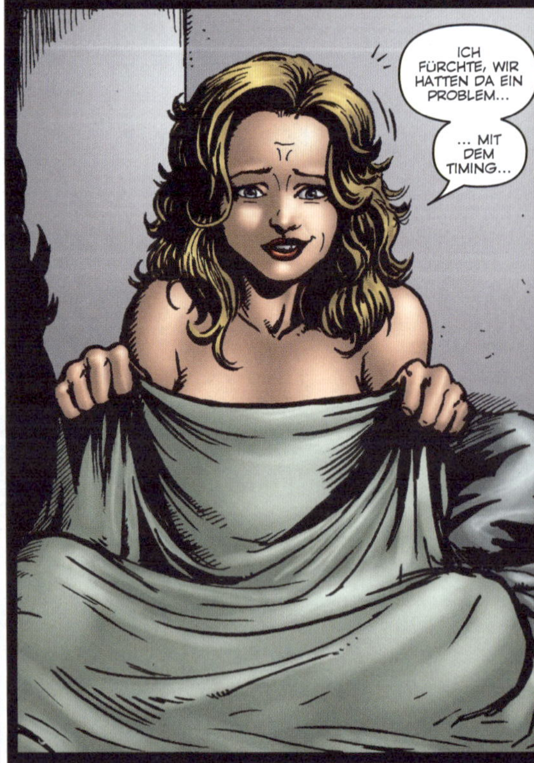
ICH FÜRCHTE, WIR HATTEN DA EIN PROBLEM...
... MIT DEM TIMING...

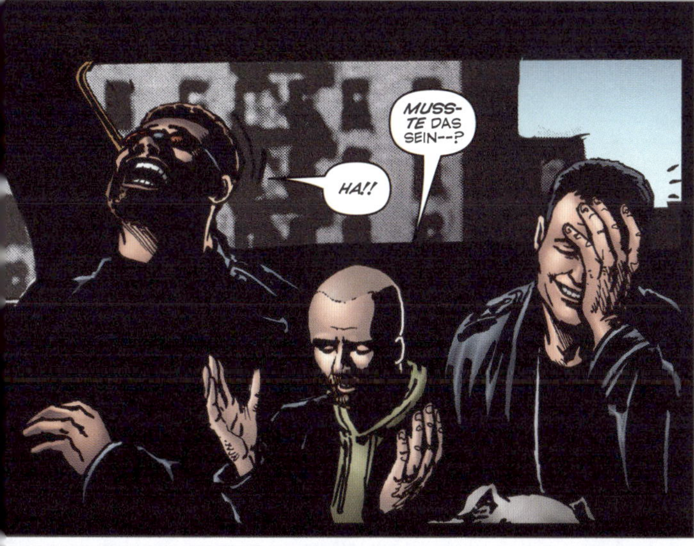
MUSS-TE DAS SEIN--?
HA!!

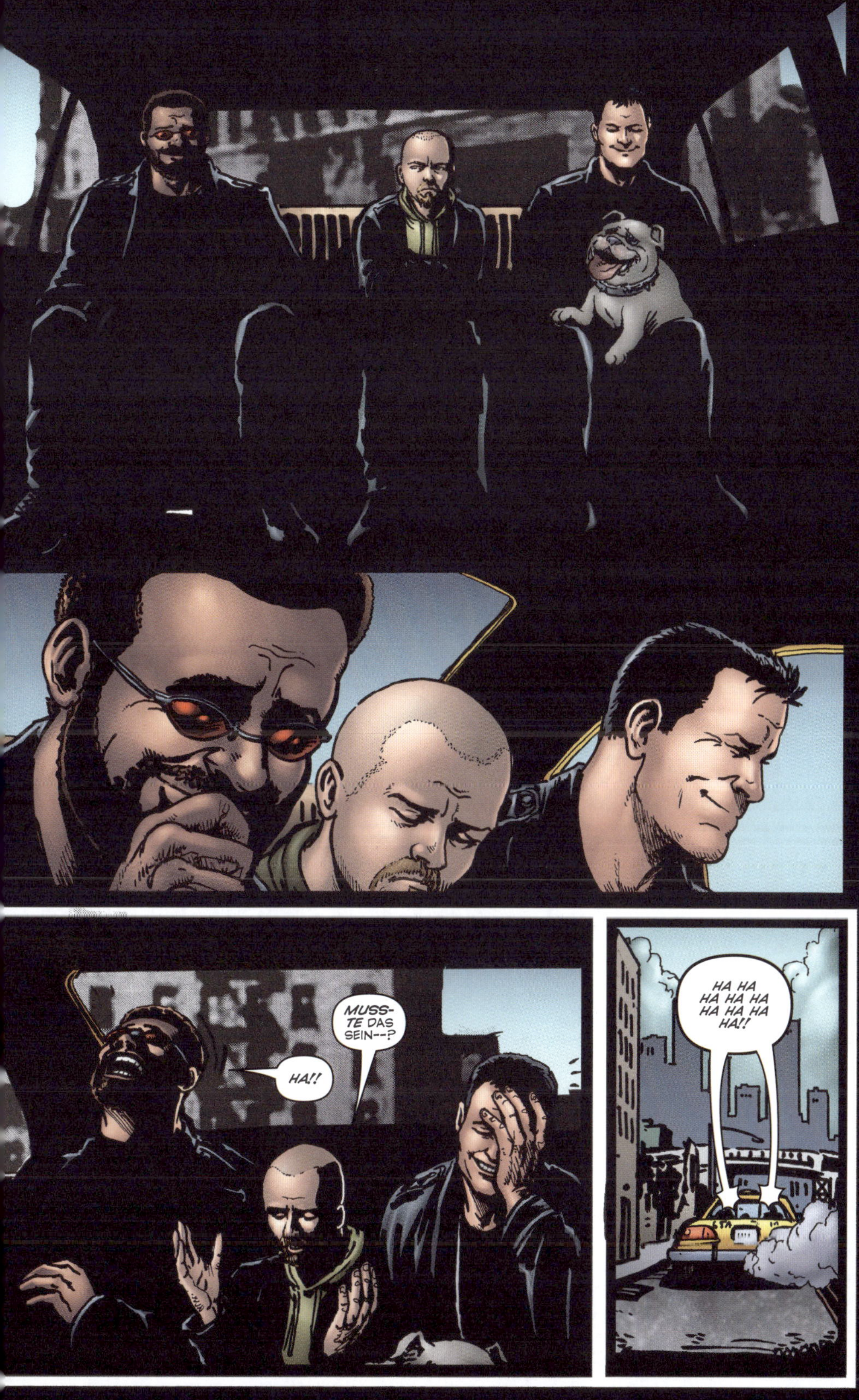

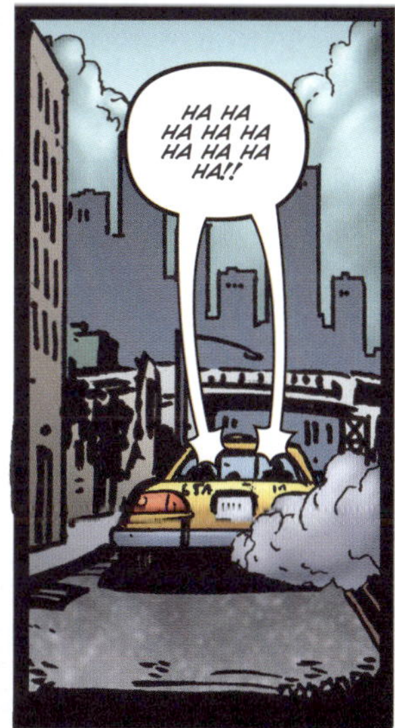
HA HA HA HA HA HA HA HA HA!!

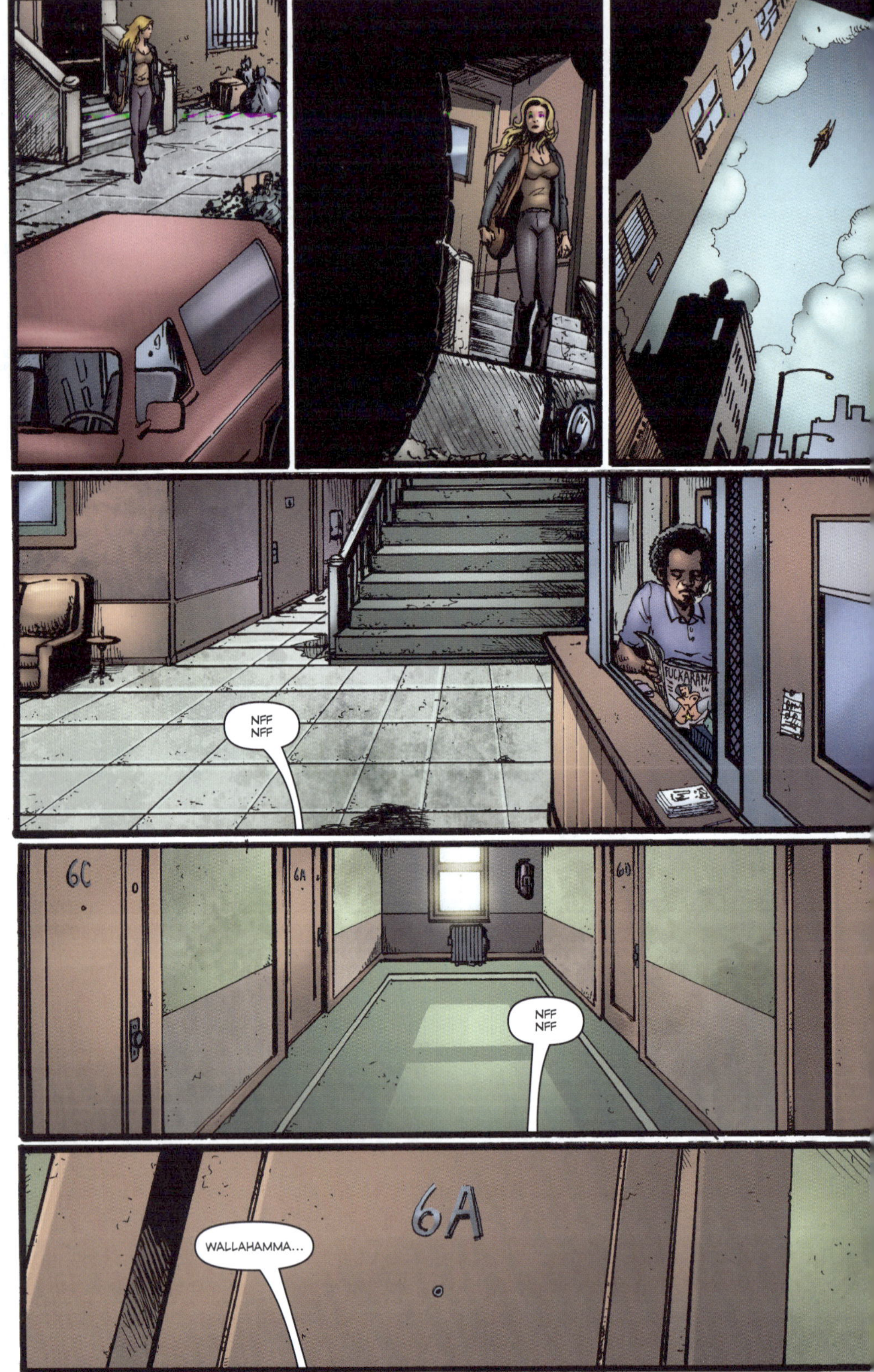
NFF
NFF
NFF
NFF
WALLAHAMMA...

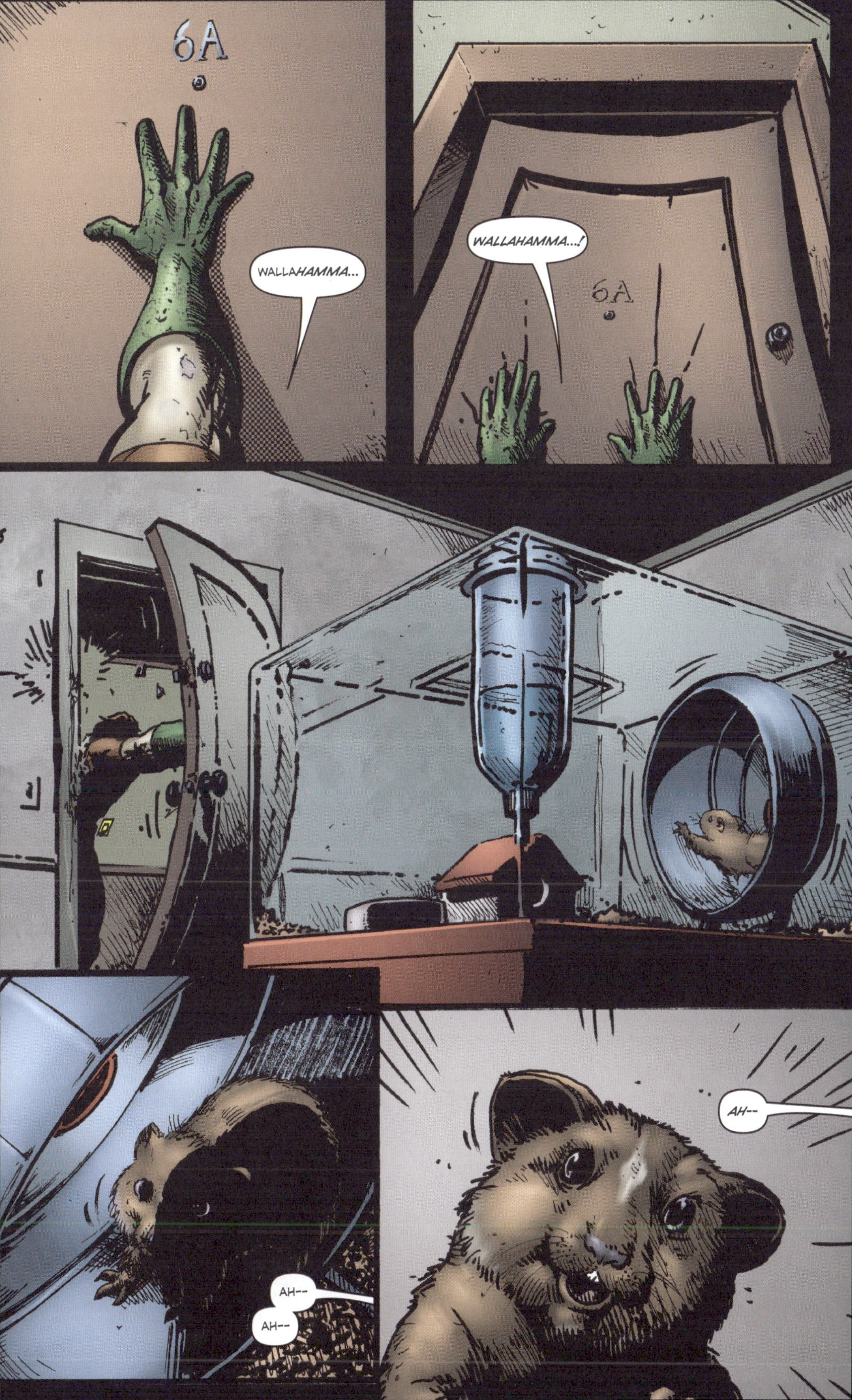
6A
WALLAHAMMA...
WALLAHAMMA...!
6A
AH--
AH--
AH--

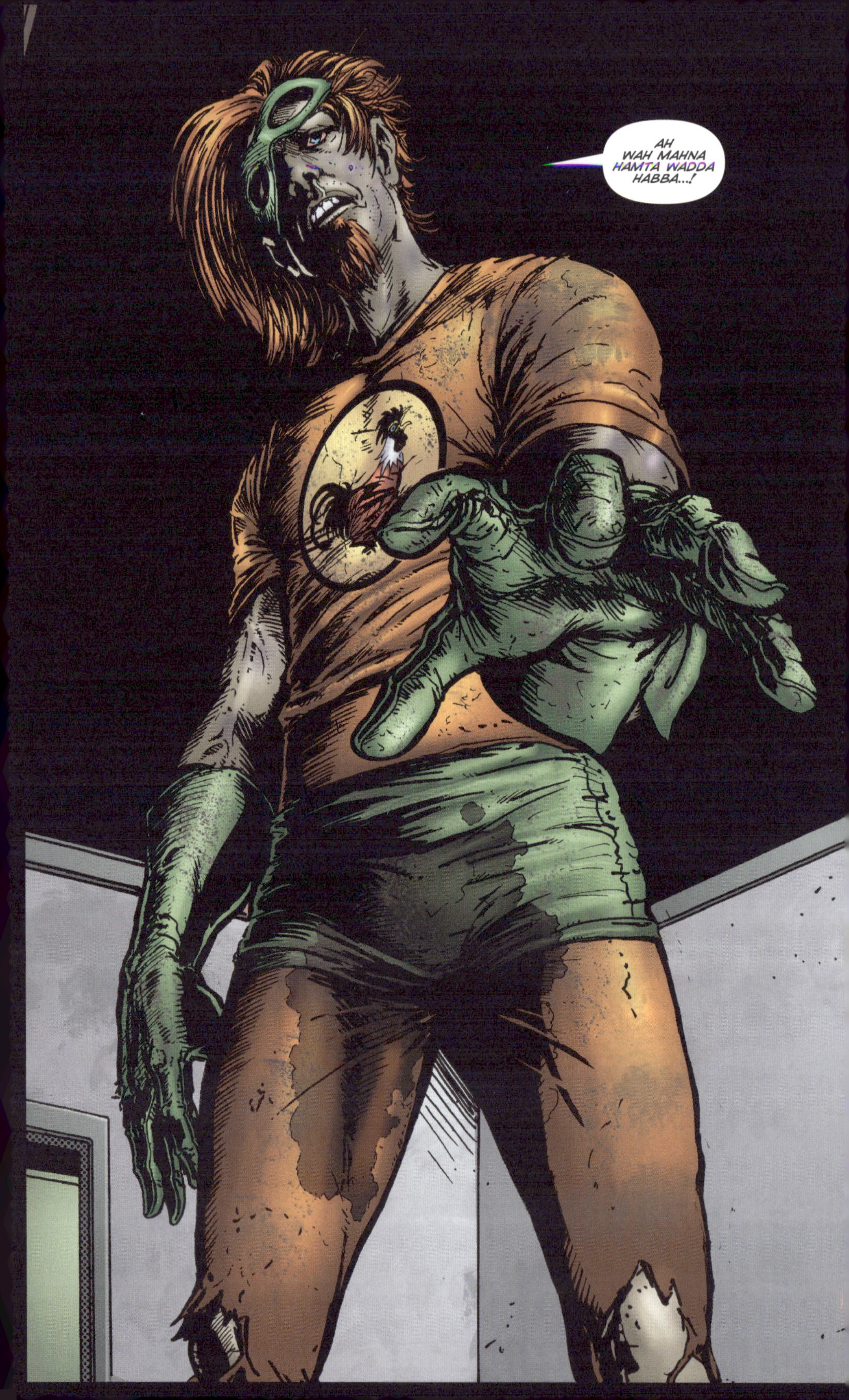
AH WAH MAHNA HAMTA WADDA HABBA...!

STREICHELEINHEITEN, TEIL 4

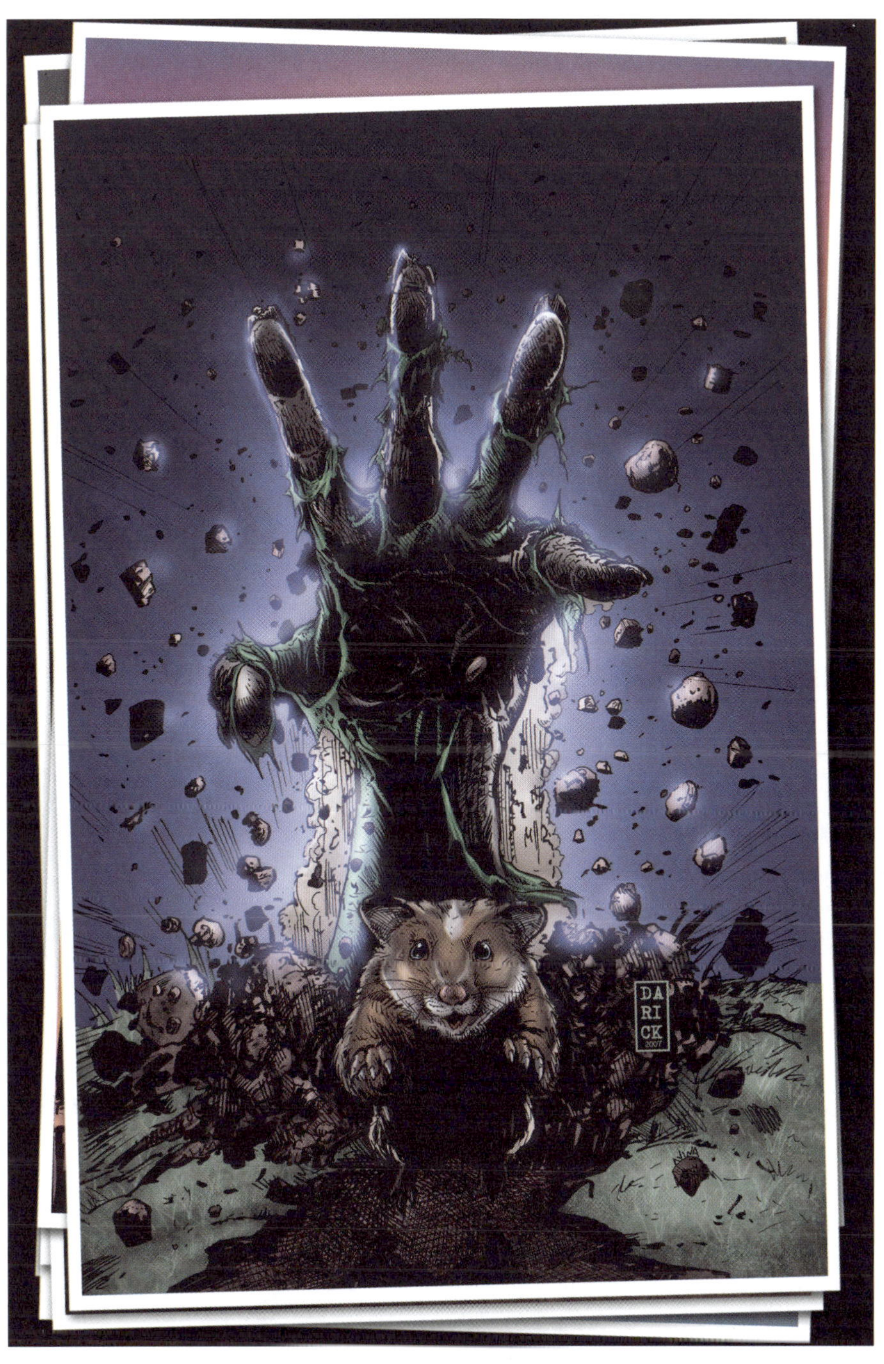

The Boys (2006) 18
Cover von **DARICK ROBERTSON**

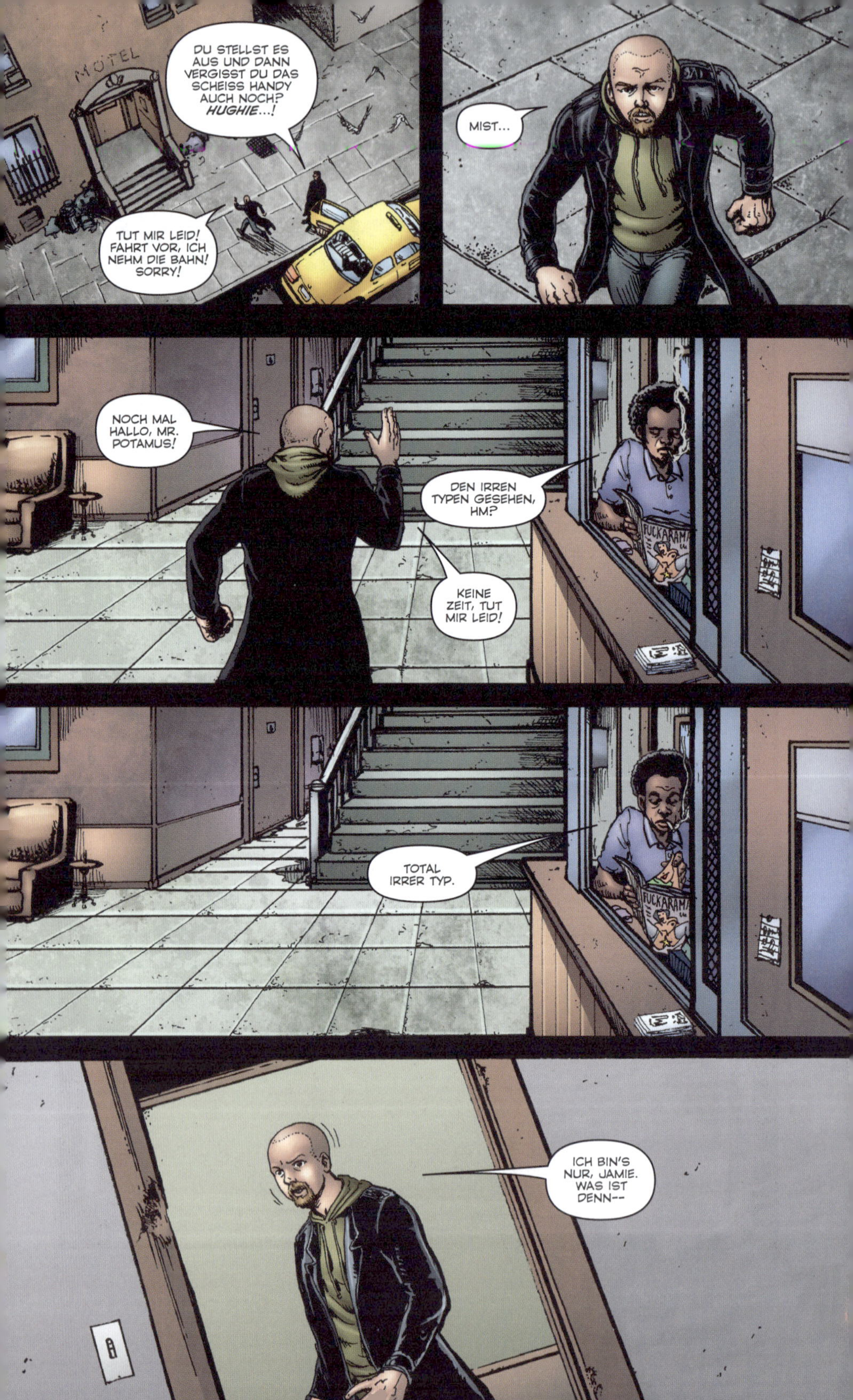
MOTEL
DU STELLST ES AUS UND DANN VERGISST DU DAS SCHEISS HANDY AUCH NOCH? HUGHIE...!
TUT MIR LEID! FAHRT VOR, ICH NEHM DIE BAHN! SORRY!
MIST...
NOCH MAL HALLO, MR. POTAMUS!
DEN IRREN TYPEN GESEHEN, HM?
KEINE ZEIT, TUT MIR LEID!
FUCKARAMA
TOTAL IRRER TYP.
FUCKARAMA
ICH BIN'S NUR, JAMIE. WAS IST DENN--

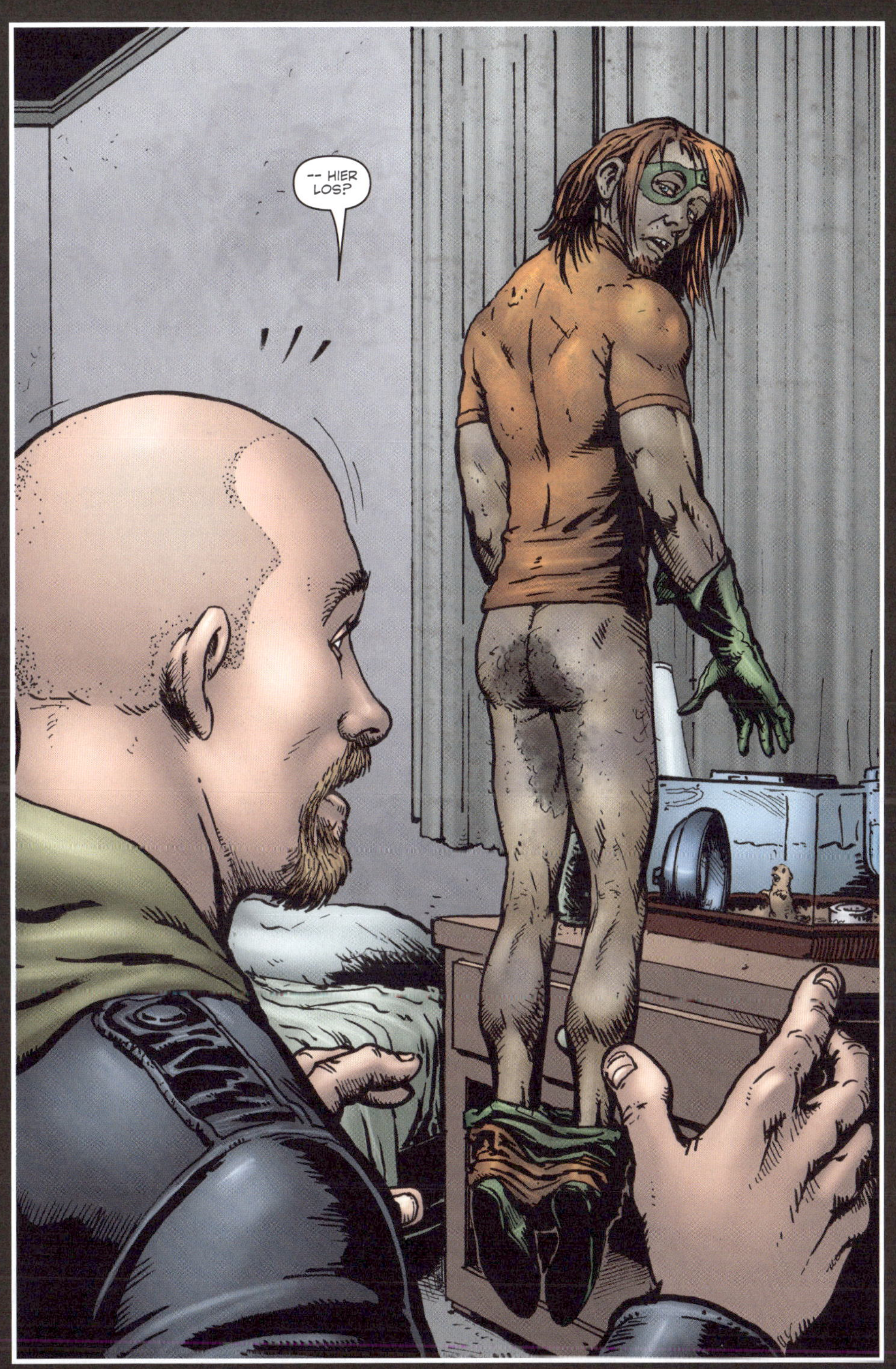

STREICHELEINHEITEN

TEIL 4

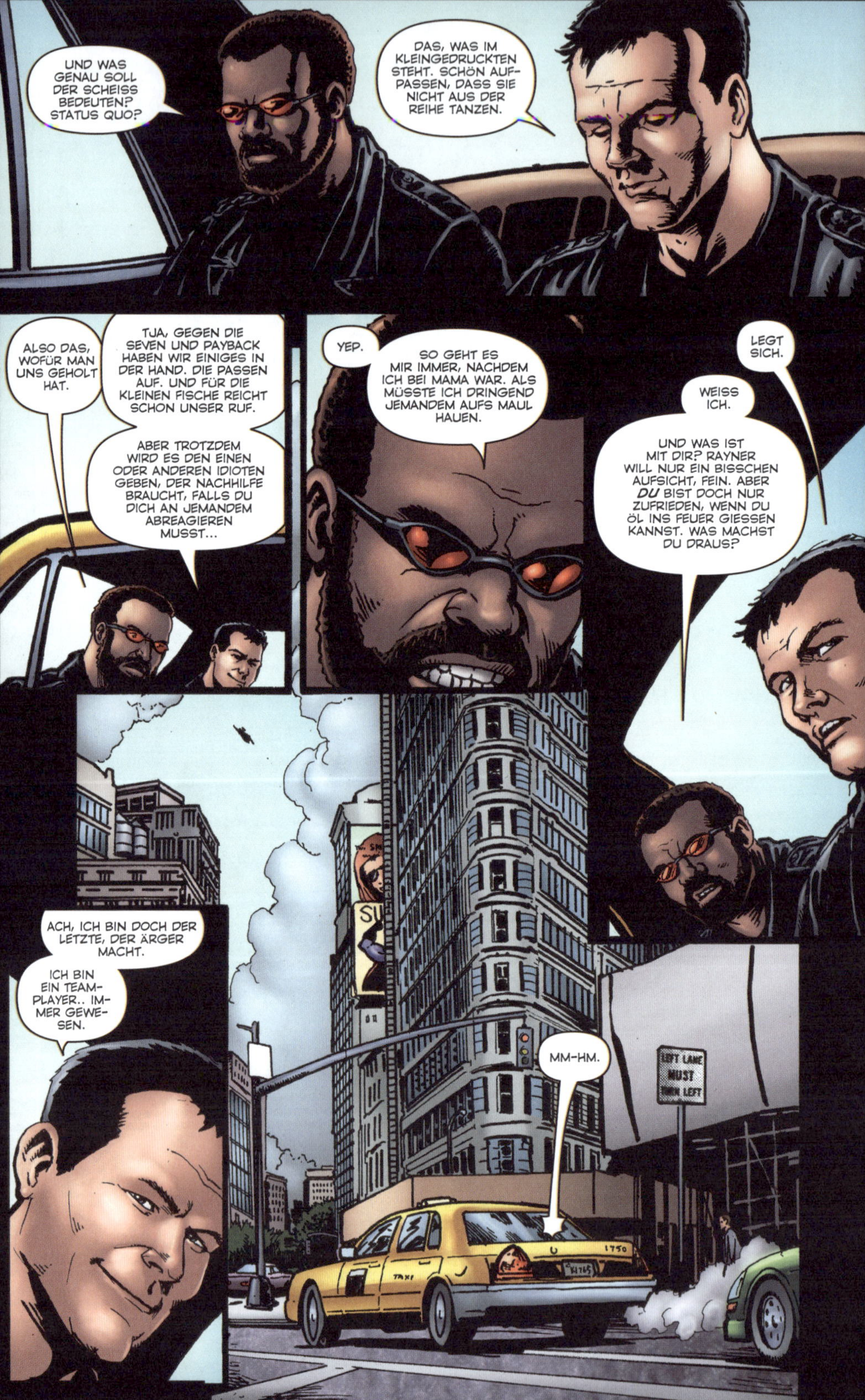
UND WAS GENAU SOLL DER SCHEISS BEDEUTEN? STATUS QUO?
DAS, WAS IM KLEINGEDRUCKTEN STEHT. SCHÖN AUFPASSEN, DASS SIE NICHT AUS DER REIHE TANZEN.
ALSO DAS, WOFÜR MAN UNS GEHOLT HAT.
TJA, GEGEN DIE SEVEN UND PAYBACK HABEN WIR EINIGES IN DER HAND. DIE PASSEN AUF. UND FÜR DIE KLEINEN FISCHE REICHT SCHON UNSER RUF.
ABER TROTZDEM WIRD ES DEN EINEN ODER ANDEREN IDIOTEN GEBEN, DER NACHHILFE BRAUCHT, FALLS DU DICH AN JEMANDEM ABREAGIEREN MUSST...
YEP.
SO GEHT ES MIR IMMER, NACHDEM ICH BEI MAMA WAR. ALS MÜSSTE ICH DRINGEND JEMANDEM AUFS MAUL HAUEN.
LEGT SICH.
WEISS ICH.
UND WAS IST MIT DIR? RAYNER WILL NUR EIN BISSCHEN AUFSICHT, FEIN. ABER *DU* BIST DOCH NUR ZUFRIEDEN, WENN DU ÖL INS FEUER GIESSEN KANNST. WAS MACHST DU DRAUS?
ACH, ICH BIN DOCH DER LETZTE, DER ÄRGER MACHT.
ICH BIN EIN TEAMPLAYER.. IMMER GEWESEN.
MM-HM.
LEFT LANE MUST TURN LEFT
TAXI

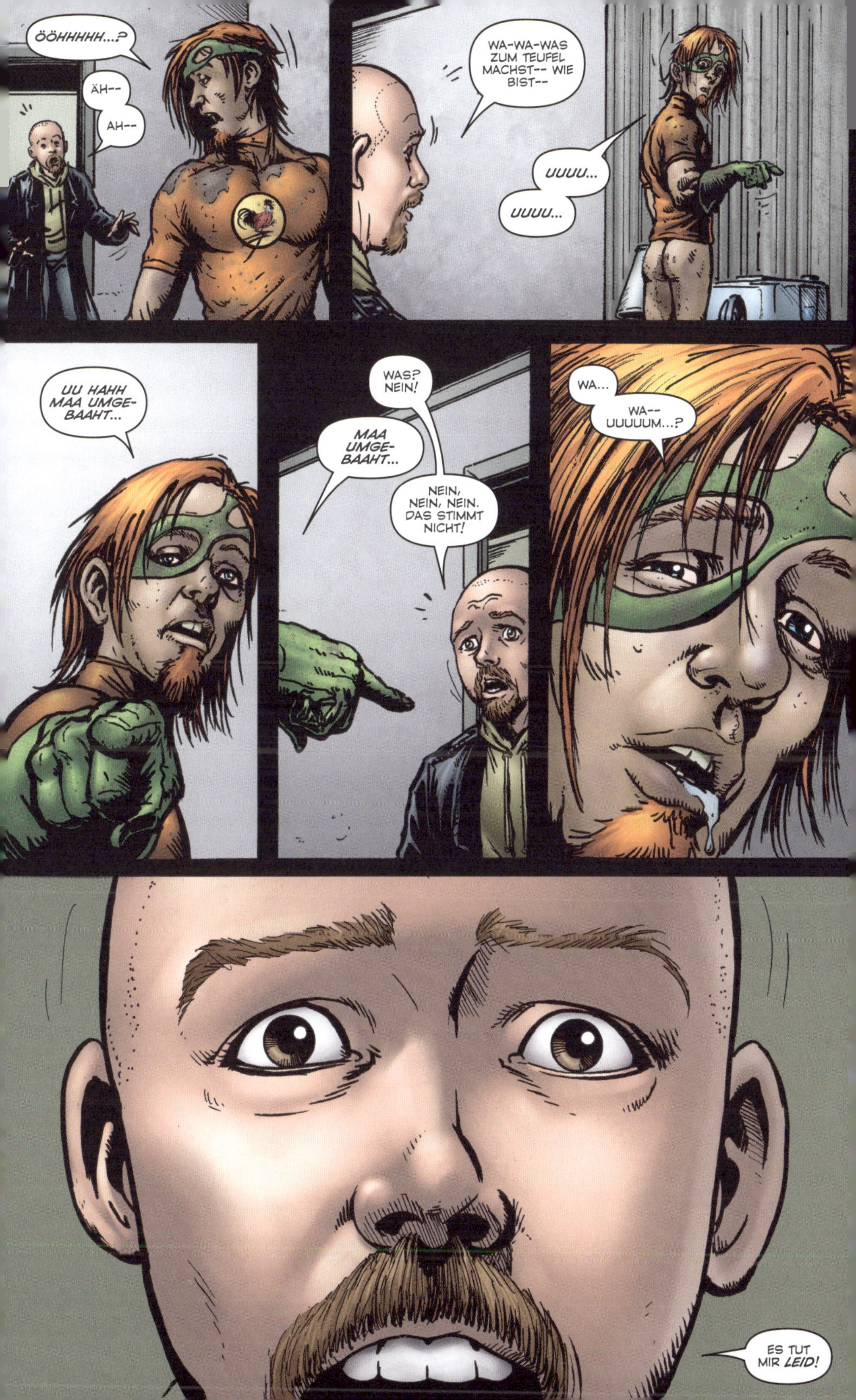
ÖÖHHHHH...?
ÄH--
AH--
WA-WA-WAS ZUM TEUFEL MACHST-- WIE BIST--
UUUU...
UUUU...
UU HAHH MAA UMGE-BAAHT...
MAA UMGE-BAAHT...
WAS? NEIN!
NEIN, NEIN, NEIN. DAS STIMMT NICHT!
WA...
WA-- UUUUM...?
ES TUT MIR *LEID!*

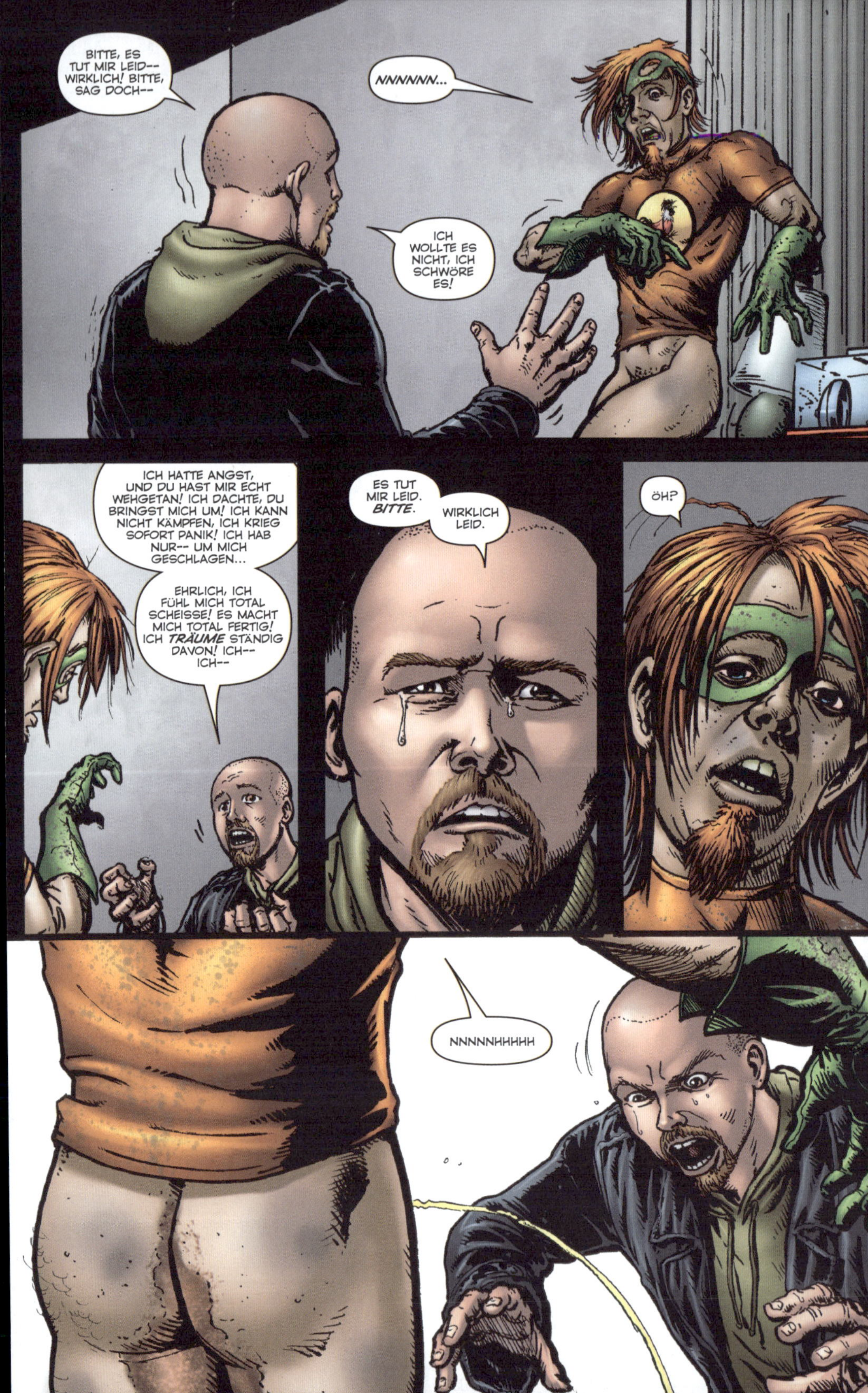
BITTE, ES TUT MIR LEID-- WIRKLICH! BITTE, SAG DOCH--
NNNNNN...
ICH WOLLTE ES NICHT, ICH SCHWÖRE ES!
ICH HATTE ANGST, UND DU HAST MIR ECHT WEHGETAN! ICH DACHTE, DU BRINGST MICH UM! ICH KANN NICHT KÄMPFEN, ICH KRIEG SOFORT PANIK! ICH HAB NUR-- UM MICH GESCHLAGEN...
EHRLICH, ICH FÜHL MICH TOTAL SCHEISSE! ES MACHT MICH TOTAL FERTIG! ICH *TRÄUME* STÄNDIG DAVON! ICH-- ICH--
ES TUT MIR LEID. *BITTE*.
WIRKLICH LEID.
ÖH?
NNNNNHHHHH

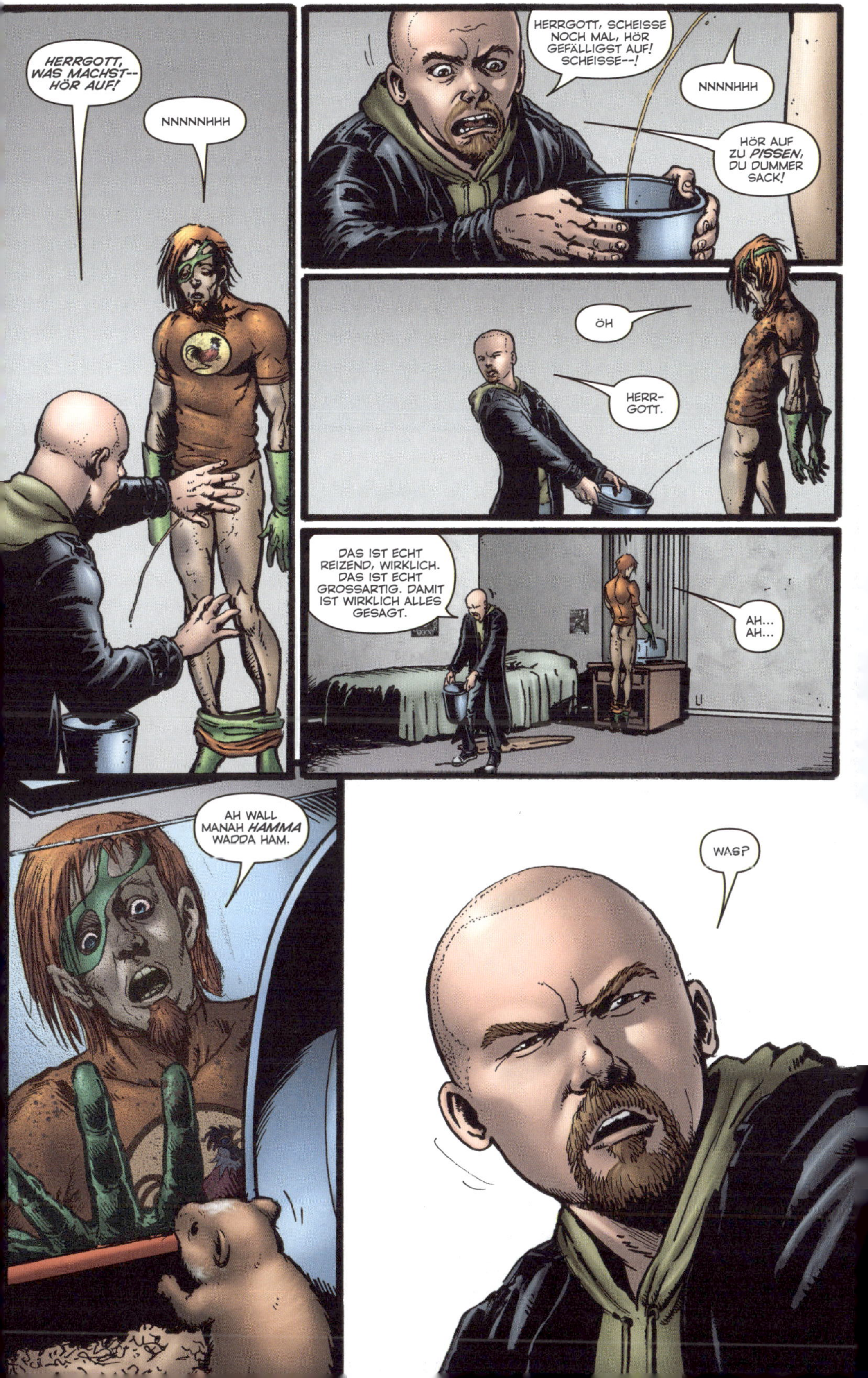

HERRGOTT, WAS MACHST-- HÖR AUF!
NNNNNHHH
HERRGOTT, SCHEISSE NOCH MAL, HÖR GEFÄLLIGST AUF! SCHEISSE--!
NNNNHHH
HÖR AUF ZU PISSEN, DU DUMMER SACK!
ÖH
HERR-GOTT.
DAS IST ECHT REIZEND, WIRKLICH. DAS IST ECHT GROSSARTIG. DAMIT IST WIRKLICH ALLES GESAGT.
AH... AH...

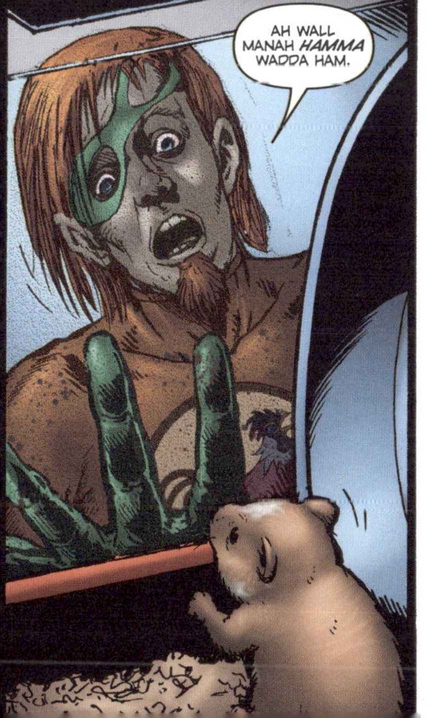

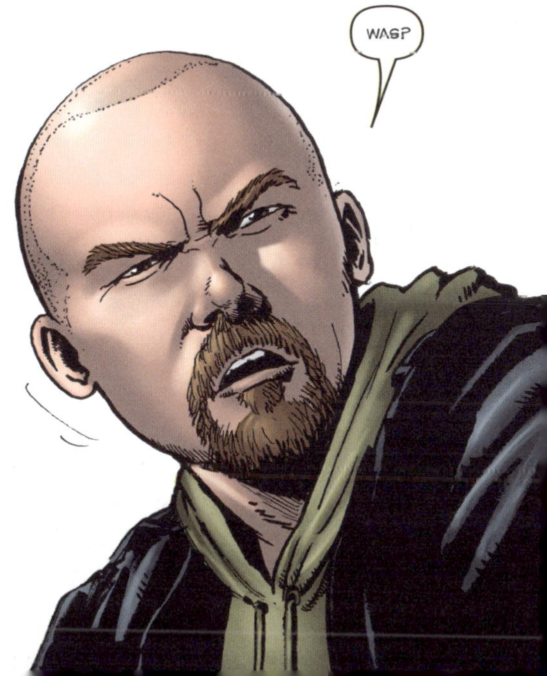

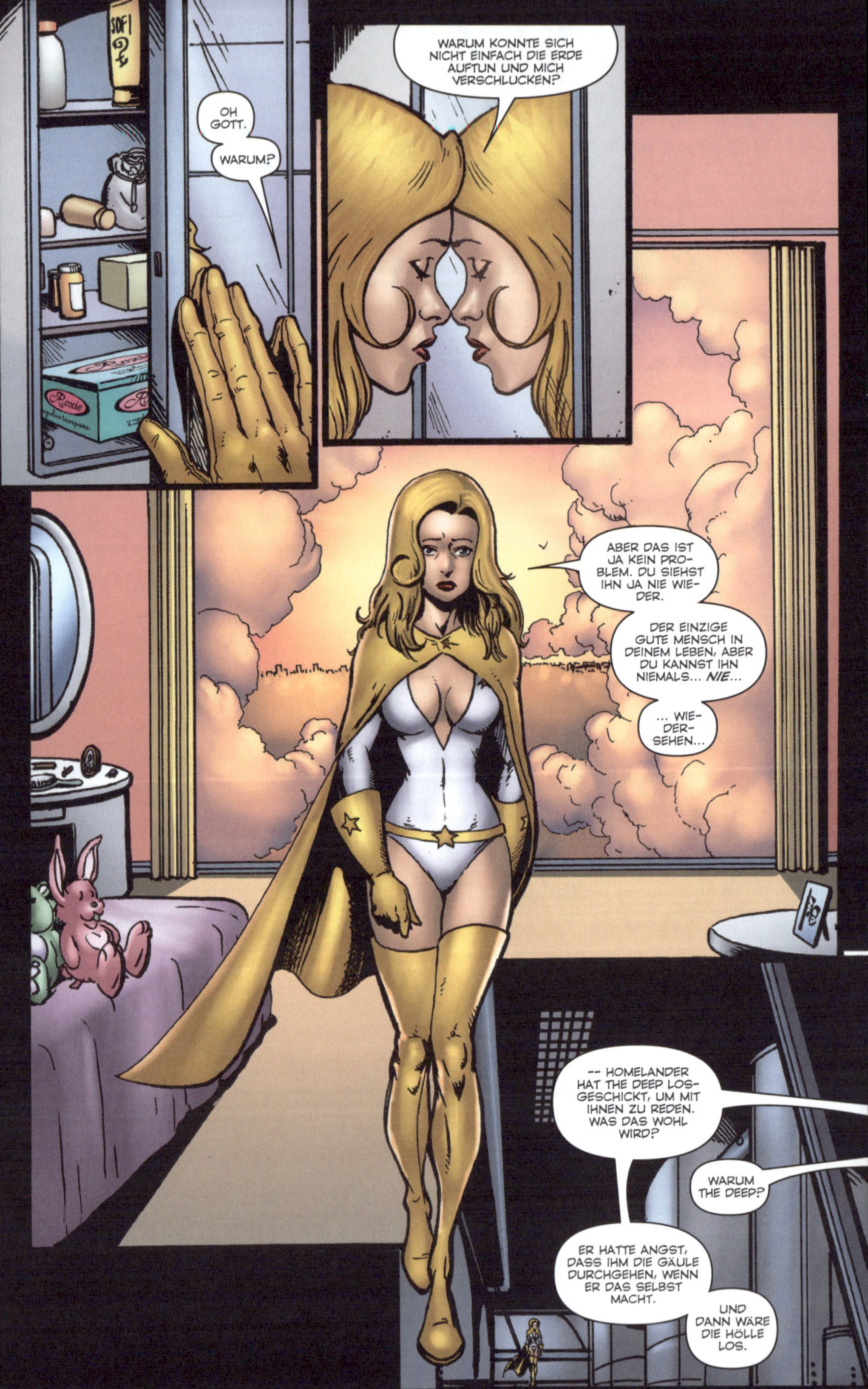
OH GOTT.
WARUM?
WARUM KONNTE SICH NICHT EINFACH DIE ERDE AUFTUN UND MICH VERSCHLUCKEN?
ABER DAS IST JA KEIN PROBLEM. DU SIEHST IHN JA NIE WIEDER.
DER EINZIGE GUTE MENSCH IN DEINEM LEBEN, ABER DU KANNST IHN NIEMALS... *NIE*...
... WIEDERSEHEN...
-- HOMELANDER HAT THE DEEP LOSGESCHICKT, UM MIT IHNEN ZU REDEN. WAS DAS WOHL WIRD?
WARUM THE DEEP?
ER HATTE ANGST, DASS IHM DIE GÄULE DURCHGEHEN, WENN ER DAS SELBST MACHT.
UND DANN WÄRE DIE HÖLLE LOS.

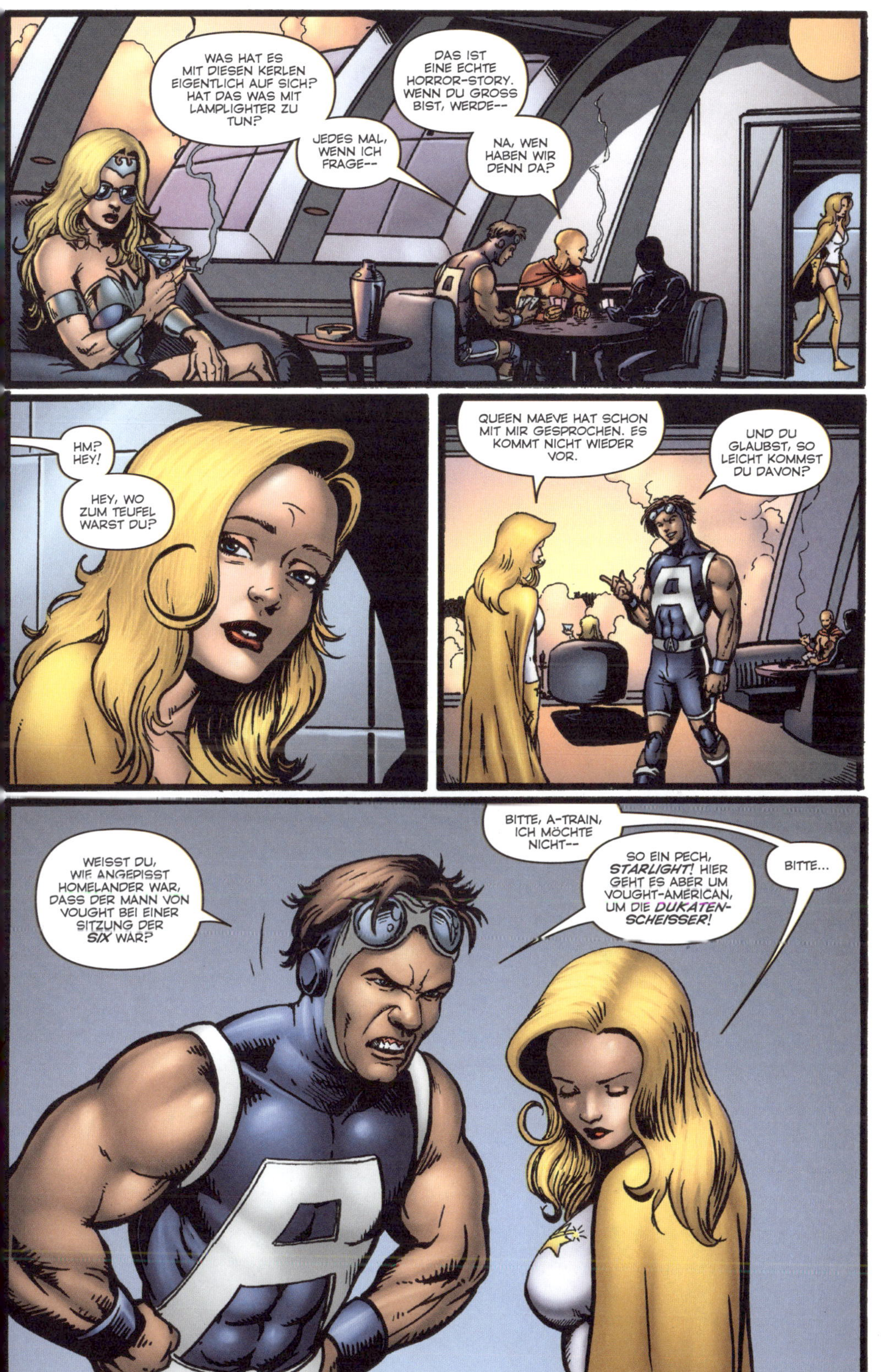
WAS HAT ES MIT DIESEN KERLEN EIGENTLICH AUF SICH? HAT DAS WAS MIT LAMPLIGHTER ZU TUN?
DAS IST EINE ECHTE HORROR-STORY. WENN DU GROSS BIST, WERDE--
JEDES MAL, WENN ICH FRAGE--
NA, WEN HABEN WIR DENN DA?
HM? HEY!
HEY, WO ZUM TEUFEL WARST DU?
QUEEN MAEVE HAT SCHON MIT MIR GESPROCHEN. ES KOMMT NICHT WIEDER VOR.
UND DU GLAUBST, SO LEICHT KOMMST DU DAVON?
WEISST DU, WIE ANGEPISST HOMELANDER WAR, DASS DER MANN VON VOUGHT BEI EINER SITZUNG DER SIX WAR?
BITTE, A-TRAIN, ICH MÖCHTE NICHT--
SO EIN PECH, STARLIGHT! HIER GEHT ES ABER UM VOUGHT-AMERICAN, UM DIE DUKATEN-SCHEISSER!
BITTE...

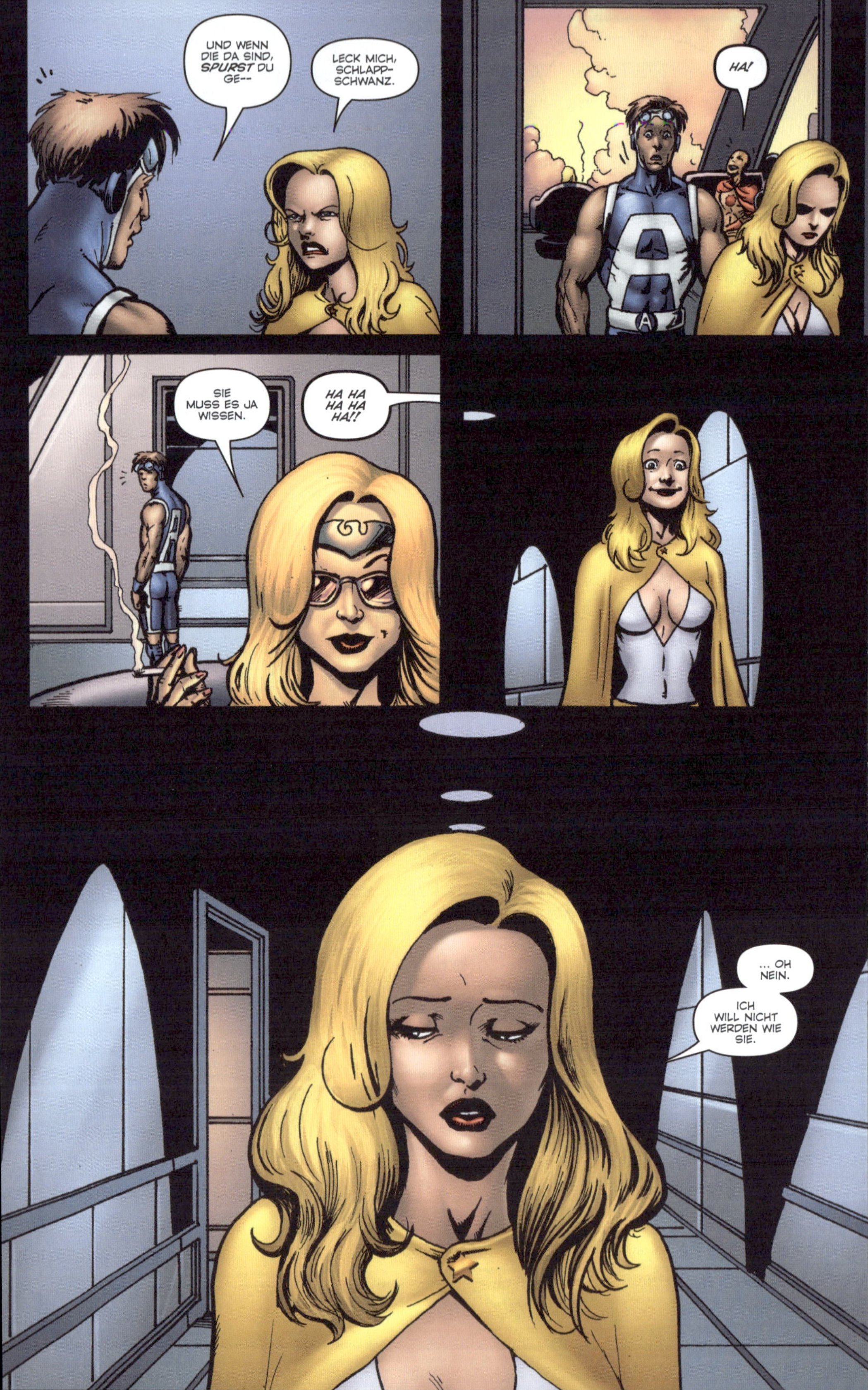
UND WENN DIE DA SIND, SPURST DU GE--
LECK MICH, SCHLAPP-SCHWANZ.
HA!
SIE MUSS ES JA WISSEN.
HA HA HA HA HA!!
... OH NEIN.
ICH WILL NICHT WERDEN WIE SIE.

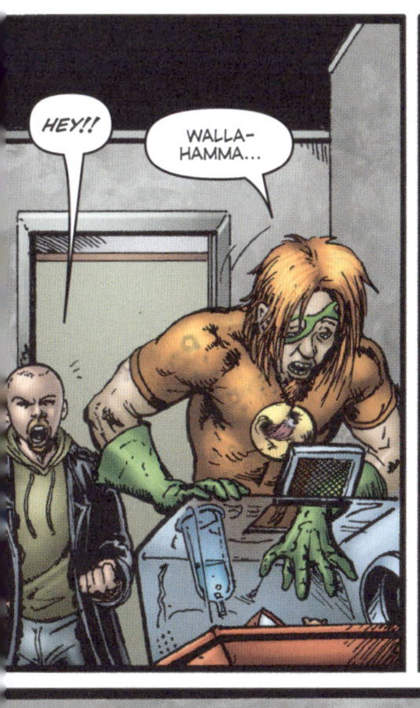

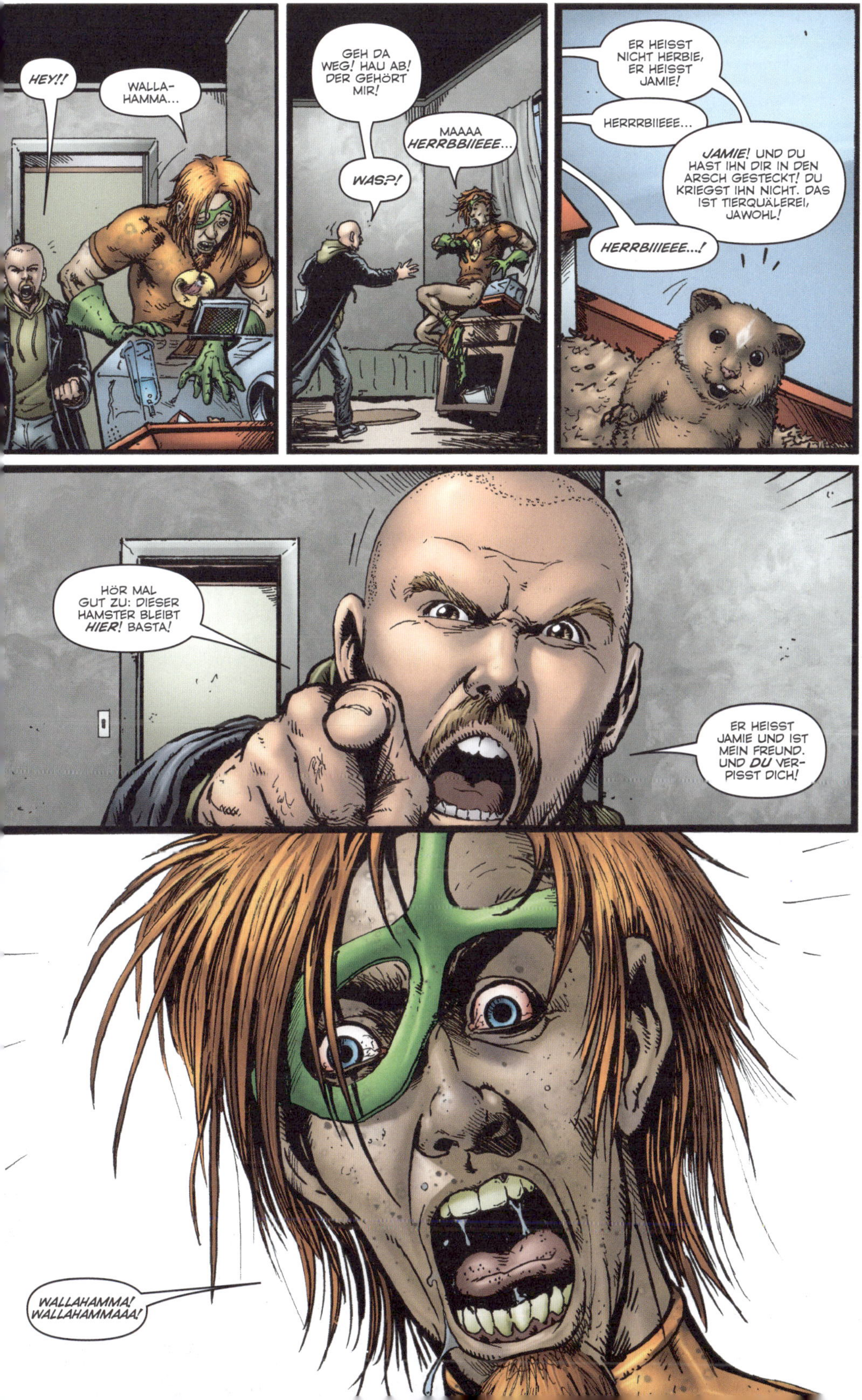

HEY!!
WALLA-HAMMA...

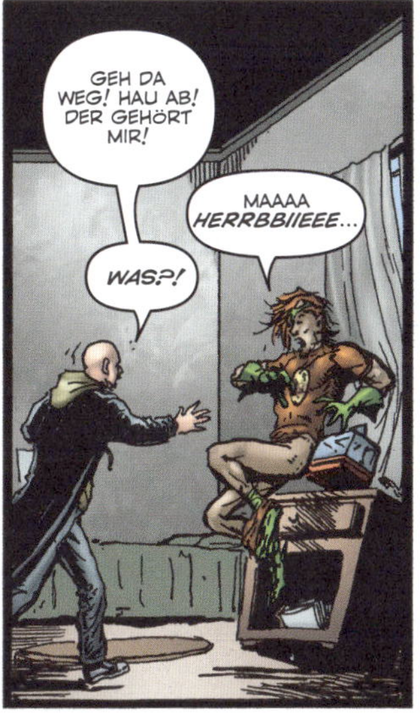

GEH DA WEG! HAU AB! DER GEHÖRT MIR!
WAS?!
MAAAA HERRBBIIEEE...

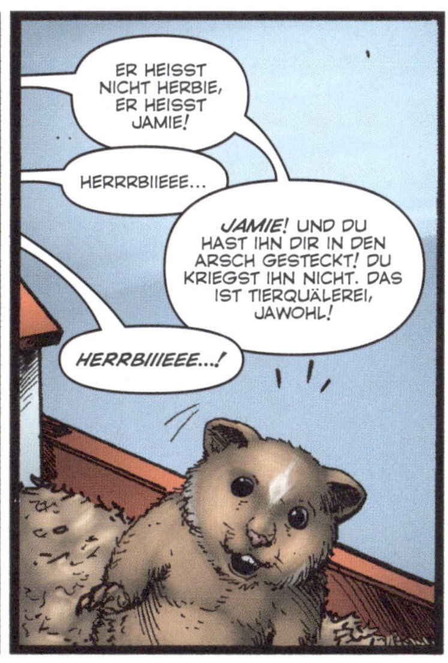

ER HEISST NICHT HERBIE, ER HEISST JAMIE!
HERRRBIIEEE...
JAMIE! UND DU HAST IHN DIR IN DEN ARSCH GESTECKT! DU KRIEGST IHN NICHT. DAS IST TIERQUÄLEREI, JAWOHL!
HERRBIIIEEE...!

HÖR MAL GUT ZU: DIESER HAMSTER BLEIBT HIER! BASTA!
ER HEISST JAMIE UND IST MEIN FREUND. UND DU VERPISST DICH!
WALLAHAMMA! WALLAHAMMAAA!

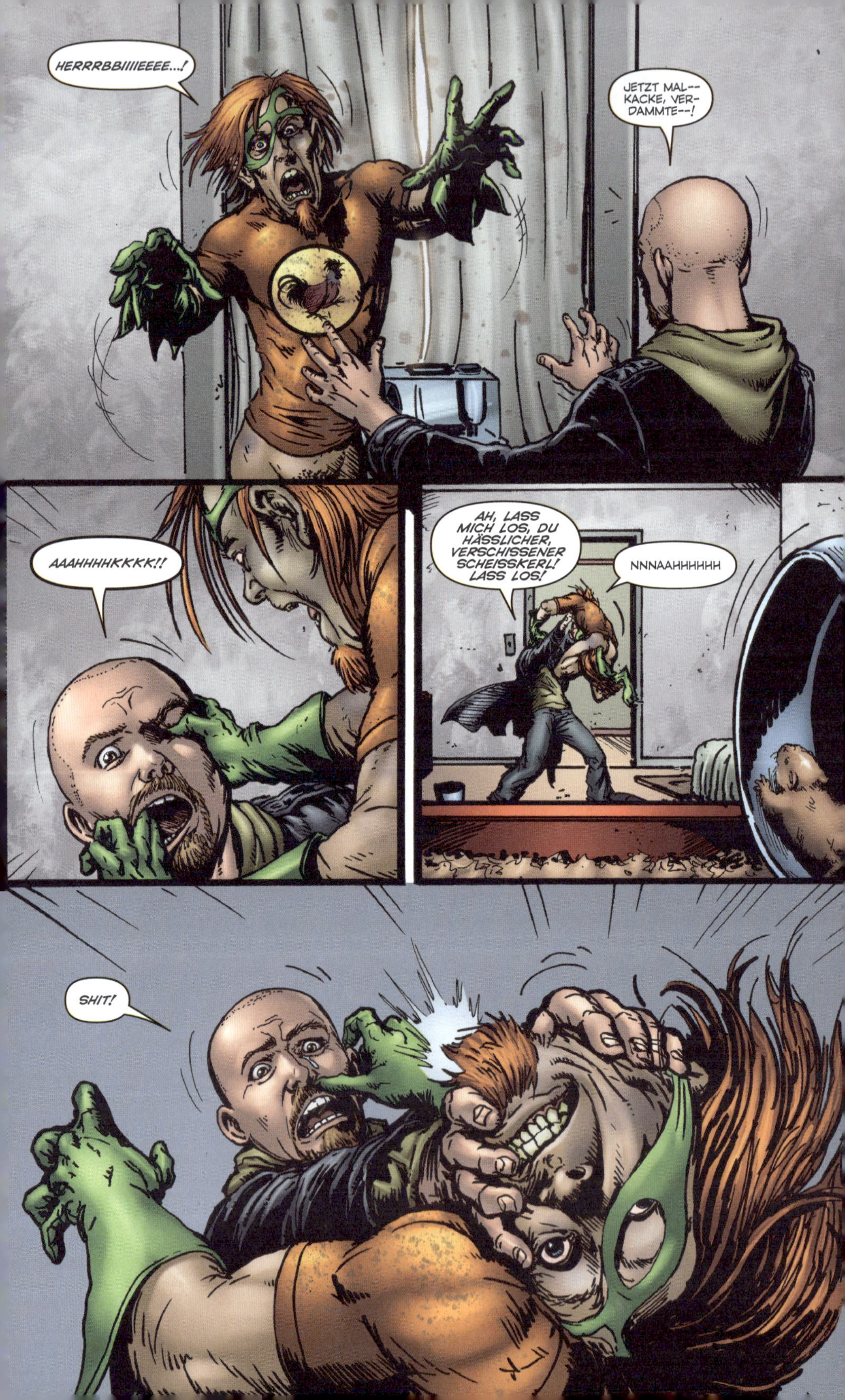
HERRRBBIIIIEEEE...!
JETZT MAL--
KACKE, VER-
DAMMTE--!
AAAHHHHKKKK!!
AH, LASS
MICH LOS, DU
HÄSSLICHER,
VERSCHISSENER
SCHEISSKERL!
LASS LOS!
NNNAAHHHHHH
SHIT!

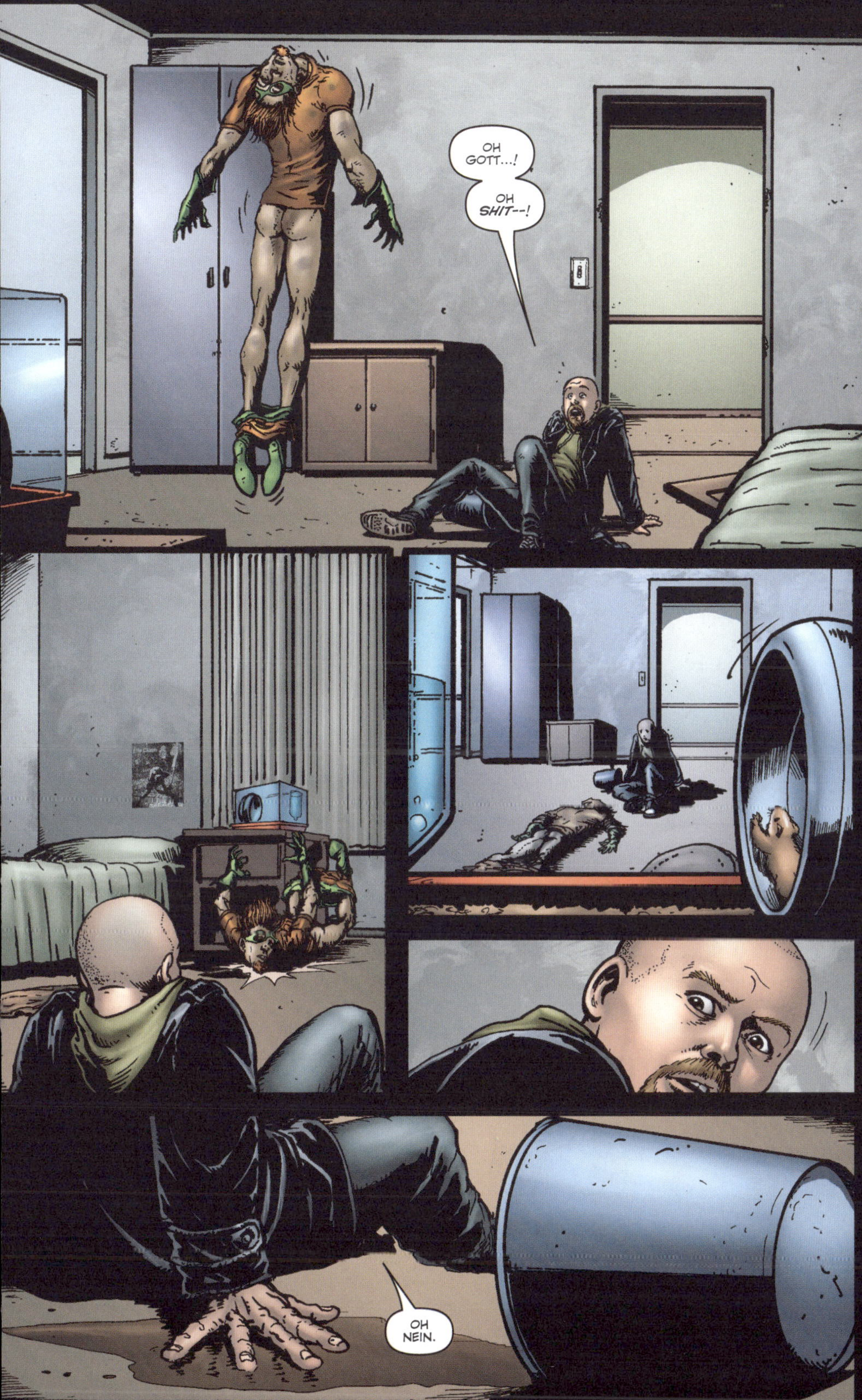
OH GOTT...!
OH SHIT--!
OH NEIN.

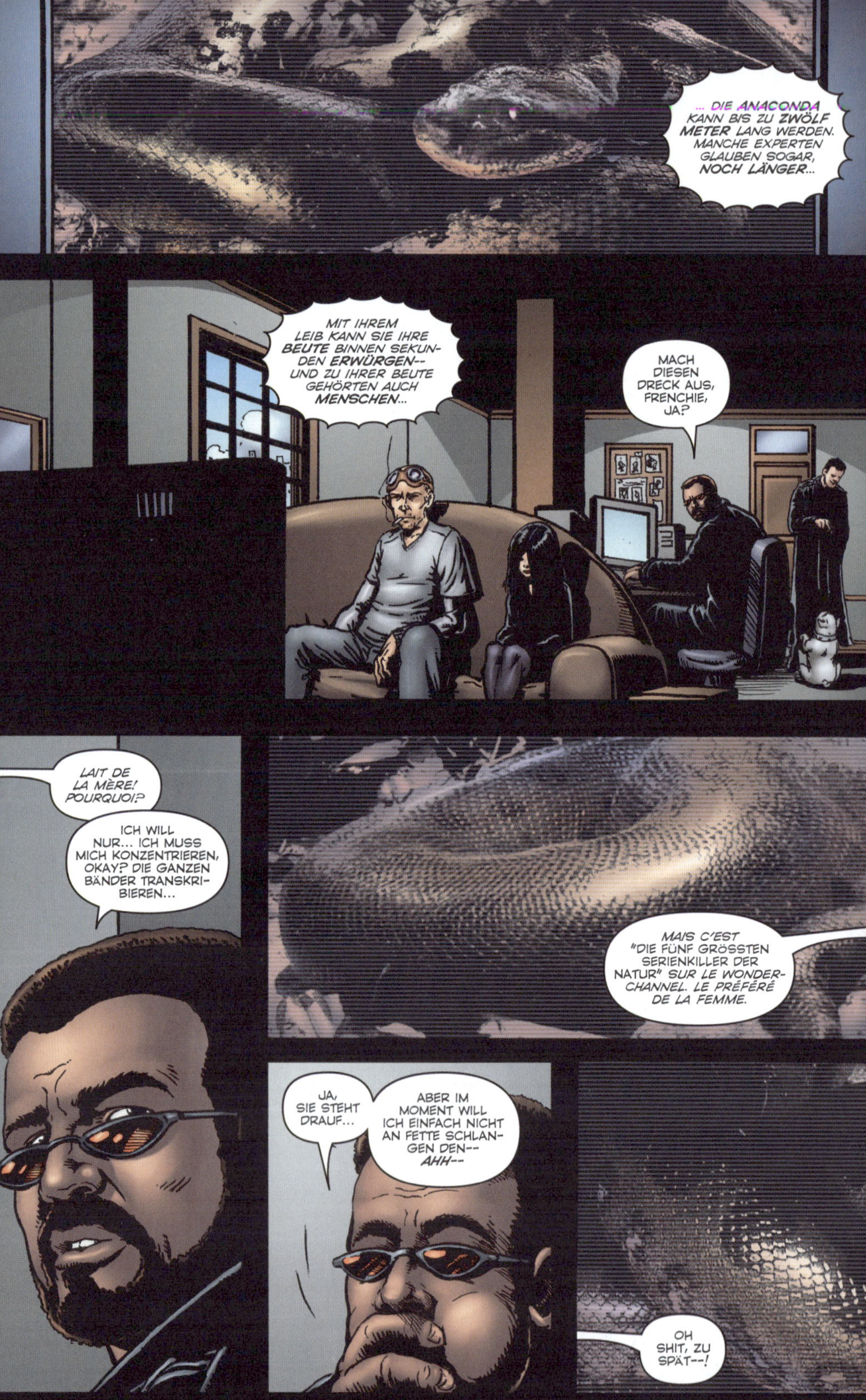
... DIE ANACONDA KANN BIS ZU ZWÖLF METER LANG WERDEN. MANCHE EXPERTEN GLAUBEN SOGAR, NOCH LÄNGER...
MIT IHREM LEIB KANN SIE IHRE BEUTE BINNEN SEKUNDEN ERWÜRGEN-- UND ZU IHRER BEUTE GEHÖRTEN AUCH MENSCHEN...
MACH DIESEN DRECK AUS, FRENCHIE, JA?
LAIT DE LA MÈRE! POURQUOI?
ICH WILL NUR... ICH MUSS MICH KONZENTRIEREN, OKAY? DIE GANZEN BÄNDER TRANSKRIBIEREN...
MAIS C'EST "DIE FÜNF GRÖSSTEN SERIENKILLER DER NATUR" SUR LE WONDER-CHANNEL. LE PRÉFÉRÉ DE LA FEMME.
JA, SIE STEHT DRAUF...
ABER IM MOMENT WILL ICH EINFACH NICHT AN FETTE SCHLANGEN DEN-- AHH--
OH SHIT, ZU SPÄT--!

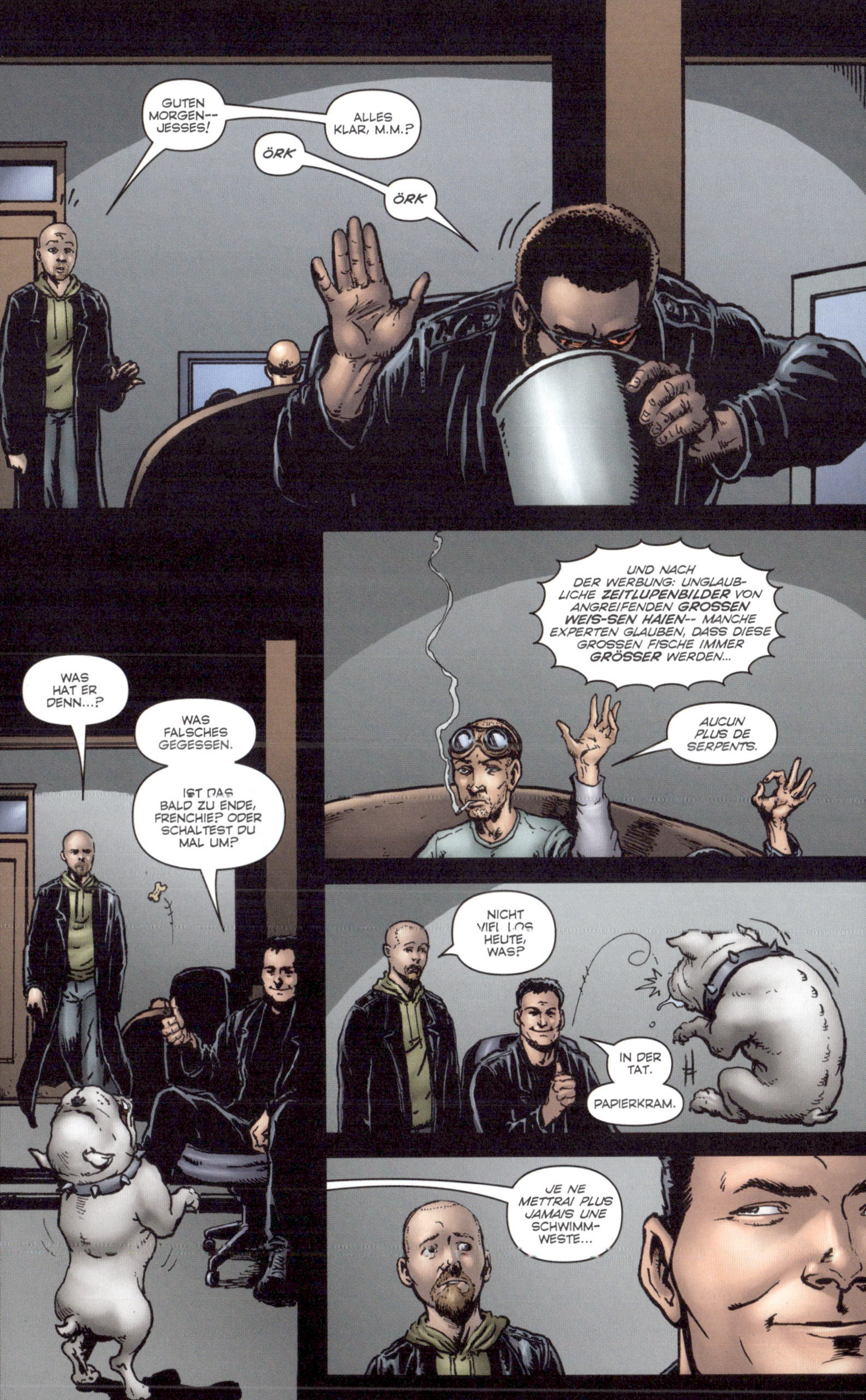
GUTEN MORGEN-- JESSES!
ALLES KLAR, M.M.?
ÖRK
ÖRK
UND NACH DER WERBUNG: UNGLAUBLICHE ZEITLUPENBILDER VON ANGREIFENDEN GROSSEN WEIS-SEN HAIEN-- MANCHE EXPERTEN GLAUBEN, DASS DIESE GROSSEN FISCHE IMMER GRÖSSER WERDEN...
AUCUN PLUS DE SERPENTS.
WAS HAT ER DENN...?
WAS FALSCHES GEGESSEN.
IST DAS BALD ZU ENDE, FRENCHIE? ODER SCHALTEST DU MAL UM?
NICHT VIEL LOS HEUTE, WAS?
IN DER TAT.
PAPIERKRAM.
JE NE METTRAI PLUS JAMAIS UNE SCHWIMM-WESTE...

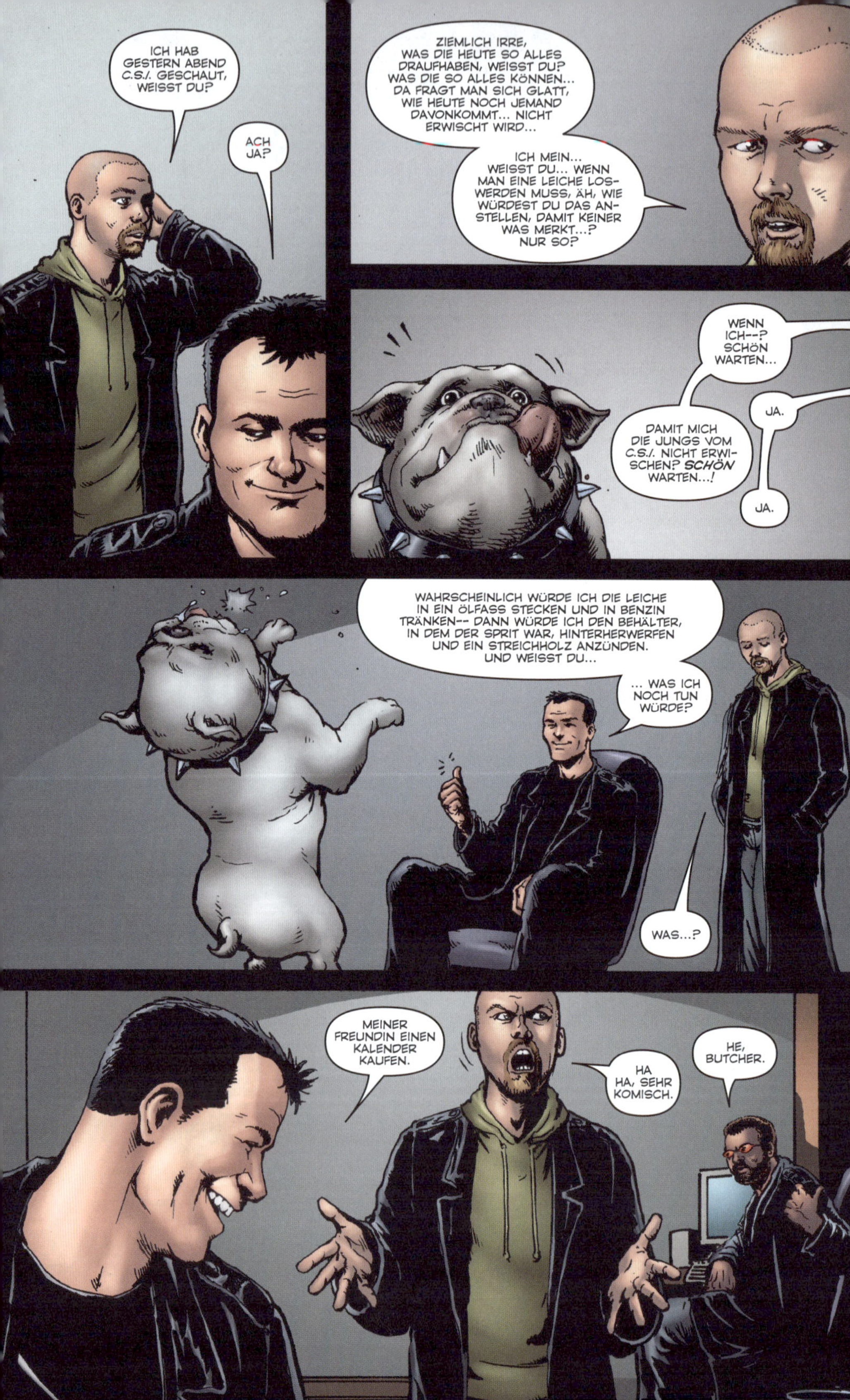
ICH HAB GESTERN ABEND C.S.I. GESCHAUT, WEISST DU?
ACH JA?
ZIEMLICH IRRE, WAS DIE HEUTE SO ALLES DRAUFHABEN, WEISST DU? WAS DIE SO ALLES KÖNNEN... DA FRAGT MAN SICH GLATT, WIE HEUTE NOCH JEMAND DAVONKOMMT... NICHT ERWISCHT WIRD...
ICH MEIN... WEISST DU... WENN MAN EINE LEICHE LOSWERDEN MUSS, ÄH, WIE WÜRDEST DU DAS ANSTELLEN, DAMIT KEINER WAS MERKT...? NUR SO?
WENN ICH--? SCHÖN WARTEN...
JA.
DAMIT MICH DIE JUNGS VOM C.S.I. NICHT ERWISCHEN? SCHÖN WARTEN...!
JA.
WAHRSCHEINLICH WÜRDE ICH DIE LEICHE IN EIN ÖLFASS STECKEN UND IN BENZIN TRÄNKEN-- DANN WÜRDE ICH DEN BEHÄLTER, IN DEM DER SPRIT WAR, HINTERHERWERFEN UND EIN STREICHHOLZ ANZÜNDEN. UND WEISST DU...
... WAS ICH NOCH TUN WÜRDE?
WAS...?
MEINER FREUNDIN EINEN KALENDER KAUFEN.
HA HA, SEHR KOMISCH.
HE, BUTCHER.

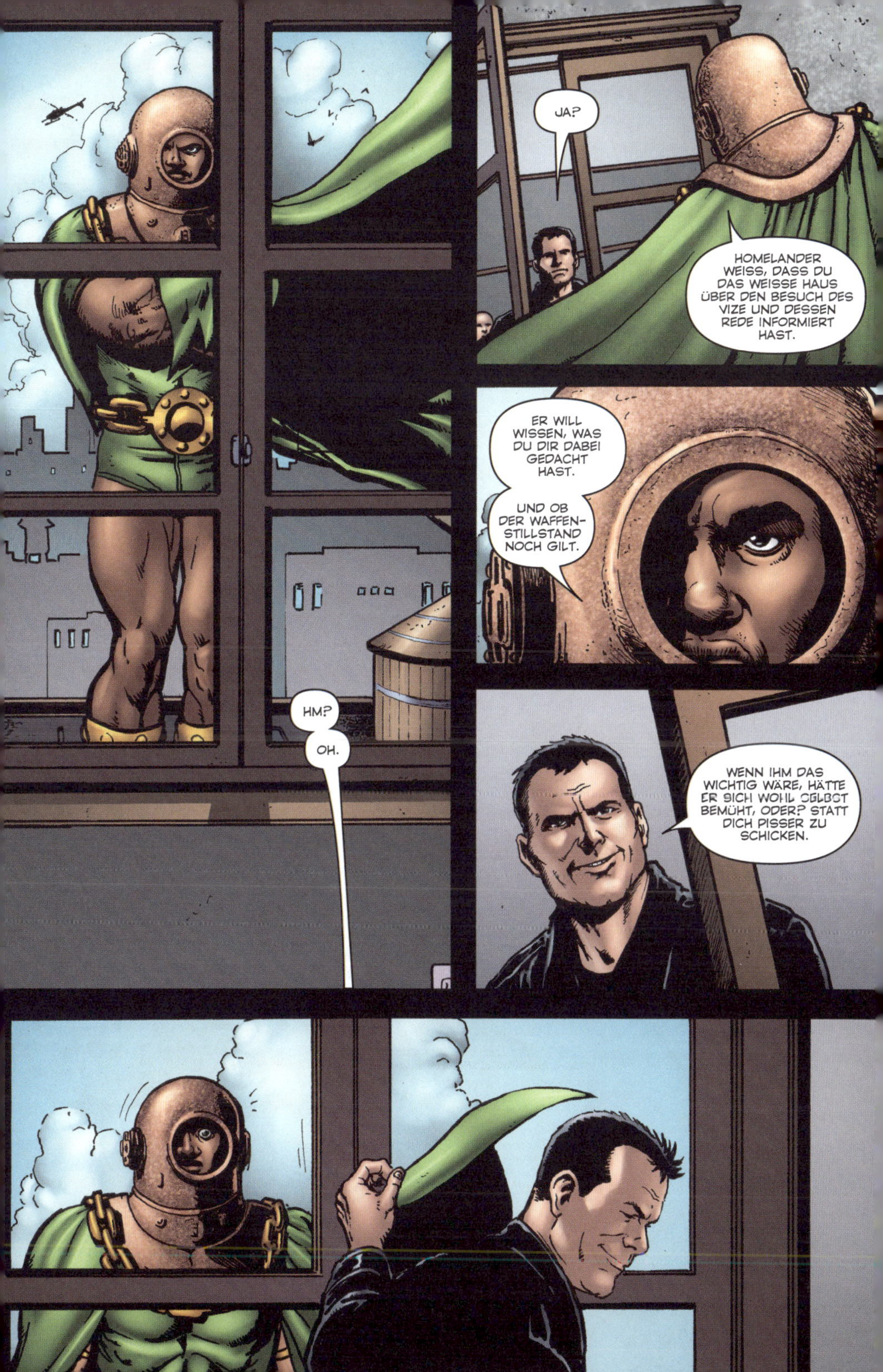
HM?
OH.
JA?
HOMELANDER WEISS, DASS DU DAS WEISSE HAUS ÜBER DEN BESUCH DES VIZE UND DESSEN REDE INFORMIERT HAST.
ER WILL WISSEN, WAS DU DIR DABEI GEDACHT HAST.
UND OB DER WAFFEN-STILLSTAND NOCH GILT.
WENN IHM DAS WICHTIG WÄRE, HÄTTE ER SICH WOHL SELBST BEMÜHT, ODER? STATT DICH PISSER ZU SCHICKEN.

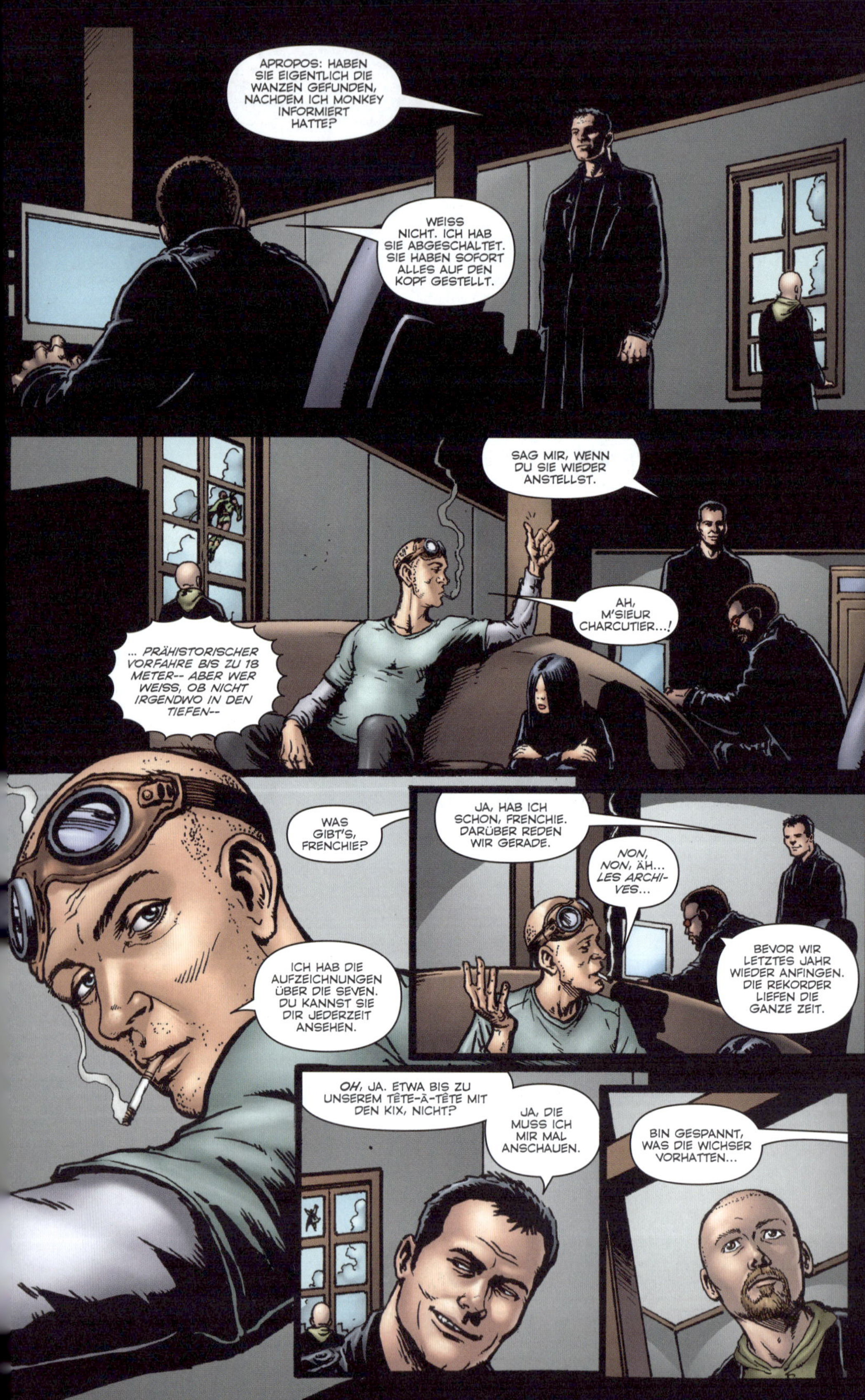
APROPOS: HABEN SIE EIGENTLICH DIE WANZEN GEFUNDEN, NACHDEM ICH MONKEY INFORMIERT HATTE?
WEISS NICHT. ICH HAB SIE ABGESCHALTET. SIE HABEN SOFORT ALLES AUF DEN KOPF GESTELLT.
SAG MIR, WENN DU SIE WIEDER ANSTELLST.
AH, M'SIEUR CHARCUTIER...!
... PRÄHISTORISCHER VORFAHRE BIS ZU 18 METER-- ABER WER WEISS, OB NICHT IRGENDWO IN DEN TIEFEN--
WAS GIBT'S, FRENCHIE?
ICH HAB DIE AUFZEICHNUNGEN ÜBER DIE SEVEN. DU KANNST SIE DIR JEDERZEIT ANSEHEN.
JA, HAB ICH SCHON, FRENCHIE. DARÜBER REDEN WIR GERADE.
NON, NON, ÄH... LES ARCHIVES...
BEVOR WIR LETZTES JAHR WIEDER ANFINGEN. DIE REKORDER LIEFEN DIE GANZE ZEIT.
OH, JA. ETWA BIS ZU UNSEREM TÊTE-À-TÊTE MIT DEN KIX, NICHT?
JA, DIE MUSS ICH MIR MAL ANSCHAUEN.
BIN GESPANNT, WAS DIE WICHSER VORHATTEN...

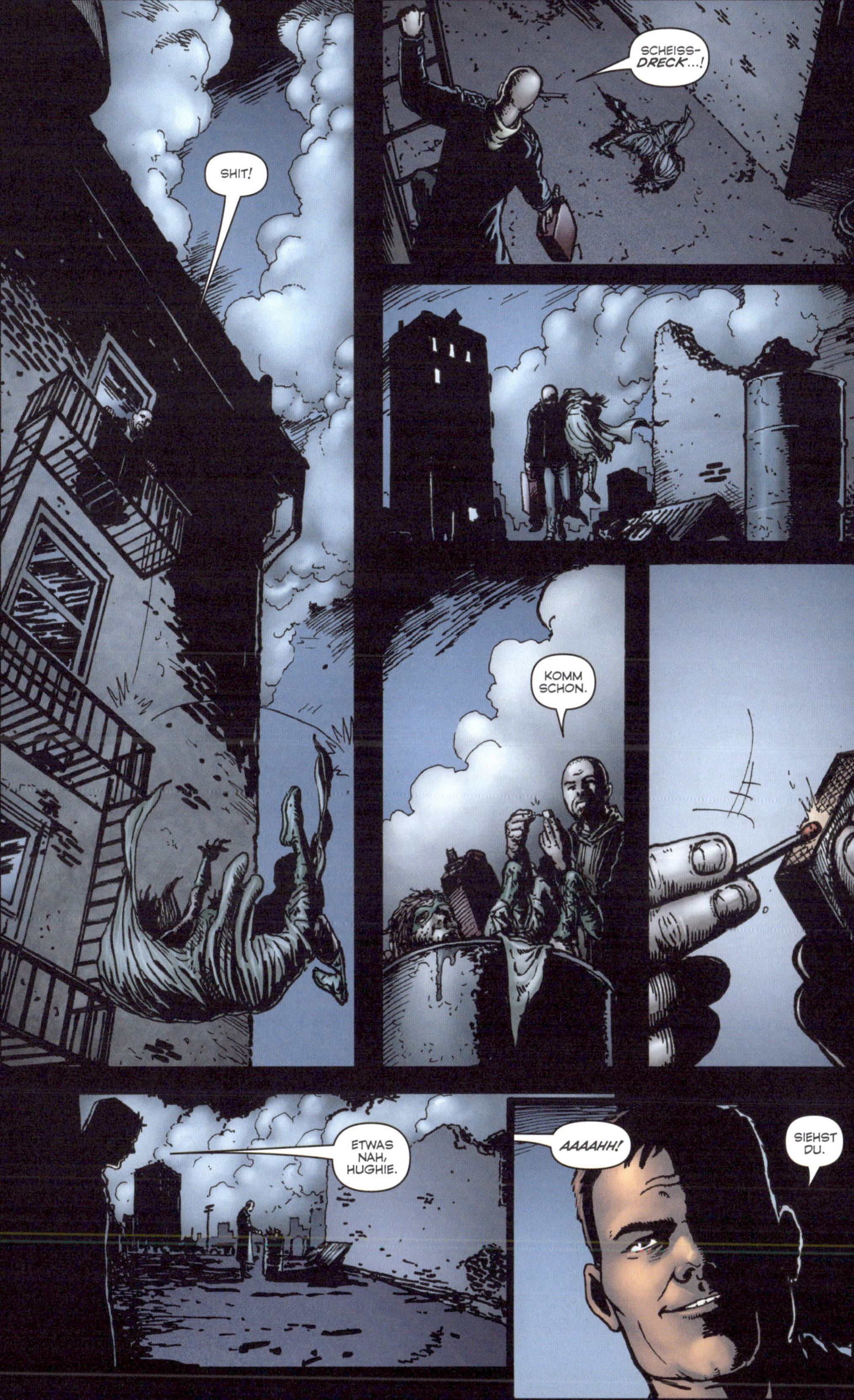
SHIT!
SCHEISS-DRECK...!
KOMM SCHON.
ETWAS NAH, HUGHIE.
AAAAHH!
SIEHST DU.

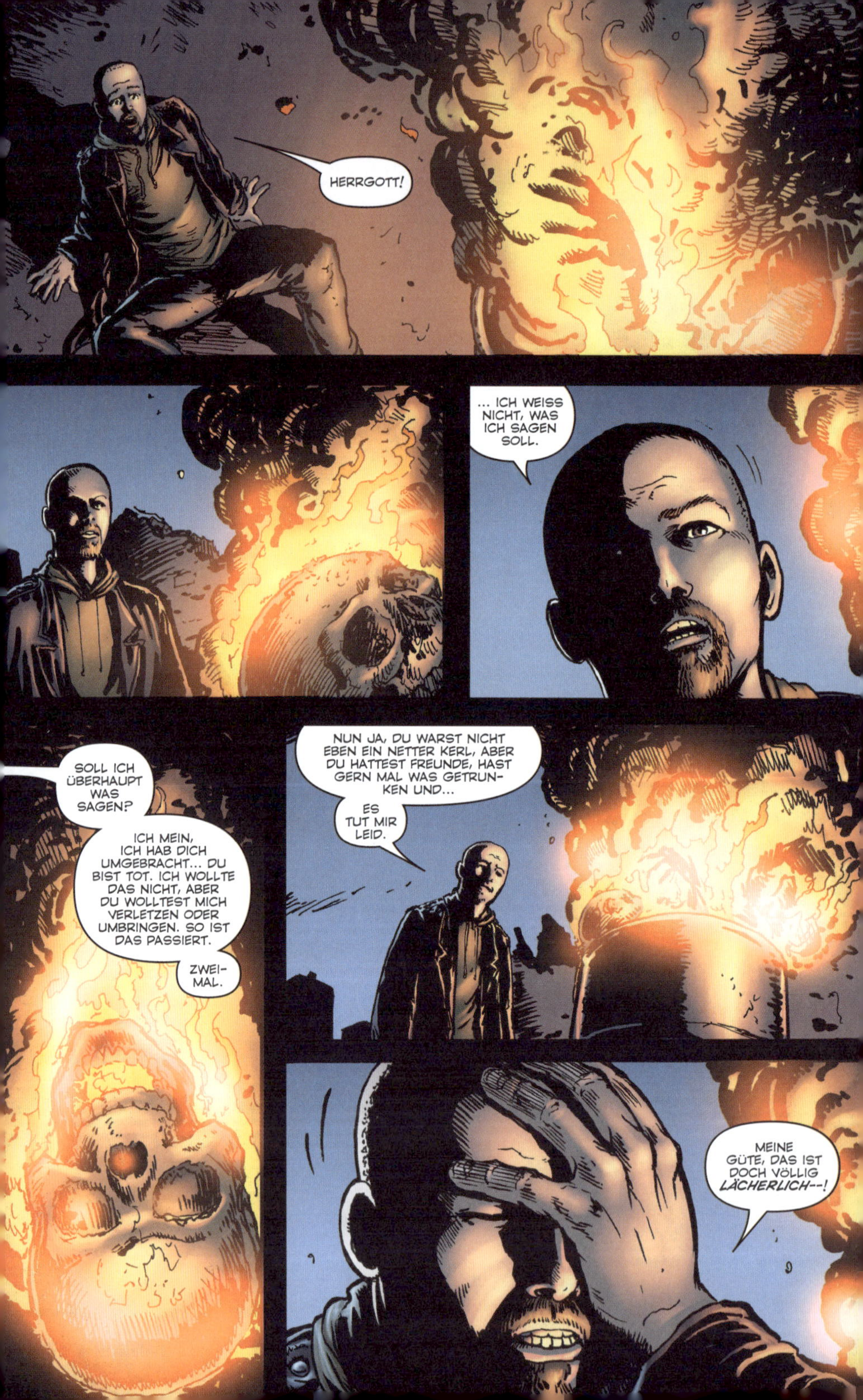
HERRGOTT!
... ICH WEISS NICHT, WAS ICH SAGEN SOLL.
SOLL ICH ÜBERHAUPT WAS SAGEN?
ICH MEIN, ICH HAB DICH UMGEBRACHT... DU BIST TOT. ICH WOLLTE DAS NICHT, ABER DU WOLLTEST MICH VERLETZEN ODER UMBRINGEN. SO IST DAS PASSIERT.
ZWEI-MAL.
NUN JA, DU WARST NICHT EBEN EIN NETTER KERL, ABER DU HATTEST FREUNDE, HAST GERN MAL WAS GETRUN-KEN UND...
ES TUT MIR LEID.
MEINE GÜTE, DAS IST DOCH VÖLLIG *LÄCHERLICH*--!

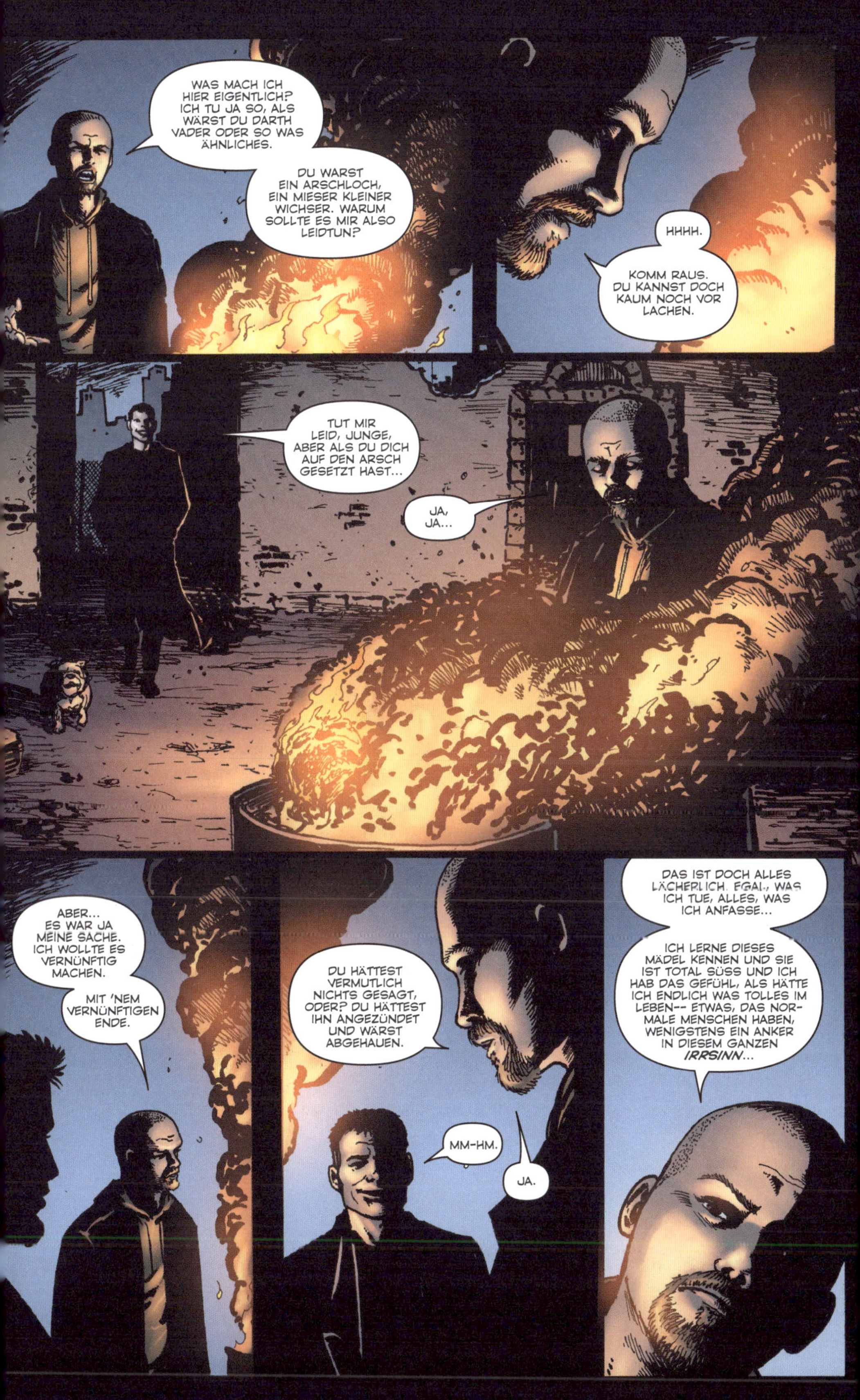
WAS MACH ICH HIER EIGENTLICH? ICH TU JA SO, ALS WÄRST DU DARTH VADER ODER SO WAS ÄHNLICHES.
DU WARST EIN ARSCHLOCH, EIN MIESER KLEINER WICHSER. WARUM SOLLTE ES MIR ALSO LEIDTUN?
HHHH.
KOMM RAUS. DU KANNST DOCH KAUM NOCH VOR LACHEN.
TUT MIR LEID, JUNGE, ABER ALS DU DICH AUF DEN ARSCH GESETZT HAST...
JA, JA...
ABER... ES WAR JA MEINE SACHE. ICH WOLLTE ES VERNÜNFTIG MACHEN.
MIT 'NEM VERNÜNFTIGEN ENDE.
DU HÄTTEST VERMUTLICH NICHTS GESAGT, ODER? DU HÄTTEST IHN ANGEZÜNDET UND WÄRST ABGEHAUEN.
MM-HM.
JA.
DAS IST DOCH ALLES LÄCHERLICH. EGAL, WAS ICH TUE, ALLES, WAS ICH ANFASSE...
ICH LERNE DIESES MÄDEL KENNEN UND SIE IST TOTAL SÜSS UND ICH HAB DAS GEFÜHL, ALS HÄTTE ICH ENDLICH WAS TOLLES IM LEBEN-- ETWAS, DAS NORMALE MENSCHEN HABEN, WENIGSTENS EIN ANKER IN DIESEM GANZEN *IRRSINN*...

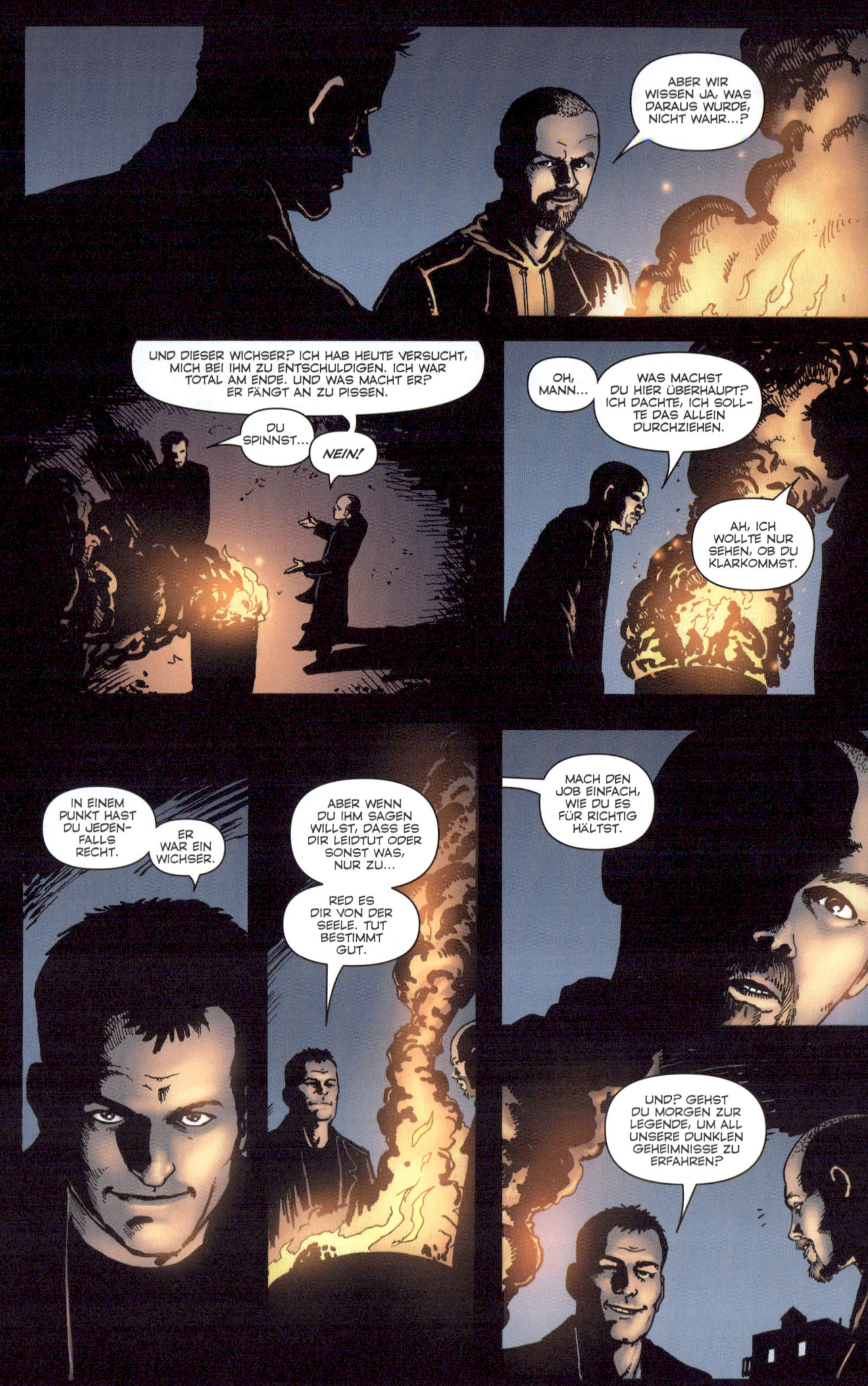
ABER WIR WISSEN JA, WAS DARAUS WURDE, NICHT WAHR...?
UND DIESER WICHSER? ICH HAB HEUTE VERSUCHT, MICH BEI IHM ZU ENTSCHULDIGEN. ICH WAR TOTAL AM ENDE. UND WAS MACHT ER? ER FÄNGT AN ZU PISSEN.
DU SPINNST...
NEIN!
OH, MANN...
WAS MACHST DU HIER ÜBERHAUPT? ICH DACHTE, ICH SOLLTE DAS ALLEIN DURCHZIEHEN.
AH, ICH WOLLTE NUR SEHEN, OB DU KLARKOMMST.
IN EINEM PUNKT HAST DU JEDENFALLS RECHT.
ER WAR EIN WICHSER.
ABER WENN DU IHM SAGEN WILLST, DASS ES DIR LEIDTUT ODER SONST WAS, NUR ZU...
RED ES DIR VON DER SEELE. TUT BESTIMMT GUT.
MACH DEN JOB EINFACH, WIE DU ES FÜR RICHTIG HÄLTST.
UND? GEHST DU MORGEN ZUR LEGENDE, UM ALL UNSERE DUNKLEN GEHEIMNISSE ZU ERFAHREN?

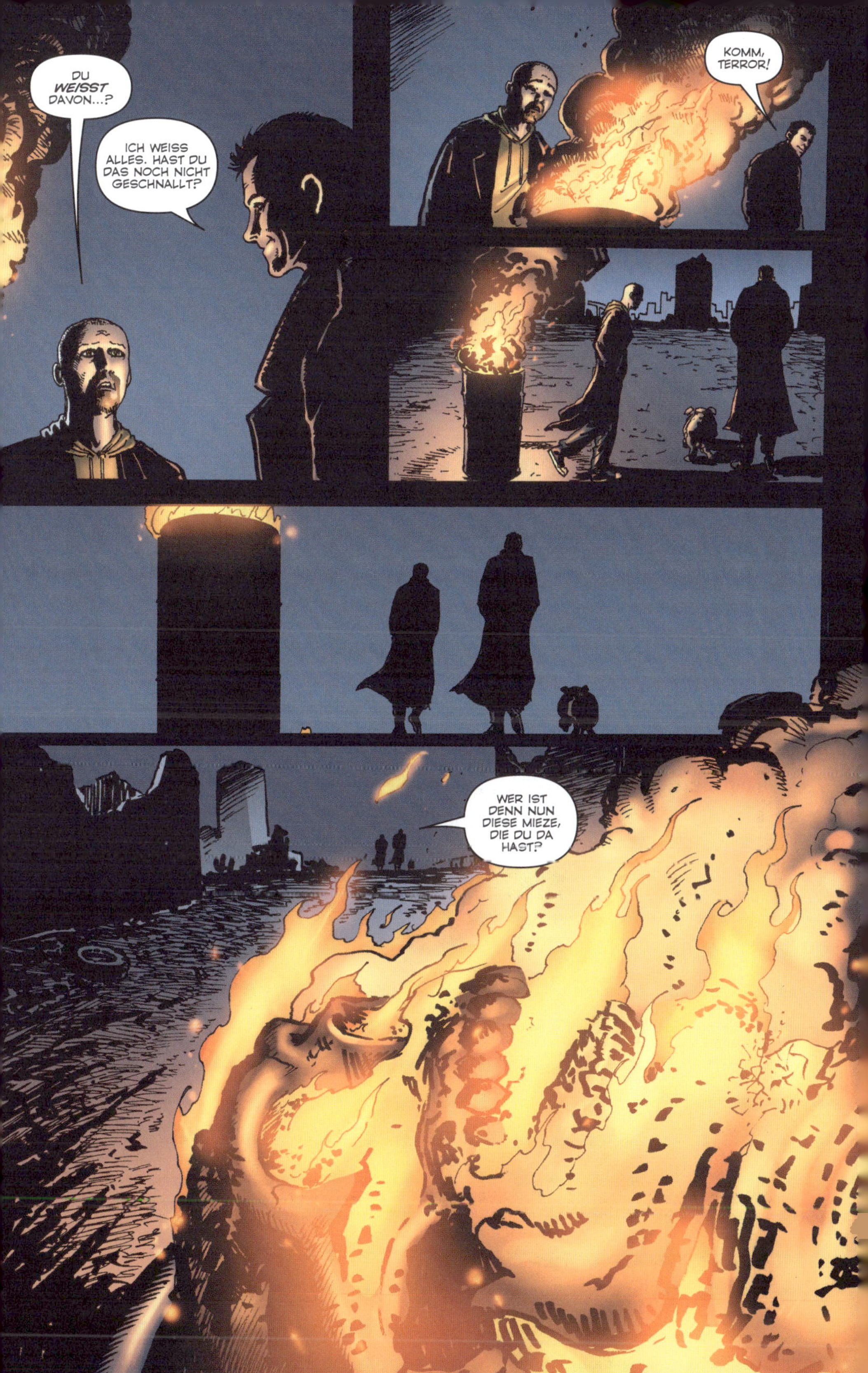

DU *WEISST* DAVON...?
ICH WEISS ALLES. HAST DU DAS NOCH NICHT GESCHNALLT?
KOMM, TERROR!
WER IST DENN NUN DIESE MIEZE, DIE DU DA HAST?

STUNDE DER WAHRHEIT, TEIL 1

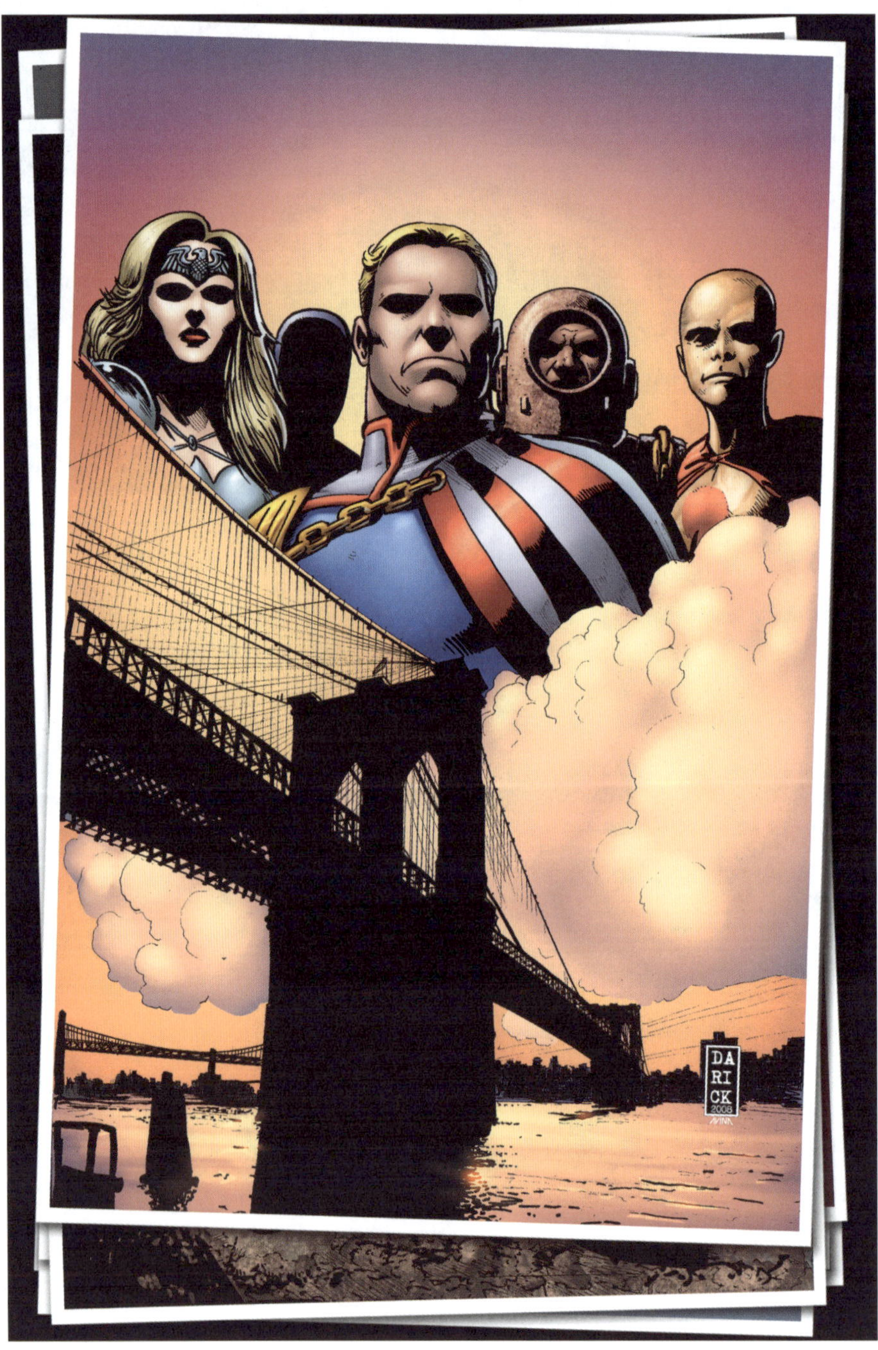

The Boys (2006) 19
Cover von **DARICK ROBERTSON**

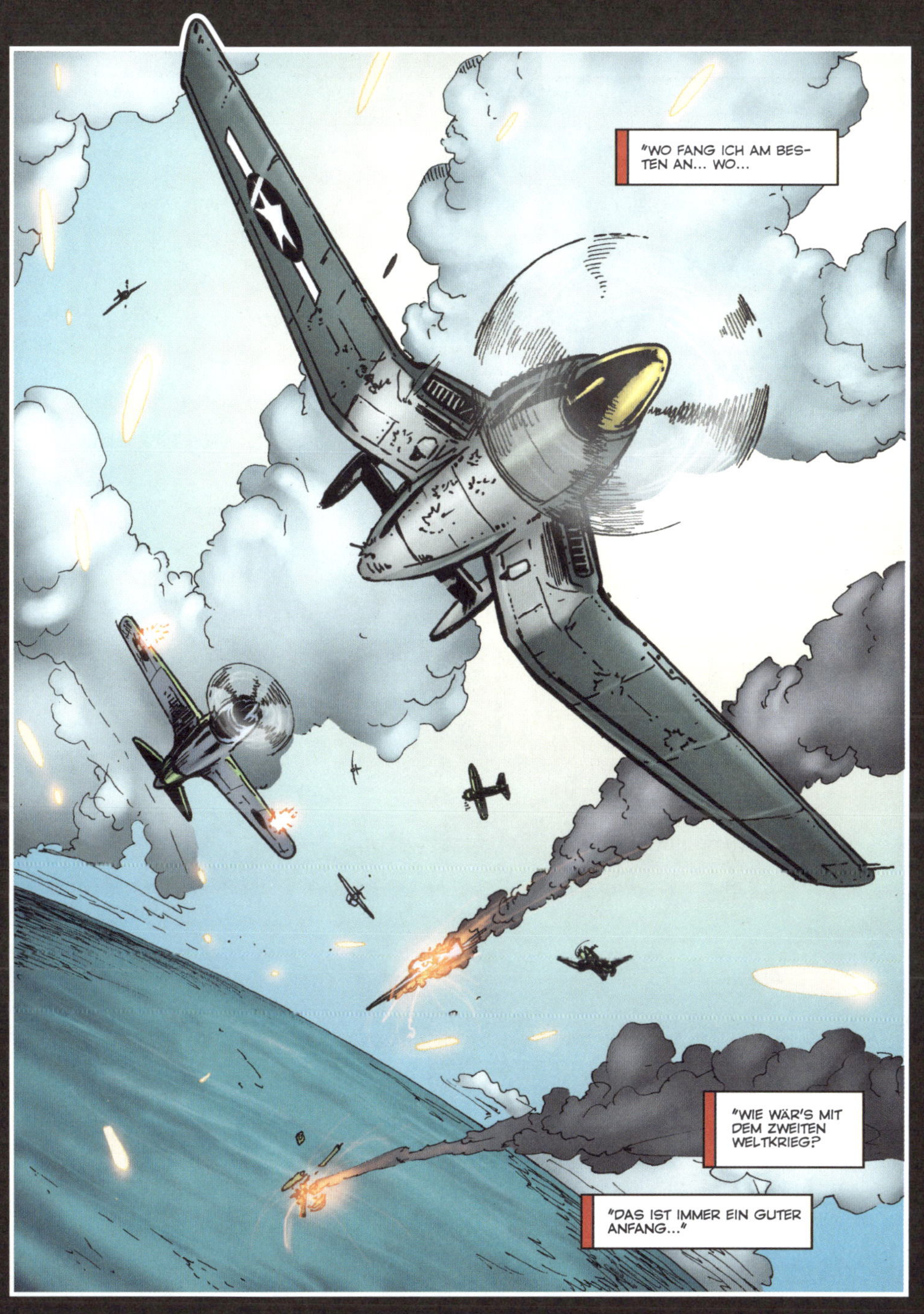

STUNDE DER WAHRHEIT
TEIL 1

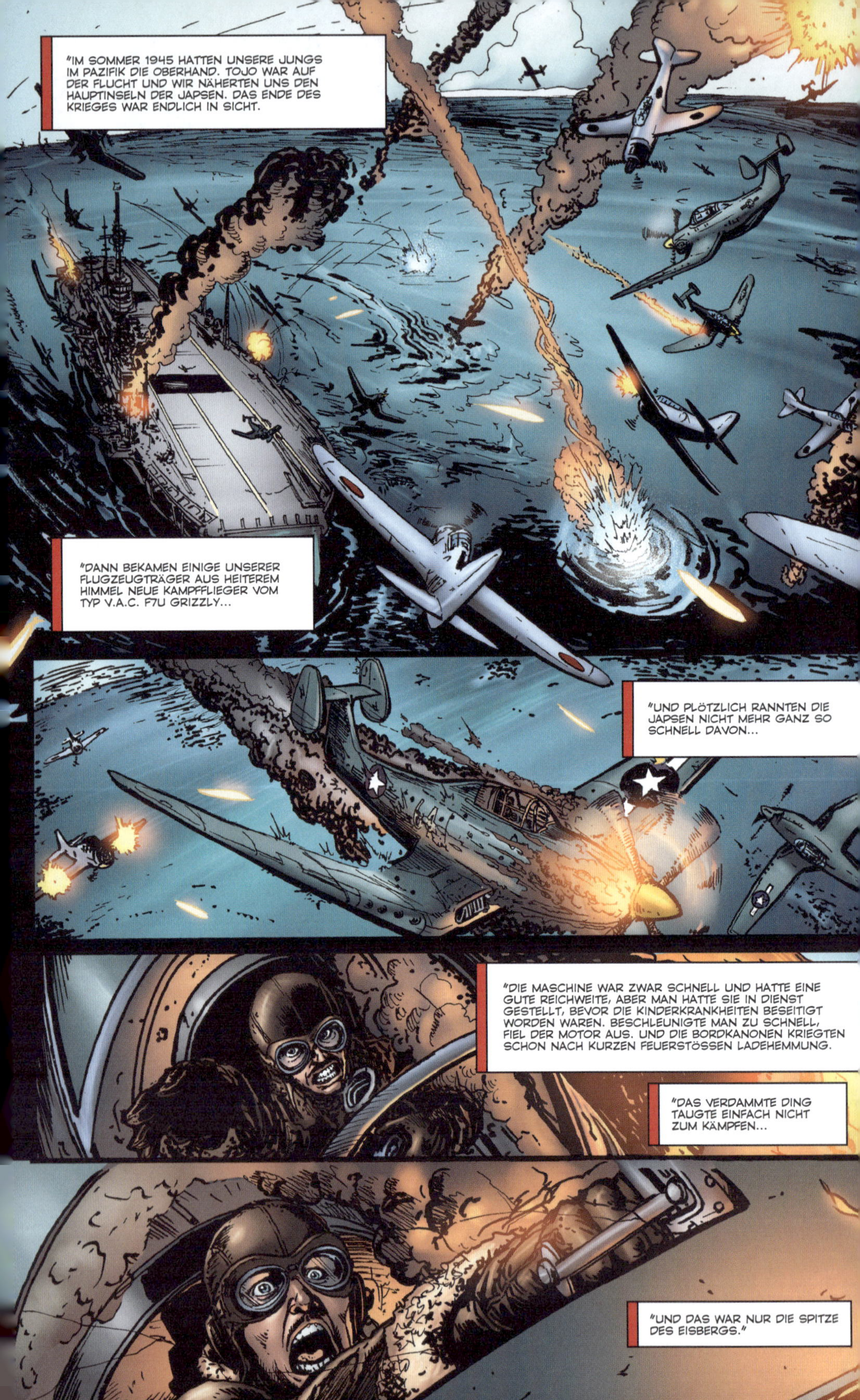
"IM SOMMER 1945 HATTEN UNSERE JUNGS IM PAZIFIK DIE OBERHAND. TOJO WAR AUF DER FLUCHT UND WIR NÄHERTEN UNS DEN HAUPTINSELN DER JAPSEN. DAS ENDE DES KRIEGES WAR ENDLICH IN SICHT.
"DANN BEKAMEN EINIGE UNSERER FLUGZEUGTRÄGER AUS HEITEREM HIMMEL NEUE KAMPFFLIEGER VOM TYP V.A.C. F7U GRIZZLY...
"UND PLÖTZLICH RANNTEN DIE JAPSEN NICHT MEHR GANZ SO SCHNELL DAVON...
"DIE MASCHINE WAR ZWAR SCHNELL UND HATTE EINE GUTE REICHWEITE, ABER MAN HATTE SIE IN DIENST GESTELLT, BEVOR DIE KINDERKRANKHEITEN BESEITIGT WORDEN WAREN. BESCHLEUNIGTE MAN ZU SCHNELL, FIEL DER MOTOR AUS. UND DIE BORDKANONEN KRIEGTEN SCHON NACH KURZEN FEUERSTÖSSEN LADEHEMMUNG.
"DAS VERDAMMTE DING TAUGTE EINFACH NICHT ZUM KÄMPFEN...
"UND DAS WAR NUR DIE SPITZE DES EISBERGS."

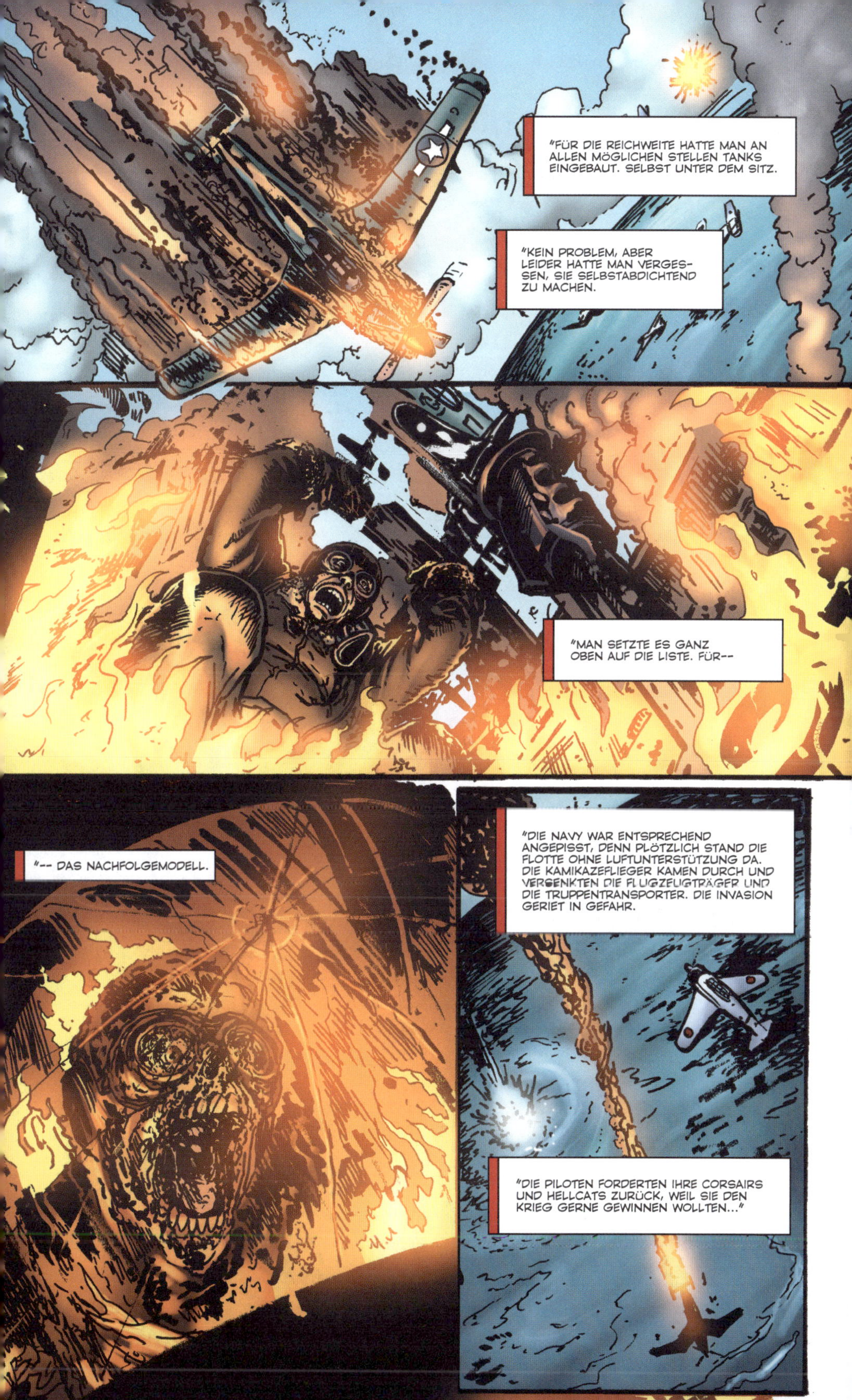
"FÜR DIE REICHWEITE HATTE MAN AN ALLEN MÖGLICHEN STELLEN TANKS EINGEBAUT. SELBST UNTER DEM SITZ.
"KEIN PROBLEM, ABER LEIDER HATTE MAN VERGESSEN, SIE SELBSTABDICHTEND ZU MACHEN.
"MAN SETZTE ES GANZ OBEN AUF DIE LISTE. FÜR--
"-- DAS NACHFOLGEMODELL.
"DIE NAVY WAR ENTSPRECHEND ANGEPISST, DENN PLÖTZLICH STAND DIE FLOTTE OHNE LUFTUNTERSTÜTZUNG DA. DIE KAMIKAZEFLIEGER KAMEN DURCH UND VERSENKTEN DIE FLUGZEUGTRÄGER UND DIE TRUPPENTRANSPORTER. DIE INVASION GERIET IN GEFAHR.
"DIE PILOTEN FORDERTEN IHRE CORSAIRS UND HELLCATS ZURÜCK, WEIL SIE DEN KRIEG GERNE GEWINNEN WOLLTEN..."

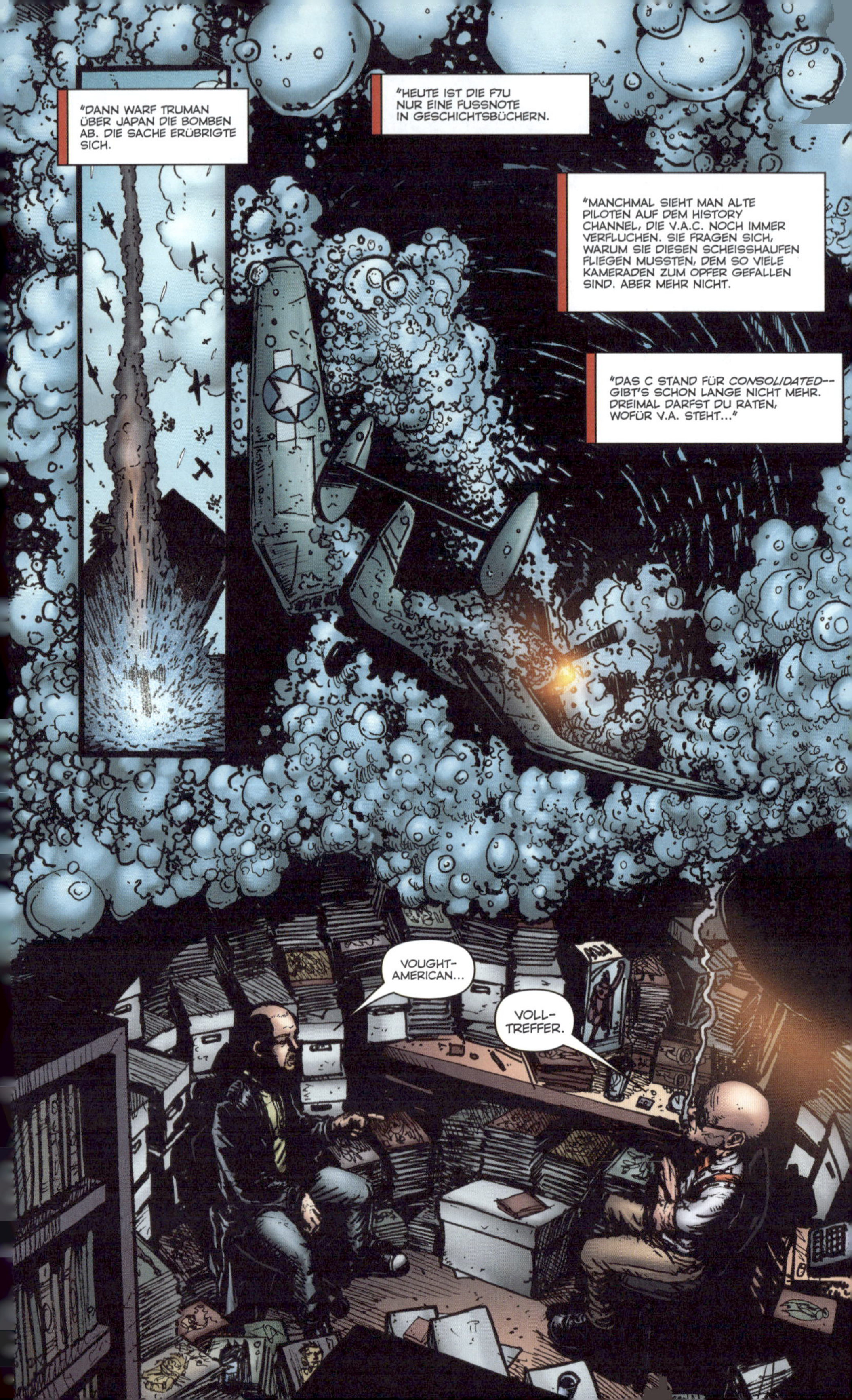
"DANN WARF TRUMAN ÜBER JAPAN DIE BOMBEN AB. DIE SACHE ERÜBRIGTE SICH.
"HEUTE IST DIE F7U NUR EINE FUSSNOTE IN GESCHICHTSBÜCHERN.
"MANCHMAL SIEHT MAN ALTE PILOTEN AUF DEM HISTORY CHANNEL, DIE V.A.C. NOCH IMMER VERFLUCHEN. SIE FRAGEN SICH, WARUM SIE DIESEN SCHEISSHAUFEN FLIEGEN MUSSTEN, DEM SO VIELE KAMERADEN ZUM OPFER GEFALLEN SIND. ABER MEHR NICHT.
"DAS C STAND FÜR *CONSOLIDATED*-- GIBT'S SCHON LANGE NICHT MEHR. DREIMAL DARFST DU RATEN, WOFÜR V.A. STEHT..."
VOUGHT-AMERICAN...
VOLL-TREFFER.

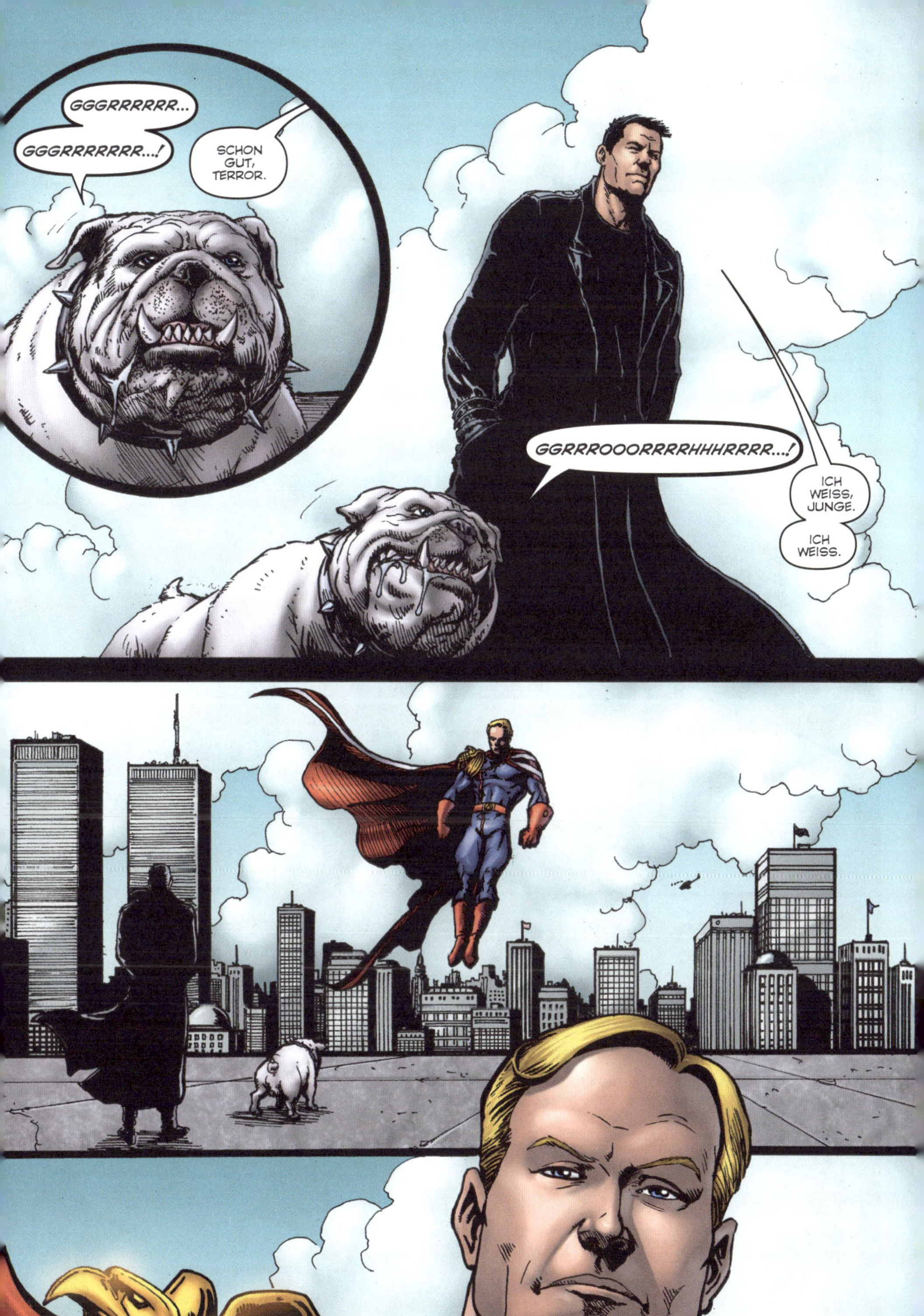
GGGRRRRRR...
GGGRRRRRRR...!
SCHON GUT, TERROR.
GGRRROOORRRRHHHRRRR...!
ICH WEISS, JUNGE.
ICH WEISS.
ALSO... WO IST DAS PROBLEM?

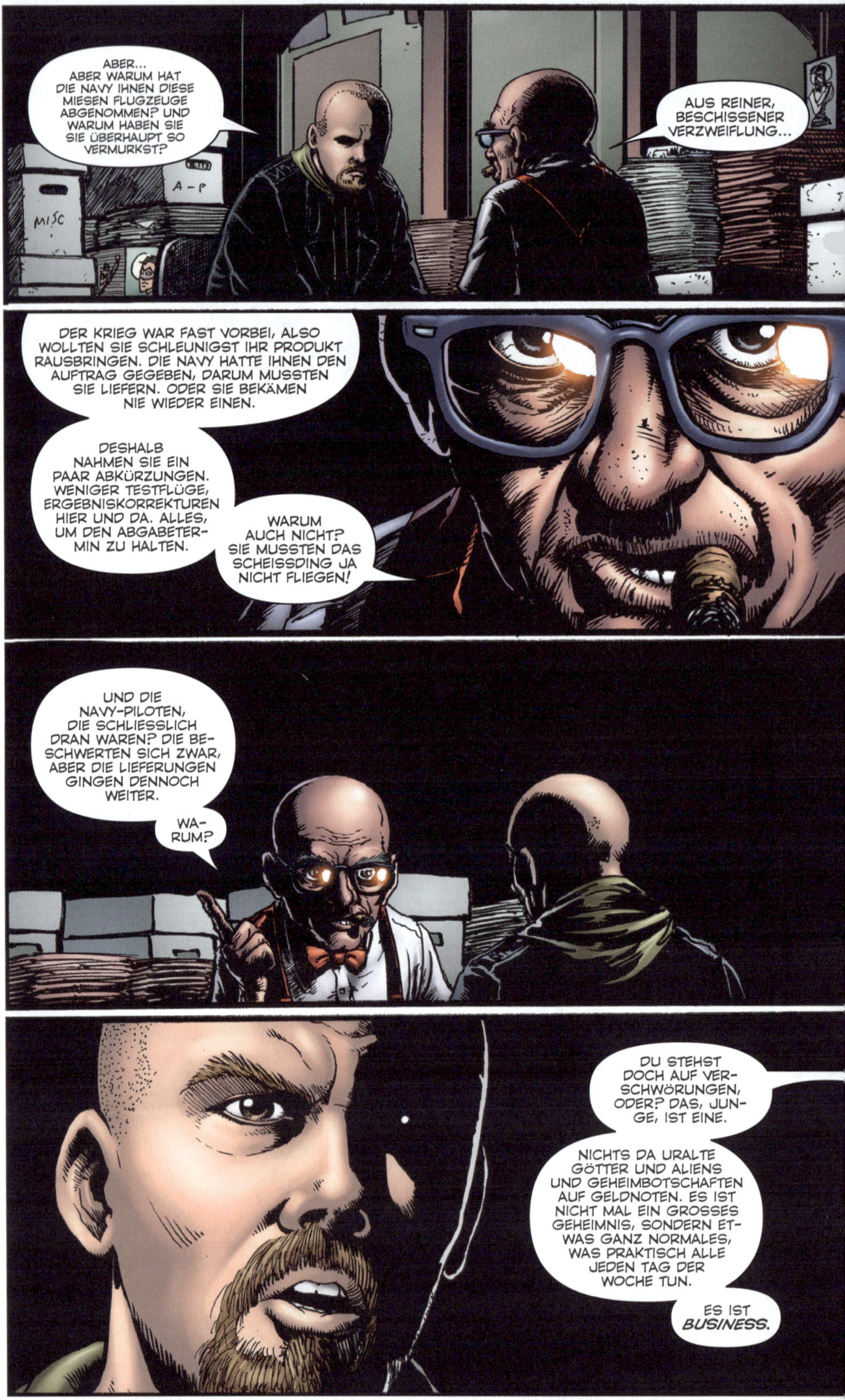

ABER... ABER WARUM HAT DIE NAVY IHNEN DIESE MIESEN FLUGZEUGE ABGENOMMEN? UND WARUM HABEN SIE SIE ÜBERHAUPT SO VERMURKST?

AUS REINER, BESCHISSENER VERZWEIFLUNG...

DER KRIEG WAR FAST VORBEI, ALSO WOLLTEN SIE SCHLEUNIGST IHR PRODUKT RAUSBRINGEN. DIE NAVY HATTE IHNEN DEN AUFTRAG GEGEBEN, DARUM MUSSTEN SIE LIEFERN. ODER SIE BEKÄMEN NIE WIEDER EINEN.

DESHALB NAHMEN SIE EIN PAAR ABKÜRZUNGEN. WENIGER TESTFLÜGE, ERGEBNISKORREKTUREN HIER UND DA. ALLES, UM DEN ABGABETER-MIN ZU HALTEN.

WARUM AUCH NICHT? SIE MUSSTEN DAS SCHEISSDING JA NICHT FLIEGEN!

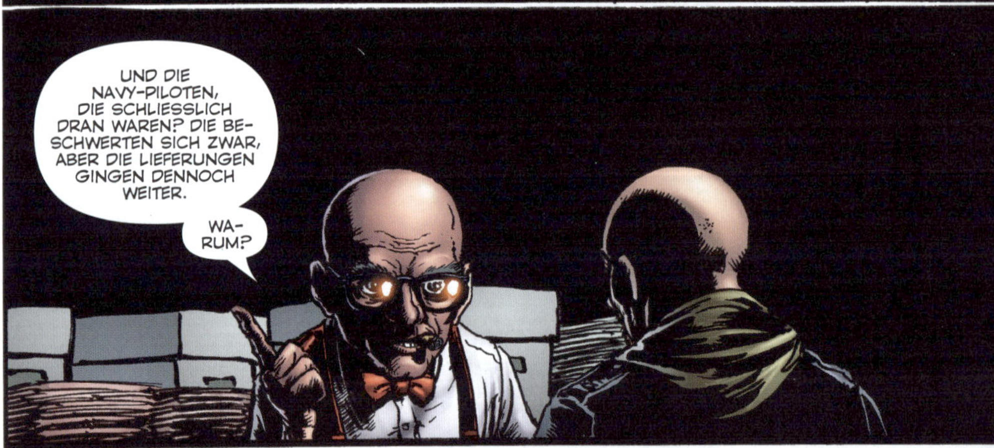

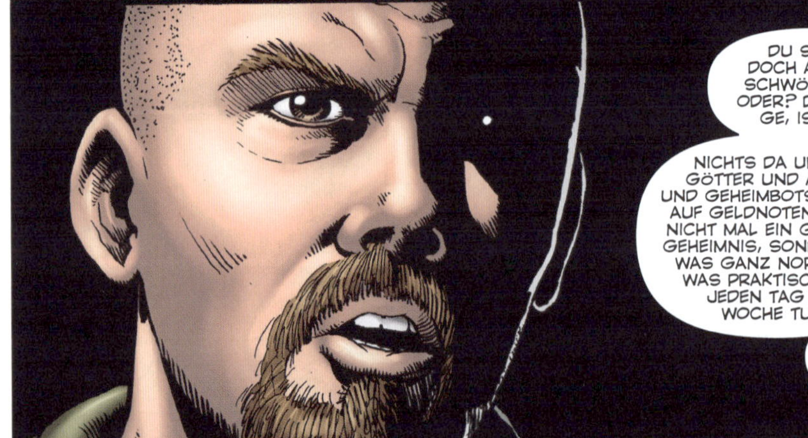

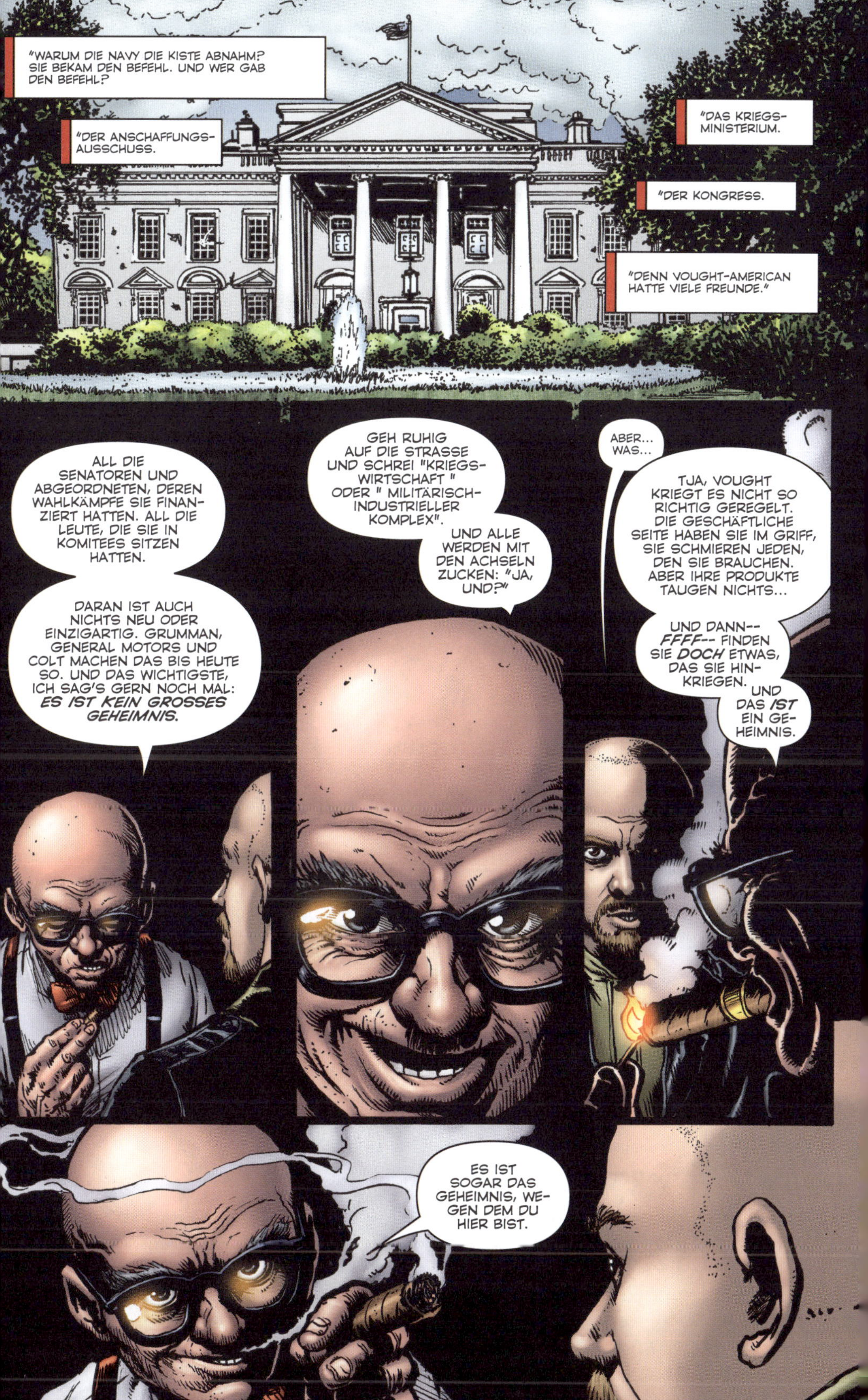
"WARUM DIE NAVY DIE KISTE ABNAHM? SIE BEKAM DEN BEFEHL. UND WER GAB DEN BEFEHL?
"DER ANSCHAFFUNGS-AUSSCHUSS.
"DAS KRIEGS-MINISTERIUM.
"DER KONGRESS.
"DENN VOUGHT-AMERICAN HATTE VIELE FREUNDE."
ALL DIE SENATOREN UND ABGEORDNETEN, DEREN WAHLKÄMPFE SIE FINANZIERT HATTEN. ALL DIE LEUTE, DIE SIE IN KOMITEES SITZEN HATTEN.
DARAN IST AUCH NICHTS NEU ODER EINZIGARTIG. GRUMMAN, GENERAL MOTORS UND COLT MACHEN DAS BIS HEUTE SO. UND DAS WICHTIGSTE, ICH SAG'S GERN NOCH MAL: ***ES IST KEIN GROSSES GEHEIMNIS.***
GEH RUHIG AUF DIE STRASSE UND SCHREI "KRIEGSWIRTSCHAFT " ODER " MILITÄRISCH-INDUSTRIELLER KOMPLEX".
UND ALLE WERDEN MIT DEN ACHSELN ZUCKEN: "JA, UND?"
ABER... WAS...
TJA, VOUGHT KRIEGT ES NICHT SO RICHTIG GEREGELT. DIE GESCHÄFTLICHE SEITE HABEN SIE IM GRIFF, SIE SCHMIEREN JEDEN, DEN SIE BRAUCHEN. ABER IHRE PRODUKTE TAUGEN NICHTS...
UND DANN-- ***FFFF***-- FINDEN SIE ***DOCH*** ETWAS, DAS SIE HINKRIEGEN.
UND DAS ***IST*** EIN GEHEIMNIS.
ES IST SOGAR DAS GEHEIMNIS, WEGEN DEM DU HIER BIST.

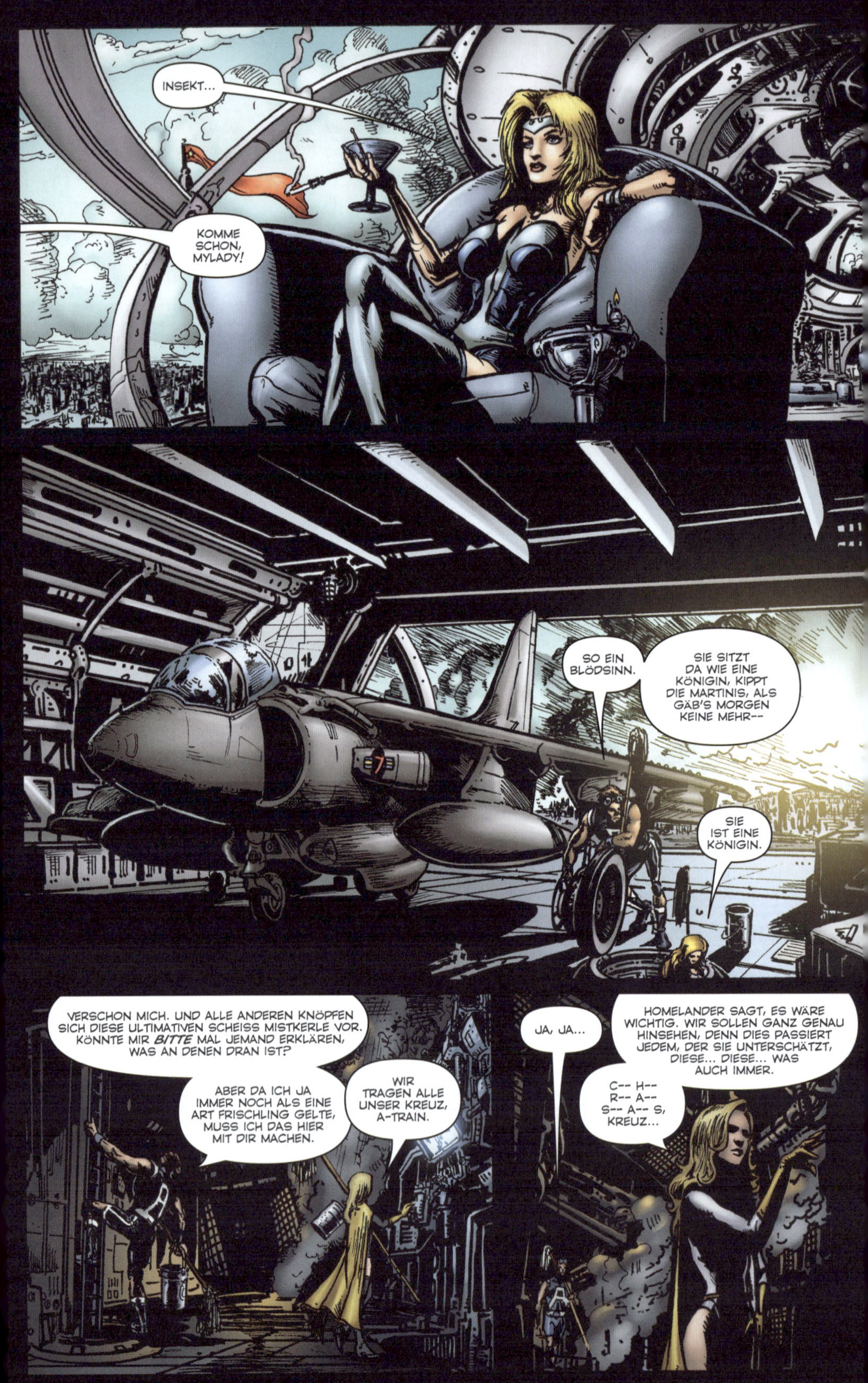
INSEKT...
KOMME SCHON, MYLADY!
SO EIN BLÖDSINN.
SIE SITZT DA WIE EINE KÖNIGIN, KIPPT DIE MARTINIS, ALS GÄB'S MORGEN KEINE MEHR--
SIE IST EINE KÖNIGIN.
VERSCHON MICH. UND ALLE ANDEREN KNÖPFEN SICH DIESE ULTIMATIVEN SCHEISS MISTKERLE VOR. KÖNNTE MIR *BITTE* MAL JEMAND ERKLÄREN, WAS AN DENEN DRAN IST?
ABER DA ICH JA IMMER NOCH ALS EINE ART FRISCHLING GELTE, MUSS ICH DAS HIER MIT DIR MACHEN.
WIR TRAGEN ALLE UNSER KREUZ, A-TRAIN.
JA, JA...
HOMELANDER SAGT, ES WÄRE WICHTIG. WIR SOLLEN GANZ GENAU HINSEHEN, DENN DIES PASSIERT JEDEM, DER SIE UNTERSCHÄTZT, DIESE... DIESE... WAS AUCH IMMER.
C-- H-- R-- A-- S-- A-- S, KREUZ...

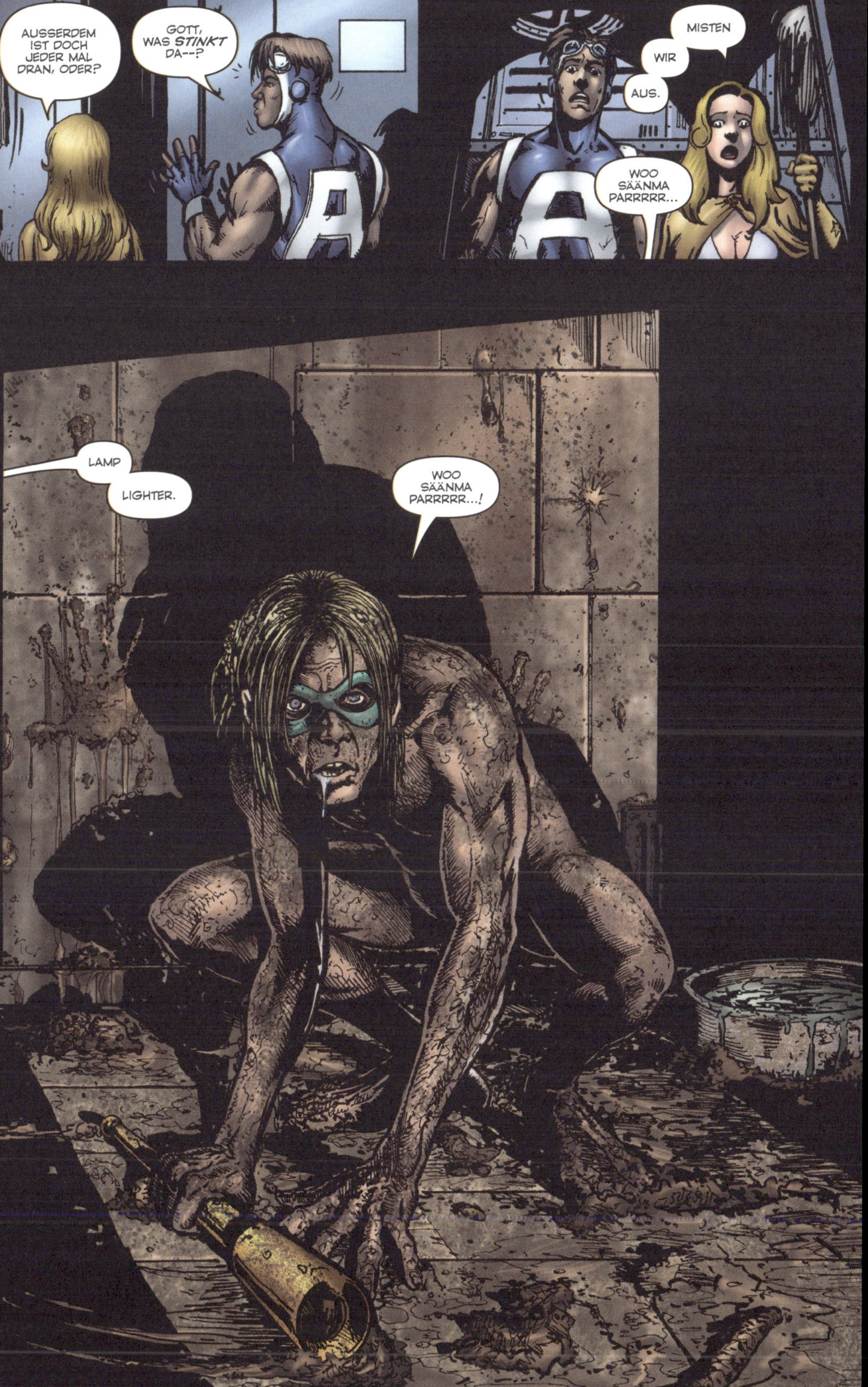
AUSSERDEM IST DOCH JEDER MAL DRAN, ODER?
GOTT, WAS STINKT DA--?
MISTEN
WIR
AUS.
WOO SÄÄNMA PARRRRR...
LAMP
LIGHTER.
WOO SÄÄNMA PARRRRR...!

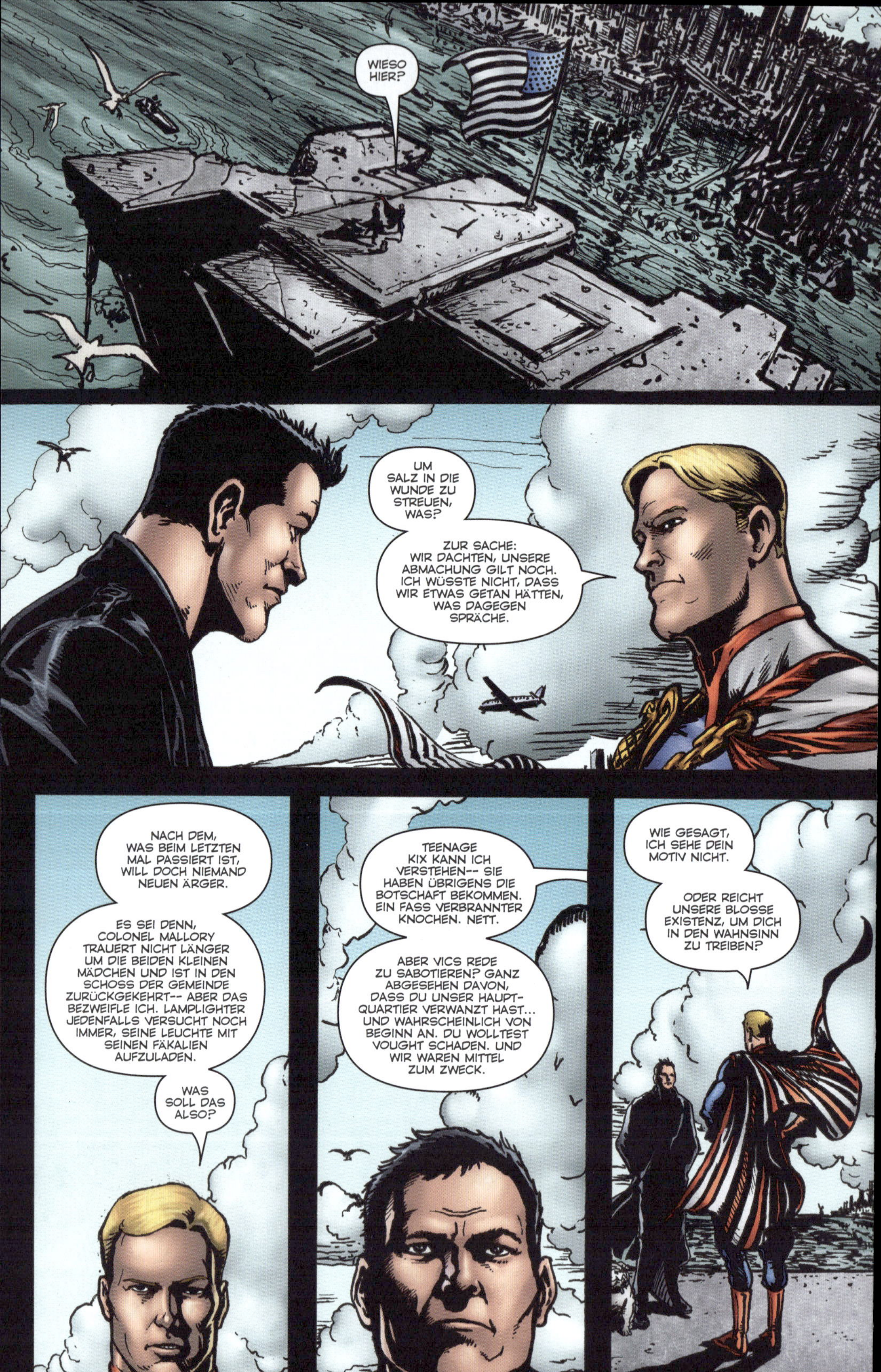

WIESO HIER?
UM SALZ IN DIE WUNDE ZU STREUEN, WAS?
ZUR SACHE: WIR DACHTEN, UNSERE ABMACHUNG GILT NOCH. ICH WÜSSTE NICHT, DASS WIR ETWAS GETAN HÄTTEN, WAS DAGEGEN SPRÄCHE.
NACH DEM, WAS BEIM LETZTEN MAL PASSIERT IST, WILL DOCH NIEMAND NEUEN ÄRGER.
ES SEI DENN, COLONEL MALLORY TRAUERT NICHT LÄNGER UM DIE BEIDEN KLEINEN MÄDCHEN UND IST IN DEN SCHOSS DER GEMEINDE ZURÜCKGEKEHRT-- ABER DAS BEZWEIFLE ICH. LAMPLIGHTER JEDENFALLS VERSUCHT NOCH IMMER, SEINE LEUCHTE MIT SEINEN FÄKALIEN AUFZULADEN.
WAS SOLL DAS ALSO?
TEENAGE KIX KANN ICH VERSTEHEN-- SIE HABEN ÜBRIGENS DIE BOTSCHAFT BEKOMMEN. EIN FASS VERBRANNTER KNOCHEN. NETT.
ABER VICS REDE ZU SABOTIEREN? GANZ ABGESEHEN DAVON, DASS DU UNSER HAUPT-QUARTIER VERWANZT HAST... UND WAHRSCHEINLICH VON BEGINN AN. DU WOLLTEST VOUGHT SCHADEN. UND WIR WAREN MITTEL ZUM ZWECK.
WIE GESAGT, ICH SEHE DEIN MOTIV NICHT.
ODER REICHT UNSERE BLOSSE EXISTENZ, UM DICH IN DEN WAHNSINN ZU TREIBEN?

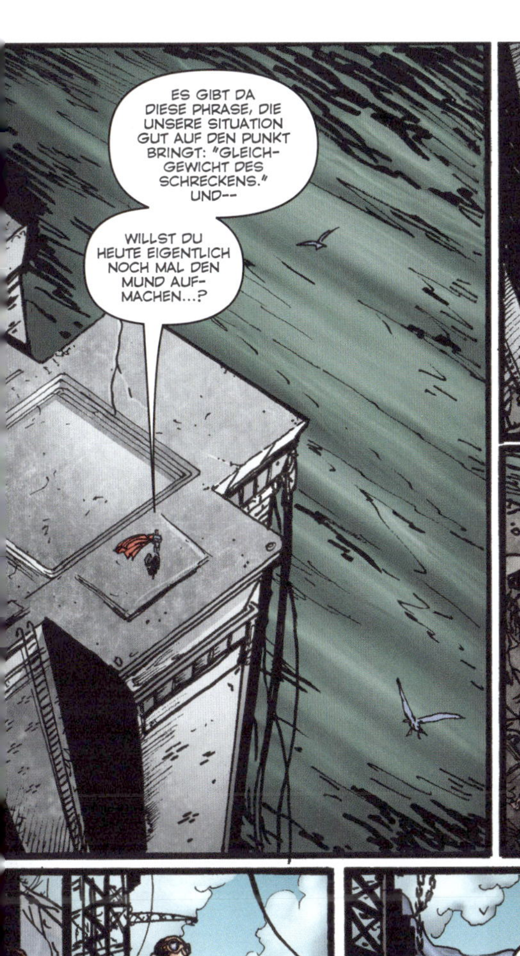
ES GIBT DA DIESE PHRASE, DIE UNSERE SITUATION GUT AUF DEN PUNKT BRINGT: "GLEICH-GEWICHT DES SCHRECKENS." UND--
WILLST DU HEUTE EIGENTLICH NOCH MAL DEN MUND AUF-MACHEN...?

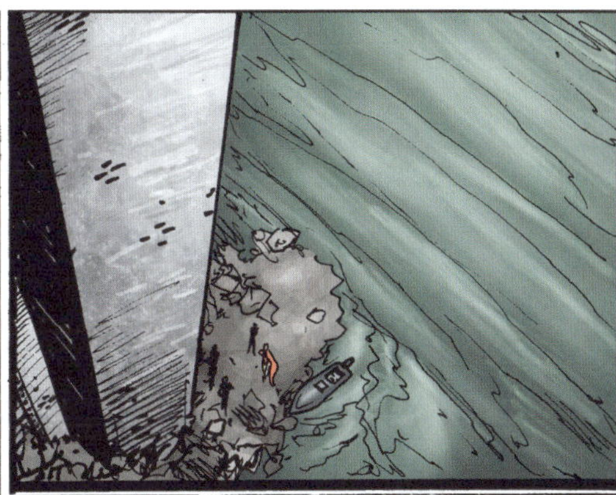

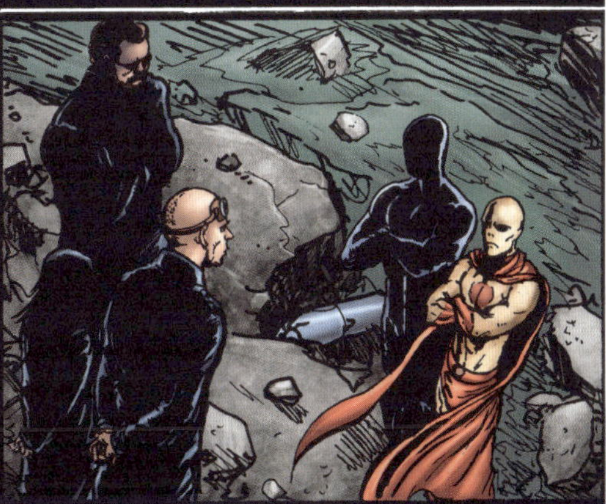

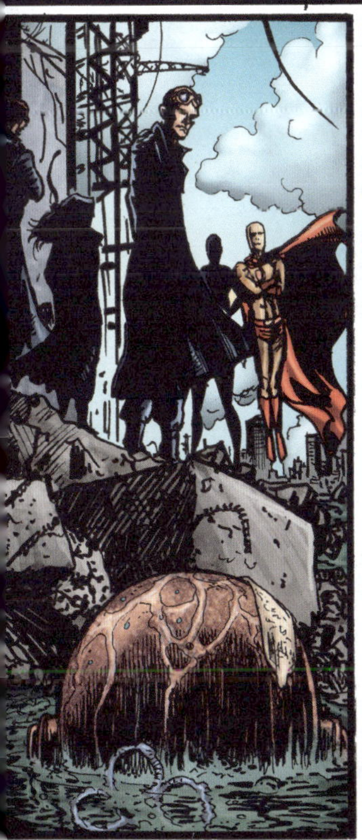

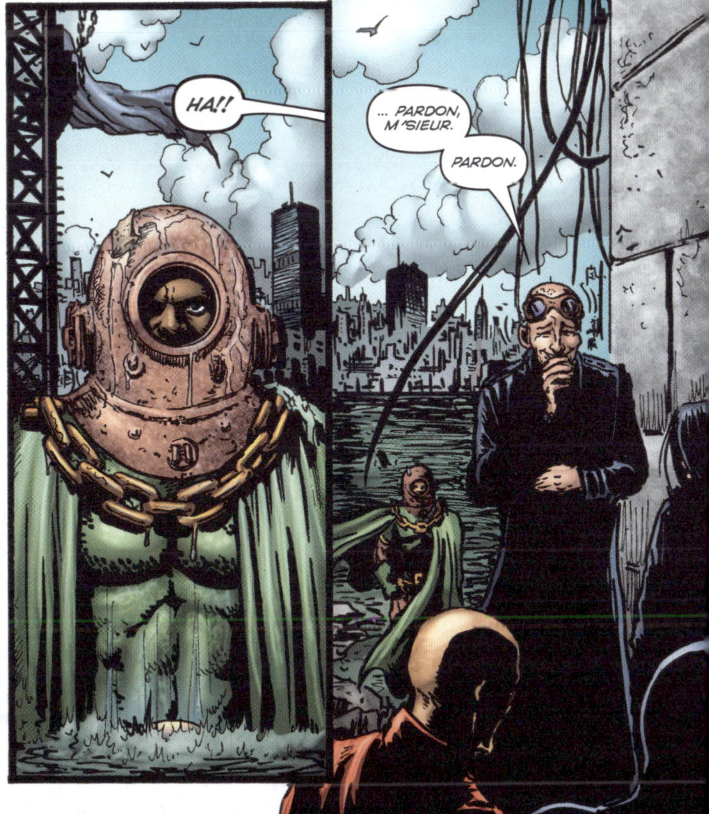
HA!!
... PARDON, M'SIEUR.
PARDON.

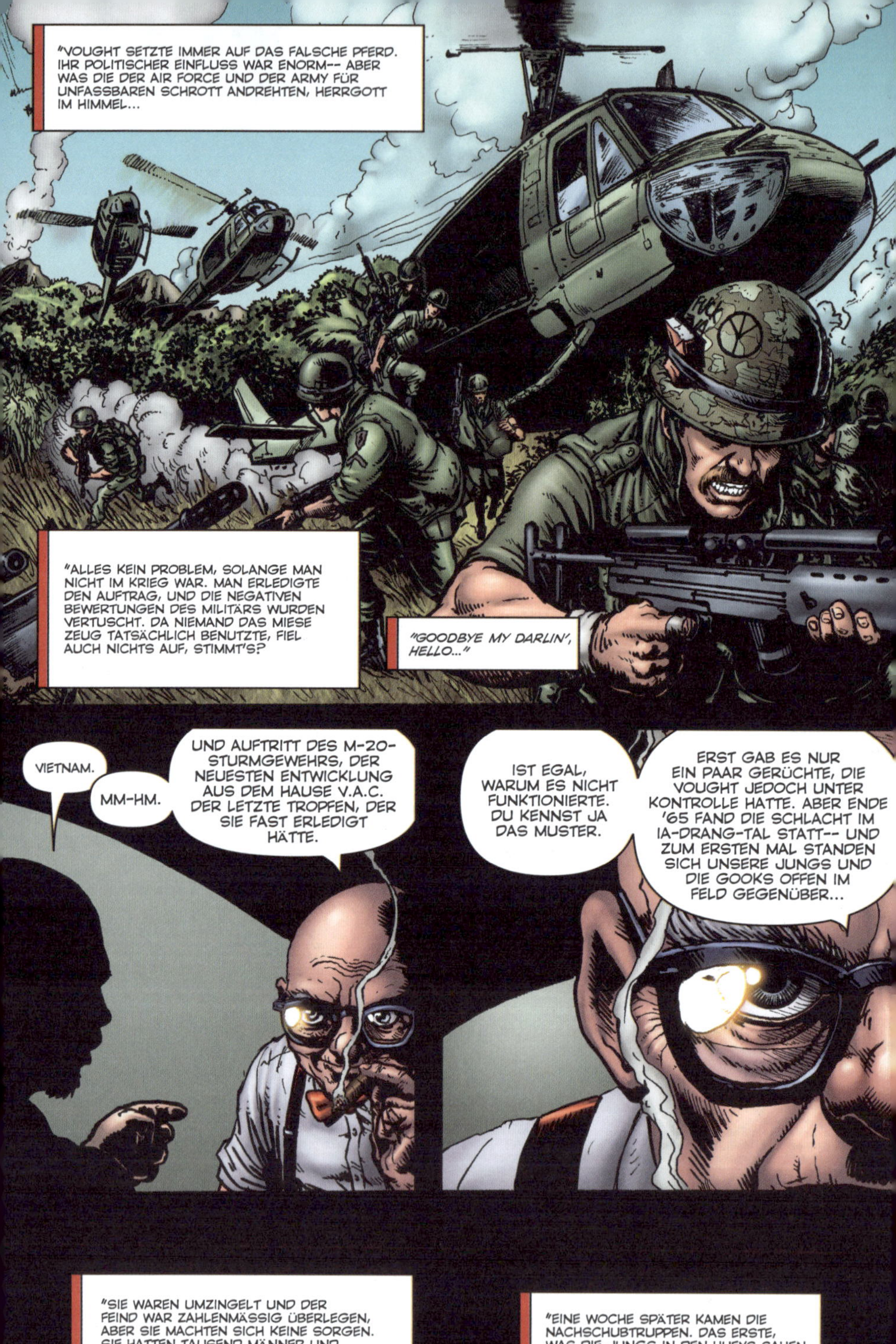
"VOUGHT SETZTE IMMER AUF DAS FALSCHE PFERD. IHR POLITISCHER EINFLUSS WAR ENORM-- ABER WAS DIE DER AIR FORCE UND DER ARMY FÜR UNFASSBAREN SCHROTT ANDREHTEN, HERRGOTT IM HIMMEL...
"ALLES KEIN PROBLEM, SOLANGE MAN NICHT IM KRIEG WAR. MAN ERLEDIGTE DEN AUFTRAG, UND DIE NEGATIVEN BEWERTUNGEN DES MILITÄRS WURDEN VERTUSCHT. DA NIEMAND DAS MIESE ZEUG TATSÄCHLICH BENUTZTE, FIEL AUCH NICHTS AUF, STIMMT'S?
"GOODBYE MY DARLIN', HELLO..."
VIETNAM.
MM-HM.
UND AUFTRITT DES M-20-STURMGEWEHRS, DER NEUESTEN ENTWICKLUNG AUS DEM HAUSE V.A.C. DER LETZTE TROPFEN, DER SIE FAST ERLEDIGT HÄTTE.
IST EGAL, WARUM ES NICHT FUNKTIONIERTE. DU KENNST JA DAS MUSTER.
ERST GAB ES NUR EIN PAAR GERÜCHTE, DIE VOUGHT JEDOCH UNTER KONTROLLE HATTE. ABER ENDE '65 FAND DIE SCHLACHT IM IA-DRANG-TAL STATT-- UND ZUM ERSTEN MAL STANDEN SICH UNSERE JUNGS UND DIE GOOKS OFFEN IM FELD GEGENÜBER...
"SIE WAREN UMZINGELT UND DER FEIND WAR ZAHLENMÄSSIG ÜBERLEGEN, ABER SIE MACHTEN SICH KEINE SORGEN. SIE HATTEN TAUSEND MÄNNER UND LUFTUNTERSTÜTZUNG. HÄTTEN SIE ZURÜCKSCHIESSEN KÖNNEN, HÄTTEN SIE GEWISS GEWONNEN.
"EINE WOCHE SPÄTER KAMEN DIE NACHSCHUBTRUPPEN. DAS ERSTE, WAS DIE JUNGS IN DEN HUEYS SAHEN, WAREN TAUSEND ABGESCHLAGENE KÖPFE."

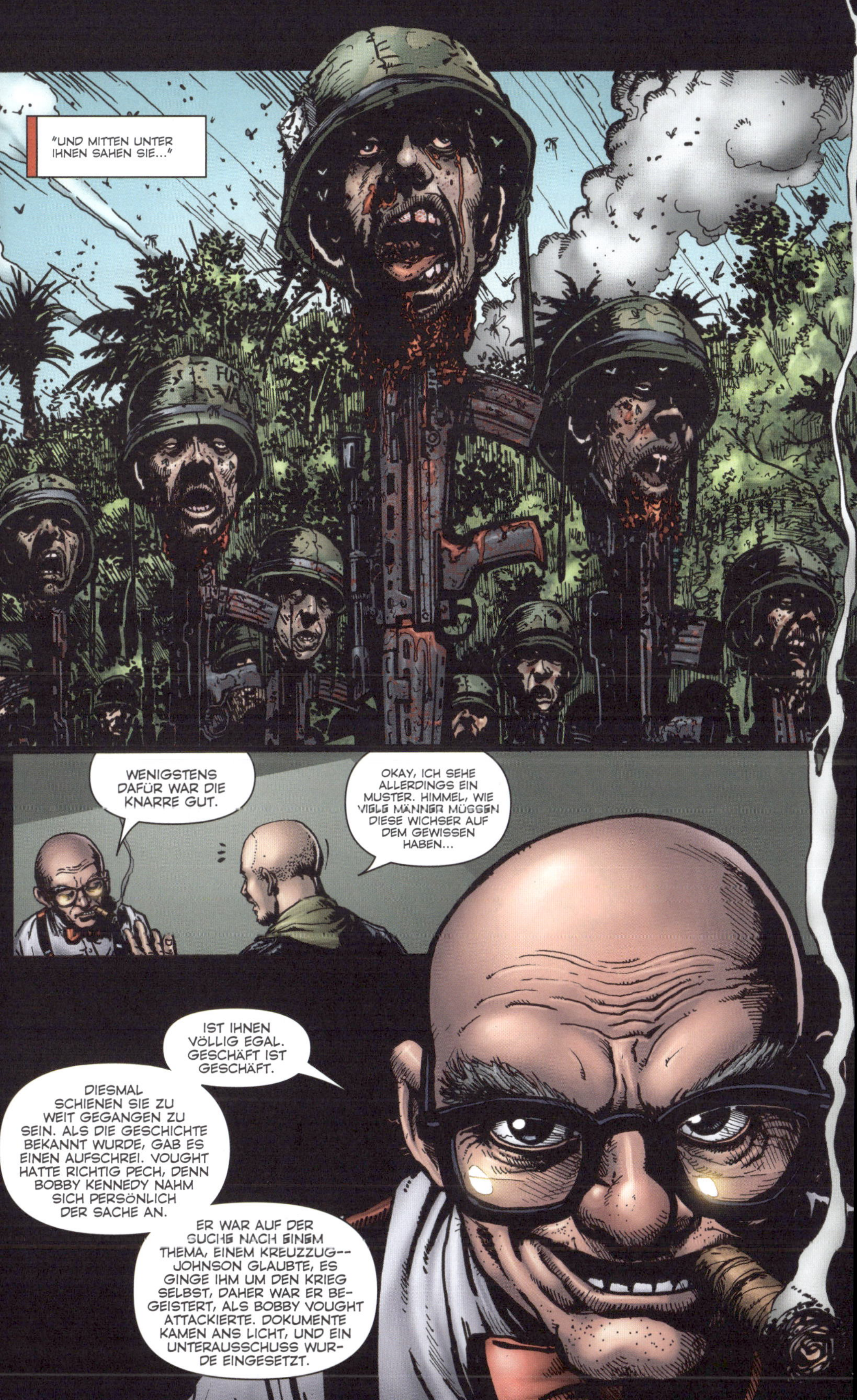
"UND MITTEN UNTER IHNEN SAHEN SIE..."
WENIGSTENS DAFÜR WAR DIE KNARRE GUT.
OKAY, ICH SEHE ALLERDINGS EIN MUSTER. HIMMEL, WIE VIELE MÄNNER MÜSSEN DIESE WICHSER AUF DEM GEWISSEN HABEN...
IST IHNEN VÖLLIG EGAL. GESCHÄFT IST GESCHÄFT.
DIESMAL SCHIENEN SIE ZU WEIT GEGANGEN ZU SEIN. ALS DIE GESCHICHTE BEKANNT WURDE, GAB ES EINEN AUFSCHREI. VOUGHT HATTE RICHTIG PECH, DENN BOBBY KENNEDY NAHM SICH PERSÖNLICH DER SACHE AN.
ER WAR AUF DER SUCHE NACH EINEM THEMA, EINEM KREUZZUG-- JOHNSON GLAUBTE, ES GINGE IHM UM DEN KRIEG SELBST, DAHER WAR ER BEGEISTERT, ALS BOBBY VOUGHT ATTACKIERTE. DOKUMENTE KAMEN ANS LICHT, UND EIN UNTERAUSSCHUSS WURDE EINGESETZT.

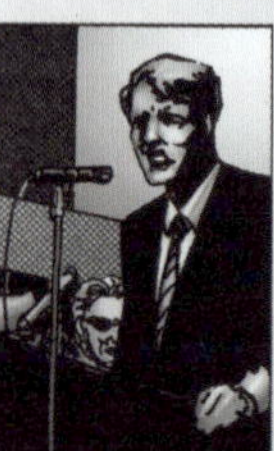
"All the News That's Fit to Print"
The New York Times
LATE CITY EDITION
SEN. KENNEDY KLAGT «ZWEITES LITTLE BIGHORN» AN
AKTIEN VON VOUGHT-AMERICAN CONSOLIDATED IM FREIEN FALL
"VOUGHT WURDE MONATELANG ÖFFENTLICH IN DEN ARSCH GEFICKT. ALS DIE LETZTEN FUNKSPRÜCHE DER G.I.S IM FERNSEHEN LIEFEN, WAR ES VORBEI. NIEMAND IN WASHINGTON KONNTE SIE NOCH RETTEN.
"SPIEL, SATZ UND *FICKT EUCH*..."
UND SIE LEBTEN GLÜCKLICH UND ZUFRIEDEN...
BOBBY HATTE BESTE CHANCEN FÜR '68... DER KONGRESS GAB JOHNSON FREIE HAND-- *RACHE FÜR UNSERE JUNGS*... UND DIE ARMY BEKAM DAS M-16, AUCH NICHT GERADE DAS GELBE VOM EI, ABER WENN MAN DEN ABZUG DRÜCKTE, KAMEN WENIGSTENS *VIELLEICHT* KUGELN VORNE RAUS...
UND V.A.C. MACHTE PLEITE UND VERSCHWAND.
DREI JAHRE SPÄTER SCHLUG EIN *METEORIT* IN WYOMING EIN, UND SIE TAUCHTEN ALS VOUGHT-AMERICAN WIEDER AUF.
METE--
HOMELANDER?
HOMELANDER.
DIE JUNGS VON VOUGHT HATTEN ENDLICH IHRE NISCHE ENTDECKT...

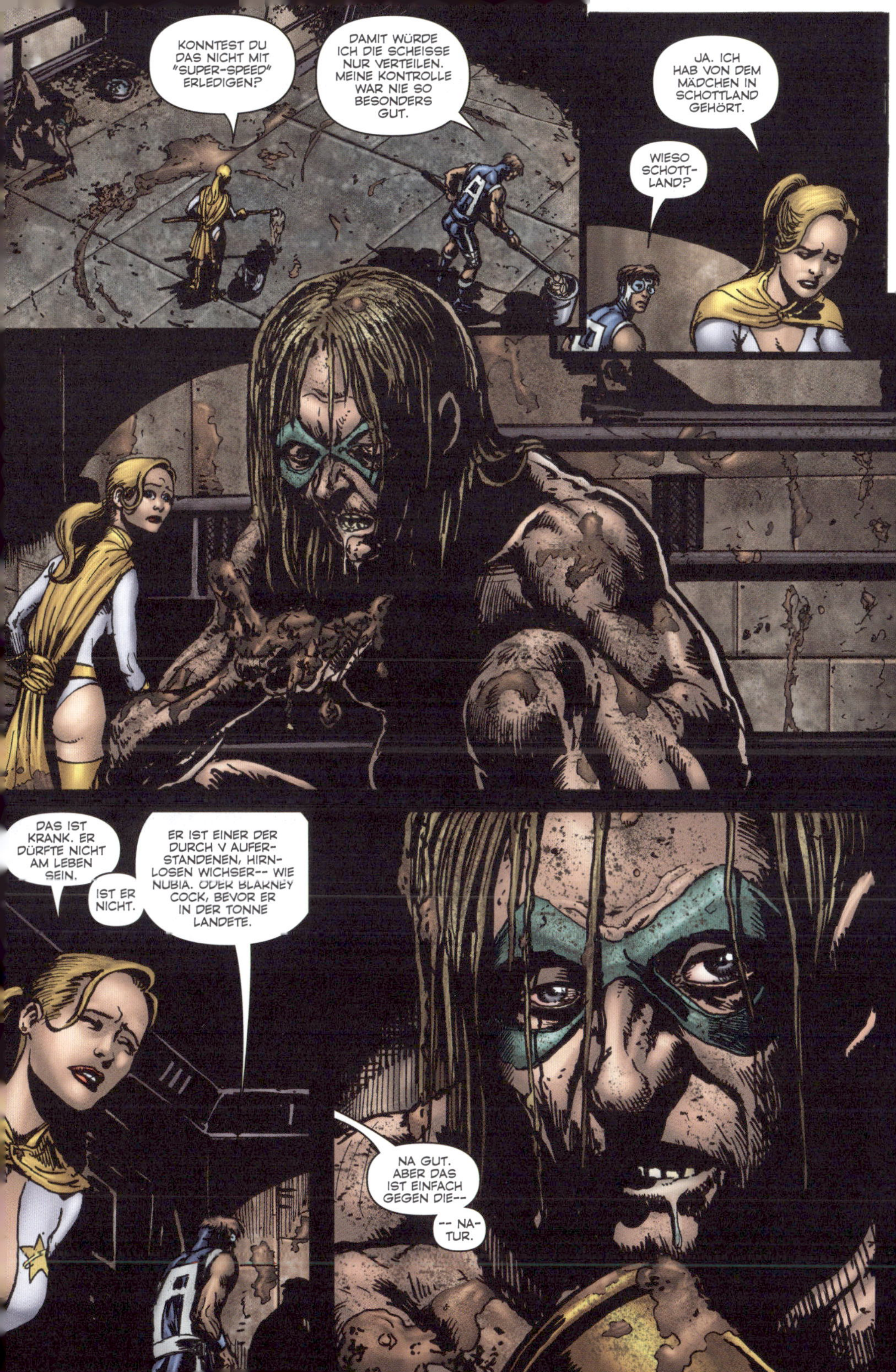

KONNTEST DU DAS NICHT MIT "SUPER-SPEED" ERLEDIGEN?
DAMIT WÜRDE ICH DIE SCHEISSE NUR VERTEILEN. MEINE KONTROLLE WAR NIE SO BESONDERS GUT.
JA. ICH HAB VON DEM MÄDCHEN IN SCHOTTLAND GEHÖRT.
WIESO SCHOTT-LAND?
DAS IST KRANK. ER DÜRFTE NICHT AM LEBEN SEIN.
IST ER NICHT.
ER IST EINER DER DURCH V AUFER-STANDENEN, HIRN-LOSEN WICHSER-- WIE NUBIA. ODER BLAKNEY COCK, BEVOR ER IN DER TONNE LANDETE.
NA GUT. ABER DAS IST EINFACH GEGEN DIE--
-- NA-TUR.

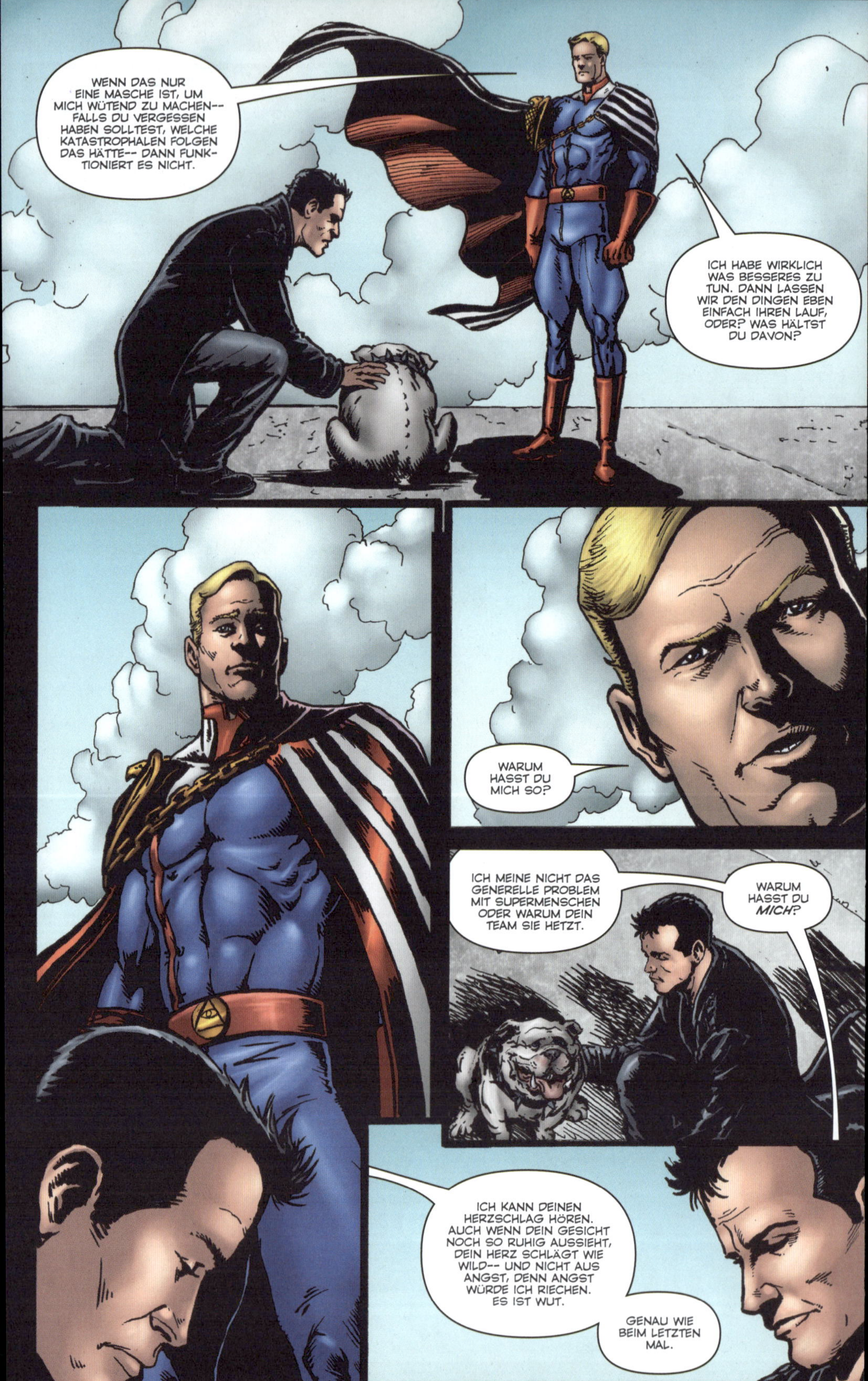
WENN DAS NUR EINE MASCHE IST, UM MICH WÜTEND ZU MACHEN-- FALLS DU VERGESSEN HABEN SOLLTEST, WELCHE KATASTROPHALEN FOLGEN DAS HÄTTE-- DANN FUNKTIONIERT ES NICHT.
ICH HABE WIRKLICH WAS BESSERES ZU TUN. DANN LASSEN WIR DEN DINGEN EBEN EINFACH IHREN LAUF, ODER? WAS HÄLTST DU DAVON?
WARUM HASST DU MICH SO?
ICH MEINE NICHT DAS GENERELLE PROBLEM MIT SUPERMENSCHEN ODER WARUM DEIN TEAM SIE HETZT.
WARUM HASST DU *MICH*?
ICH KANN DEINEN HERZSCHLAG HÖREN. AUCH WENN DEIN GESICHT NOCH SO RUHIG AUSSIEHT, DEIN HERZ SCHLÄGT WIE WILD-- UND NICHT AUS ANGST, DENN ANGST WÜRDE ICH RIECHEN. ES IST WUT.
GENAU WIE BEIM LETZTEN MAL.

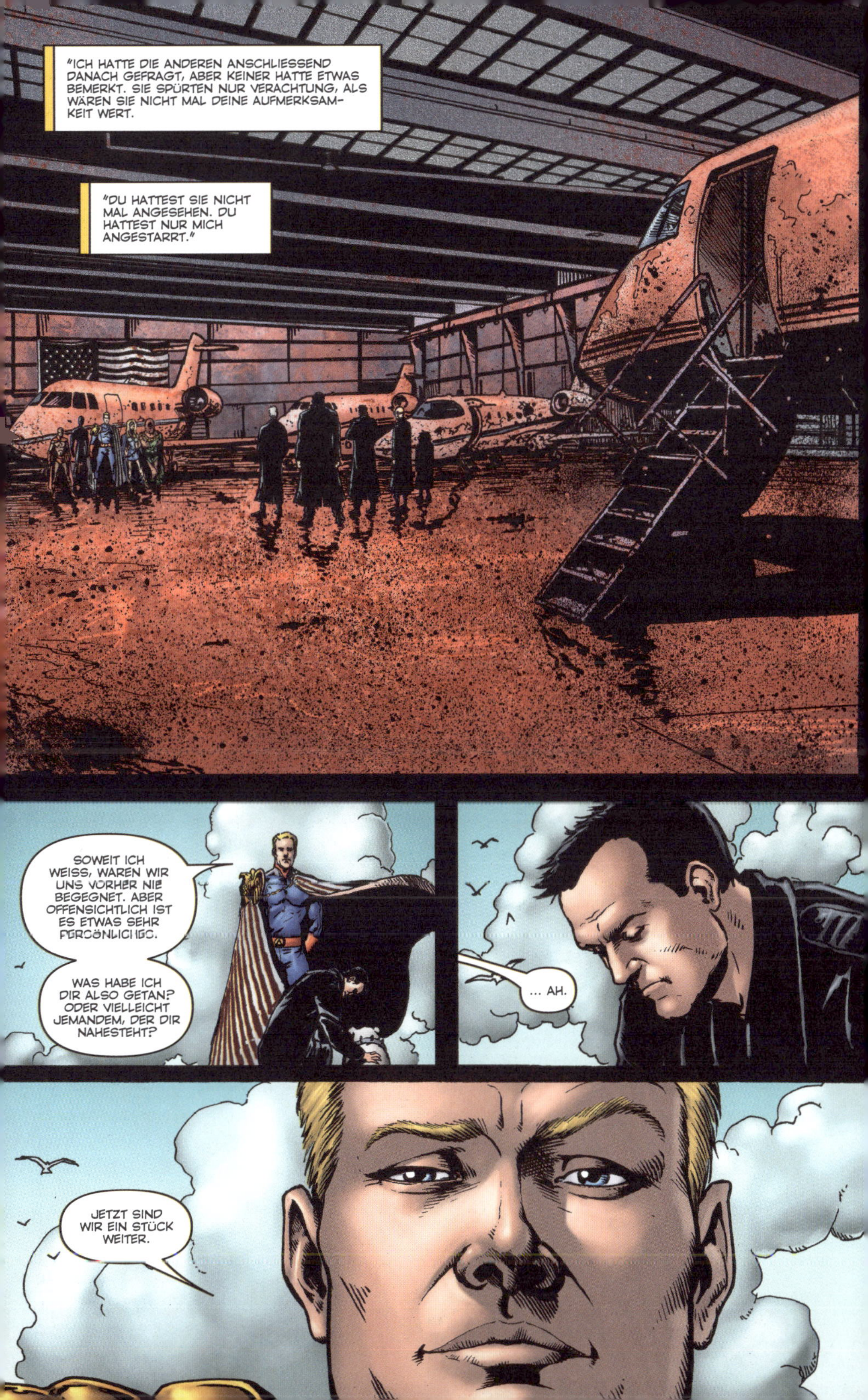
"ICH HATTE DIE ANDEREN ANSCHLIESSEND DANACH GEFRAGT, ABER KEINER HATTE ETWAS BEMERKT. SIE SPÜRTEN NUR VERACHTUNG, ALS WÄREN SIE NICHT MAL DEINE AUFMERKSAMKEIT WERT.
"DU HATTEST SIE NICHT MAL ANGESEHEN. DU HATTEST NUR MICH ANGESTARRT."
SOWEIT ICH WEISS, WAREN WIR UNS VORHER NIE BEGEGNET. ABER OFFENSICHTLICH IST ES ETWAS SEHR PERSÖNLICHES.
WAS HABE ICH DIR ALSO GETAN? ODER VIELLEICHT JEMANDEM, DER DIR NAHESTEHT?
... AH.
JETZT SIND WIR EIN STÜCK WEITER.

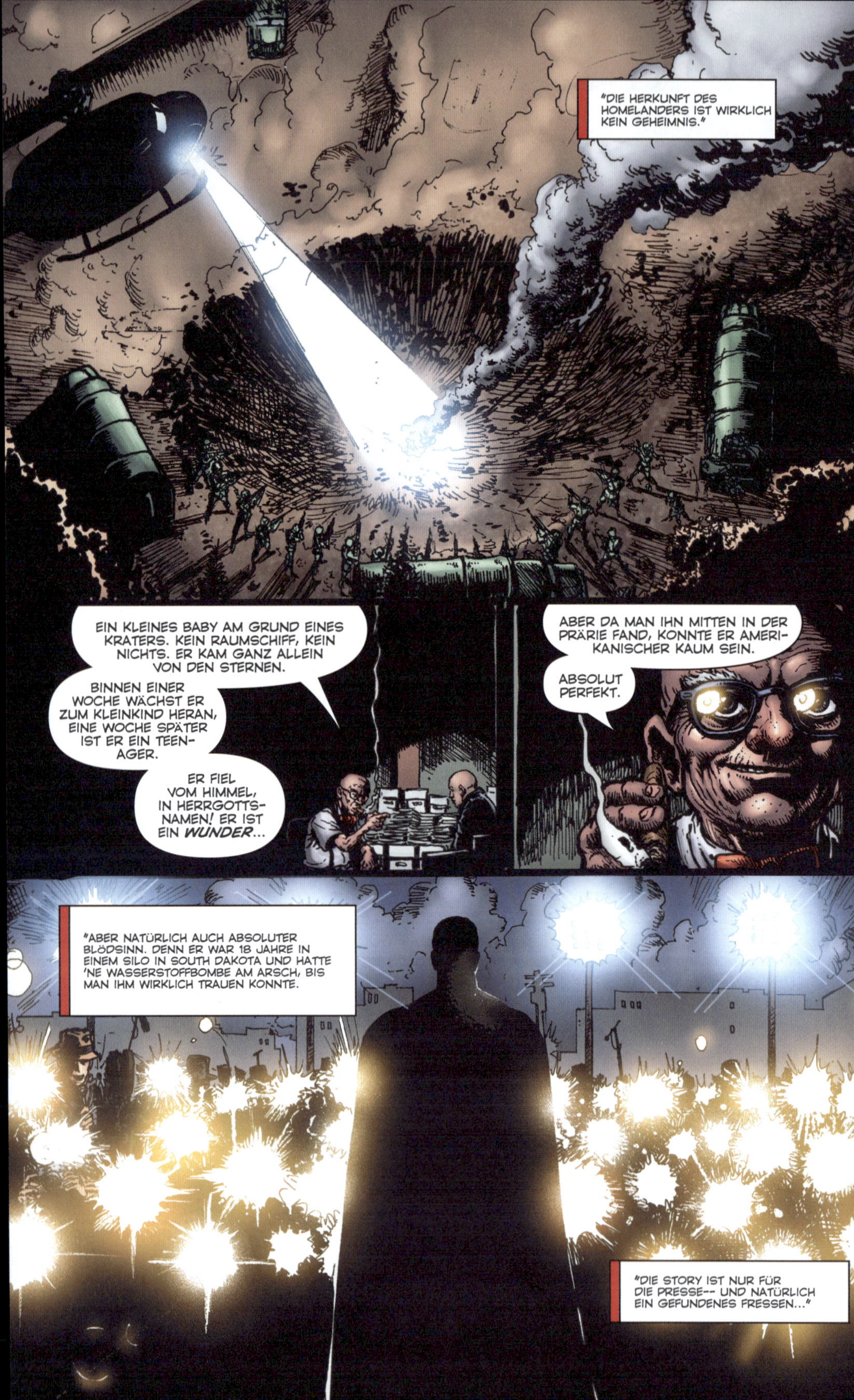
"DIE HERKUNFT DES HOMELANDERS IST WIRKLICH KEIN GEHEIMNIS."
EIN KLEINES BABY AM GRUND EINES KRATERS. KEIN RAUMSCHIFF, KEIN NICHTS. ER KAM GANZ ALLEIN VON DEN STERNEN.
BINNEN EINER WOCHE WÄCHST ER ZUM KLEINKIND HERAN, EINE WOCHE SPÄTER IST ER EIN TEEN-AGER.
ER FIEL VOM HIMMEL, IN HERRGOTTS-NAMEN! ER IST EIN *WUNDER*...
ABER DA MAN IHN MITTEN IN DER PRÄRIE FAND, KONNTE ER AMERI-KANISCHER KAUM SEIN.
ABSOLUT PERFEKT.
"ABER NATÜRLICH AUCH ABSOLUTER BLÖDSINN. DENN ER WAR 18 JAHRE IN EINEM SILO IN SOUTH DAKOTA UND HATTE 'NE WASSERSTOFFBOMBE AM ARSCH, BIS MAN IHM WIRKLICH TRAUEN KONNTE.
"DIE STORY IST NUR FÜR DIE PRESSE-- UND NATÜRLICH EIN GEFUNDENES FRESSEN..."

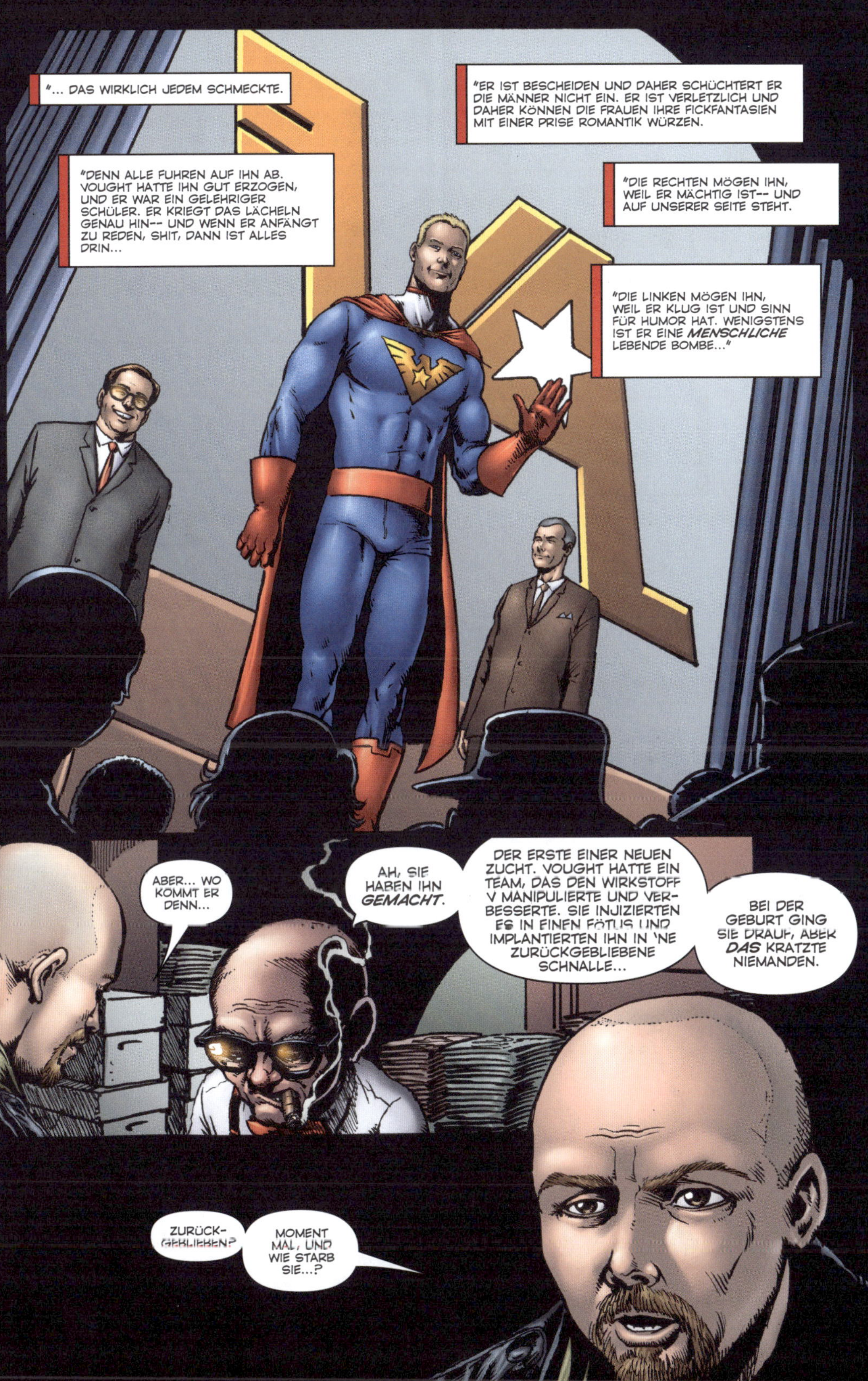
"... DAS WIRKLICH JEDEM SCHMECKTE.
"DENN ALLE FUHREN AUF IHN AB. VOUGHT HATTE IHN GUT ERZOGEN, UND ER WAR EIN GELEHRIGER SCHÜLER. ER KRIEGT DAS LÄCHELN GENAU HIN-- UND WENN ER ANFÄNGT ZU REDEN, SHIT, DANN IST ALLES DRIN...
"ER IST BESCHEIDEN UND DAHER SCHÜCHTERT ER DIE MÄNNER NICHT EIN. ER IST VERLETZLICH UND DAHER KÖNNEN DIE FRAUEN IHRE FICKFANTASIEN MIT EINER PRISE ROMANTIK WÜRZEN.
"DIE RECHTEN MÖGEN IHN, WEIL ER MÄCHTIG IST-- UND AUF UNSERER SEITE STEHT.
"DIE LINKEN MÖGEN IHN, WEIL ER KLUG IST UND SINN FÜR HUMOR HAT. WENIGSTENS IST ER EINE *MENSCHLICHE* LEBENDE BOMBE..."
ABER... WO KOMMT ER DENN...
AH, SIE HABEN IHN *GEMACHT*.
DER ERSTE EINER NEUEN ZUCHT. VOUGHT HATTE EIN TEAM, DAS DEN WIRKSTOFF V MANIPULIERTE UND VERBESSERTE. SIE INJIZIERTEN ES IN EINEN FÖTUS UND IMPLANTIERTEN IHN IN 'NE ZURÜCKGEBLIEBENE SCHNALLE...
BEI DER GEBURT GING SIE DRAUF, ABER *DAS* KRATZTE NIEMANDEN.
ZURÜCK-GEBLIEBEN?
MOMENT MAL, UND WIE STARB SIE...?

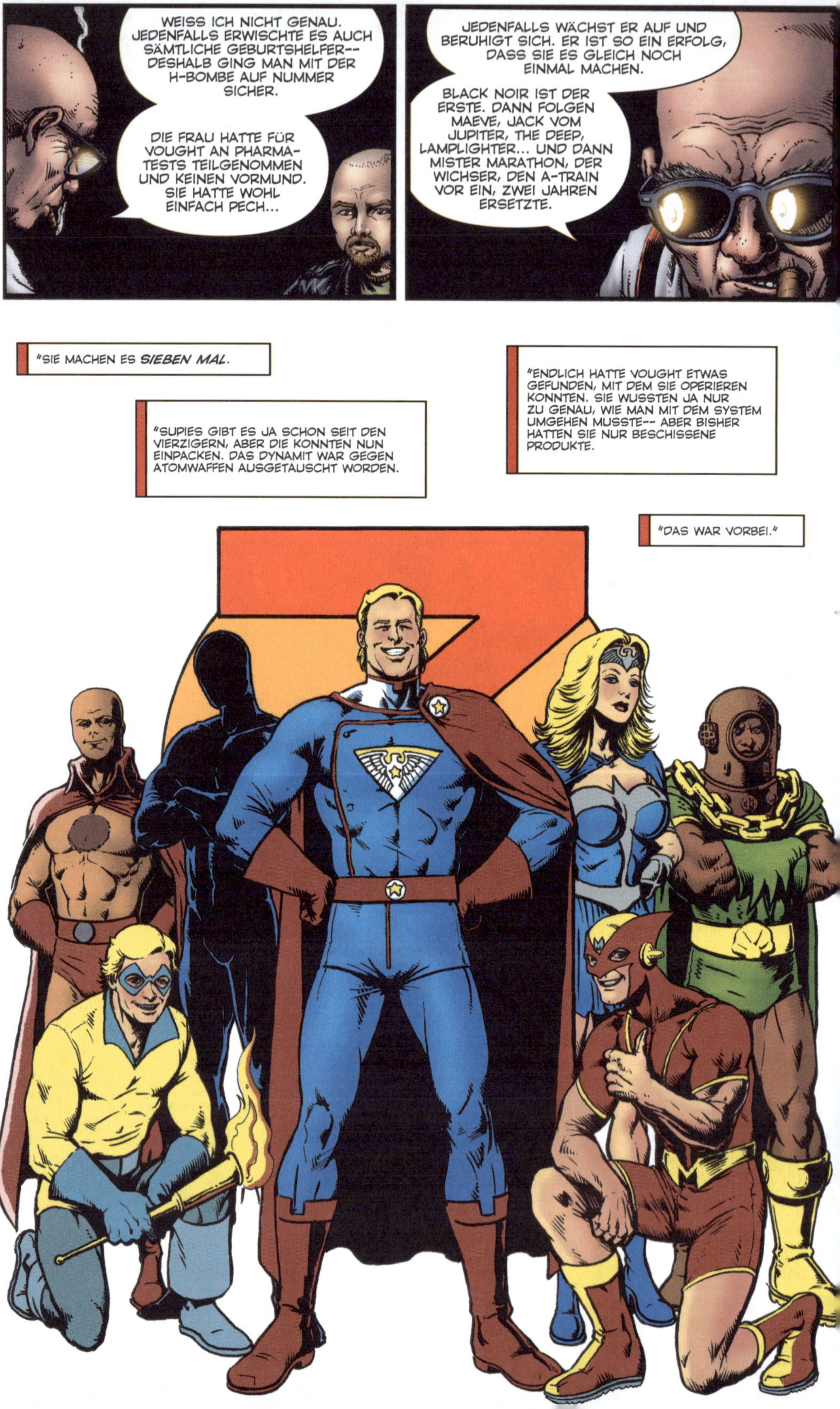

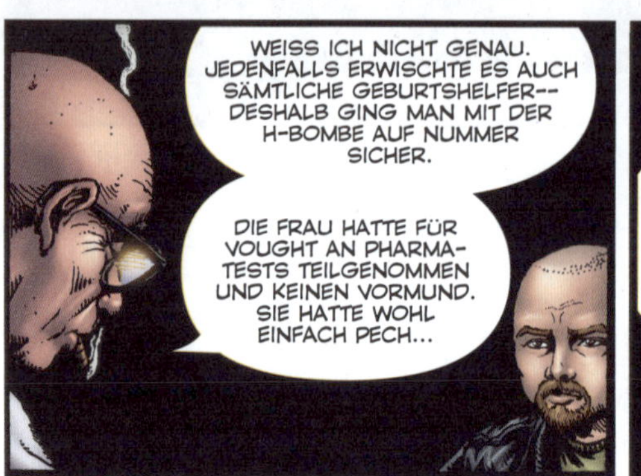

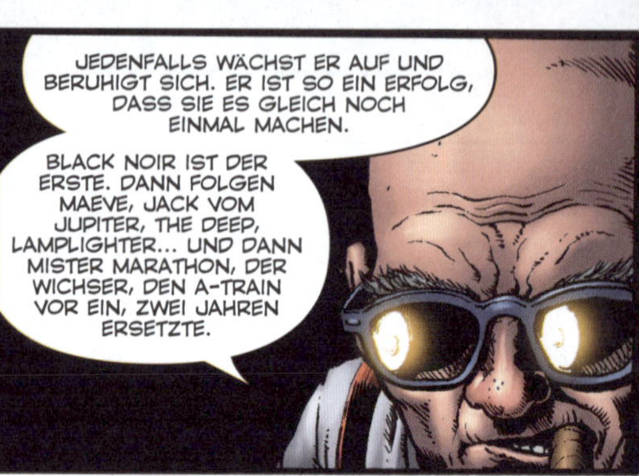

"SIE MACHEN ES *SIEBEN MAL*.

"SUPIES GIBT ES JA SCHON SEIT DEN VIERZIGERN, ABER DIE KONNTEN NUN EINPACKEN. DAS DYNAMIT WAR GEGEN ATOMWAFFEN AUSGETAUSCHT WORDEN.

"ENDLICH HATTE VOUGHT ETWAS GEFUNDEN, MIT DEM SIE OPERIEREN KONNTEN. SIE WUSSTEN JA NUR ZU GENAU, WIE MAN MIT DEM SYSTEM UMGEHEN MUSSTE-- ABER BISHER HATTEN SIE NUR BESCHISSENE PRODUKTE.

"DAS WAR VORBEI."

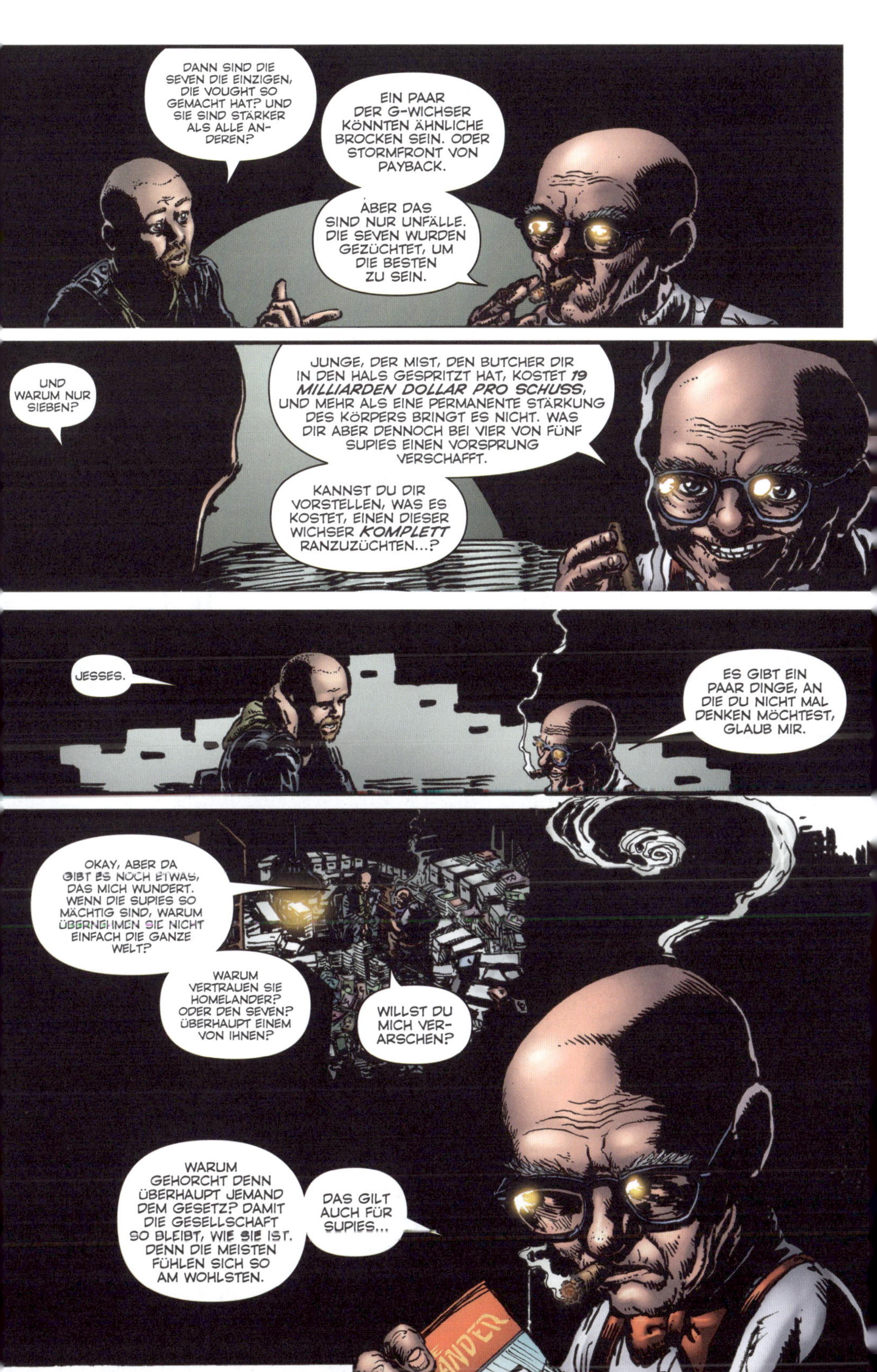
DANN SIND DIE SEVEN DIE EINZIGEN, DIE VOUGHT SO GEMACHT HAT? UND SIE SIND STÄRKER ALS ALLE ANDEREN?
EIN PAAR DER G-WICHSER KÖNNTEN ÄHNLICHE BROCKEN SEIN. ODER STORMFRONT VON PAYBACK.
ABER DAS SIND NUR UNFÄLLE. DIE SEVEN WURDEN GEZÜCHTET, UM DIE BESTEN ZU SEIN.
UND WARUM NUR SIEBEN?
JUNGE, DER MIST, DEN BUTCHER DIR IN DEN HALS GESPRITZT HAT, KOSTET 19 MILLIARDEN DOLLAR PRO SCHUSS, UND MEHR ALS EINE PERMANENTE STÄRKUNG DES KÖRPERS BRINGT ES NICHT. WAS DIR ABER DENNOCH BEI VIER VON FÜNF SUPIES EINEN VORSPRUNG VERSCHAFFT.
KANNST DU DIR VORSTELLEN, WAS ES KOSTET, EINEN DIESER WICHSER KOMPLETT RANZUZÜCHTEN...?
JESSES.
ES GIBT EIN PAAR DINGE, AN DIE DU NICHT MAL DENKEN MÖCHTEST, GLAUB MIR.
OKAY, ABER DA GIBT ES NOCH ETWAS, DAS MICH WUNDERT. WENN DIE SUPIES SO MÄCHTIG SIND, WARUM ÜBERNEHMEN SIE NICHT EINFACH DIE GANZE WELT?
WARUM VERTRAUEN SIE HOMELANDER? ODER DEN SEVEN? ÜBERHAUPT EINEM VON IHNEN?
WILLST DU MICH VERARSCHEN?
WARUM GEHORCHT DENN ÜBERHAUPT JEMAND DEM GESETZ? DAMIT DIE GESELLSCHAFT SO BLEIBT, WIE SIE IST. DENN DIE MEISTEN FÜHLEN SICH SO AM WOHLSTEN.
DAS GILT AUCH FÜR SUPIES...

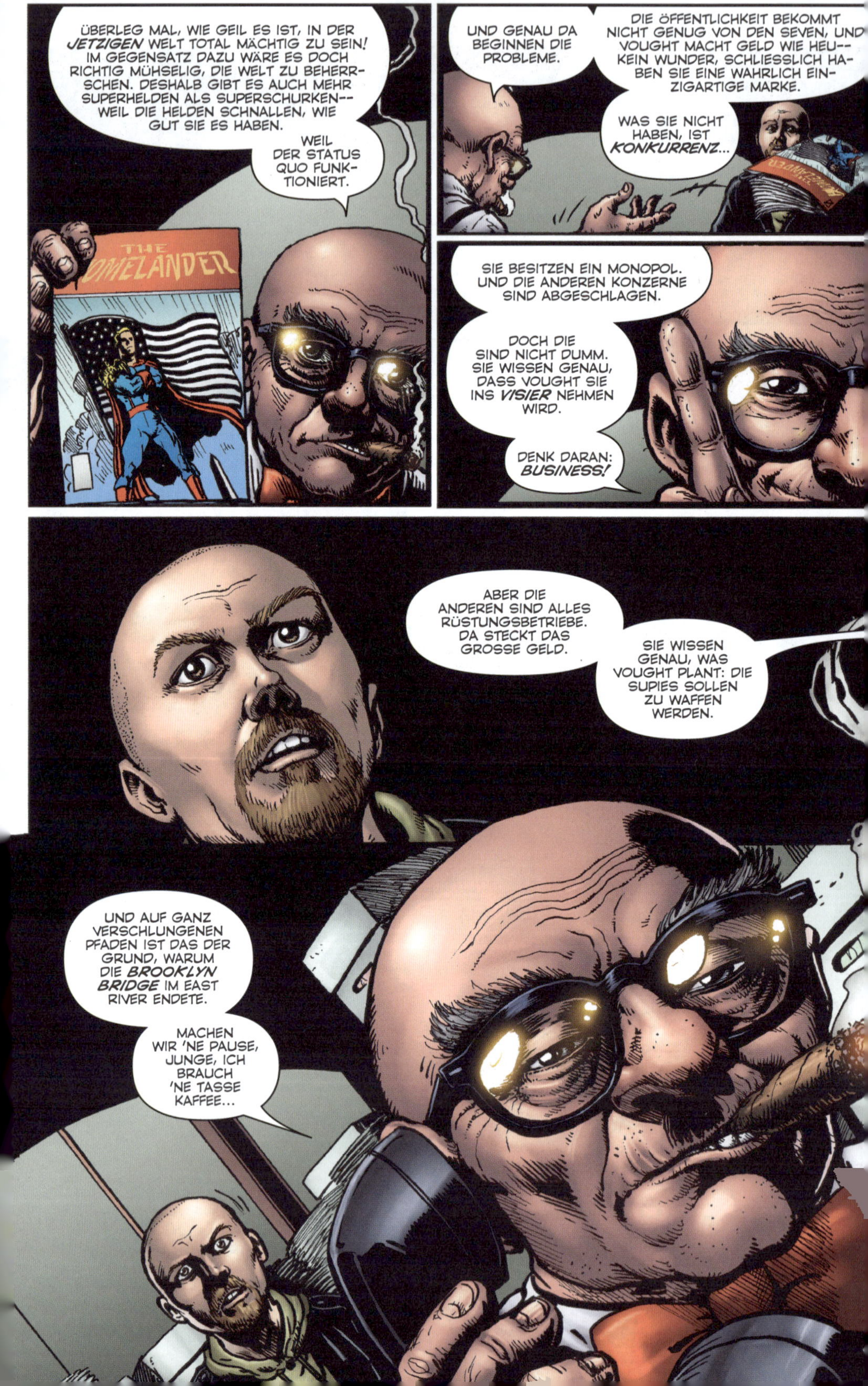

ÜBERLEG MAL, WIE GEIL ES IST, IN DER *JETZIGEN* WELT TOTAL MÄCHTIG ZU SEIN! IM GEGENSATZ DAZU WÄRE ES DOCH RICHTIG MÜHSELIG, DIE WELT ZU BEHERRSCHEN. DESHALB GIBT ES AUCH MEHR SUPERHELDEN ALS SUPERSCHURKEN-- WEIL DIE HELDEN SCHNALLEN, WIE GUT SIE ES HABEN.
WEIL DER STATUS QUO FUNKTIONIERT.
THE HOMELANDER
UND GENAU DA BEGINNEN DIE PROBLEME.
DIE ÖFFENTLICHKEIT BEKOMMT NICHT GENUG VON DEN SEVEN, UND VOUGHT MACHT GELD WIE HEU-- KEIN WUNDER, SCHLIESSLICH HABEN SIE EINE WAHRLICH EINZIGARTIGE MARKE.
WAS SIE NICHT HABEN, IST *KONKURRENZ*...
SIE BESITZEN EIN MONOPOL. UND DIE ANDEREN KONZERNE SIND ABGESCHLAGEN.
DOCH DIE SIND NICHT DUMM. SIE WISSEN GENAU, DASS VOUGHT SIE INS *VISIER* NEHMEN WIRD.
DENK DARAN: *BUSINESS!*
ABER DIE ANDEREN SIND ALLES RÜSTUNGSBETRIEBE. DA STECKT DAS GROSSE GELD.
SIE WISSEN GENAU, WAS VOUGHT PLANT: DIE SUPIES SOLLEN ZU WAFFEN WERDEN.
UND AUF GANZ VERSCHLUNGENEN PFADEN IST DAS DER GRUND, WARUM DIE *BROOKLYN BRIDGE* IM EAST RIVER ENDETE.
MACHEN WIR 'NE PAUSE, JUNGE, ICH BRAUCH 'NE TASSE KAFFEE...

STUNDE DER WAHRHEIT, TEIL 2

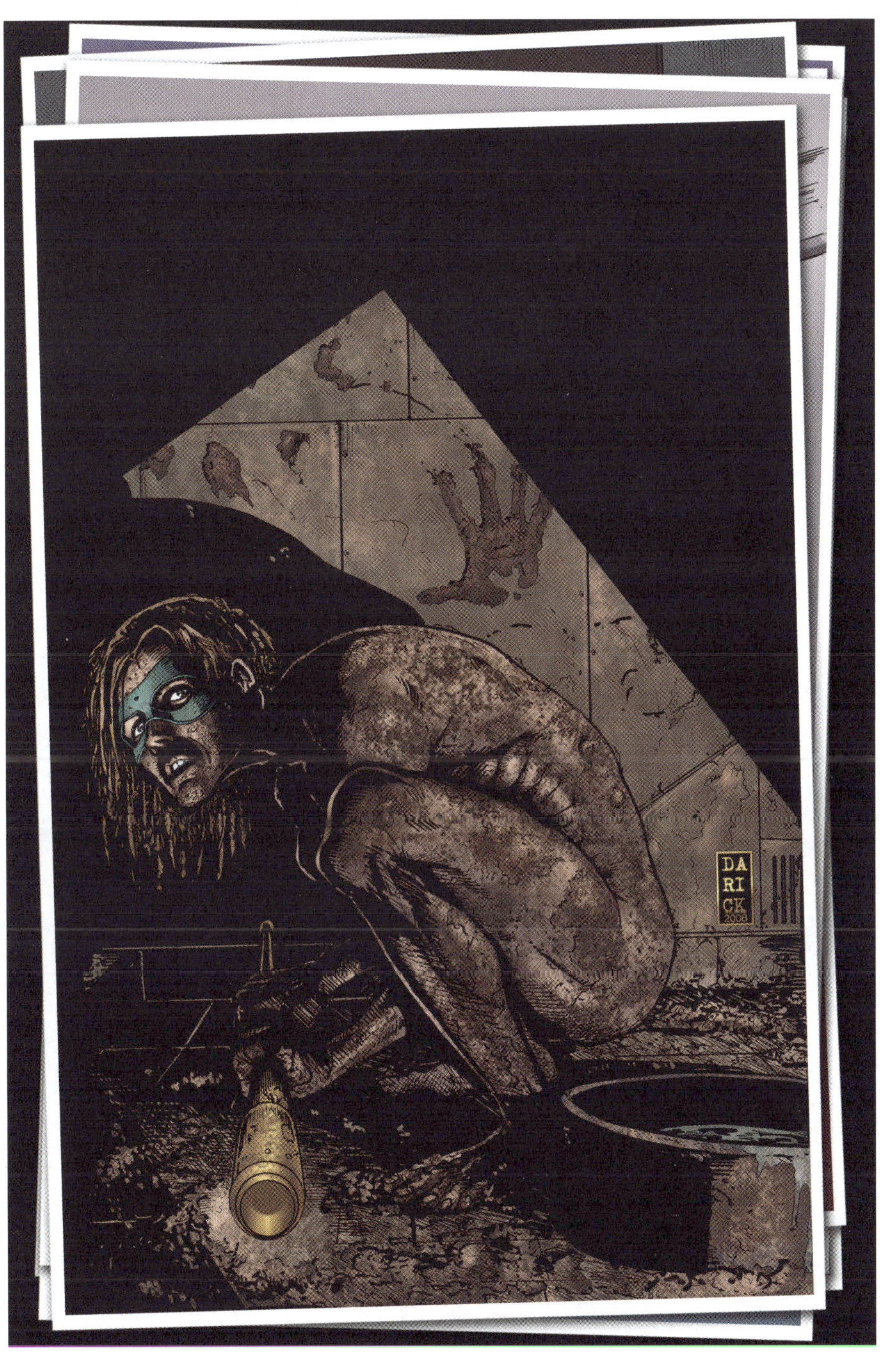

The Boys (2006) 20
Cover von **DARICK ROBERTSON**

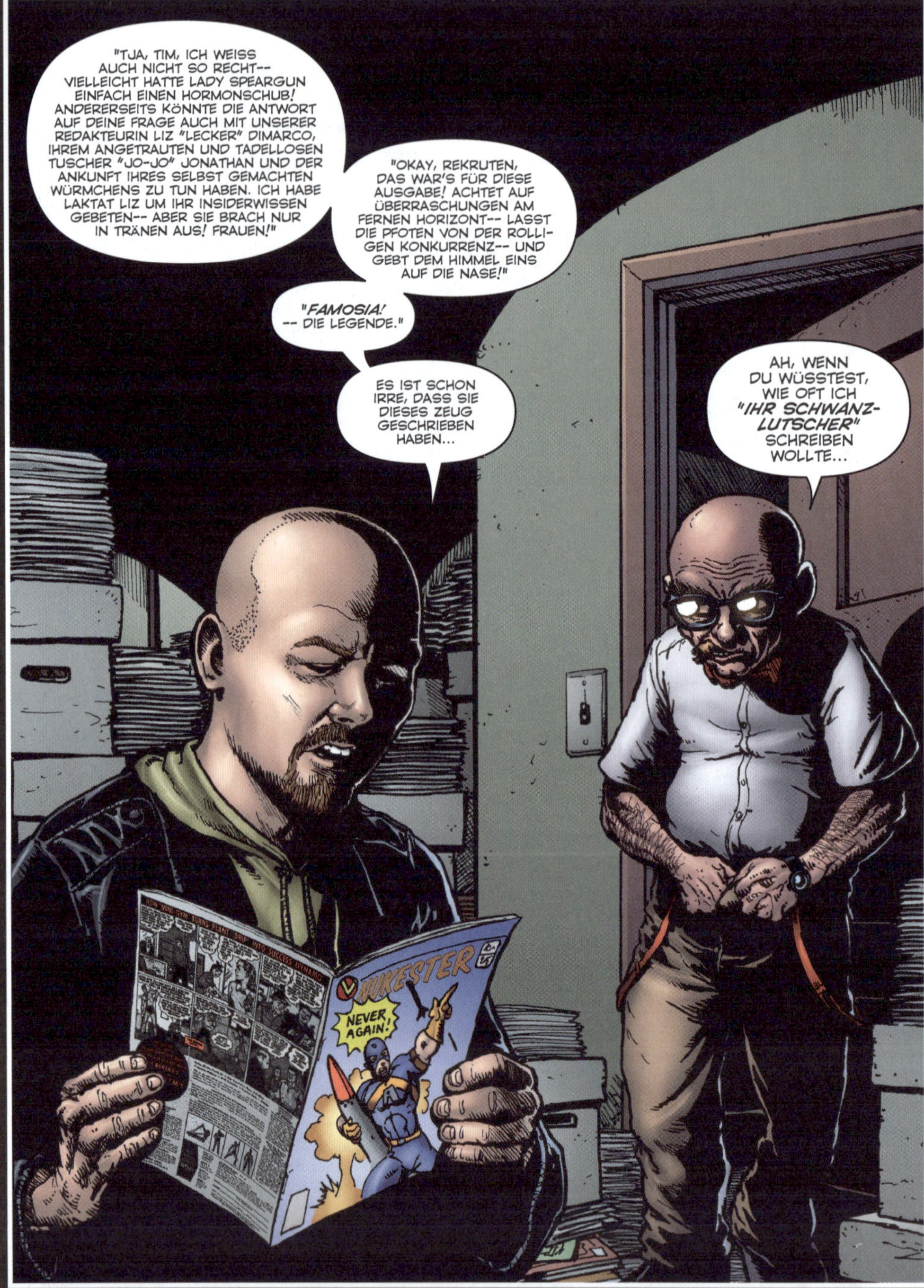

STUNDE DER WAHRHEIT
TEIL 2

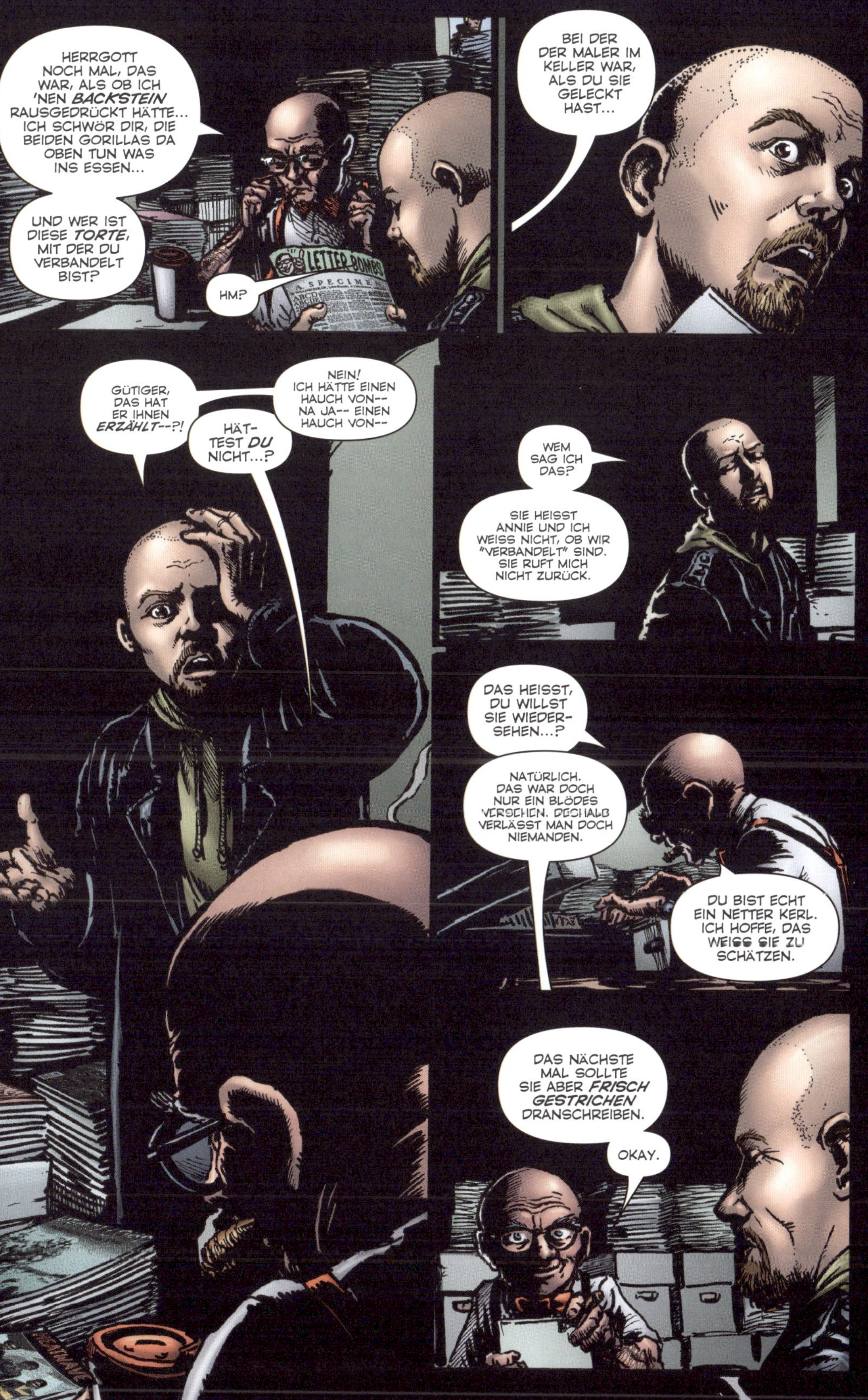
HERRGOTT NOCH MAL, DAS WAR, ALS OB ICH 'NEN BACKSTEIN RAUSGEDRÜCKT HÄTTE... ICH SCHWÖR DIR, DIE BEIDEN GORILLAS DA OBEN TUN WAS INS ESSEN...
UND WER IST DIESE TORTE, MIT DER DU VERBANDELT BIST?
HM?
LETTER BOMBS
BEI DER DER MALER IM KELLER WAR, ALS DU SIE GELECKT HAST...
GÜTIGER, DAS HAT ER IHNEN ERZÄHLT--?!
NEIN! ICH HÄTTE EINEN HAUCH VON-- NA JA-- EINEN HAUCH VON--
HÄT-TEST DU NICHT...?
WEM SAG ICH DAS?
SIE HEISST ANNIE UND ICH WEISS NICHT, OB WIR "VERBANDELT" SIND. SIE RUFT MICH NICHT ZURÜCK.
DAS HEISST, DU WILLST SIE WIEDER-SEHEN...?
NATÜRLICH. DAS WAR DOCH NUR EIN BLÖDES VERSEHEN. DESHALB VERLÄSST MAN DOCH NIEMANDEN.
DU BIST ECHT EIN NETTER KERL. ICH HOFFE, DAS WEISS SIE ZU SCHÄTZEN.
DAS NÄCHSTE MAL SOLLTE SIE ABER FRISCH GESTRICHEN DRANSCHREIBEN.
OKAY.

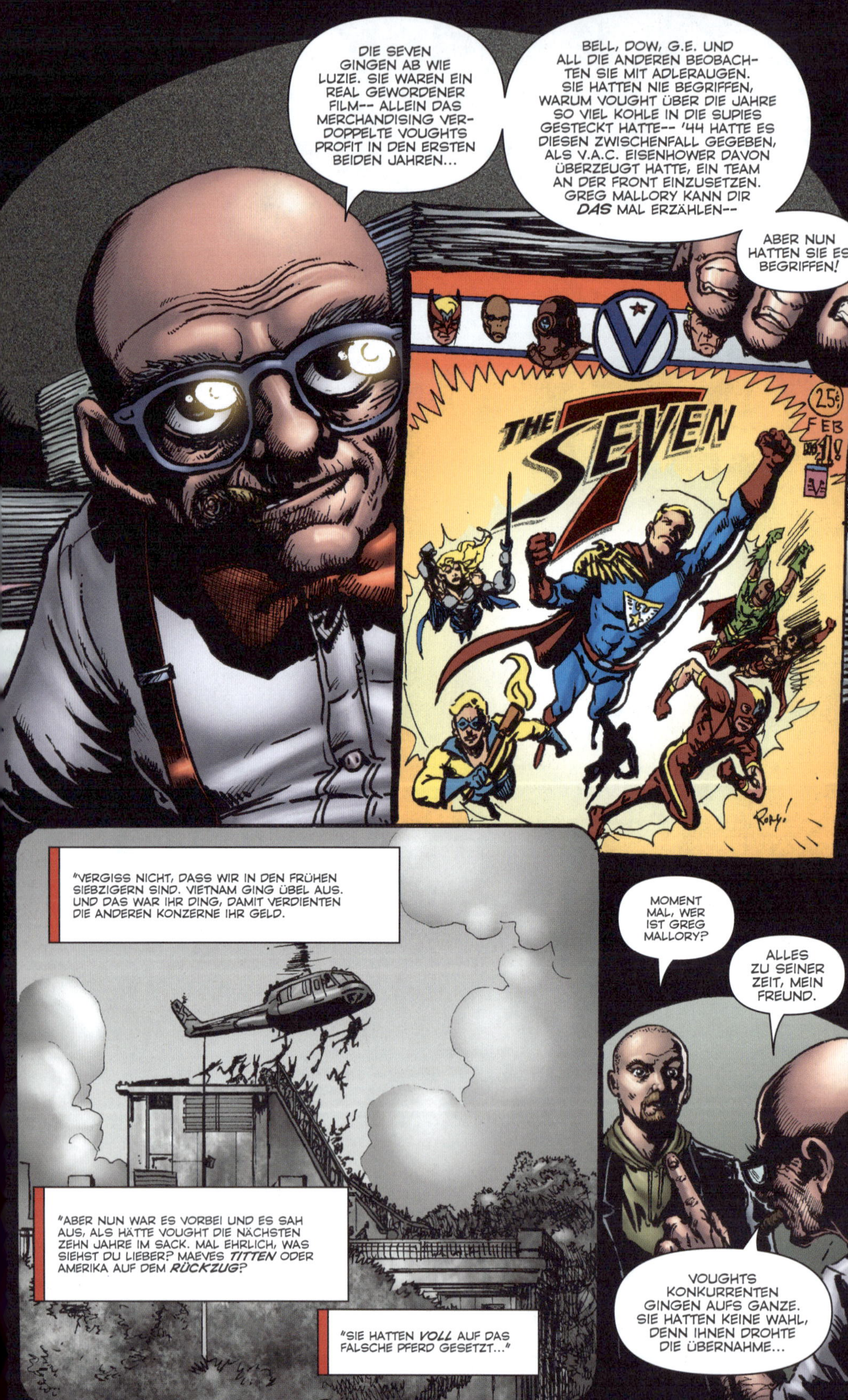
DIE SEVEN GINGEN AB WIE LUZIE. SIE WAREN EIN REAL GEWORDENER FILM-- ALLEIN DAS MERCHANDISING VERDOPPELTE VOUGHTS PROFIT IN DEN ERSTEN BEIDEN JAHREN...
BELL, DOW, G.E. UND ALL DIE ANDEREN BEOBACHTEN SIE MIT ADLERAUGEN. SIE HATTEN NIE BEGRIFFEN, WARUM VOUGHT ÜBER DIE JAHRE SO VIEL KOHLE IN DIE SUPIES GESTECKT HATTE-- '44 HATTE ES DIESEN ZWISCHENFALL GEGEBEN, ALS V.A.C. EISENHOWER DAVON ÜBERZEUGT HATTE, EIN TEAM AN DER FRONT EINZUSETZEN. GREG MALLORY KANN DIR *DAS* MAL ERZÄHLEN--
ABER NUN HATTEN SIE ES BEGRIFFEN!
THE SEVEN
25¢
FEB
"VERGISS NICHT, DASS WIR IN DEN FRÜHEN SIEBZIGERN SIND. VIETNAM GING ÜBEL AUS. UND DAS WAR IHR DING, DAMIT VERDIENTEN DIE ANDEREN KONZERNE IHR GELD.
MOMENT MAL, WER IST GREG MALLORY?
ALLES ZU SEINER ZEIT, MEIN FREUND.
"ABER NUN WAR ES VORBEI UND ES SAH AUS, ALS HÄTTE VOUGHT DIE NÄCHSTEN ZEHN JAHRE IM SACK. MAL EHRLICH, WAS SIEHST DU LIEBER? MAEVES *TITTEN* ODER AMERIKA AUF DEM *RÜCKZUG*?
"SIE HATTEN *VOLL* AUF DAS FALSCHE PFERD GESETZT..."
VOUGHTS KONKURRENTEN GINGEN AUFS GANZE. SIE HATTEN KEINE WAHL, DENN IHNEN DROHTE DIE ÜBERNAHME...

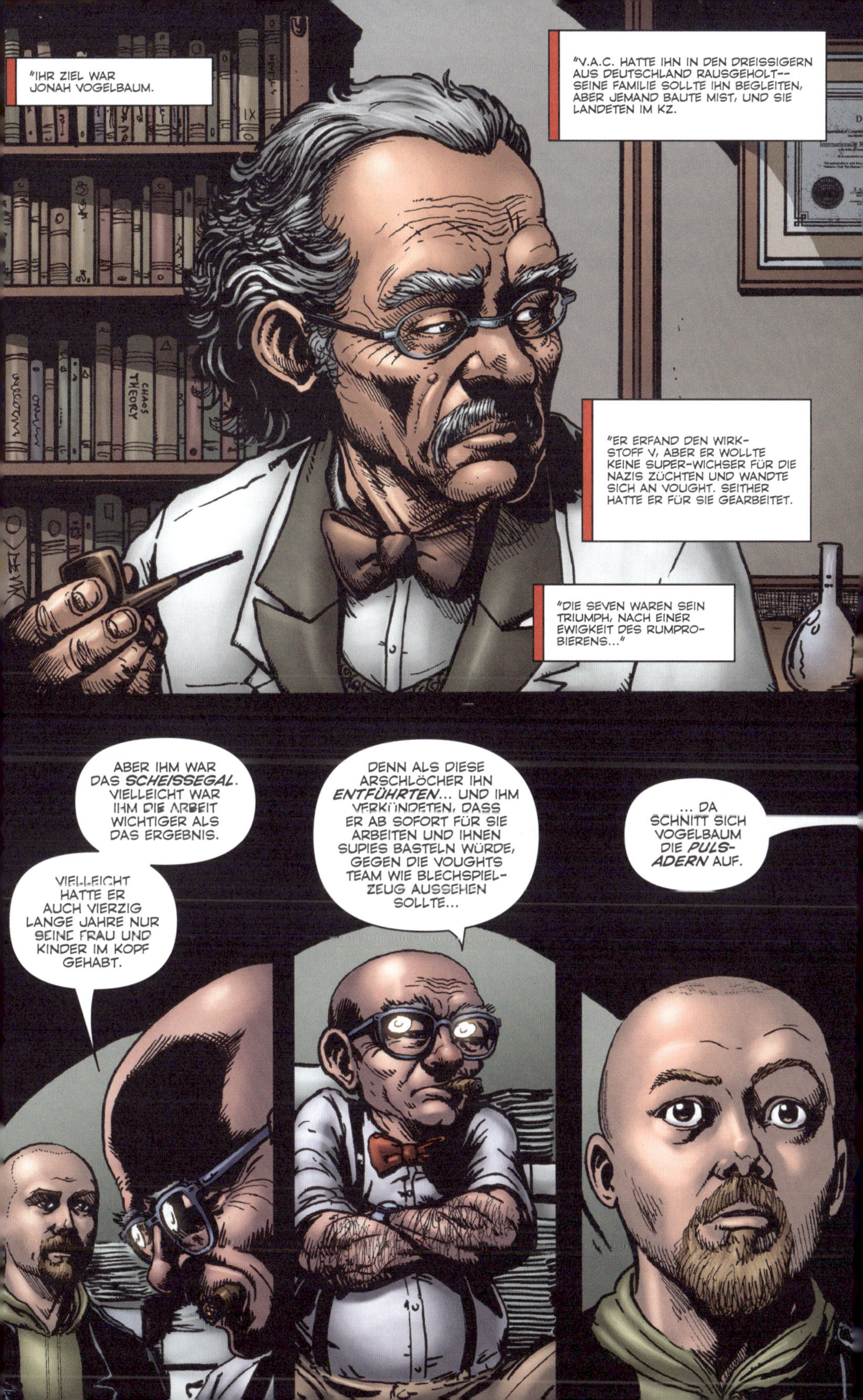
"IHR ZIEL WAR JONAH VOGELBAUM.
"V.A.C. HATTE IHN IN DEN DREISSIGERN AUS DEUTSCHLAND RAUSGEHOLT-- SEINE FAMILIE SOLLTE IHN BEGLEITEN, ABER JEMAND BAUTE MIST, UND SIE LANDETEN IM KZ.
"ER ERFAND DEN WIRK-STOFF V, ABER ER WOLLTE KEINE SUPER-WICHSER FÜR DIE NAZIS ZÜCHTEN UND WANDTE SICH AN VOUGHT. SEITHER HATTE ER FÜR SIE GEARBEITET.
"DIE SEVEN WAREN SEIN TRIUMPH, NACH EINER EWIGKEIT DES RUMPRO-BIERENS..."
CHAOS THEORY
ABER IHM WAR DAS ***SCHEISSEGAL***. VIELLEICHT WAR IHM DIE ARBEIT WICHTIGER ALS DAS ERGEBNIS.
VIELLEICHT HATTE ER AUCH VIERZIG LANGE JAHRE NUR SEINE FRAU UND KINDER IM KOPF GEHABT.
DENN ALS DIESE ARSCHLÖCHER IHN ***ENTFÜHRTEN***... UND IHM VERKÜNDETEN, DASS ER AB SOFORT FÜR SIE ARBEITEN UND IHNEN SUPIES BASTELN WÜRDE, GEGEN DIE VOUGHTS TEAM WIE BLECHSPIEL-ZEUG AUSSEHEN SOLLTE...
... DA SCHNITT SICH VOGELBAUM DIE ***PULS-ADERN*** AUF.

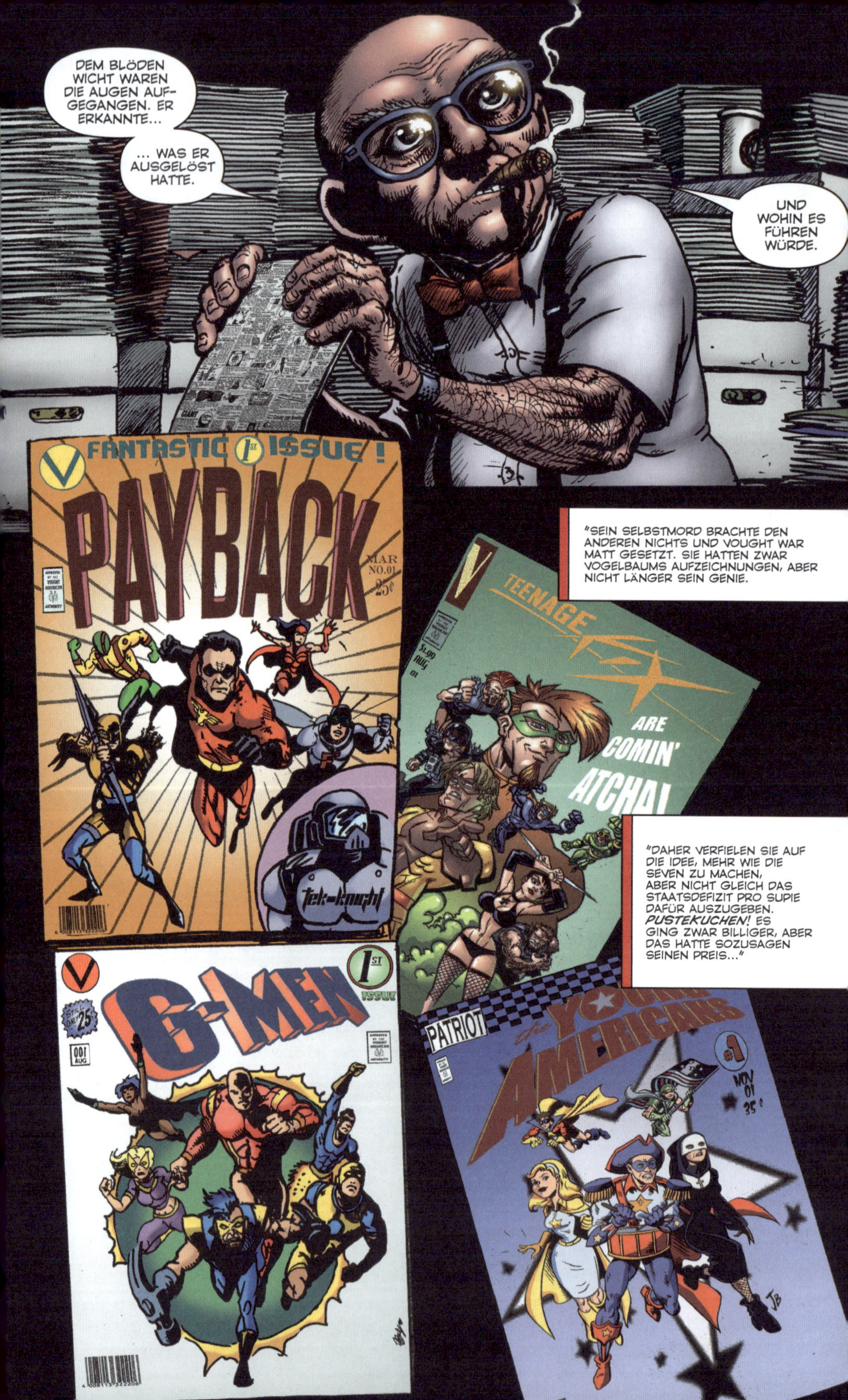
DEM BLÖDEN WICHT WAREN DIE AUGEN AUFGEGANGEN. ER ERKANNTE…
… WAS ER AUSGELÖST HATTE.
UND WOHIN ES FÜHREN WÜRDE.
FANTASTIC 1ST ISSUE!
PAYBACK
MAR NO.01 25¢
TEK-KNIGHT
"SEIN SELBSTMORD BRACHTE DEN ANDEREN NICHTS UND VOUGHT WAR MATT GESETZT. SIE HATTEN ZWAR VOGELBAUMS AUFZEICHNUNGEN, ABER NICHT LÄNGER SEIN GENIE.
TEENAGE
ARE COMIN' ATCHA!
"DAHER VERFIELEN SIE AUF DIE IDEE, MEHR WIE DIE SEVEN ZU MACHEN, ABER NICHT GLEICH DAS STAATSDEFIZIT PRO SUPIE DAFÜR AUSZUGEBEN. *PUSTEKUCHEN!* ES GING ZWAR BILLIGER, ABER DAS HATTE SOZUSAGEN SEINEN PREIS…"
G-MEN
1ST ISSUE
001 AUG
PATRIOT
THE YOUNG AMERICANS
#1
NOV 01 35¢

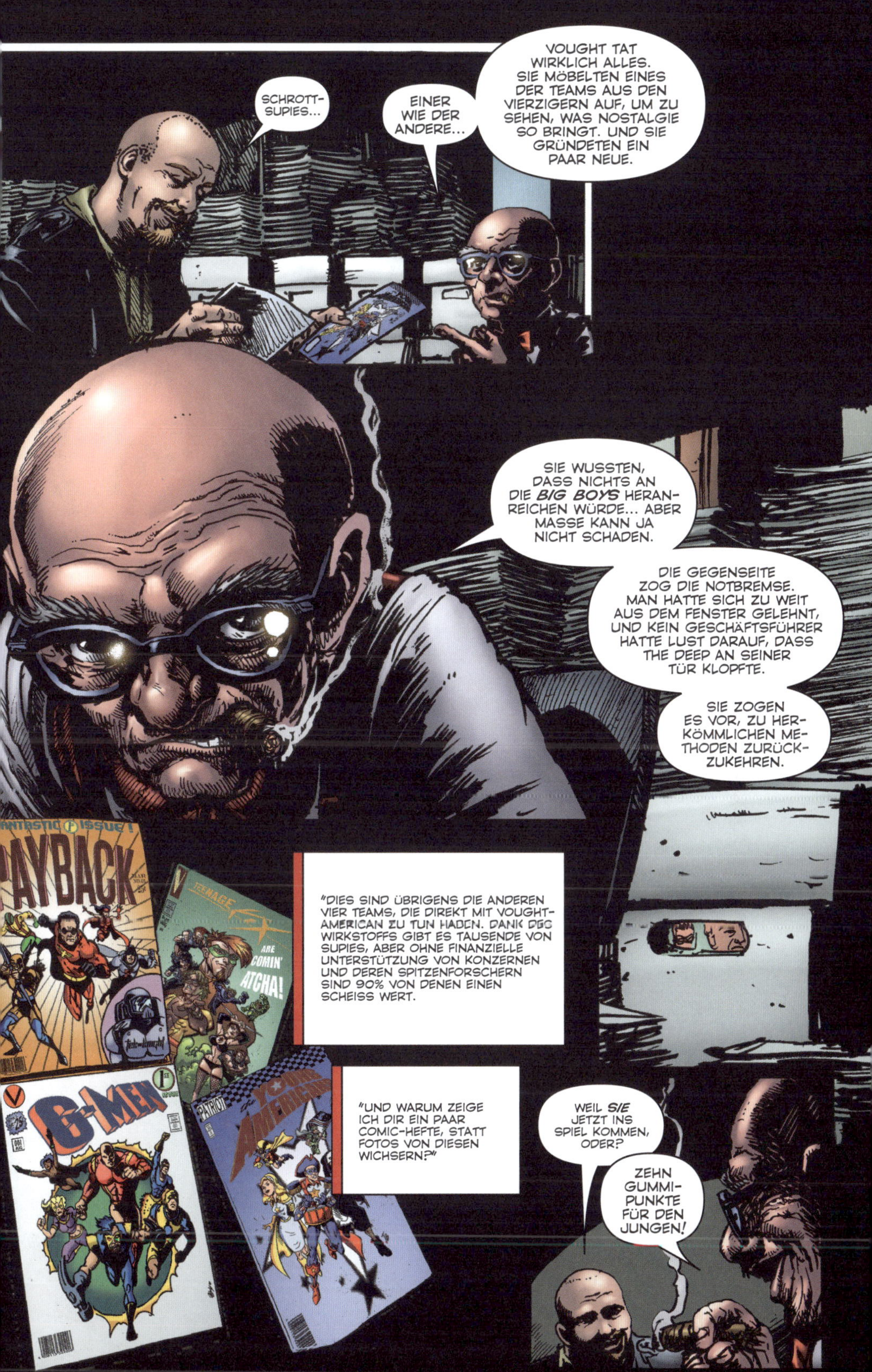
SCHROTT-SUPIES…
EINER WIE DER ANDERE…
VOUGHT TAT WIRKLICH ALLES. SIE MÖBELTEN EINES DER TEAMS AUS DEN VIERZIGERN AUF, UM ZU SEHEN, WAS NOSTALGIE SO BRINGT. UND SIE GRÜNDETEN EIN PAAR NEUE.
SIE WUSSTEN, DASS NICHTS AN DIE BIG BOYS HERAN-REICHEN WÜRDE… ABER MASSE KANN JA NICHT SCHADEN.
DIE GEGENSEITE ZOG DIE NOTBREMSE. MAN HATTE SICH ZU WEIT AUS DEM FENSTER GELEHNT, UND KEIN GESCHÄFTSFÜHRER HATTE LUST DARAUF, DASS THE DEEP AN SEINER TÜR KLOPFTE.
SIE ZOGEN ES VOR, ZU HER-KÖMMLICHEN ME-THODEN ZURÜCK-ZUKEHREN.
"DIES SIND ÜBRIGENS DIE ANDEREN VIER TEAMS, DIE DIREKT MIT VOUGHT-AMERICAN ZU TUN HABEN. DANK DES WIRKSTOFFS GIBT ES TAUSENDE VON SUPIES, ABER OHNE FINANZIELLE UNTERSTÜTZUNG VON KONZERNEN UND DEREN SPITZENFORSCHERN SIND 90% VON DENEN EINEN SCHEISS WERT.
"UND WARUM ZEIGE ICH DIR EIN PAAR COMIC-HEFTE, STATT FOTOS VON DIESEN WICHSERN?"
WEIL SIE JETZT INS SPIEL KOMMEN, ODER?
ZEHN GUMMI-PUNKTE FÜR DEN JUNGEN!
PAYBACK
G-MEN
YOUNG AMERICANS

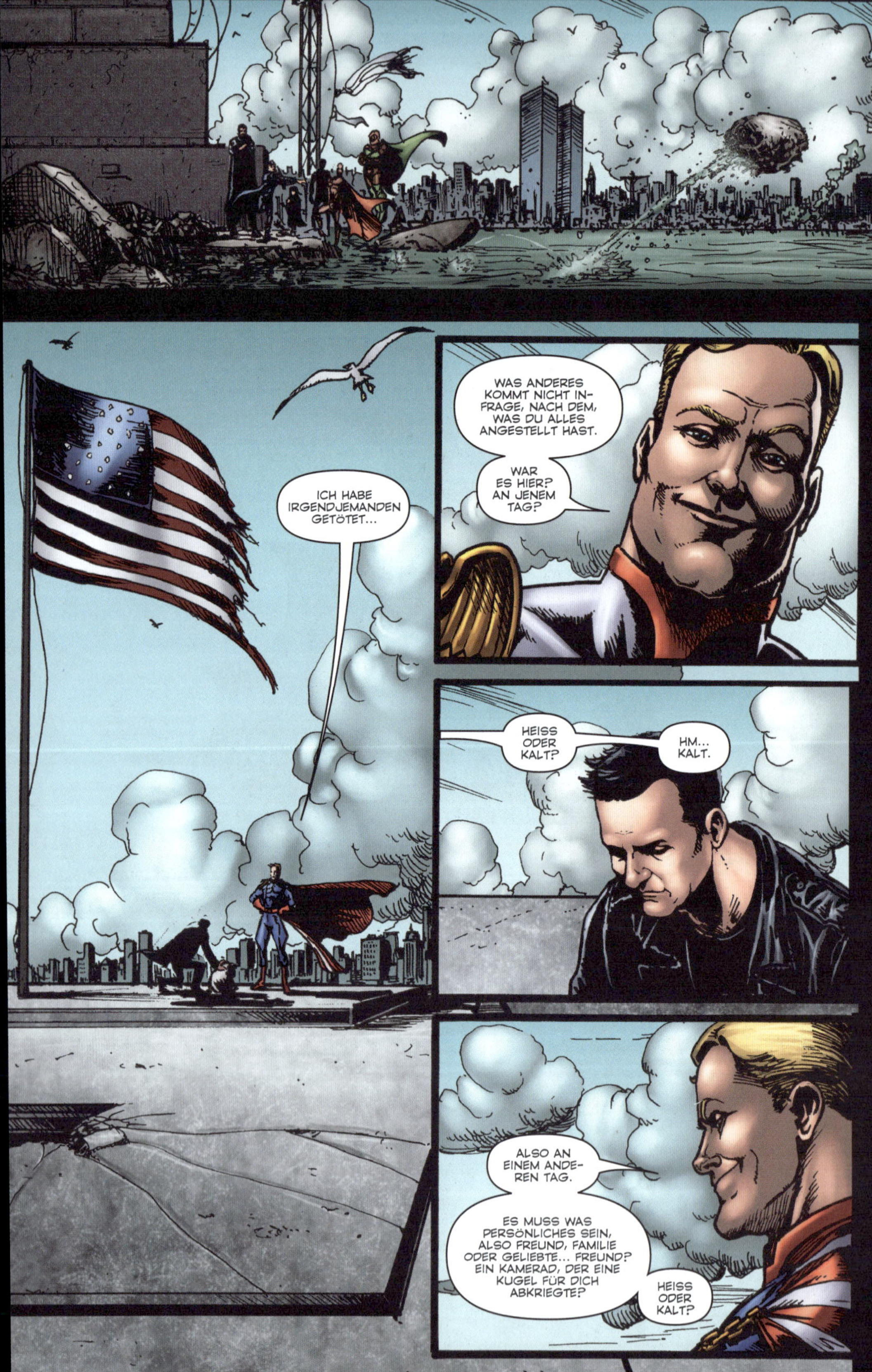
ICH HABE IRGENDJEMANDEN GETÖTET...
WAS ANDERES KOMMT NICHT INFRAGE, NACH DEM, WAS DU ALLES ANGESTELLT HAST.
WAR ES HIER? AN JENEM TAG?
HEISS ODER KALT?
HM... KALT.
ALSO AN EINEM ANDEREN TAG.
ES MUSS WAS PERSÖNLICHES SEIN, ALSO FREUND, FAMILIE ODER GELIEBTE... FREUND? EIN KAMERAD, DER EINE KUGEL FÜR DICH ABKRIEGTE?
HEISS ODER KALT?

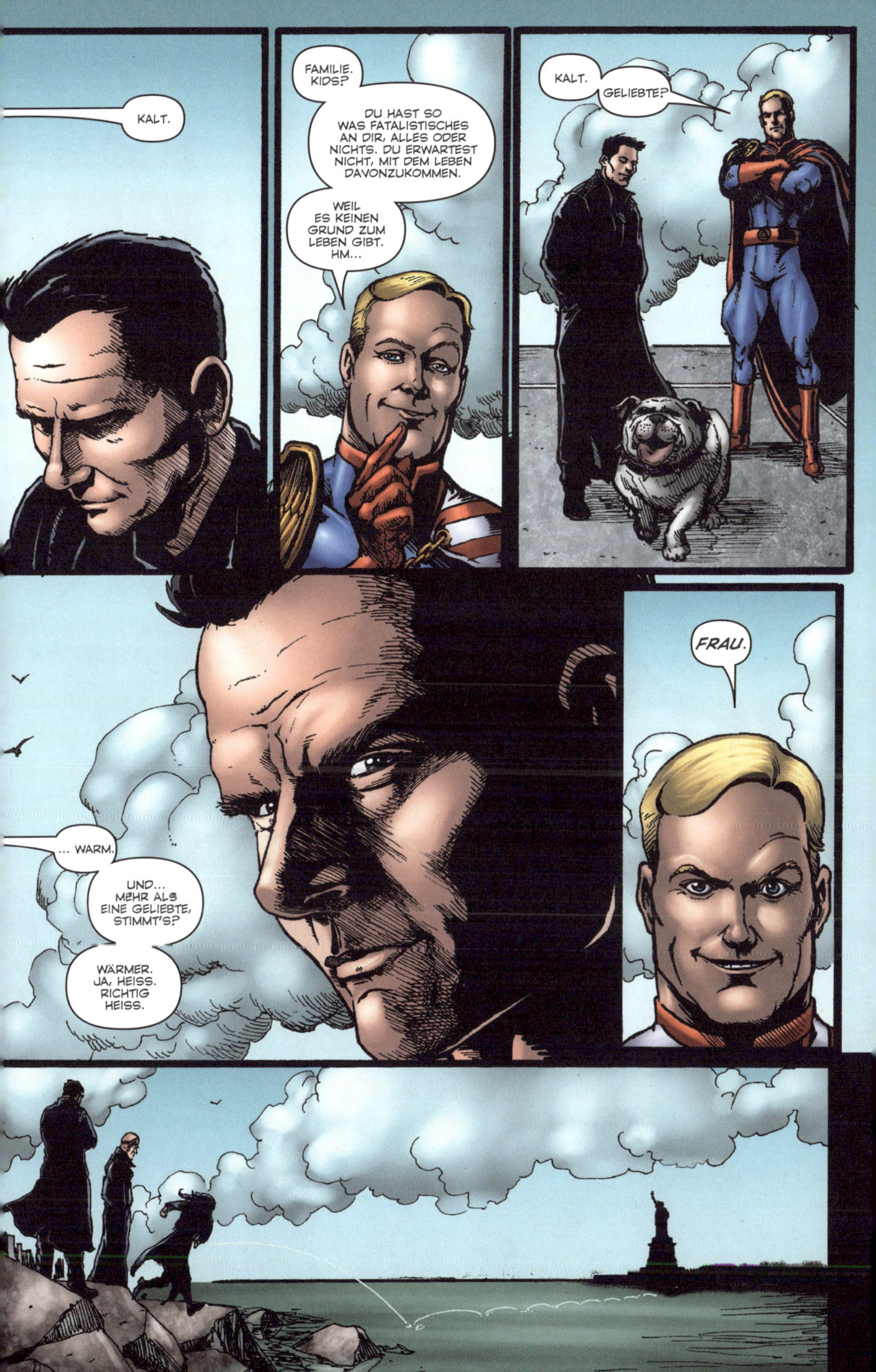
KALT.
FAMILIE. KIDS?
DU HAST SO WAS FATALISTISCHES AN DIR, ALLES ODER NICHTS. DU ERWARTEST NICHT, MIT DEM LEBEN DAVONZUKOMMEN.
WEIL ES KEINEN GRUND ZUM LEBEN GIBT. HM...
KALT.
GELIEBTE?
... WARM.
UND... MEHR ALS EINE GELIEBTE, STIMMT'S?
WÄRMER. JA, HEISS. RICHTIG HEISS.
FRAU.

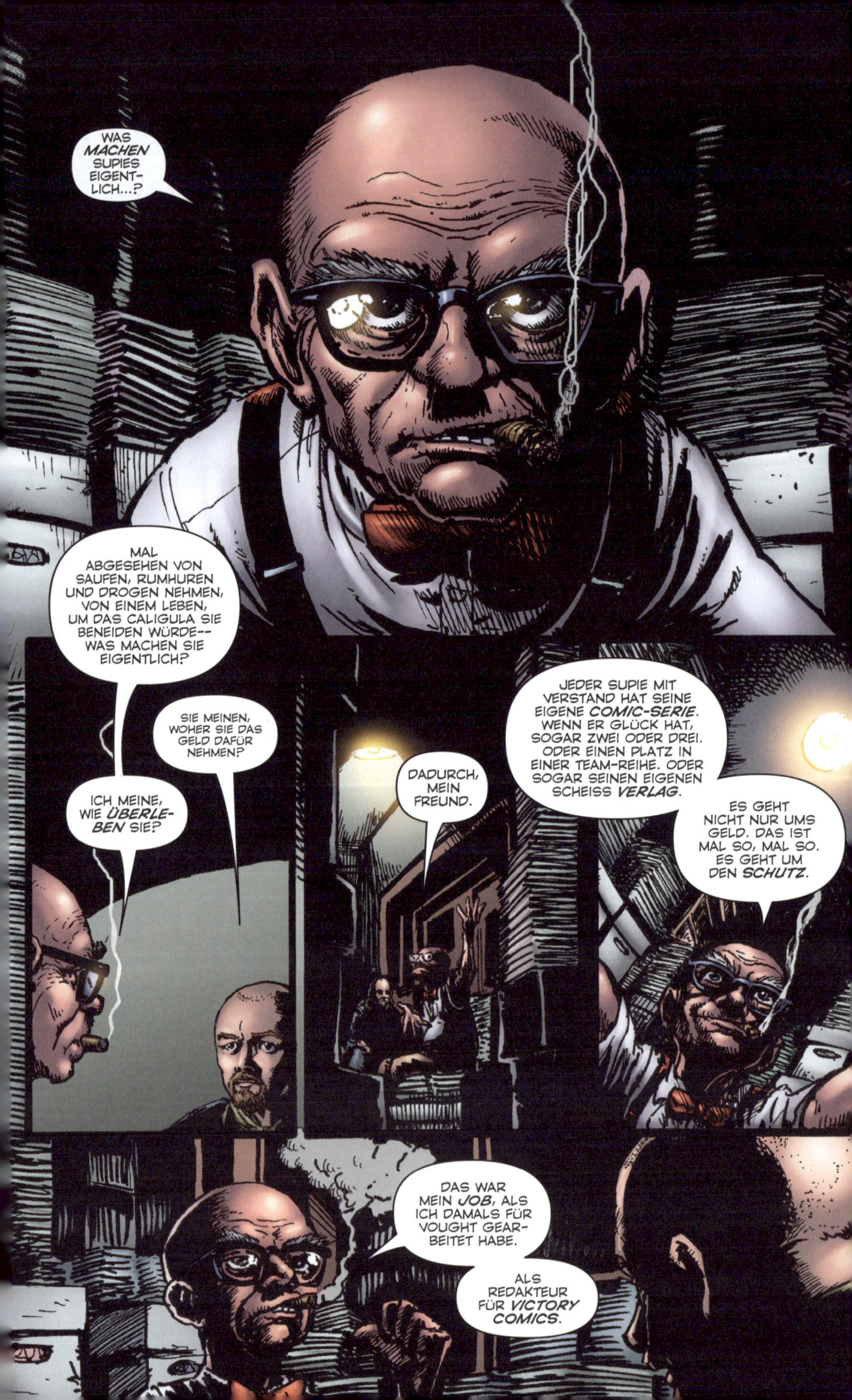
WAS *MACHEN* SUPIES EIGENTLICH...?
MAL ABGESEHEN VON SAUFEN, RUMHUREN UND DROGEN NEHMEN, VON EINEM LEBEN, UM DAS CALIGULA SIE BENEIDEN WÜRDE-- WAS MACHEN SIE EIGENTLICH?
SIE MEINEN, WOHER SIE DAS GELD DAFÜR NEHMEN?
ICH MEINE, WIE *ÜBERLEBEN* SIE?
DADURCH, MEIN FREUND.
JEDER SUPIE MIT VERSTAND HAT SEINE EIGENE *COMIC-SERIE*. WENN ER GLÜCK HAT, SOGAR ZWEI ODER DREI. ODER EINEN PLATZ IN EINER TEAM-REIHE. ODER SOGAR SEINEN EIGENEN SCHEISS *VERLAG*.
ES GEHT NICHT NUR UMS GELD. DAS IST MAL SO, MAL SO. ES GEHT UM DEN *SCHUTZ*.
DAS WAR MEIN *JOB*, ALS ICH DAMALS FÜR VOUGHT GEARBEITET HABE.
ALS REDAKTEUR FÜR *VICTORY COMICS*.

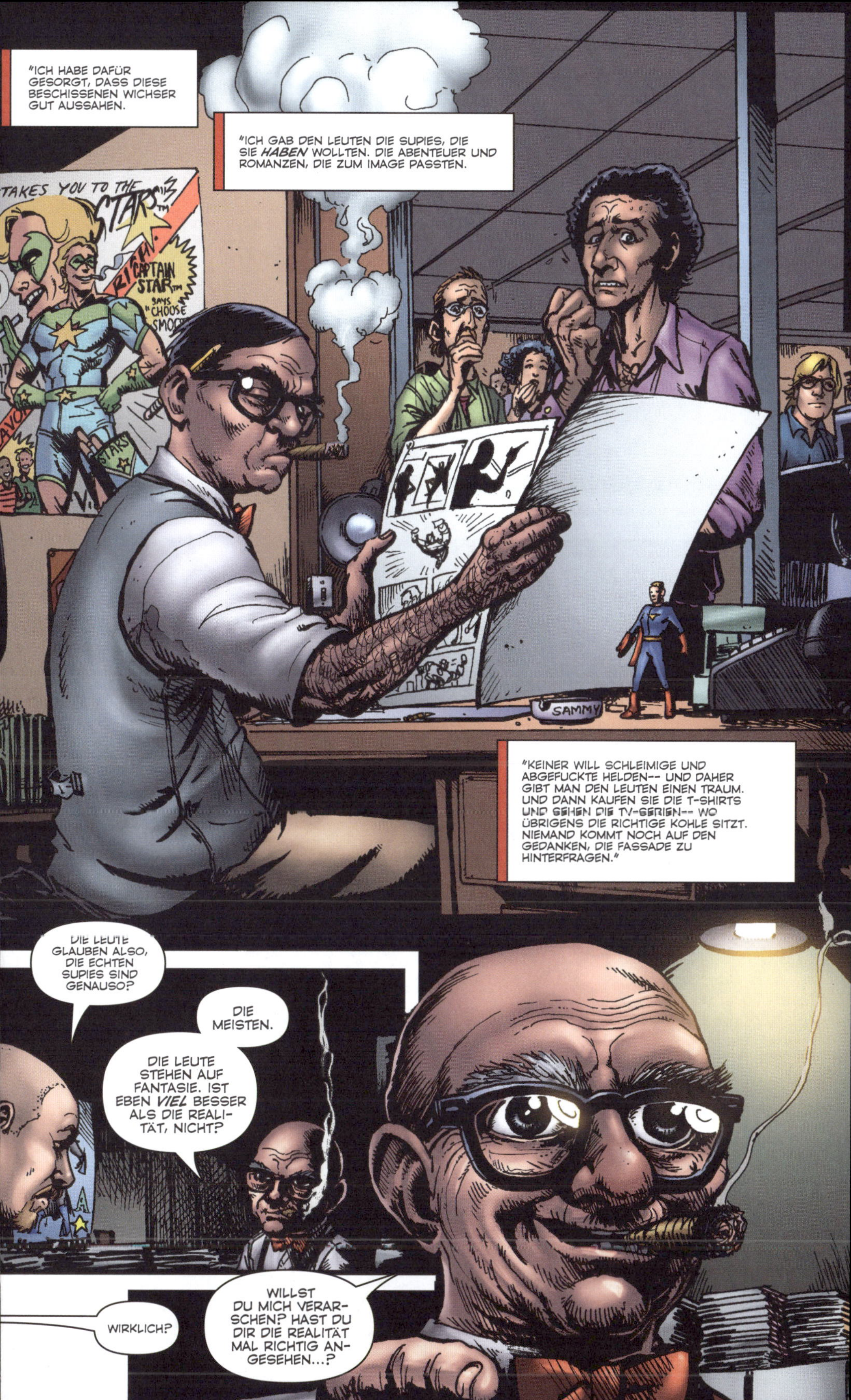
"ICH HABE DAFÜR GESORGT, DASS DIESE BESCHISSENEN WICHSER GUT AUSSAHEN.
"ICH GAB DEN LEUTEN DIE SUPIES, DIE SIE HABEN WOLLTEN. DIE ABENTEUER UND ROMANZEN, DIE ZUM IMAGE PASSTEN.
TAKES YOU TO THE STARS
CAPTAIN STAR
SAMMY
"KEINER WILL SCHLEIMIGE UND ABGEFUCKTE HELDEN-- UND DAHER GIBT MAN DEN LEUTEN EINEN TRAUM. UND DANN KAUFEN SIE DIE T-SHIRTS UND SEHEN DIE TV-SERIEN-- WO ÜBRIGENS DIE RICHTIGE KOHLE SITZT. NIEMAND KOMMT NOCH AUF DEN GEDANKEN, DIE FASSADE ZU HINTERFRAGEN."
DIE LEUTE GLAUBEN ALSO, DIE ECHTEN SUPIES SIND GENAUSO?
DIE MEISTEN.
DIE LEUTE STEHEN AUF FANTASIE. IST EBEN VIEL BESSER ALS DIE REALITÄT, NICHT?
WIRKLICH?
WILLST DU MICH VERARSCHEN? HAST DU DIR DIE REALITÄT MAL RICHTIG ANGESEHEN...?

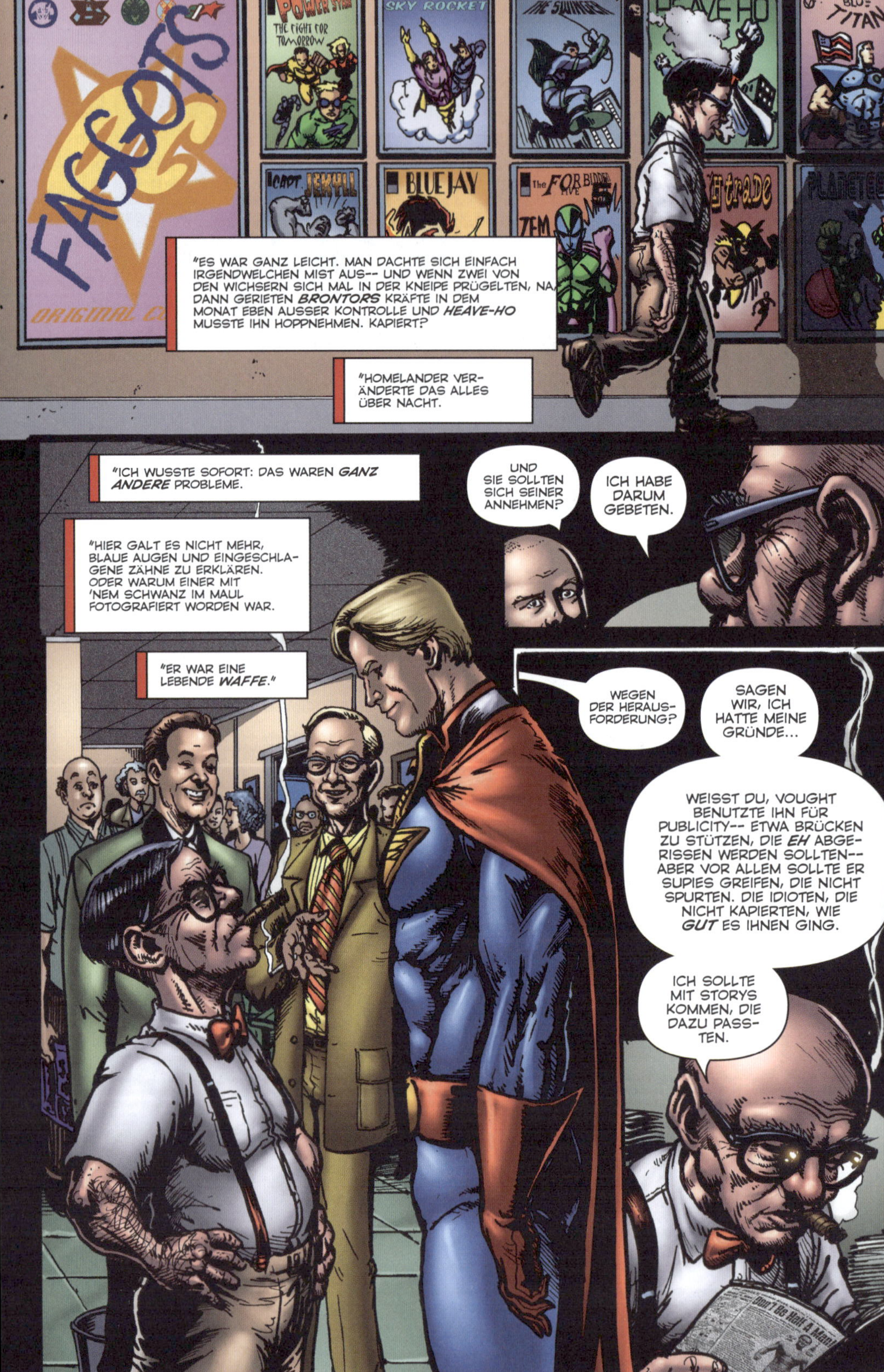

FAGGOTS
ORIGINAL CO
POWER STARS
THE FIGHT FOR TOMORROW
SKY ROCKET
THE SWINGER
HEAVE HO
BLUE TITAN
CAPT. JEKYLL
BLUEJAY
The FORBIDDEN FIVE
ZEM
"ES WAR GANZ LEICHT. MAN DACHTE SICH EINFACH IRGENDWELCHEN MIST AUS-- UND WENN ZWEI VON DEN WICHSERN SICH MAL IN DER KNEIPE PRÜGELTEN, NA, DANN GERIETEN BRONTORS KRÄFTE IN DEM MONAT EBEN AUSSER KONTROLLE UND HEAVE-HO MUSSTE IHN HOPPNEHMEN. KAPIERT?
"HOMELANDER VERÄNDERTE DAS ALLES ÜBER NACHT.
"ICH WUSSTE SOFORT: DAS WAREN GANZ ANDERE PROBLEME.
"HIER GALT ES NICHT MEHR, BLAUE AUGEN UND EINGESCHLAGENE ZÄHNE ZU ERKLÄREN. ODER WARUM EINER MIT 'NEM SCHWANZ IM MAUL FOTOGRAFIERT WORDEN WAR.
"ER WAR EINE LEBENDE WAFFE."
UND SIE SOLLTEN SICH SEINER ANNEHMEN?
ICH HABE DARUM GEBETEN.
WEGEN DER HERAUSFORDERUNG?
SAGEN WIR, ICH HATTE MEINE GRÜNDE...
WEISST DU, VOUGHT BENUTZTE IHN FÜR PUBLICITY-- ETWA BRÜCKEN ZU STÜTZEN, DIE EH ABGERISSEN WERDEN SOLLTEN-- ABER VOR ALLEM SOLLTE ER SUPIES GREIFEN, DIE NICHT SPURTEN. DIE IDIOTEN, DIE NICHT KAPIERTEN, WIE GUT ES IHNEN GING.
ICH SOLLTE MIT STORYS KOMMEN, DIE DAZU PASSTEN.

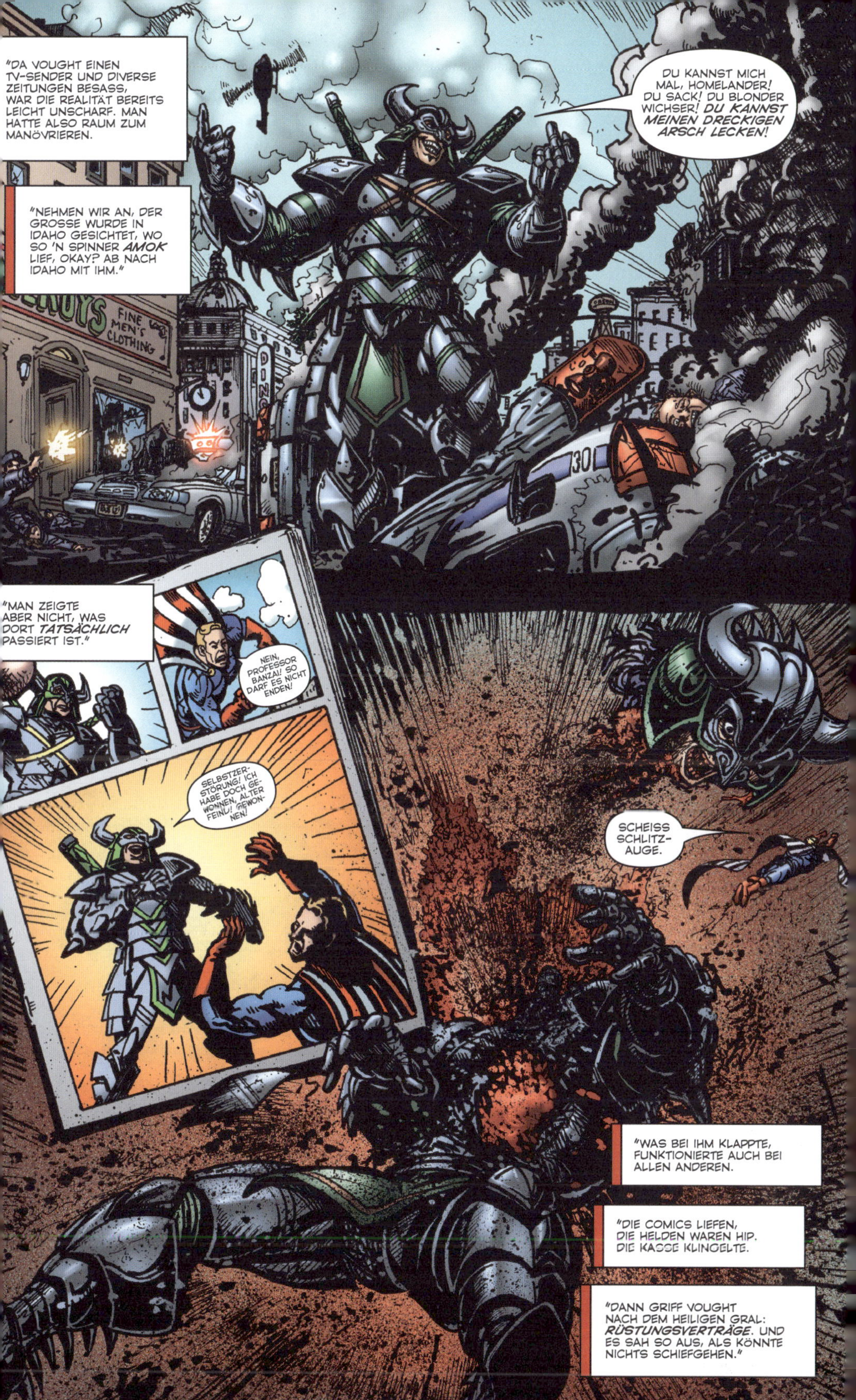
"DA VOUGHT EINEN TV-SENDER UND DIVERSE ZEITUNGEN BESASS, WAR DIE REALITÄT BEREITS LEICHT UNSCHARF. MAN HATTE ALSO RAUM ZUM MANÖVRIEREN.
DU KANNST MICH MAL, HOMELANDER! DU SACK! DU BLONDER WICHSER! DU KANNST MEINEN DRECKIGEN ARSCH LECKEN!
"NEHMEN WIR AN, DER GROSSE WURDE IN IDAHO GESICHTET, WO SO 'N SPINNER AMOK LIEF, OKAY? AB NACH IDAHO MIT IHM."
FINE MEN'S CLOTHING
"MAN ZEIGTE ABER NICHT, WAS DORT TATSÄCHLICH PASSIERT IST."
NEIN, PROFESSOR BANZAI! SO DARF ES NICHT ENDEN!
SELBSTZERSTÖRUNG! ICH HABE DOCH GEWONNEN, ALTER FEIND! GEWONNEN!
SCHEISS SCHLITZAUGE.
"WAS BEI IHM KLAPPTE, FUNKTIONIERTE AUCH BEI ALLEN ANDEREN.
"DIE COMICS LIEFEN, DIE HELDEN WAREN HIP. DIE KASSE KLINGELTE.
"DANN GRIFF VOUGHT NACH DEM HEILIGEN GRAL: RÜSTUNGSVERTRÄGE. UND ES SAH SO AUS, ALS KÖNNTE NICHTS SCHIEFGEHEN."

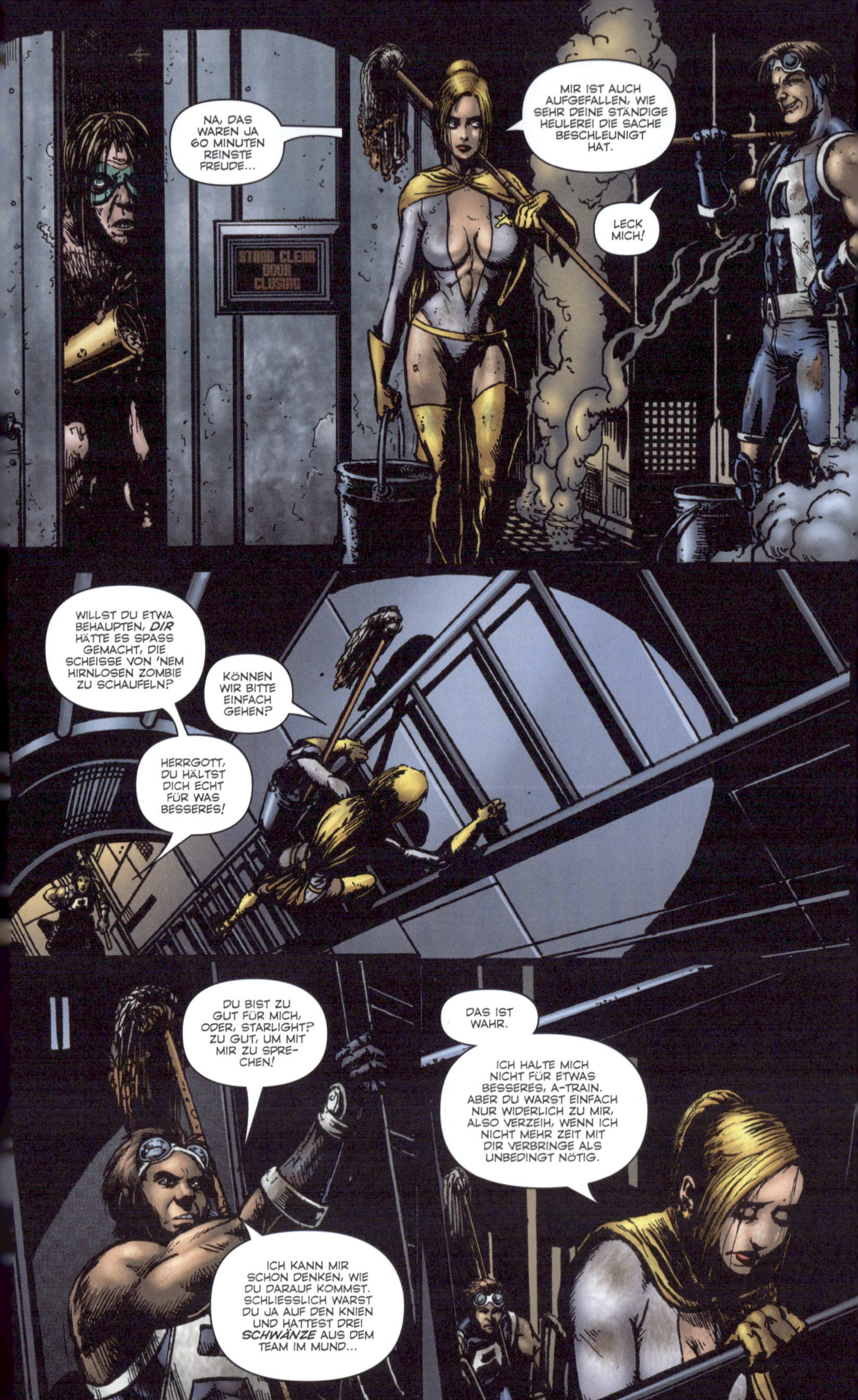

NA, DAS WAREN JA 60 MINUTEN REINSTE FREUDE...
MIR IST AUCH AUFGEFALLEN, WIE SEHR DEINE STÄNDIGE HEULEREI DIE SACHE BESCHLEUNIGT HAT.
LECK MICH!
STAND CLEAR DOOR CLOSING
WILLST DU ETWA BEHAUPTEN, DIR HÄTTE ES SPASS GEMACHT, DIE SCHEISSE VON 'NEM HIRNLOSEN ZOMBIE ZU SCHAUFELN?
KÖNNEN WIR BITTE EINFACH GEHEN?
HERRGOTT, DU HÄLTST DICH ECHT FÜR WAS BESSERES!
DU BIST ZU GUT FÜR MICH, ODER, STARLIGHT? ZU GUT, UM MIT MIR ZU SPRE-CHEN!
DAS IST WAHR.
ICH HALTE MICH NICHT FÜR ETWAS BESSERES, A-TRAIN. ABER DU WARST EINFACH NUR WIDERLICH ZU MIR, ALSO VERZEIH, WENN ICH NICHT MEHR ZEIT MIT DIR VERBRINGE ALS UNBEDINGT NÖTIG.
ICH KANN MIR SCHON DENKEN, WIE DU DARAUF KOMMST. SCHLIESSLICH WARST DU JA AUF DEN KNIEN UND HATTEST DREI SCHWÄNZE AUS DEM TEAM IM MUND...

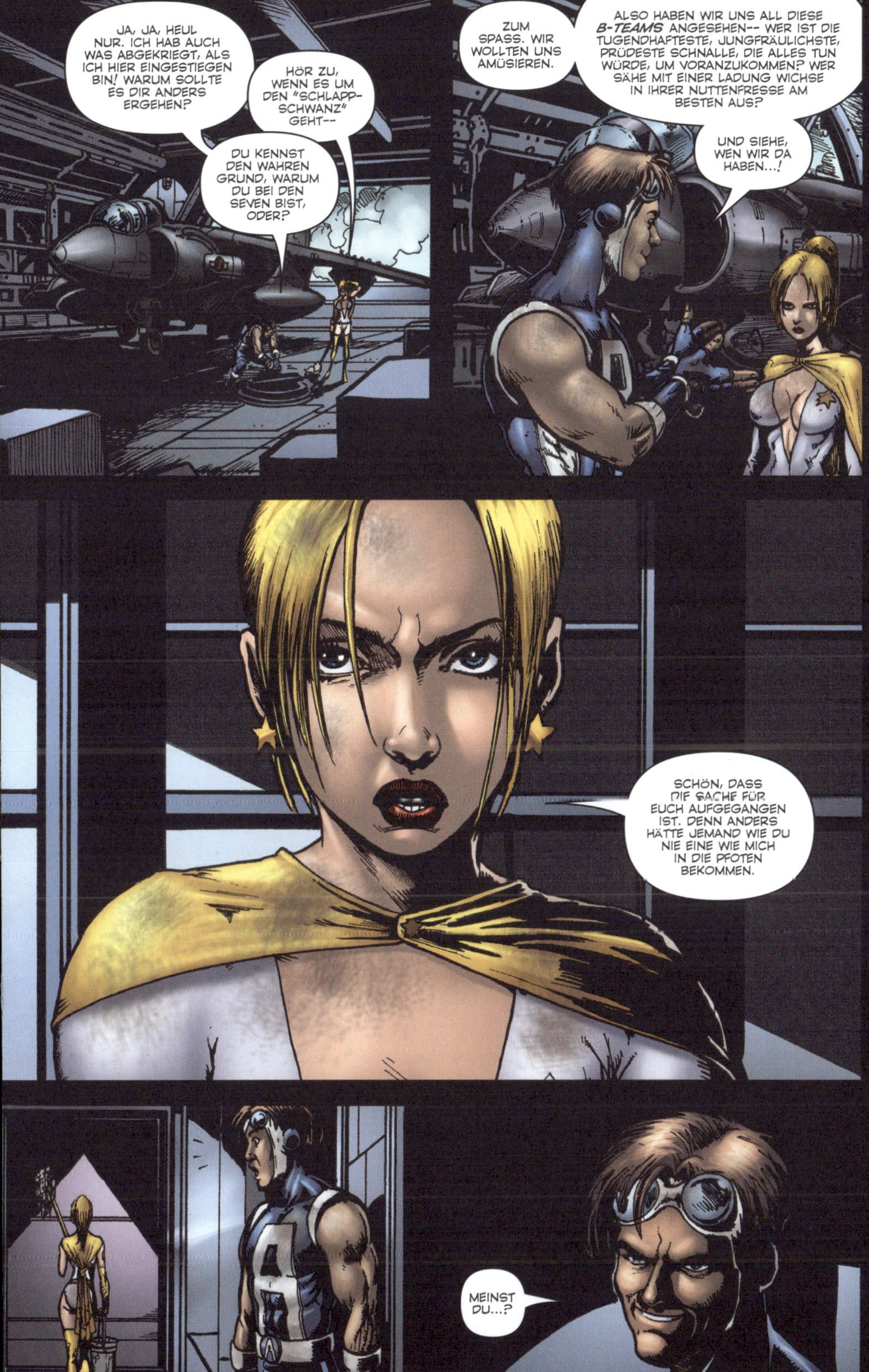
JA, JA, HEUL NUR. ICH HAB AUCH WAS ABGEKRIEGT, ALS ICH HIER EINGESTIEGEN BIN! WARUM SOLLTE ES DIR ANDERS ERGEHEN?
HÖR ZU, WENN ES UM DEN "SCHLAPP-SCHWANZ" GEHT--
DU KENNST DEN WAHREN GRUND, WARUM DU BEI DEN SEVEN BIST, ODER?
ZUM SPASS. WIR WOLLTEN UNS AMÜSIEREN.
ALSO HABEN WIR UNS ALL DIESE B-TEAMS ANGESEHEN-- WER IST DIE TUGENDHAFTESTE, JUNGFRÄULICHSTE, PRÜDESTE SCHNALLE, DIE ALLES TUN WÜRDE, UM VORANZUKOMMEN? WER SÄHE MIT EINER LADUNG WICHSE IN IHRER NUTTENFRESSE AM BESTEN AUS?
UND SIEHE, WEN WIR DA HABEN...!
SCHÖN, DASS DIE SACHE FÜR EUCH AUFGEGANGEN IST. DENN ANDERS HÄTTE JEMAND WIE DU NIE EINE WIE MICH IN DIE PFOTEN BEKOMMEN.
MEINST DU...?

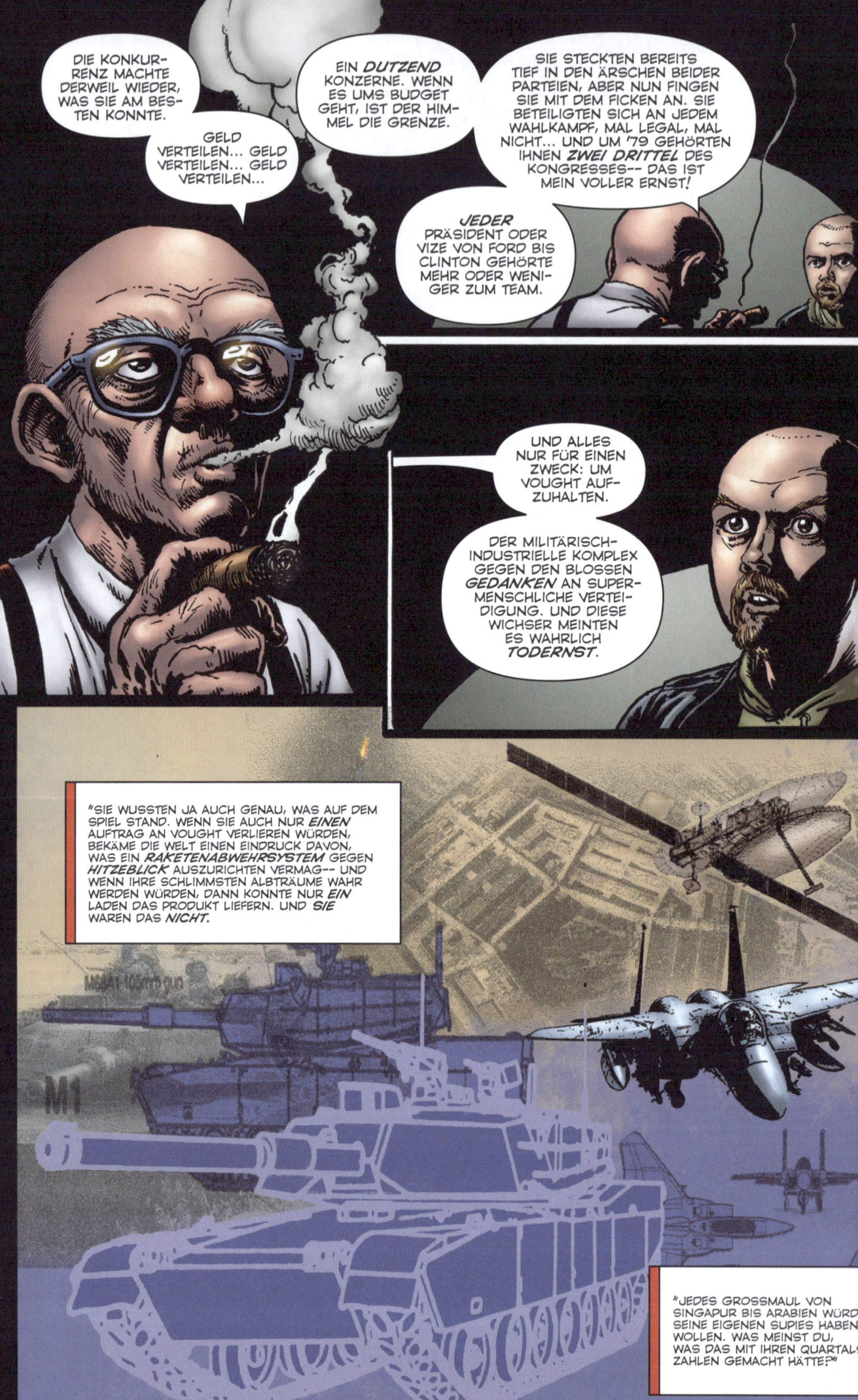
DIE KONKURRENZ MACHTE DERWEIL WIEDER, WAS SIE AM BESTEN KONNTE.
GELD VERTEILEN... GELD VERTEILEN... GELD VERTEILEN...
EIN *DUTZEND* KONZERNE. WENN ES UMS BUDGET GEHT, IST DER HIMMEL DIE GRENZE.
SIE STECKTEN BEREITS TIEF IN DEN ÄRSCHEN BEIDER PARTEIEN, ABER NUN FINGEN SIE MIT DEM FICKEN AN. SIE BETEILIGTEN SICH AN JEDEM WAHLKAMPF, MAL LEGAL, MAL NICHT... UND UM '79 GEHÖRTEN IHNEN *ZWEI DRITTEL* DES KONGRESSES-- DAS IST MEIN VOLLER ERNST!
JEDER PRÄSIDENT ODER VIZE VON FORD BIS CLINTON GEHÖRTE MEHR ODER WENIGER ZUM TEAM.
UND ALLES NUR FÜR EINEN ZWECK: UM VOUGHT AUFZUHALTEN.
DER MILITÄRISCH-INDUSTRIELLE KOMPLEX GEGEN DEN BLOSSEN *GEDANKEN* AN SUPERMENSCHLICHE VERTEIDIGUNG. UND DIESE WICHSER MEINTEN ES WAHRLICH *TODERNST*.
"SIE WUSSTEN JA AUCH GENAU, WAS AUF DEM SPIEL STAND. WENN SIE AUCH NUR *EINEN* AUFTRAG AN VOUGHT VERLIEREN WÜRDEN, BEKÄME DIE WELT EINEN EINDRUCK DAVON, WAS EIN *RAKETENABWEHRSYSTEM* GEGEN *HITZEBLICK* AUSZURICHTEN VERMAG-- UND WENN IHRE SCHLIMMSTEN ALBTRÄUME WAHR WERDEN WÜRDEN, DANN KONNTE NUR *EIN* LADEN DAS PRODUKT LIEFERN. UND *SIE* WAREN DAS *NICHT*.
M1
"JEDES GROSSMAUL VON SINGAPUR BIS ARABIEN WÜRDE SEINE EIGENEN SUPIES HABEN WOLLEN. WAS MEINST DU, WAS DAS MIT IHREN QUARTALSZAHLEN GEMACHT HÄTTE?"

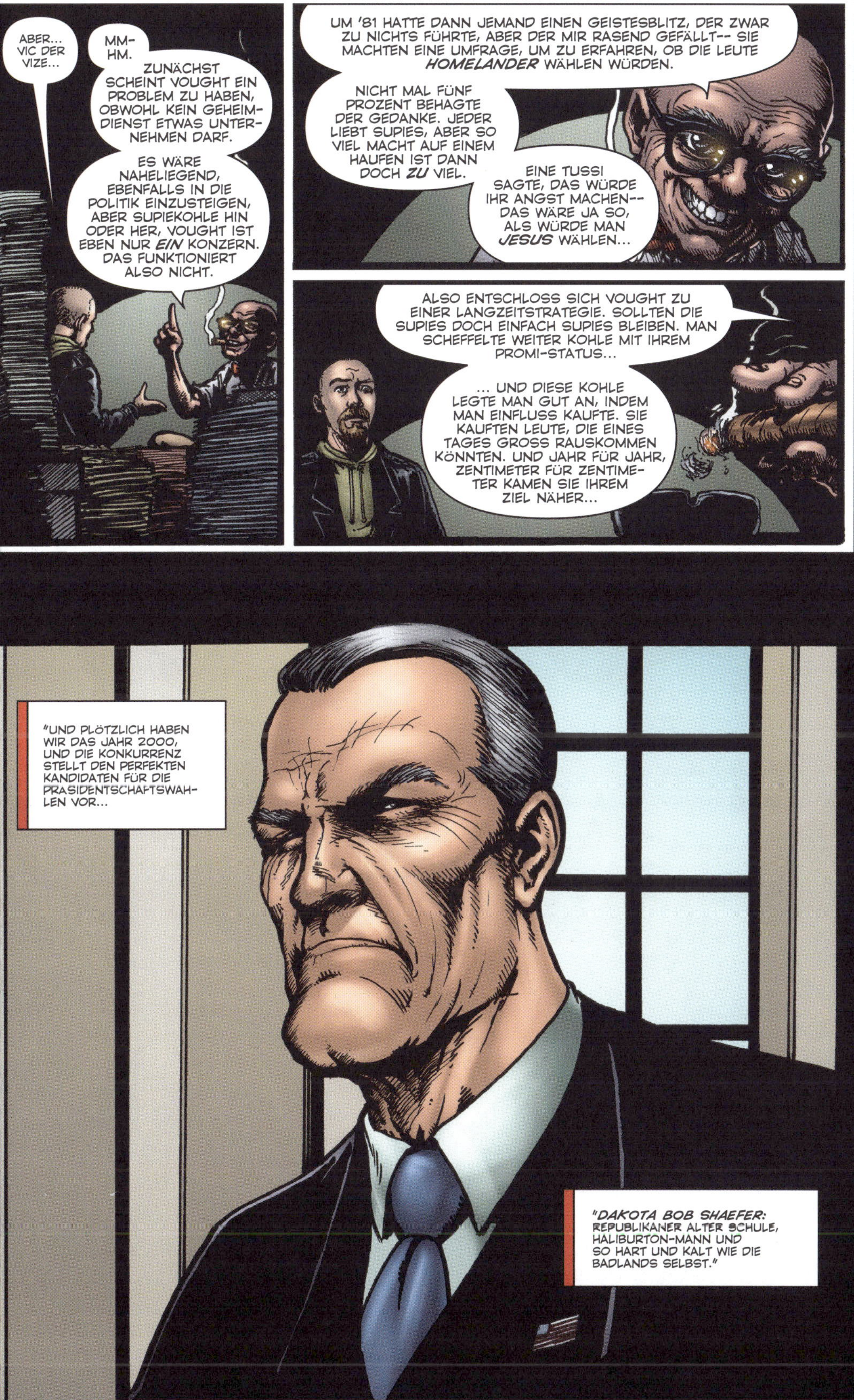

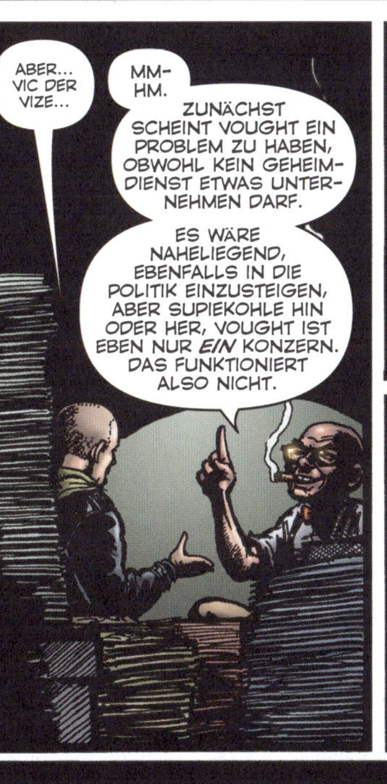

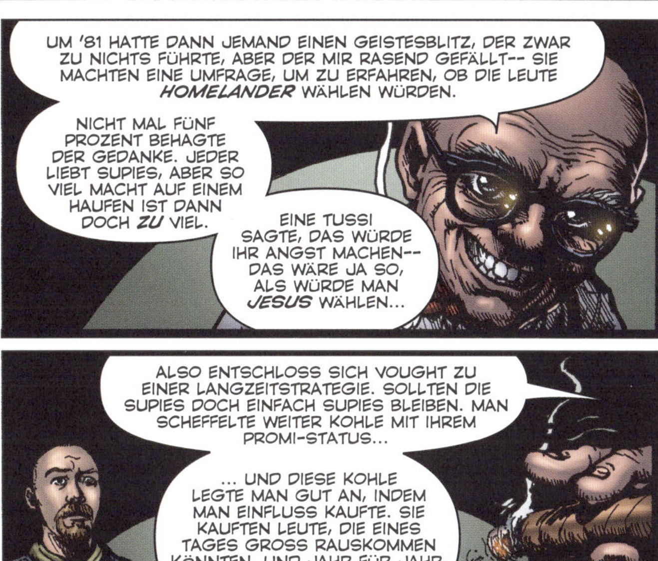

ALSO ENTSCHLOSS SICH VOUGHT ZU EINER LANGZEITSTRATEGIE. SOLLTEN DIE SUPIES DOCH EINFACH SUPIES BLEIBEN. MAN SCHEFFELTE WEITER KOHLE MIT IHREM PROMI-STATUS...

... UND DIESE KOHLE LEGTE MAN GUT AN, INDEM MAN EINFLUSS KAUFTE. SIE KAUFTEN LEUTE, DIE EINES TAGES GROSS RAUSKOMMEN KÖNNTEN. UND JAHR FÜR JAHR, ZENTIMETER FÜR ZENTIMETER KAMEN SIE IHREM ZIEL NÄHER...

"UND PLÖTZLICH HABEN WIR DAS JAHR 2000, UND DIE KONKURRENZ STELLT DEN PERFEKTEN KANDIDATEN FÜR DIE PRÄSIDENTSCHAFTSWAHLEN VOR...

"*DAKOTA BOB SHAEFER:* REPUBLIKANER ALTER SCHULE, HALIBURTON-MANN UND SO HART UND KALT WIE DIE BADLANDS SELBST."

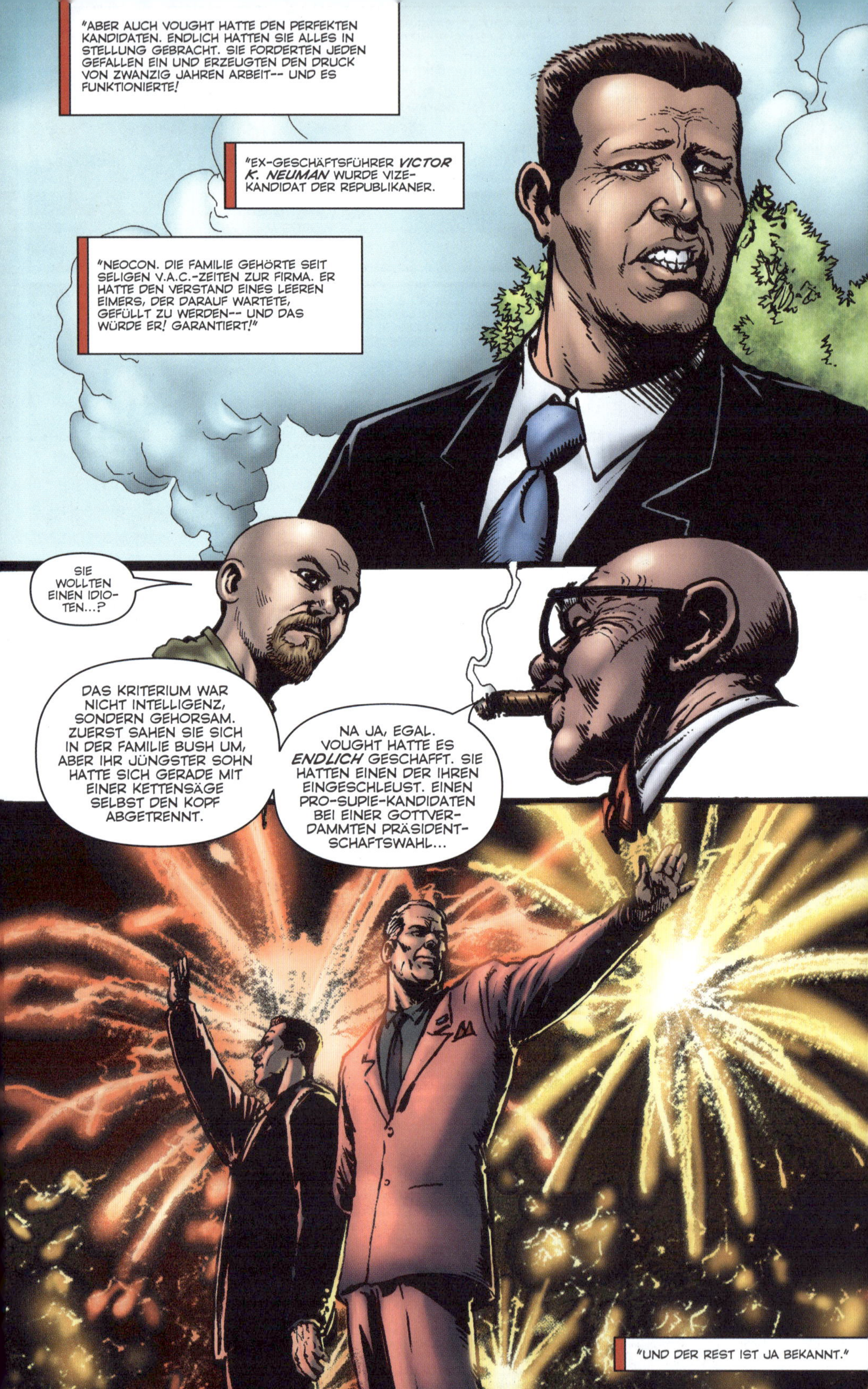
"ABER AUCH VOUGHT HATTE DEN PERFEKTEN KANDIDATEN. ENDLICH HATTEN SIE ALLES IN STELLUNG GEBRACHT. SIE FORDERTEN JEDEN GEFALLEN EIN UND ERZEUGTEN DEN DRUCK VON ZWANZIG JAHREN ARBEIT-- UND ES FUNKTIONIERTE!
"EX-GESCHÄFTSFÜHRER VICTOR K. NEUMAN WURDE VIZE-KANDIDAT DER REPUBLIKANER.
"NEOCON. DIE FAMILIE GEHÖRTE SEIT SELIGEN V.A.C.-ZEITEN ZUR FIRMA. ER HATTE DEN VERSTAND EINES LEEREN EIMERS, DER DARAUF WARTETE, GEFÜLLT ZU WERDEN-- UND DAS WÜRDE ER! GARANTIERT!"
SIE WOLLTEN EINEN IDIOTEN...?
DAS KRITERIUM WAR NICHT INTELLIGENZ, SONDERN GEHORSAM. ZUERST SAHEN SIE SICH IN DER FAMILIE BUSH UM, ABER IHR JÜNGSTER SOHN HATTE SICH GERADE MIT EINER KETTENSÄGE SELBST DEN KOPF ABGETRENNT.
NA JA, EGAL. VOUGHT HATTE ES ENDLICH GESCHAFFT. SIE HATTEN EINEN DER IHREN EINGESCHLEUST. EINEN PRO-SUPIE-KANDIDATEN BEI EINER GOTTVERDAMMTEN PRÄSIDENTSCHAFTSWAHL...
"UND DER REST IST JA BEKANNT."

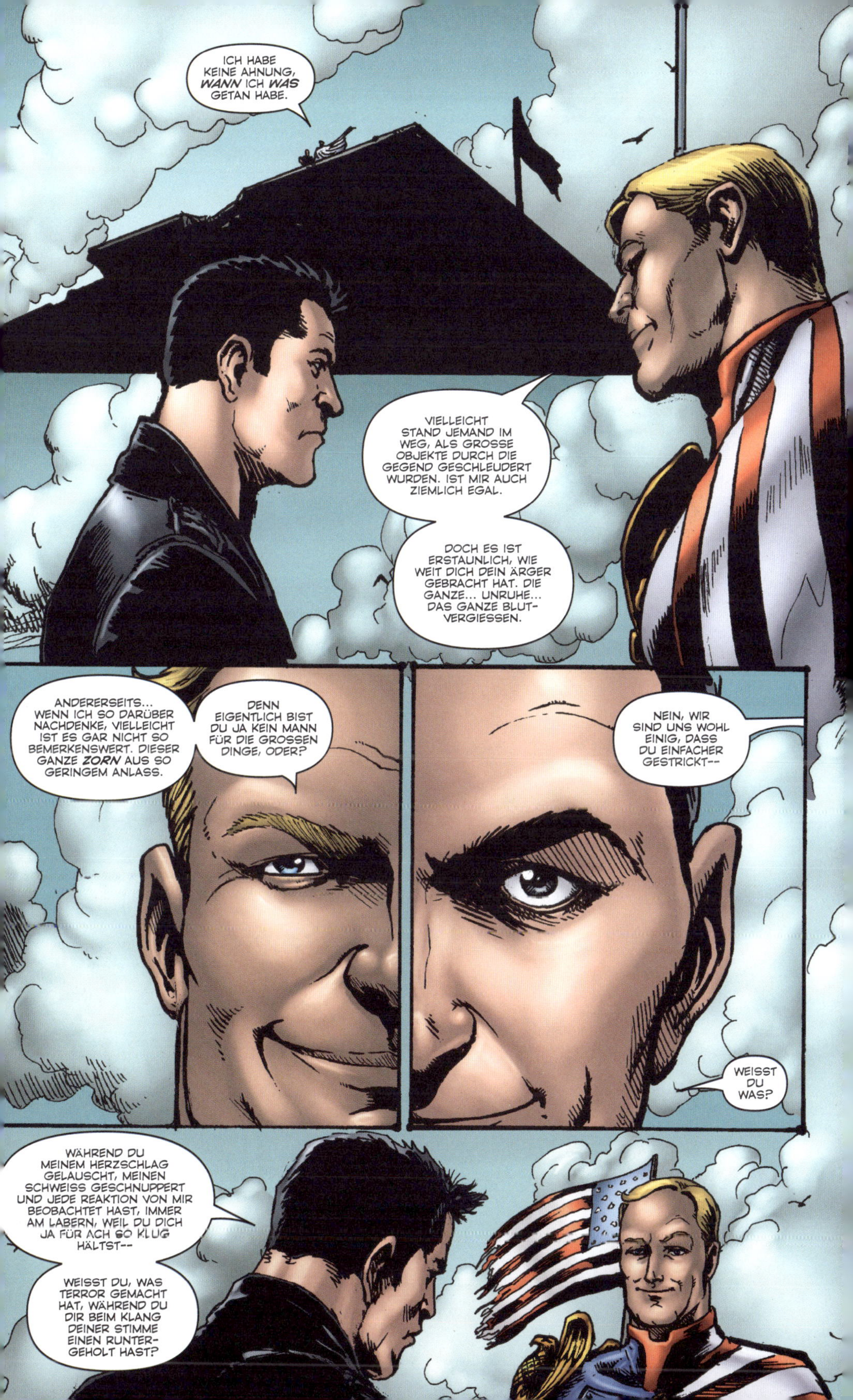
ICH HABE KEINE AHNUNG, **WANN** ICH **WAS** GETAN HABE.
VIELLEICHT STAND JEMAND IM WEG, ALS GROSSE OBJEKTE DURCH DIE GEGEND GESCHLEUDERT WURDEN. IST MIR AUCH ZIEMLICH EGAL.
DOCH ES IST ERSTAUNLICH, WIE WEIT DICH DEIN ÄRGER GEBRACHT HAT. DIE GANZE... UNRUHE... DAS GANZE BLUTVERGIESSEN.
ANDERERSEITS... WENN ICH SO DARÜBER NACHDENKE, VIELLEICHT IST ES GAR NICHT SO BEMERKENSWERT. DIESER GANZE **ZORN** AUS SO GERINGEM ANLASS.
DENN EIGENTLICH BIST DU JA KEIN MANN FÜR DIE GROSSEN DINGE, ODER?
NEIN, WIR SIND UNS WOHL EINIG, DASS DU EINFACHER GESTRICKT--
WEISST DU WAS?
WÄHREND DU MEINEM HERZSCHLAG GELAUSCHT, MEINEN SCHWEISS GESCHNUPPERT UND JEDE REAKTION VON MIR BEOBACHTET HAST, IMMER AM LABERN, WEIL DU DICH JA FÜR ACH SO KLUG HÄLTST--
WEISST DU, WAS TERROR GEMACHT HAT, WÄHREND DU DIR BEIM KLANG DEINER STIMME EINEN RUNTERGEHOLT HAST?

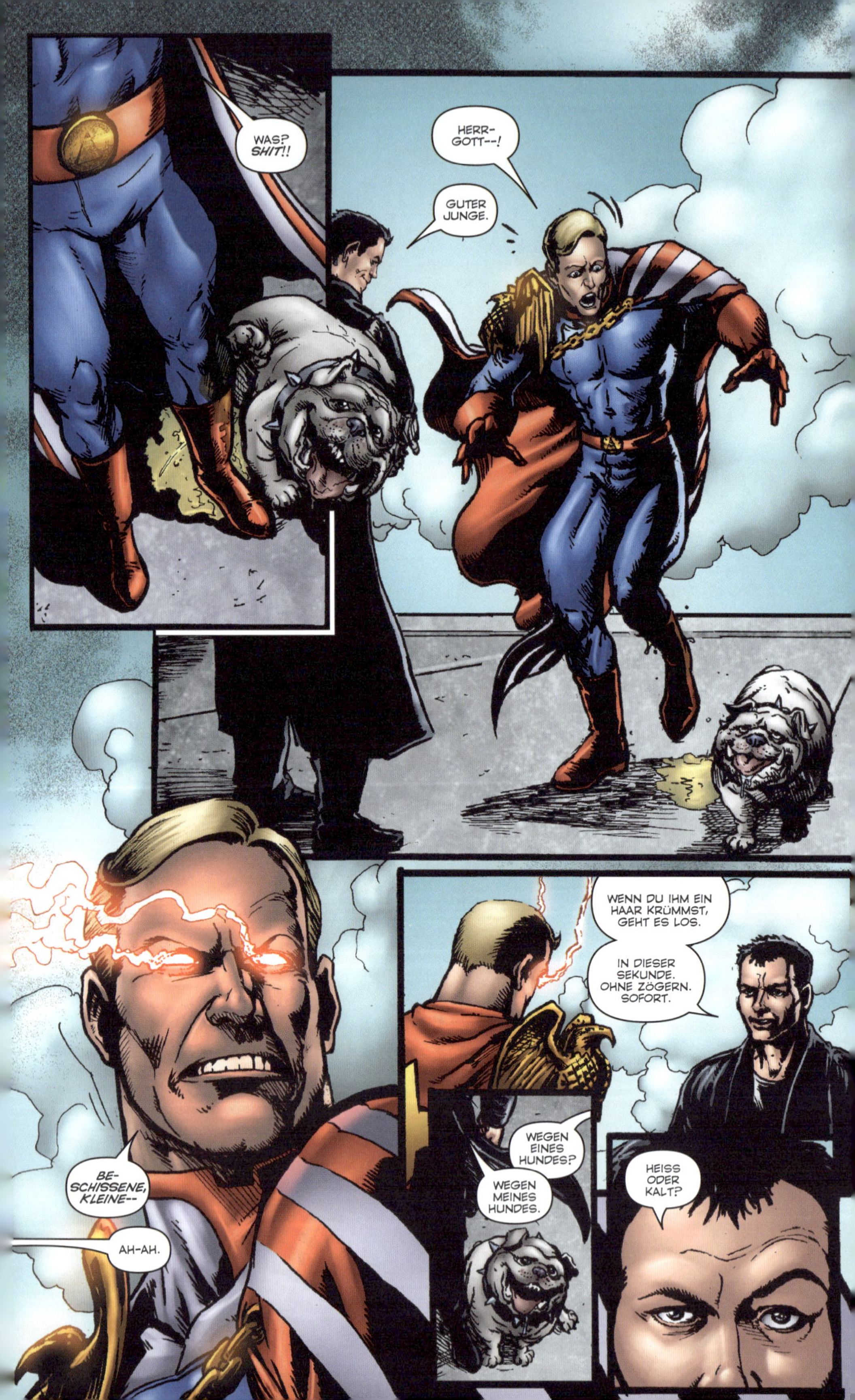
WAS?
SHIT!!
HERR-
GOTT--!
GUTER
JUNGE.
WENN DU IHM EIN
HAAR KRÜMMST,
GEHT ES LOS.
IN DIESER
SEKUNDE.
OHNE ZÖGERN.
SOFORT.
BE-
SCHISSENE,
KLEINE--
AH-AH.
WEGEN
EINES
HUNDES?
WEGEN
MEINES
HUNDES.
HEISS
ODER
KALT?

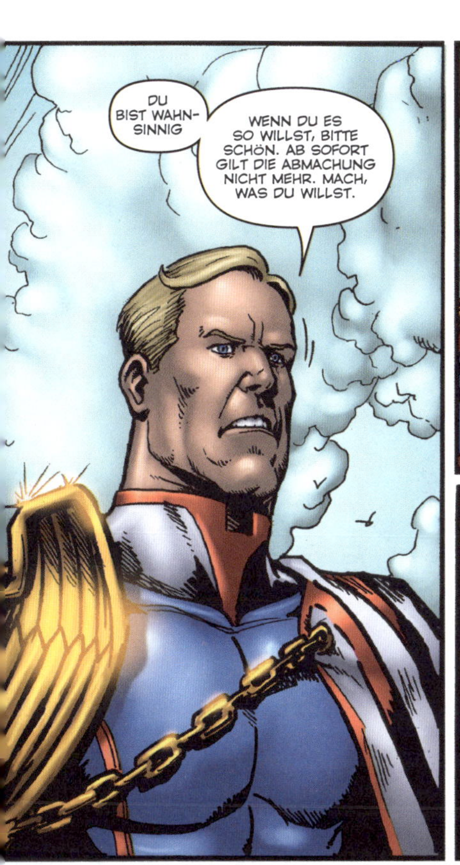
DU BIST WAHNSINNIG
WENN DU ES SO WILLST, BITTE SCHÖN. AB SOFORT GILT DIE ABMACHUNG NICHT MEHR. MACH, WAS DU WILLST.

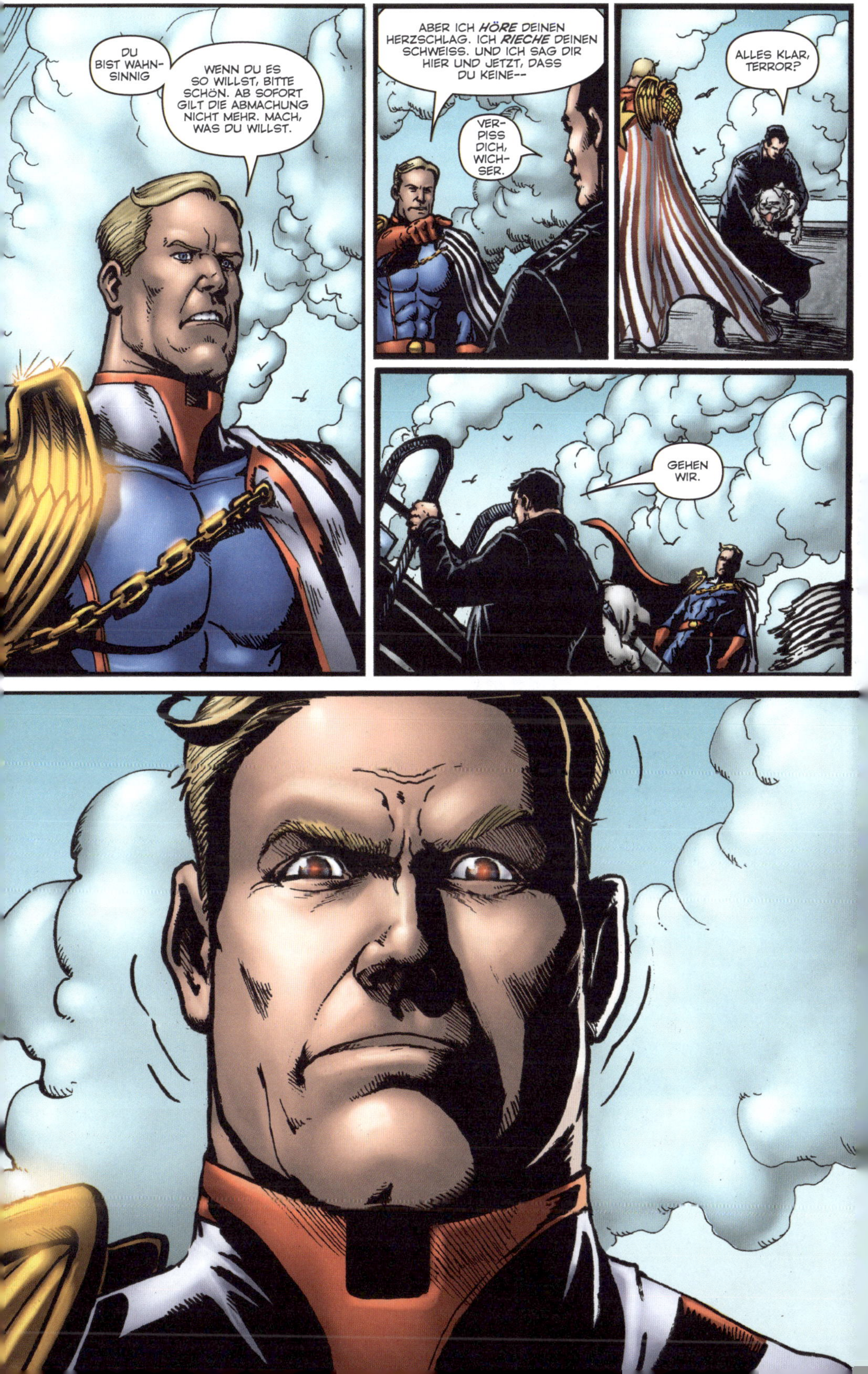

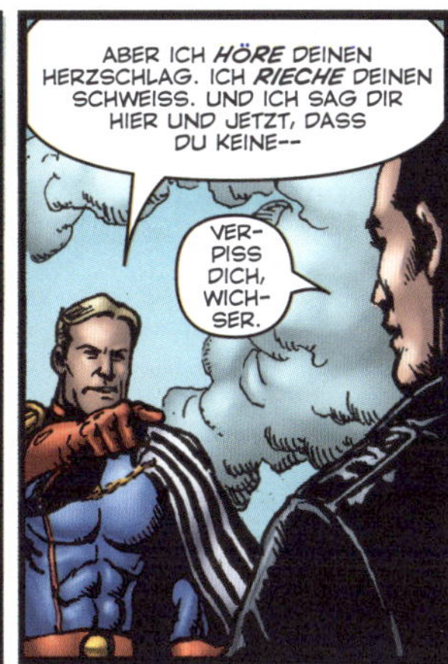
ABER ICH ***HÖRE*** DEINEN HERZSCHLAG. ICH ***RIECHE*** DEINEN SCHWEISS. UND ICH SAG DIR HIER UND JETZT, DASS DU KEINE--
VERPISS DICH, WICHSER.

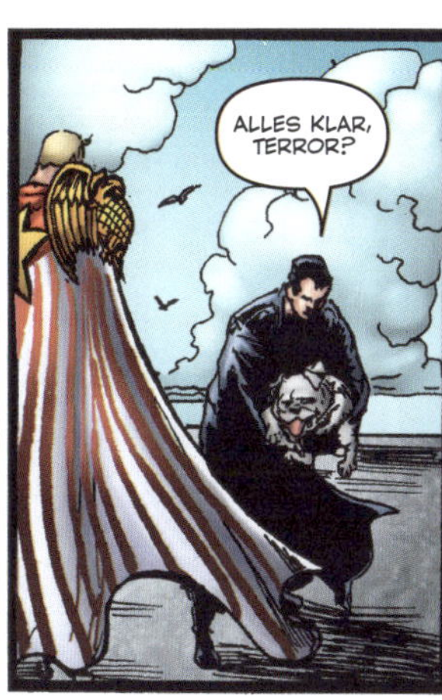
ALLES KLAR, TERROR?

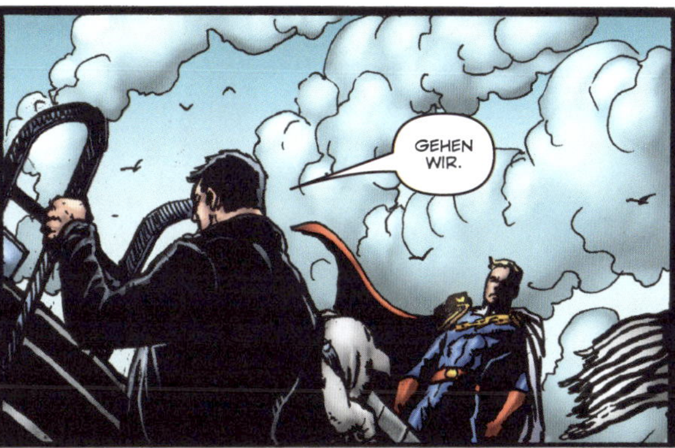
GEHEN WIR.

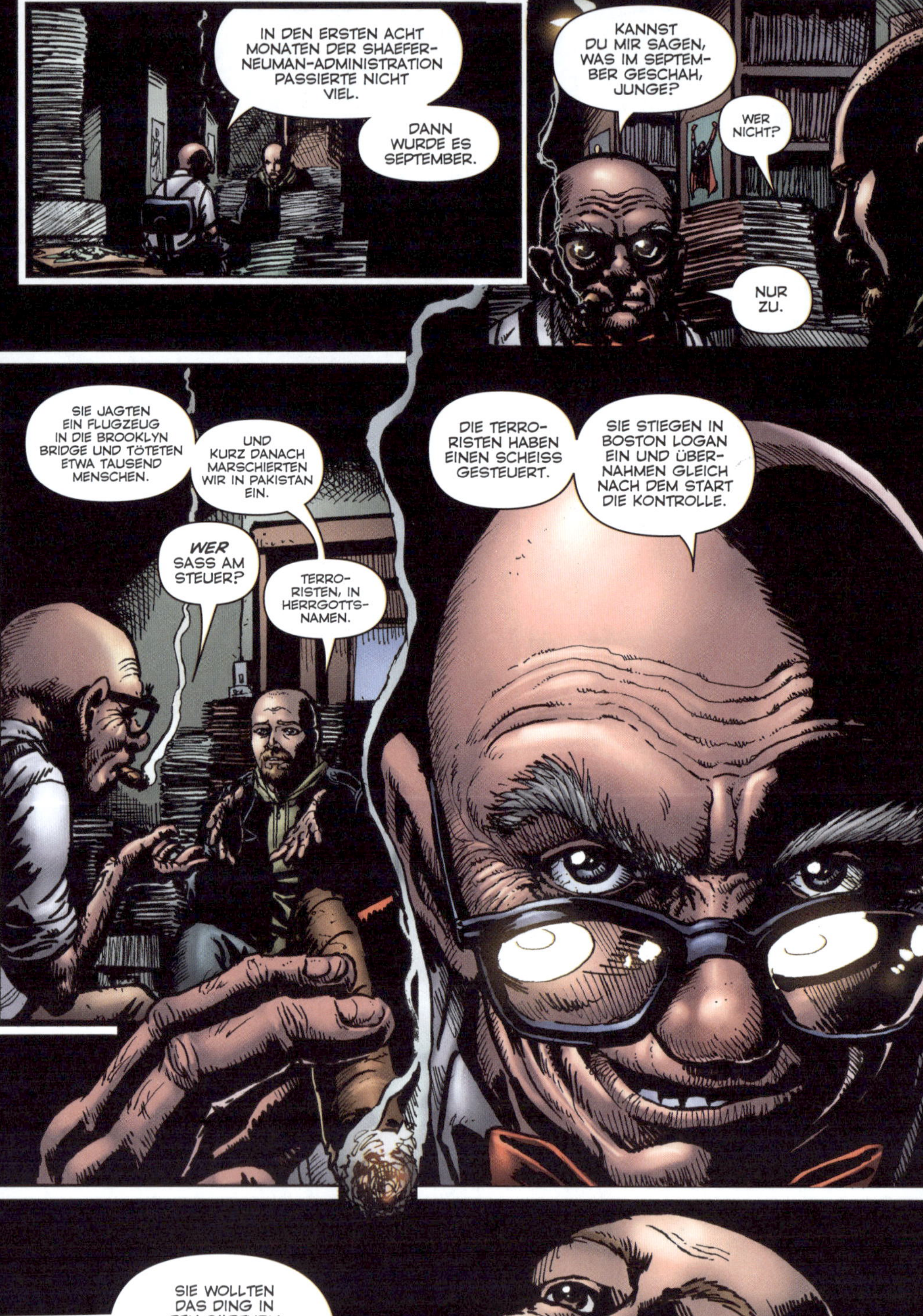

IN DEN ERSTEN ACHT MONATEN DER SHAEFER-NEUMAN-ADMINISTRATION PASSIERTE NICHT VIEL.
DANN WURDE ES SEPTEMBER.
KANNST DU MIR SAGEN, WAS IM SEPTEMBER GESCHAH, JUNGE?
WER NICHT?
NUR ZU.
SIE JAGTEN EIN FLUGZEUG IN DIE BROOKLYN BRIDGE UND TÖTETEN ETWA TAUSEND MENSCHEN.
UND KURZ DANACH MARSCHIERTEN WIR IN PAKISTAN EIN.
WER SASS AM STEUER?
TERRORISTEN, IN HERRGOTTSNAMEN.
DIE TERRORISTEN HABEN EINEN SCHEISS GESTEUERT.
SIE STIEGEN IN BOSTON LOGAN EIN UND ÜBERNAHMEN GLEICH NACH DEM START DIE KONTROLLE.
SIE WOLLTEN DAS DING IN DEN SÜDTURM DES WORLD TRADE CENTERS STEUERN. DIE BROOKLYN BRIDGE WAR IHNEN SCHEISSEGAL...

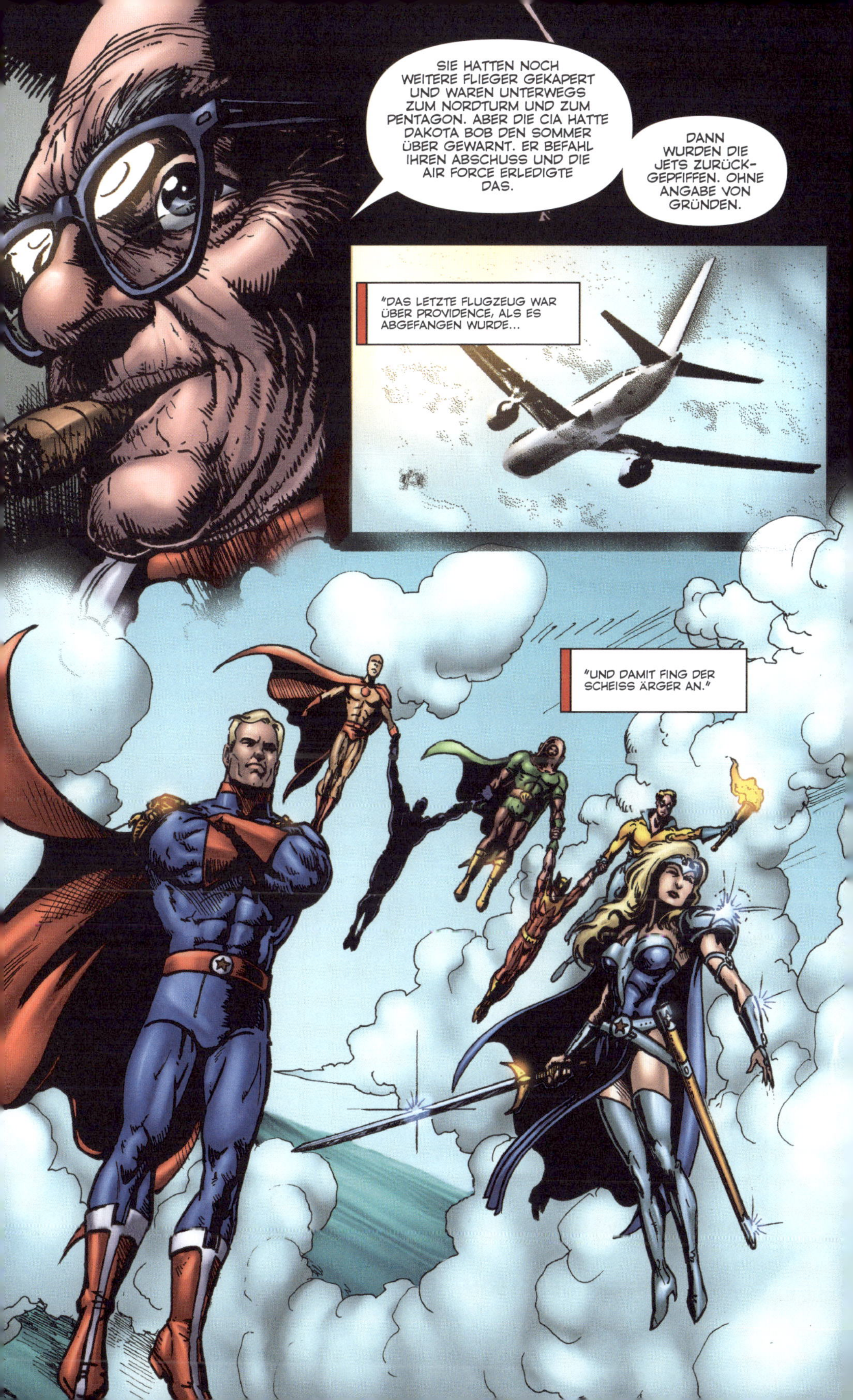
SIE HATTEN NOCH WEITERE FLIEGER GEKAPERT UND WAREN UNTERWEGS ZUM NORDTURM UND ZUM PENTAGON. ABER DIE CIA HATTE DAKOTA BOB DEN SOMMER ÜBER GEWARNT. ER BEFAHL IHREN ABSCHUSS UND DIE AIR FORCE ERLEDIGTE DAS.
DANN WURDEN DIE JETS ZURÜCK-GEPFIFFEN. OHNE ANGABE VON GRÜNDEN.
"DAS LETZTE FLUGZEUG WAR ÜBER PROVIDENCE, ALS ES ABGEFANGEN WURDE...
"UND DAMIT FING DER SCHEISS ÄRGER AN."

STUNDE DER WAHRHEIT, TEIL 3

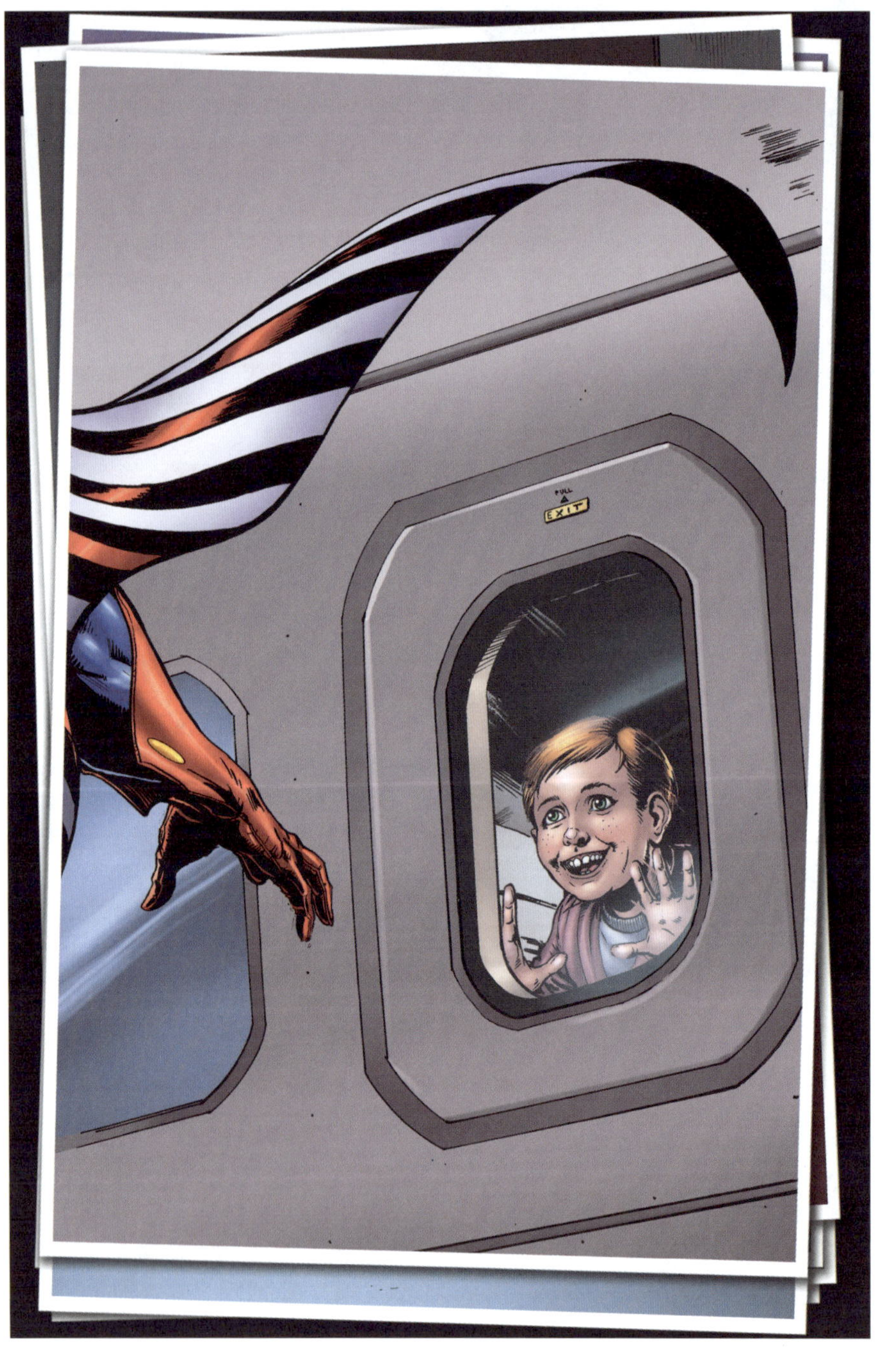

The Boys (2006) 21
Cover von **DARICK ROBERTSON**

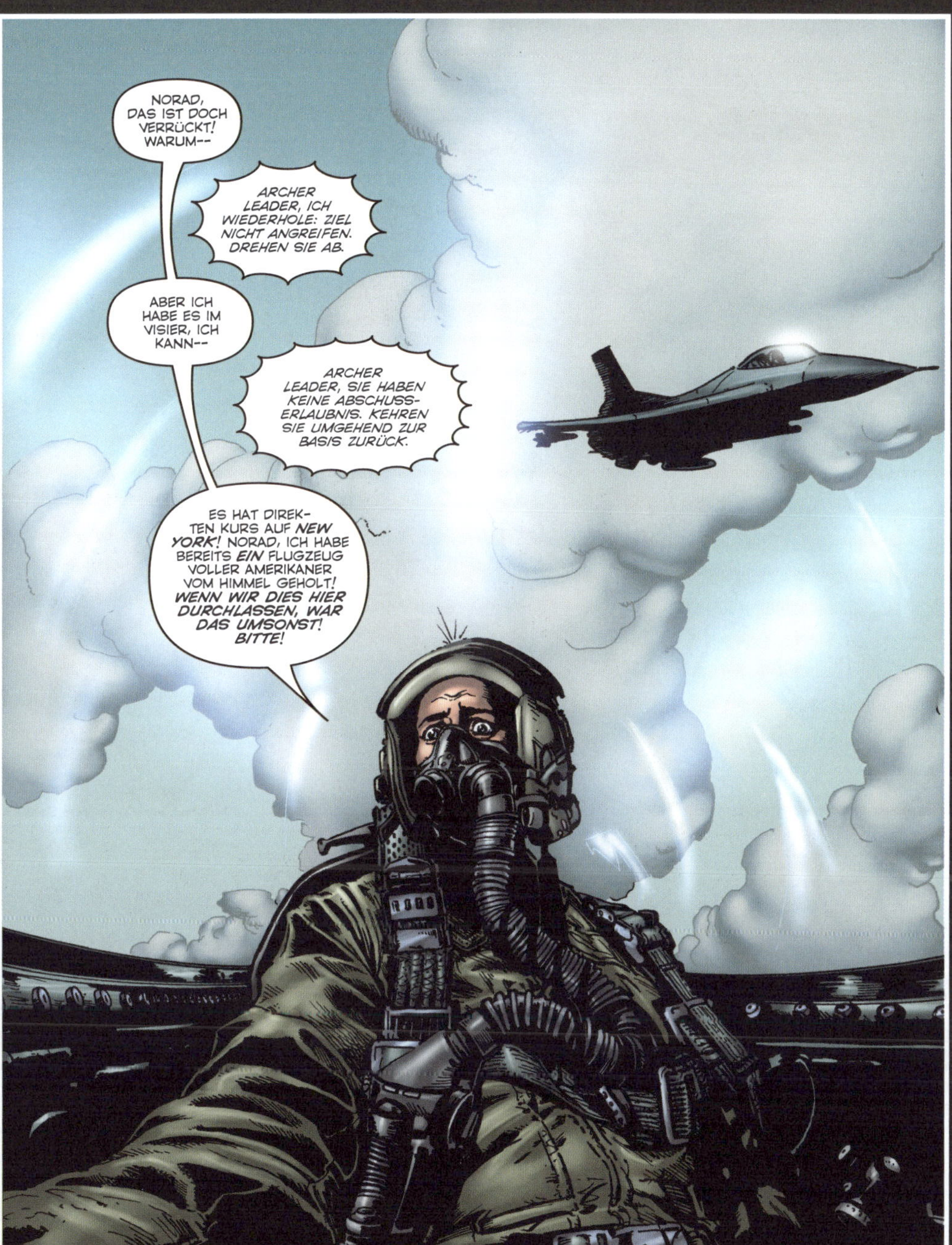

STUNDE DER WAHRHEIT

TEIL 3

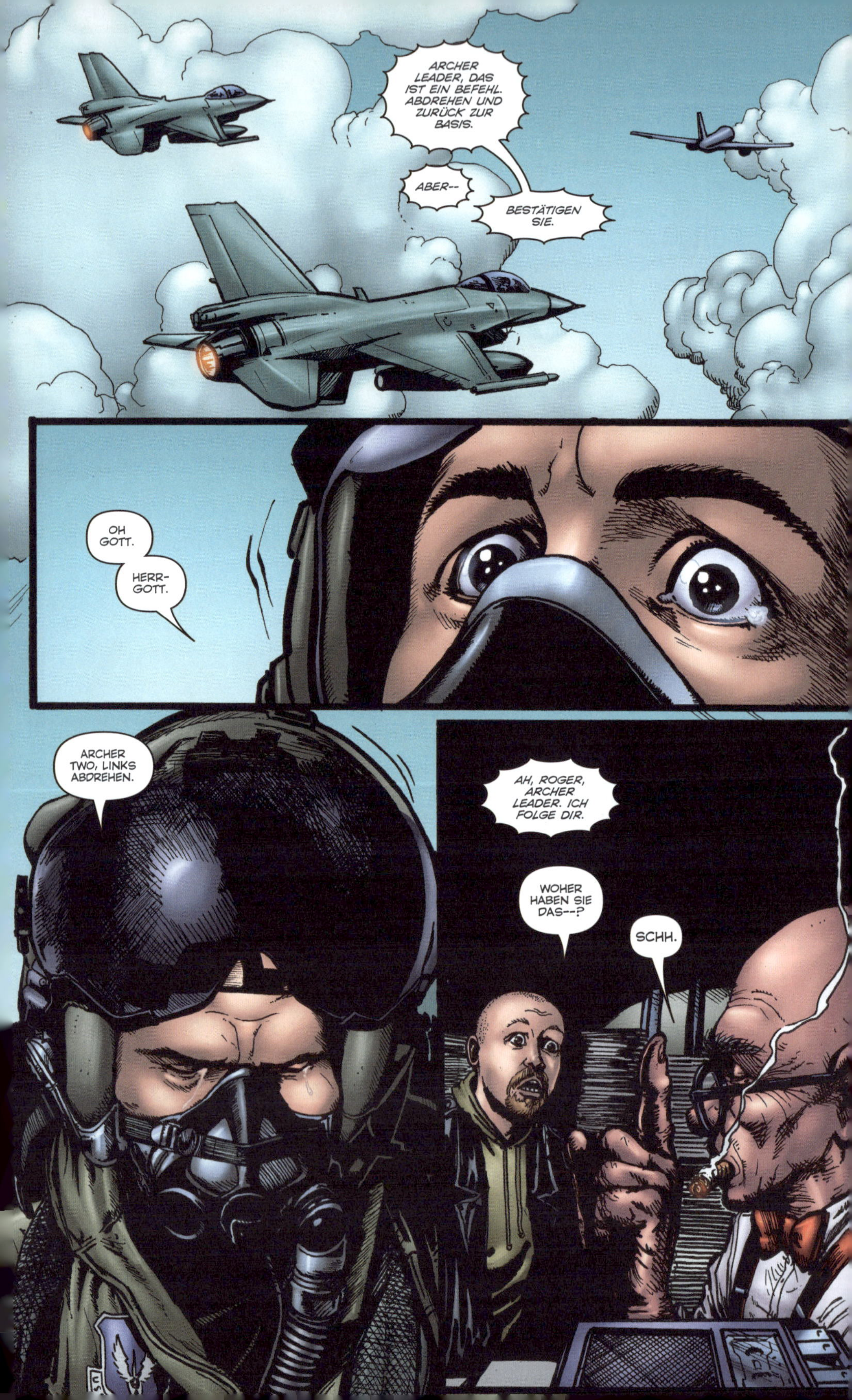
ARCHER LEADER, DAS IST EIN BEFEHL. ABDREHEN UND ZURÜCK ZUR BASIS.
ABER--
BESTÄTIGEN SIE.
OH GOTT.
HERR-GOTT.
ARCHER TWO, LINKS ABDREHEN.
AH, ROGER, ARCHER LEADER. ICH FOLGE DIR.
WOHER HABEN SIE DAS--?
SCHH.

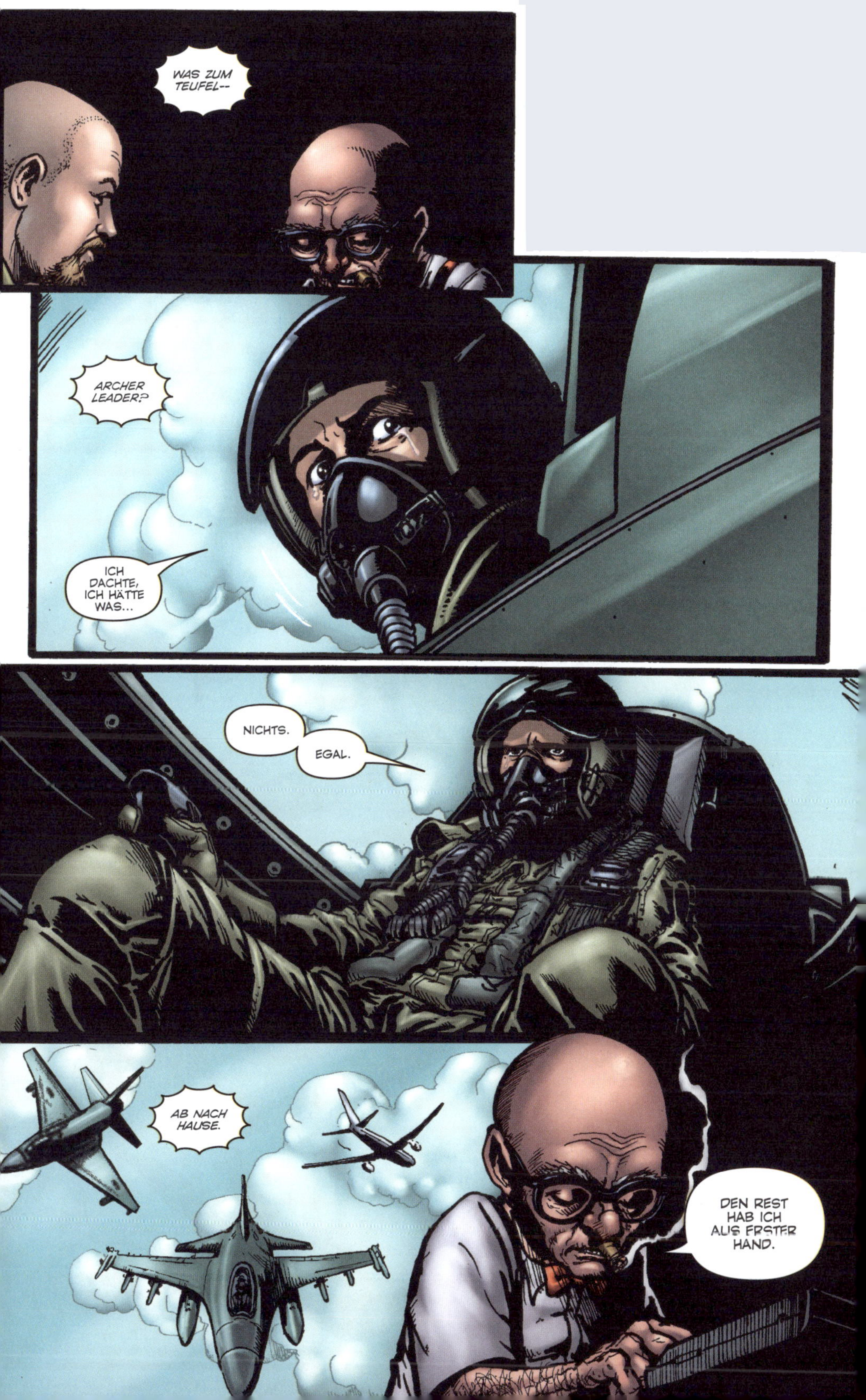

WAS ZUM TEUFEL--
ARCHER LEADER?
ICH DACHTE, ICH HÄTTE WAS...
NICHTS.
EGAL.
AB NACH HAUSE.
DEN REST HAB ICH AUS ERSTER HAND.

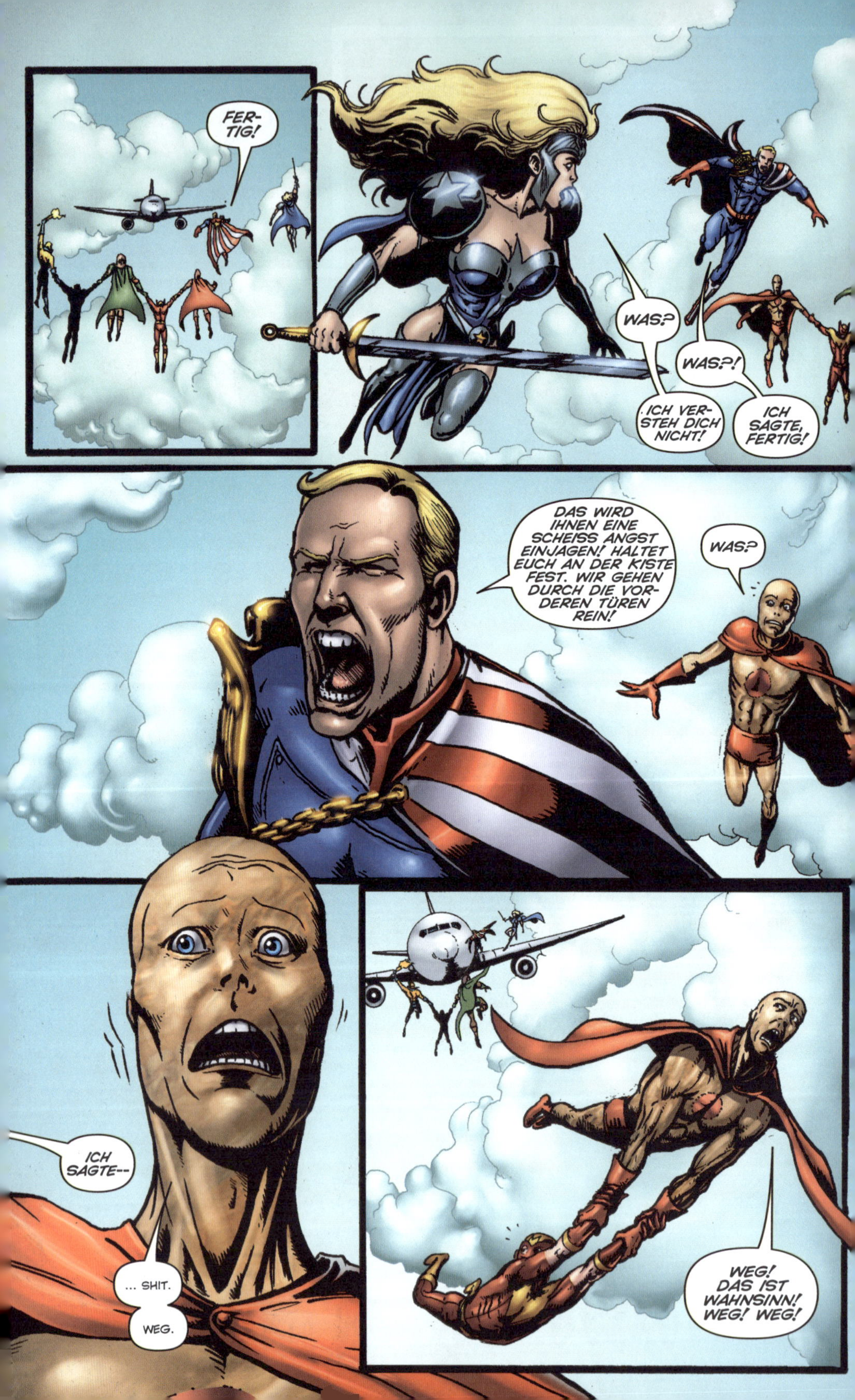
FER-TIG!
WAS?
ICH VERSTEH DICH NICHT!
WAS?!
ICH SAGTE, FERTIG!
DAS WIRD IHNEN EINE SCHEISS ANGST EINJAGEN! HALTET EUCH AN DER KISTE FEST. WIR GEHEN DURCH DIE VORDEREN TÜREN REIN!
WAS?
ICH SAGTE--
... SHIT.
WEG.
WEG! DAS IST WAHNSINN! WEG! WEG!

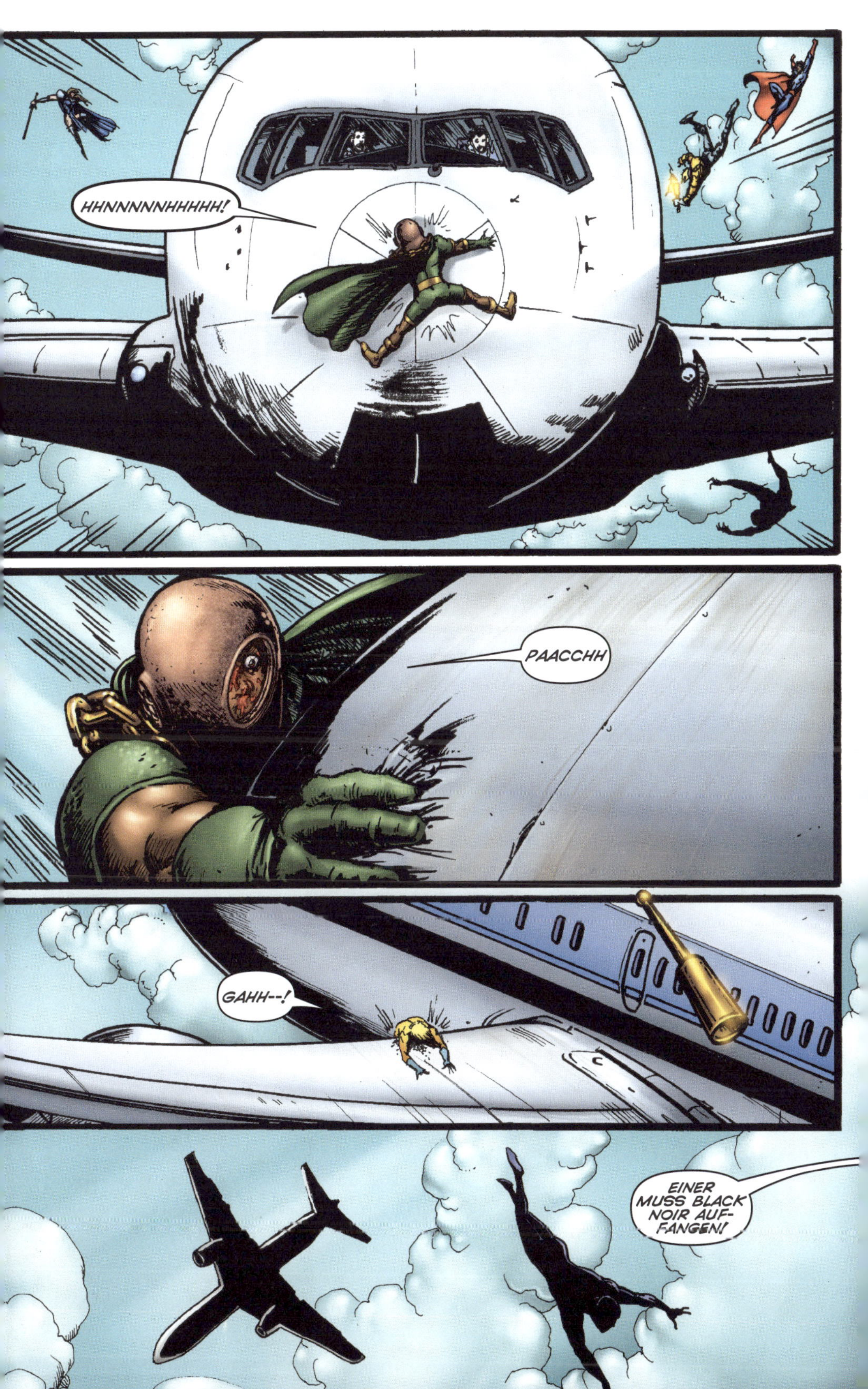
HHNNNNNHHHHH!
PAACCHH
GAHH--!
EINER MUSS BLACK NOIR AUF-FANGEN!

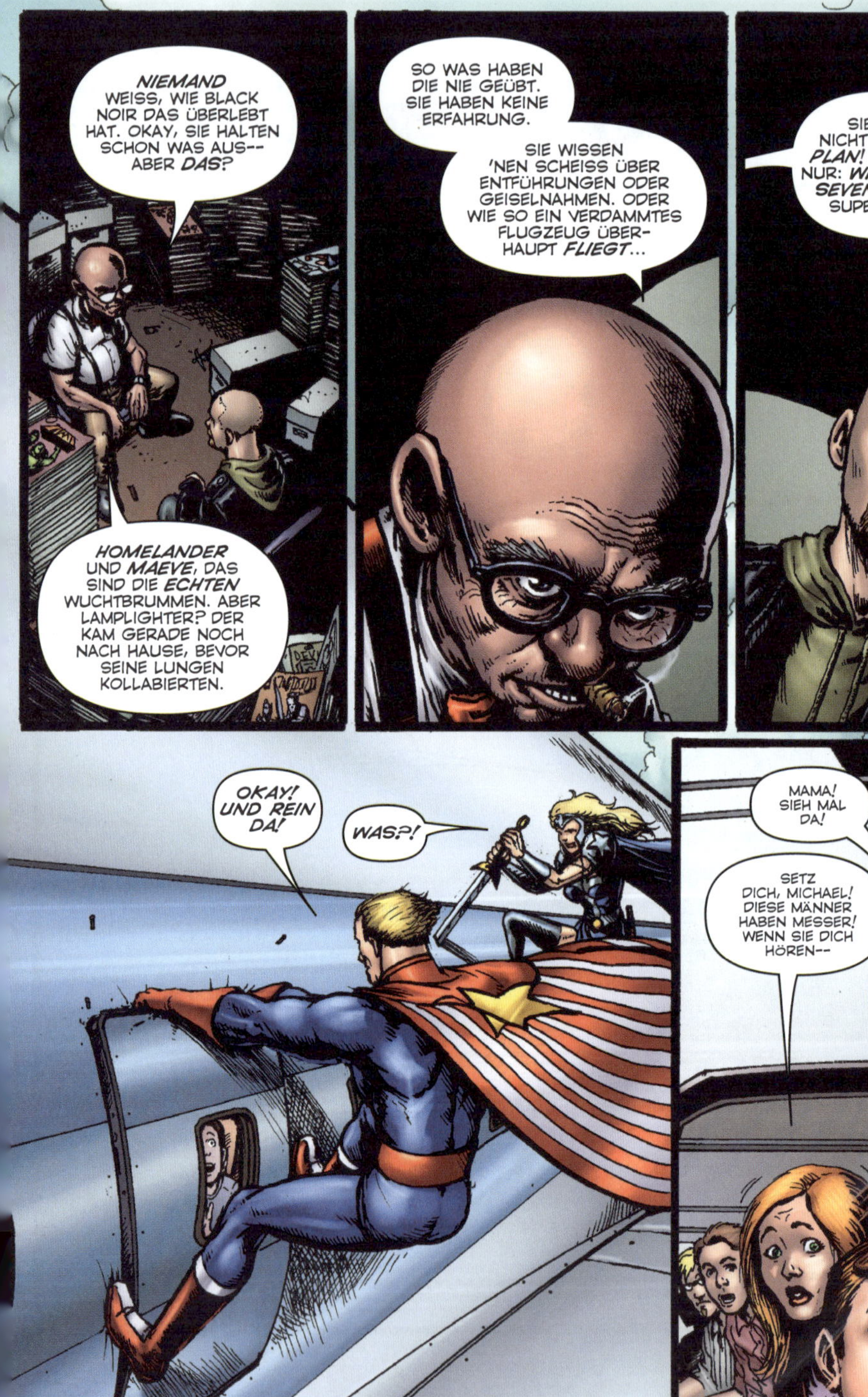
NIEMAND WEISS, WIE BLACK NOIR DAS ÜBERLEBT HAT. OKAY, SIE HALTEN SCHON WAS AUS-- ABER DAS?
HOMELANDER UND MAEVE, DAS SIND DIE ECHTEN WUCHTBRUMMEN. ABER LAMPLIGHTER? DER KAM GERADE NOCH NACH HAUSE, BEVOR SEINE LUNGEN KOLLABIERTEN.
SO WAS HABEN DIE NIE GEÜBT. SIE HABEN KEINE ERFAHRUNG.
SIE WISSEN 'NEN SCHEISS ÜBER ENTFÜHRUNGEN ODER GEISELNAHMEN. ODER WIE SO EIN VERDAMMTES FLUGZEUG ÜBERHAUPT FLIEGT...
SIE HABEN NICHT MAL EINEN PLAN! DIE DENKEN NUR: WIR SIND DIE SEVEN. WIR SIND SUPERHELDEN.
WIR KRIEGEN DAS HIN.
OKAY! UND REIN DA!
WAS?!
MAMA! SIEH MAL DA!
SETZ DICH, MICHAEL! DIESE MÄNNER HABEN MESSER! WENN SIE DICH HÖREN--
SCHON GUT, MAMA! ALLES WIRD GUT, MAMA!

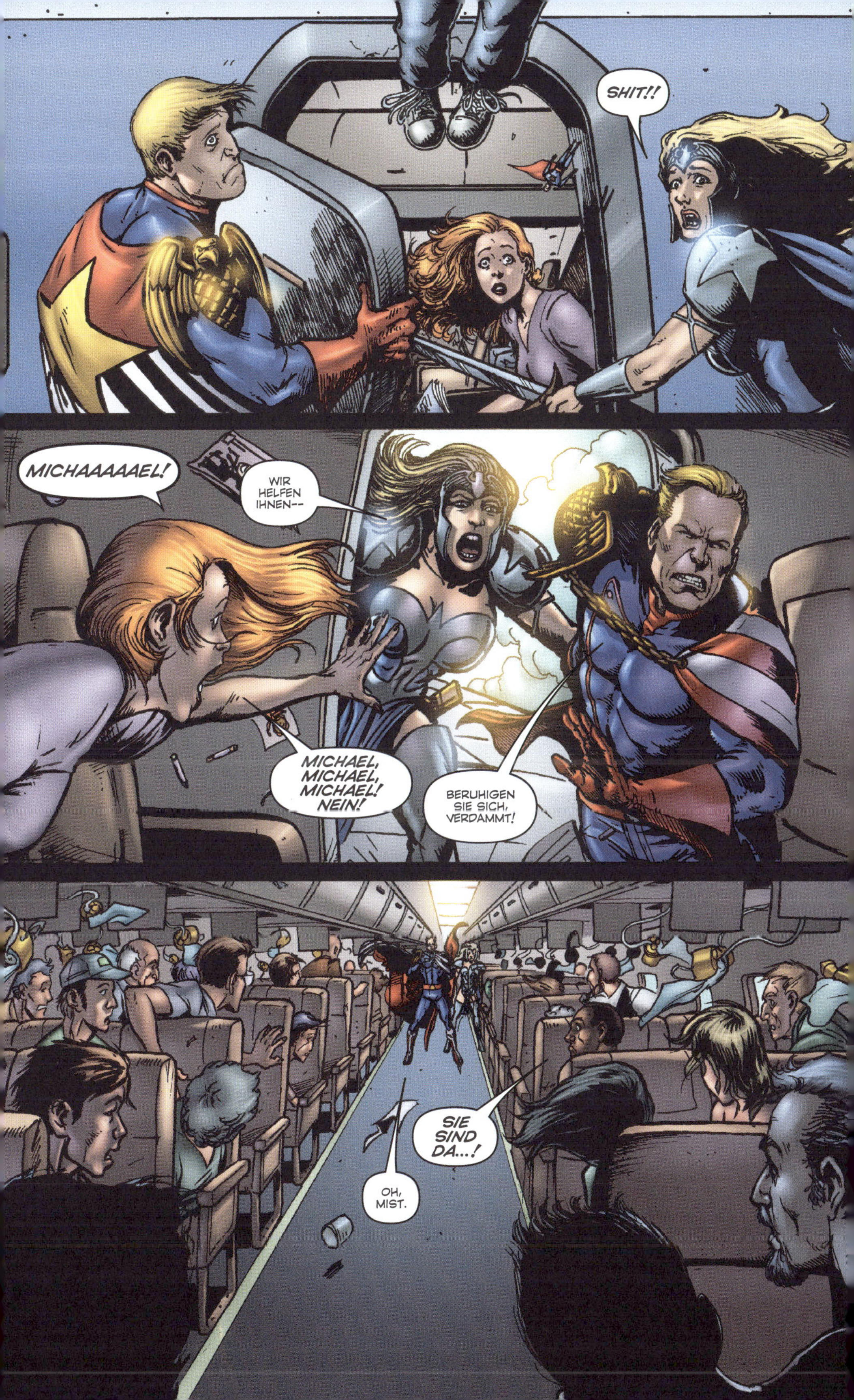
SHIT!!
MICHAAAAAEL!
WIR HELFEN IHNEN--
MICHAEL, MICHAEL, MICHAEL! NEIN!
BERUHIGEN SIE SICH, VERDAMMT!
SIE SIND DA...!
OH, MIST.

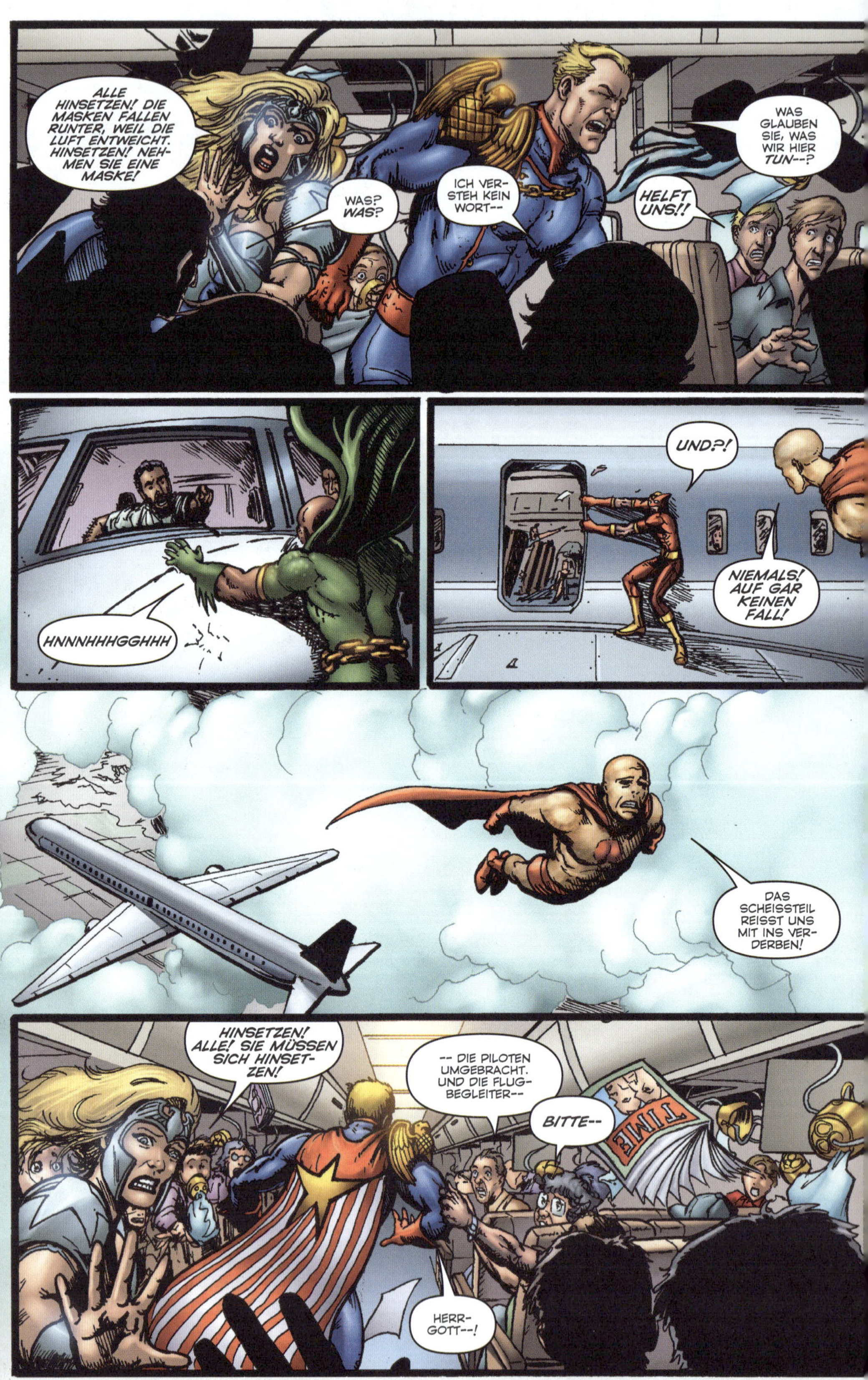
ALLE HINSETZEN! DIE MASKEN FALLEN RUNTER, WEIL DIE LUFT ENTWEICHT. HINSETZEN! NEHMEN SIE EINE MASKE!
WAS? WAS?
ICH VERSTEH KEIN WORT--
WAS GLAUBEN SIE, WAS WIR HIER TUN--?
HELFT UNS!!
HNNNHHHGGHHH
UND?!
NIEMALS! AUF GAR KEINEN FALL!
DAS SCHEISSTEIL REISST UNS MIT INS VERDERBEN!
HINSETZEN! ALLE! SIE MÜSSEN SICH HINSETZEN!
-- DIE PILOTEN UMGEBRACHT. UND DIE FLUGBEGLEITER--
BITTE--
TIME
HERRGOTT--!

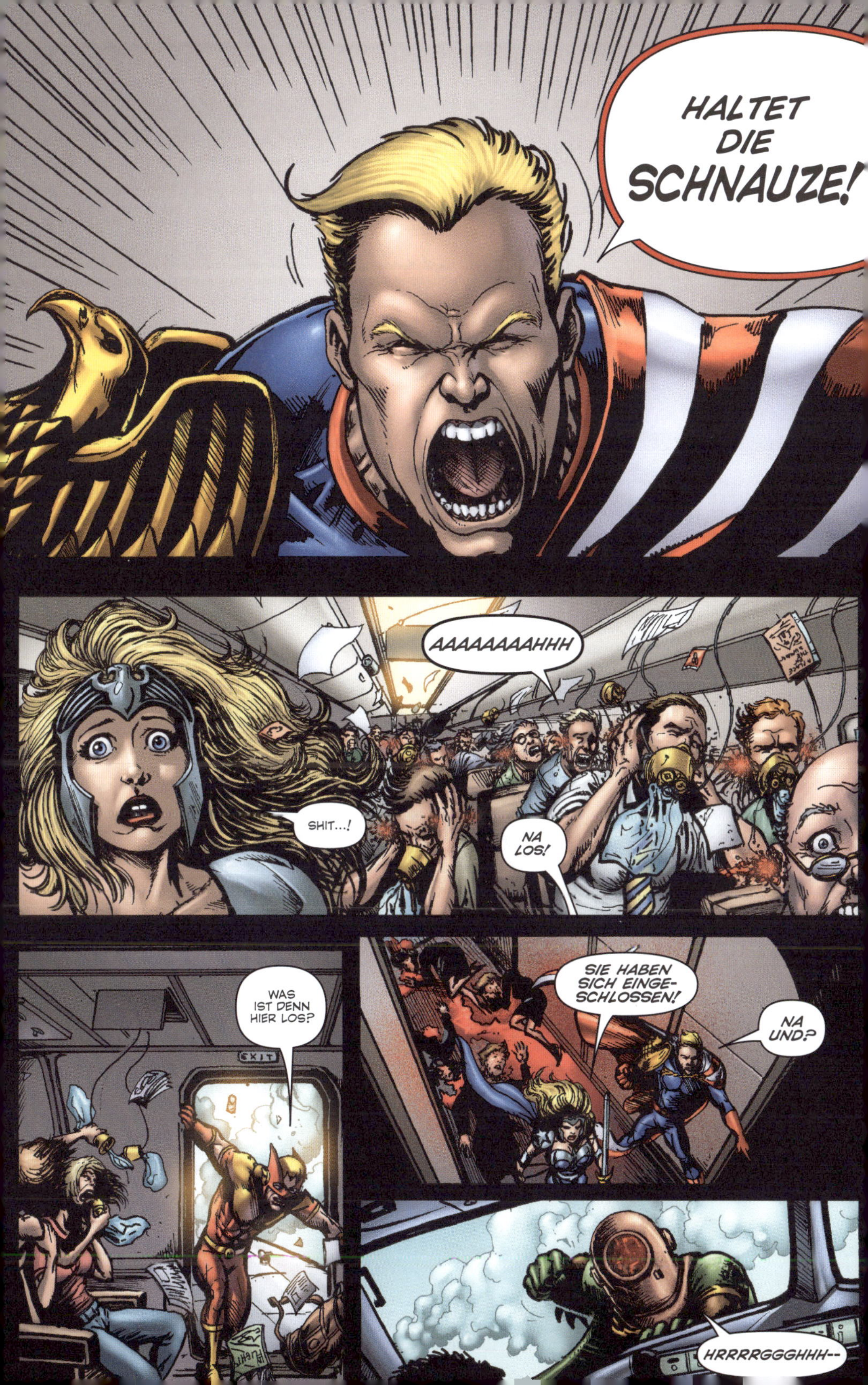
HALTET DIE SCHNAUZE!
AAAAAAAAHHH
SHIT...!
NA LOS!
WAS IST DENN HIER LOS?
EXIT
SIE HABEN SICH EINGE-SCHLOSSEN!
NA UND?
HRRRRGGGHHH--

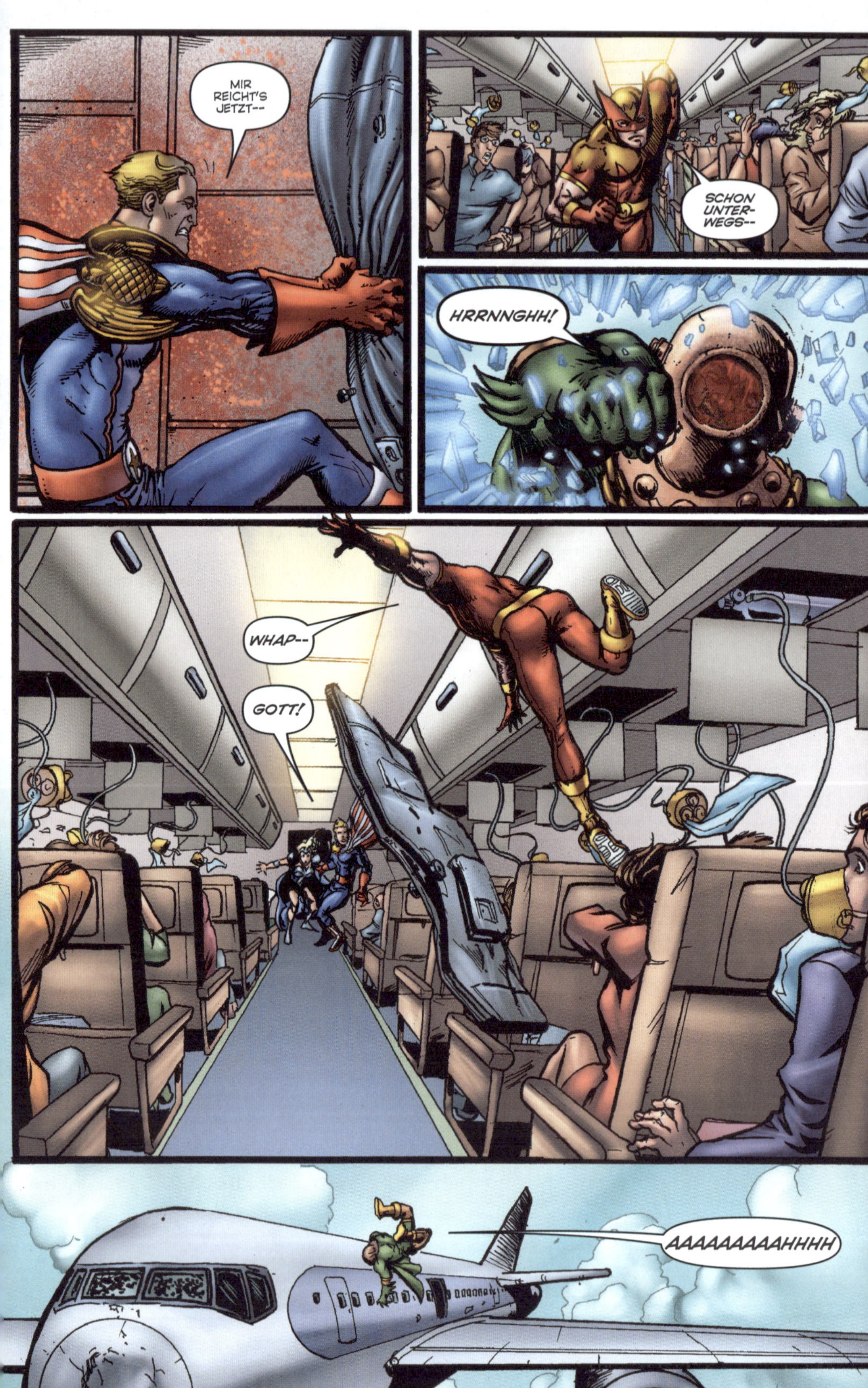
MIR REICHT'S JETZT--
SCHON UNTER-WEGS--
HRRNNGHH!
WHAP--
GOTT!
AAAAAAAAAHHHH

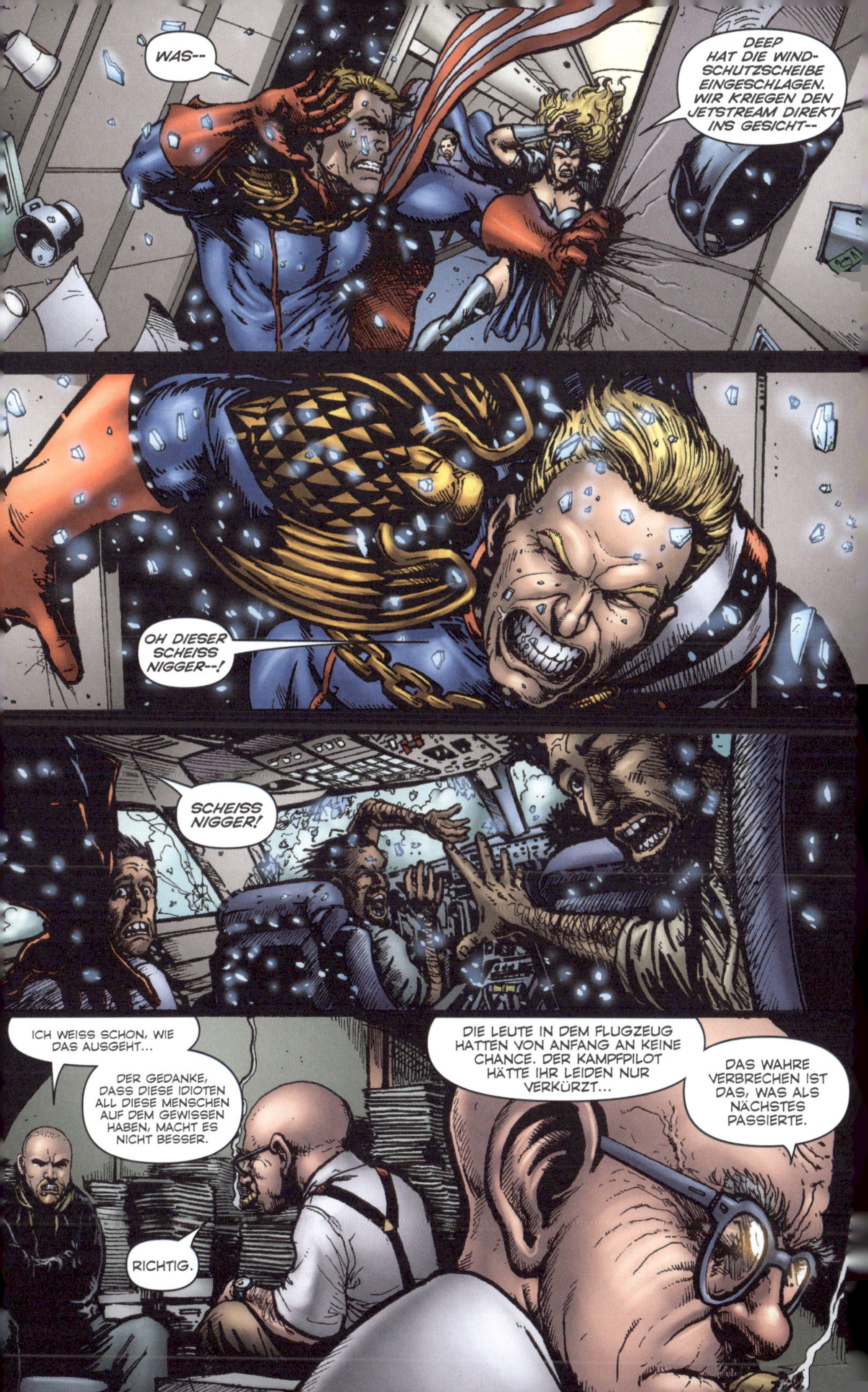
WAS--
DEEP HAT DIE WINDSCHUTZSCHEIBE EINGESCHLAGEN. WIR KRIEGEN DEN JETSTREAM DIREKT INS GESICHT--
OH DIESER SCHEISS NIGGER--!
SCHEISS NIGGER!
ICH WEISS SCHON, WIE DAS AUSGEHT...
DER GEDANKE, DASS DIESE IDIOTEN ALL DIESE MENSCHEN AUF DEM GEWISSEN HABEN, MACHT ES NICHT BESSER.
RICHTIG.
DIE LEUTE IN DEM FLUGZEUG HATTEN VON ANFANG AN KEINE CHANCE. DER KAMPFPILOT HÄTTE IHR LEIDEN NUR VERKÜRZT...
DAS WAHRE VERBRECHEN IST DAS, WAS ALS NÄCHSTES PASSIERTE.

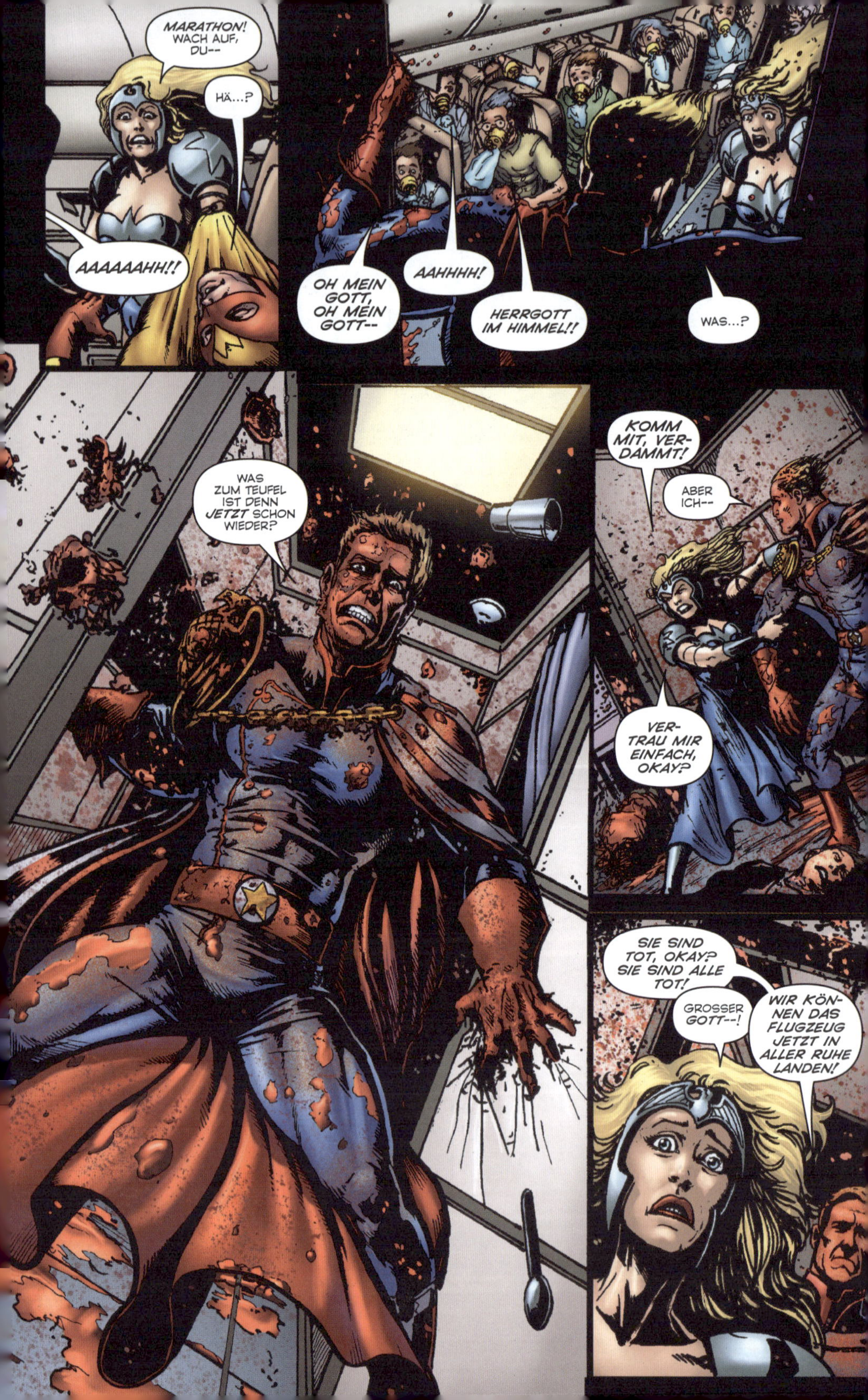
MARATHON! WACH AUF, DU--
HÄ...?
AAAAAAHH!!
OH MEIN GOTT, OH MEIN GOTT--
AAHHHH!
HERRGOTT IM HIMMEL!!
WAS...?
WAS ZUM TEUFEL IST DENN JETZT SCHON WIEDER?
KOMM MIT, VERDAMMT!
ABER ICH--
VERTRAU MIR EINFACH, OKAY?
SIE SIND TOT, OKAY? SIE SIND ALLE TOT!
GROSSER GOTT--!
WIR KÖNNEN DAS FLUGZEUG JETZT IN ALLER RUHE LANDEN!

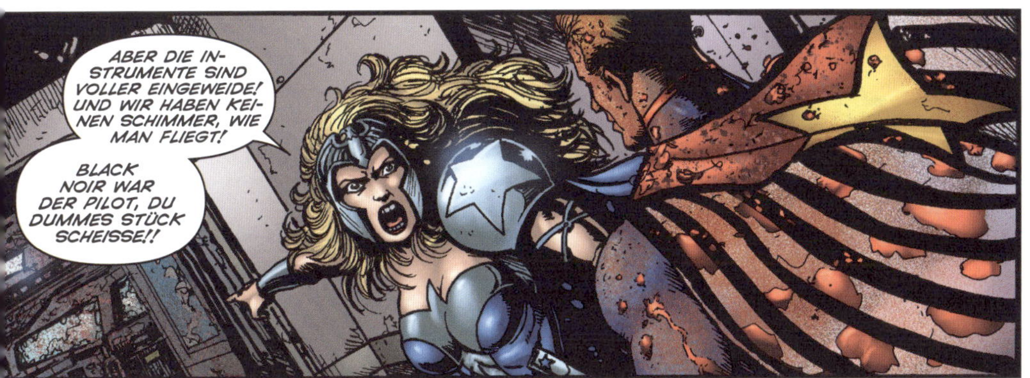
ABER DIE INSTRUMENTE SIND VOLLER EINGEWEIDE! UND WIR HABEN KEINEN SCHIMMER, WIE MAN FLIEGT!
BLACK NOIR WAR DER PILOT, DU DUMMES STÜCK SCHEISSE!!
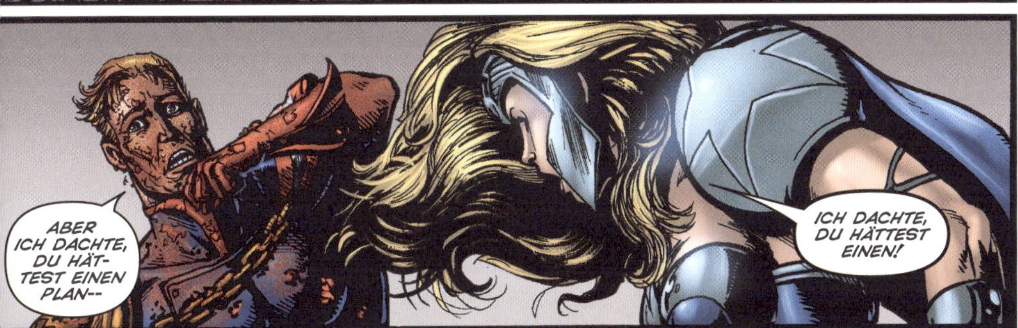
ICH DACHTE, DU HÄTTEST EINEN!
ABER ICH DACHTE, DU HÄTTEST EINEN PLAN--
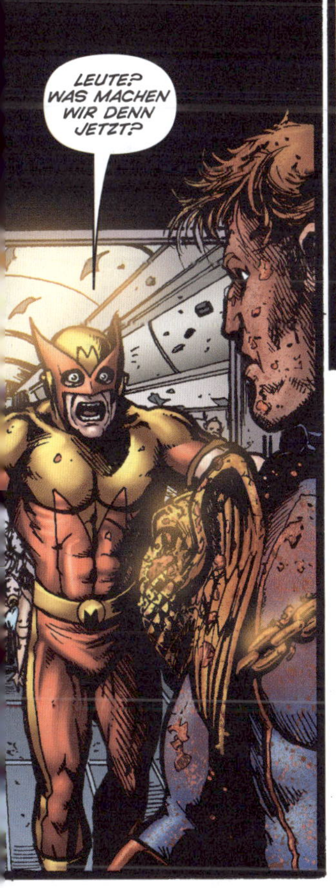
LEUTE? WAS MACHEN WIR DENN JETZT?
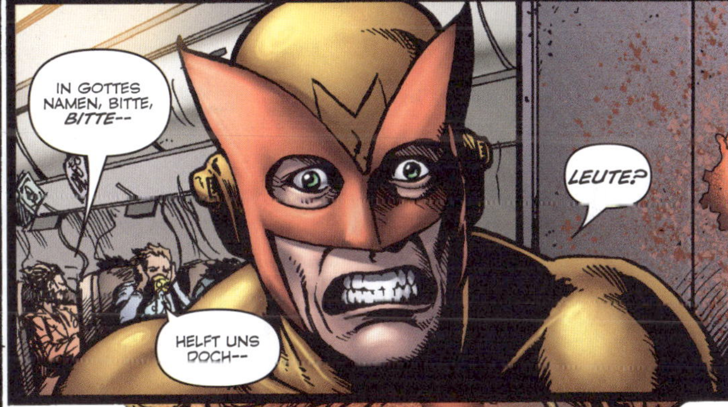
LEUTE?
IN GOTTES NAMEN, BITTE, BITTE--
HELFT UNS DOCH--
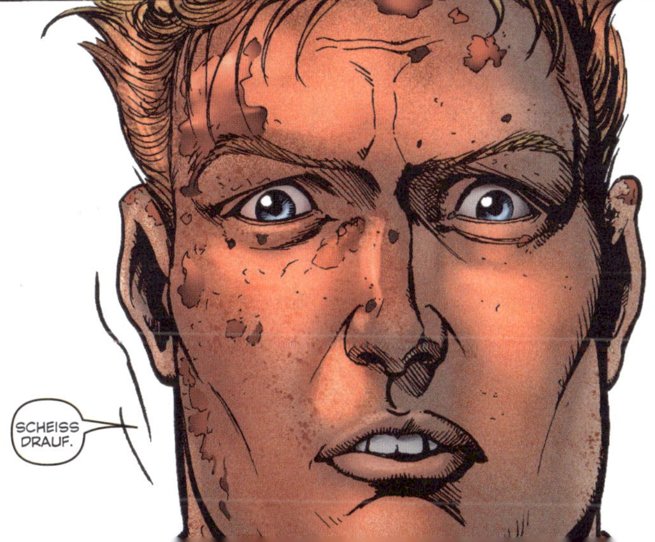
SCHEISS DRAUF.

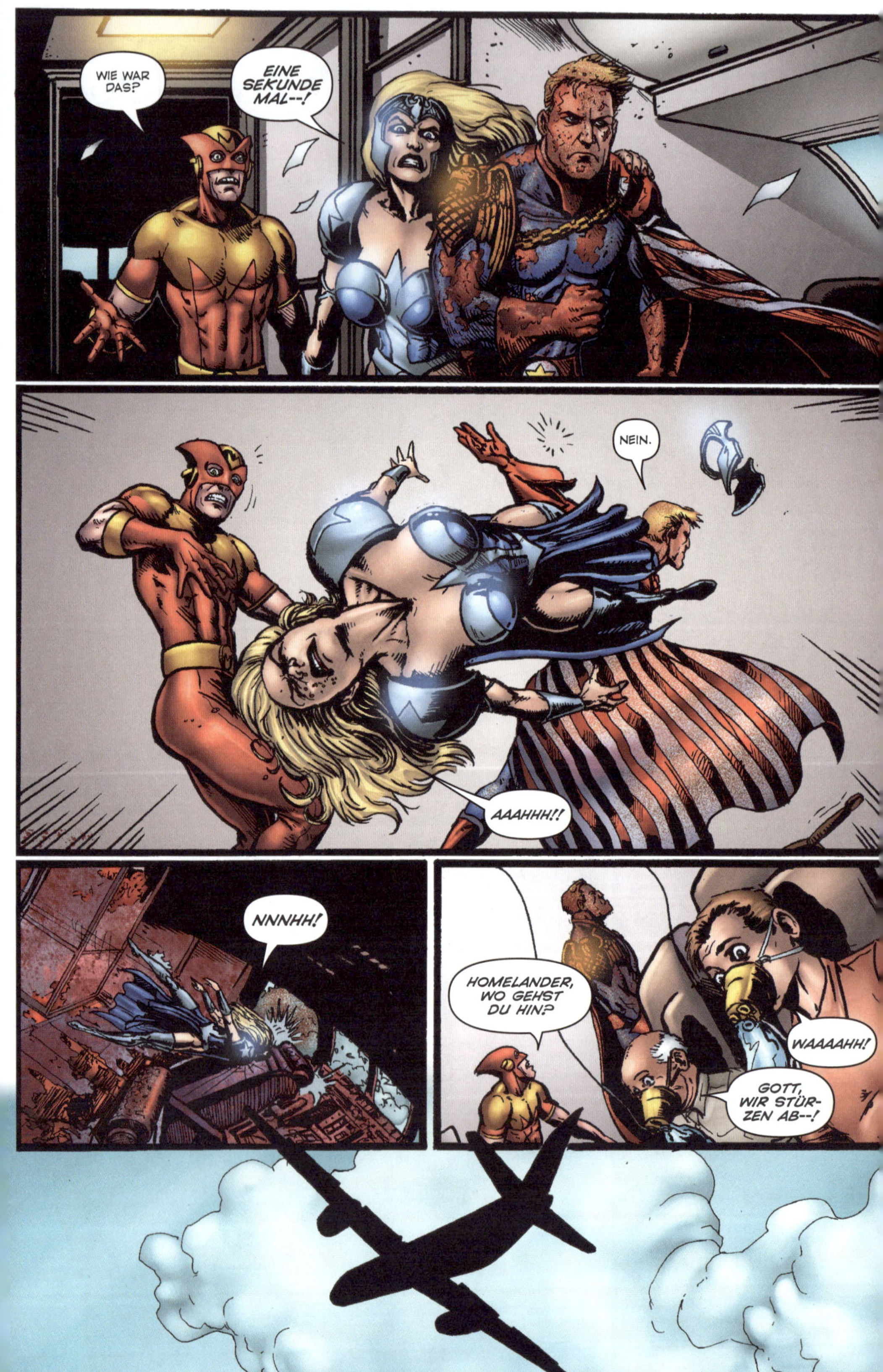
WIE WAR DAS?
EINE SEKUNDE MAL--!
NEIN.
AAAHHH!!
NNNHH!
HOMELANDER, WO GEHST DU HIN?
WAAAAHH!
GOTT, WIR STÜR-ZEN AB--!

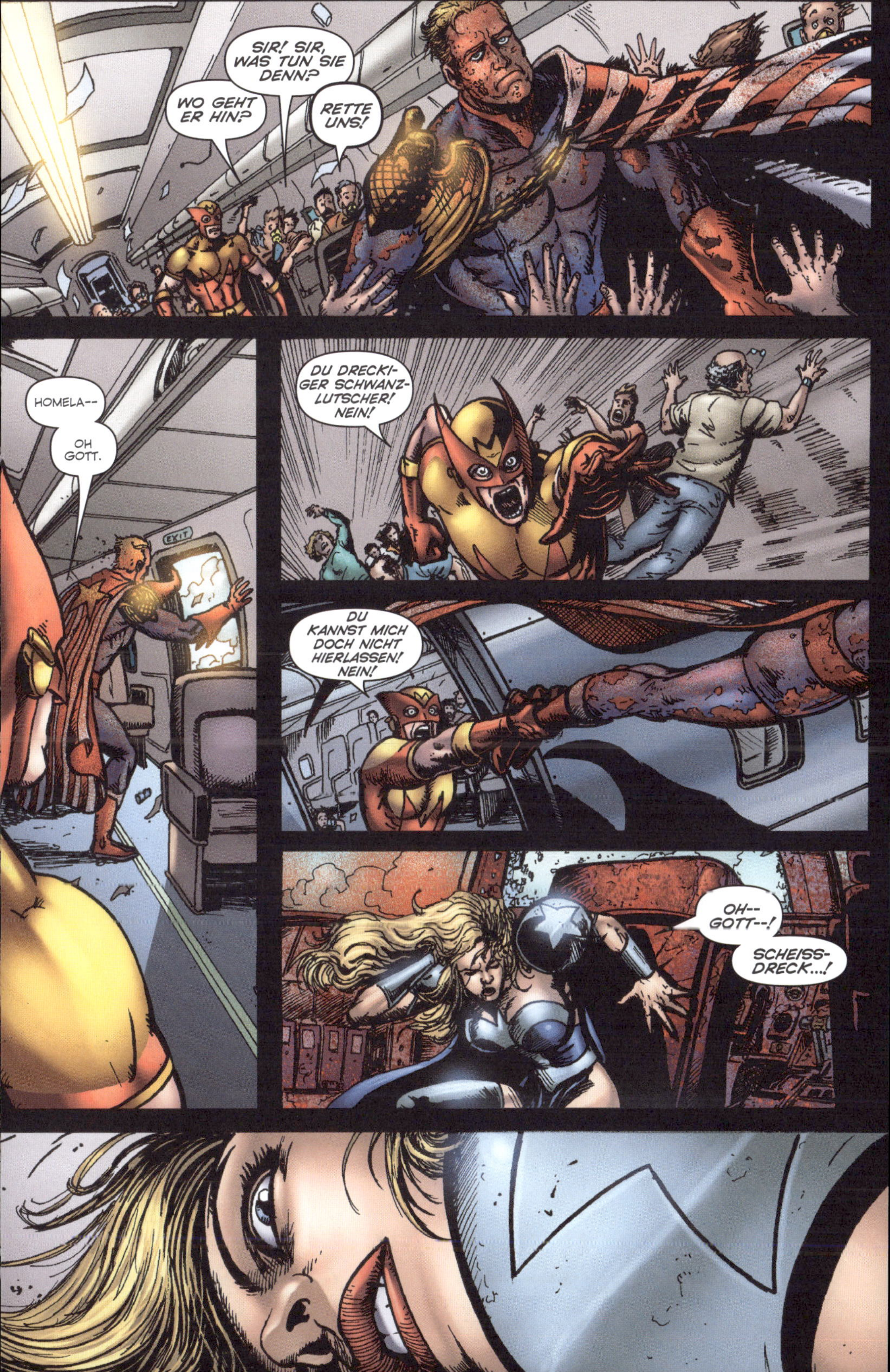
SIR! SIR, WAS TUN SIE DENN?
WO GEHT ER HIN?
RETTE UNS!
HOMELA--
OH GOTT.
DU DRECKI-GER SCHWANZ-LUTSCHER! NEIN!
DU KANNST MICH DOCH NICHT HIERLASSEN! NEIN!
OH-- GOTT--!
SCHEISS-DRECK...!

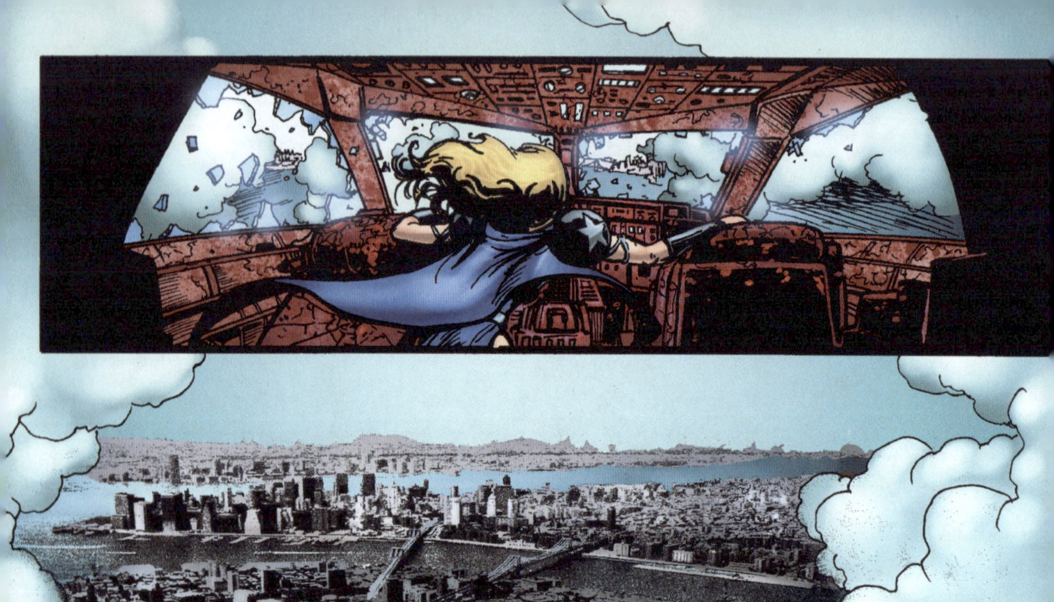

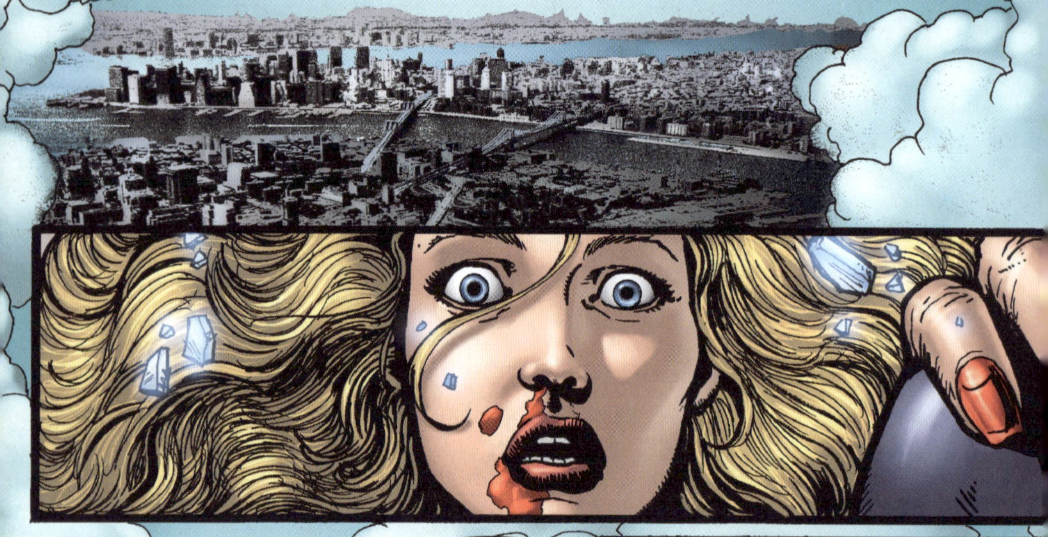

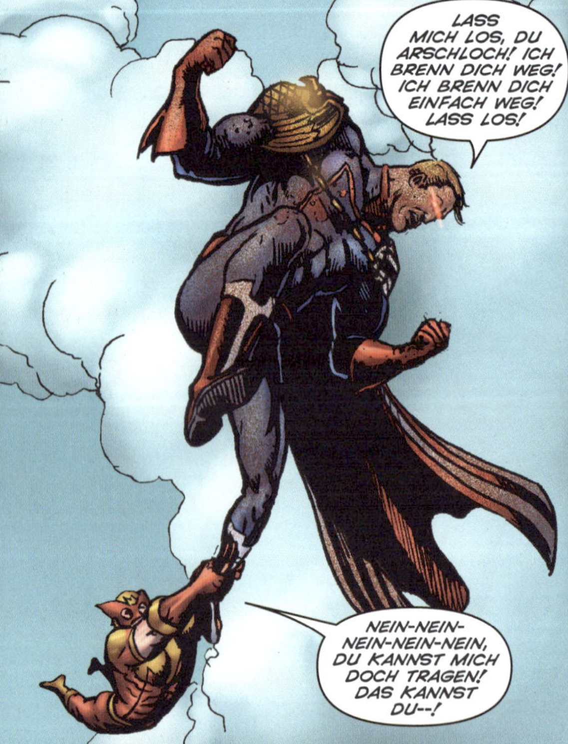

LASS MICH LOS, DU ARSCHLOCH! ICH BRENN DICH WEG! ICH BRENN DICH EINFACH WEG! LASS LOS!
NEIN-NEIN-NEIN-NEIN-NEIN, DU KANNST MICH DOCH TRAGEN! DAS KANNST DU--!

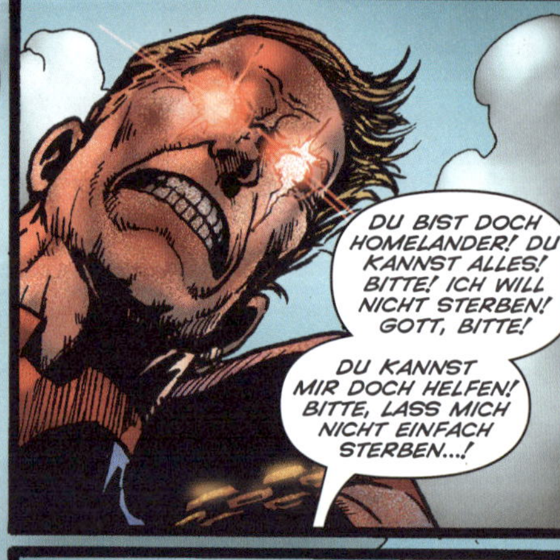

DU BIST DOCH HOMELANDER! DU KANNST ALLES! BITTE! ICH WILL NICHT STERBEN! GOTT, BITTE!
DU KANNST MIR DOCH HELFEN! BITTE, LASS MICH NICHT EINFACH STERBEN...!

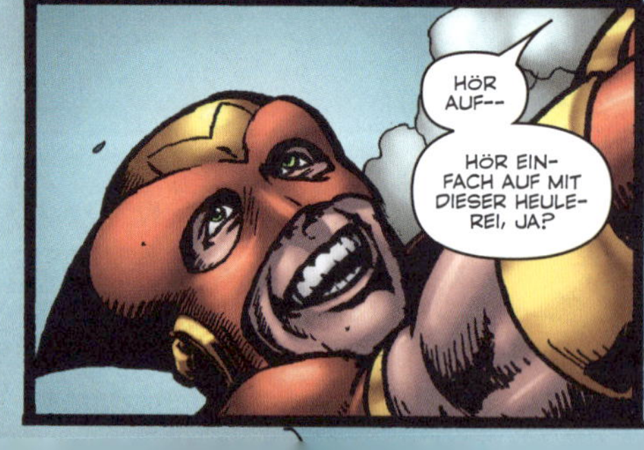

HÖR AUF--
HÖR EINFACH AUF MIT DIESER HEULEREI, JA?

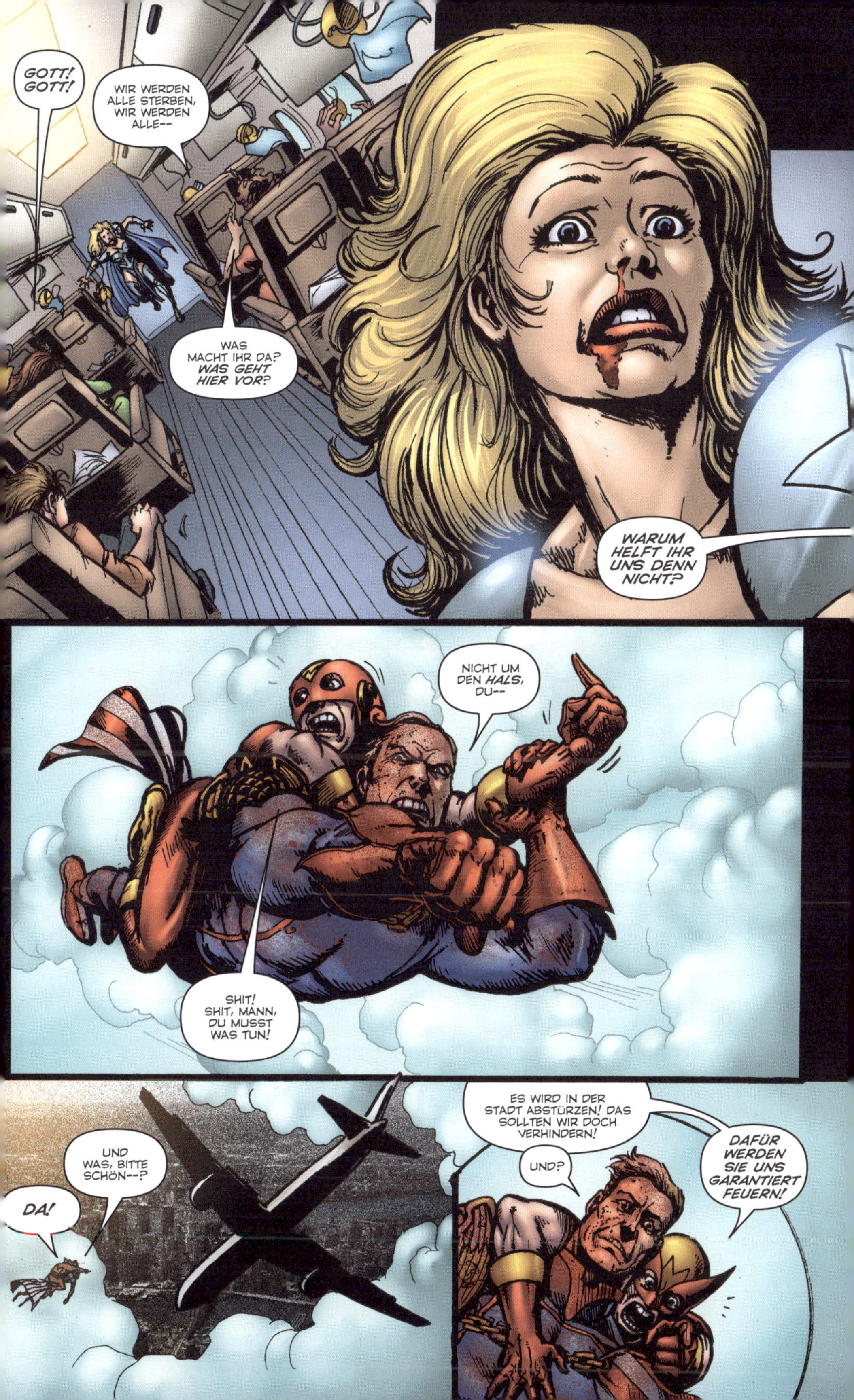

GOTT! GOTT!
WIR WERDEN ALLE STERBEN, WIR WERDEN ALLE--
WAS MACHT IHR DA? *WAS GEHT HIER VOR?*
WARUM HELFT IHR UNS DENN NICHT?
NICHT UM DEN *HALS*, DU--
SHIT! SHIT, MANN, DU MUSST WAS TUN!
UND WAS, BITTE SCHÖN--?
DA!
ES WIRD IN DER STADT ABSTÜRZEN! DAS SOLLTEN WIR DOCH VERHINDERN!
UND?
DAFÜR WERDEN SIE UNS GARANTIERT FEUERN!

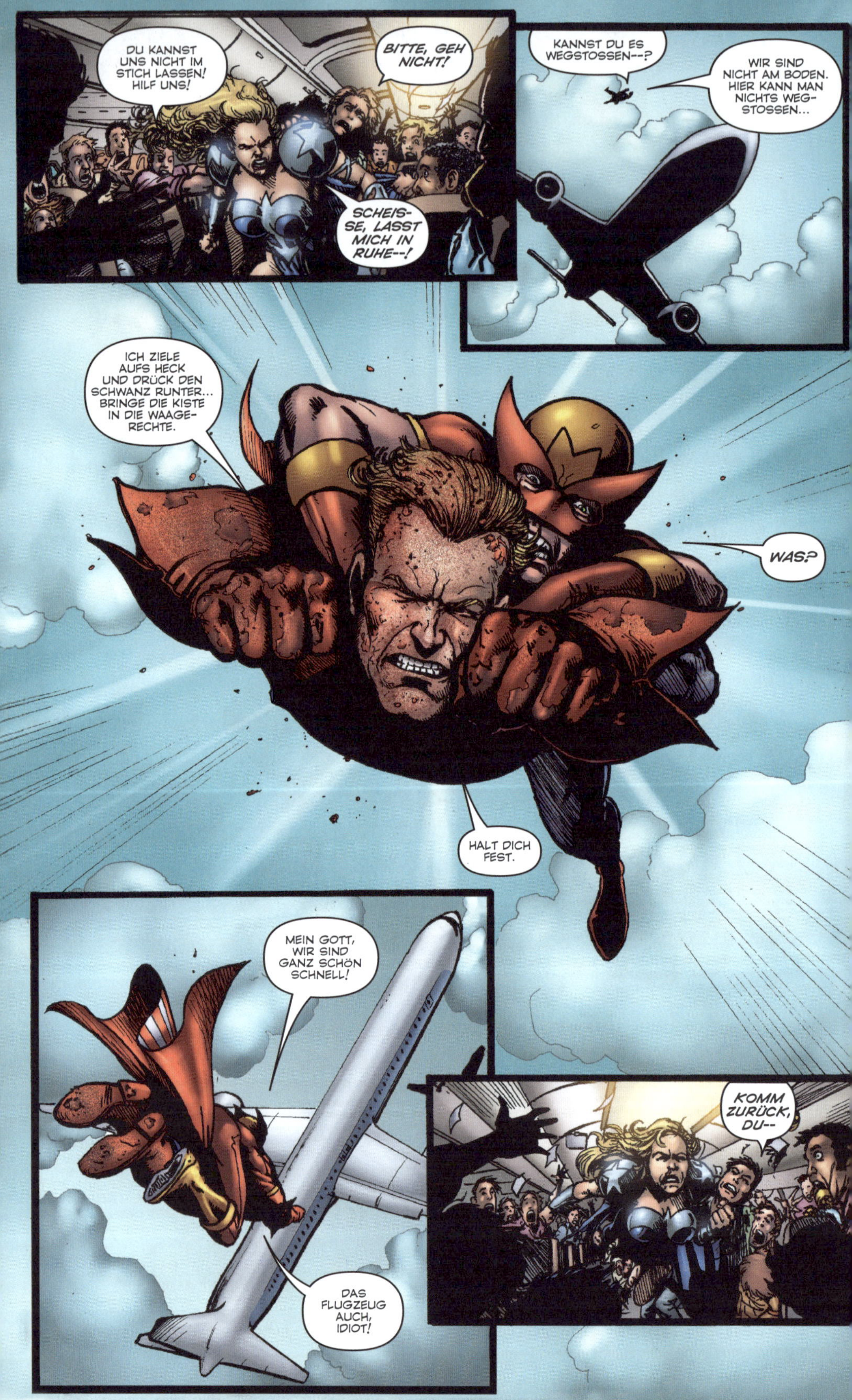
DU KANNST UNS NICHT IM STICH LASSEN! HILF UNS!
BITTE, GEH NICHT!
SCHEISSE, LASST MICH IN RUHE--!
KANNST DU ES WEGSTOSSEN--?
WIR SIND NICHT AM BODEN. HIER KANN MAN NICHTS WEGSTOSSEN...
ICH ZIELE AUFS HECK UND DRÜCK DEN SCHWANZ RUNTER... BRINGE DIE KISTE IN DIE WAAGERECHTE.
WAS?
HALT DICH FEST.
MEIN GOTT, WIR SIND GANZ SCHÖN SCHNELL!
DAS FLUGZEUG AUCH, IDIOT!
KOMM ZURÜCK, DU--

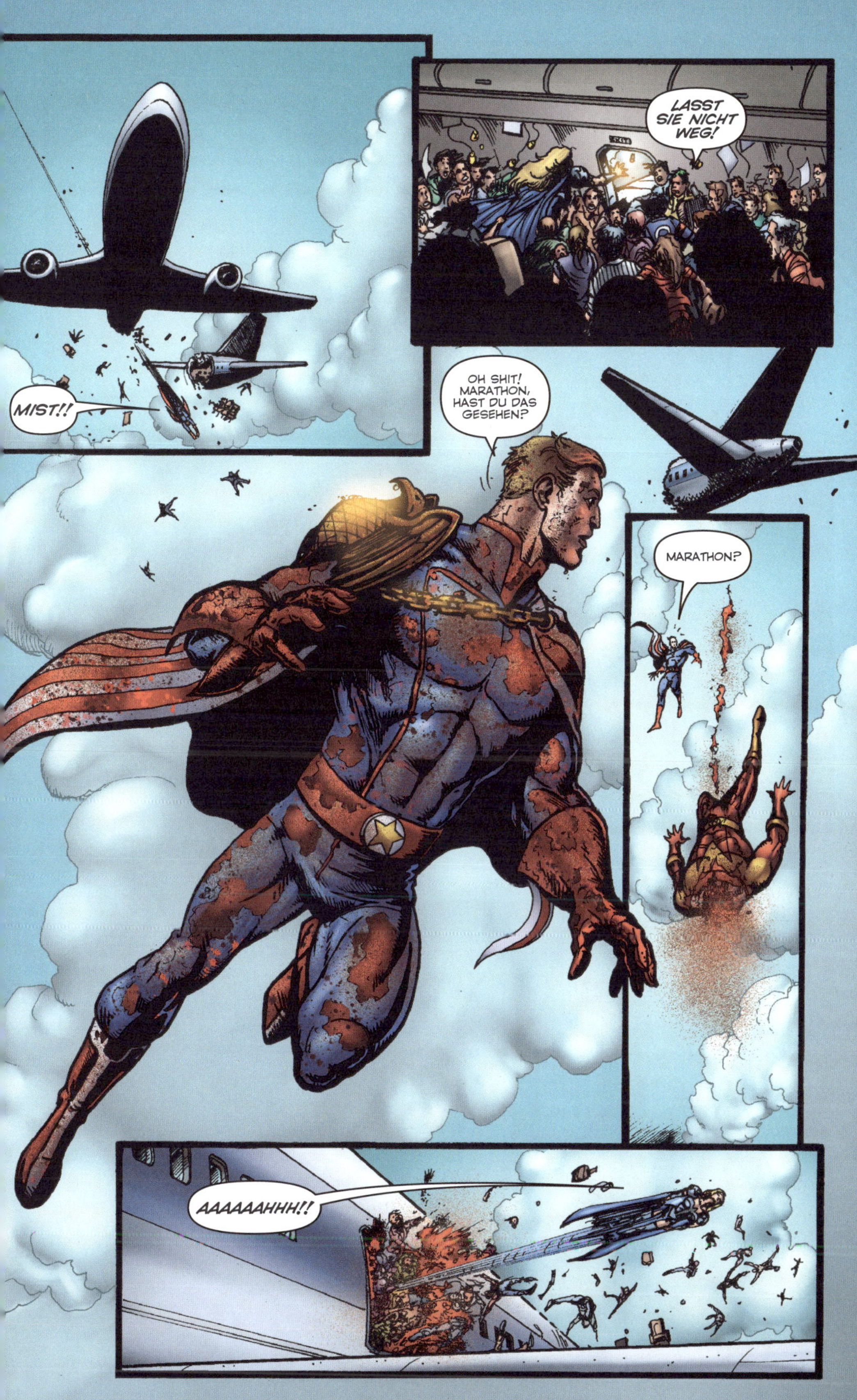
MIST!!
LASST SIE NICHT WEG!
OH SHIT! MARATHON, HAST DU DAS GESEHEN?
MARATHON?
AAAAAAHHH!!

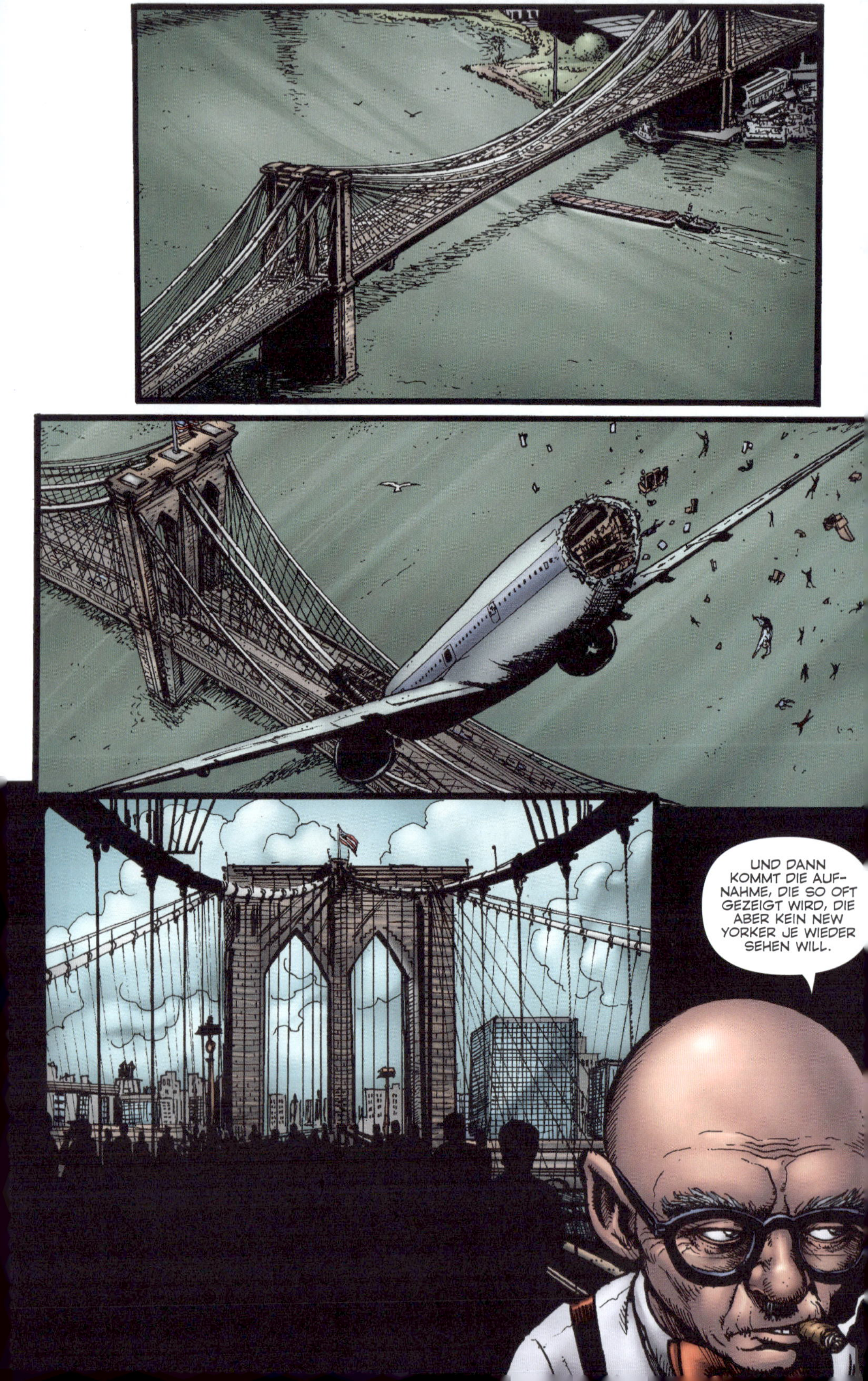

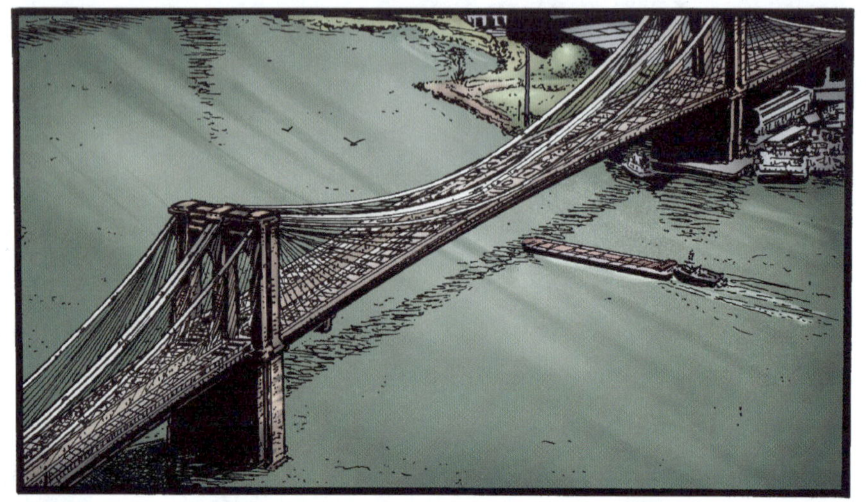

UND DANN KOMMT DIE AUF-NAHME, DIE SO OFT GEZEIGT WIRD, DIE ABER KEIN NEW YORKER JE WIEDER SEHEN WILL.

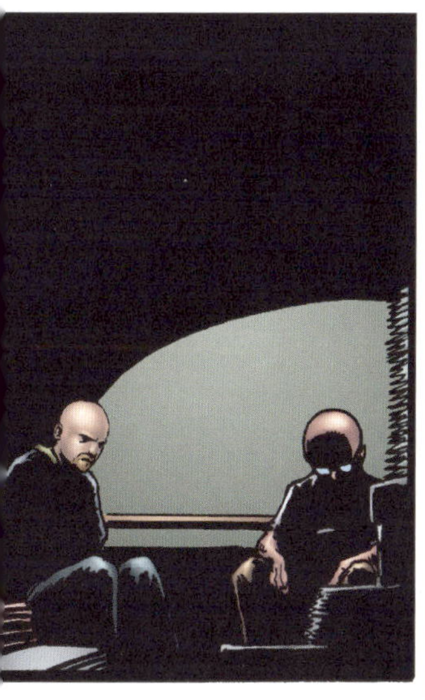

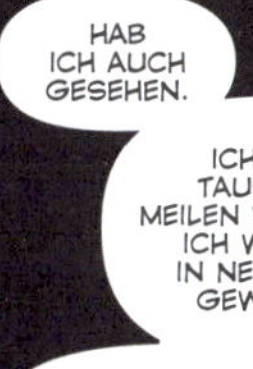
HAB ICH AUCH GESEHEN.
ICH WAR TAUSENDE MEILEN WEIT WEG. ICH WAR NIE IN NEW YORK GEWESEN.
ABER ICH DACHTE SOFORT-- NICHTS WIRD MEHR SO SEIN, WIE ES MAL WAR.
NICHT WEGEN DER VIELEN TOTEN, DAS WAR JA SCHLIMM GENUG. UND MAN WUSSTE AUCH SOFORT, DASS SIE ES ALS AUSREDE BENUTZEN WÜRDEN, UM ENDLICH ALL DIE SCHEISSE ZU TUN, DIE SIE SCHON LANGE VORHATTEN, DEN PATRIOT ACT, PAKISTAN, ALL DAS...
ABER DER GEDANKE, DASS SO ETWAS ÜBERHAUPT PASSIEREN KONNTE--

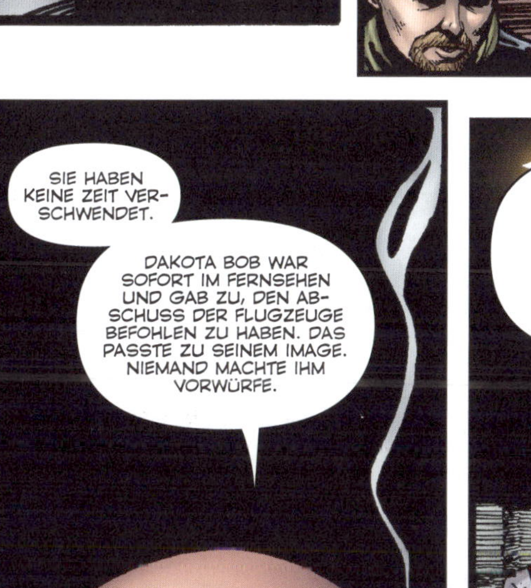
SIE HABEN KEINE ZEIT VERSCHWENDET.
DAKOTA BOB WAR SOFORT IM FERNSEHEN UND GAB ZU, DEN ABSCHUSS DER FLUGZEUGE BEFOHLEN ZU HABEN. DAS PASSTE ZU SEINEM IMAGE. NIEMAND MACHTE IHM VORWÜRFE.

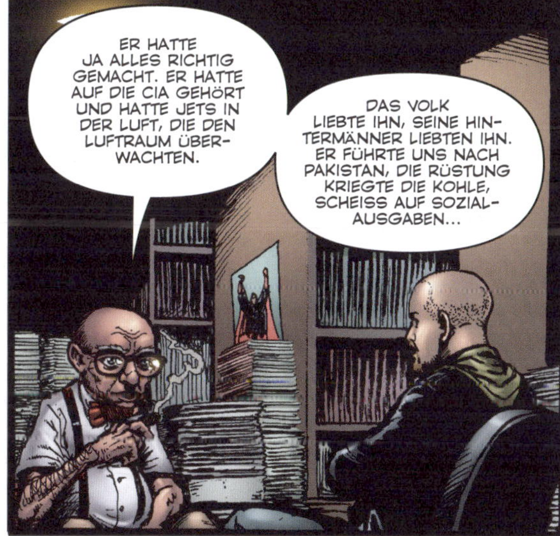
ER HATTE JA ALLES RICHTIG GEMACHT. ER HATTE AUF DIE CIA GEHÖRT UND HATTE JETS IN DER LUFT, DIE DEN LUFTRAUM ÜBERWACHTEN.
DAS VOLK LIEBTE IHN, SEINE HINTERMÄNNER LIEBTEN IHN. ER FÜHRTE UNS NACH PAKISTAN, DIE RÜSTUNG KRIEGTE DIE KOHLE, SCHEISS AUF SOZIALAUSGABEN...
ABER ER BEHAUPTETE, DASS DIE AIR FORCE *ALLE* ABGESCHOSSEN HÄTTE, NICHT NUR DAS ERSTE UND DAS, WAS VERMUTLICH NACH D.C. UNTERWEGS WAR. ER VERTUSCHTE ES-- UND NICHT NUR DEN EINSATZ DER SEVEN...
BOB HÄTTE NIEMALS DIE JETS ZURÜCKGEPFIFFEN, UM VOUGHTS SUPIES RANZULASSEN. DAS WAR *VIC DER VIZE*-- ABER WIE WAR *DAS* MÖGLICH--?

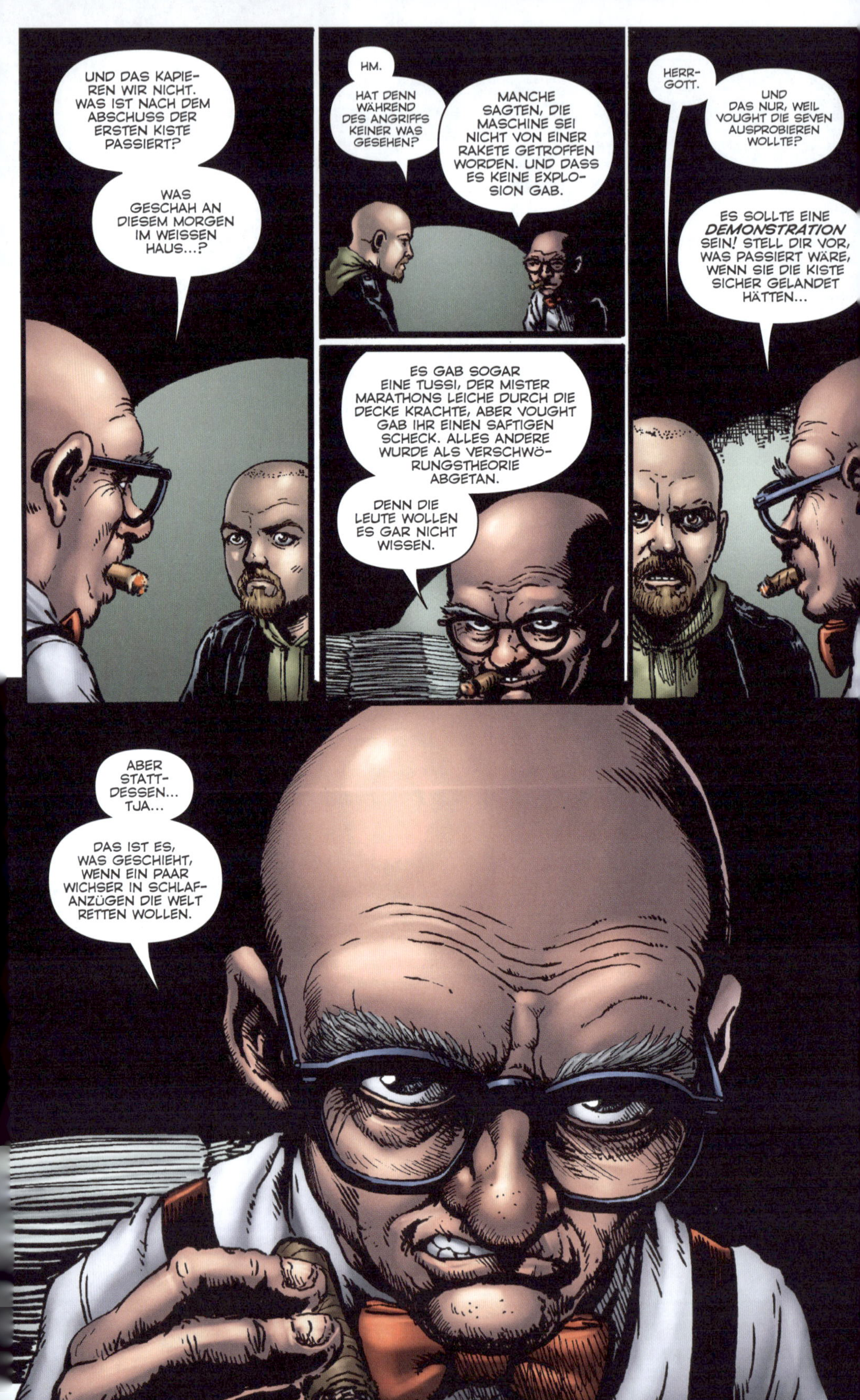
UND DAS KAPIEREN WIR NICHT. WAS IST NACH DEM ABSCHUSS DER ERSTEN KISTE PASSIERT?
WAS GESCHAH AN DIESEM MORGEN IM WEISSEN HAUS...?
HM.
HAT DENN WÄHREND DES ANGRIFFS KEINER WAS GESEHEN?
MANCHE SAGTEN, DIE MASCHINE SEI NICHT VON EINER RAKETE GETROFFEN WORDEN. UND DASS ES KEINE EXPLOSION GAB.
HERRGOTT.
UND DAS NUR, WEIL VOUGHT DIE SEVEN AUSPROBIEREN WOLLTE?
ES SOLLTE EINE *DEMONSTRATION* SEIN! STELL DIR VOR, WAS PASSIERT WÄRE, WENN SIE DIE KISTE SICHER GELANDET HÄTTEN...
ES GAB SOGAR EINE TUSSI, DER MISTER MARATHONS LEICHE DURCH DIE DECKE KRACHTE, ABER VOUGHT GAB IHR EINEN SAFTIGEN SCHECK. ALLES ANDERE WURDE ALS VERSCHWÖRUNGSTHEORIE ABGETAN.
DENN DIE LEUTE WOLLEN ES GAR NICHT WISSEN.
ABER STATTDESSEN... TJA...
DAS IST ES, WAS GESCHIEHT, WENN EIN PAAR WICHSER IN SCHLAFANZÜGEN DIE WELT RETTEN WOLLEN.

STUNDE DER WAHRHEIT, TEIL 4

The Boys (2006) 22
Cover von **DARICK ROBERTSON**

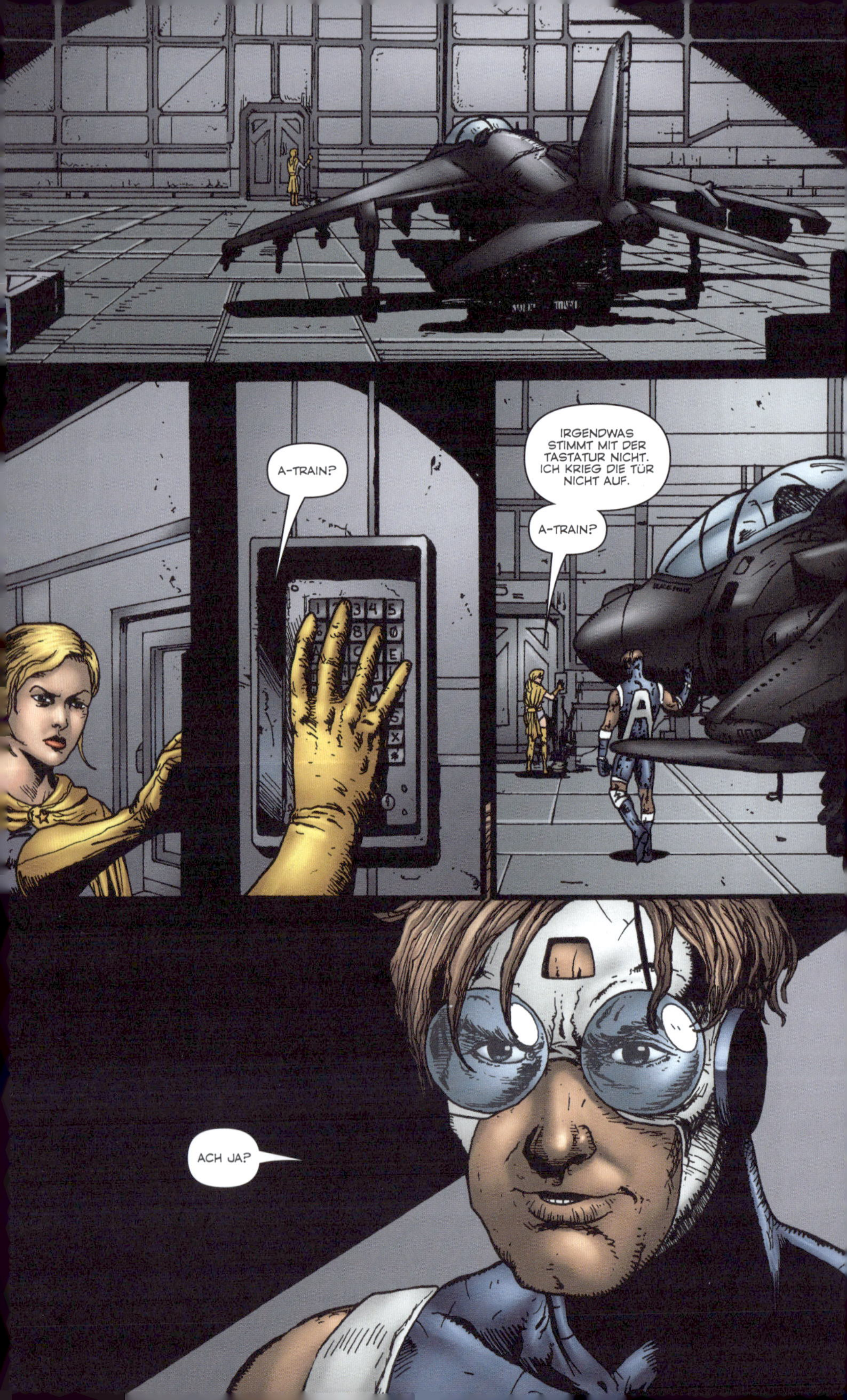
A-TRAIN?
IRGENDWAS STIMMT MIT DER TASTATUR NICHT. ICH KRIEG DIE TÜR NICHT AUF.
A-TRAIN?
ACH JA?

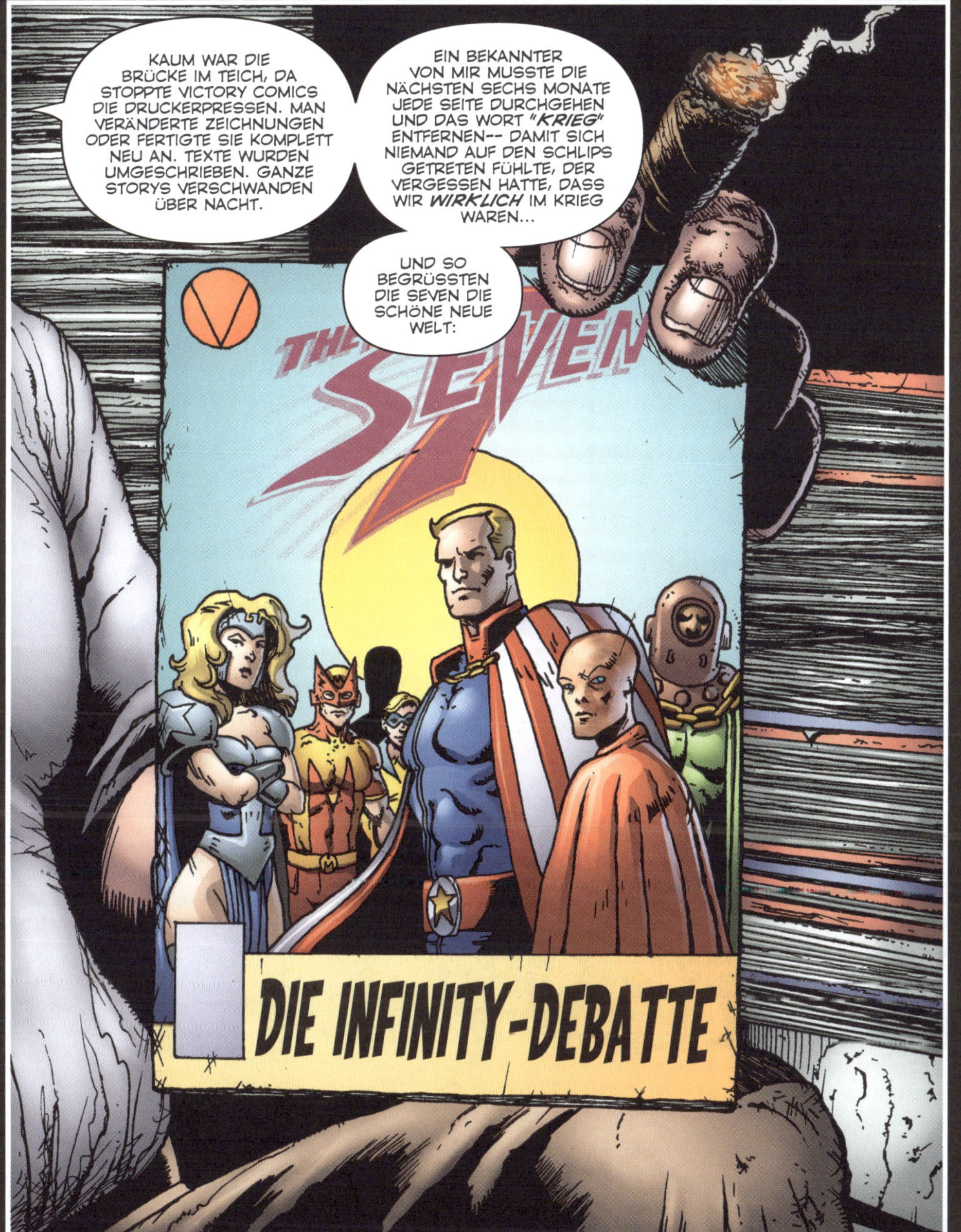

STUNDE DER WAHRHEIT
TEIL 4

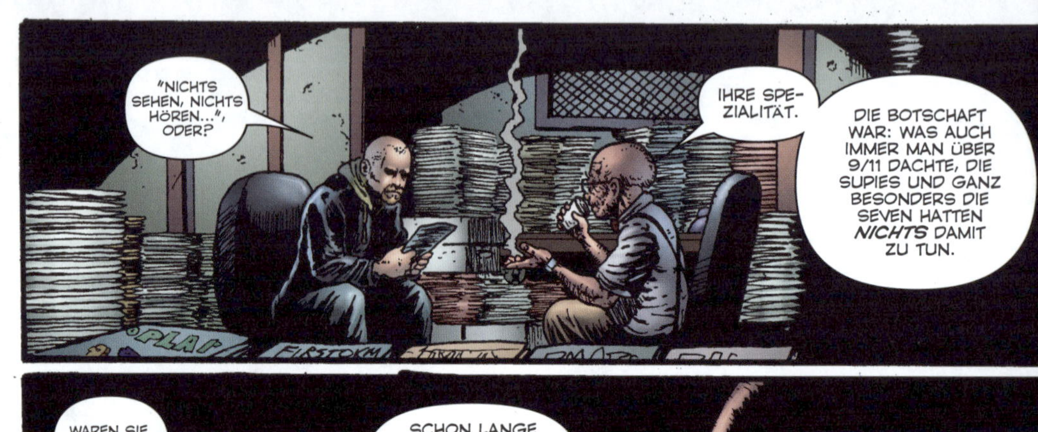
"NICHTS SEHEN, NICHTS HÖREN...", ODER?
IHRE SPEZIALITÄT.
DIE BOTSCHAFT WAR: WAS AUCH IMMER MAN ÜBER 9/11 DACHTE, DIE SUPIES UND GANZ BESONDERS DIE SEVEN HATTEN *NICHTS* DAMIT ZU TUN.

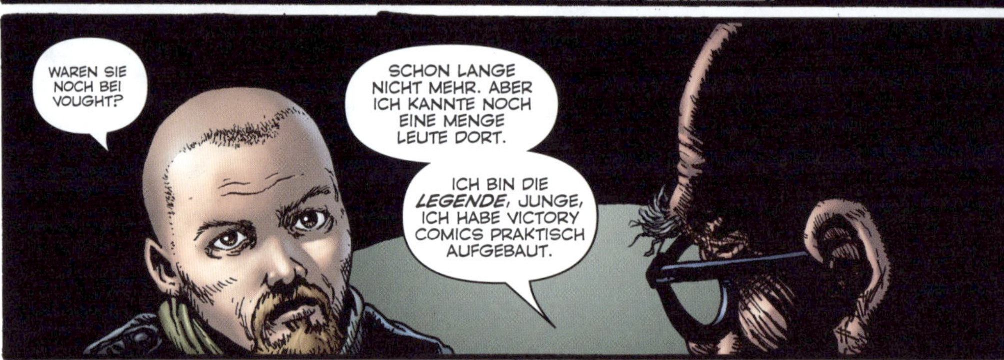
WAREN SIE NOCH BEI VOUGHT?
SCHON LANGE NICHT MEHR. ABER ICH KANNTE NOCH EINE MENGE LEUTE DORT.
ICH BIN DIE *LEGENDE*, JUNGE, ICH HABE VICTORY COMICS PRAKTISCH AUFGEBAUT.

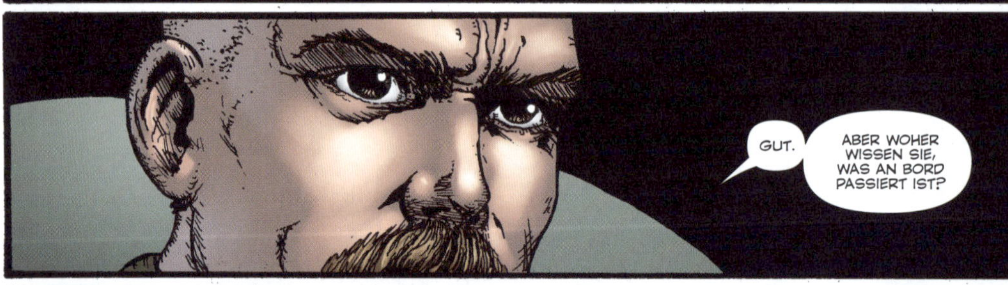
GUT.
ABER WOHER WISSEN SIE, WAS AN BORD PASSIERT IST?

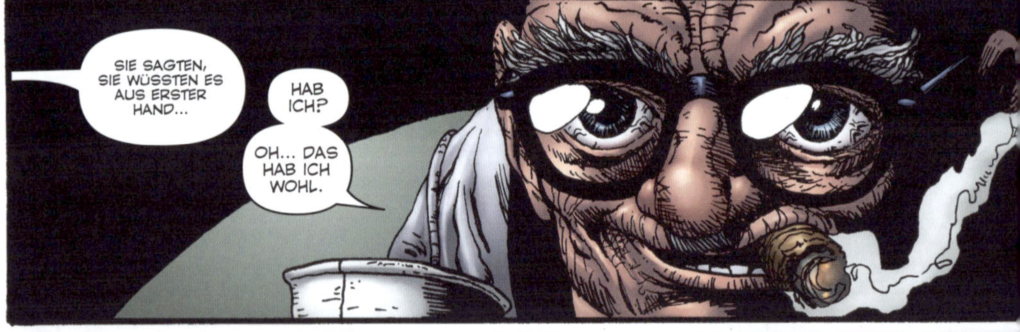
SIE SAGTEN, SIE WÜSSTEN ES AUS ERSTER HAND...
HAB ICH?
OH... DAS HAB ICH WOHL.

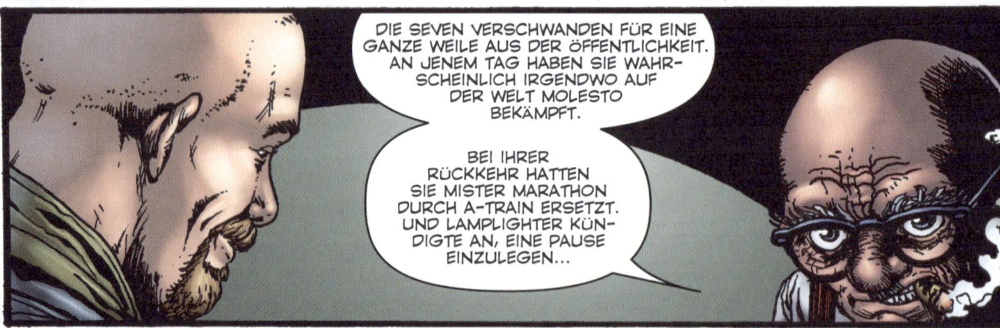
DIE SEVEN VERSCHWANDEN FÜR EINE GANZE WEILE AUS DER ÖFFENTLICHKEIT. AN JENEM TAG HABEN SIE WAHRSCHEINLICH IRGENDWO AUF DER WELT MOLESTO BEKÄMPFT.
BEI IHRER RÜCKKEHR HATTEN SIE MISTER MARATHON DURCH A-TRAIN ERSETZT. UND LAMPLIGHTER KÜNDIGTE AN, EINE PAUSE EINZULEGEN...

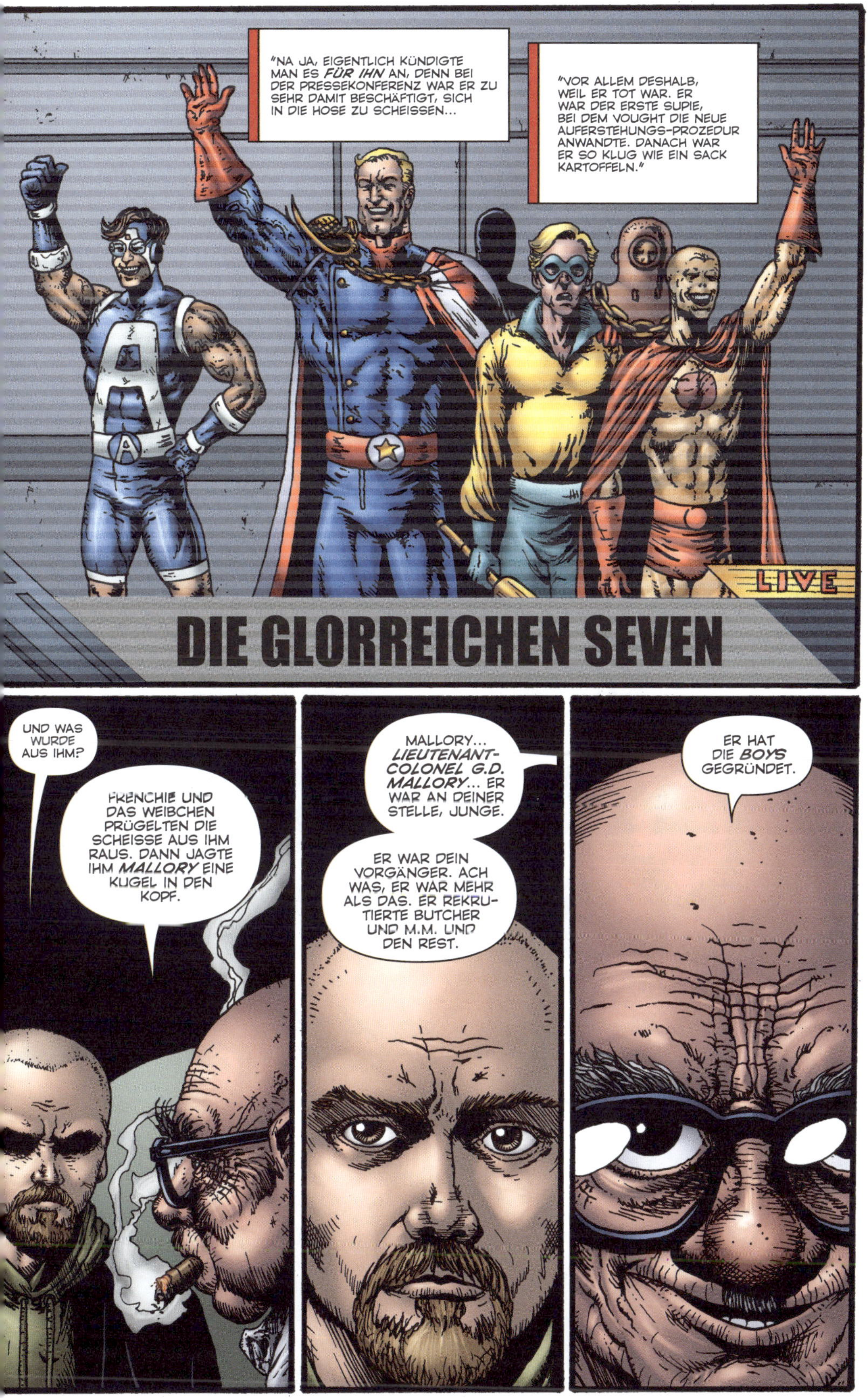

"NA JA, EIGENTLICH KÜNDIGTE MAN ES ***FÜR IHN*** AN, DENN BEI DER PRESSEKONFERENZ WAR ER ZU SEHR DAMIT BESCHÄFTIGT, SICH IN DIE HOSE ZU SCHEISSEN...

"VOR ALLEM DESHALB, WEIL ER TOT WAR. ER WAR DER ERSTE SUPIE, BEI DEM VOUGHT DIE NEUE AUFERSTEHUNGS-PROZEDUR ANWANDTE. DANACH WAR ER SO KLUG WIE EIN SACK KARTOFFELN."

LIVE

DIE GLORREICHEN SEVEN

UND WAS WURDE AUS IHM?

FRENCHIE UND DAS WEIBCHEN PRÜGELTEN DIE SCHEISSE AUS IHM RAUS. DANN JAGTE IHM ***MALLORY*** EINE KUGEL IN DEN KOPF.

MALLORY... ***LIEUTENANT-COLONEL G.D. MALLORY***... ER WAR AN DEINER STELLE, JUNGE.

ER WAR DEIN VORGÄNGER. ACH WAS, ER WAR MEHR ALS DAS. ER REKRUTIERTE BUTCHER UND M.M. UND DEN REST.

ER HAT DIE ***BOYS*** GEGRÜNDET.

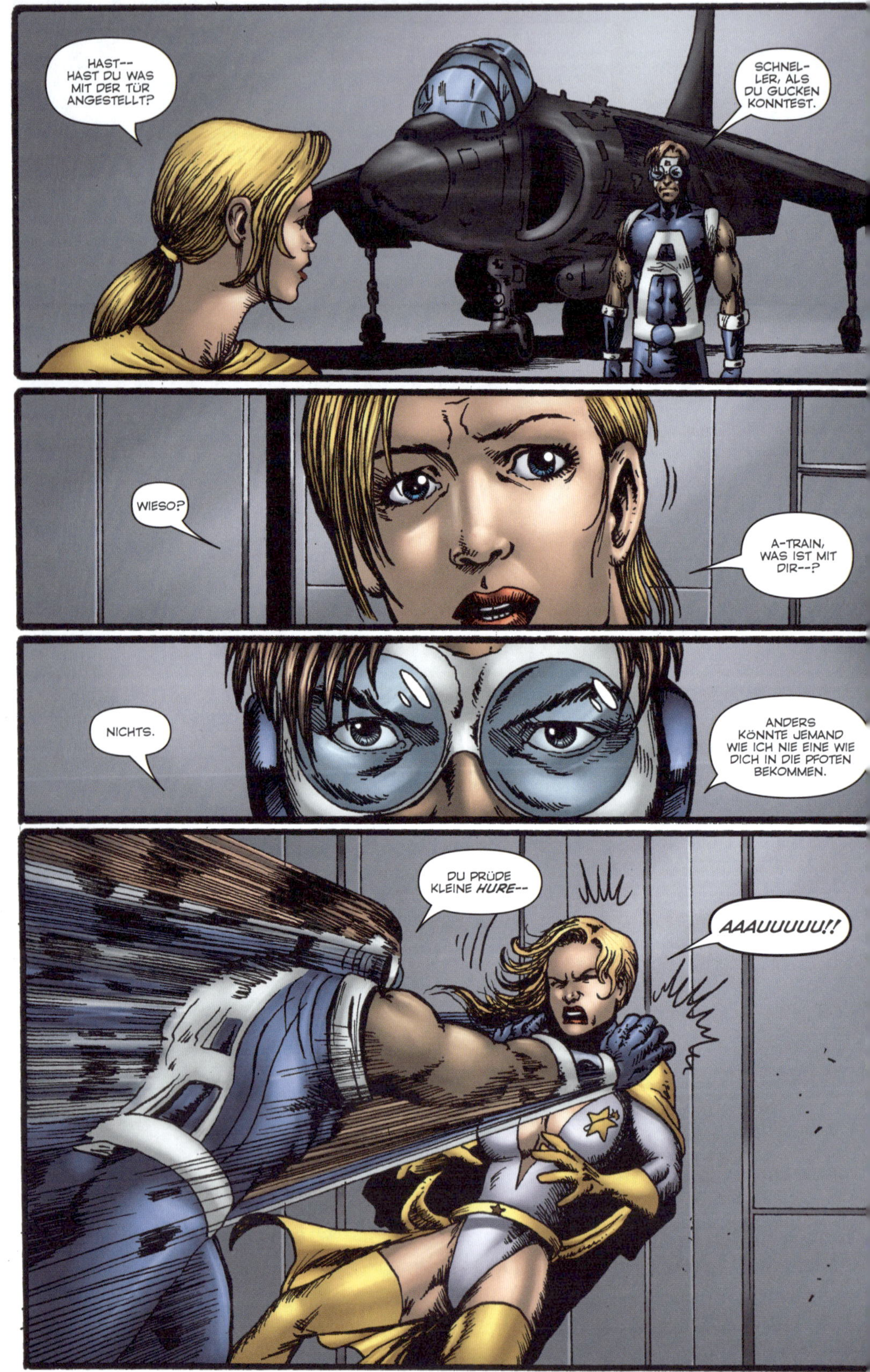
HAST--
HAST DU WAS MIT DER TÜR ANGESTELLT?
SCHNELLER, ALS DU GUCKEN KONNTEST.
WIESO?
A-TRAIN, WAS IST MIT DIR--?
NICHTS.
ANDERS KÖNNTE JEMAND WIE ICH NIE EINE WIE DICH IN DIE PFOTEN BEKOMMEN.
DU PRÜDE KLEINE *HURE*--
AAAUUUUU!!

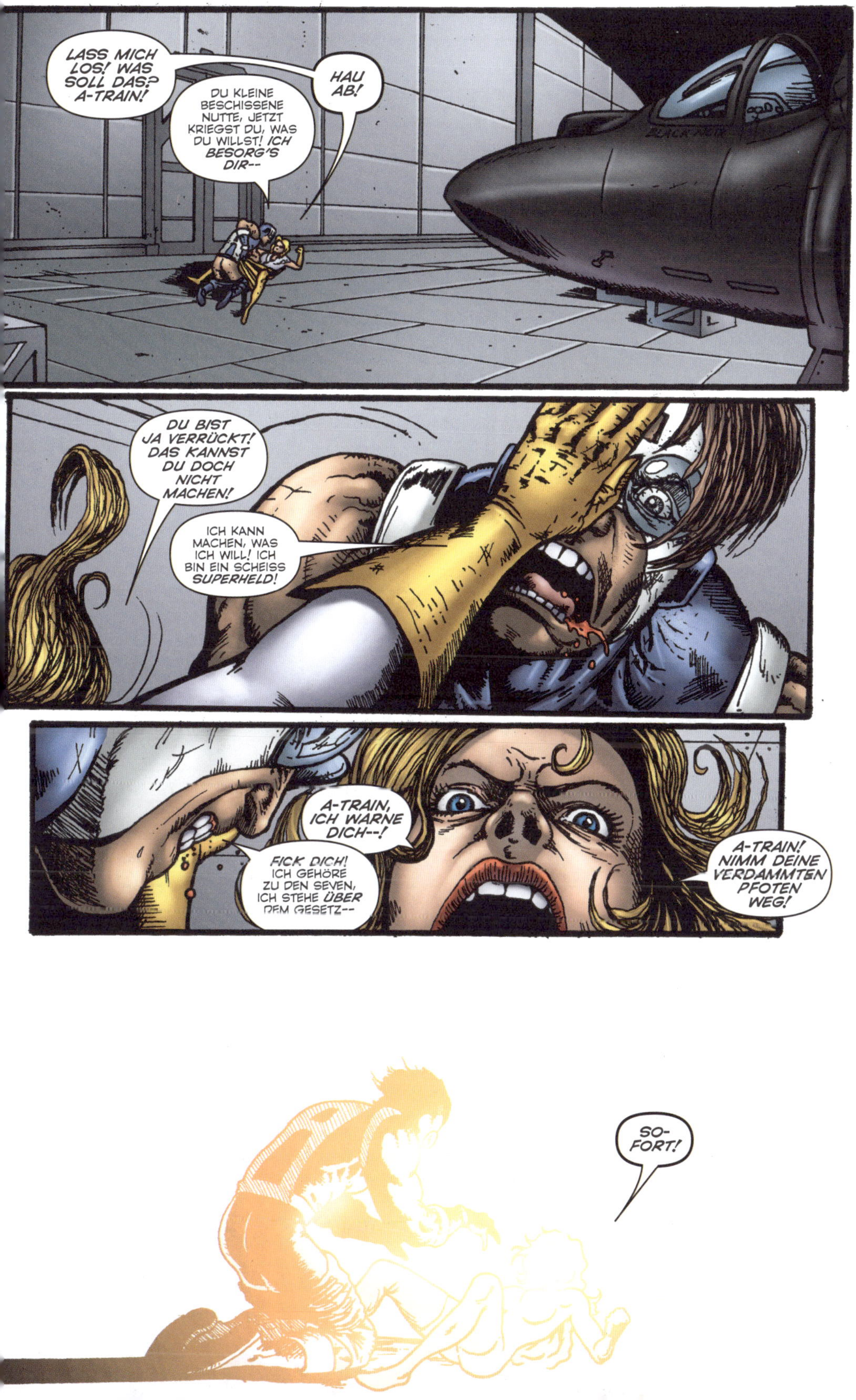

LASS MICH LOS! WAS SOLL DAS? A-TRAIN!
HAU AB!
DU KLEINE BESCHISSENE NUTTE, JETZT KRIEGST DU, WAS DU WILLST! ICH BESORG'S DIR--

DU BIST JA VERRÜCKT! DAS KANNST DU DOCH NICHT MACHEN!
ICH KANN MACHEN, WAS ICH WILL! ICH BIN EIN SCHEISS SUPERHELD!

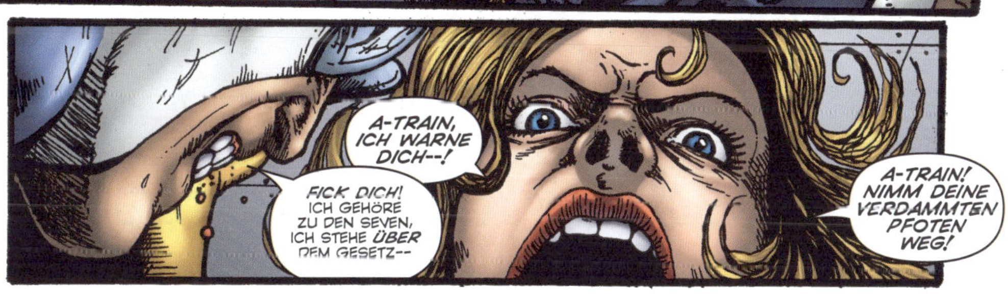

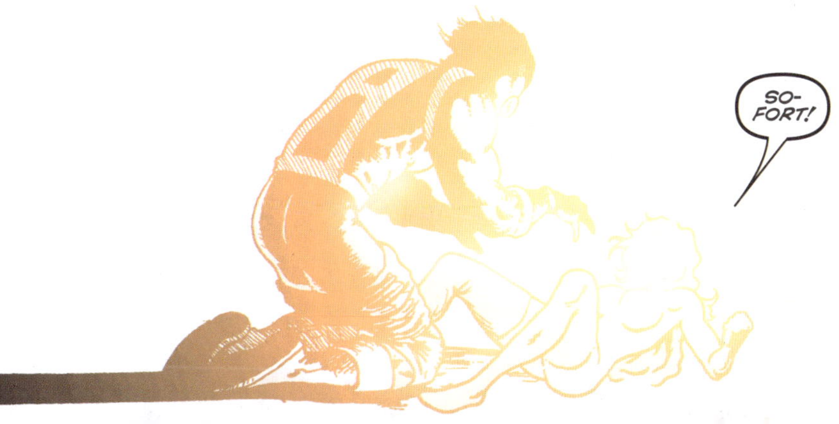

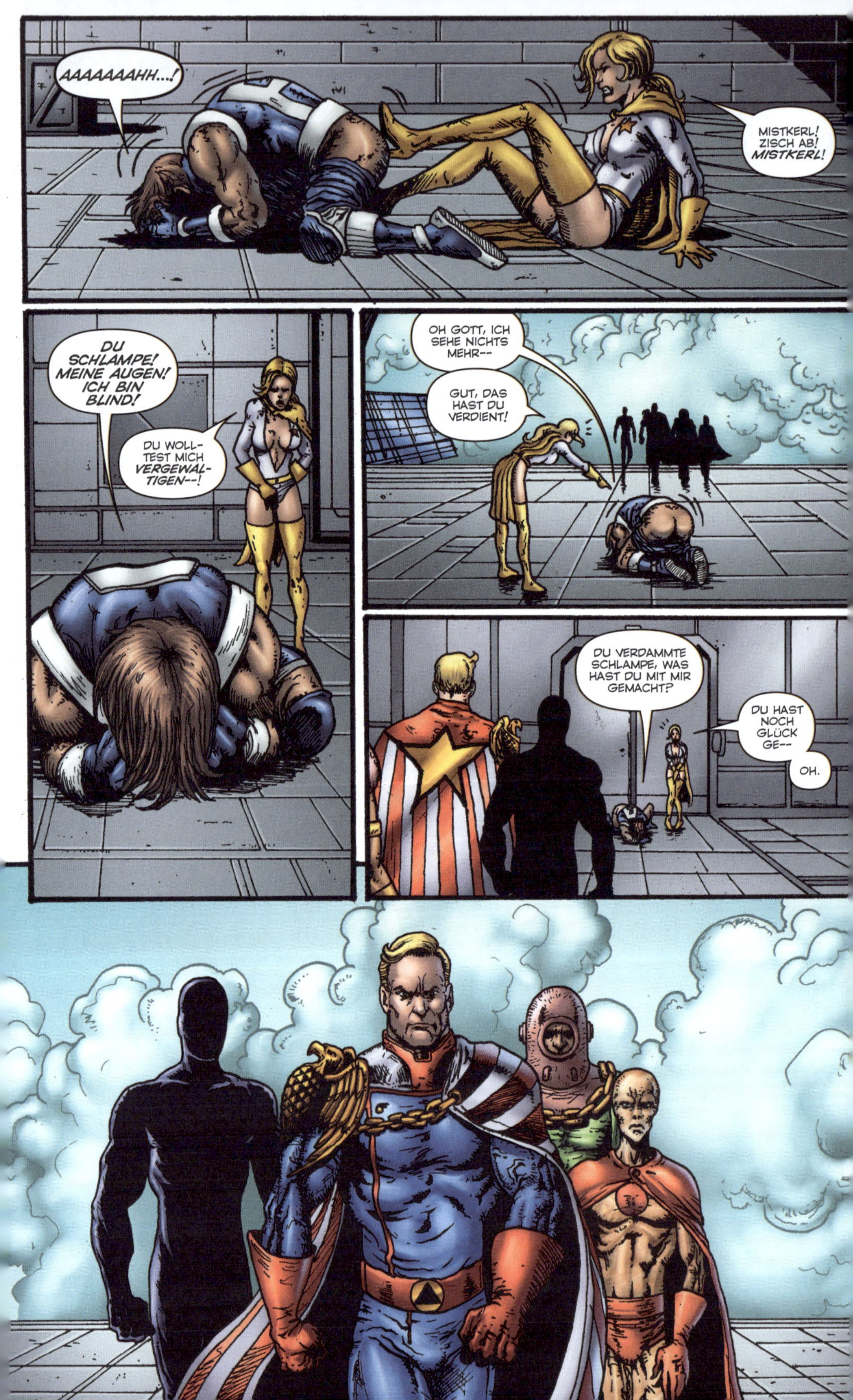
AAAAAAAHH...!
MISTKERL! ZISCH AB! MISTKERL!
DU SCHLAMPE! MEINE AUGEN! ICH BIN BLIND!
DU WOLLTEST MICH VERGEWALTIGEN--!
OH GOTT, ICH SEHE NICHTS MEHR--
GUT, DAS HAST DU VERDIENT!
DU VERDAMMTE SCHLAMPE, WAS HAST DU MIT MIR GEMACHT?
DU HAST NOCH GLÜCK GE--
OH.

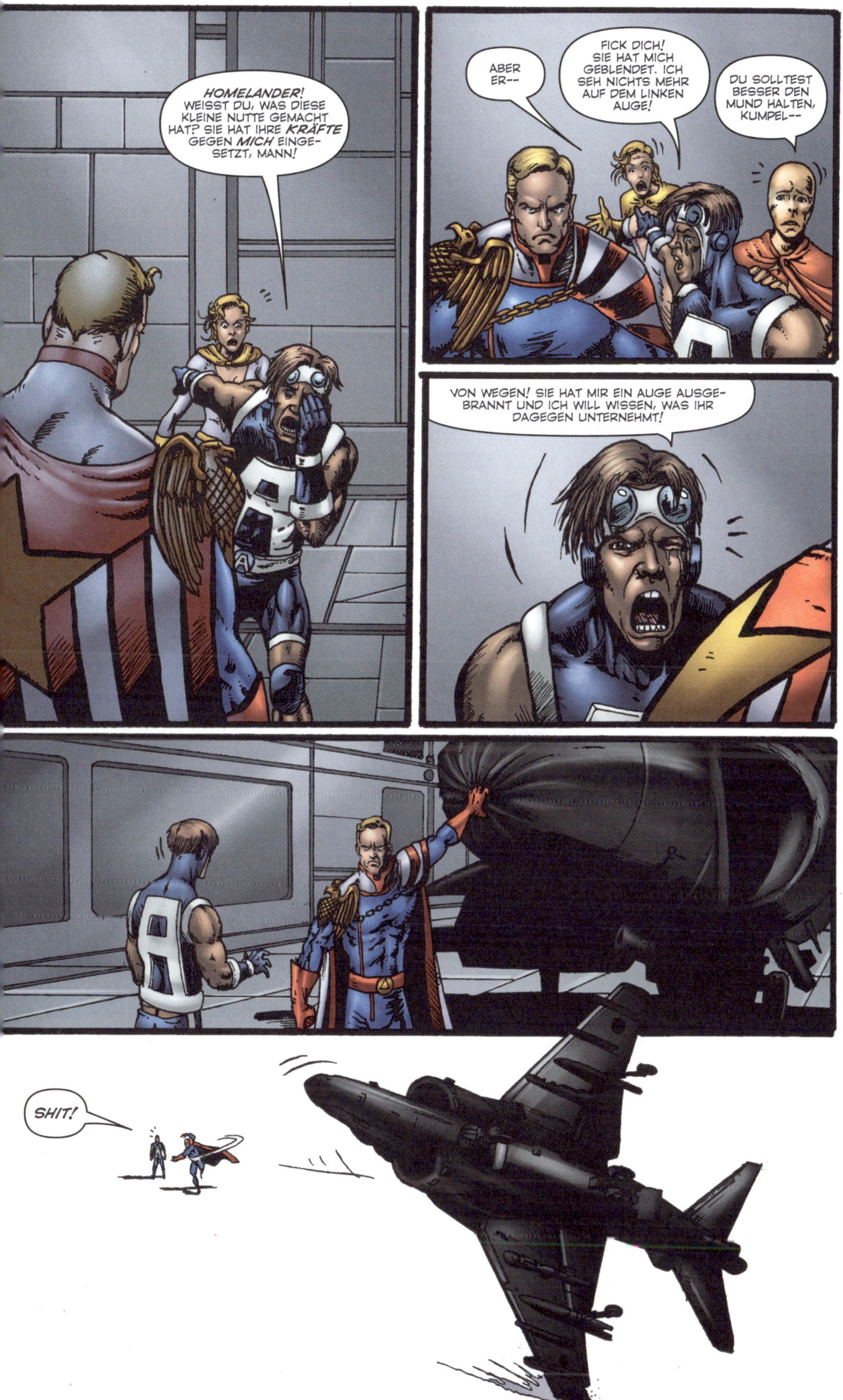

HOMELANDER! WEISST DU, WAS DIESE KLEINE NUTTE GEMACHT HAT? SIE HAT IHRE **KRÄFTE** GEGEN **MICH** EINGE-SETZT, MANN!

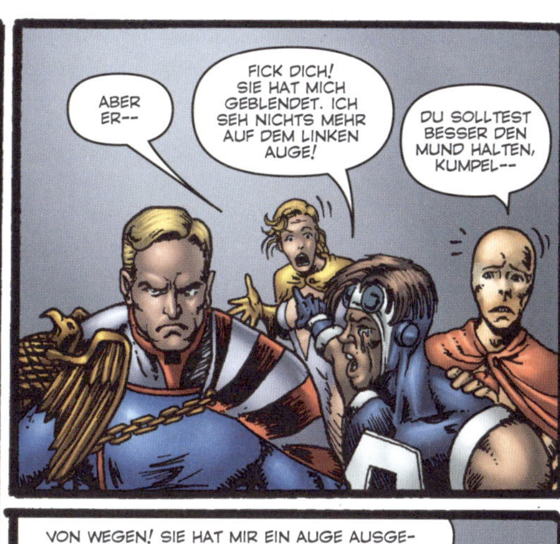

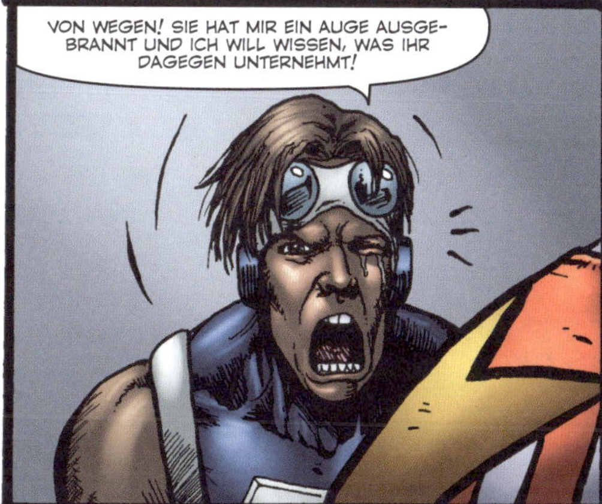

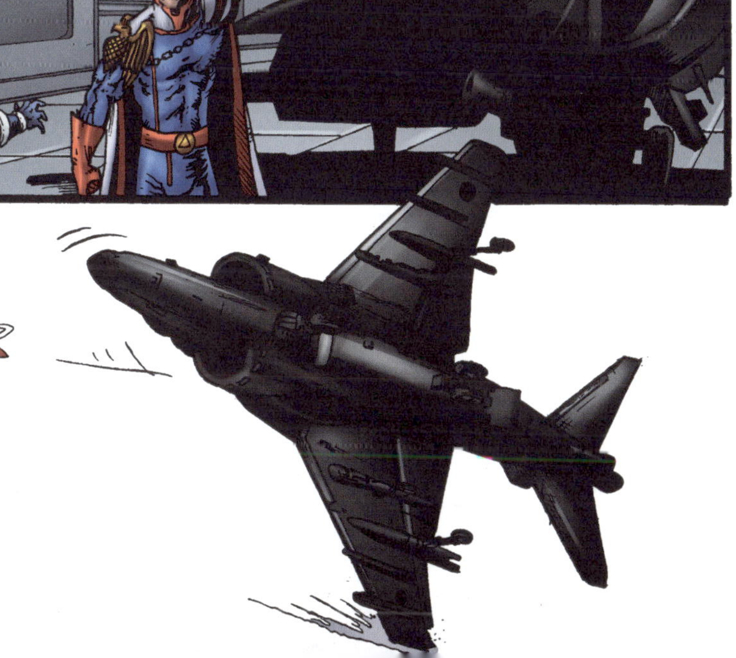

SHIT!

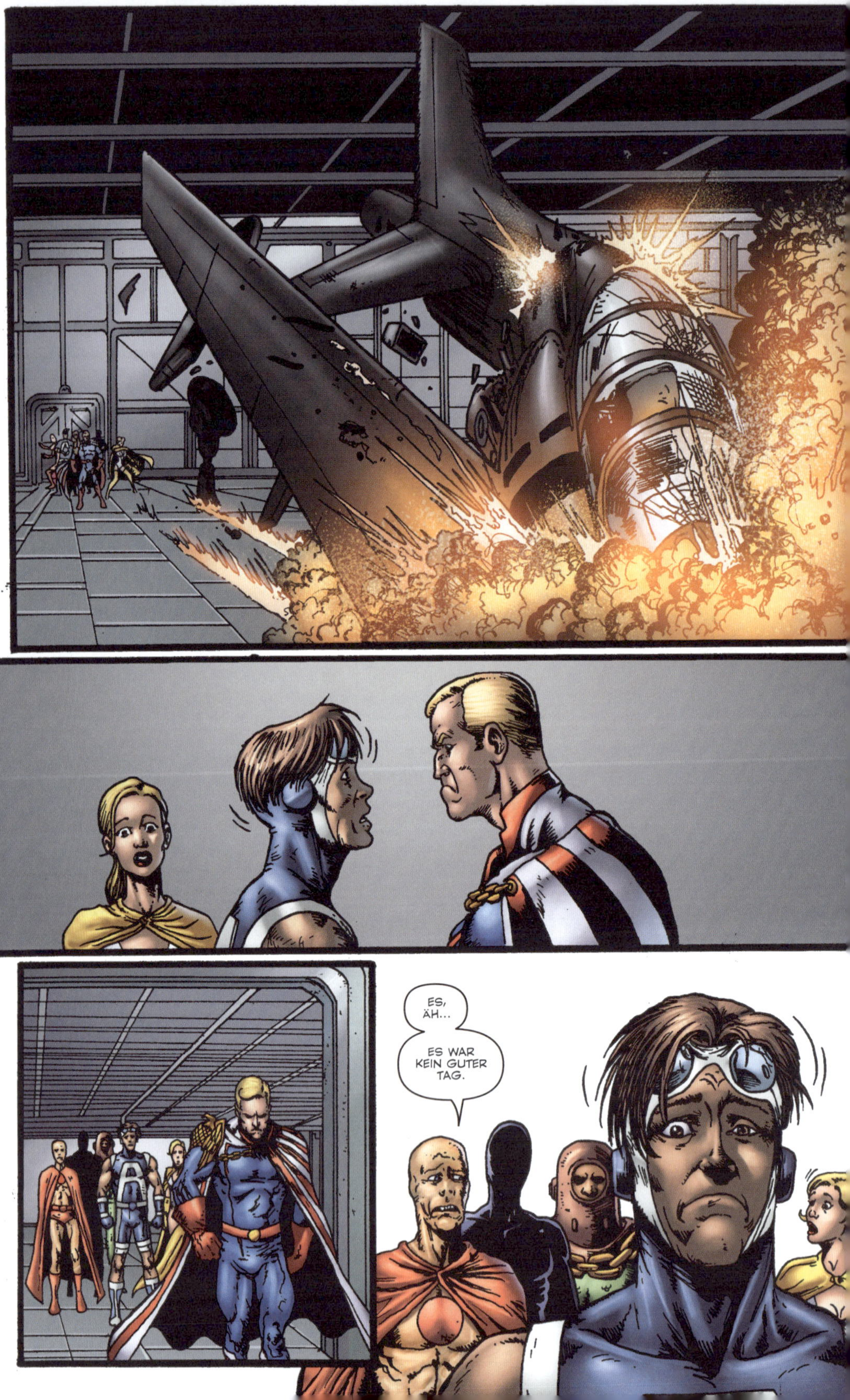

ES,
ÄH...
ES WAR
KEIN GUTER
TAG.

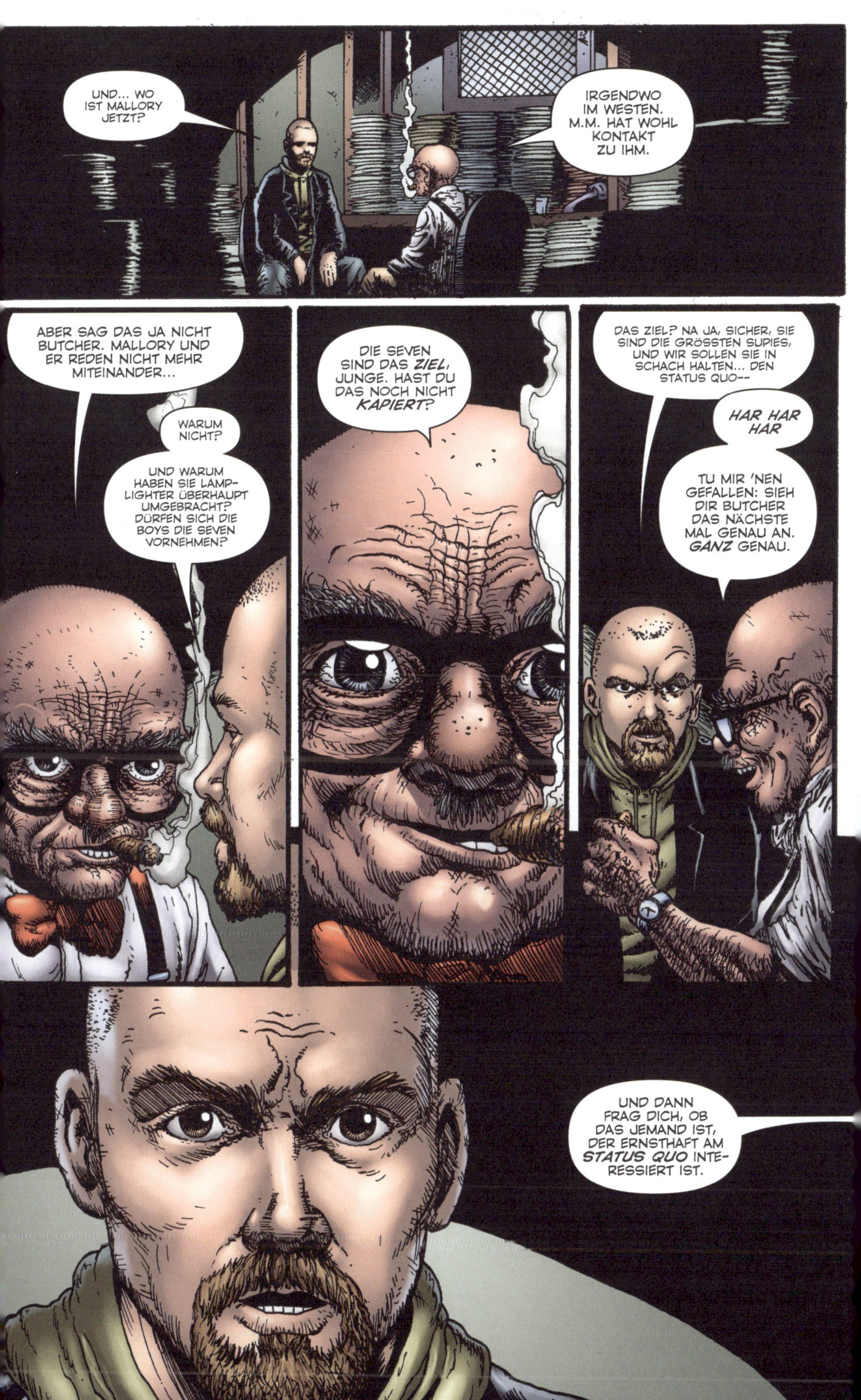
UND... WO IST MALLORY JETZT?
IRGENDWO IM WESTEN. M.M. HAT WOHL KONTAKT ZU IHM.
ABER SAG DAS JA NICHT BUTCHER. MALLORY UND ER REDEN NICHT MEHR MITEINANDER...
WARUM NICHT?
UND WARUM HABEN SIE LAMPLIGHTER ÜBERHAUPT UMGEBRACHT? DÜRFEN SICH DIE BOYS DIE SEVEN VORNEHMEN?
DIE SEVEN SIND DAS ZIEL, JUNGE. HAST DU DAS NOCH NICHT KAPIERT?
DAS ZIEL? NA JA, SICHER, SIE SIND DIE GRÖSSTEN SUPIES, UND WIR SOLLEN SIE IN SCHACH HALTEN... DEN STATUS QUO--
HAR HAR HAR
TU MIR 'NEN GEFALLEN: SIEH DIR BUTCHER DAS NÄCHSTE MAL GENAU AN. GANZ GENAU.
UND DANN FRAG DICH, OB DAS JEMAND IST, DER ERNSTHAFT AM STATUS QUO INTERESSIERT IST.

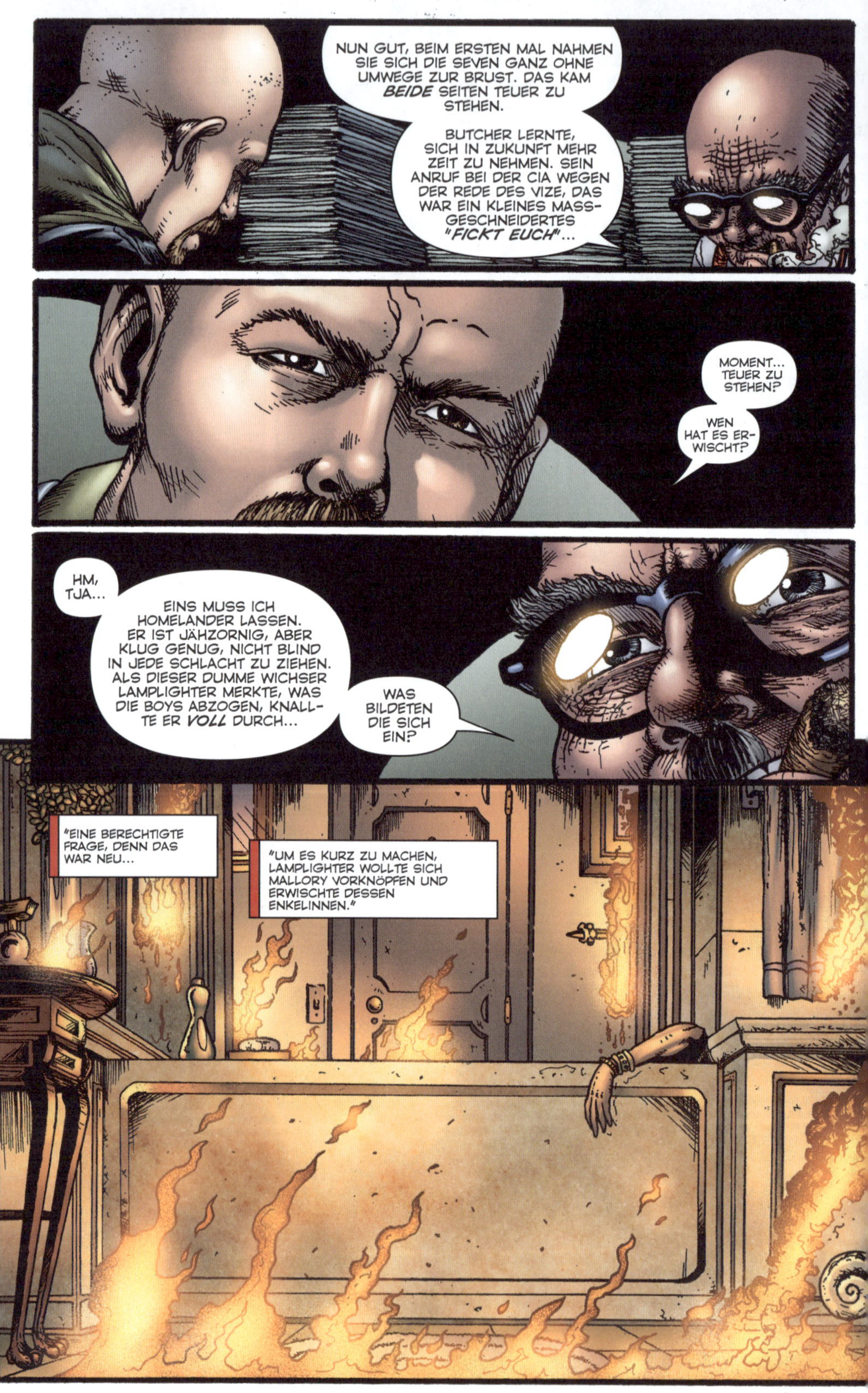
NUN GUT, BEIM ERSTEN MAL NAHMEN SIE SICH DIE SEVEN GANZ OHNE UMWEGE ZUR BRUST. DAS KAM *BEIDE* SEITEN TEUER ZU STEHEN.
BUTCHER LERNTE, SICH IN ZUKUNFT MEHR ZEIT ZU NEHMEN. SEIN ANRUF BEI DER CIA WEGEN DER REDE DES VIZE, DAS WAR EIN KLEINES MASS-GESCHNEIDERTES *"FICKT EUCH"*...
MOMENT... TEUER ZU STEHEN?
WEN HAT ES ERWISCHT?
HM, TJA...
EINS MUSS ICH HOMELANDER LASSEN. ER IST JÄHZORNIG, ABER KLUG GENUG, NICHT BLIND IN JEDE SCHLACHT ZU ZIEHEN. ALS DIESER DUMME WICHSER LAMPLIGHTER MERKTE, WAS DIE BOYS ABZOGEN, KNALLTE ER *VOLL* DURCH...
WAS BILDETEN DIE SICH EIN?
"EINE BERECHTIGTE FRAGE, DENN DAS WAR NEU...
"UM ES KURZ ZU MACHEN, LAMPLIGHTER WOLLTE SICH MALLORY VORKNÖPFEN UND ERWISCHTE DESSEN ENKELINNEN."

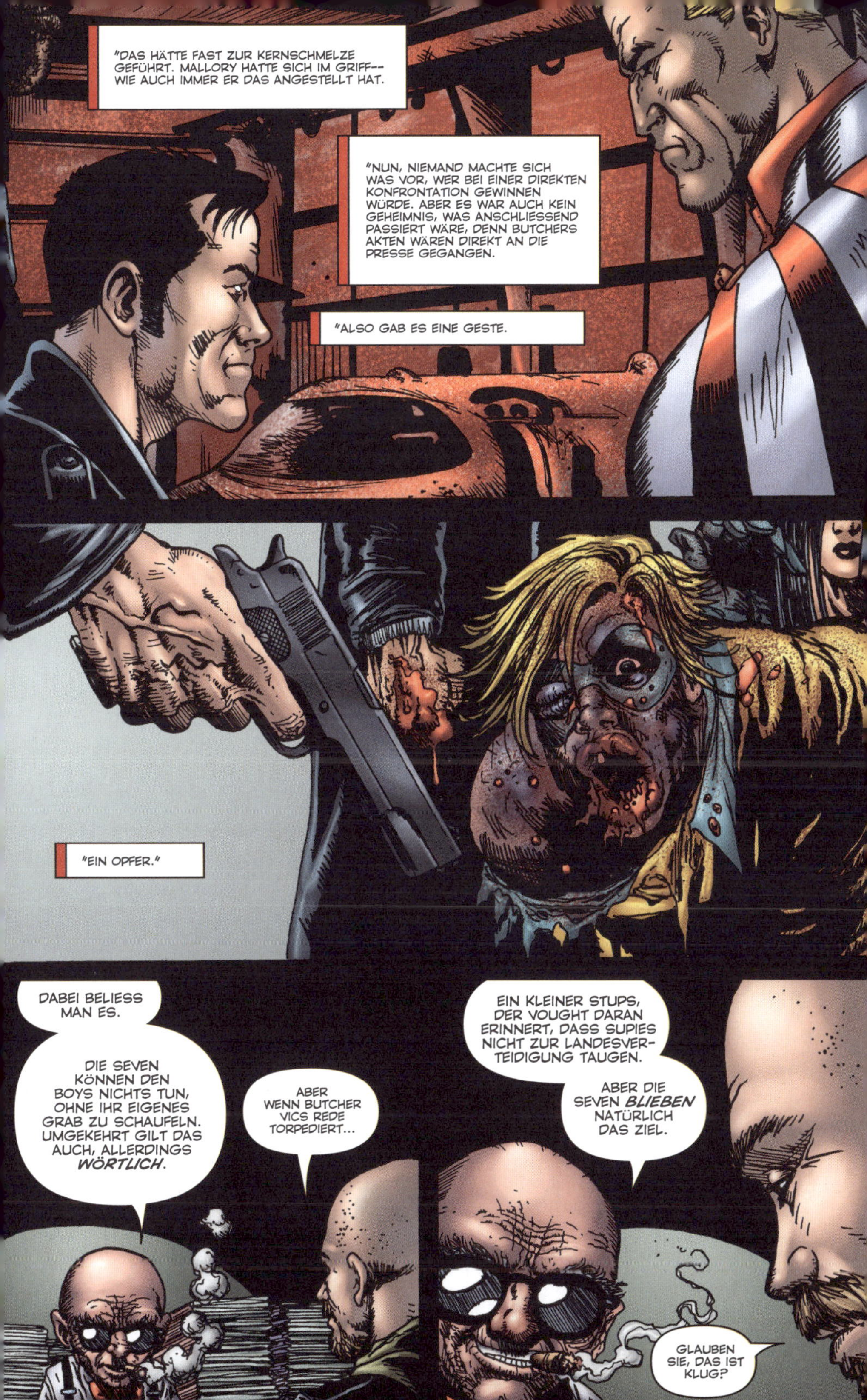
"DAS HÄTTE FAST ZUR KERNSCHMELZE GEFÜHRT. MALLORY HATTE SICH IM GRIFF-- WIE AUCH IMMER ER DAS ANGESTELLT HAT.
"NUN, NIEMAND MACHTE SICH WAS VOR, WER BEI EINER DIREKTEN KONFRONTATION GEWINNEN WÜRDE. ABER ES WAR AUCH KEIN GEHEIMNIS, WAS ANSCHLIESSEND PASSIERT WÄRE, DENN BUTCHERS AKTEN WÄREN DIREKT AN DIE PRESSE GEGANGEN.
"ALSO GAB ES EINE GESTE.
"EIN OPFER."
DABEI BELIESS MAN ES.
DIE SEVEN KÖNNEN DEN BOYS NICHTS TUN, OHNE IHR EIGENES GRAB ZU SCHAUFELN. UMGEKEHRT GILT DAS AUCH, ALLERDINGS *WÖRTLICH*.
ABER WENN BUTCHER VICS REDE TORPEDIERT...
EIN KLEINER STUPS, DER VOUGHT DARAN ERINNERT, DASS SUPIES NICHT ZUR LANDESVERTEIDIGUNG TAUGEN.
ABER DIE SEVEN *BLIEBEN* NATÜRLICH DAS ZIEL.
GLAUBEN SIE, DAS IST KLUG?

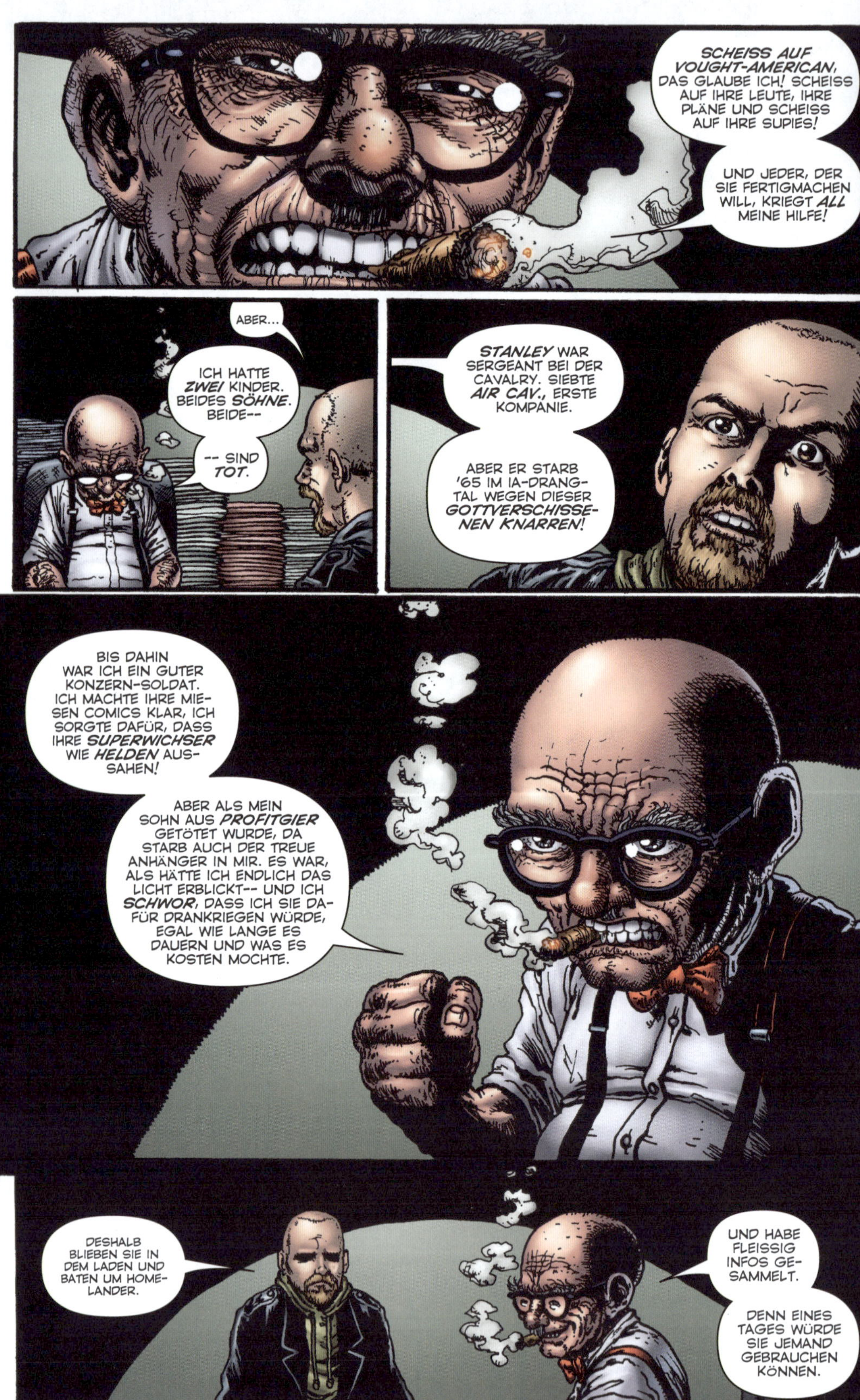
SCHEISS AUF VOUGHT-AMERICAN, DAS GLAUBE ICH! SCHEISS AUF IHRE LEUTE, IHRE PLÄNE UND SCHEISS AUF IHRE SUPIES!
UND JEDER, DER SIE FERTIGMACHEN WILL, KRIEGT ALL MEINE HILFE!
ABER...
ICH HATTE ZWEI KINDER. BEIDES SÖHNE. BEIDE--
-- SIND TOT.
STANLEY WAR SERGEANT BEI DER CAVALRY. SIEBTE AIR CAV., ERSTE KOMPANIE.
ABER ER STARB '65 IM IA-DRANG-TAL WEGEN DIESER GOTTVERSCHISSENEN KNARREN!
BIS DAHIN WAR ICH EIN GUTER KONZERN-SOLDAT. ICH MACHTE IHRE MIESEN COMICS KLAR, ICH SORGTE DAFÜR, DASS IHRE SUPERWICHSER WIE HELDEN AUSSAHEN!
ABER ALS MEIN SOHN AUS PROFITGIER GETÖTET WURDE, DA STARB AUCH DER TREUE ANHÄNGER IN MIR. ES WAR, ALS HÄTTE ICH ENDLICH DAS LICHT ERBLICKT-- UND ICH SCHWOR, DASS ICH SIE DAFÜR DRANKRIEGEN WÜRDE, EGAL WIE LANGE ES DAUERN UND WAS ES KOSTEN MOCHTE.
DESHALB BLIEBEN SIE IN DEM LADEN UND BATEN UM HOMELANDER.
UND HABE FLEISSIG INFOS GESAMMELT.
DENN EINES TAGES WÜRDE SIE JEMAND GEBRAUCHEN KÖNNEN.

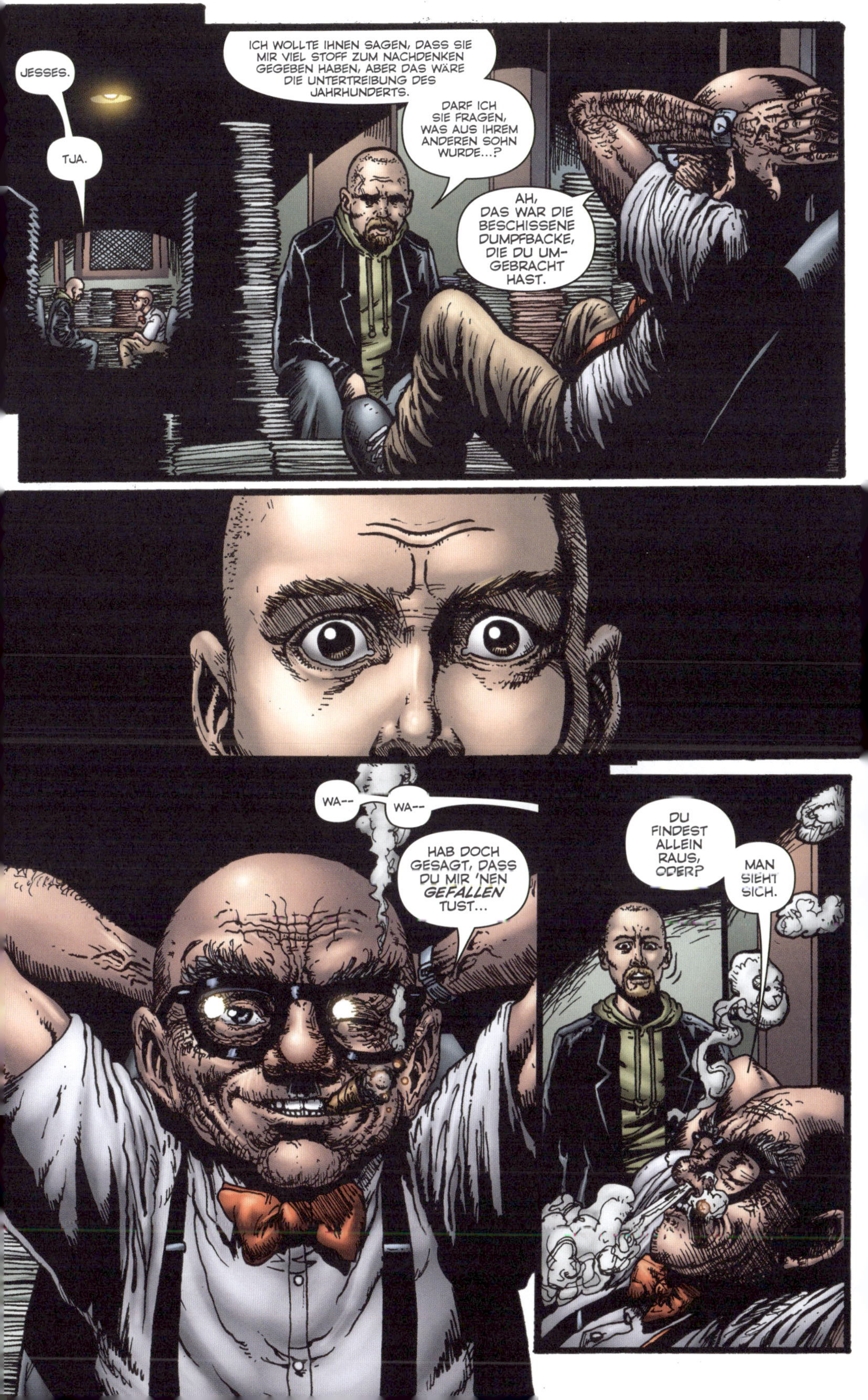

JESSES.
TJA.
ICH WOLLTE IHNEN SAGEN, DASS SIE MIR VIEL STOFF ZUM NACHDENKEN GEGEBEN HABEN, ABER DAS WÄRE DIE UNTERTREIBUNG DES JAHRHUNDERTS.
DARF ICH SIE FRAGEN, WAS AUS IHREM ANDEREN SOHN WURDE…?
AH, DAS WAR DIE BESCHISSENE DUMPFBACKE, DIE DU UMGEBRACHT HAST.
WA--
WA--
HAB DOCH GESAGT, DASS DU MIR 'NEN *GEFALLEN* TUST…
DU FINDEST ALLEIN RAUS, ODER?
MAN SIEHT SICH.

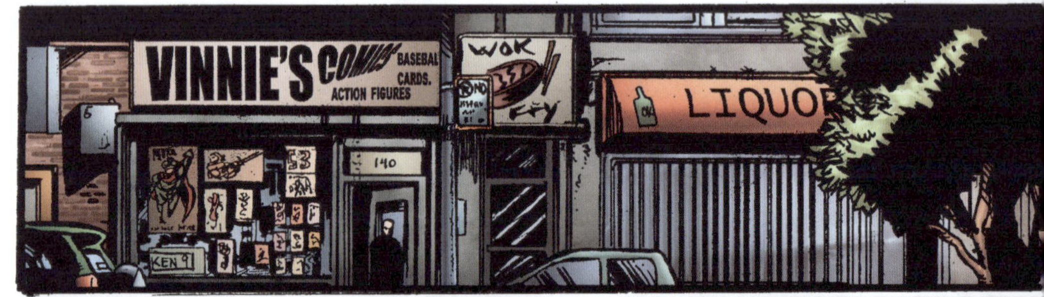
VINNIE'S COMICS BASEBALL CARDS. ACTION FIGURES
WOK FRY
LIQUOR
140

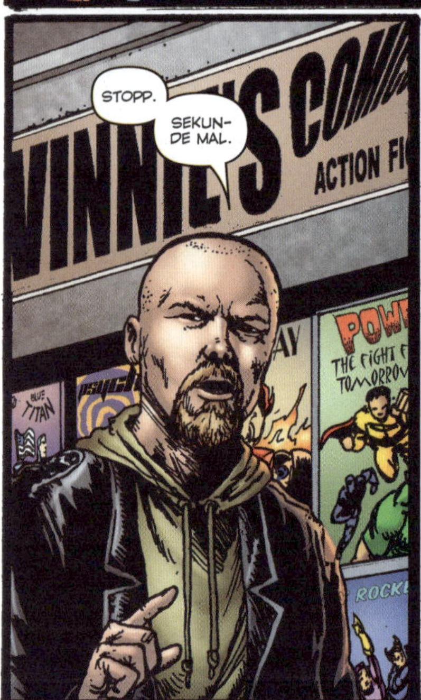
STOPP.
SEKUN-DE MAL.
VINNIE'S COMICS
ACTION FI

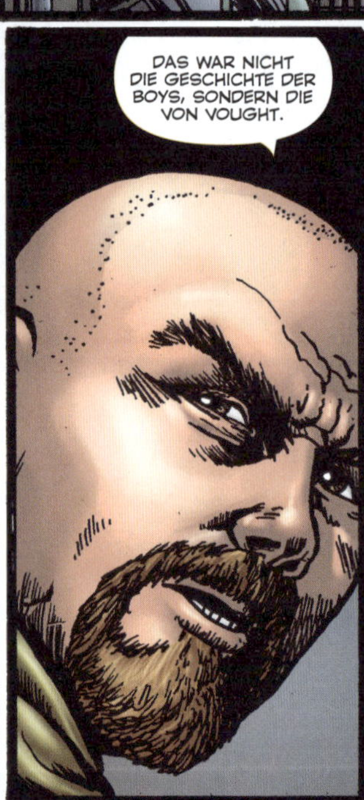
DAS WAR NICHT DIE GESCHICHTE DER BOYS, SONDERN DIE VON VOUGHT.

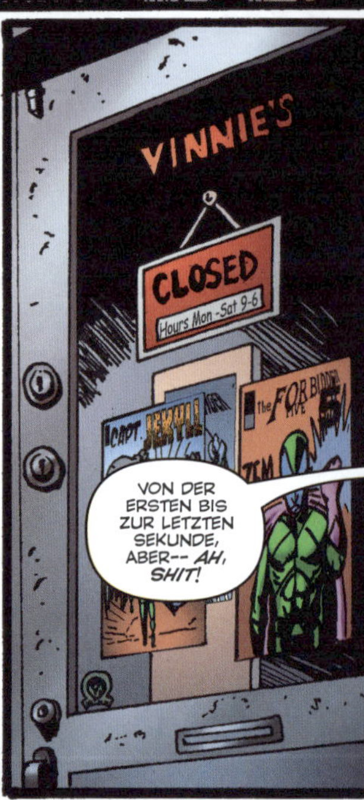
VINNIE'S
CLOSED
Hours Mon-Sat 9-6
VON DER ERSTEN BIS ZUR LETZTEN SEKUNDE, ABER-- AH, SHIT!

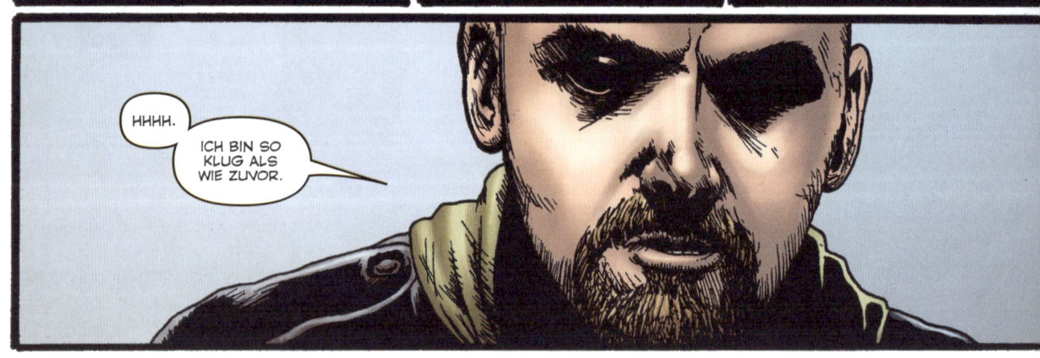
HHHH.
ICH BIN SO KLUG ALS WIE ZUVOR.

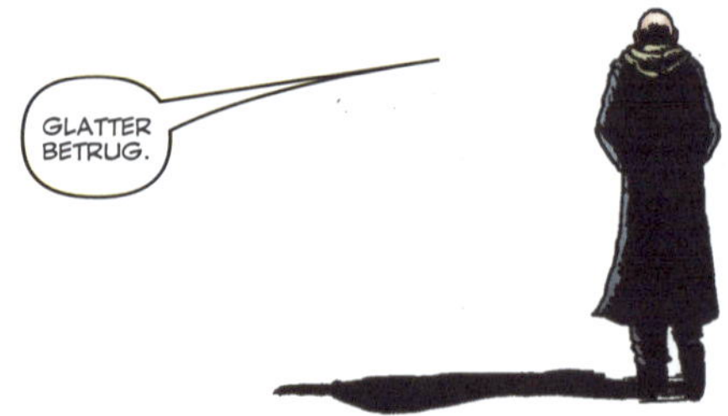
GLATTER BETRUG.

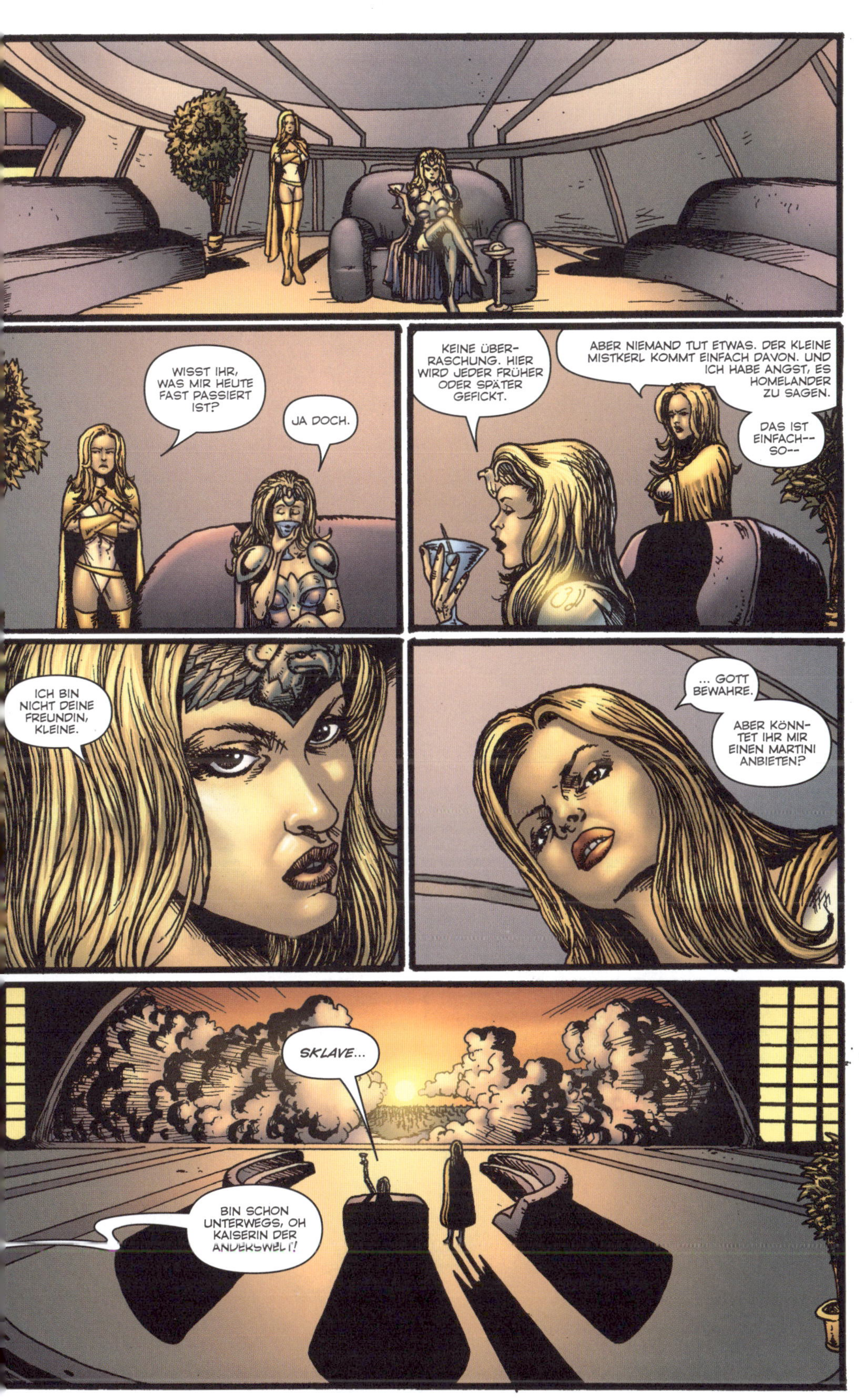
WISST IHR, WAS MIR HEUTE FAST PASSIERT IST?
JA DOCH.
KEINE ÜBER-RASCHUNG. HIER WIRD JEDER FRÜHER ODER SPÄTER GEFICKT.
ABER NIEMAND TUT ETWAS. DER KLEINE MISTKERL KOMMT EINFACH DAVON. UND ICH HABE ANGST, ES HOMELANDER ZU SAGEN.
DAS IST EINFACH-- SO--
ICH BIN NICHT DEINE FREUNDIN, KLEINE.
... GOTT BEWAHRE.
ABER KÖNNT-TET IHR MIR EINEN MARTINI ANBIETEN?
SKLAVE...
BIN SCHON UNTERWEGS, OH KAISERIN DER ANDERSWELT!

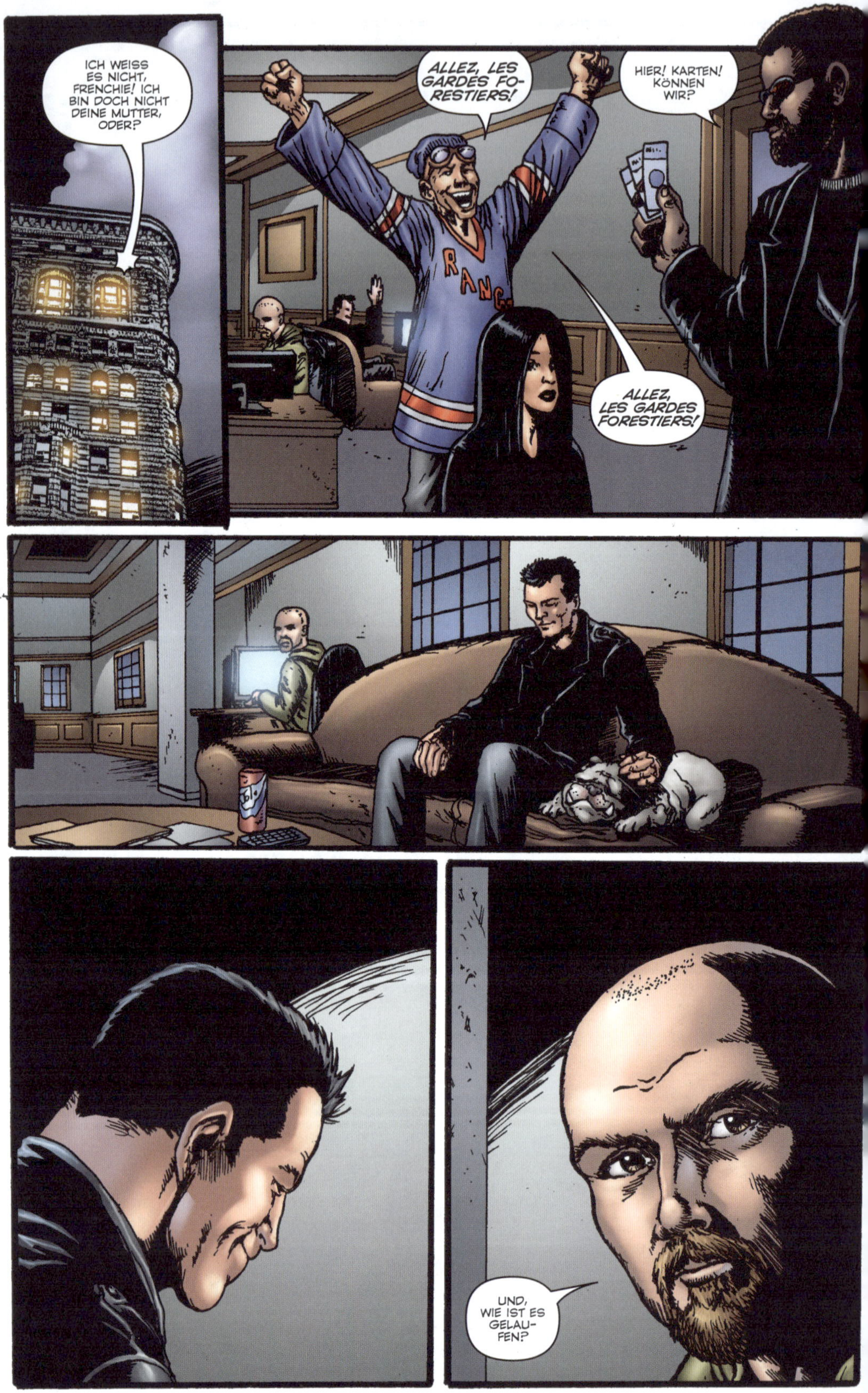

ICH WEISS ES NICHT, FRENCHIE! ICH BIN DOCH NICHT DEINE MUTTER, ODER?
ALLEZ, LES GARDES FO-RESTIERS!
HIER! KARTEN! KÖNNEN WIR?
ALLEZ, LES GARDES FORESTIERS!

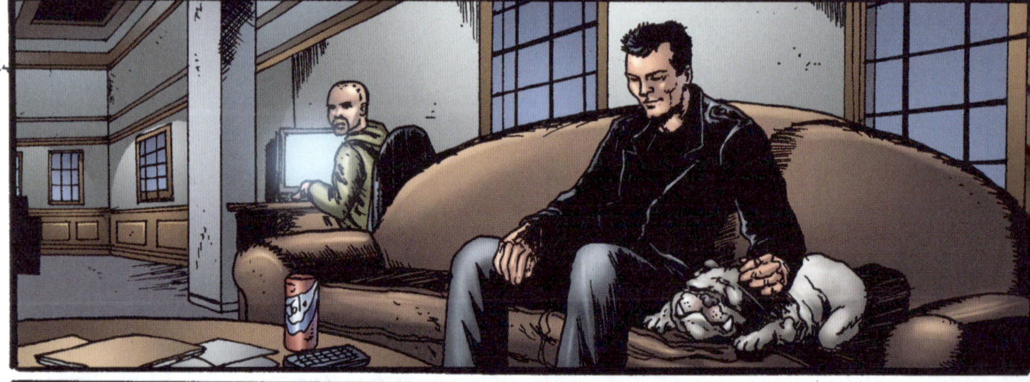

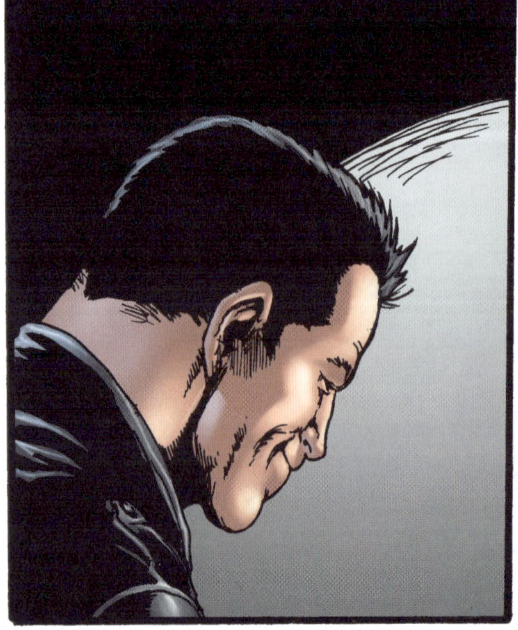

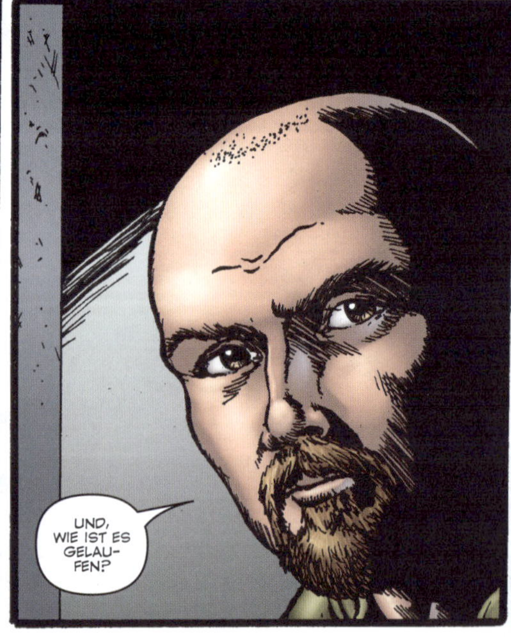
UND, WIE IST ES GELAU-FEN?

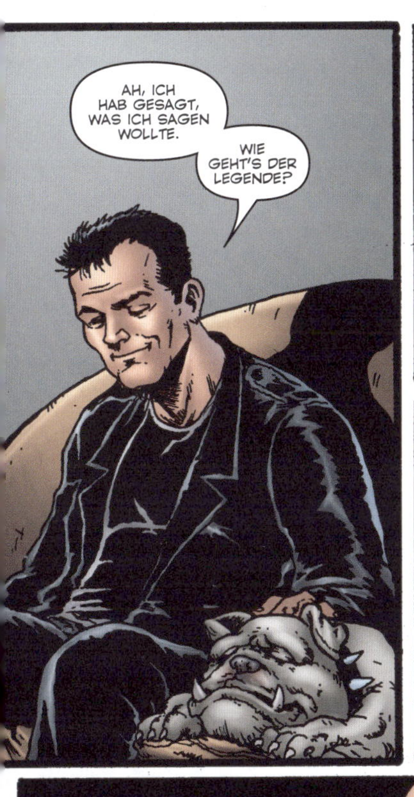
AH, ICH HAB GESAGT, WAS ICH SAGEN WOLLTE.
WIE GEHT'S DER LEGENDE?

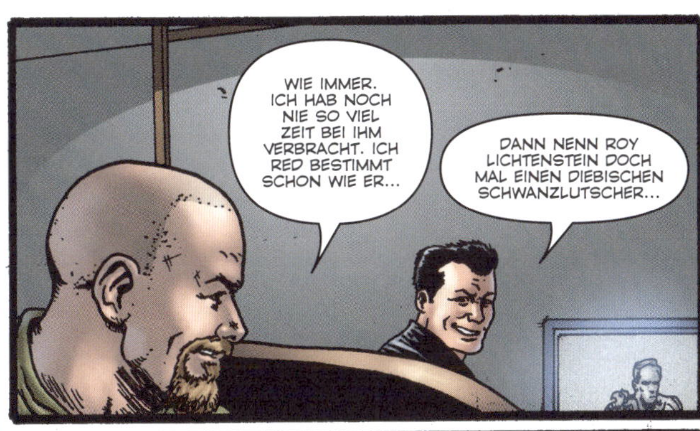
WIE IMMER. ICH HAB NOCH NIE SO VIEL ZEIT BEI IHM VERBRACHT. ICH RED BESTIMMT SCHON WIE ER...
DANN NENN ROY LICHTENSTEIN DOCH MAL EINEN DIEBISCHEN SCHWANZLUTSCHER...

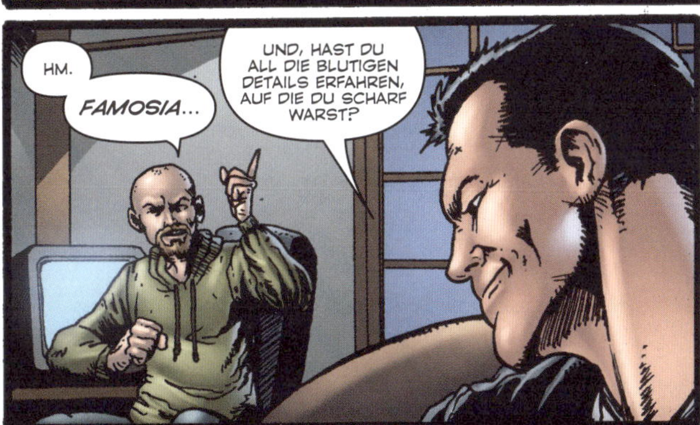
HM.
FAMOSIA...
UND, HAST DU ALL DIE BLUTIGEN DETAILS ERFAHREN, AUF DIE DU SCHARF WARST?

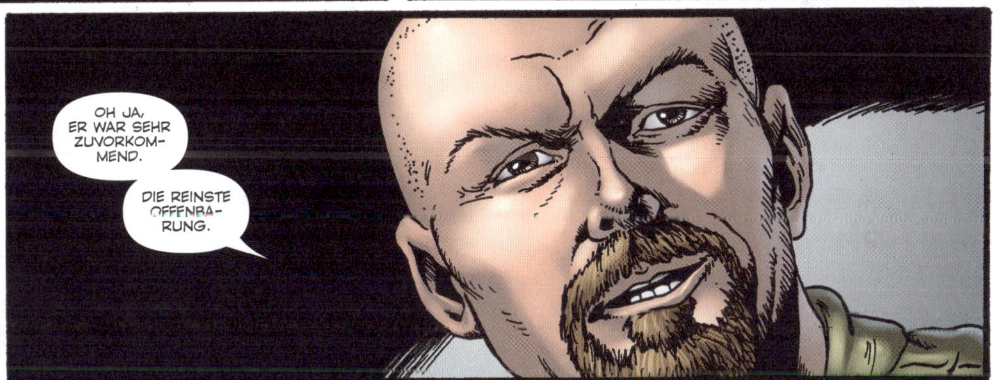
OH JA, ER WAR SEHR ZUVORKOM-MEND.
DIE REINSTE OFFENBA-RUNG.

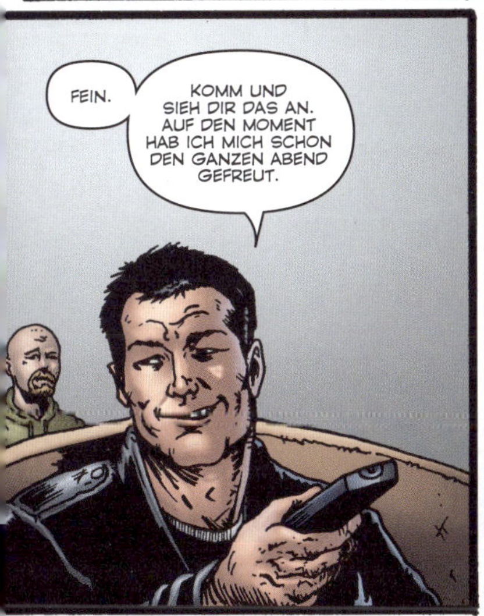
FEIN.
KOMM UND SIEH DIR DAS AN. AUF DEN MOMENT HAB ICH MICH SCHON DEN GANZEN ABEND GEFREUT.

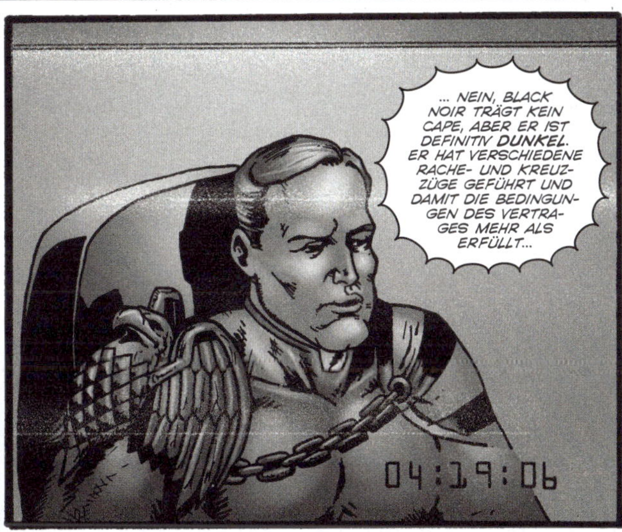
... NEIN, BLACK NOIR TRÄGT KEIN CAPE, ABER ER IST DEFINITIV DUNKEL. ER HAT VERSCHIEDENE RACHE- UND KREUZ-ZÜGE GEFÜHRT UND DAMIT DIE BEDINGUN-GEN DES VERTRA-GES MEHR ALS ERFÜLLT...
04:19:06

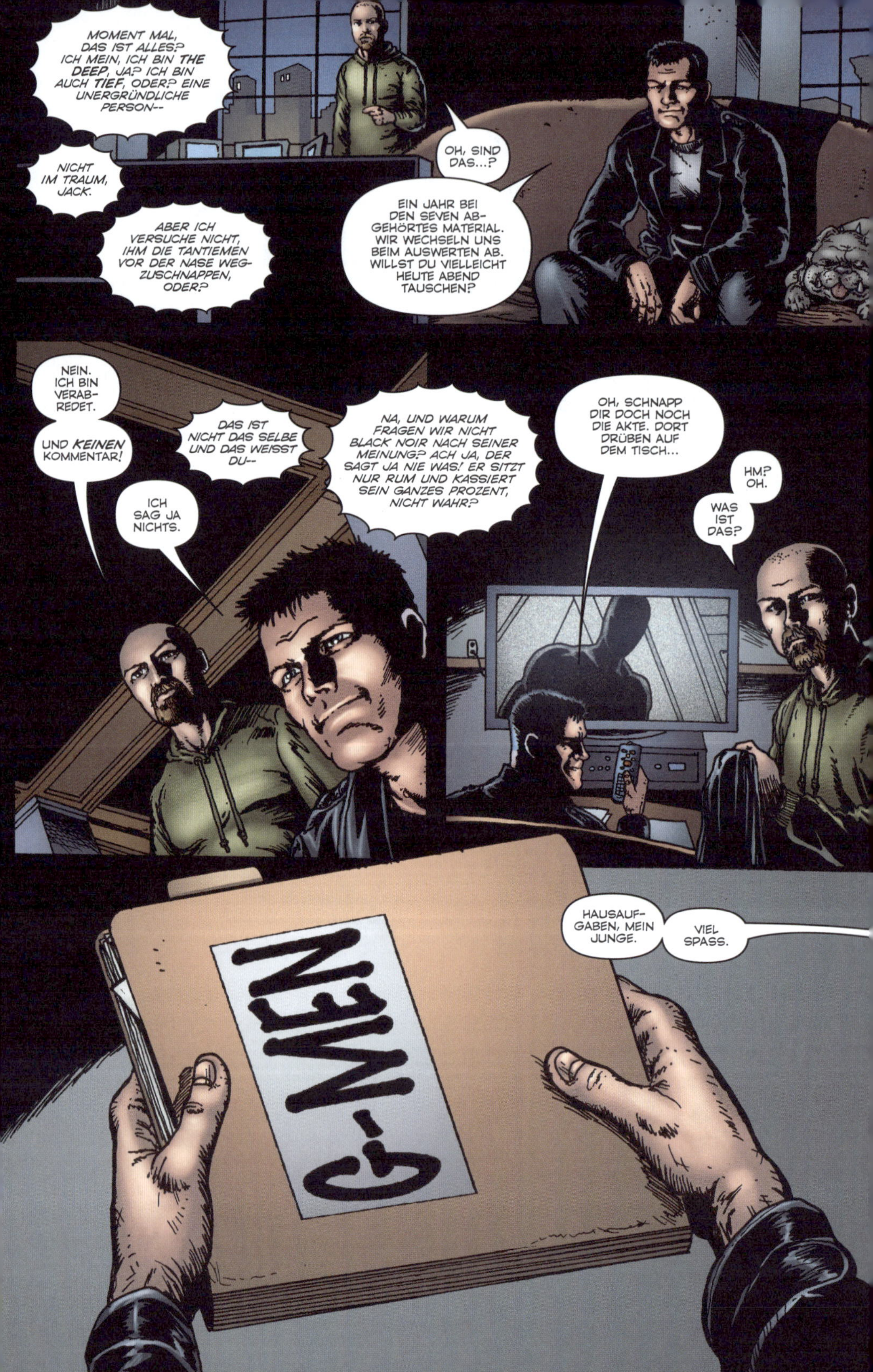
MOMENT MAL, DAS IST ALLES? ICH MEIN, ICH BIN THE DEEP, JA? ICH BIN AUCH TIEF, ODER? EINE UNERGRÜNDLICHE PERSON--
NICHT IM TRAUM, JACK.
ABER ICH VERSUCHE NICHT, IHM DIE TANTIEMEN VOR DER NASE WEGZUSCHNAPPEN, ODER?
OH, SIND DAS...?
EIN JAHR BEI DEN SEVEN ABGEHÖRTES MATERIAL. WIR WECHSELN UNS BEIM AUSWERTEN AB. WILLST DU VIELLEICHT HEUTE ABEND TAUSCHEN?
NEIN. ICH BIN VERABREDET.
UND KEINEN KOMMENTAR!
DAS IST NICHT DAS SELBE UND DAS WEISST DU--
ICH SAG JA NICHTS.
NA, UND WARUM FRAGEN WIR NICHT BLACK NOIR NACH SEINER MEINUNG? ACH JA, DER SAGT JA NIE WAS! ER SITZT NUR RUM UND KASSIERT SEIN GANZES PROZENT, NICHT WAHR?
OH, SCHNAPP DIR DOCH NOCH DIE AKTE. DORT DRÜBEN AUF DEM TISCH...
HM? OH.
WAS IST DAS?
G-MEN
HAUSAUFGABEN, MEIN JUNGE.
VIEL SPASS.

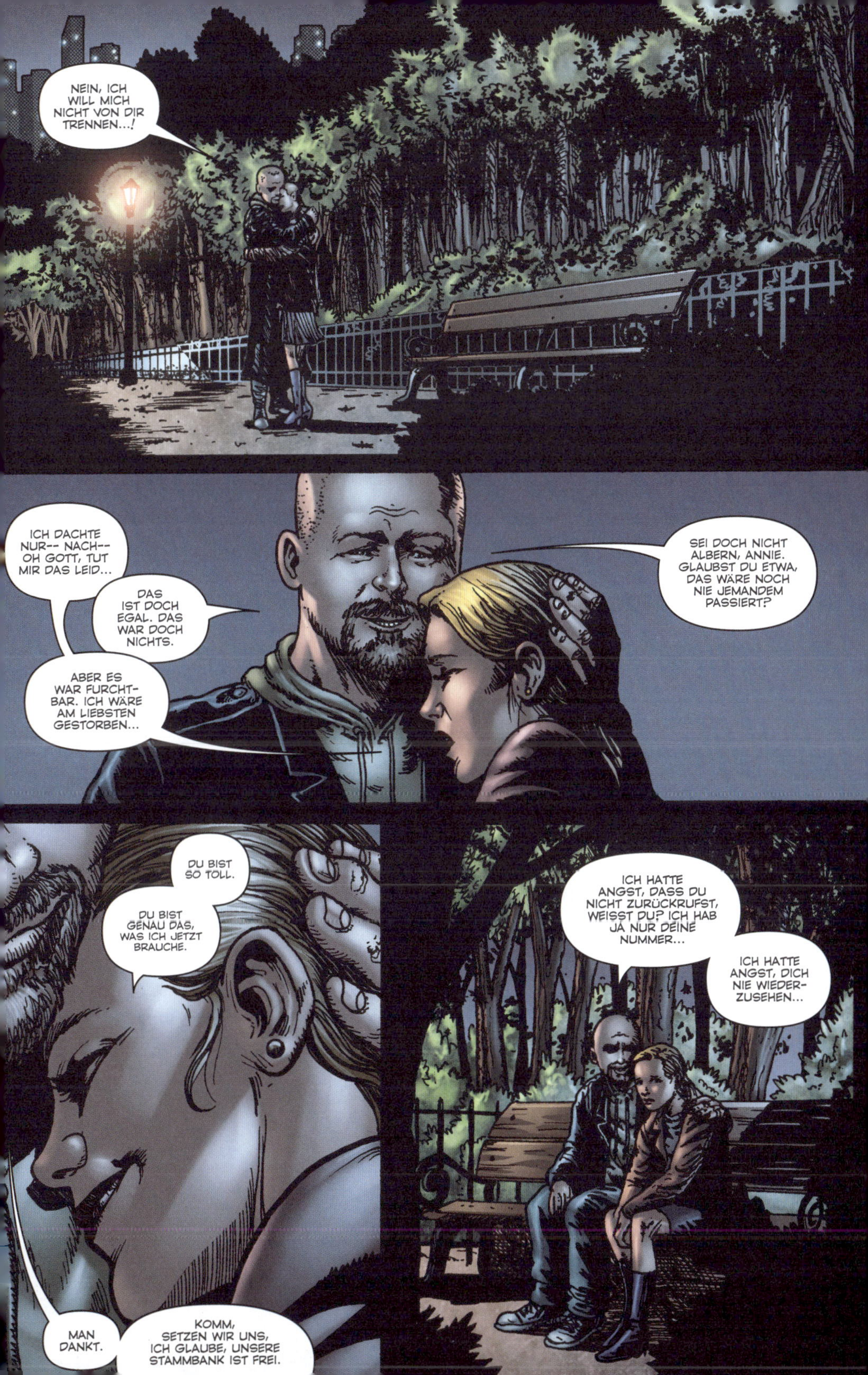
NEIN, ICH WILL MICH NICHT VON DIR TRENNEN...!
ICH DACHTE NUR-- NACH-- OH GOTT, TUT MIR DAS LEID...
DAS IST DOCH EGAL. DAS WAR DOCH NICHTS.
ABER ES WAR FURCHTBAR. ICH WÄRE AM LIEBSTEN GESTORBEN...
SEI DOCH NICHT ALBERN, ANNIE. GLAUBST DU ETWA, DAS WÄRE NOCH NIE JEMANDEM PASSIERT?
DU BIST SO TOLL.
DU BIST GENAU DAS, WAS ICH JETZT BRAUCHE.
MAN DANKT.
KOMM, SETZEN WIR UNS, ICH GLAUBE, UNSERE STAMMBANK IST FREI.
ICH HATTE ANGST, DASS DU NICHT ZURÜCKRUFST, WEISST DU? ICH HAB JA NUR DEINE NUMMER...
ICH HATTE ANGST, DICH NIE WIEDERZUSEHEN...

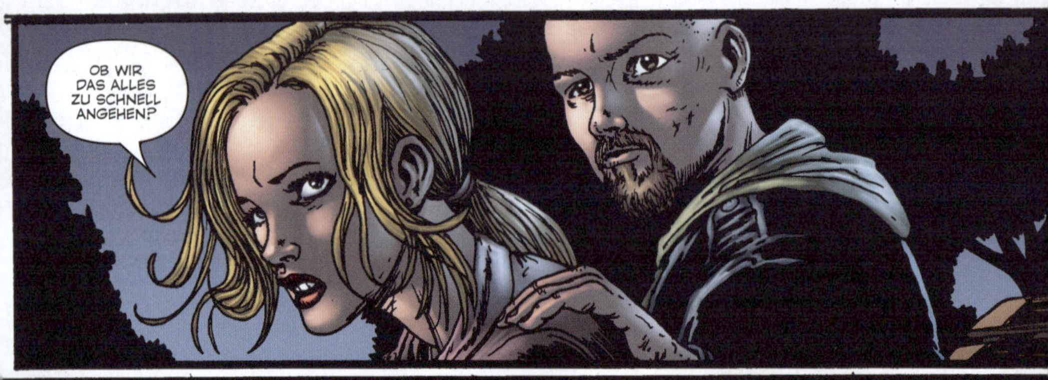

OB WIR DAS ALLES ZU SCHNELL ANGEHEN?

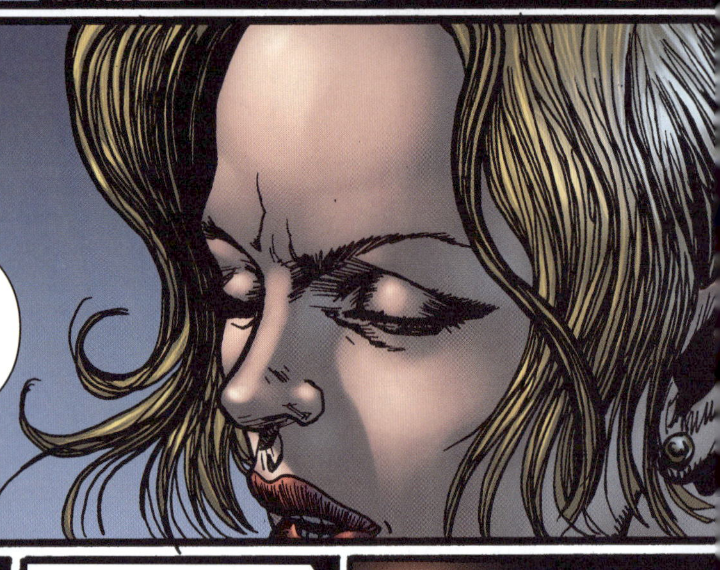

ICH MEINE, ICH FRAG DICH ERNSTHAFT, OB DU DICH VON MIR TRENNEN WILLST... ABER WIR HATTEN PRAKTISCH NUR EIN DATE. WIR KENNEN UNS KAUM...
ICH HABE ANGST, DASS DIESE... *SICHERHEIT*, DIE WIR FÜREINANDER VERKÖRPERN, NA JA, IRGENDWIE DIE OBERHAND GEWONNEN HAT. WIE DIE PROJEKTION DES MENSCHEN, MIT DEM WIR WIRKLICH ZUSAMMEN SEIN WOLLEN. ABER WIR DENKEN NICHT RICHTIG NACH...

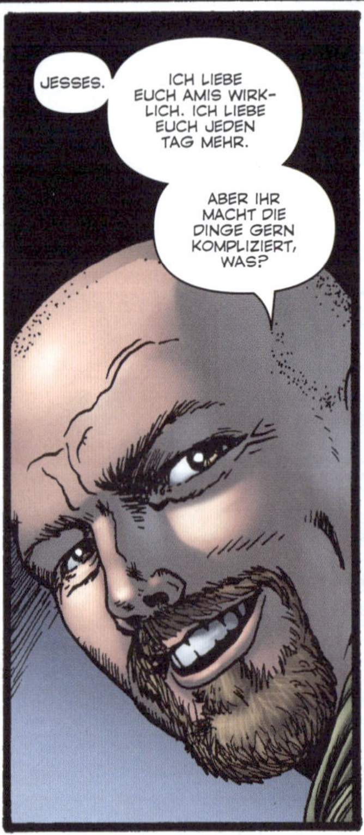

JESSES.
ICH LIEBE EUCH AMIS WIRKLICH. ICH LIEBE EUCH JEDEN TAG MEHR.
ABER IHR MACHT DIE DINGE GERN KOMPLIZIERT, WAS?

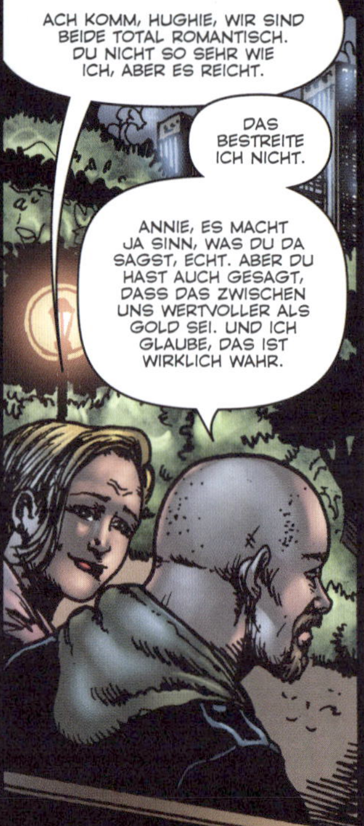

ACH KOMM, HUGHIE, WIR SIND BEIDE TOTAL ROMANTISCH. DU NICHT SO SEHR WIE ICH, ABER ES REICHT.
DAS BESTREITE ICH NICHT.
ANNIE, ES MACHT JA SINN, WAS DU DA SAGST, ECHT. ABER DU HAST AUCH GESAGT, DASS DAS ZWISCHEN UNS WERTVOLLER ALS GOLD SEI. UND ICH GLAUBE, DAS IST WIRKLICH WAHR.

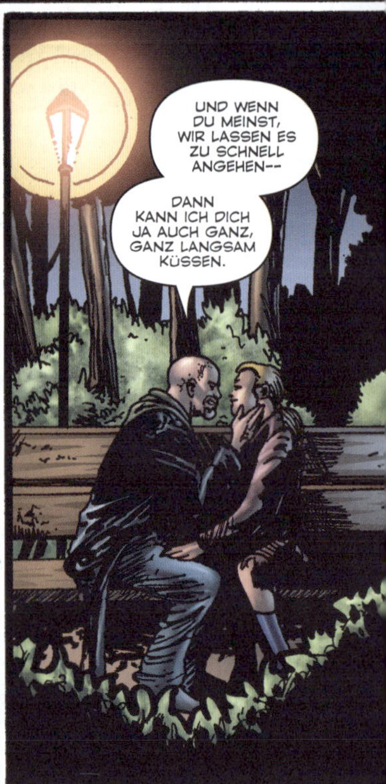

UND WENN DU MEINST, WIR LASSEN ES ZU SCHNELL ANGEHEN--
DANN KANN ICH DICH JA AUCH GANZ, GANZ LANGSAM KÜSSEN.

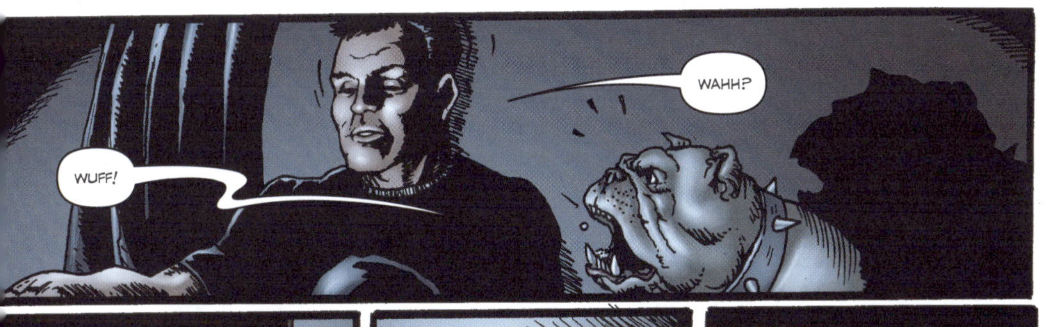
WAHH?
WUFF!

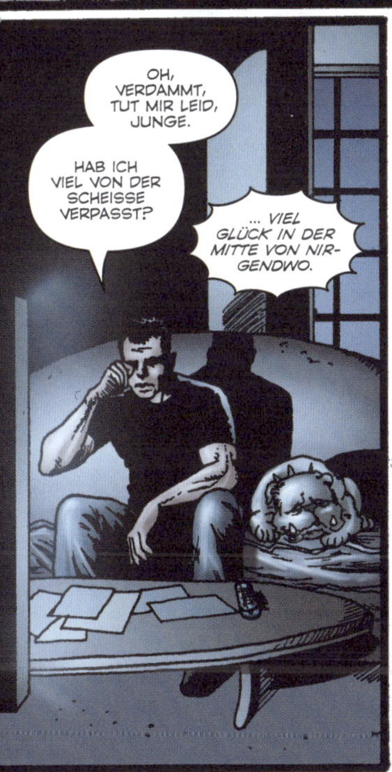
OH, VERDAMMT, TUT MIR LEID, JUNGE.
HAB ICH VIEL VON DER SCHEISSE VERPASST?
... VIEL GLÜCK IN DER MITTE VON NIRGENDWO.

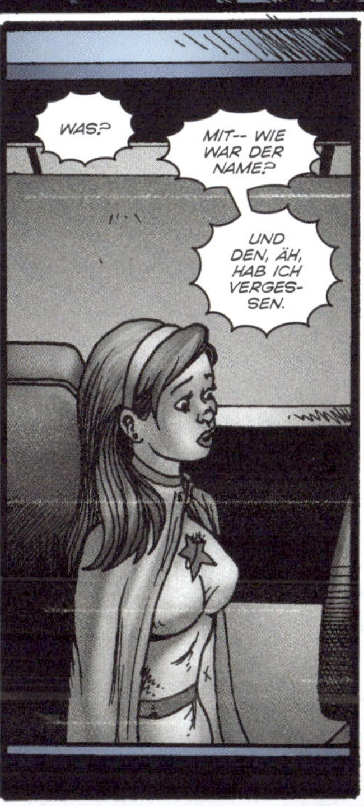
WAS?
MIT-- WIE WAR DER NAME?
UND DEN, ÄH, HAB ICH VERGESSEN.

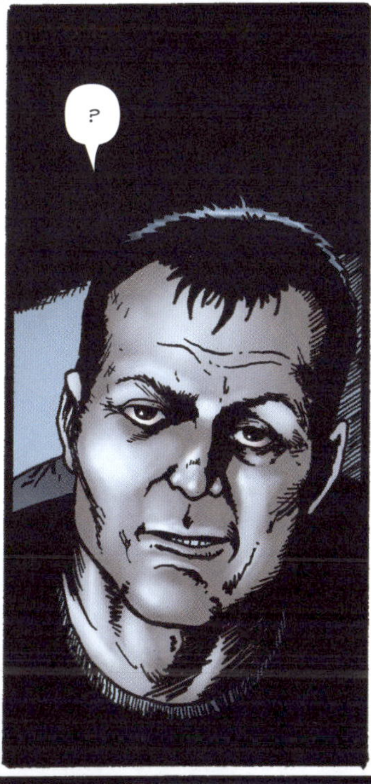
?

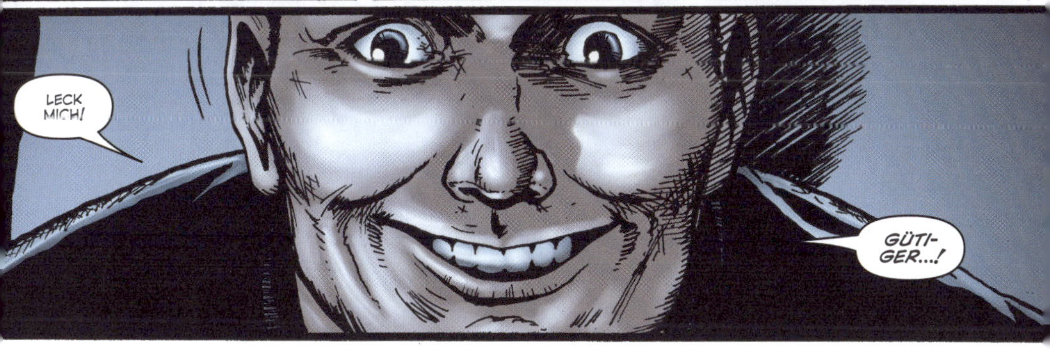
LECK MICH!
GÜTIGER...!

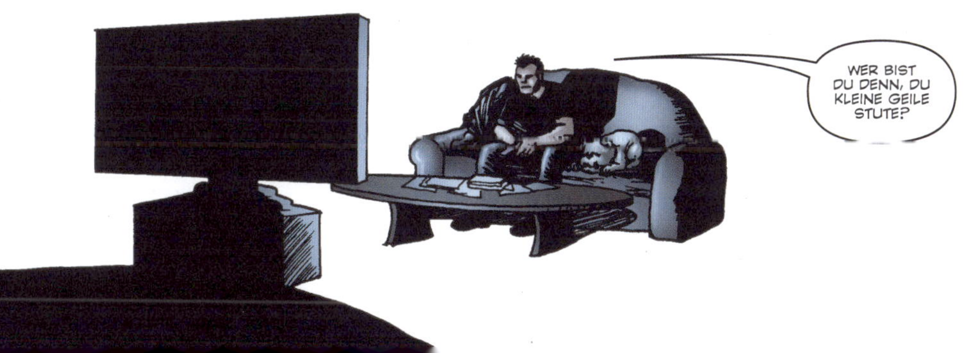
WER BIST DU DENN, DU KLEINE GEILE STUTE?

SCHMUTZIGE GEHEIMNISSE, TEIL 1

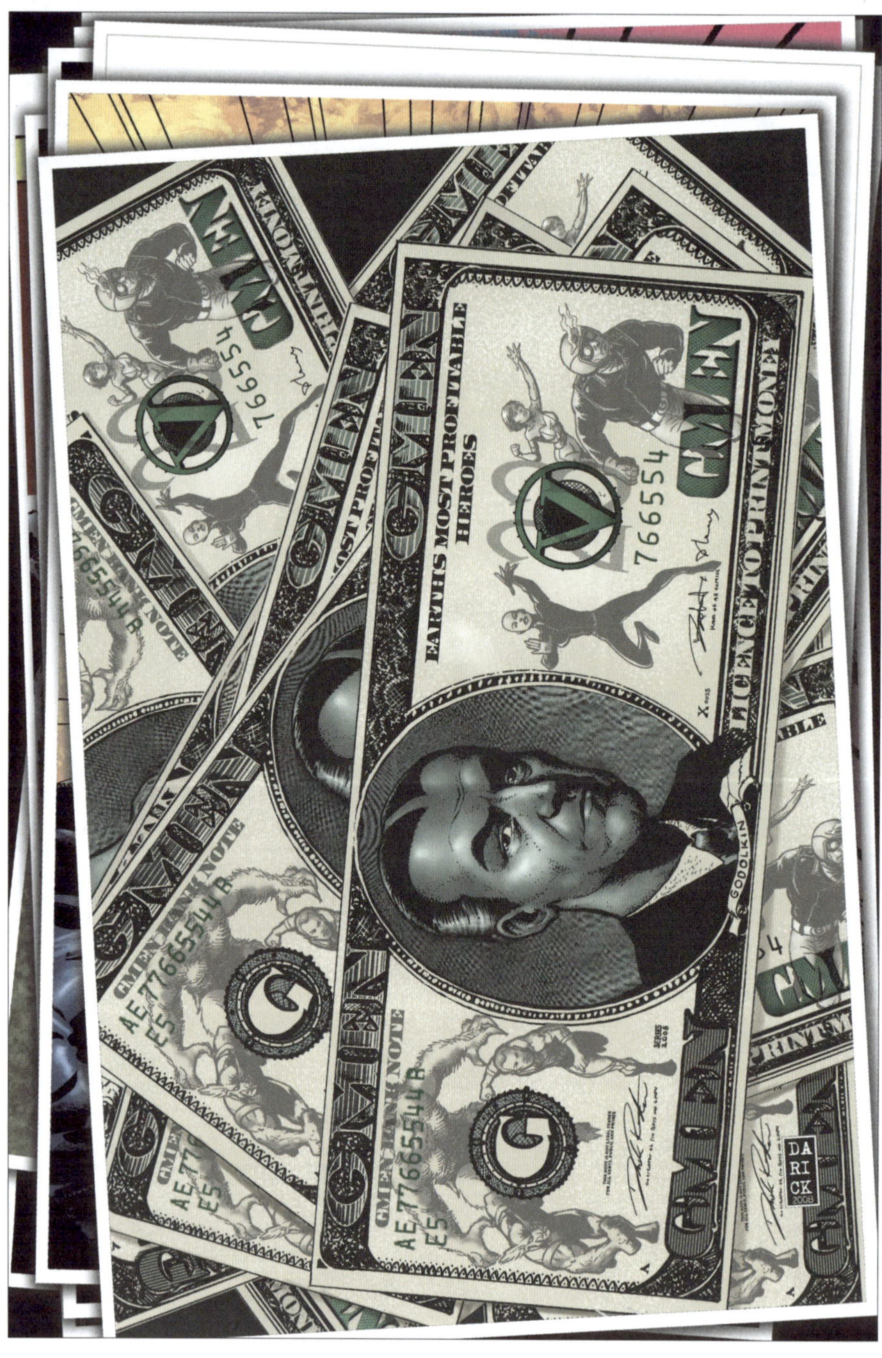

The Boys (2006) 23
Cover von **DARICK ROBERTSON**

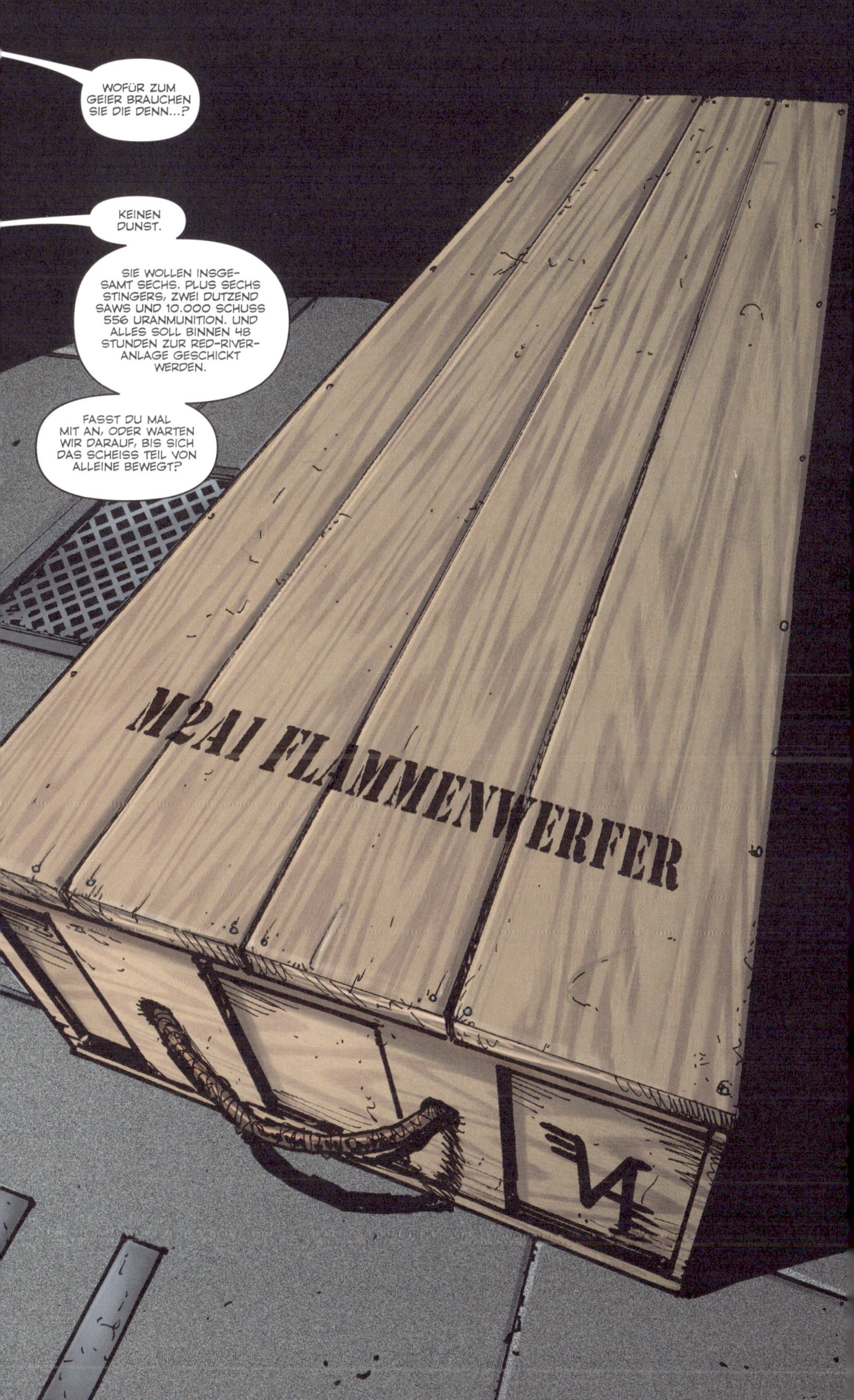
WOFÜR ZUM GEIER BRAUCHEN SIE DIE DENN...?
KEINEN DUNST.
SIE WOLLEN INSGE-SAMT SECHS. PLUS SECHS STINGERS, ZWEI DUTZEND SAWS UND 10.000 SCHUSS 556 URANMUNITION. UND ALLES SOLL BINNEN 48 STUNDEN ZUR RED-RIVER-ANLAGE GESCHICKT WERDEN.
FASST DU MAL MIT AN, ODER WARTEN WIR DARAUF, BIS SICH DAS SCHEISS TEIL VON ALLEINE BEWEGT?
M2A1 FLAMMENWERFER

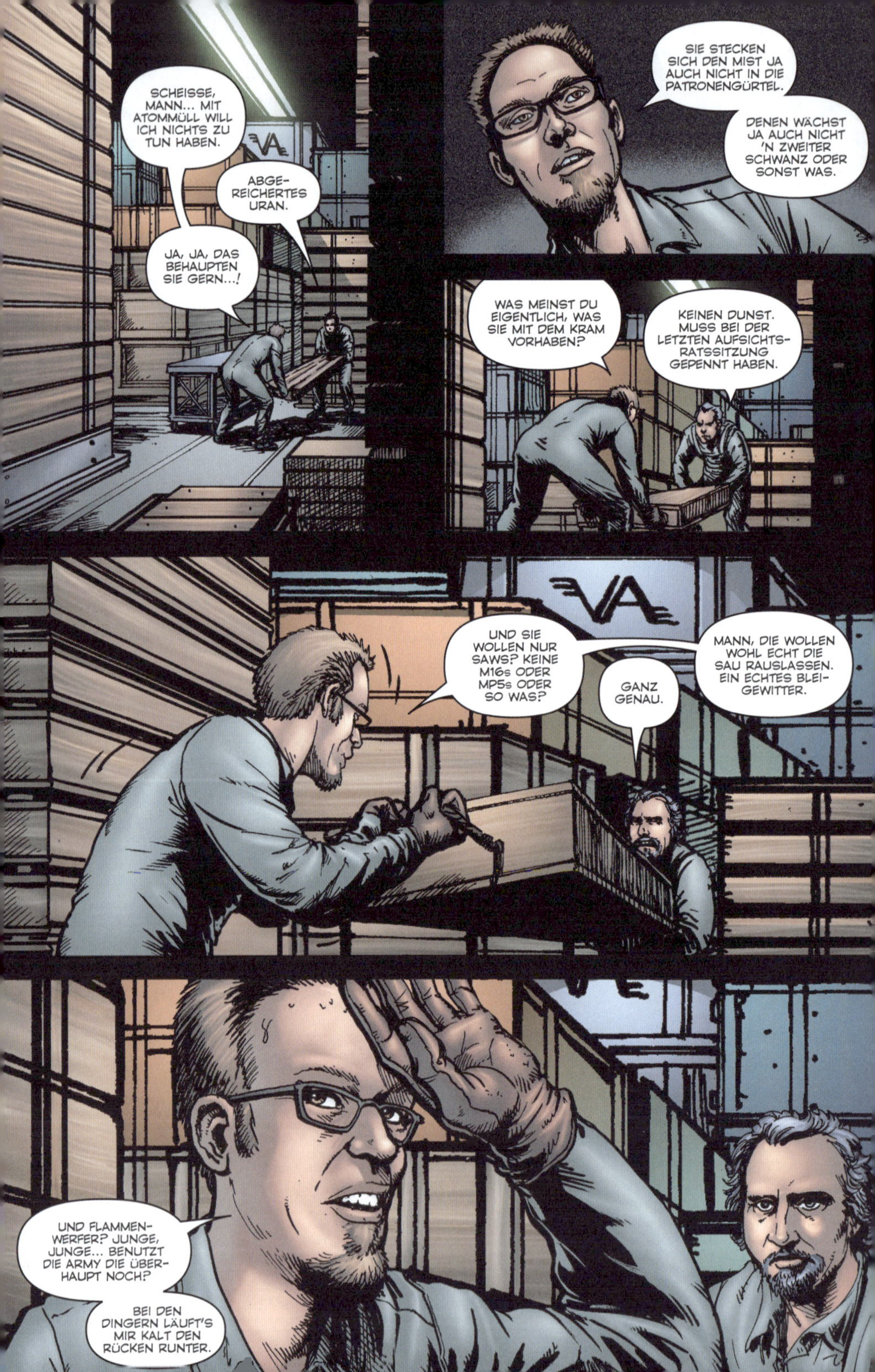
SCHEISSE, MANN... MIT ATOMMÜLL WILL ICH NICHTS ZU TUN HABEN.
ABGE-REICHERTES URAN.
JA, JA, DAS BEHAUPTEN SIE GERN...!
SIE STECKEN SICH DEN MIST JA AUCH NICHT IN DIE PATRONENGÜRTEL.
DENEN WÄCHST JA AUCH NICHT 'N ZWEITER SCHWANZ ODER SONST WAS.
WAS MEINST DU EIGENTLICH, WAS SIE MIT DEM KRAM VORHABEN?
KEINEN DUNST. MUSS BEI DER LETZTEN AUFSICHTS-RATSSITZUNG GEPENNT HABEN.
UND SIE WOLLEN NUR SAWS? KEINE M16s ODER MP5s ODER SO WAS?
GANZ GENAU.
MANN, DIE WOLLEN WOHL ECHT DIE SAU RAUSLASSEN. EIN ECHTES BLEI-GEWITTER.
UND FLAMMEN-WERFER? JUNGE, JUNGE... BENUTZT DIE ARMY DIE ÜBER-HAUPT NOCH?
BEI DEN DINGERN LÄUFT'S MIR KALT DEN RÜCKEN RUNTER.

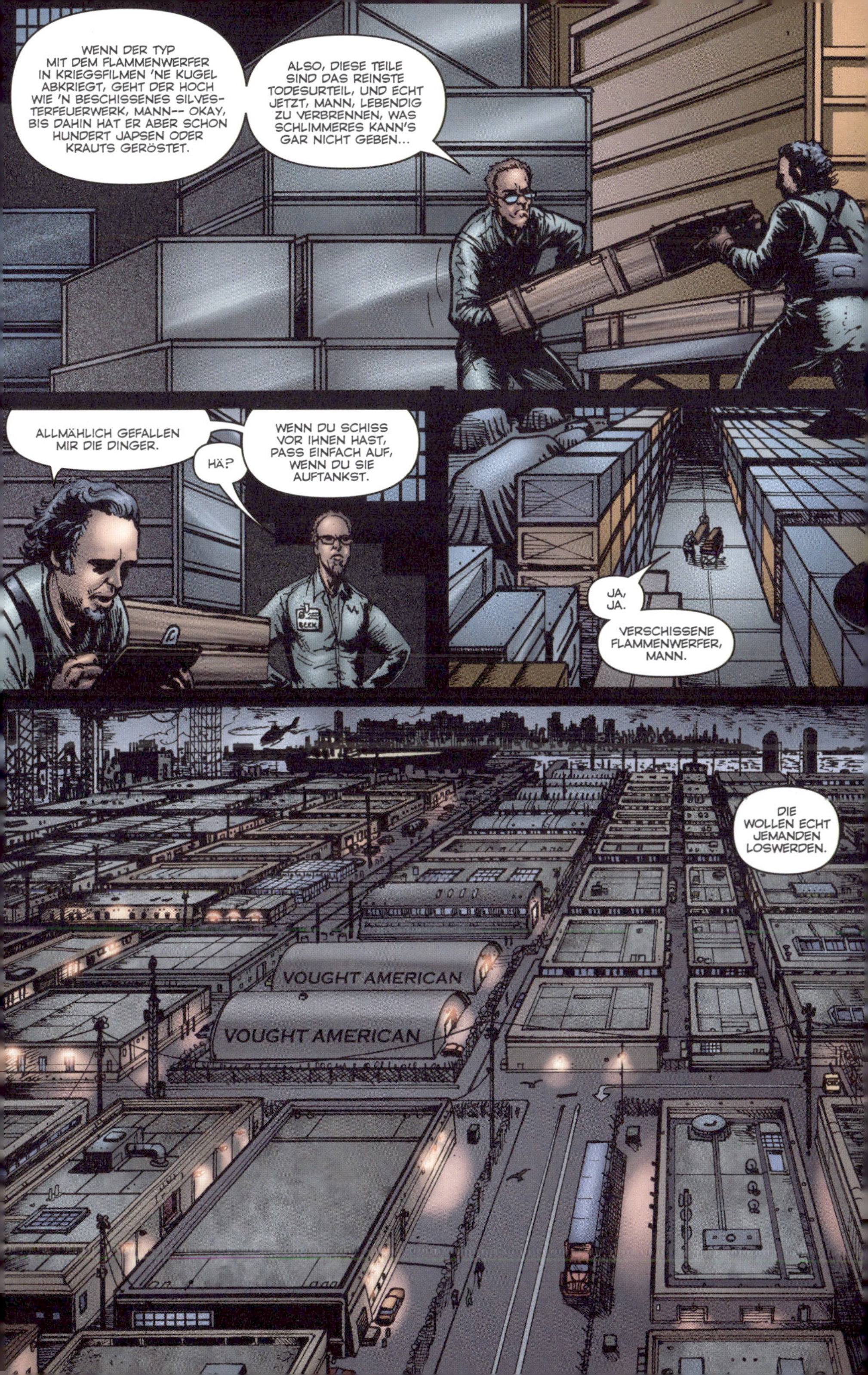
WENN DER TYP MIT DEM FLAMMENWERFER IN KRIEGSFILMEN 'NE KUGEL ABKRIEGT, GEHT DER HOCH WIE 'N BESCHISSENES SILVESTERFEUERWERK, MANN-- OKAY, BIS DAHIN HAT ER ABER SCHON HUNDERT JAPSEN ODER KRAUTS GERÖSTET.
ALSO, DIESE TEILE SIND DAS REINSTE TODESURTEIL, UND ECHT JETZT, MANN, LEBENDIG ZU VERBRENNEN, WAS SCHLIMMERES KANN'S GAR NICHT GEBEN...
ALLMÄHLICH GEFALLEN MIR DIE DINGER.
HÄ?
WENN DU SCHISS VOR IHNEN HAST, PASS EINFACH AUF, WENN DU SIE AUFTANKST.
JA, JA.
VERSCHISSENE FLAMMENWERFER, MANN.
VOUGHT AMERICAN
VOUGHT AMERICAN
DIE WOLLEN ECHT JEMANDEN LOSWERDEN.

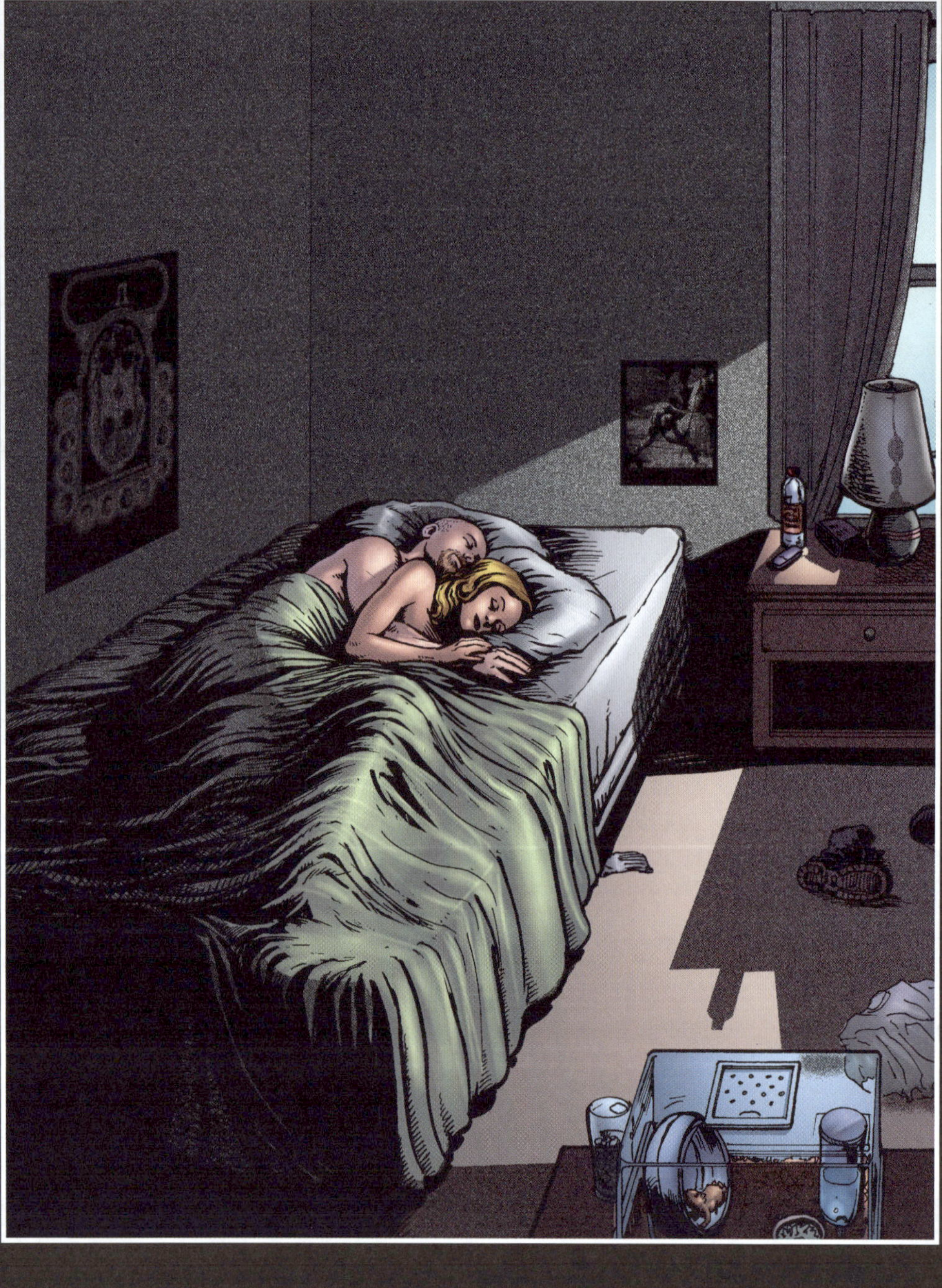

SCHMUTZIGE GEHEIMNISSE
TEIL 1

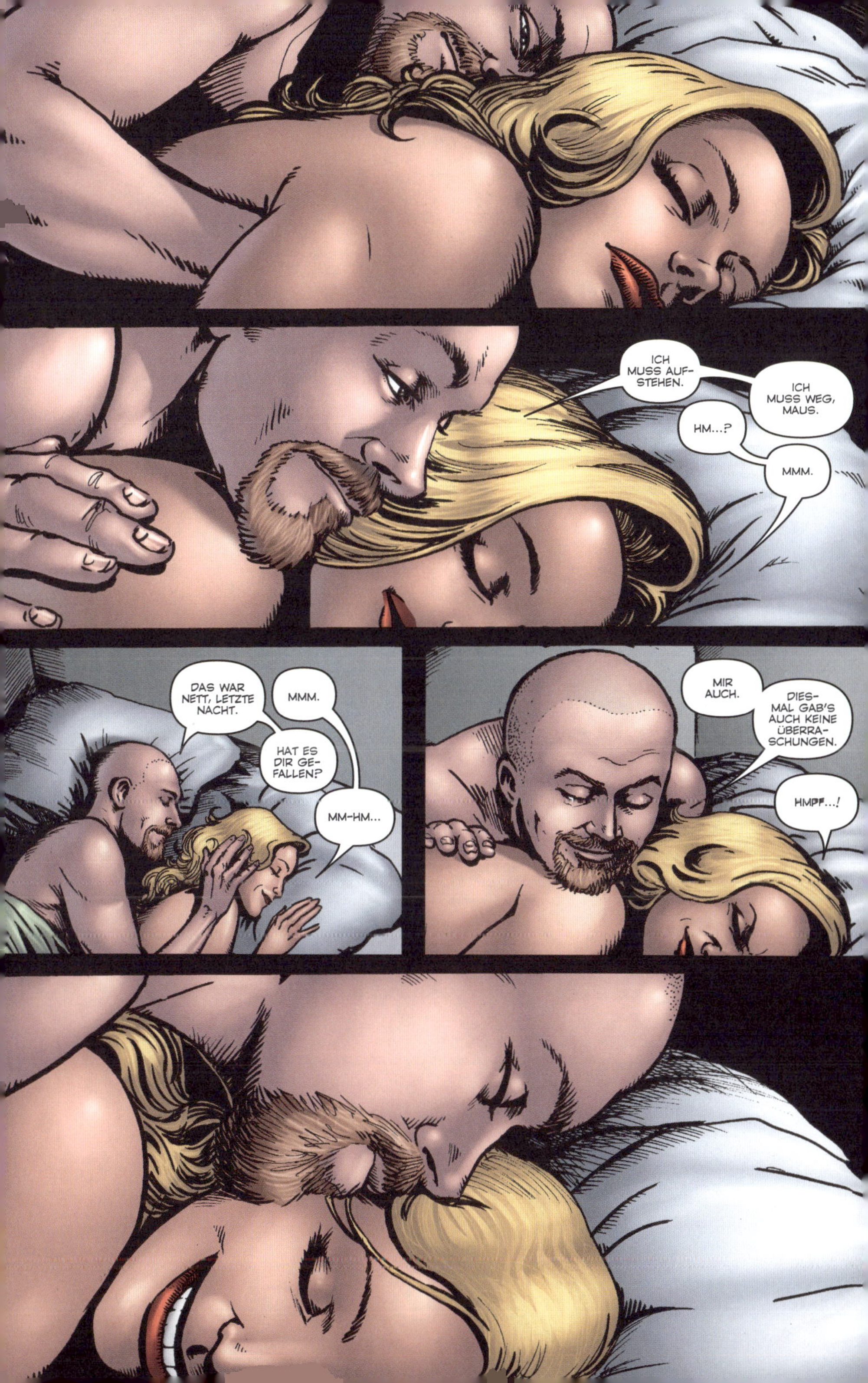
ICH MUSS AUF-STEHEN.
ICH MUSS WEG, MAUS.
HM...?
MMM.
DAS WAR NETT, LETZTE NACHT.
MMM.
HAT ES DIR GE-FALLEN?
MM-HM...
MIR AUCH.
DIES-MAL GAB'S AUCH KEINE ÜBERRA-SCHUNGEN.
HMPF...!

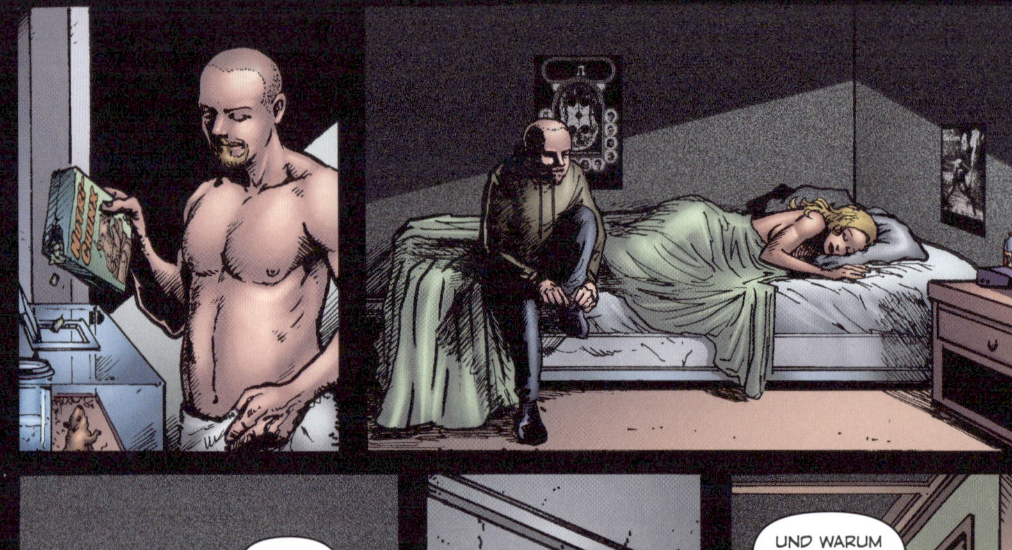

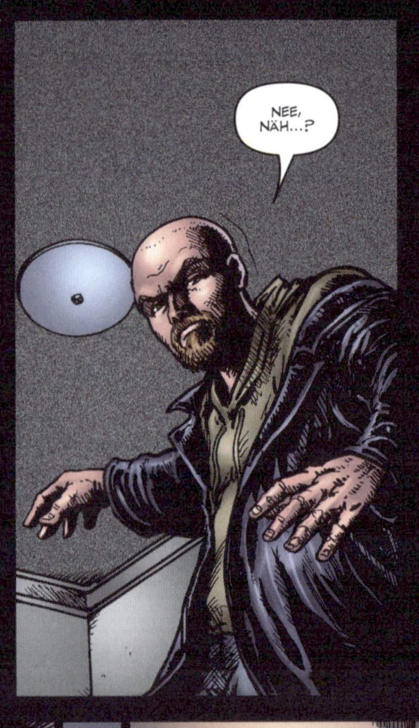
NEE,
NÄH...?

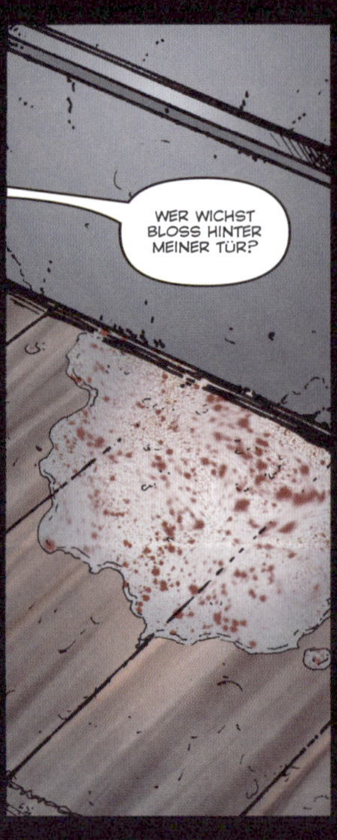
WER WICHST
BLOSS HINTER
MEINER TÜR?

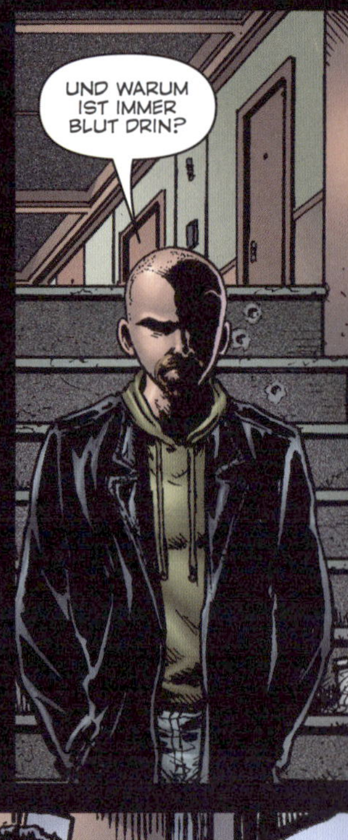
UND WARUM
IST IMMER
BLUT DRIN?

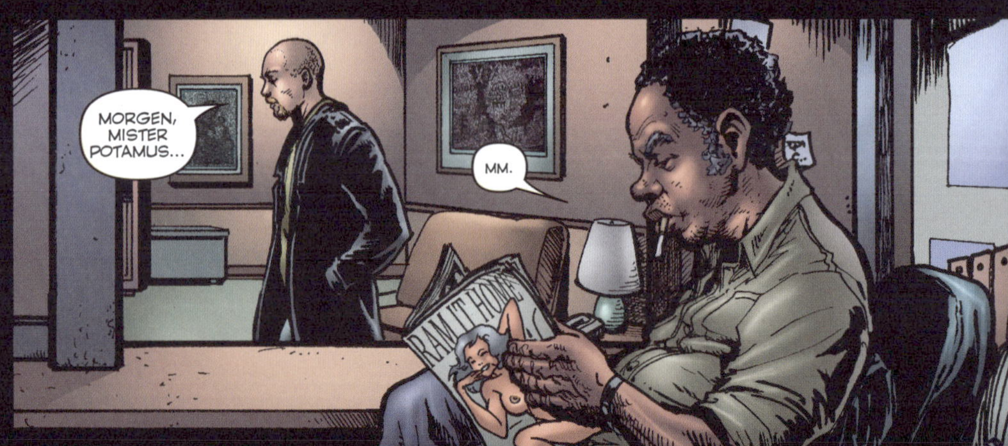
MORGEN,
MISTER
POTAMUS...
MM.

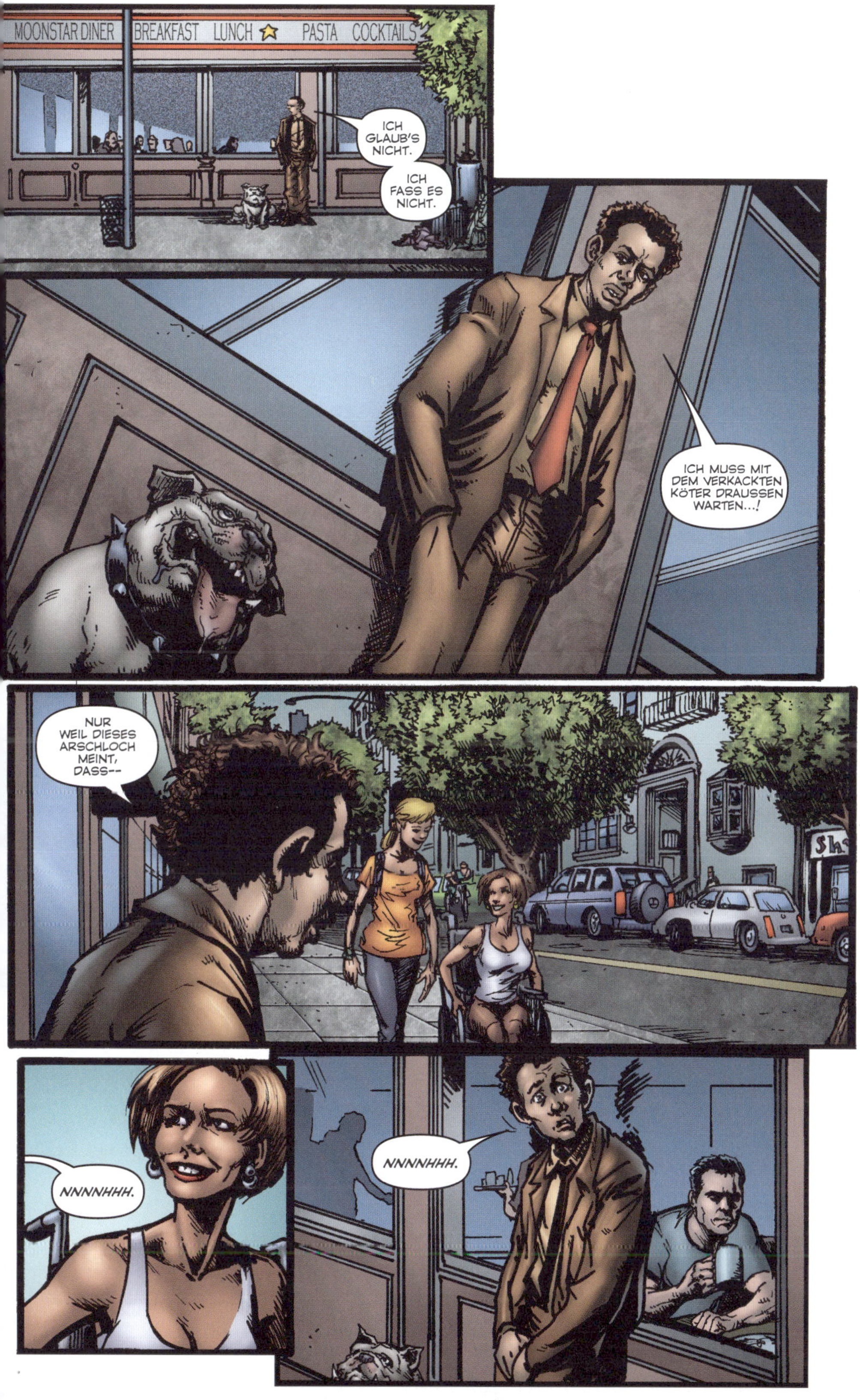

MOONSTAR DINER BREAKFAST LUNCH PASTA COCKTAILS
ICH GLAUB'S NICHT.
ICH FASS ES NICHT.
ICH MUSS MIT DEM VERKACKTEN KÖTER DRAUSSEN WARTEN...!

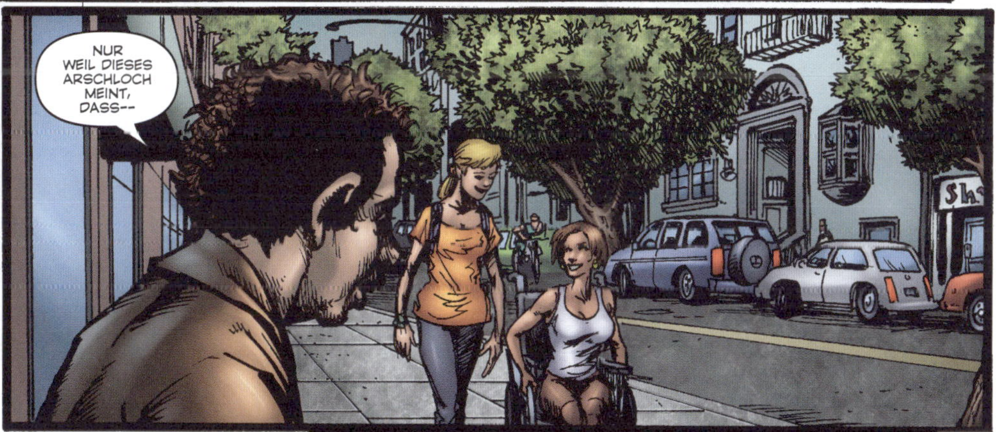

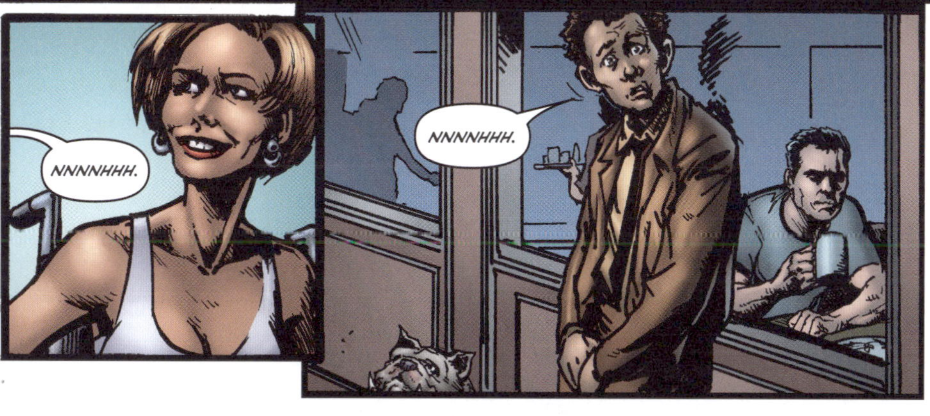

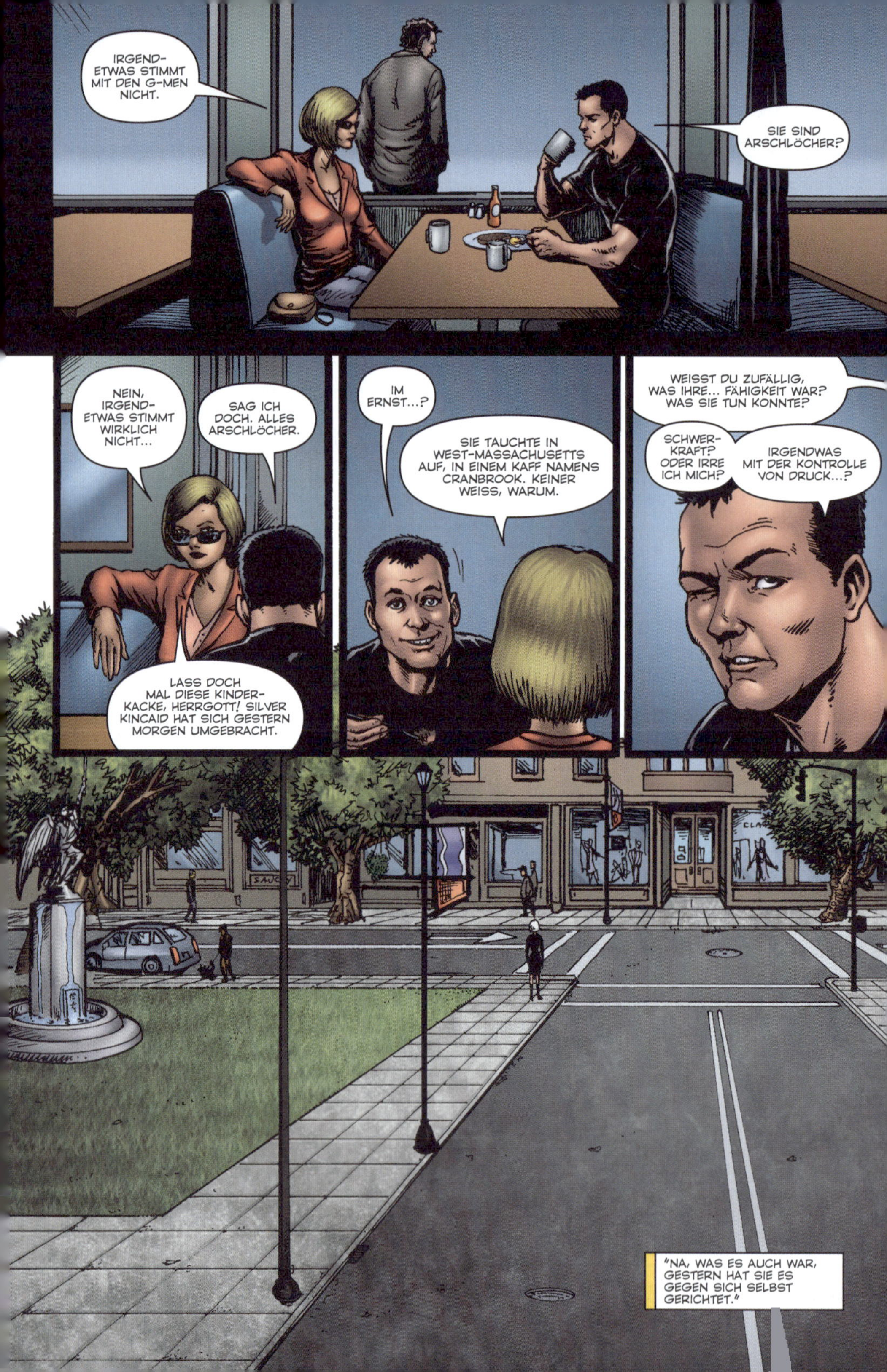
IRGEND-ETWAS STIMMT MIT DEN G-MEN NICHT.
SIE SIND ARSCHLÖCHER?
NEIN, IRGEND-ETWAS STIMMT WIRKLICH NICHT...
SAG ICH DOCH. ALLES ARSCHLÖCHER.
LASS DOCH MAL DIESE KINDER-KACKE, HERRGOTT! SILVER KINCAID HAT SICH GESTERN MORGEN UMGEBRACHT.
IM ERNST...?
SIE TAUCHTE IN WEST-MASSACHUSETTS AUF, IN EINEM KAFF NAMENS CRANBROOK. KEINER WEISS, WARUM.
WEISST DU ZUFÄLLIG, WAS IHRE... FÄHIGKEIT WAR? WAS SIE TUN KONNTE?
SCHWER-KRAFT? ODER IRRE ICH MICH?
IRGENDWAS MIT DER KONTROLLE VON DRUCK...?
"NA, WAS ES AUCH WAR, GESTERN HAT SIE ES GEGEN SICH SELBST GERICHTET."

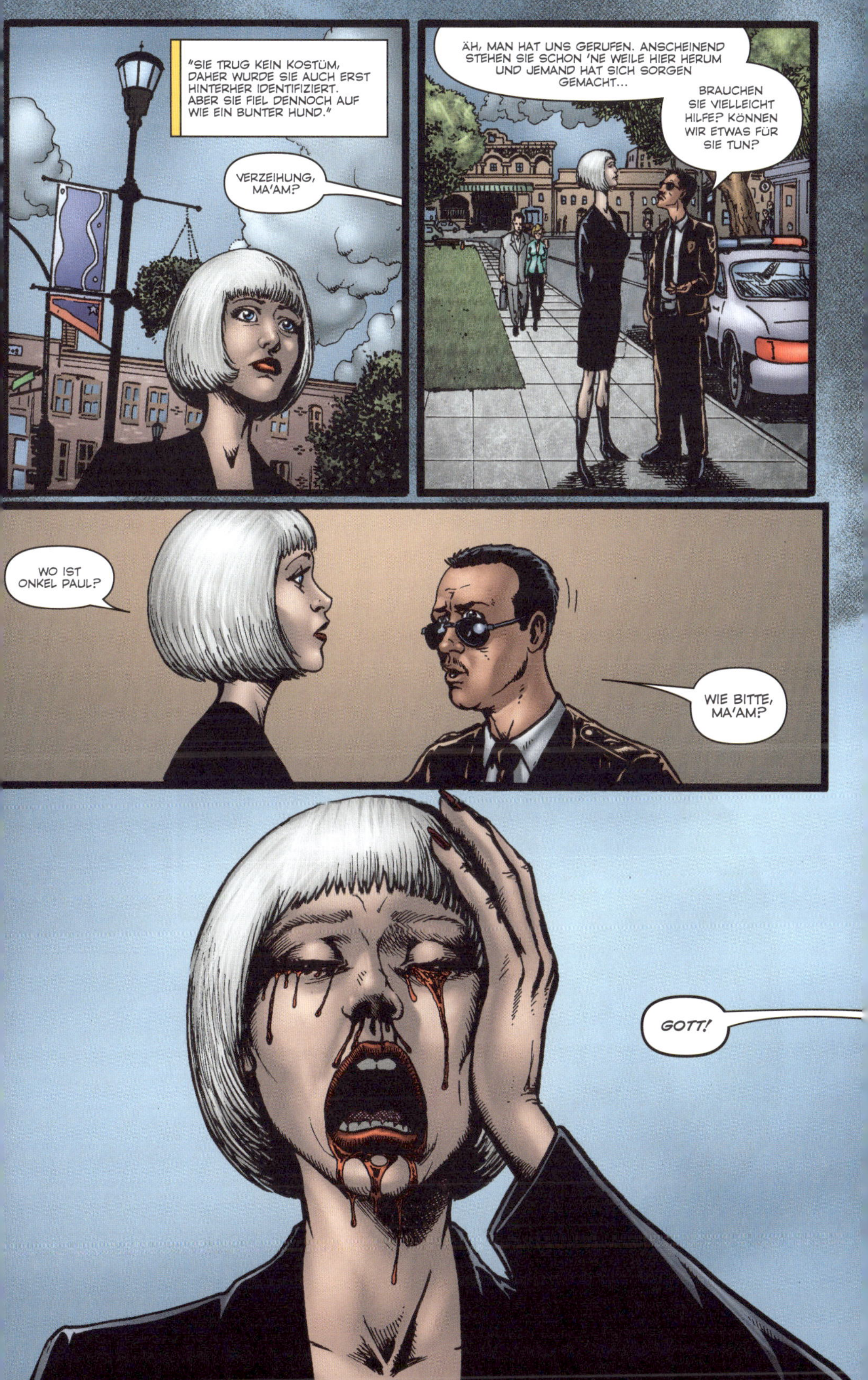
"SIE TRUG KEIN KOSTÜM, DAHER WURDE SIE AUCH ERST HINTERHER IDENTIFIZIERT. ABER SIE FIEL DENNOCH AUF WIE EIN BUNTER HUND."
VERZEIHUNG, MA'AM?
ÄH, MAN HAT UNS GERUFEN. ANSCHEINEND STEHEN SIE SCHON 'NE WEILE HIER HERUM UND JEMAND HAT SICH SORGEN GEMACHT...
BRAUCHEN SIE VIELLEICHT HILFE? KÖNNEN WIR ETWAS FÜR SIE TUN?
WO IST ONKEL PAUL?
WIE BITTE, MA'AM?
GOTT!

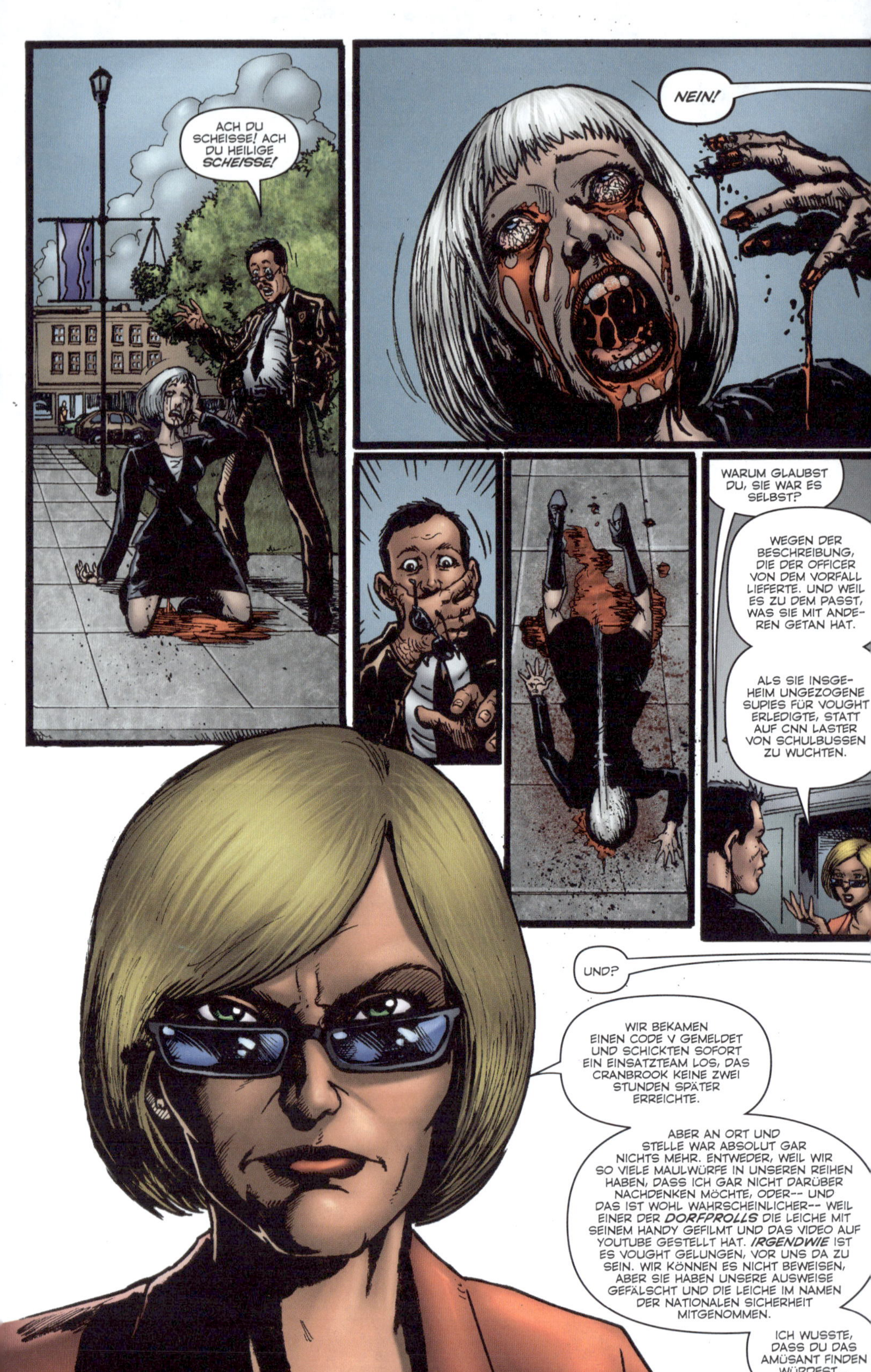
ACH DU SCHEISSE! ACH DU HEILIGE *SCHEISSE!*
NEIN!
WARUM GLAUBST DU, SIE WAR ES SELBST?
WEGEN DER BESCHREIBUNG, DIE DER OFFICER VON DEM VORFALL LIEFERTE. UND WEIL ES ZU DEM PASST, WAS SIE MIT ANDEREN GETAN HAT.
ALS SIE INSGEHEIM UNGEZOGENE SUPIES FÜR VOUGHT ERLEDIGTE, STATT AUF CNN LASTER VON SCHULBUSSEN ZU WUCHTEN.
UND?
WIR BEKAMEN EINEN CODE V GEMELDET UND SCHICKTEN SOFORT EIN EINSATZTEAM LOS, DAS CRANBROOK KEINE ZWEI STUNDEN SPÄTER ERREICHTE.
ABER AN ORT UND STELLE WAR ABSOLUT GAR NICHTS MEHR. ENTWEDER, WEIL WIR SO VIELE MAULWÜRFE IN UNSEREN REIHEN HABEN, DASS ICH GAR NICHT DARÜBER NACHDENKEN MÖCHTE, ODER-- UND DAS IST WOHL WAHRSCHEINLICHER-- WEIL EINER DER *DORFPROLLS* DIE LEICHE MIT SEINEM HANDY GEFILMT UND DAS VIDEO AUF YOUTUBE GESTELLT HAT. *IRGENDWIE* IST ES VOUGHT GELUNGEN, VOR UNS DA ZU SEIN. WIR KÖNNEN ES NICHT BEWEISEN, ABER SIE HABEN UNSERE AUSWEISE GEFÄLSCHT UND DIE LEICHE IM NAMEN DER NATIONALEN SICHERHEIT MITGENOMMEN.
ICH WUSSTE, DASS DU DAS AMÜSANT FINDEN WÜRDEST...

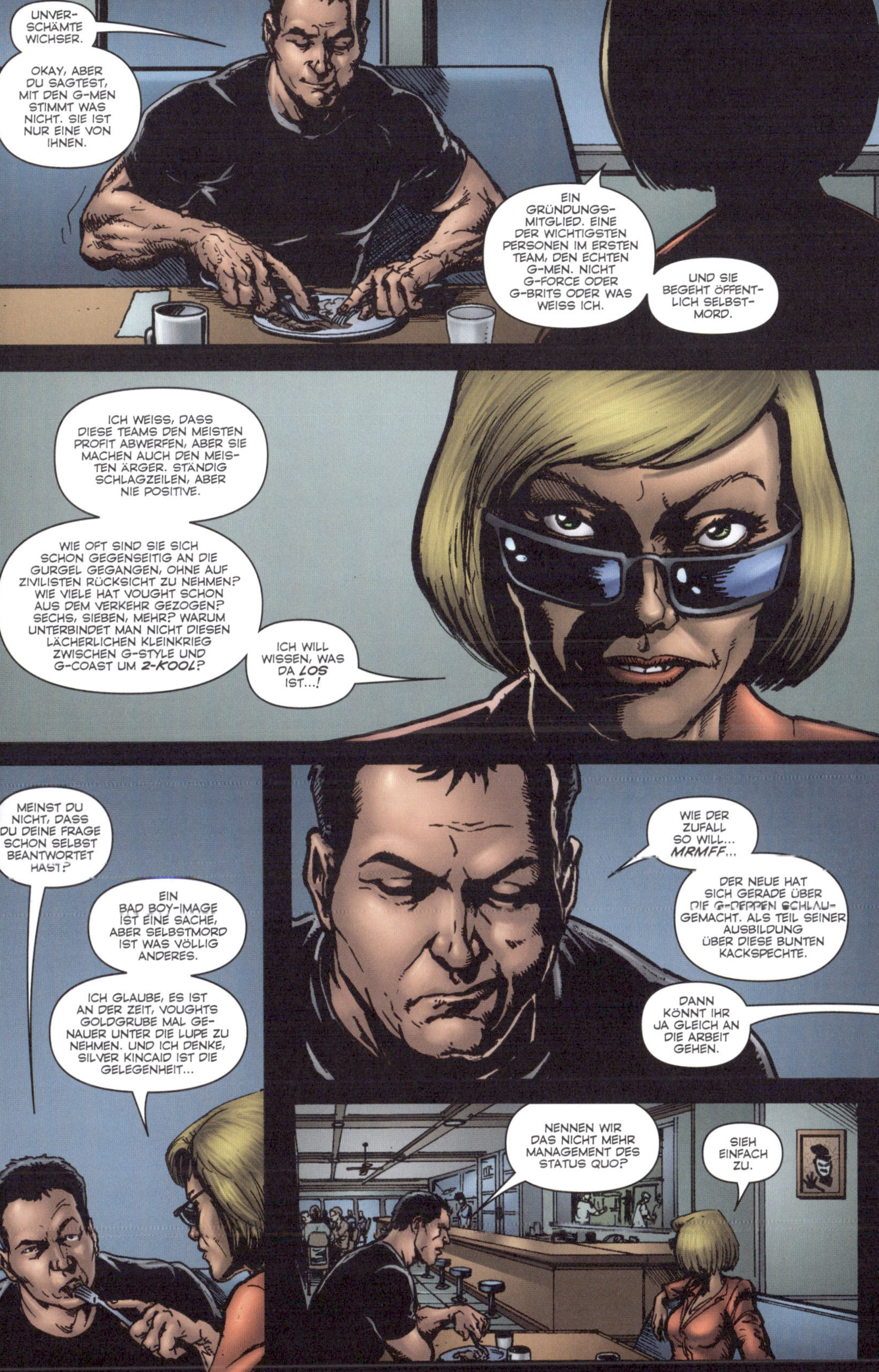
UNVERSCHÄMTE WICHSER.
OKAY, ABER DU SAGTEST, MIT DEN G-MEN STIMMT WAS NICHT. SIE IST NUR EINE VON IHNEN.
EIN GRÜNDUNGSMITGLIED. EINE DER WICHTIGSTEN PERSONEN IM ERSTEN TEAM, DEN ECHTEN G-MEN. NICHT G-FORCE ODER G-BRITS ODER WAS WEISS ICH.
UND SIE BEGEHT ÖFFENTLICH SELBSTMORD.
ICH WEISS, DASS DIESE TEAMS DEN MEISTEN PROFIT ABWERFEN, ABER SIE MACHEN AUCH DEN MEISTEN ÄRGER. STÄNDIG SCHLAGZEILEN, ABER NIE POSITIVE.
WIE OFT SIND SIE SICH SCHON GEGENSEITIG AN DIE GURGEL GEGANGEN, OHNE AUF ZIVILISTEN RÜCKSICHT ZU NEHMEN? WIE VIELE HAT VOUGHT SCHON AUS DEM VERKEHR GEZOGEN? SECHS, SIEBEN, MEHR? WARUM UNTERBINDET MAN NICHT DIESEN LÄCHERLICHEN KLEINKRIEG ZWISCHEN G-STYLE UND G-COAST UM 2-KOOL?
ICH WILL WISSEN, WAS DA LOS IST...!
MEINST DU NICHT, DASS DU DEINE FRAGE SCHON SELBST BEANTWORTET HAST?
EIN BAD BOY-IMAGE IST EINE SACHE, ABER SELBSTMORD IST WAS VÖLLIG ANDERES.
ICH GLAUBE, ES IST AN DER ZEIT, VOUGHTS GOLDGRUBE MAL GENAUER UNTER DIE LUPE ZU NEHMEN. UND ICH DENKE, SILVER KINCAID IST DIE GELEGENHEIT...
WIE DER ZUFALL SO WILL... MRMFF...
DER NEUE HAT SICH GERADE ÜBER DIE G-DEPPEN SCHLAUGEMACHT. ALS TEIL SEINER AUSBILDUNG ÜBER DIESE BUNTEN KACKSPECHTE.
DANN KÖNNT IHR JA GLEICH AN DIE ARBEIT GEHEN.
NENNEN WIR DAS NICHT MEHR MANAGEMENT DES STATUS QUO?
SIEH EINFACH ZU.

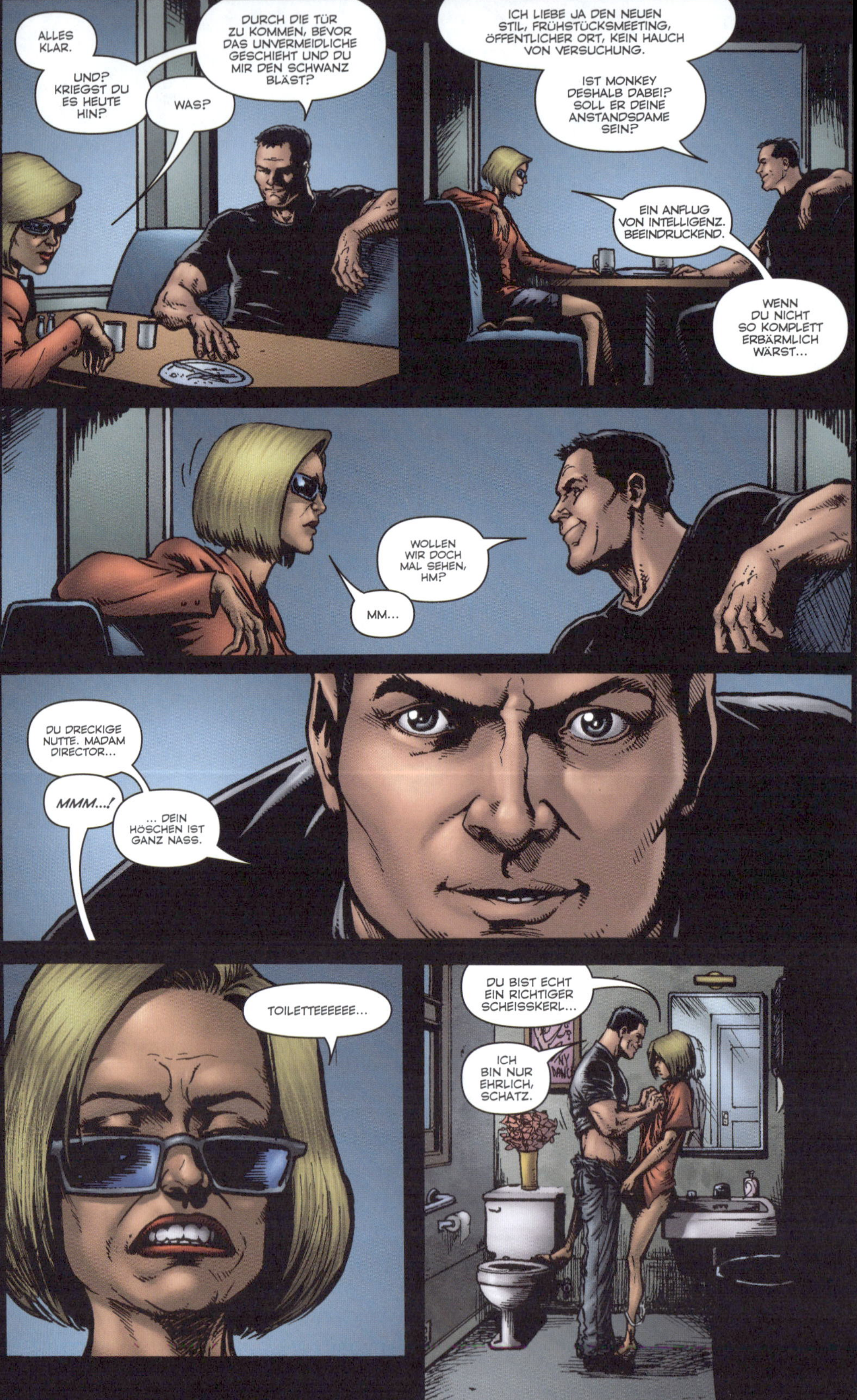
ALLES KLAR.
UND? KRIEGST DU ES HEUTE HIN?
WAS?
DURCH DIE TÜR ZU KOMMEN, BEVOR DAS UNVERMEIDLICHE GESCHIEHT UND DU MIR DEN SCHWANZ BLÄST?
ICH LIEBE JA DEN NEUEN STIL, FRÜHSTÜCKSMEETING, ÖFFENTLICHER ORT, KEIN HAUCH VON VERSUCHUNG.
IST MONKEY DESHALB DABEI? SOLL ER DEINE ANSTANDSDAME SEIN?
EIN ANFLUG VON INTELLIGENZ. BEEINDRUCKEND.
WENN DU NICHT SO KOMPLETT ERBÄRMLICH WÄRST...
WOLLEN WIR DOCH MAL SEHEN, HM?
MM...
DU DRECKIGE NUTTE. MADAM DIRECTOR...
MMM...!
... DEIN HÖSCHEN IST GANZ NASS.
TOILETTEEEEEE...
DU BIST ECHT EIN RICHTIGER SCHEISSKERL...
ICH BIN NUR EHRLICH, SCHATZ.

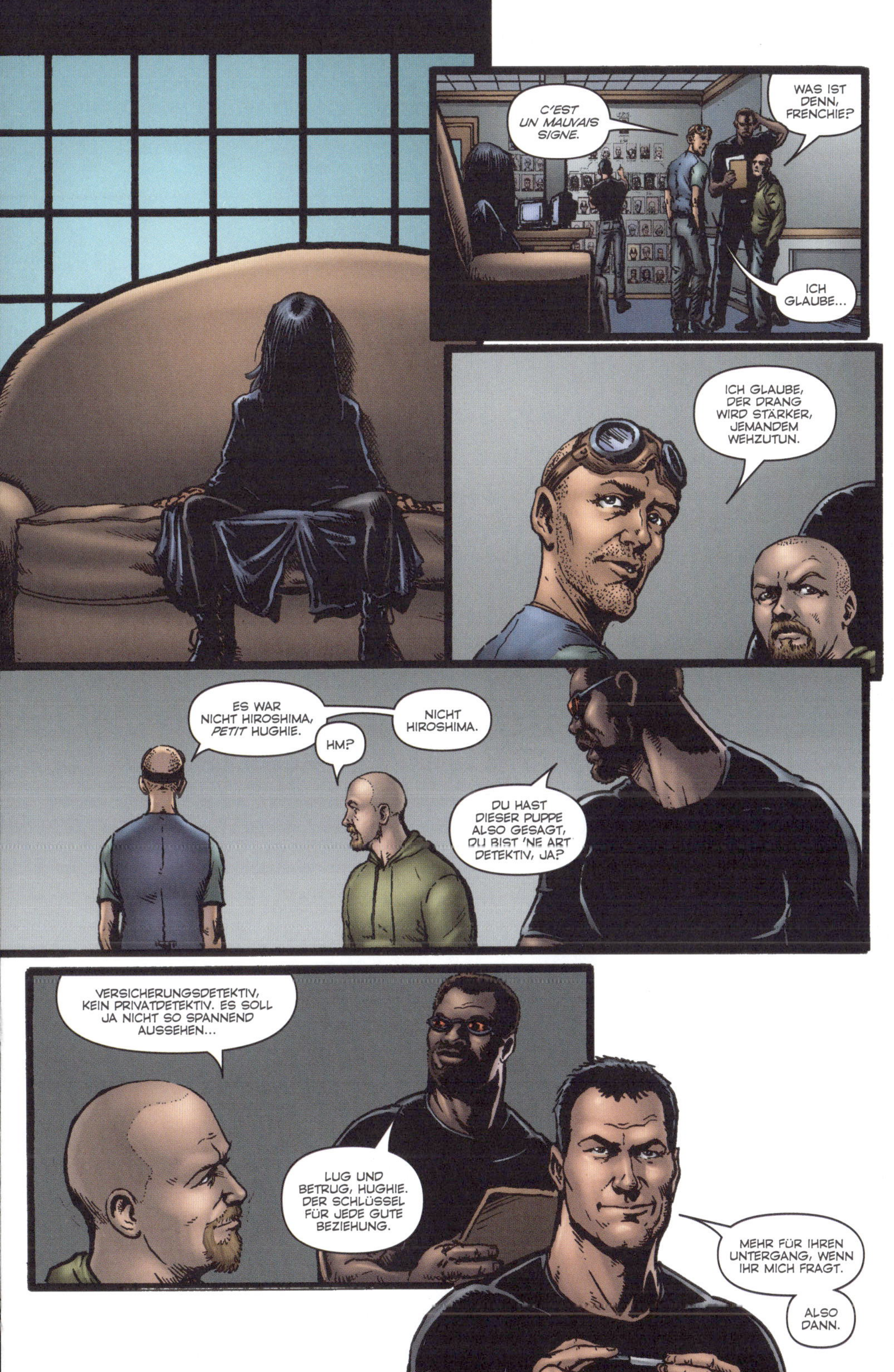
C'EST UN MAUVAIS SIGNE.
WAS IST DENN, FRENCHIE?
ICH GLAUBE...
ICH GLAUBE, DER DRANG WIRD STÄRKER, JEMANDEM WEHZUTUN.
ES WAR NICHT HIROSHIMA, PETIT HUGHIE.
NICHT HIROSHIMA.
HM?
DU HAST DIESER PUPPE ALSO GESAGT, DU BIST 'NE ART DETEKTIV, JA?
VERSICHERUNGSDETEKTIV, KEIN PRIVATDETEKTIV. ES SOLL JA NICHT SO SPANNEND AUSSEHEN...
LUG UND BETRUG, HUGHIE. DER SCHLÜSSEL FÜR JEDE GUTE BEZIEHUNG.
MEHR FÜR IHREN UNTERGANG, WENN IHR MICH FRAGT.
ALSO DANN.

G-MEN
STAND 2/0

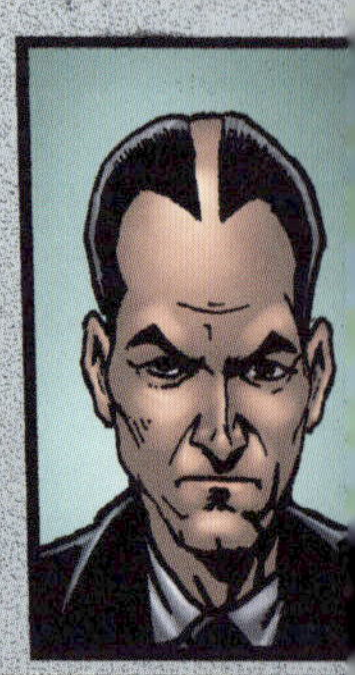

JOHN GODOLKI

G-MEN

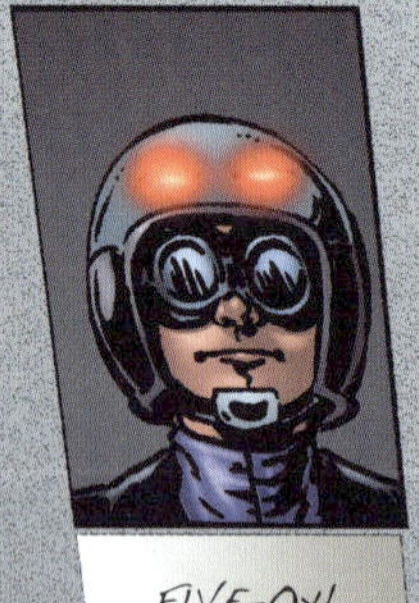

FIVE-OH

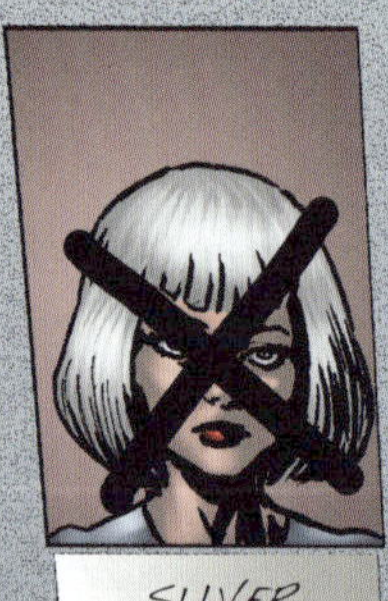

SILVER KINCAID

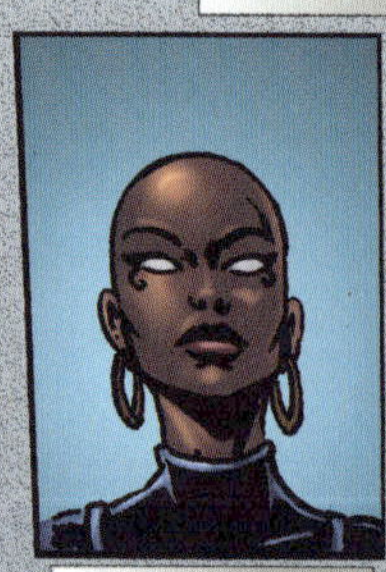

NUBIA (?)

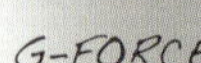

G-FORCE

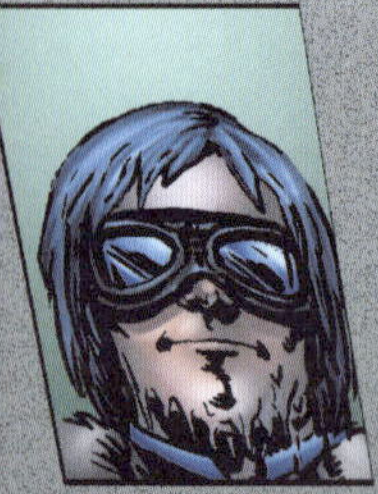

COLD SNAP

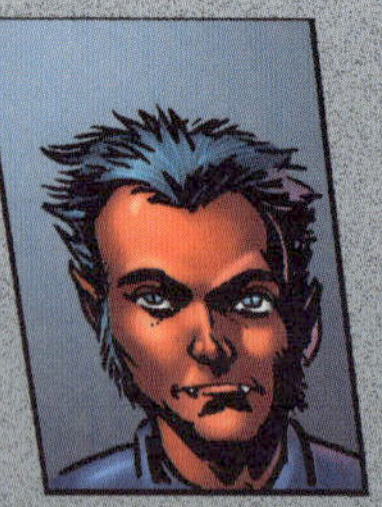

EUROPO

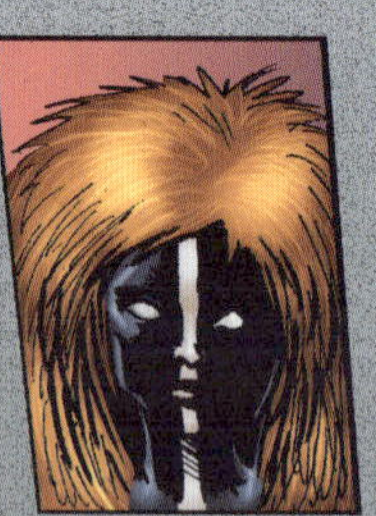

LUCKLESS

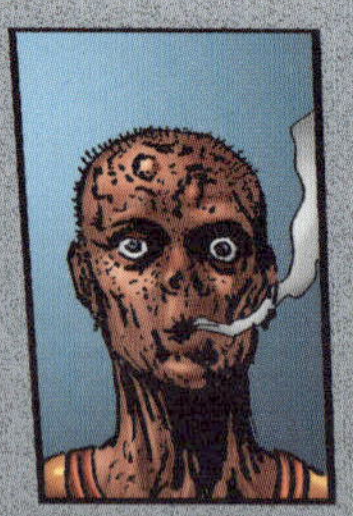

FLAMER

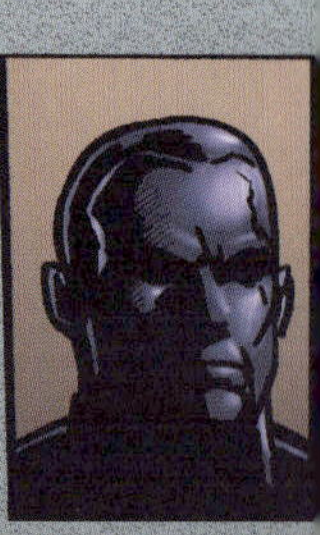

STACKER

G-WIZ

DAS SIND ALSO DIE POPULÄRSTEN AUSSENSEITER DER WELT.

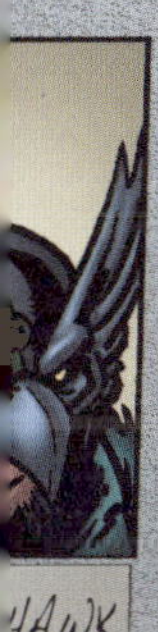

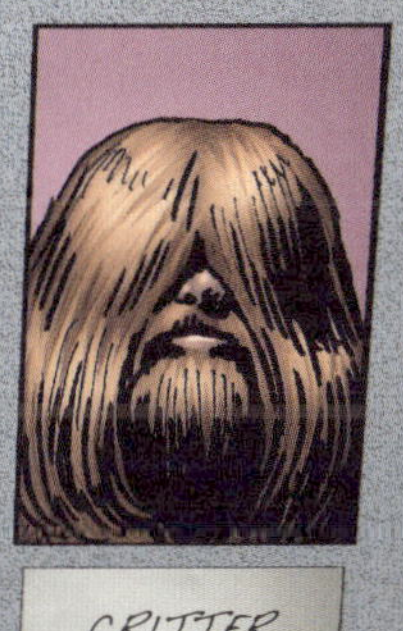

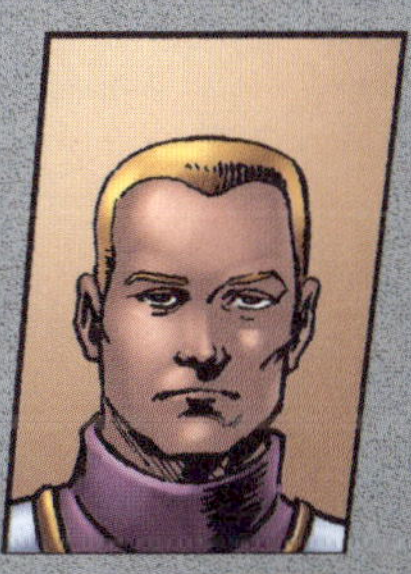

HAWK

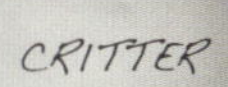

THE DEVINE

G-STYLE

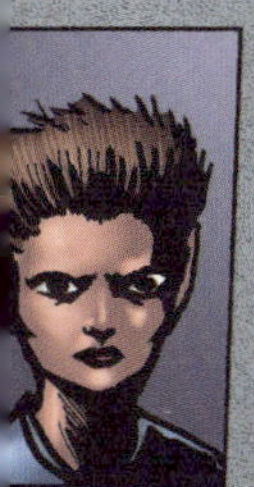

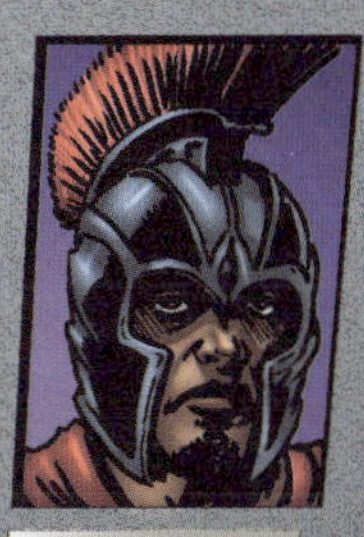

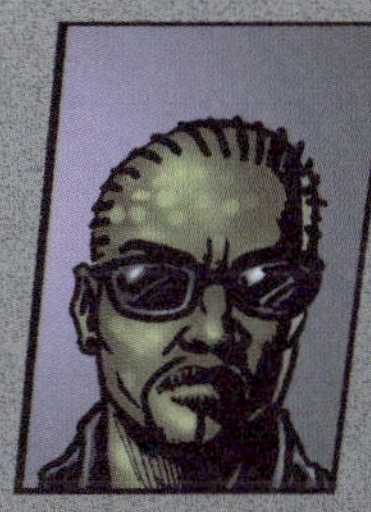

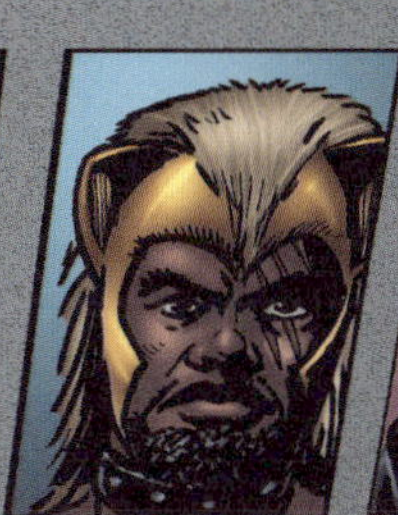

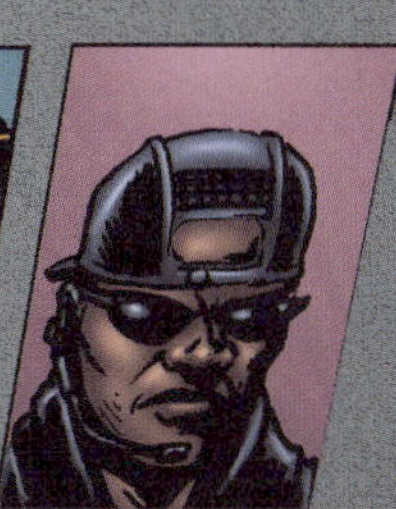

PUSSPUSS

KING HELMET

THE REPTILIAN

BORN FREE

PIT STOP

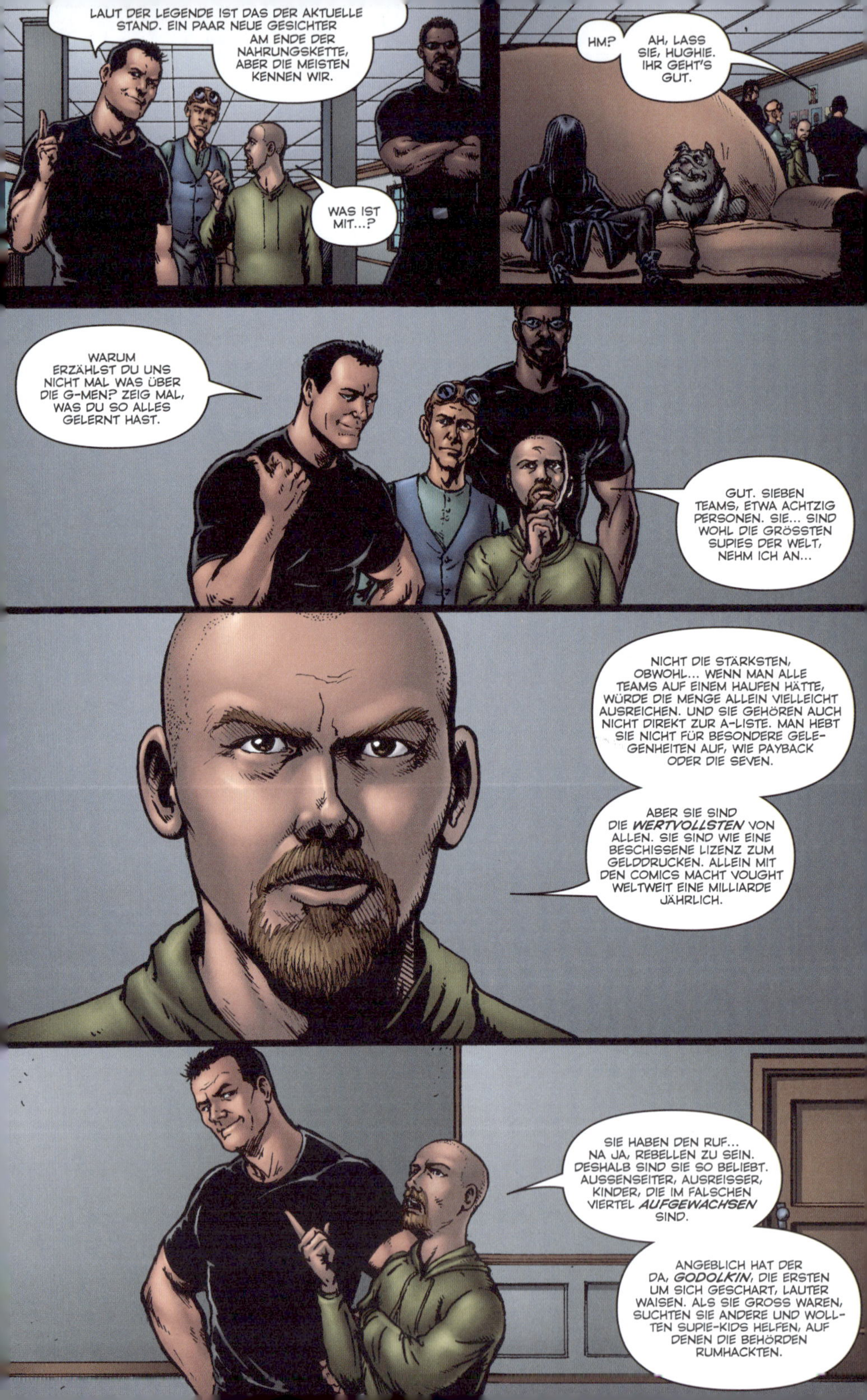

LAUT DER LEGENDE IST DAS DER AKTUELLE STAND. EIN PAAR NEUE GESICHTER AM ENDE DER NAHRUNGSKETTE, ABER DIE MEISTEN KENNEN WIR.
WAS IST MIT...?
HM?
AH, LASS SIE, HUGHIE. IHR GEHT'S GUT.
WARUM ERZÄHLST DU UNS NICHT MAL WAS ÜBER DIE G-MEN? ZEIG MAL, WAS DU SO ALLES GELERNT HAST.
GUT. SIEBEN TEAMS, ETWA ACHTZIG PERSONEN. SIE... SIND WOHL DIE GRÖSSTEN SUPIES DER WELT, NEHM ICH AN...
NICHT DIE STÄRKSTEN, OBWOHL... WENN MAN ALLE TEAMS AUF EINEM HAUFEN HÄTTE, WÜRDE DIE MENGE ALLEIN VIELLEICHT AUSREICHEN. UND SIE GEHÖREN AUCH NICHT DIREKT ZUR A-LISTE. MAN HEBT SIE NICHT FÜR BESONDERE GELEGENHEITEN AUF, WIE PAYBACK ODER DIE SEVEN.
ABER SIE SIND DIE *WERTVOLLSTEN* VON ALLEN. SIE SIND WIE EINE BESCHISSENE LIZENZ ZUM GELDDRUCKEN. ALLEIN MIT DEN COMICS MACHT VOUGHT WELTWEIT EINE MILLIARDE JÄHRLICH.
SIE HABEN DEN RUF... NA JA, REBELLEN ZU SEIN. DESHALB SIND SIE SO BELIEBT. AUSSENSEITER, AUSREISSER, KINDER, DIE IM FALSCHEN VIERTEL *AUFGEWACHSEN* SIND.
ANGEBLICH HAT DER DA, *GODOLKIN*, DIE ERSTEN UM SICH GESCHART, LAUTER WAISEN. ALS SIE GROSS WAREN, SUCHTEN SIE ANDERE UND WOLLTEN SUPIE-KIDS HELFEN, AUF DENEN DIE BEHÖRDEN RUMHACKTEN.

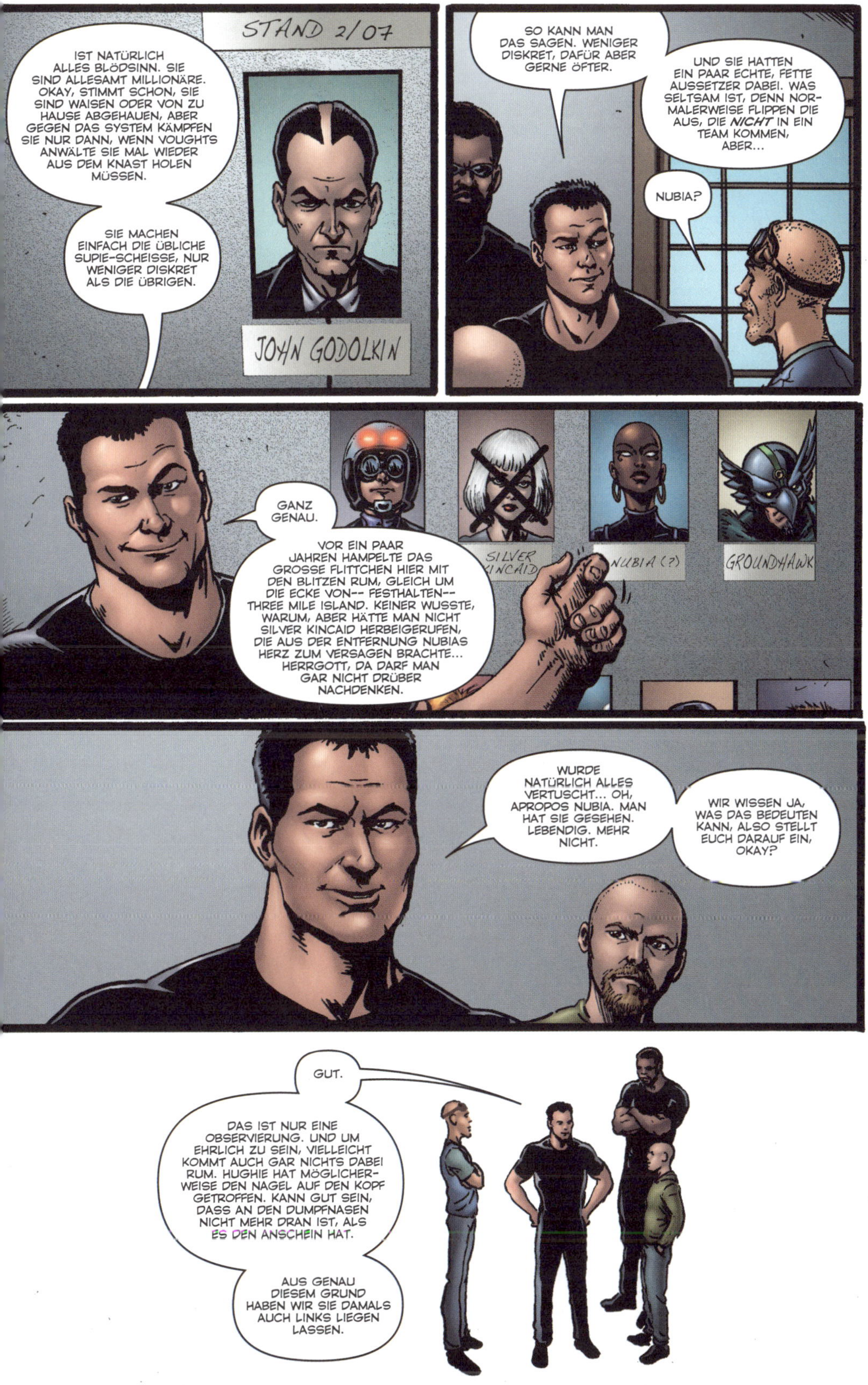

STAND 2/07

IST NATÜRLICH ALLES BLÖDSINN. SIE SIND ALLESAMT MILLIONÄRE. OKAY, STIMMT SCHON, SIE SIND WAISEN ODER VON ZU HAUSE ABGEHAUEN, ABER GEGEN DAS SYSTEM KÄMPFEN SIE NUR DANN, WENN VOUGHTS ANWÄLTE SIE MAL WIEDER AUS DEM KNAST HOLEN MÜSSEN.

SIE MACHEN EINFACH DIE ÜBLICHE SUPIE-SCHEISSE, NUR WENIGER DISKRET ALS DIE ÜBRIGEN.

JOHN GODOLKIN

SO KANN MAN DAS SAGEN. WENIGER DISKRET, DAFÜR ABER GERNE ÖFTER.

UND SIE HATTEN EIN PAAR ECHTE, FETTE AUSSETZER DABEI. WAS SELTSAM IST, DENN NORMALERWEISE FLIPPEN DIE AUS, DIE *NICHT* IN EIN TEAM KOMMEN, ABER...

NUBIA?

GANZ GENAU.

VOR EIN PAAR JAHREN HAMPELTE DAS GROSSE FLITTCHEN HIER MIT DEN BLITZEN RUM, GLEICH UM DIE ECKE VON-- FESTHALTEN-- THREE MILE ISLAND. KEINER WUSSTE, WARUM, ABER HÄTTE MAN NICHT SILVER KINCAID HERBEIGERUFEN, DIE AUS DER ENTFERNUNG NUBIAS HERZ ZUM VERSAGEN BRACHTE... HERRGOTT, DA DARF MAN GAR NICHT DRÜBER NACHDENKEN.

SILVER KINCAID

NUBIA (?)

GROUNDHAWK

WURDE NATÜRLICH ALLES VERTUSCHT... OH, APROPOS NUBIA. MAN HAT SIE GESEHEN. LEBENDIG. MEHR NICHT.

WIR WISSEN JA, WAS DAS BEDEUTEN KANN, ALSO STELLT EUCH DARAUF EIN, OKAY?

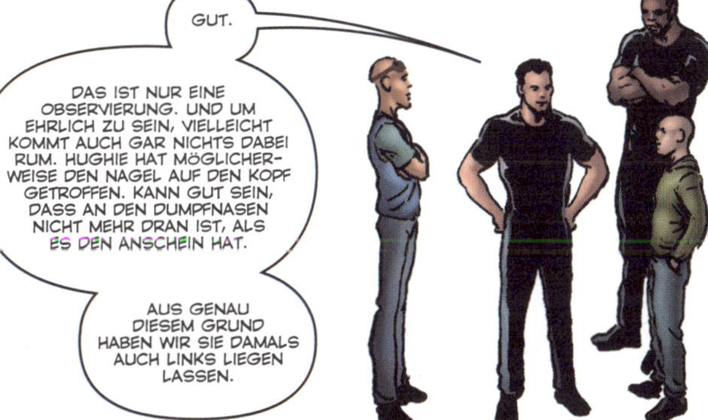

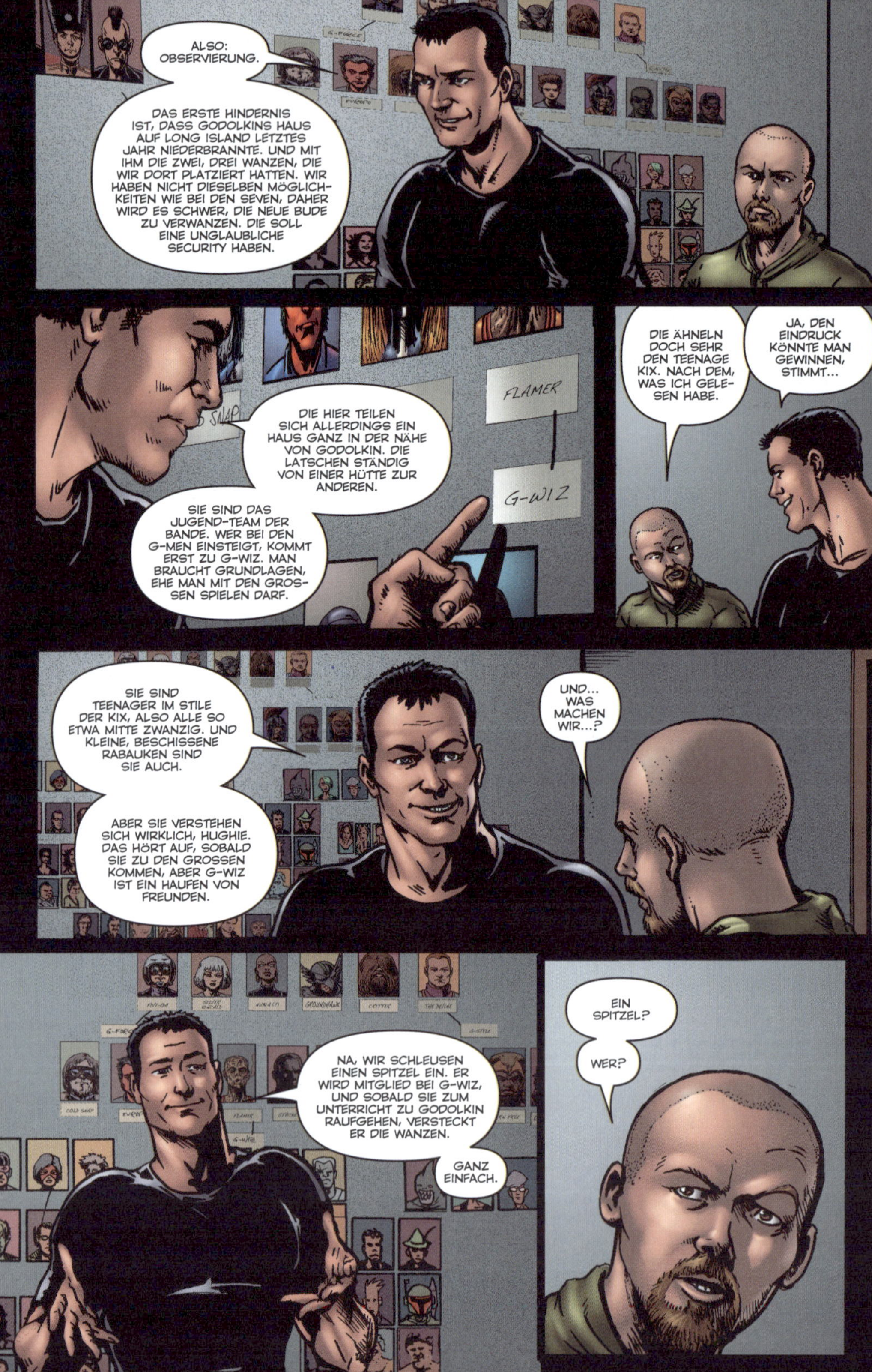
ALSO: OBSERVIERUNG.
DAS ERSTE HINDERNIS IST, DASS GODOLKINS HAUS AUF LONG ISLAND LETZTES JAHR NIEDERBRANNTE. UND MIT IHM DIE ZWEI, DREI WANZEN, DIE WIR DORT PLATZIERT HATTEN. WIR HABEN NICHT DIESELBEN MÖGLICHKEITEN WIE BEI DEN SEVEN, DAHER WIRD ES SCHWER, DIE NEUE BUDE ZU VERWANZEN. DIE SOLL EINE UNGLAUBLICHE SECURITY HABEN.
FLAMER
G-WIZ
DIE HIER TEILEN SICH ALLERDINGS EIN HAUS GANZ IN DER NÄHE VON GODOLKIN. DIE LATSCHEN STÄNDIG VON EINER HÜTTE ZUR ANDEREN.
SIE SIND DAS JUGEND-TEAM DER BANDE. WER BEI DEN G-MEN EINSTEIGT, KOMMT ERST ZU G-WIZ. MAN BRAUCHT GRUNDLAGEN, EHE MAN MIT DEN GROSSEN SPIELEN DARF.
DIE ÄHNELN DOCH SEHR DEN TEENAGE KIX. NACH DEM, WAS ICH GELESEN HABE.
JA, DEN EINDRUCK KÖNNTE MAN GEWINNEN, STIMMT...
SIE SIND TEENAGER IM STILE DER KIX, ALSO ALLE SO ETWA MITTE ZWANZIG. UND KLEINE, BESCHISSENE RABAUKEN SIND SIE AUCH.
ABER SIE VERSTEHEN SICH WIRKLICH, HUGHIE. DAS HÖRT AUF, SOBALD SIE ZU DEN GROSSEN KOMMEN, ABER G-WIZ IST EIN HAUFEN VON FREUNDEN.
UND... WAS MACHEN WIR...?
NA, WIR SCHLEUSEN EINEN SPITZEL EIN. ER WIRD MITGLIED BEI G-WIZ, UND SOBALD SIE ZUM UNTERRICHT ZU GODOLKIN RAUFGEHEN, VERSTECKT ER DIE WANZEN.
GANZ EINFACH.
EIN SPITZEL?
WER?

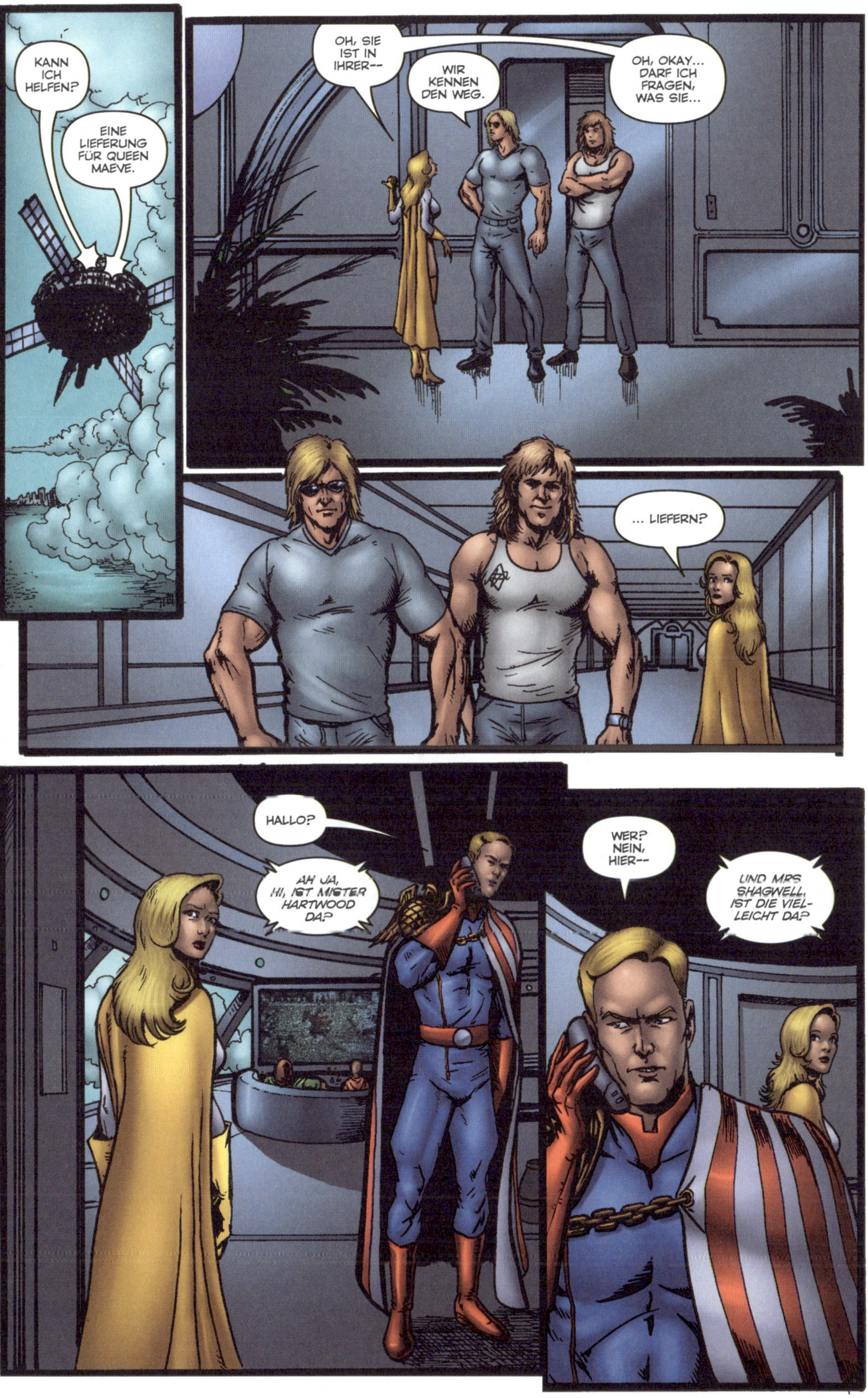

KANN ICH HELFEN?
EINE LIEFERUNG FÜR QUEEN MAEVE.
OH, SIE IST IN IHRER--
WIR KENNEN DEN WEG.
OH, OKAY... DARF ICH FRAGEN, WAS SIE...
... LIEFERN?
HALLO?
AH JA, HI, IST MISTER HARTWOOD DA?
WER? NEIN, HIER--
UND MRS SHAGWELL, IST DIE VIELLEICHT DA?

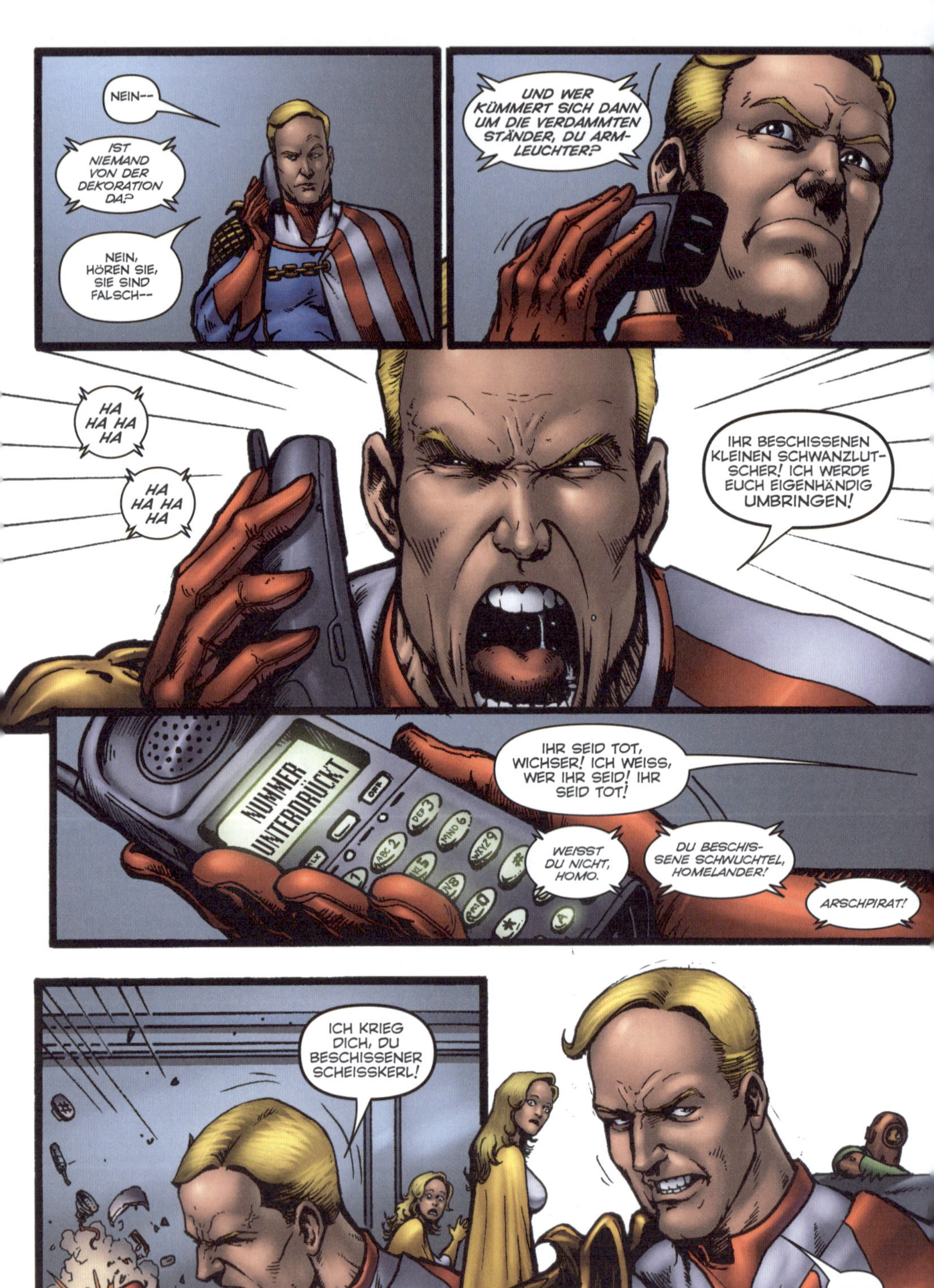
NEIN--
IST NIEMAND VON DER DEKORATION DA?
NEIN, HÖREN SIE, SIE SIND FALSCH--
UND WER KÜMMERT SICH DANN UM DIE VERDAMMTEN STÄNDER, DU ARM-LEUCHTER?
HA HA HA HA
HA HA HA HA
IHR BESCHISSENEN KLEINEN SCHWANZLUT-SCHER! ICH WERDE EUCH EIGENHÄNDIG UMBRINGEN!
NUMMER UNTERDRÜCKT
IHR SEID TOT, WICHSER! ICH WEISS, WER IHR SEID! IHR SEID TOT!
WEISST DU NICHT, HOMO.
DU BESCHIS-SENE SCHWUCHTEL, HOMELANDER!
ARSCHPIRAT!
ICH KRIEG DICH, DU BESCHISSENER SCHEISSKERL!
HHHH.
WO KRIEGEN DIE BLOSS IMMER UNSERE NUMMER HER...?

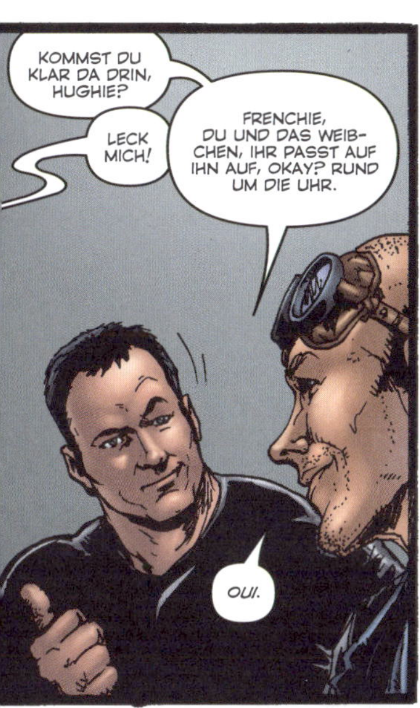
KOMMST DU KLAR DA DRIN, HUGHIE?
LECK MICH!
FRENCHIE, DU UND DAS WEIB-CHEN, IHR PASST AUF IHN AUF, OKAY? RUND UM DIE UHR.
OUI.

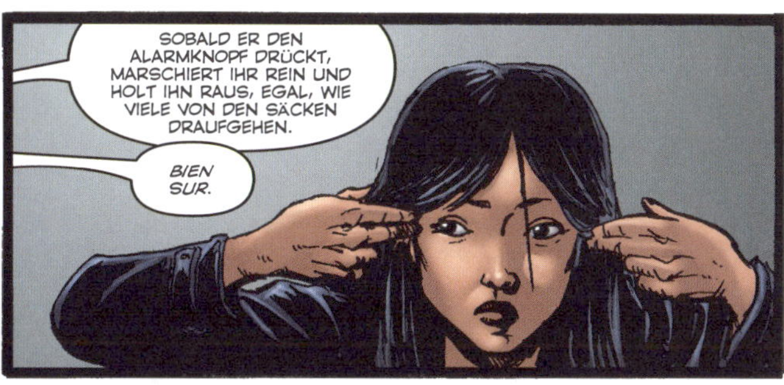
SOBALD ER DEN ALARMKNOPF DRÜCKT, MARSCHIERT IHR REIN UND HOLT IHN RAUS, EGAL, WIE VIELE VON DEN SÄCKEN DRAUFGEHEN.
BIEN SUR.

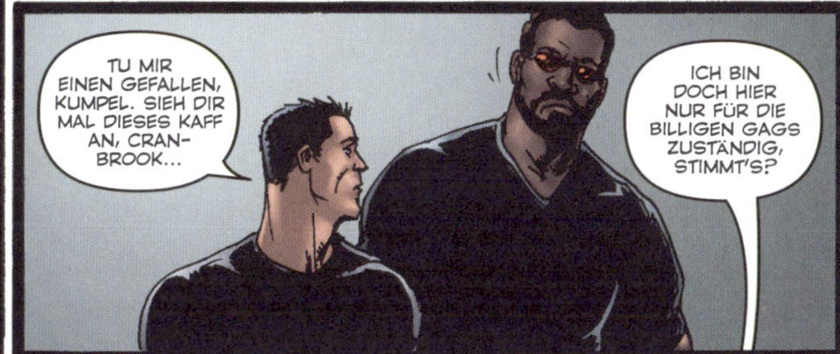
TU MIR EINEN GEFALLEN, KUMPEL. SIEH DIR MAL DIESES KAFF AN, CRAN-BROOK...
ICH BIN DOCH HIER NUR FÜR DIE BILLIGEN GAGS ZUSTÄNDIG, STIMMT'S?

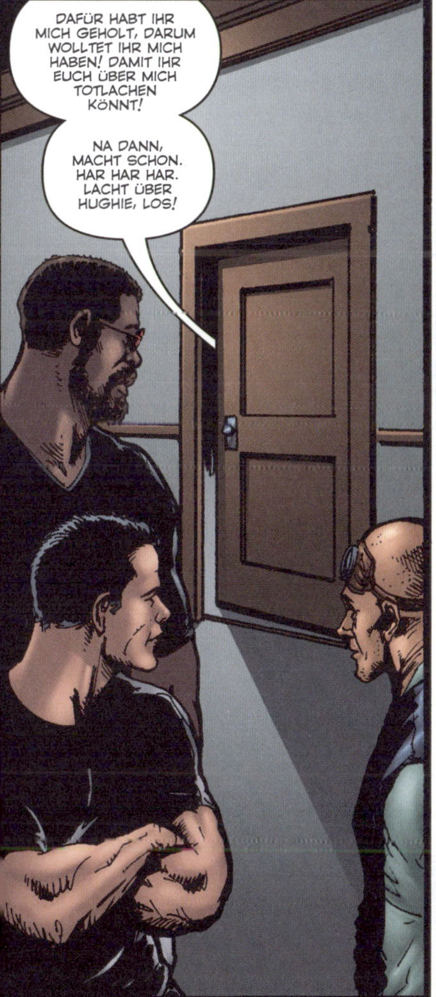
DAFÜR HABT IHR MICH GEHOLT, DARUM WOLLTET IHR MICH HABEN! DAMIT IHR EUCH ÜBER MICH TOTLACHEN KÖNNT!
NA DANN, MACHT SCHON. HAR HAR HAR. LACHT ÜBER HUGHIE, LOS!

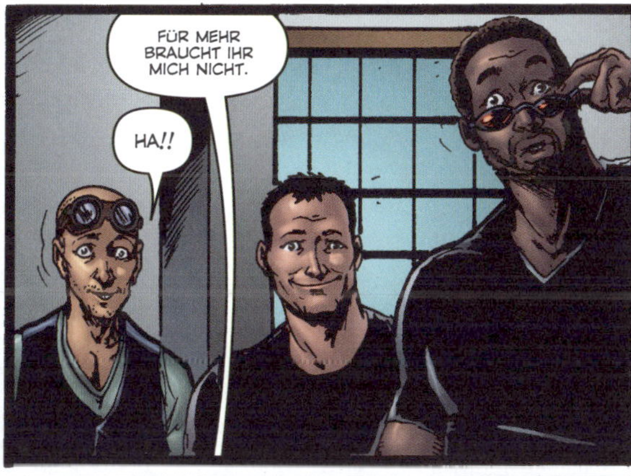
FÜR MEHR BRAUCHT IHR MICH NICHT.
HA!!

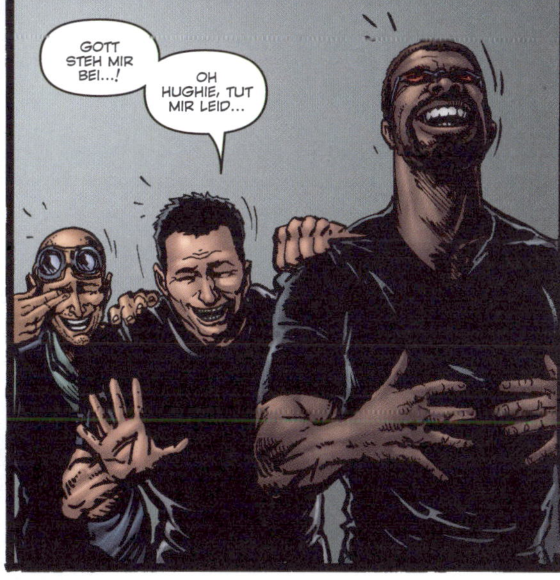
GOTT STEH MIR BEI...!
OH HUGHIE, TUT MIR LEID...

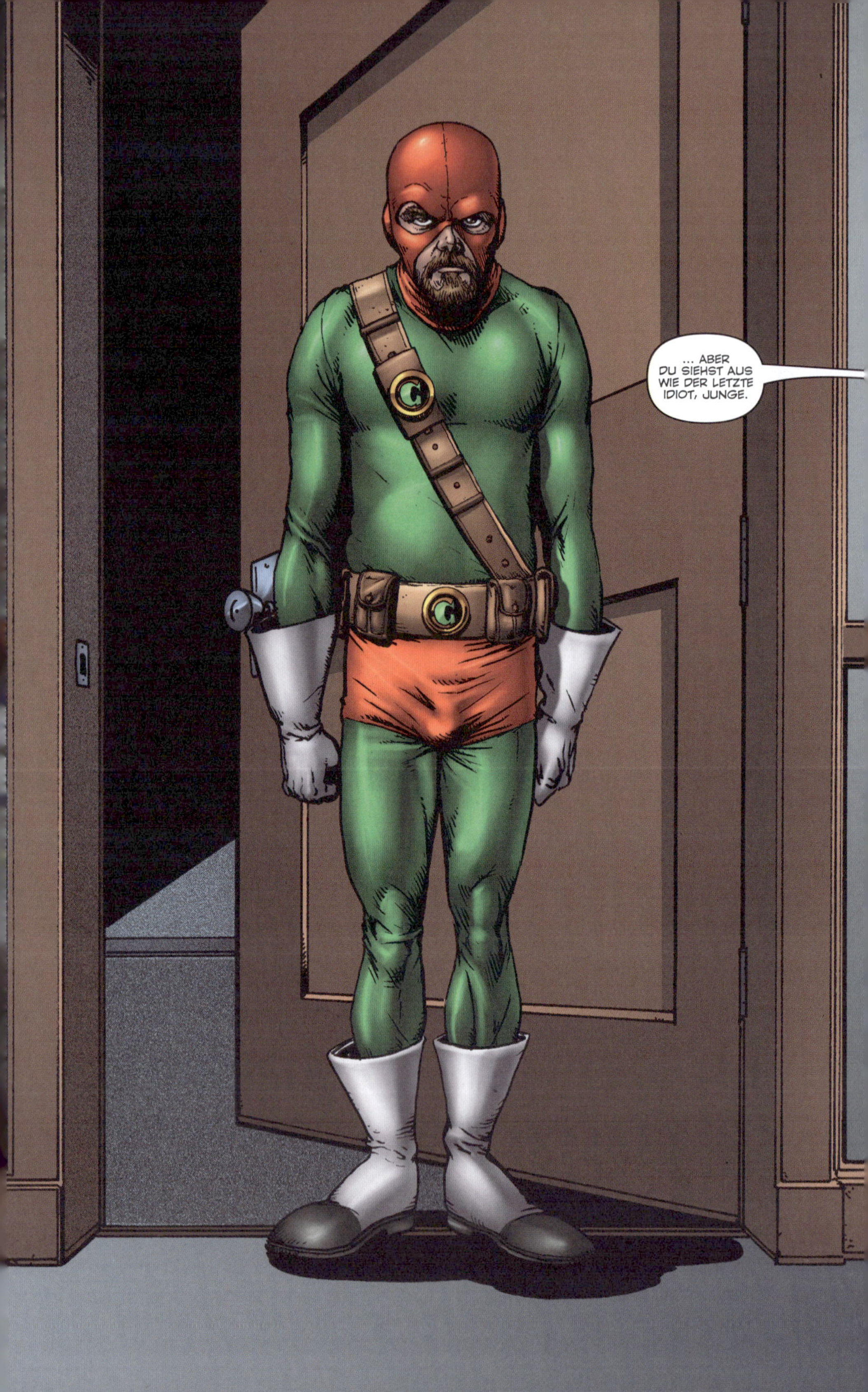
... ABER
DU SIEHST AUS
WIE DER LETZTE
IDIOT, JUNGE.

SCHMUTZIGE GEHEIMNISSE, TEIL 2

The Boys (2006) 24
Cover von **DARICK ROBERTSON**

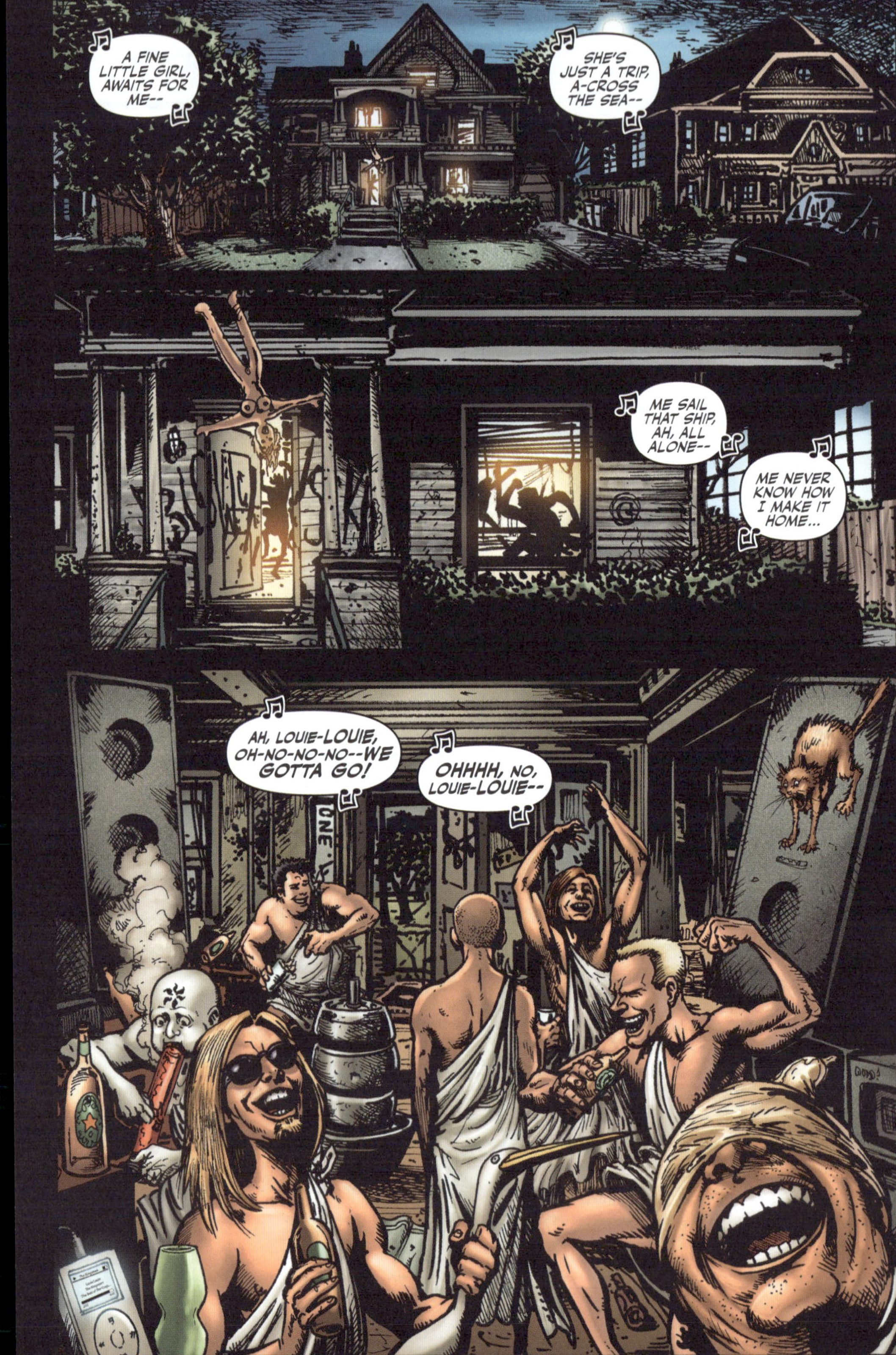
A FINE LITTLE GIRL, AWAITS FOR ME--
SHE'S JUST A TRIP, A-CROSS THE SEA--
ME SAIL THAT SHIP, AH, ALL ALONE--
ME NEVER KNOW HOW I MAKE IT HOME...
AH, LOUIE-LOUIE, OH-NO-NO-NO--WE GOTTA GO!
OHHHH, NO, LOUIE-LOUIE--
ONE

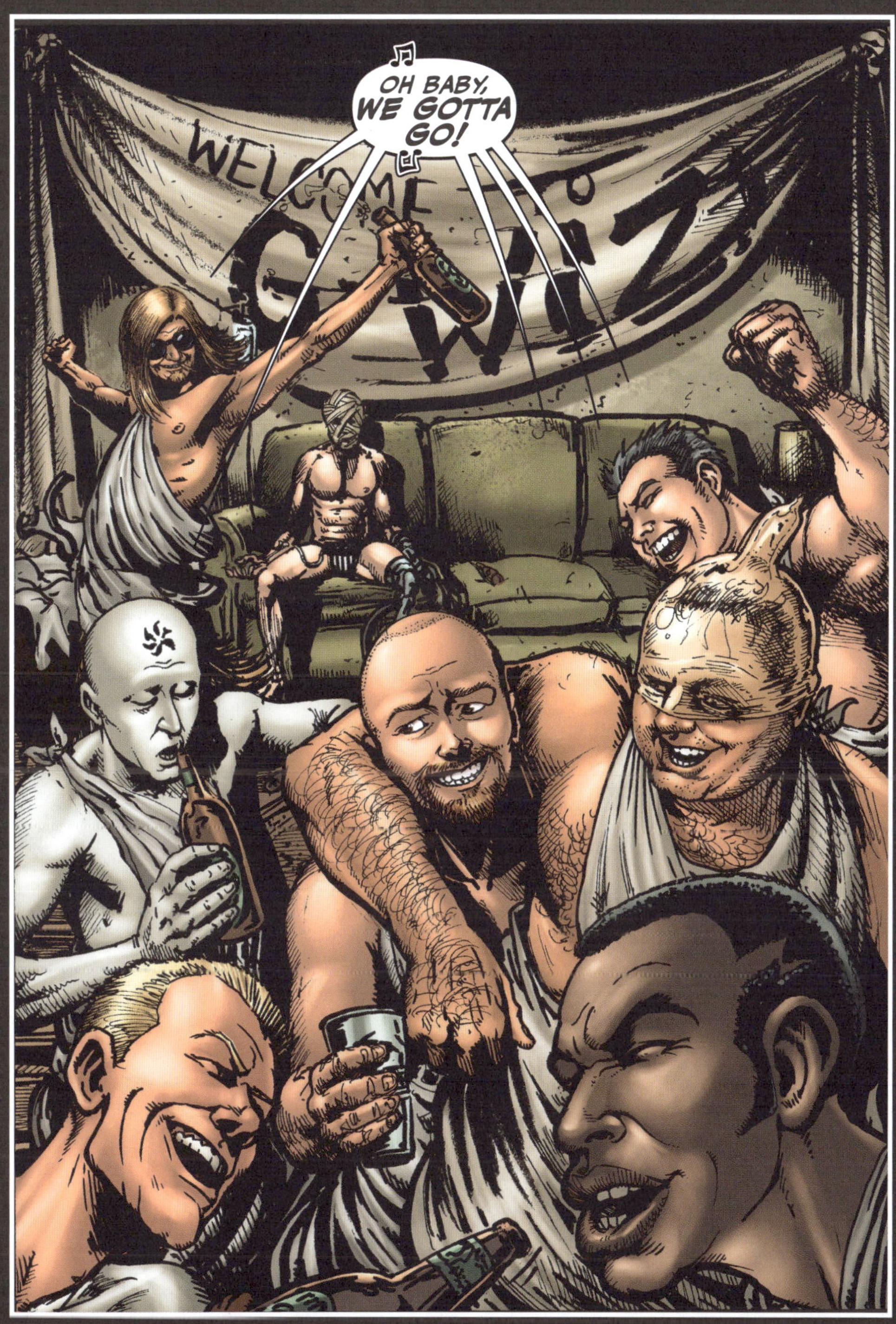

SCHMUTZIGE GEHEIMNISSE

TEIL 2

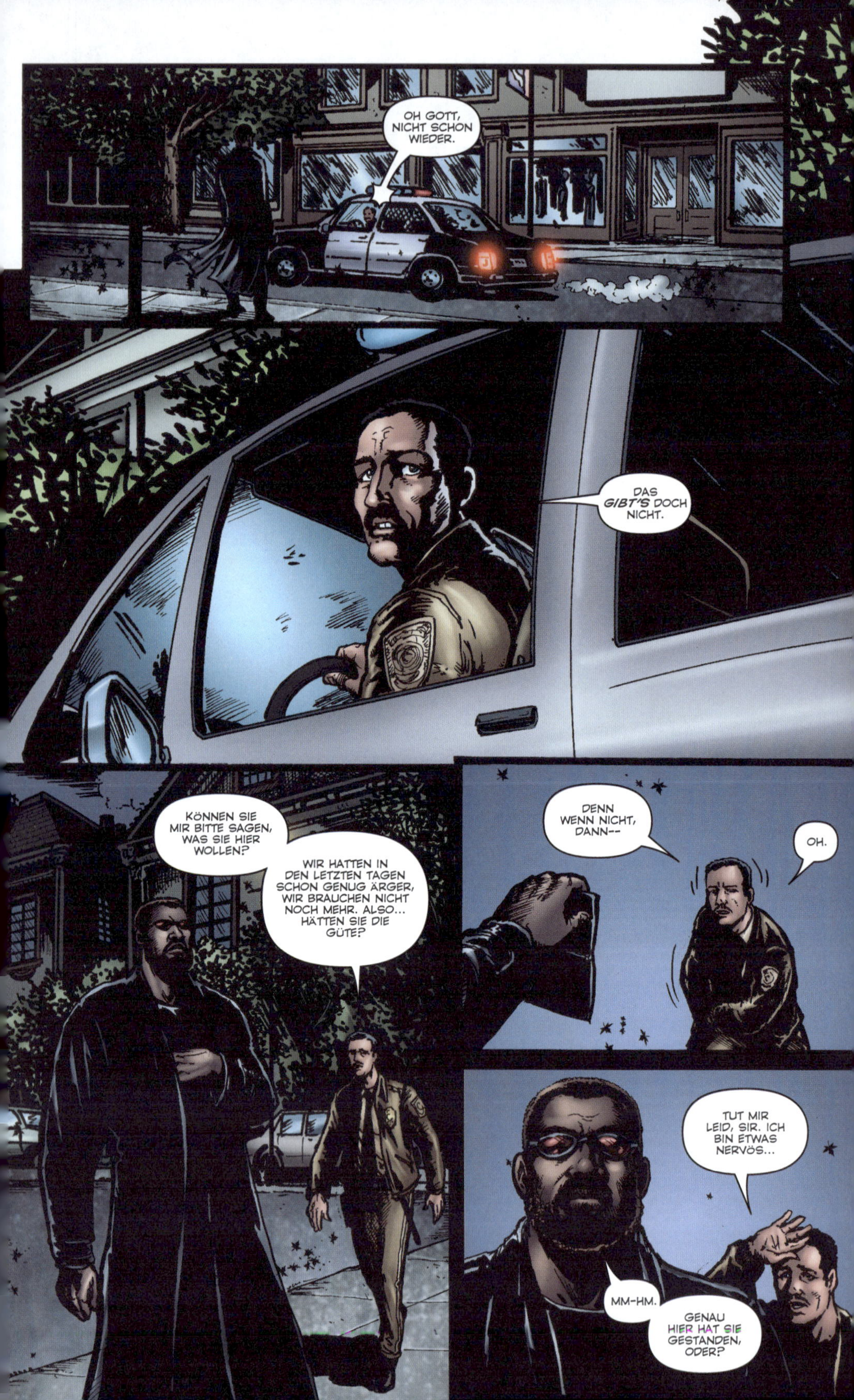
OH GOTT, NICHT SCHON WIEDER.
DAS GIBT'S DOCH NICHT.
KÖNNEN SIE MIR BITTE SAGEN, WAS SIE HIER WOLLEN?
WIR HATTEN IN DEN LETZTEN TAGEN SCHON GENUG ÄRGER, WIR BRAUCHEN NICHT NOCH MEHR. ALSO... HÄTTEN SIE DIE GÜTE?
DENN WENN NICHT, DANN--
OH.
TUT MIR LEID, SIR. ICH BIN ETWAS NERVÖS...
MM-HM.
GENAU HIER HAT SIE GESTANDEN, ODER?

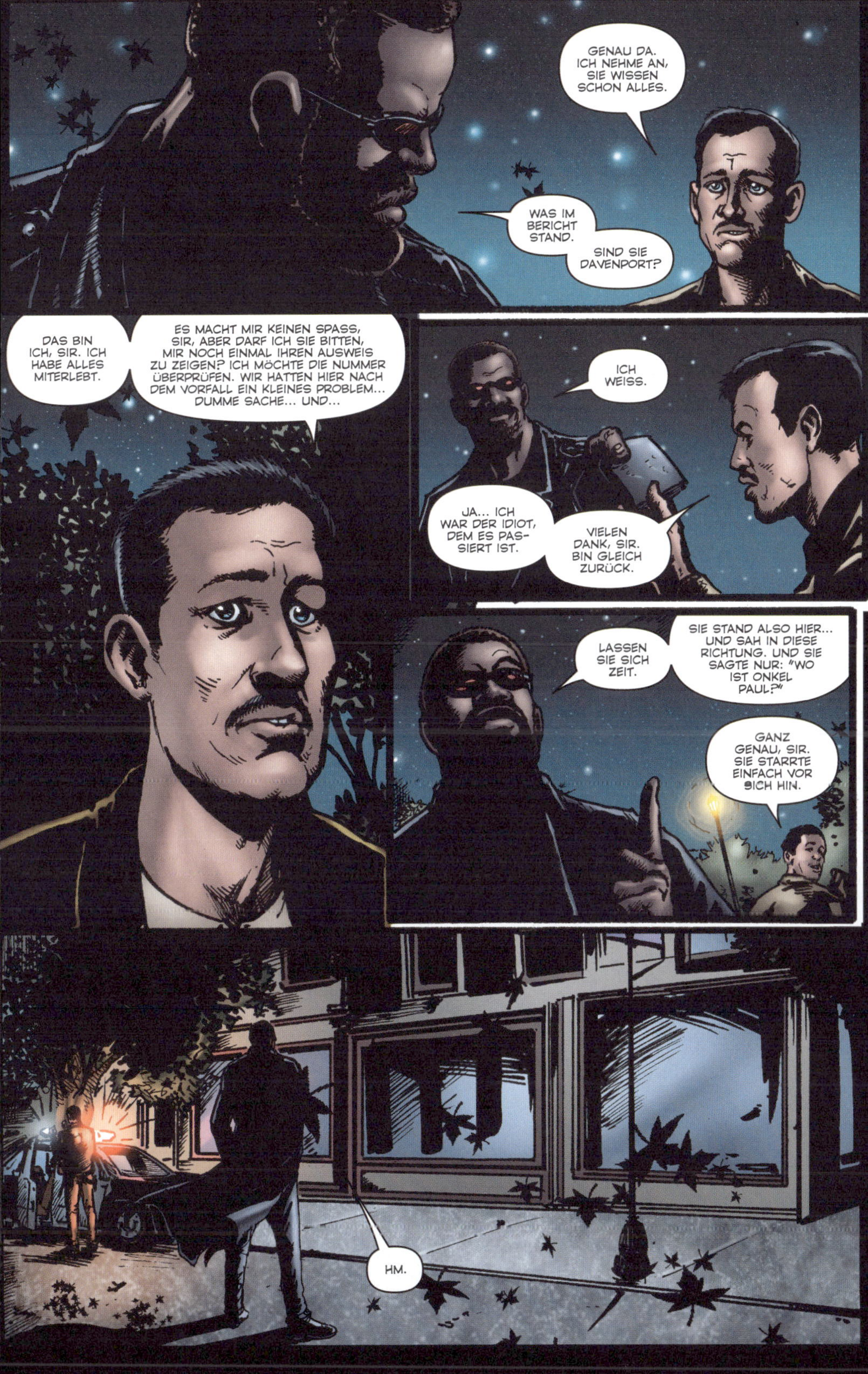
GENAU DA. ICH NEHME AN, SIE WISSEN SCHON ALLES.
WAS IM BERICHT STAND.
SIND SIE DAVENPORT?
DAS BIN ICH, SIR. ICH HABE ALLES MITERLEBT.
ES MACHT MIR KEINEN SPASS, SIR, ABER DARF ICH SIE BITTEN, MIR NOCH EINMAL IHREN AUSWEIS ZU ZEIGEN? ICH MÖCHTE DIE NUMMER ÜBERPRÜFEN. WIR HATTEN HIER NACH DEM VORFALL EIN KLEINES PROBLEM... DUMME SACHE... UND...
ICH WEISS.
JA... ICH WAR DER IDIOT, DEM ES PASSIERT IST.
VIELEN DANK, SIR. BIN GLEICH ZURÜCK.
LASSEN SIE SICH ZEIT.
SIE STAND ALSO HIER... UND SAH IN DIESE RICHTUNG. UND SIE SAGTE NUR: "WO IST ONKEL PAUL?"
GANZ GENAU, SIR. SIE STARRTE EINFACH VOR SICH HIN.
HM.

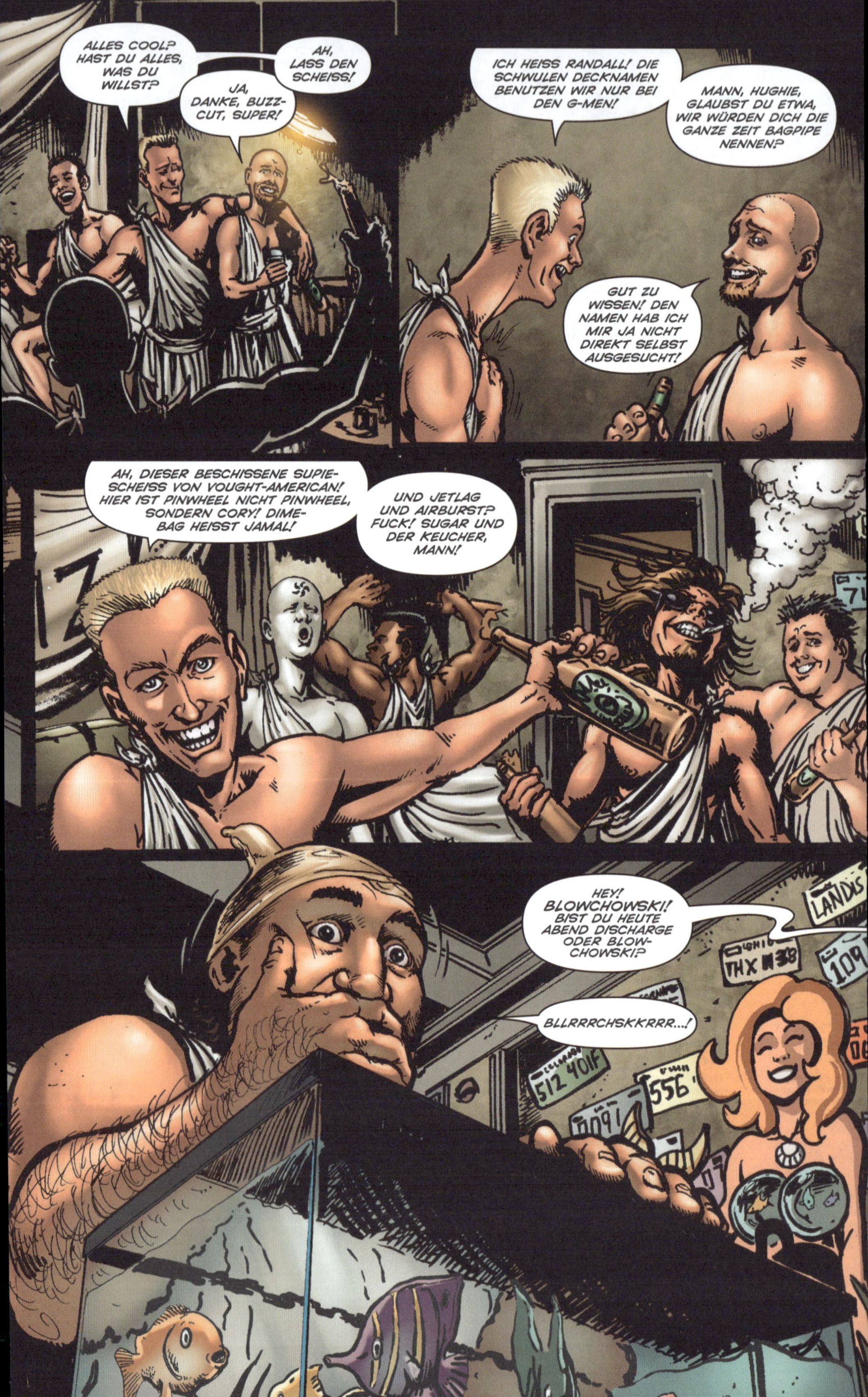
ALLES COOL? HAST DU ALLES, WAS DU WILLST?
AH, LASS DEN SCHEISS!
JA, DANKE, BUZZ-CUT, SUPER!
ICH HEISS RANDALL! DIE SCHWULEN DECKNAMEN BENUTZEN WIR NUR BEI DEN G-MEN!
MANN, HUGHIE, GLAUBST DU ETWA, WIR WÜRDEN DICH DIE GANZE ZEIT BAGPIPE NENNEN?
GUT ZU WISSEN! DEN NAMEN HAB ICH MIR JA NICHT DIREKT SELBST AUSGESUCHT!
AH, DIESER BESCHISSENE SUPIE-SCHEISS VON VOUGHT-AMERICAN! HIER IST PINWHEEL NICHT PINWHEEL, SONDERN CORY! DIME-BAG HEISST JAMAL!
UND JETLAG UND AIRBURST? FUCK! SUGAR UND DER KEUCHER, MANN!
HEY! BLOWCHOWSKI! BIST DU HEUTE ABEND DISCHARGE ODER BLOW-CHOWSKI?
BLLRRRCHSKKRRR...!
LANDIS
THX 1138
512 401F
556

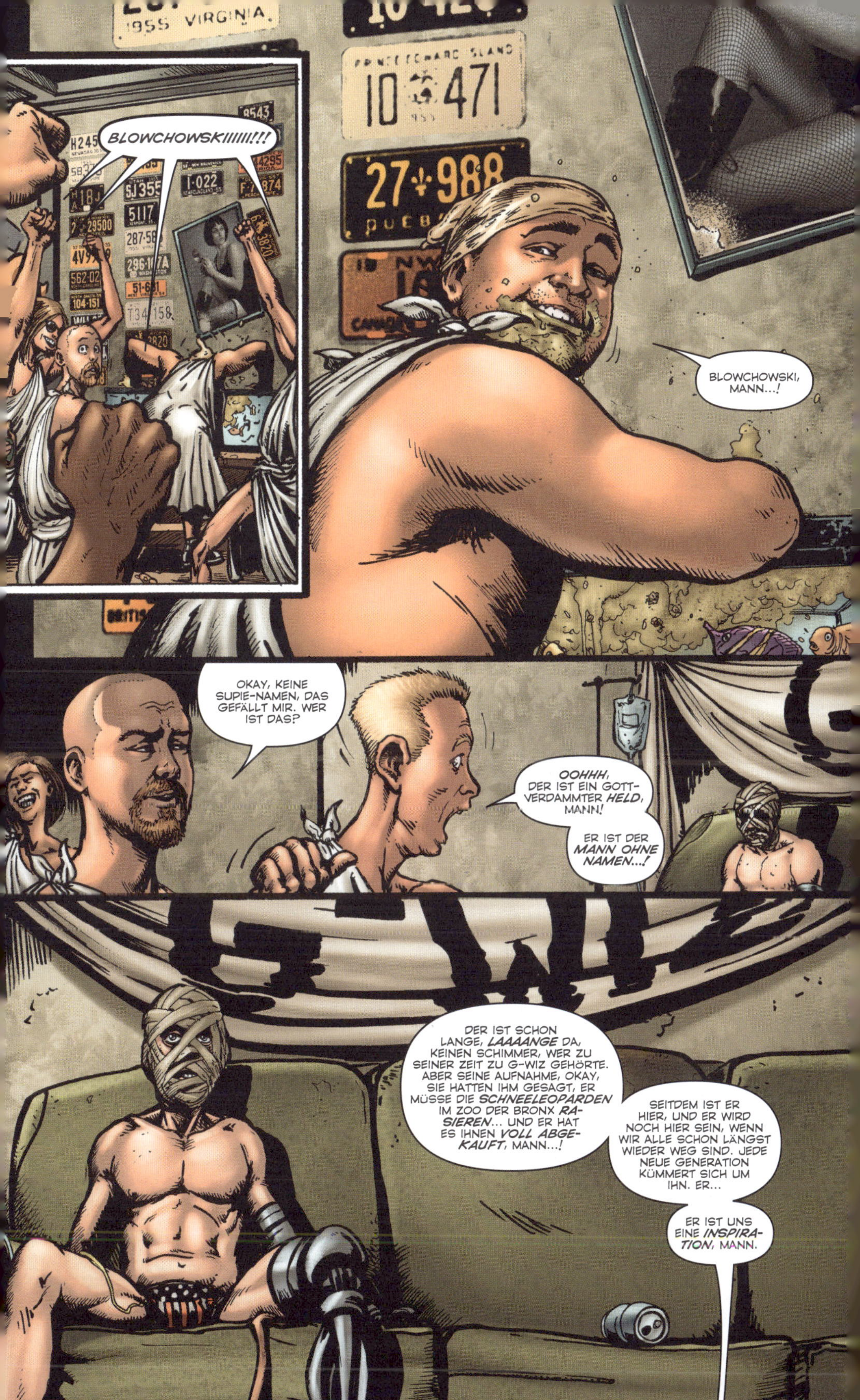
BLOWCHOWSKIIIIIII!!!
BLOWCHOWSKI, MANN...!
OKAY, KEINE SUPIE-NAMEN, DAS GEFÄLLT MIR. WER IST DAS?
OOHHH, DER IST EIN GOTT-VERDAMMTER HELD, MANN!
ER IST DER MANN OHNE NAMEN...!
DER IST SCHON LANGE, LAAAANGE DA, KEINEN SCHIMMER, WER ZU SEINER ZEIT ZU G-WIZ GEHÖRTE. ABER SEINE AUFNAHME, OKAY, SIE HATTEN IHM GESAGT, ER MÜSSE DIE SCHNEELEOPARDEN IM ZOO DER BRONX RA-SIEREN... UND ER HAT ES IHNEN VOLL ABGE-KAUFT, MANN...!
SEITDEM IST ER HIER, UND ER WIRD NOCH HIER SEIN, WENN WIR ALLE SCHON LÄNGST WIEDER WEG SIND. JEDE NEUE GENERATION KÜMMERT SICH UM IHN. ER...
ER IST UNS EINE INSPIRA-TION, MANN.

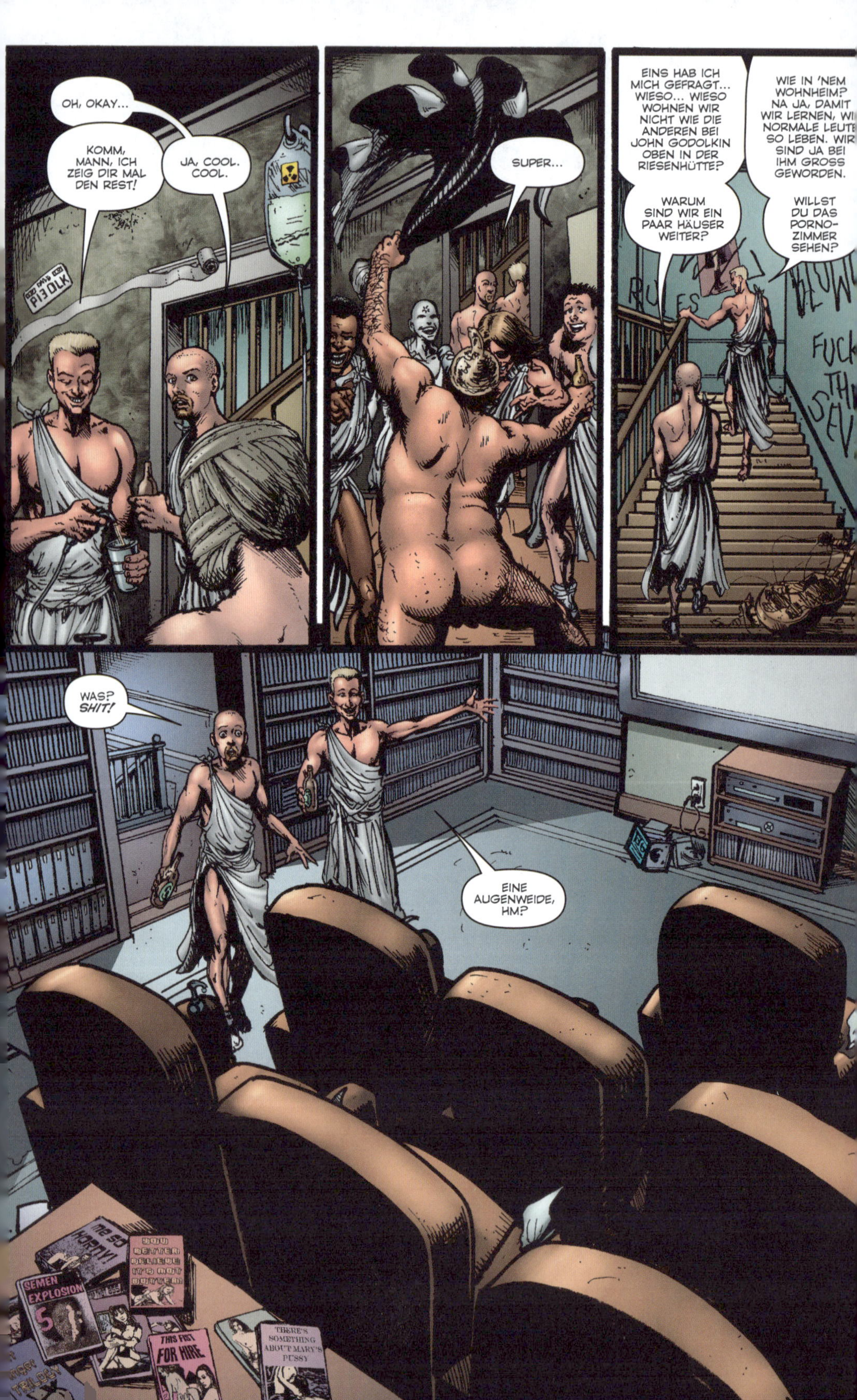

OH, OKAY...
KOMM, MANN, ICH ZEIG DIR MAL DEN REST!
JA, COOL. COOL.
SUPER...
EINS HAB ICH MICH GEFRAGT... WIESO... WIESO WOHNEN WIR NICHT WIE DIE ANDEREN BEI JOHN GODOLKIN OBEN IN DER RIESENHÜTTE?
WIE IN 'NEM WOHNHEIM? NA JA, DAMIT WIR LERNEN, WI NORMALE LEUTE SO LEBEN. WIR SIND JA BEI IHM GROSS GEWORDEN.
WARUM SIND WIR EIN PAAR HÄUSER WEITER?
WILLST DU DAS PORNO-ZIMMER SEHEN?
RULES
FUCK
WAS? SHIT!
EINE AUGENWEIDE, HM?
ME SO HORNY!
YOU BETTER BELIEVE IT'S NOT BUTTER
SEMEN EXPLOSION 5
THIS FIST FOR HIRE
THERE'S SOMETHING ABOUT MARY'S PUSSY

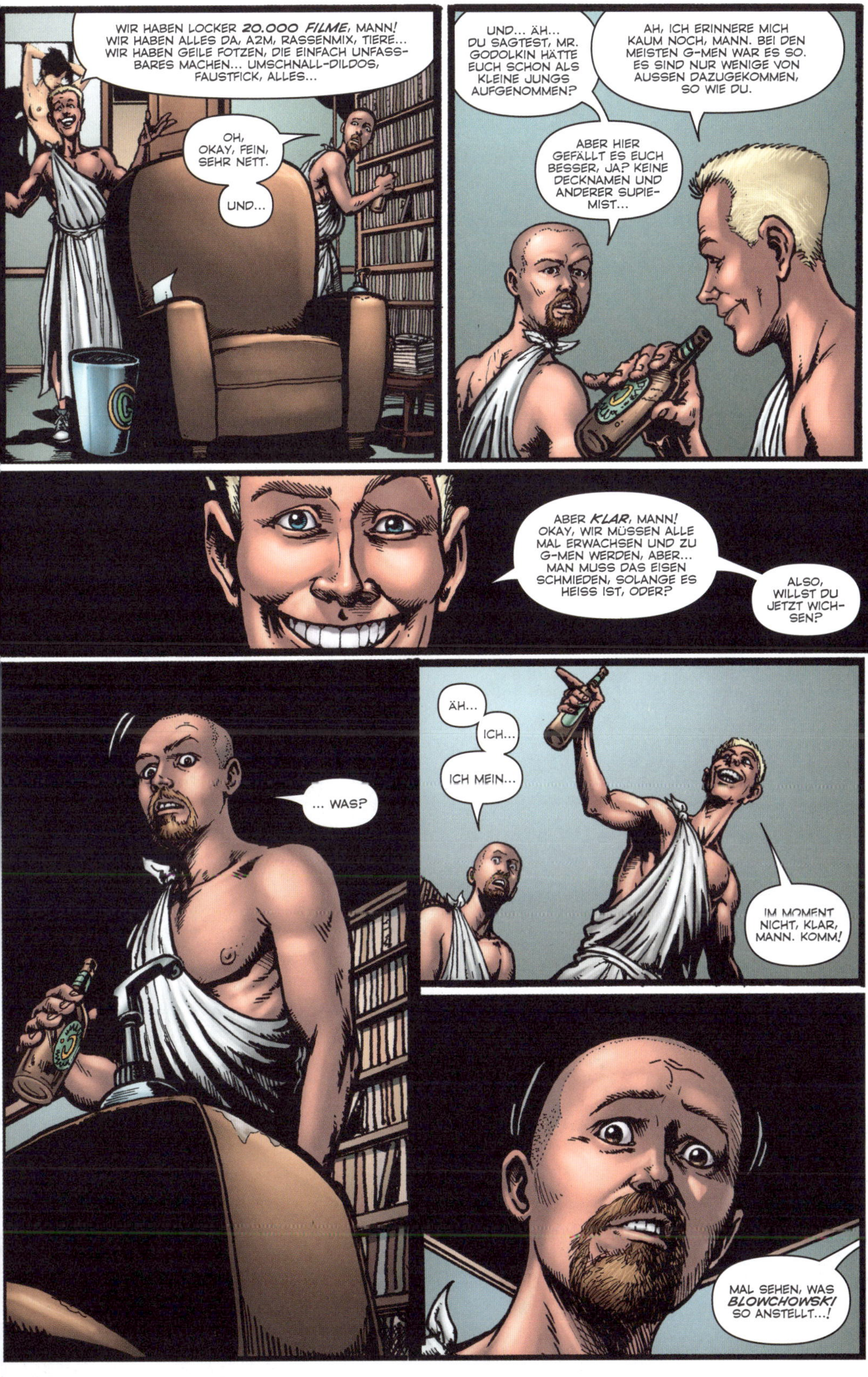

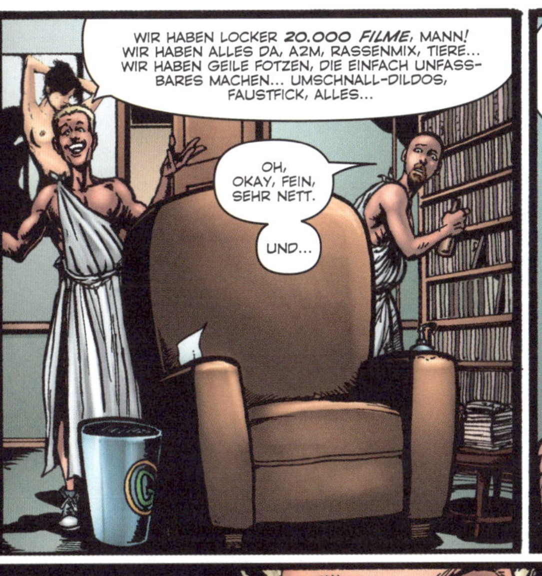
WIR HABEN LOCKER *20.000 FILME*, MANN! WIR HABEN ALLES DA, A2M, RASSENMIX, TIERE... WIR HABEN GEILE FOTZEN, DIE EINFACH UNFASSBARES MACHEN... UMSCHNALL-DILDOS, FAUSTFICK, ALLES...
OH, OKAY, FEIN, SEHR NETT.
UND...

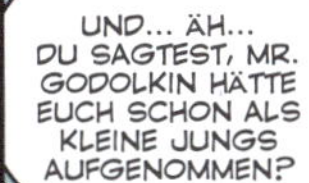
UND... ÄH... DU SAGTEST, MR. GODOLKIN HÄTTE EUCH SCHON ALS KLEINE JUNGS AUFGENOMMEN?

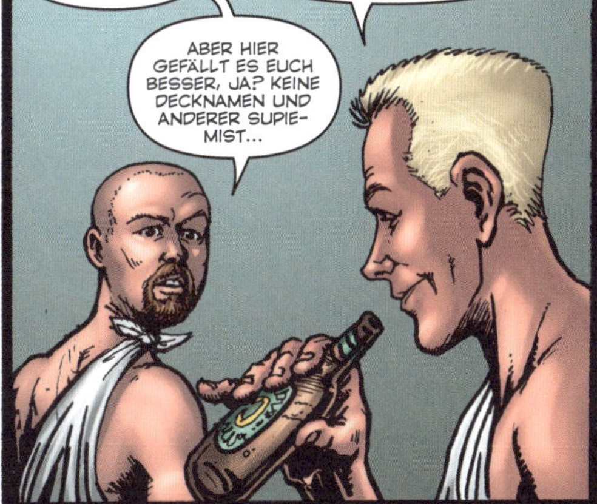
AH, ICH ERINNERE MICH KAUM NOCH, MANN. BEI DEN MEISTEN G-MEN WAR ES SO. ES SIND NUR WENIGE VON AUSSEN DAZUGEKOMMEN, SO WIE DU.
ABER HIER GEFÄLLT ES EUCH BESSER, JA? KEINE DECKNAMEN UND ANDERER SUPIE-MIST...

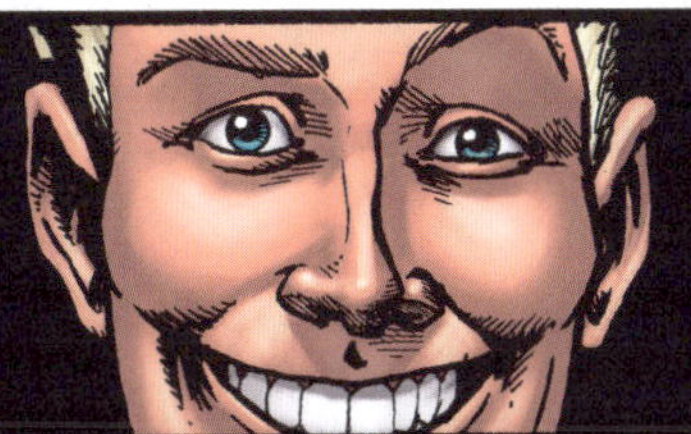
ABER *KLAR*, MANN! OKAY, WIR MÜSSEN ALLE MAL ERWACHSEN UND ZU G-MEN WERDEN, ABER... MAN MUSS DAS EISEN SCHMIEDEN, SOLANGE ES HEISS IST, ODER?
ALSO, WILLST DU JETZT WICH-SEN?
... WAS?
ÄH...
ICH...
ICH MEIN...
IM MOMENT NICHT, KLAR, MANN. KOMM!
MAL SEHEN, WAS *BLOWCHOWSKI* SO ANSTELLT...!

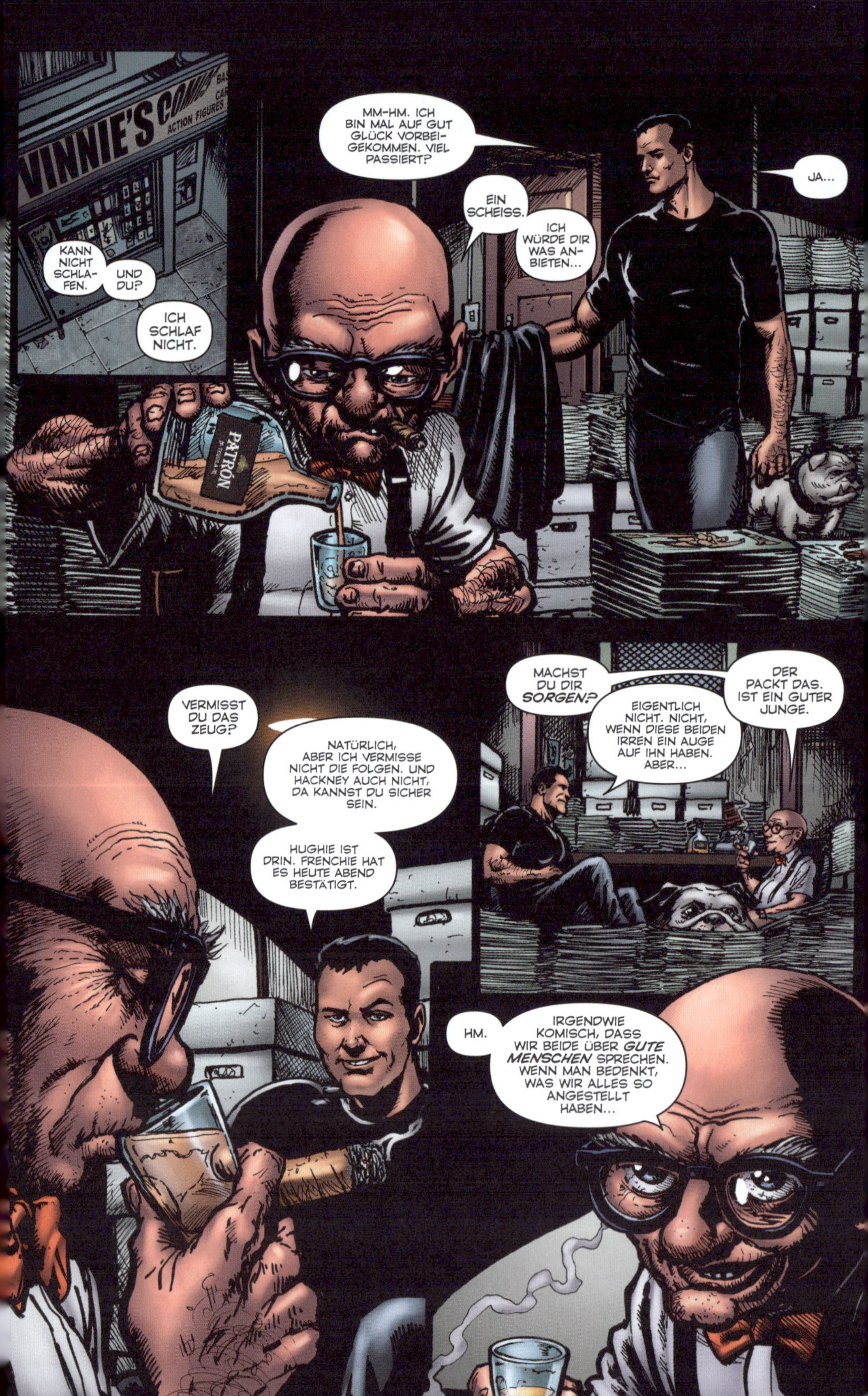
VINNIE'S COMICS
ACTION FIGURES
KANN NICHT SCHLA-FEN.
UND DU?
ICH SCHLAF NICHT.
MM-HM. ICH BIN MAL AUF GUT GLÜCK VORBEI-GEKOMMEN. VIEL PASSIERT?
EIN SCHEISS.
ICH WÜRDE DIR WAS AN-BIETEN...
JA...
PATRÓN
VERMISST DU DAS ZEUG?
NATÜRLICH, ABER ICH VERMISSE NICHT DIE FOLGEN. UND HACKNEY AUCH NICHT, DA KANNST DU SICHER SEIN.
HUGHIE IST DRIN. FRENCHIE HAT ES HEUTE ABEND BESTÄTIGT.
MACHST DU DIR *SORGEN?*
EIGENTLICH NICHT. NICHT, WENN DIESE BEIDEN IRREN EIN AUGE AUF IHN HABEN. ABER...
DER PACKT DAS. IST EIN GUTER JUNGE.
HM.
IRGENDWIE KOMISCH, DASS WIR BEIDE ÜBER *GUTE MENSCHEN* SPRECHEN. WENN MAN BEDENKT, WAS WIR ALLES SO ANGESTELLT HABEN...

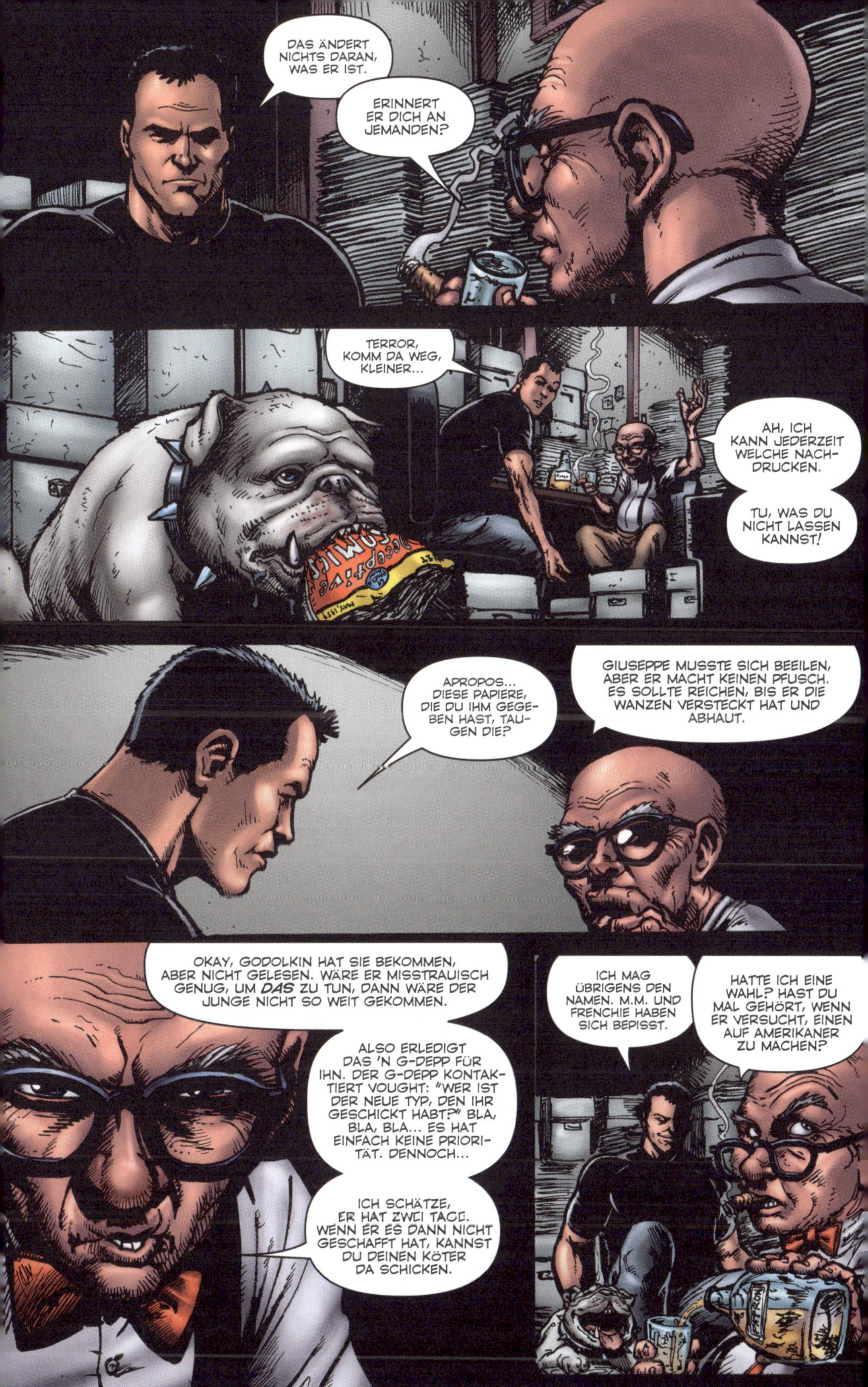

DAS ÄNDERT NICHTS DARAN, WAS ER IST.
ERINNERT ER DICH AN JEMANDEN?
TERROR, KOMM DA WEG, KLEINER…
AH, ICH KANN JEDERZEIT WELCHE NACHDRUCKEN.
TU, WAS DU NICHT LASSEN KANNST!
APROPOS… DIESE PAPIERE, DIE DU IHM GEGEBEN HAST, TAUGEN DIE?
GIUSEPPE MUSSTE SICH BEEILEN, ABER ER MACHT KEINEN PFUSCH. ES SOLLTE REICHEN, BIS ER DIE WANZEN VERSTECKT HAT UND ABHAUT.
OKAY, GODOLKIN HAT SIE BEKOMMEN, ABER NICHT GELESEN. WÄRE ER MISSTRAUISCH GENUG, UM *DAS* ZU TUN, DANN WÄRE DER JUNGE NICHT SO WEIT GEKOMMEN.
ALSO ERLEDIGT DAS 'N G-DEPP FÜR IHN. DER G-DEPP KONTAKTIERT VOUGHT: "WER IST DER NEUE TYP, DEN IHR GESCHICKT HABT?" BLA, BLA, BLA… ES HAT EINFACH KEINE PRIORITÄT. DENNOCH…
ICH SCHÄTZE, ER HAT ZWEI TAGE. WENN ER ES DANN NICHT GESCHAFFT HAT, KANNST DU DEINEN KÖTER DA SCHICKEN.
ICH MAG ÜBRIGENS DEN NAMEN. M.M. UND FRENCHIE HABEN SICH BEPISST.
HATTE ICH EINE WAHL? HAST DU MAL GEHÖRT, WENN ER VERSUCHT, EINEN AUF AMERIKANER ZU MACHEN?

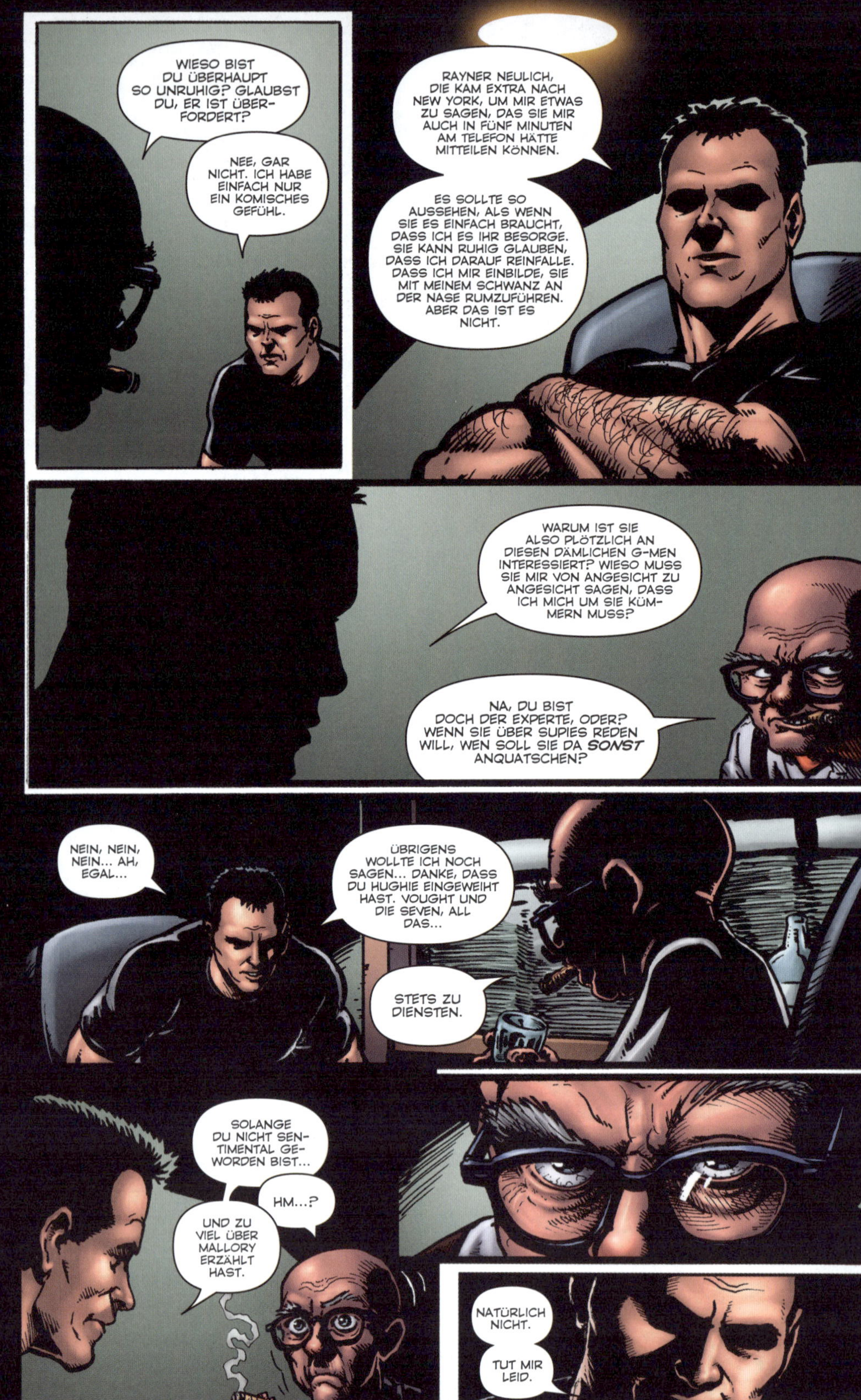

WIESO BIST DU ÜBERHAUPT SO UNRUHIG? GLAUBST DU, ER IST ÜBERFORDERT?
NEE, GAR NICHT. ICH HABE EINFACH NUR EIN KOMISCHES GEFÜHL.
RAYNER NEULICH, DIE KAM EXTRA NACH NEW YORK, UM MIR ETWAS ZU SAGEN, DAS SIE MIR AUCH IN FÜNF MINUTEN AM TELEFON HÄTTE MITTEILEN KÖNNEN.
ES SOLLTE SO AUSSEHEN, ALS WENN SIE ES EINFACH BRAUCHT, DASS ICH ES IHR BESORGE. SIE KANN RUHIG GLAUBEN, DASS ICH DARAUF REINFALLE. DASS ICH MIR EINBILDE, SIE MIT MEINEM SCHWANZ AN DER NASE RUMZUFÜHREN. ABER DAS IST ES NICHT.
WARUM IST SIE ALSO PLÖTZLICH AN DIESEN DÄMLICHEN G-MEN INTERESSIERT? WIESO MUSS SIE MIR VON ANGESICHT ZU ANGESICHT SAGEN, DASS ICH MICH UM SIE KÜMMERN MUSS?
NA, DU BIST DOCH DER EXPERTE, ODER? WENN SIE ÜBER SUPIES REDEN WILL, WEN SOLL SIE DA *SONST* ANQUATSCHEN?
NEIN, NEIN, NEIN... AH, EGAL...
ÜBRIGENS WOLLTE ICH NOCH SAGEN... DANKE, DASS DU HUGHIE EINGEWEIHT HAST. VOUGHT UND DIE SEVEN, ALL DAS...
STETS ZU DIENSTEN.
SOLANGE DU NICHT SENTIMENTAL GEWORDEN BIST...
HM...?
UND ZU VIEL ÜBER MALLORY ERZÄHLT HAST.
NATÜRLICH NICHT.
TUT MIR LEID.

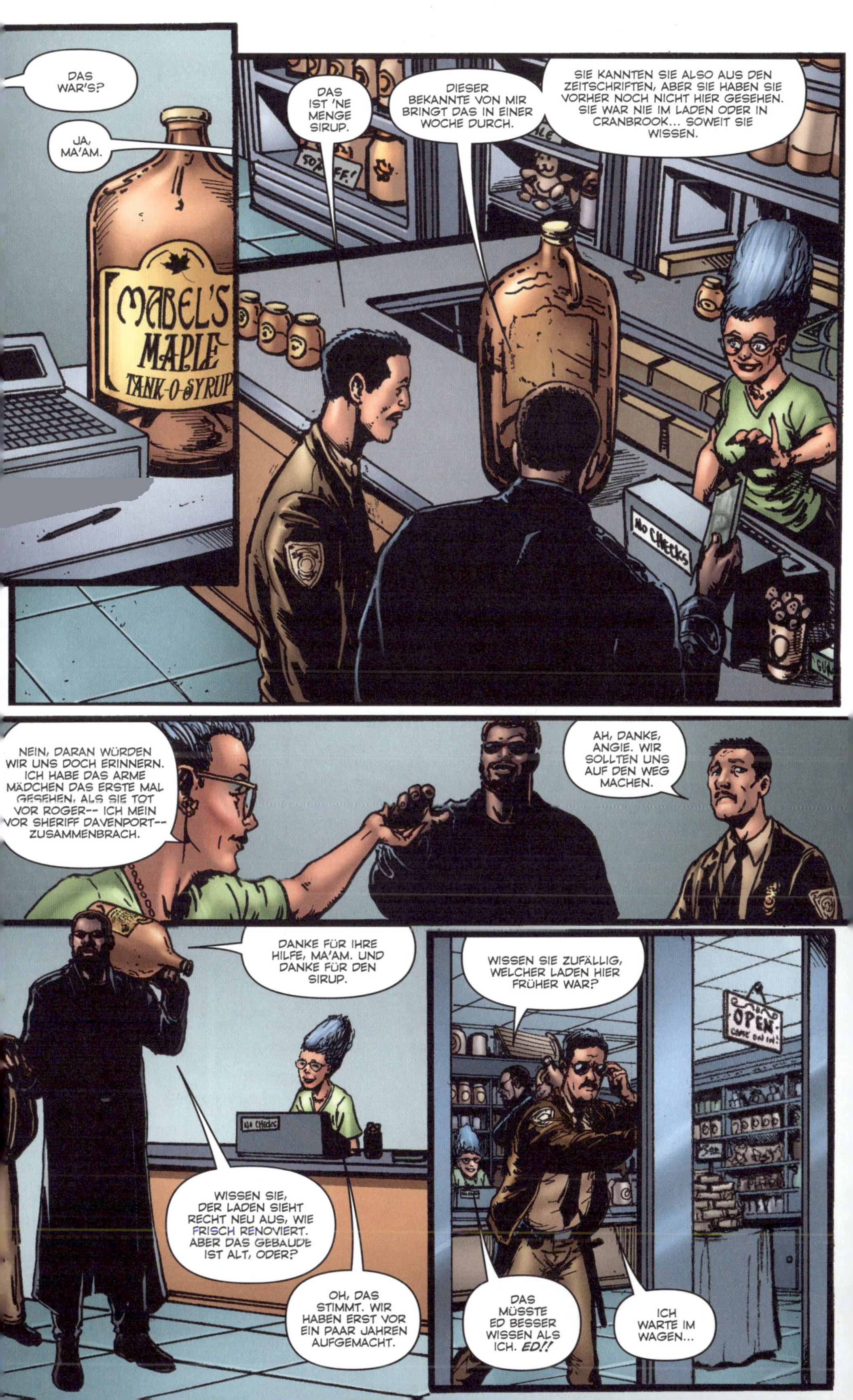
DAS WAR'S?
JA, MA'AM.
MABEL'S MAPLE TANK-O-SYRUP
DAS IST 'NE MENGE SIRUP.
DIESER BEKANNTE VON MIR BRINGT DAS IN EINER WOCHE DURCH.
SIE KANNTEN SIE ALSO AUS DEN ZEITSCHRIFTEN, ABER SIE HABEN SIE VORHER NOCH NICHT HIER GESEHEN. SIE WAR NIE IM LADEN ODER IN CRANBROOK... SOWEIT SIE WISSEN.
NO CHECKS
NEIN, DARAN WÜRDEN WIR UNS DOCH ERINNERN. ICH HABE DAS ARME MÄDCHEN DAS ERSTE MAL GESEHEN, ALS SIE TOT VOR ROGER-- ICH MEIN VOR SHERIFF DAVENPORT-- ZUSAMMENBRACH.
AH, DANKE, ANGIE. WIR SOLLTEN UNS AUF DEN WEG MACHEN.
DANKE FÜR IHRE HILFE, MA'AM. UND DANKE FÜR DEN SIRUP.
WISSEN SIE, DER LADEN SIEHT RECHT NEU AUS, WIE FRISCH RENOVIERT. ABER DAS GEBÄUDE IST ALT, ODER?
OH, DAS STIMMT. WIR HABEN ERST VOR EIN PAAR JAHREN AUFGEMACHT.
WISSEN SIE ZUFÄLLIG, WELCHER LADEN HIER FRÜHER WAR?
OPEN COME ON IN!
DAS MÜSSTE ED BESSER WISSEN ALS ICH. ED!!
ICH WARTE IM WAGEN...

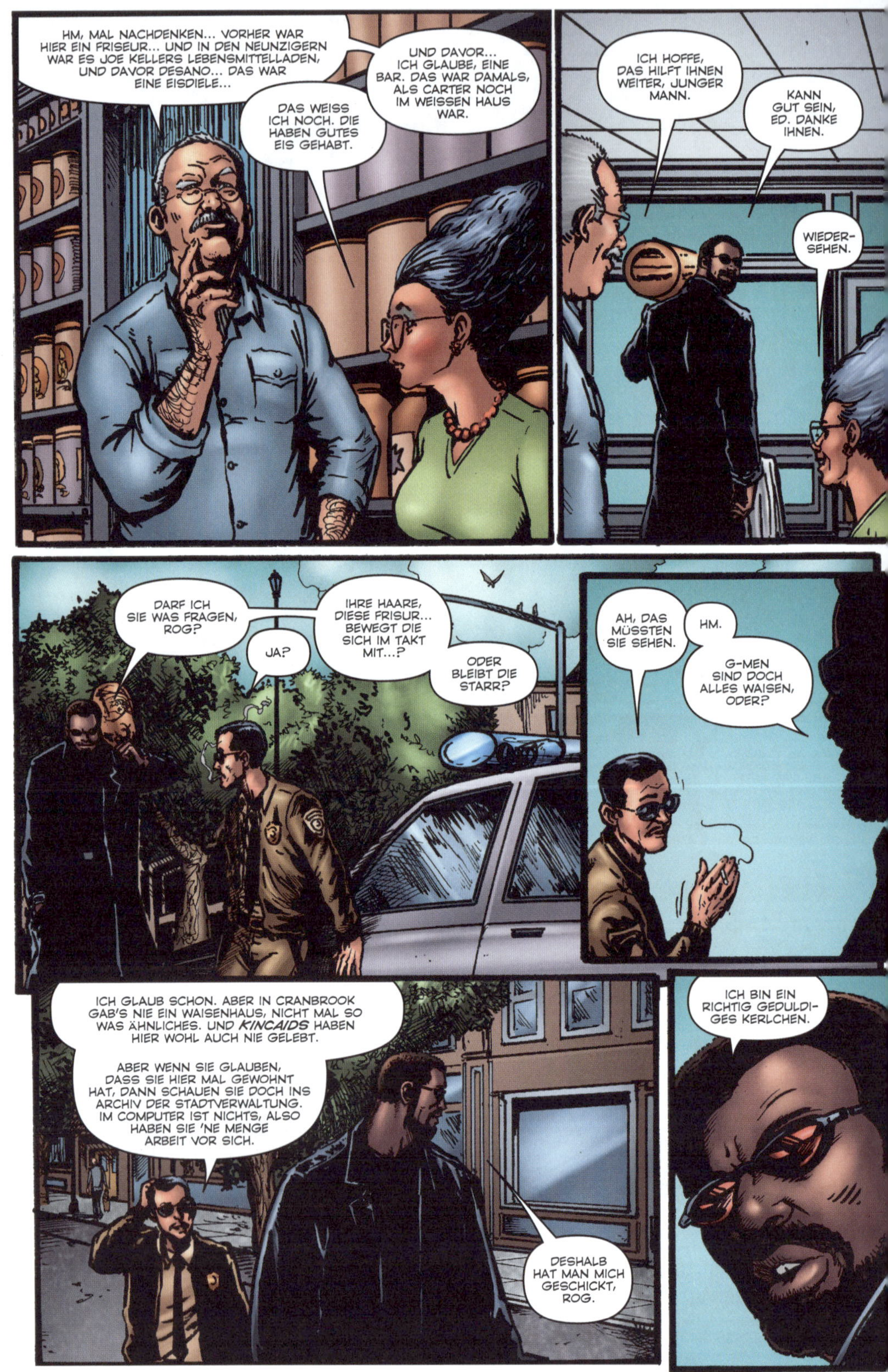
HM, MAL NACHDENKEN... VORHER WAR HIER EIN FRISEUR... UND IN DEN NEUNZIGERN WAR ES JOE KELLERS LEBENSMITTELLADEN, UND DAVOR DESANO... DAS WAR EINE EISDIELE...
DAS WEISS ICH NOCH. DIE HABEN GUTES EIS GEHABT.
UND DAVOR... ICH GLAUBE, EINE BAR. DAS WAR DAMALS, ALS CARTER NOCH IM WEISSEN HAUS WAR.
ICH HOFFE, DAS HILFT IHNEN WEITER, JUNGER MANN.
KANN GUT SEIN, ED. DANKE IHNEN.
WIEDER-SEHEN.
DARF ICH SIE WAS FRAGEN, ROG?
JA?
IHRE HAARE, DIESE FRISUR... BEWEGT DIE SICH IM TAKT MIT...?
ODER BLEIBT DIE STARR?
AH, DAS MÜSSTEN SIE SEHEN.
HM.
G-MEN SIND DOCH ALLES WAISEN, ODER?
ICH GLAUB SCHON. ABER IN CRANBROOK GAB'S NIE EIN WAISENHAUS, NICHT MAL SO WAS ÄHNLICHES. UND KINCAIDS HABEN HIER WOHL AUCH NIE GELEBT.
ABER WENN SIE GLAUBEN, DASS SIE HIER MAL GEWOHNT HAT, DANN SCHAUEN SIE DOCH INS ARCHIV DER STADTVERWALTUNG. IM COMPUTER IST NICHTS, ALSO HABEN SIE 'NE MENGE ARBEIT VOR SICH.
DESHALB HAT MAN MICH GESCHICKT, ROG.
ICH BIN EIN RICHTIG GEDULDIGES KERLCHEN.

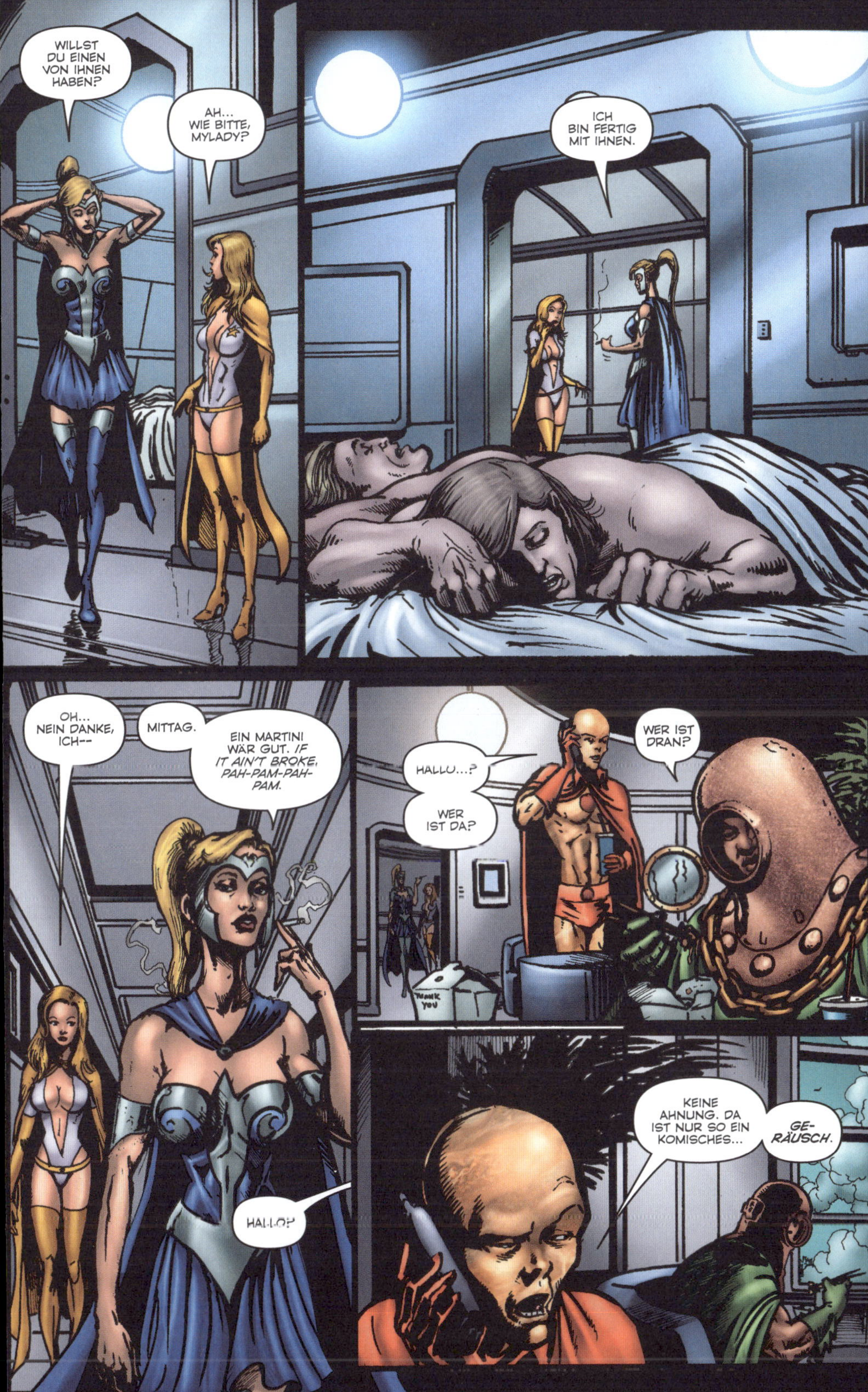
WILLST DU EINEN VON IHNEN HABEN?
AH... WIE BITTE, MYLADY?
ICH BIN FERTIG MIT IHNEN.
OH... NEIN DANKE, ICH--
MITTAG.
EIN MARTINI WÄR GUT. *IF IT AIN'T BROKE, PAH-PAM-PAH-PAM.*
HALLO?
HALLO...?
WER IST DA?
WER IST DRAN?
THANK YOU
KEINE AHNUNG. DA IST NUR SO EIN KOMISCHES... *GERÄUSCH*.

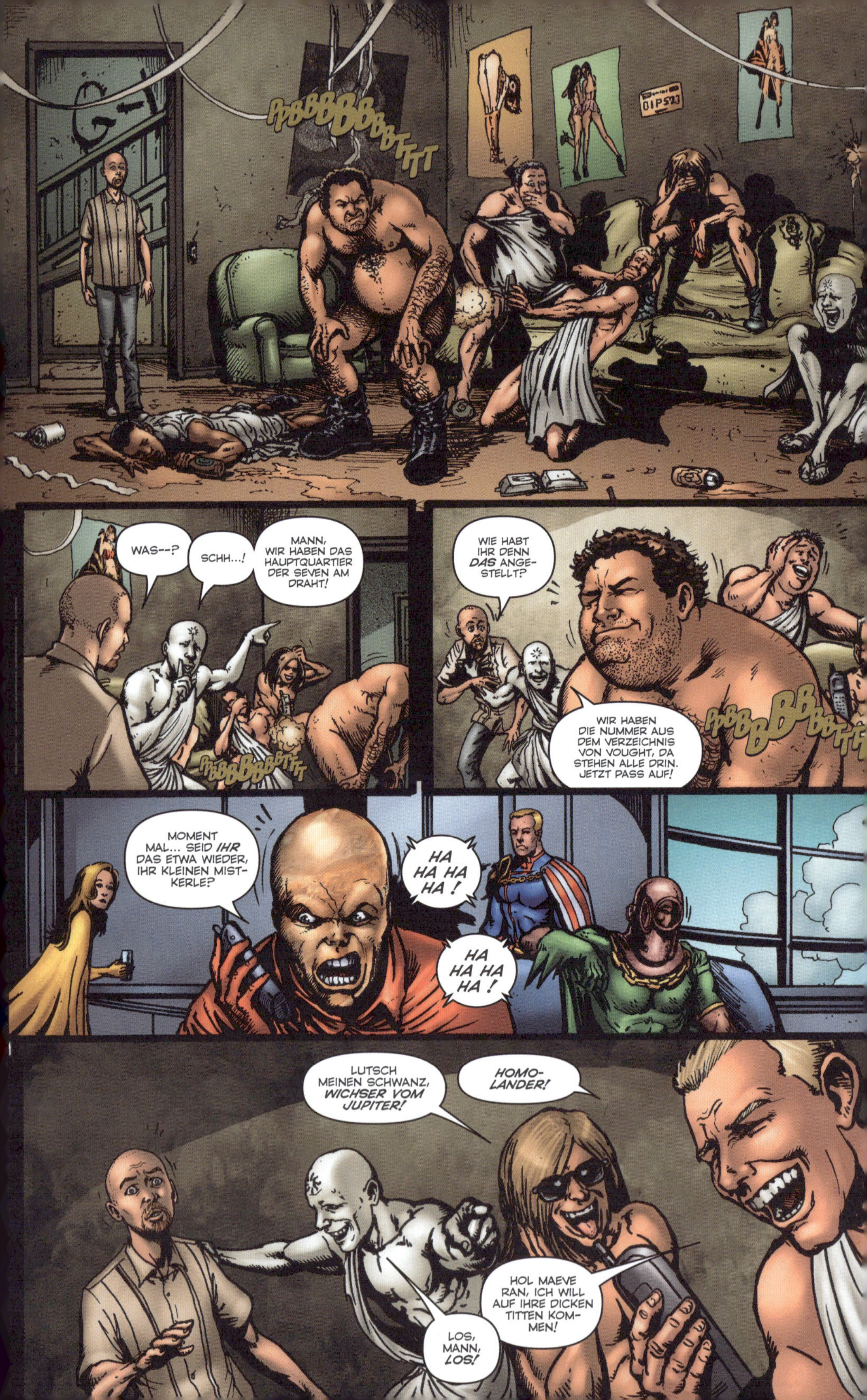
PPBBBBBBBTTTT
DIPS23
WAS--?
SCHH...!
MANN, WIR HABEN DAS HAUPTQUARTIER DER SEVEN AM DRAHT!
PPBBBBBBBTTTT
WIE HABT IHR DENN *DAS* ANGESTELLT?
WIR HABEN DIE NUMMER AUS DEM VERZEICHNIS VON VOUGHT, DA STEHEN ALLE DRIN. JETZT PASS AUF!
PPBBBBBBTTT
MOMENT MAL... SEID *IHR* DAS ETWA WIEDER, IHR KLEINEN MISTKERLE?
HA HA HA HA!
HA HA HA HA!
LUTSCH MEINEN SCHWANZ, *WICHSER VOM JUPITER!*
HOMO-LANDER!
HOL MAEVE RAN, ICH WILL AUF IHRE DICKEN TITTEN KOMMEN!
LOS, MANN, *LOS!*

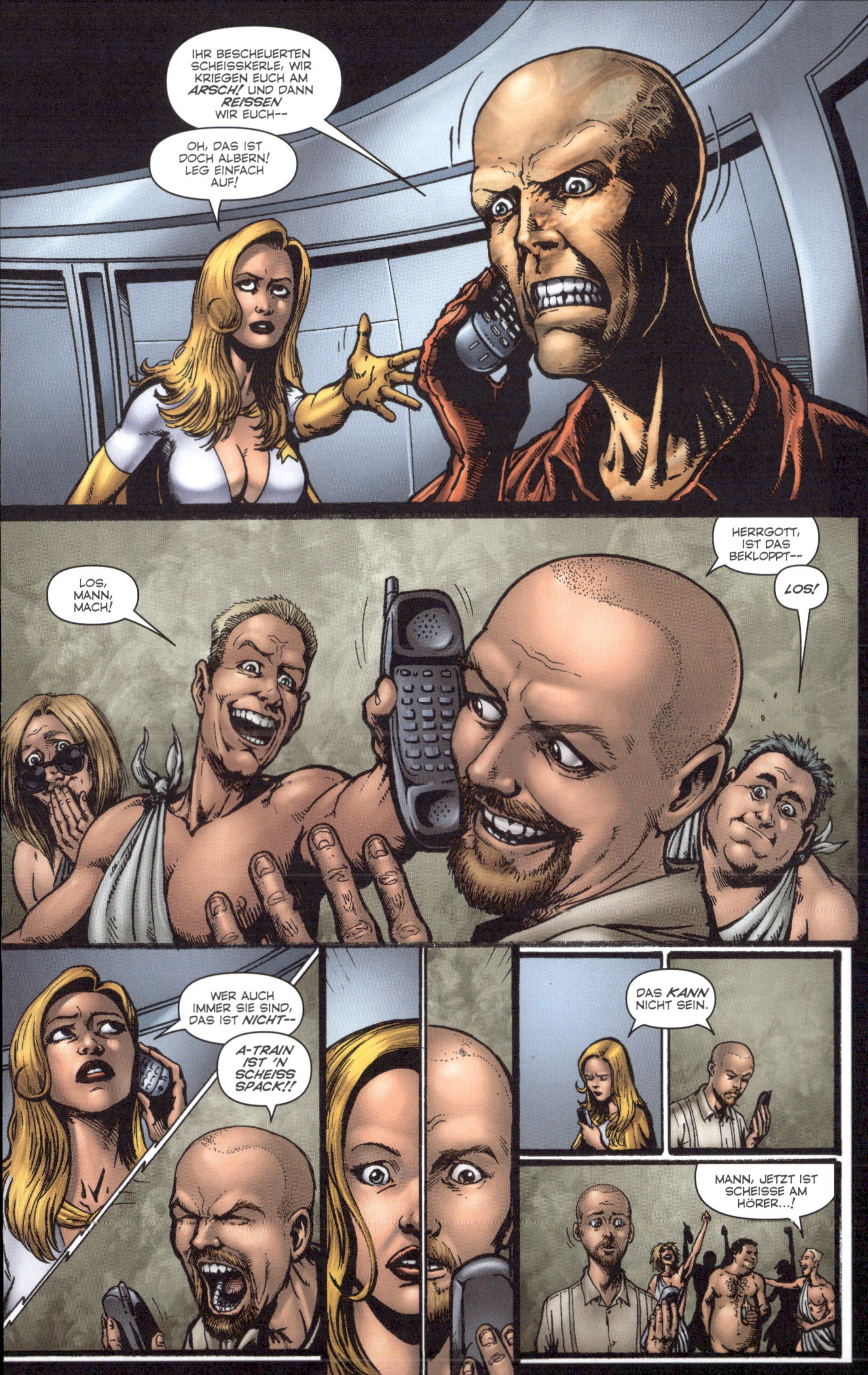
IHR BESCHEUERTEN SCHEISSKERLE, WIR KRIEGEN EUCH AM *ARSCH!* UND DANN *REISSEN* WIR EUCH--
OH, DAS IST DOCH ALBERN! LEG EINFACH AUF!
LOS, MANN, MACH!
HERRGOTT, IST DAS BEKLOPPT--
LOS!
WER AUCH IMMER SIE SIND, DAS IST *NICHT*--
A-TRAIN IST 'N SCHEISS SPACK!!
DAS *KANN* NICHT SEIN.
MANN, JETZT IST SCHEISSE AM HÖRER...!

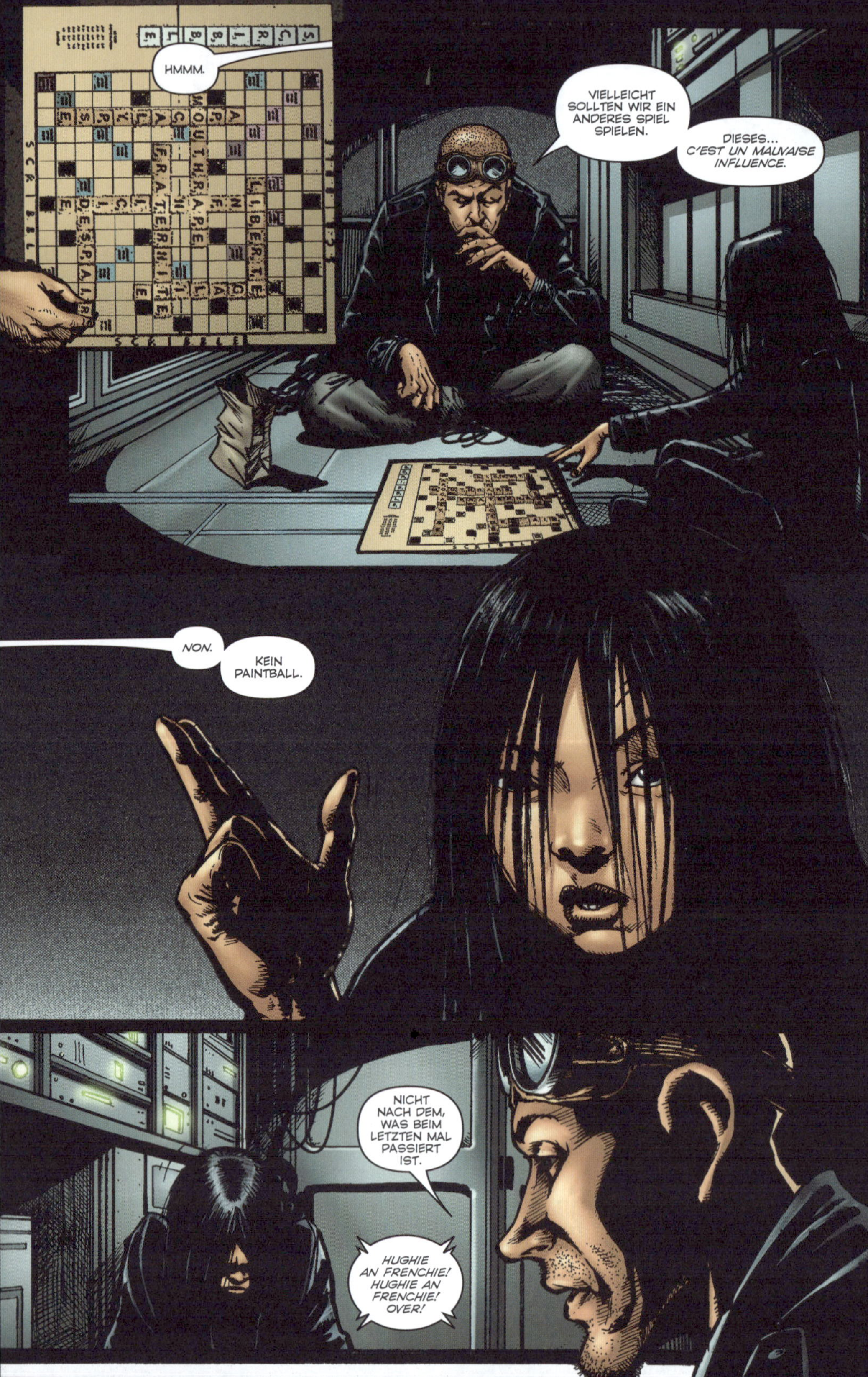
HMMM.
VIELLEICHT SOLLTEN WIR EIN ANDERES SPIEL SPIELEN.
DIESES... C'EST UN MAUVAISE INFLUENCE.
NON.
KEIN PAINTBALL.
NICHT NACH DEM, WAS BEIM LETZTEN MAL PASSIERT IST.
HUGHIE AN FRENCHIE! HUGHIE AN FRENCHIE! OVER!

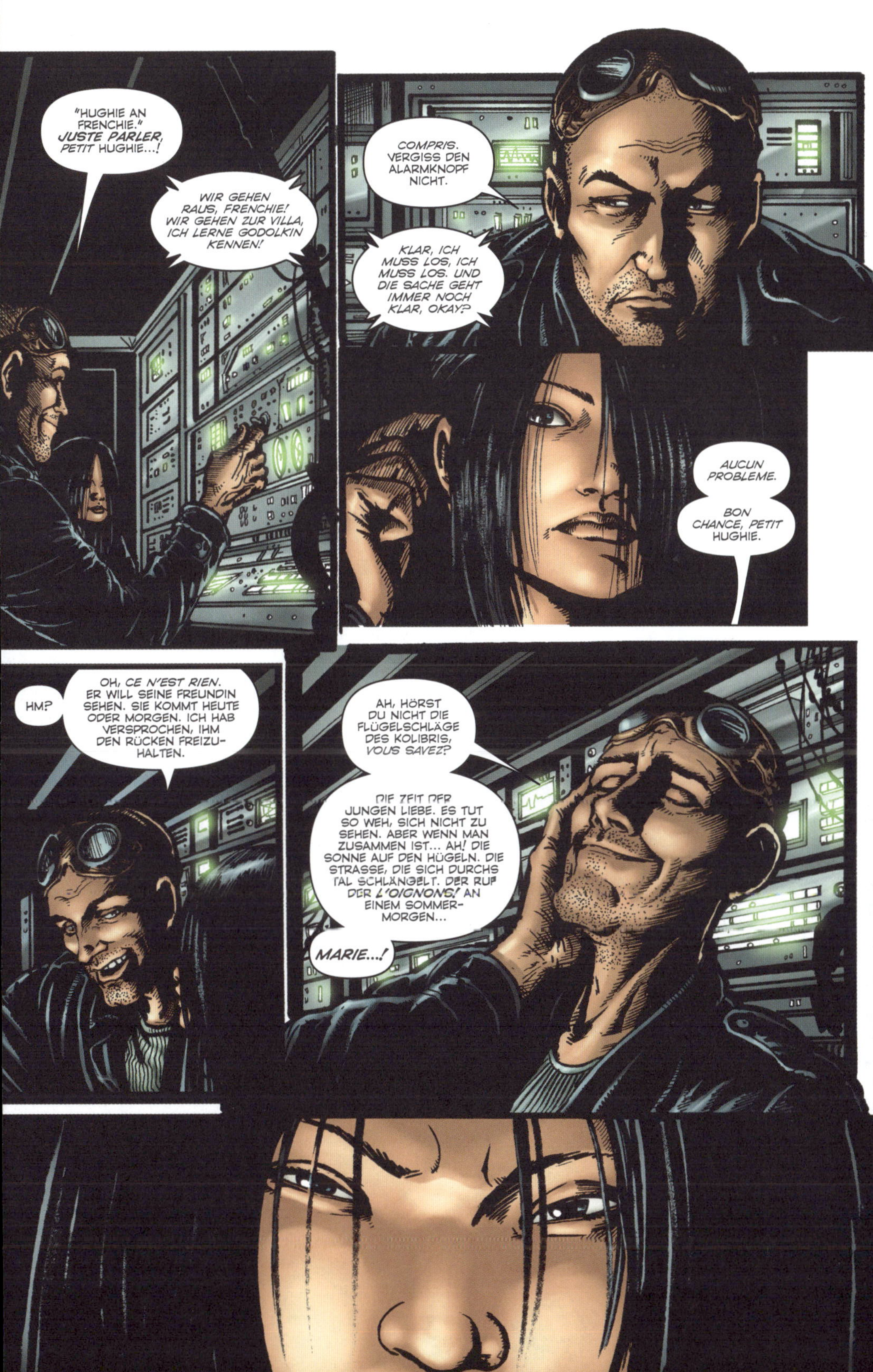
"HUGHIE AN FRENCHIE." JUSTE PARLER, PETIT HUGHIE...!
WIR GEHEN RAUS, FRENCHIE! WIR GEHEN ZUR VILLA, ICH LERNE GODOLKIN KENNEN!
COMPRIS. VERGISS DEN ALARMKNOPF NICHT.
KLAR, ICH MUSS LOS, ICH MUSS LOS. UND DIE SACHE GEHT IMMER NOCH KLAR, OKAY?
AUCUN PROBLEME.
BON CHANCE, PETIT HUGHIE.
HM?
OH, CE N'EST RIEN. ER WILL SEINE FREUNDIN SEHEN. SIE KOMMT HEUTE ODER MORGEN. ICH HAB VERSPROCHEN, IHM DEN RÜCKEN FREIZUHALTEN.
AH, HÖRST DU NICHT DIE FLÜGELSCHLÄGE DES KOLIBRIS, VOUS SAVEZ?
DIE ZEIT DER JUNGEN LIEBE. ES TUT SO WEH, SICH NICHT ZU SEHEN. ABER WENN MAN ZUSAMMEN IST... AH! DIE SONNE AUF DEN HÜGELN. DIE STRASSE, DIE SICH DURCHS TAL SCHLÄNGELT. DER RUF DER L'OIGNONS! AN EINEM SOMMER-MORGEN...
MARIE...!

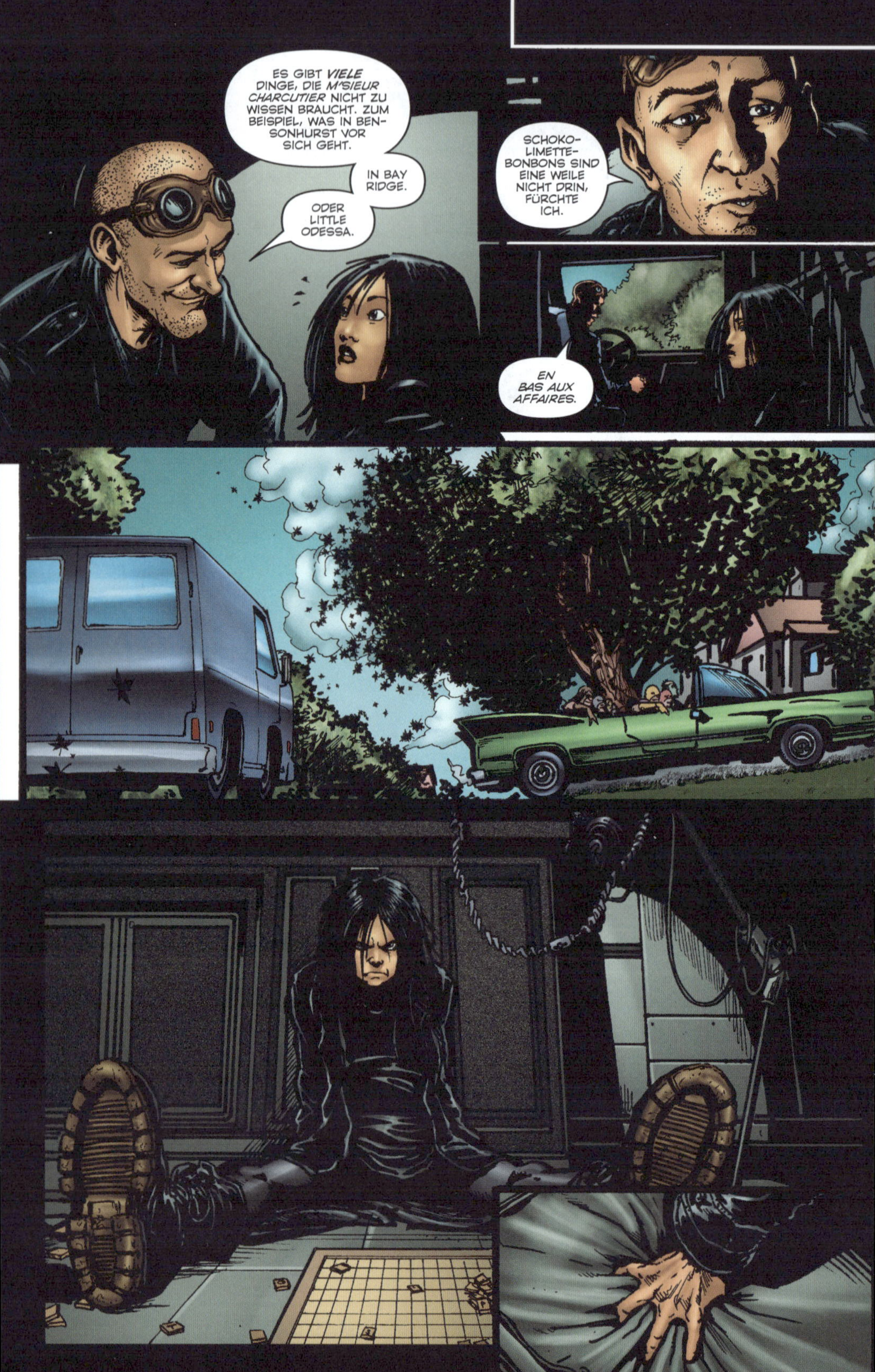

ES GIBT *VIELE* DINGE, DIE *M'SIEUR CHARCUTIER* NICHT ZU WISSEN BRAUCHT. ZUM BEISPIEL, WAS IN BENSONHURST VOR SICH GEHT.
IN BAY RIDGE.
ODER LITTLE ODESSA.
SCHOKO-LIMETTE-BONBONS SIND EINE WEILE NICHT DRIN, FÜRCHTE ICH.
EN BAS AUX AFFAIRES.

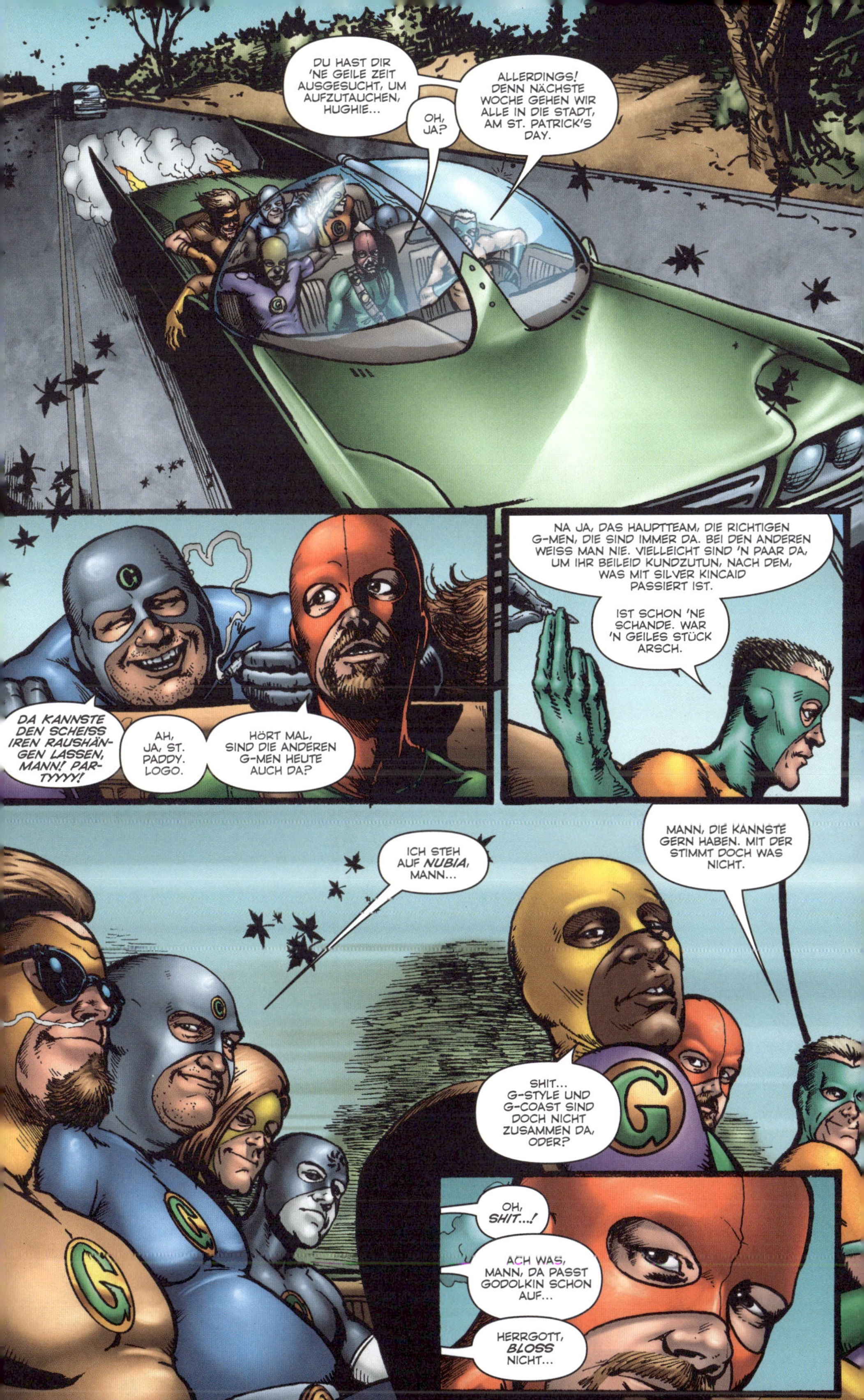

DU HAST DIR 'NE GEILE ZEIT AUSGESUCHT, UM AUFZUTAUCHEN, HUGHIE...
OH, JA?
ALLERDINGS! DENN NÄCHSTE WOCHE GEHEN WIR ALLE IN DIE STADT, AM ST. PATRICK'S DAY.
HÖRT MAL, SIND DIE ANDEREN G-MEN HEUTE AUCH DA?
AH, JA, ST. PADDY. LOGO.
DA KANNSTE DEN SCHEISS IREN RAUSHÄNGEN LASSEN, MANN! PARTYYYY!
NA JA, DAS HAUPTTEAM, DIE RICHTIGEN G-MEN, DIE SIND IMMER DA. BEI DEN ANDEREN WEISS MAN NIE. VIELLEICHT SIND 'N PAAR DA, UM IHR BEILEID KUNDZUTUN, NACH DEM, WAS MIT SILVER KINCAID PASSIERT IST.
IST SCHON 'NE SCHANDE. WAR 'N GEILES STÜCK ARSCH.
ICH STEH AUF NUBIA, MANN...
MANN, DIE KANNSTE GERN HABEN. MIT DER STIMMT DOCH WAS NICHT.
SHIT... G-STYLE UND G-COAST SIND DOCH NICHT ZUSAMMEN DA, ODER?
OH, SHIT...!
ACH WAS, MANN, DA PASST GODOLKIN SCHON AUF...
HERRGOTT, BLOSS NICHT...

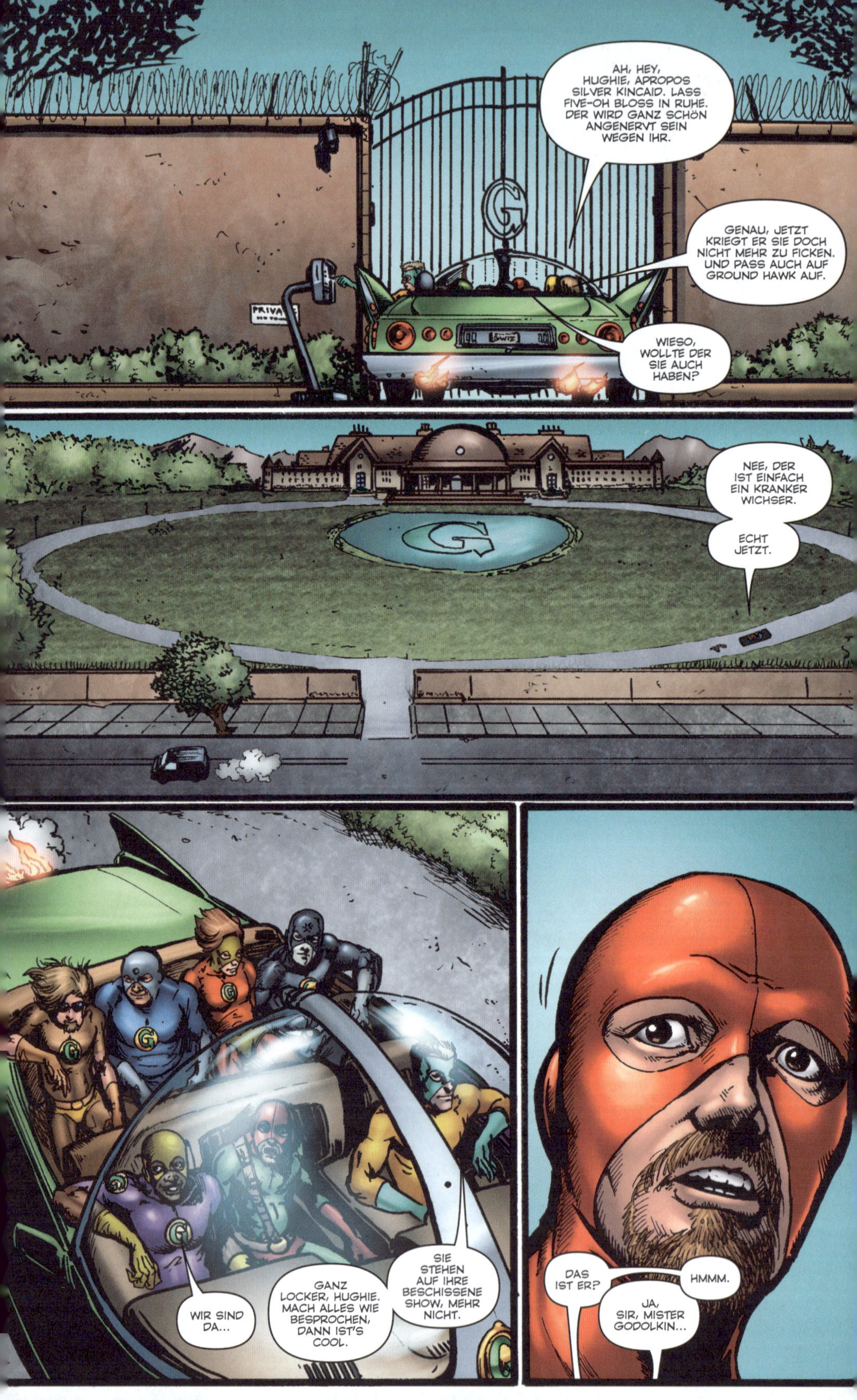
AH, HEY, HUGHIE, APROPOS SILVER KINCAID. LASS FIVE-OH BLOSS IN RUHE. DER WIRD GANZ SCHÖN ANGENERVT SEIN WEGEN IHR.
GENAU, JETZT KRIEGT ER SIE DOCH NICHT MEHR ZU FICKEN. UND PASS AUCH AUF GROUND HAWK AUF.
WIESO, WOLLTE DER SIE AUCH HABEN?
PRIVAT
NEE, DER IST EINFACH EIN KRANKER WICHSER.
ECHT JETZT.
WIR SIND DA...
GANZ LOCKER, HUGHIE. MACH ALLES WIE BESPROCHEN, DANN IST'S COOL.
SIE STEHEN AUF IHRE BESCHISSENE SHOW, MEHR NICHT.
DAS IST ER?
HMMM.
JA, SIR, MISTER GODOLKIN...

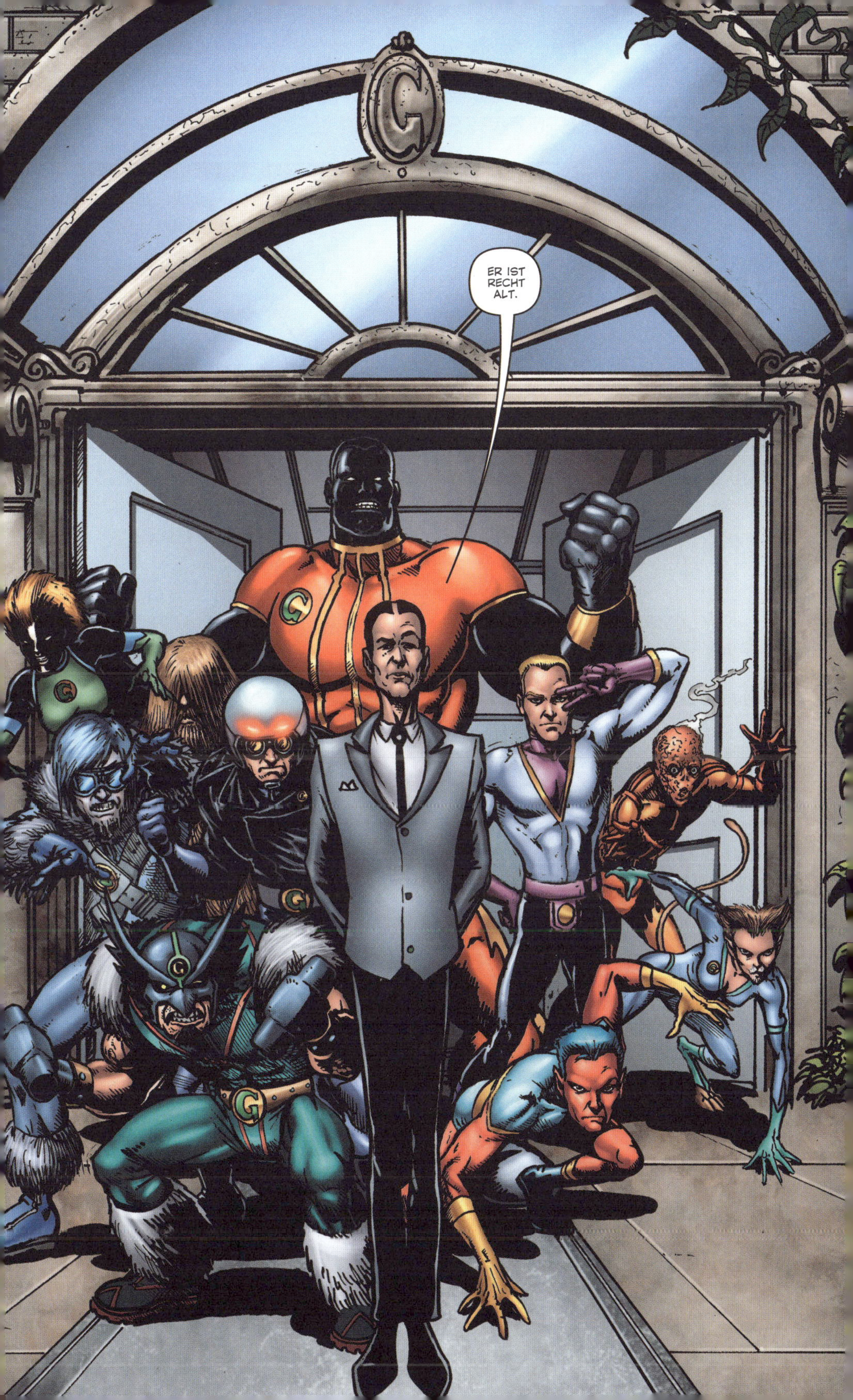
ER IST RECHT ALT.

SCHMUTZIGE GEHEIMNISSE, TEIL 3

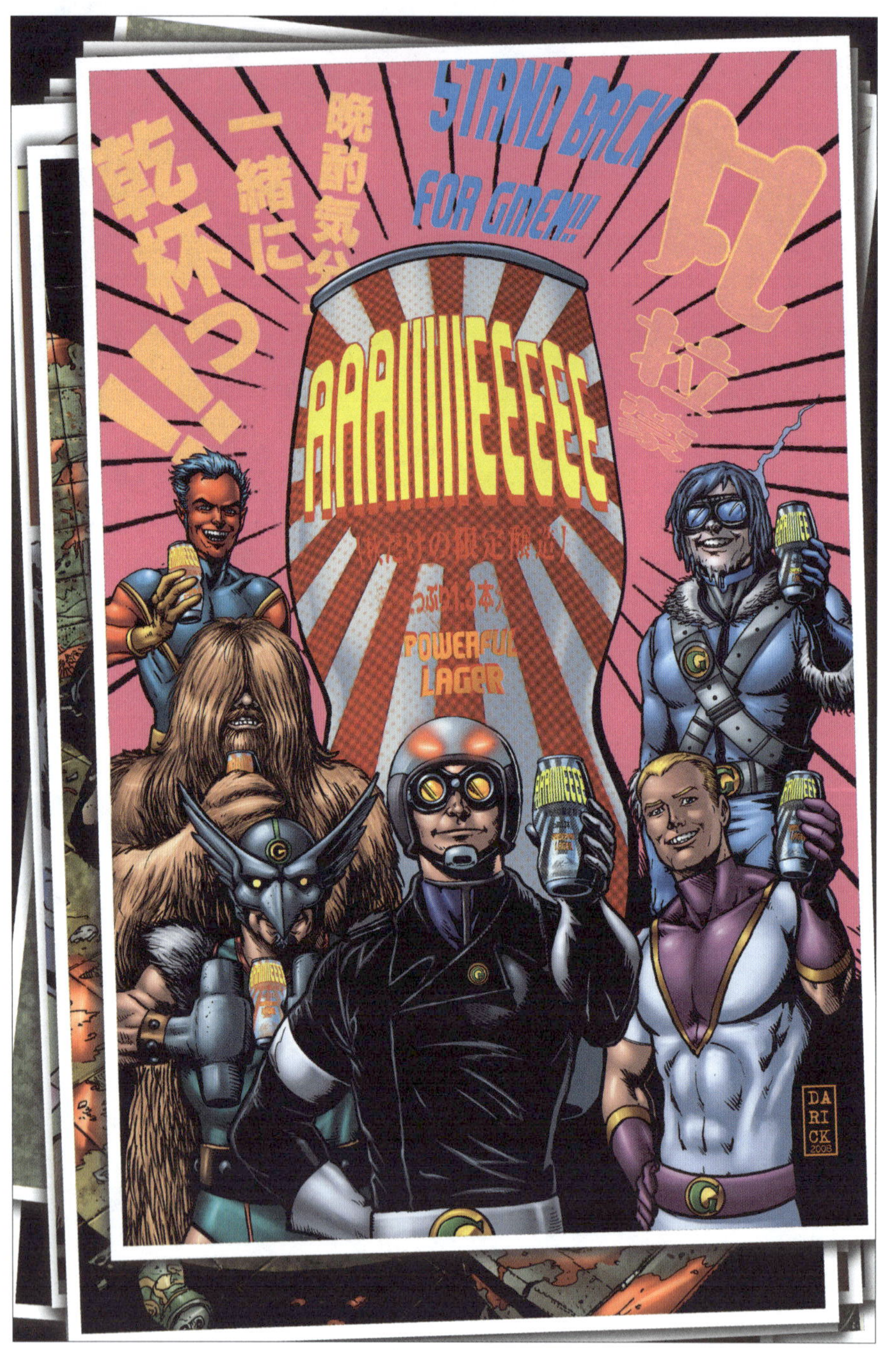

The Boys (2006) 25
Cover von **DARICK ROBERTSON**

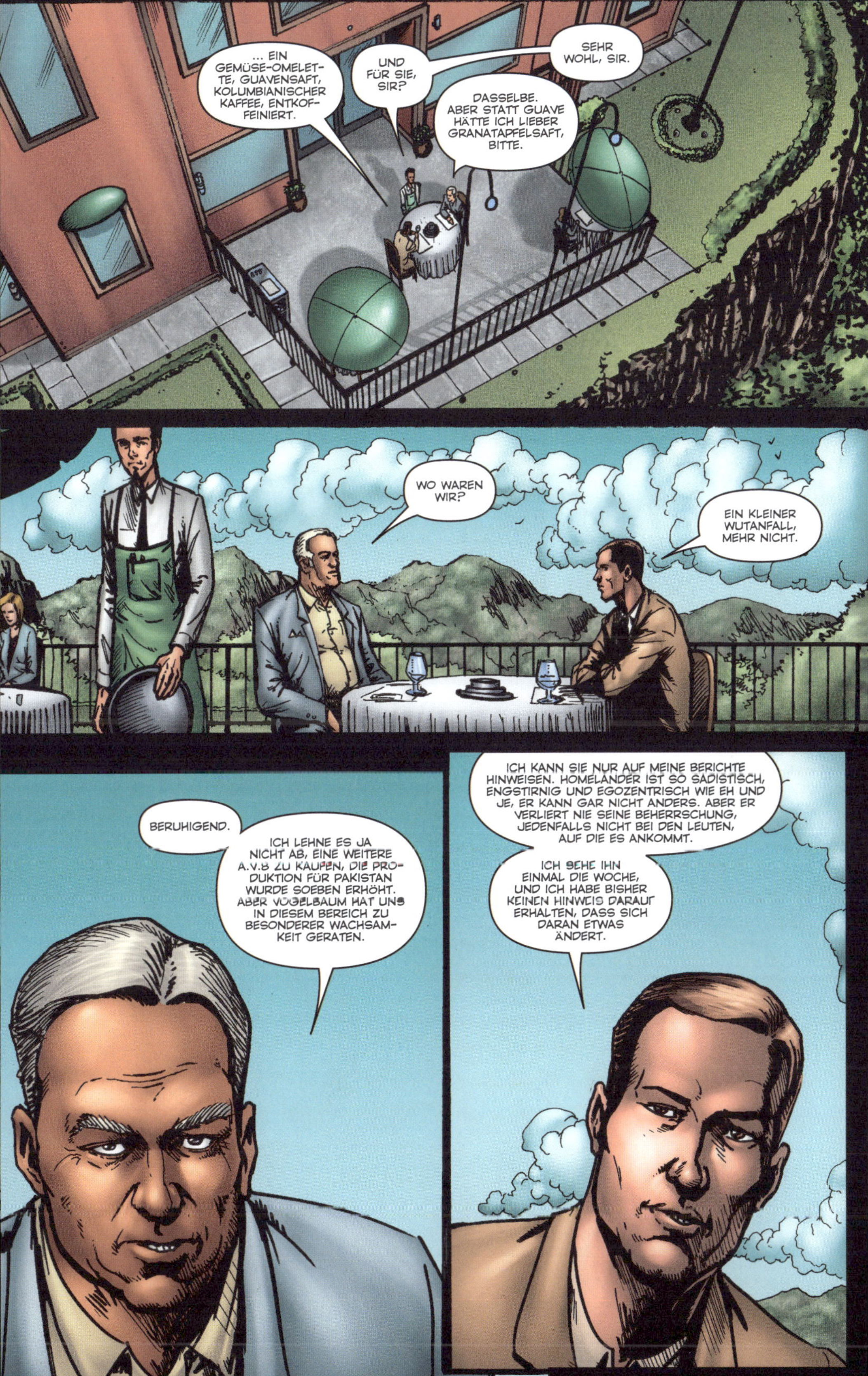
... EIN GEMÜSE-OMELETTE, GUAVENSAFT, KOLUMBIANISCHER KAFFEE, ENTKOFFEINIERT.
UND FÜR SIE, SIR?
DASSELBE. ABER STATT GUAVE HÄTTE ICH LIEBER GRANATAPFELSAFT, BITTE.
SEHR WOHL, SIR.
WO WAREN WIR?
EIN KLEINER WUTANFALL, MEHR NICHT.
BERUHIGEND.
ICH LEHNE ES JA NICHT AB, EINE WEITERE A.V.B ZU KAUFEN, DIE PRODUKTION FÜR PAKISTAN WURDE SOEBEN ERHÖHT. ABER VOGELBAUM HAT UNS IN DIESEM BEREICH ZU BESONDERER WACHSAMKEIT GERATEN.
ICH KANN SIE NUR AUF MEINE BERICHTE HINWEISEN. HOMELANDER IST SO SADISTISCH, ENGSTIRNIG UND EGOZENTRISCH WIE EH UND JE, ER KANN GAR NICHT ANDERS. ABER ER VERLIERT NIE SEINE BEHERRSCHUNG, JEDENFALLS NICHT BEI DEN LEUTEN, AUF DIE ES ANKOMMT.
ICH SEHE IHN EINMAL DIE WOCHE, UND ICH HABE BISHER KEINEN HINWEIS DARAUF ERHALTEN, DASS SICH DARAN ETWAS ÄNDERT.

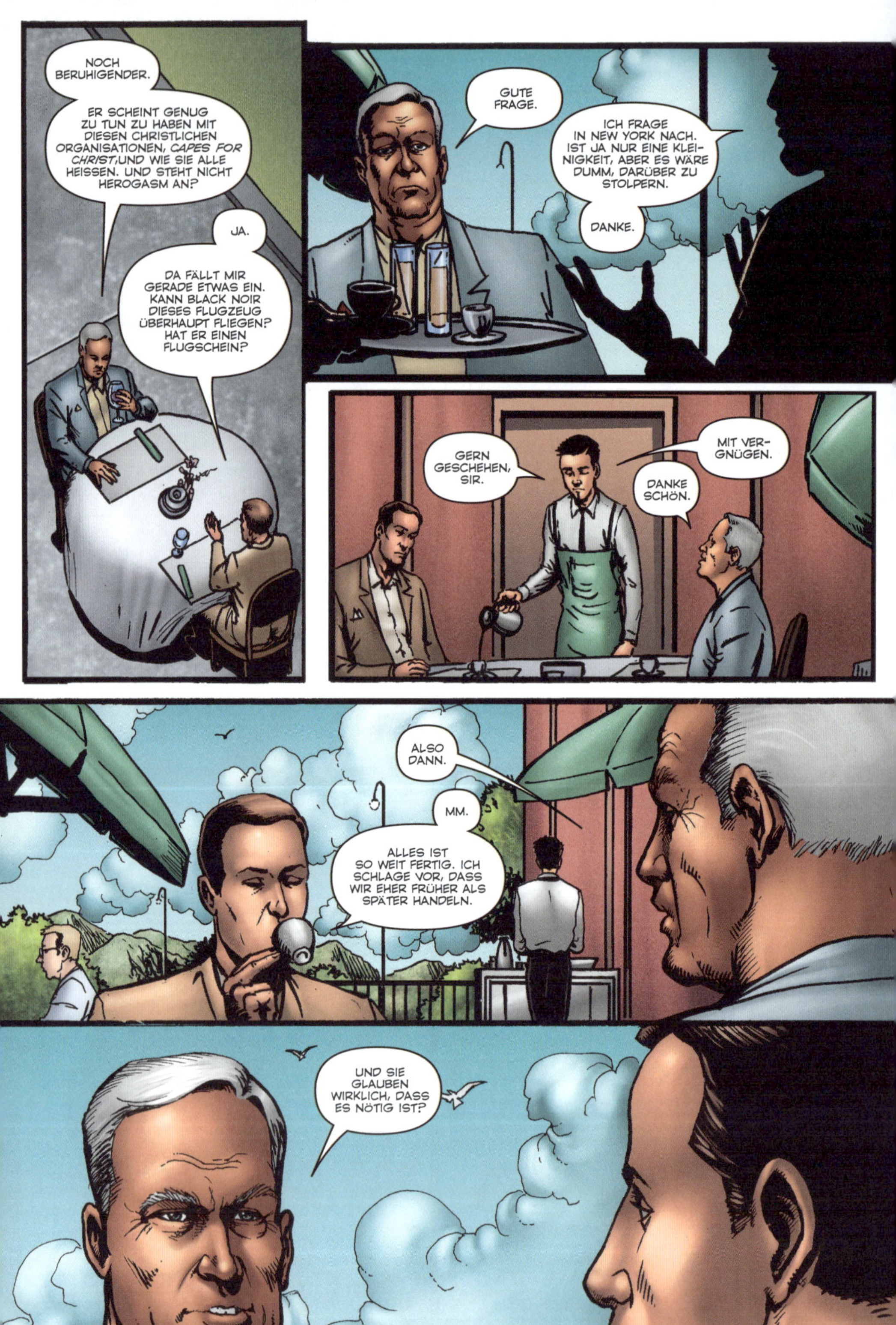
NOCH BERUHIGENDER.
ER SCHEINT GENUG ZU TUN ZU HABEN MIT DIESEN CHRISTLICHEN ORGANISATIONEN, *CAPES FOR CHRIST*, UND WIE SIE ALLE HEISSEN. UND STEHT NICHT HEROGASM AN?
JA.
DA FÄLLT MIR GERADE ETWAS EIN. KANN BLACK NOIR DIESES FLUGZEUG ÜBERHAUPT FLIEGEN? HAT ER EINEN FLUGSCHEIN?
GUTE FRAGE.
ICH FRAGE IN NEW YORK NACH. IST JA NUR EINE KLEINIGKEIT, ABER ES WÄRE DUMM, DARÜBER ZU STOLPERN.
DANKE.
GERN GESCHEHEN, SIR.
MIT VERGNÜGEN.
DANKE SCHÖN.
ALSO DANN.
MM.
ALLES IST SO WEIT FERTIG. ICH SCHLAGE VOR, DASS WIR EHER FRÜHER ALS SPÄTER HANDELN.
UND SIE GLAUBEN WIRKLICH, DASS ES NÖTIG IST?
JA.

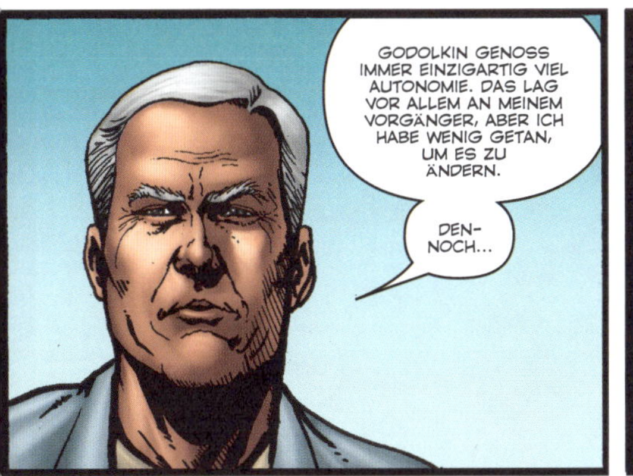

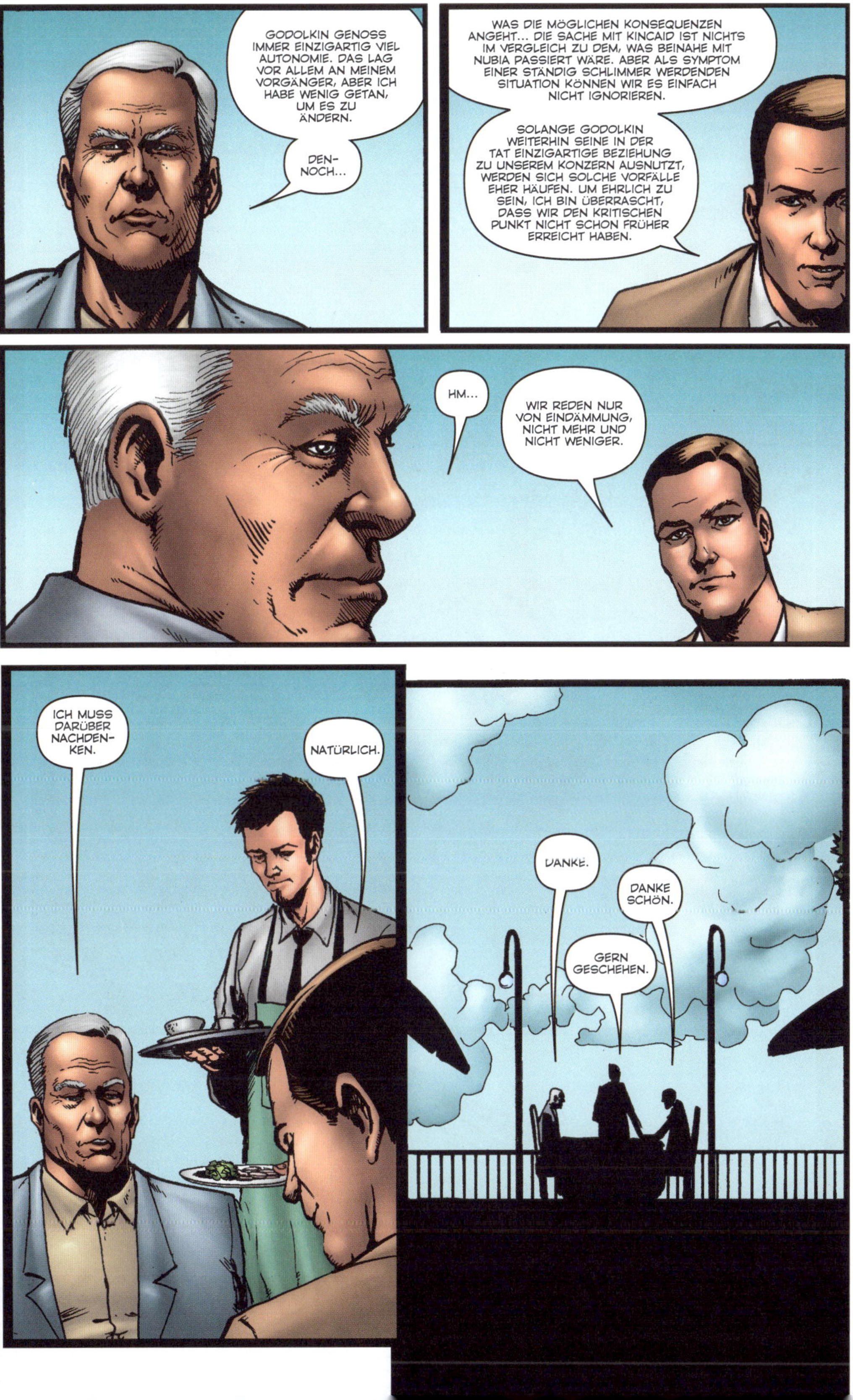

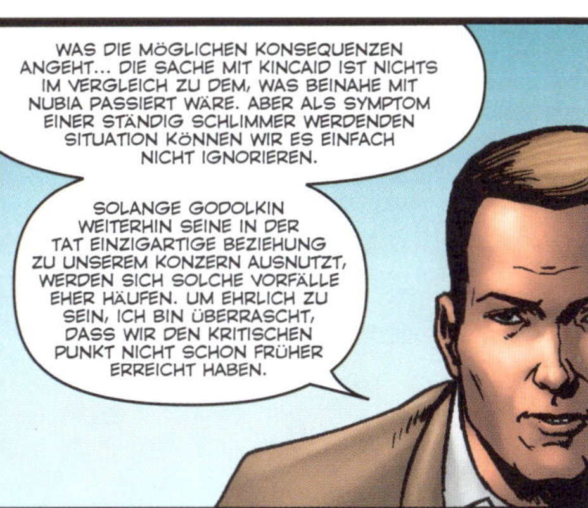

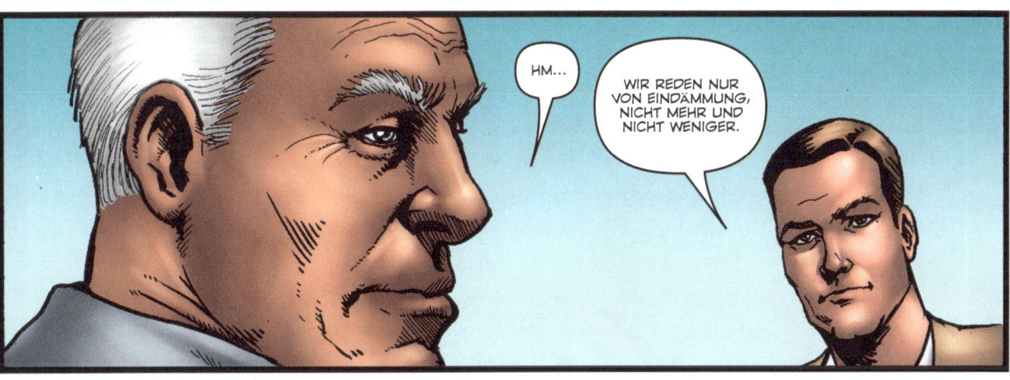

ICH MUSS DARÜBER NACHDEN-KEN.
NATÜRLICH.

DANKE.
DANKE SCHÖN.
GERN GESCHEHEN.

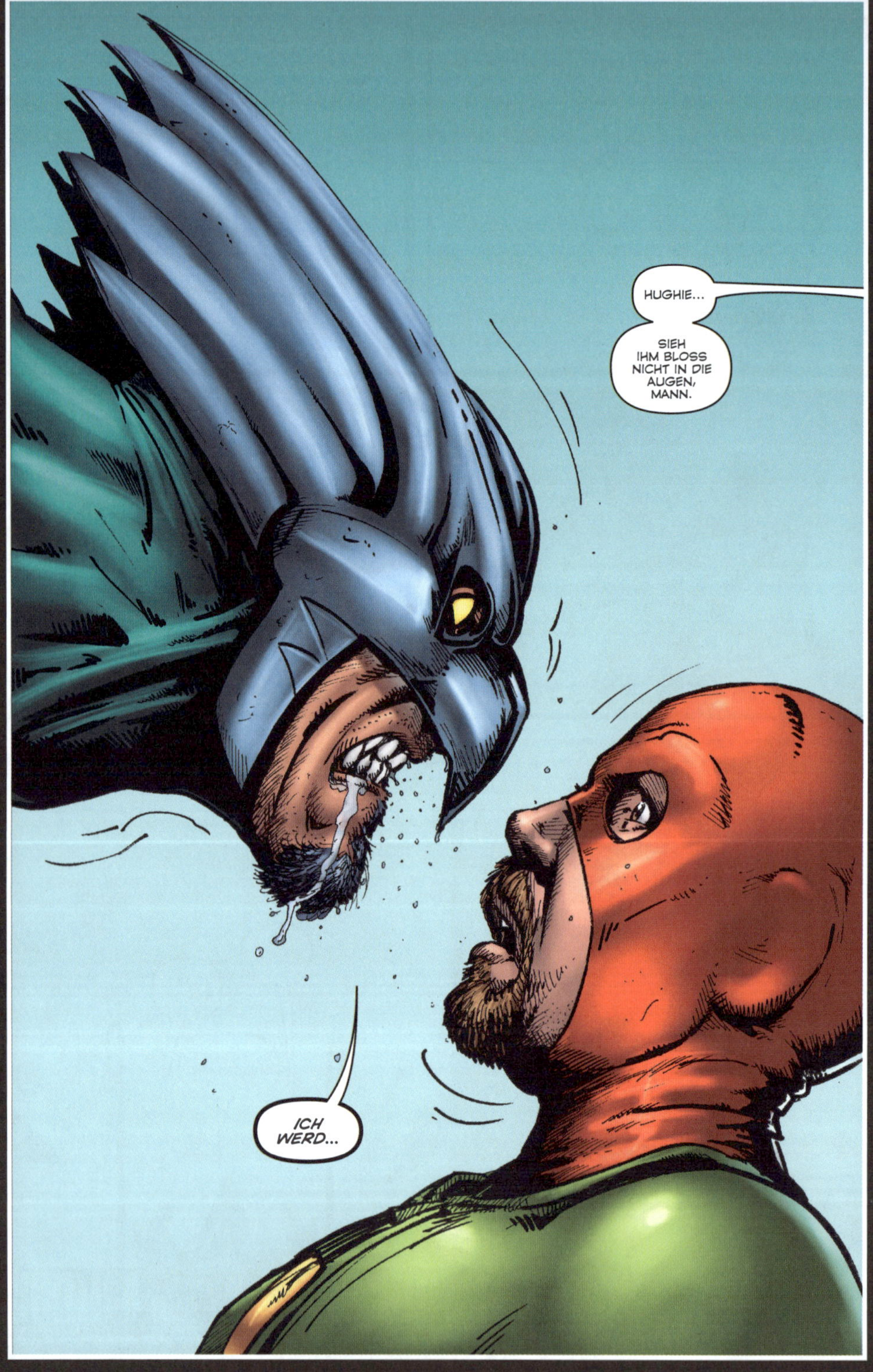

SCHMUTZIGE GEHEIMNISSE
TEIL 3

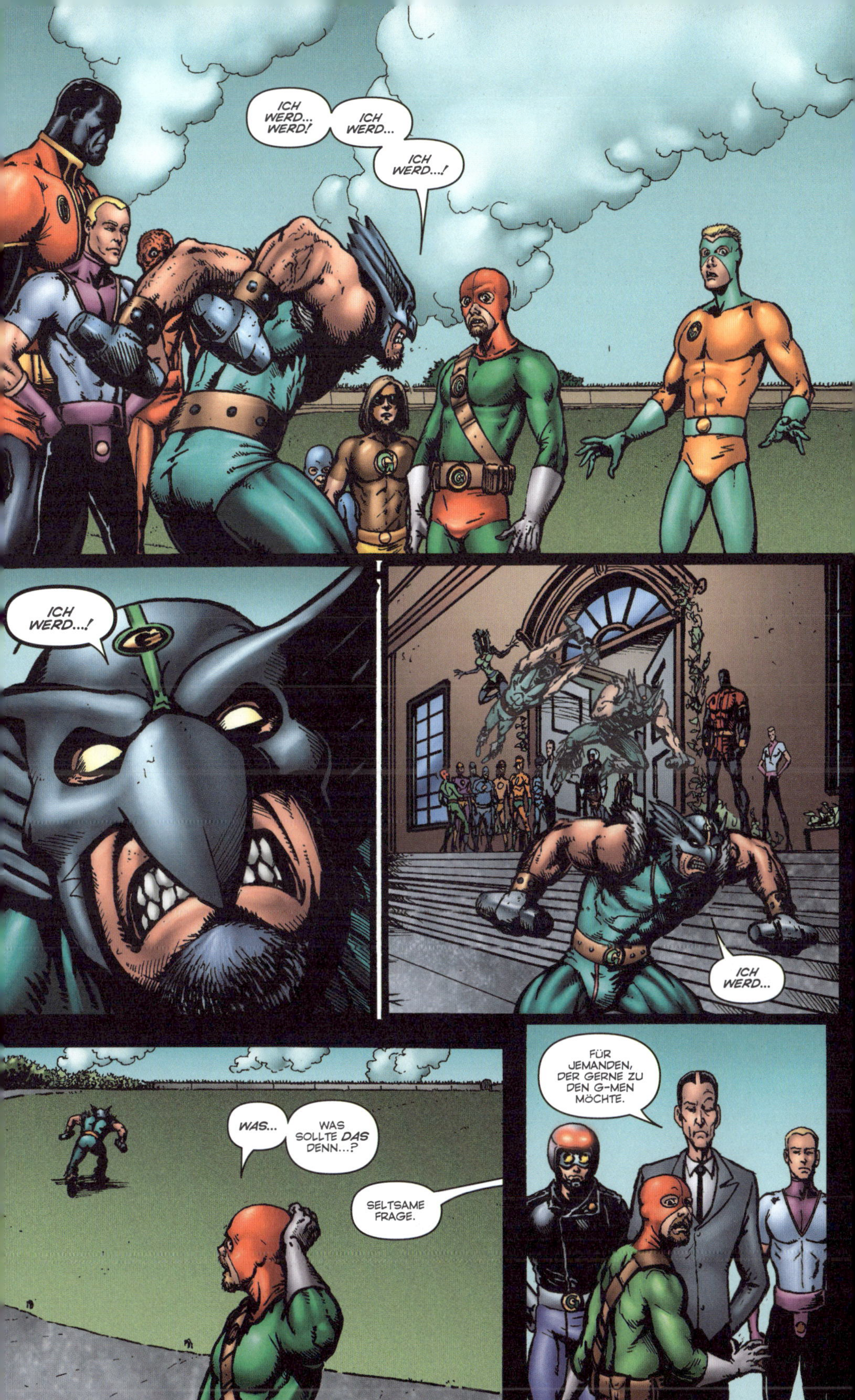
ICH WERD... WERD!
ICH WERD...
ICH WERD...!
ICH WERD...!
ICH WERD...
WAS...
WAS SOLLTE DAS DENN...?
SELTSAME FRAGE.
FÜR JEMANDEN, DER GERNE ZU DEN G-MEN MÖCHTE.

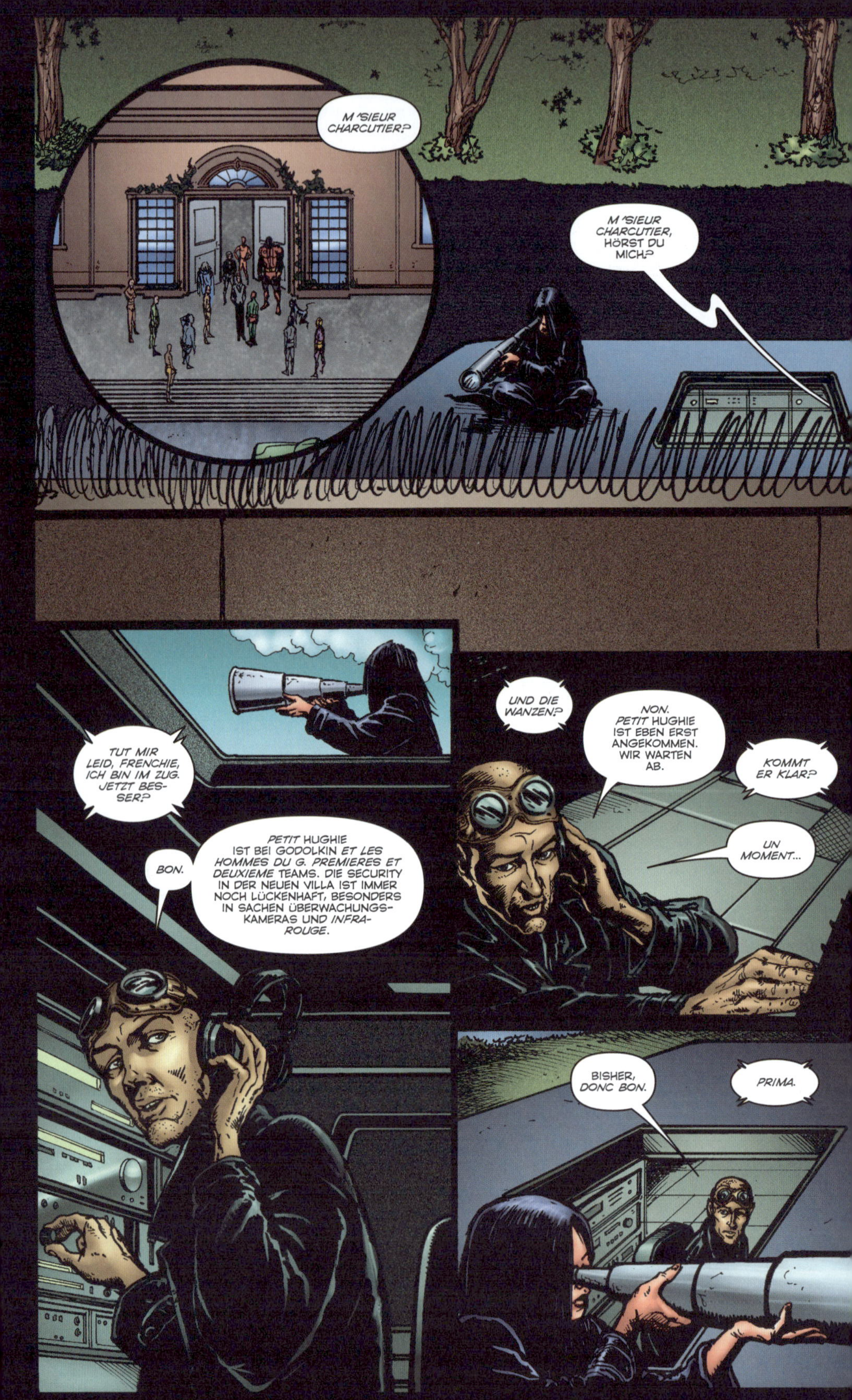
M'SIEUR CHARCUTIER?
M'SIEUR CHARCUTIER, HÖRST DU MICH?
TUT MIR LEID, FRENCHIE, ICH BIN IM ZUG. JETZT BESSER?
BON.
PETIT HUGHIE IST BEI GODOLKIN ET LES HOMMES DU G. PREMIERES ET DEUXIEME TEAMS. DIE SECURITY IN DER NEUEN VILLA IST IMMER NOCH LÜCKENHAFT, BESONDERS IN SACHEN ÜBERWACHUNGS-KAMERAS UND INFRA-ROUGE.
UND DIE WANZEN?
NON. PETIT HUGHIE IST EBEN ERST ANGEKOMMEN. WIR WARTEN AB.
KOMMT ER KLAR?
UN MOMENT...
BISHER, DONC BON.
PRIMA.

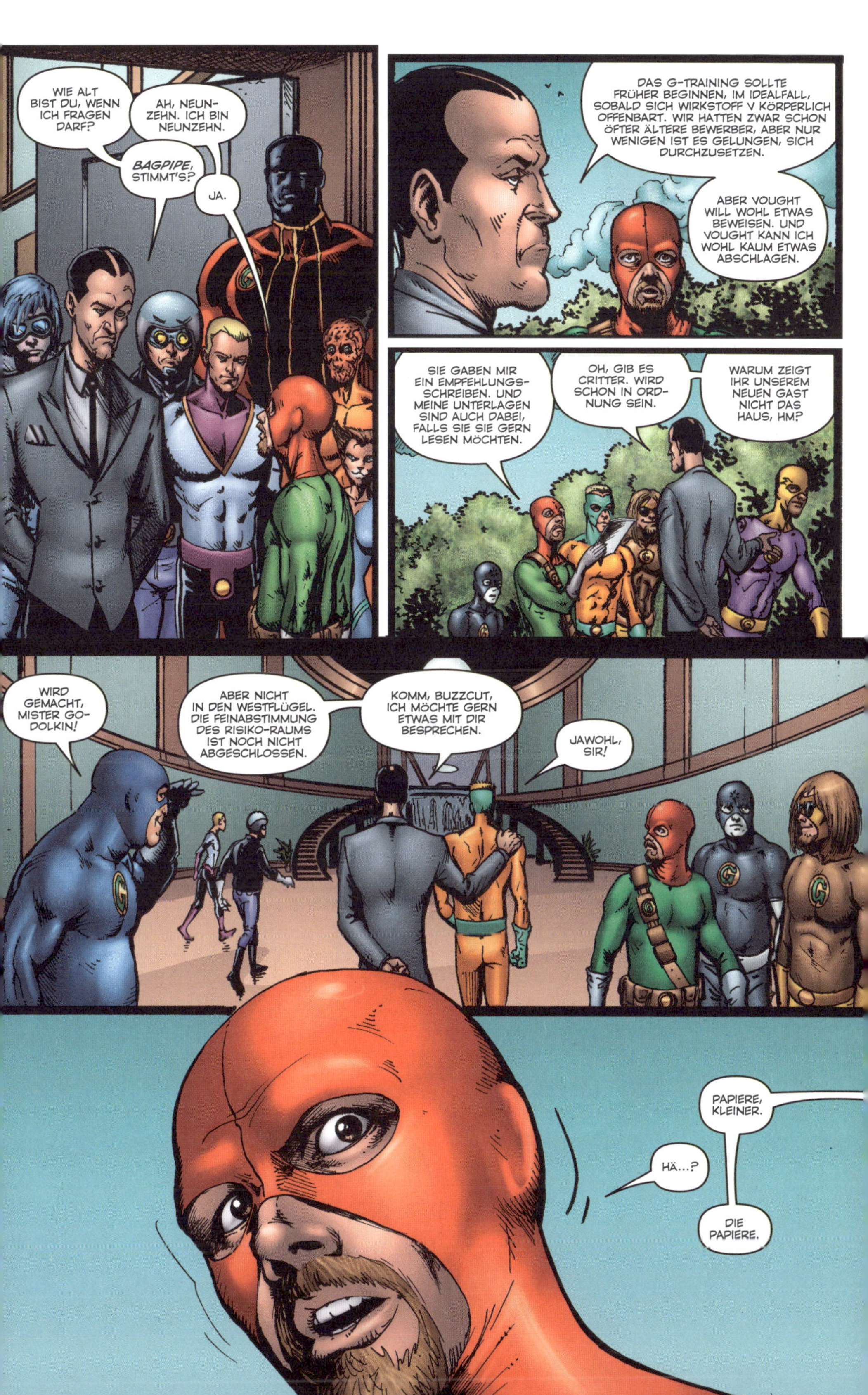
WIE ALT BIST DU, WENN ICH FRAGEN DARF?
AH, NEUN-ZEHN. ICH BIN NEUNZEHN.
BAGPIPE, STIMMT'S?
JA.
DAS G-TRAINING SOLLTE FRÜHER BEGINNEN, IM IDEALFALL, SOBALD SICH WIRKSTOFF V KÖRPERLICH OFFENBART. WIR HATTEN ZWAR SCHON ÖFTER ÄLTERE BEWERBER, ABER NUR WENIGEN IST ES GELUNGEN, SICH DURCHZUSETZEN.
ABER VOUGHT WILL WOHL ETWAS BEWEISEN. UND VOUGHT KANN ICH WOHL KAUM ETWAS ABSCHLAGEN.
SIE GABEN MIR EIN EMPFEHLUNGS-SCHREIBEN. UND MEINE UNTERLAGEN SIND AUCH DABEI, FALLS SIE SIE GERN LESEN MÖCHTEN.
OH, GIB ES CRITTER. WIRD SCHON IN ORD-NUNG SEIN.
WARUM ZEIGT IHR UNSEREM NEUEN GAST NICHT DAS HAUS, HM?
WIRD GEMACHT, MISTER GO-DOLKIN!
ABER NICHT IN DEN WESTFLÜGEL. DIE FEINABSTIMMUNG DES RISIKO-RAUMS IST NOCH NICHT ABGESCHLOSSEN.
KOMM, BUZZCUT, ICH MÖCHTE GERN ETWAS MIT DIR BESPRECHEN.
JAWOHL, SIR!
PAPIERE, KLEINER.
HÄ...?
DIE PAPIERE.

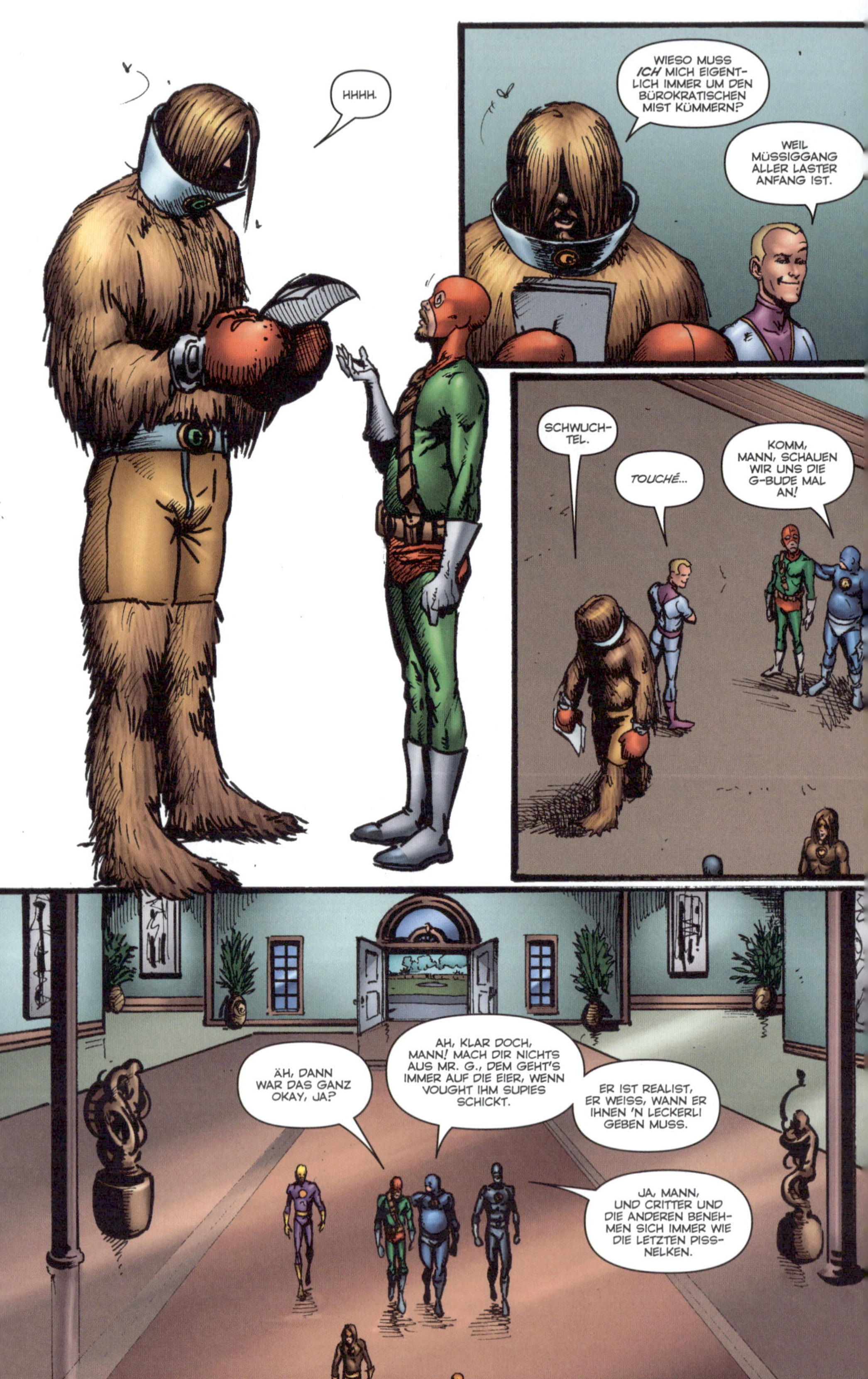
HHHH.
WIESO MUSS ICH MICH EIGENTLICH IMMER UM DEN BÜROKRATISCHEN MIST KÜMMERN?
WEIL MÜSSIGGANG ALLER LASTER ANFANG IST.
SCHWUCHTEL.
TOUCHÉ...
KOMM, MANN, SCHAUEN WIR UNS DIE G-BUDE MAL AN!
ÄH, DANN WAR DAS GANZ OKAY, JA?
AH, KLAR DOCH, MANN! MACH DIR NICHTS AUS MR. G., DEM GEHT'S IMMER AUF DIE EIER, WENN VOUGHT IHM SUPIES SCHICKT.
ER IST REALIST, ER WEISS, WANN ER IHNEN 'N LECKERLI GEBEN MUSS.
JA, MANN, UND CRITTER UND DIE ANDEREN BENEHMEN SICH IMMER WIE DIE LETZTEN PISSNELKEN.

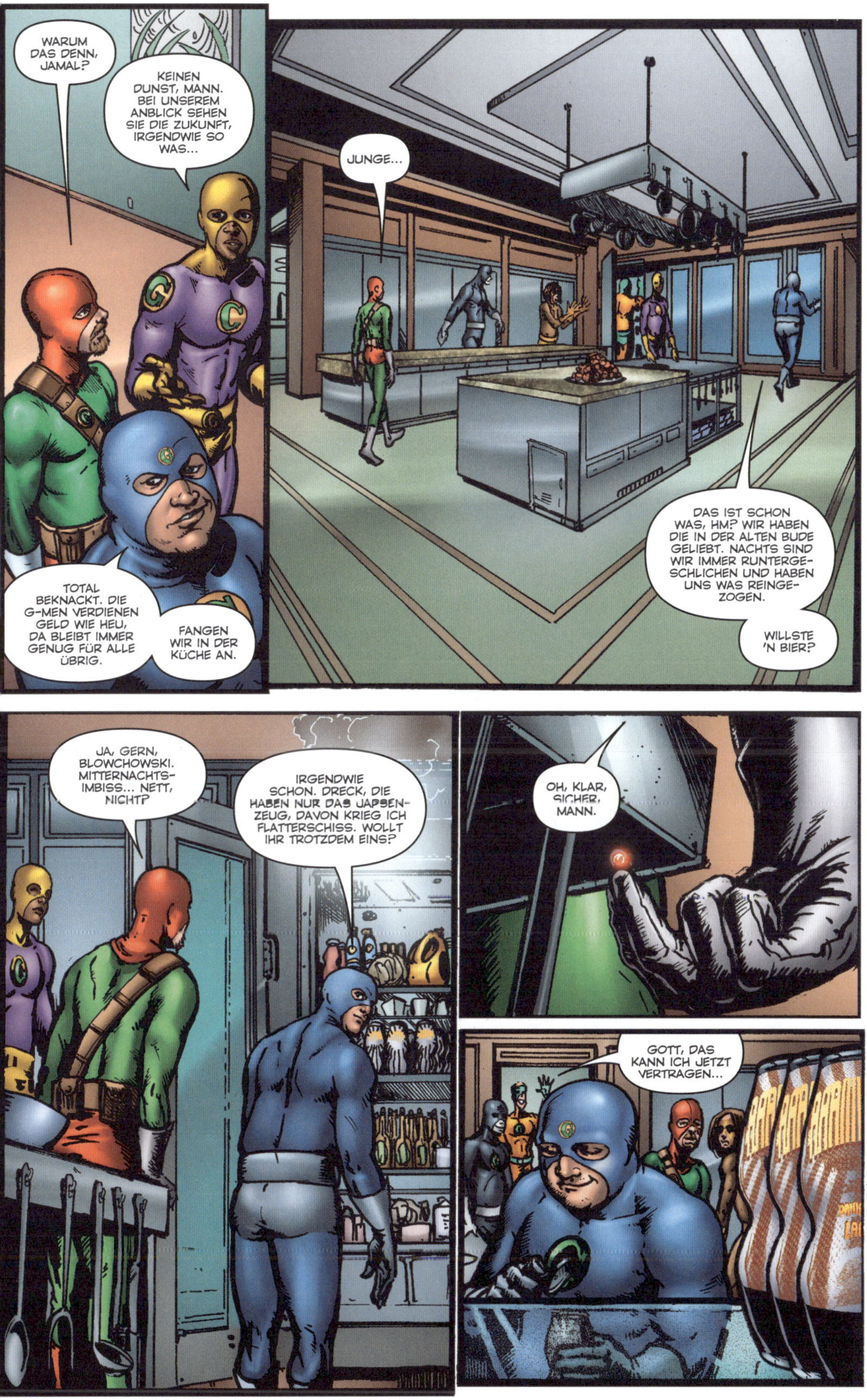

WARUM DAS DENN, JAMAL?
KEINEN DUNST, MANN. BEI UNSEREM ANBLICK SEHEN SIE DIE ZUKUNFT, IRGENDWIE SO WAS...
TOTAL BEKNACKT. DIE G-MEN VERDIENEN GELD WIE HEU, DA BLEIBT IMMER GENUG FÜR ALLE ÜBRIG.
FANGEN WIR IN DER KÜCHE AN.
JUNGE...
DAS IST SCHON WAS, HM? WIR HABEN DIE IN DER ALTEN BUDE GELIEBT. NACHTS SIND WIR IMMER RUNTERGESCHLICHEN UND HABEN UNS WAS REINGEZOGEN.
WILLSTE 'N BIER?

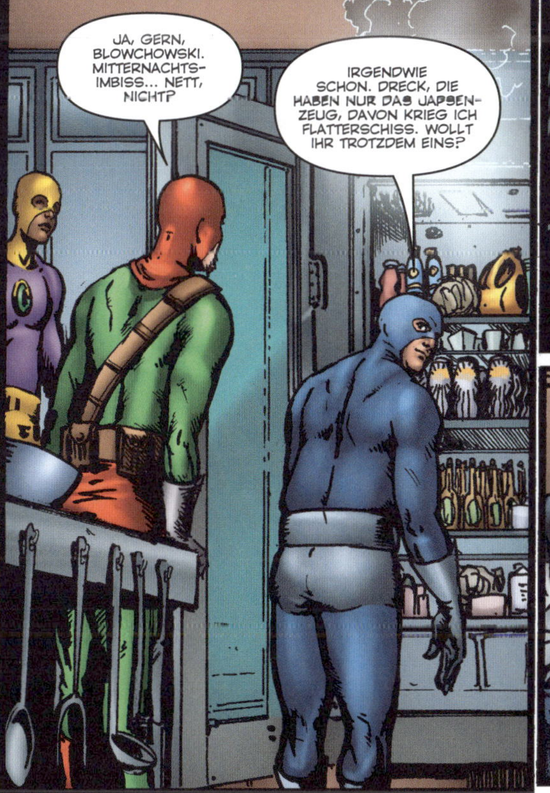

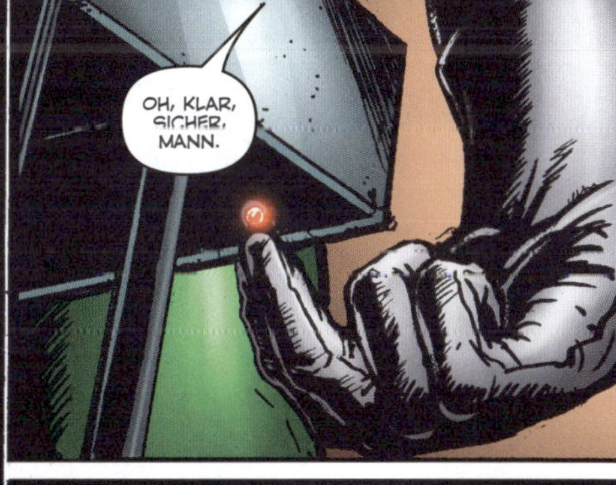

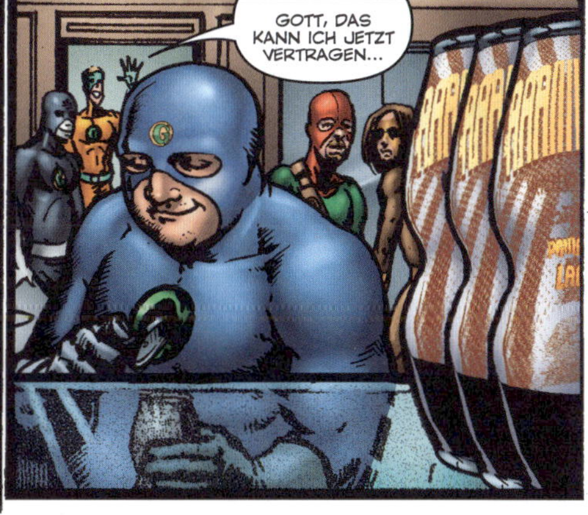

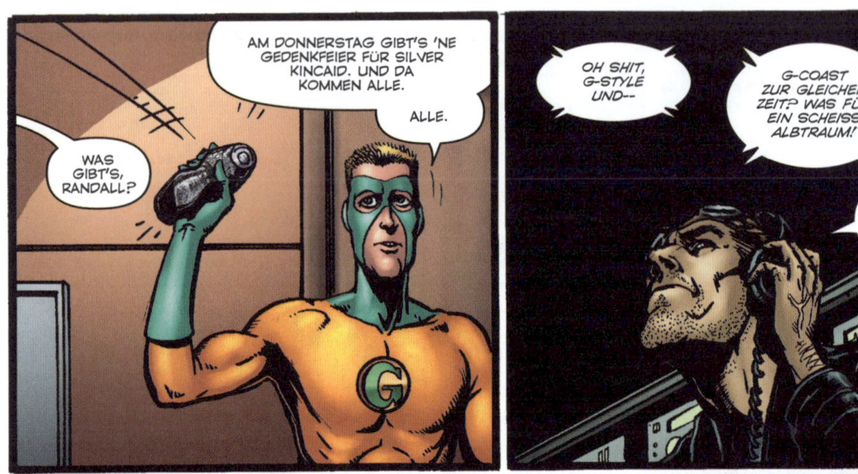
WAS GIBT'S, RANDALL?
AM DONNERSTAG GIBT'S 'NE GEDENKFEIER FÜR SILVER KINCAID. UND DA KOMMEN ALLE.
ALLE.
OH SHIT, G-STYLE UND--
G-COAST ZUR GLEICHEN ZEIT? WAS FÜR EIN SCHEISS ALBTRAUM!
BEAU TRAVAIL, PETIT HUGHIE...

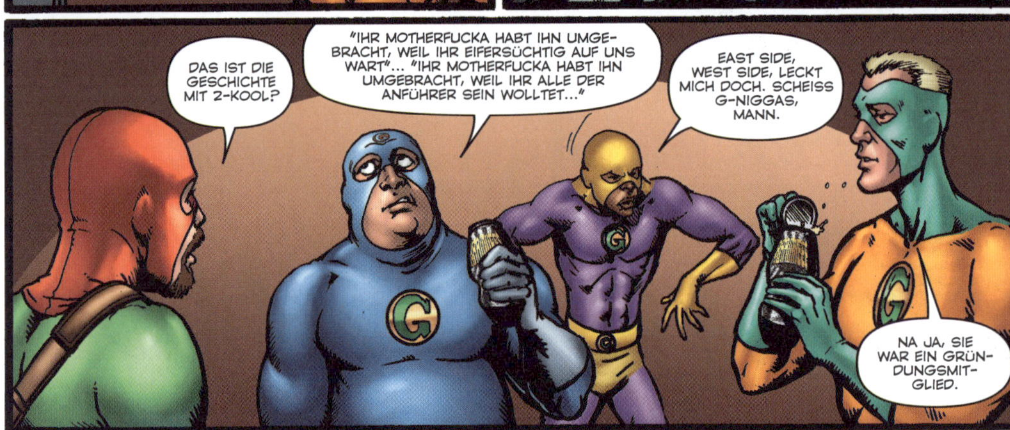
DAS IST DIE GESCHICHTE MIT 2-KOOL?
"IHR MOTHERFUCKA HABT IHN UMGEBRACHT, WEIL IHR EIFERSÜCHTIG AUF UNS WART"... "IHR MOTHERFUCKA HABT IHN UMGEBRACHT, WEIL IHR ALLE DER ANFÜHRER SEIN WOLLTET..."
EAST SIDE, WEST SIDE, LECKT MICH DOCH. SCHEISS G-NIGGAS, MANN.
NA JA, SIE WAR EIN GRÜNDUNGSMITGLIED.

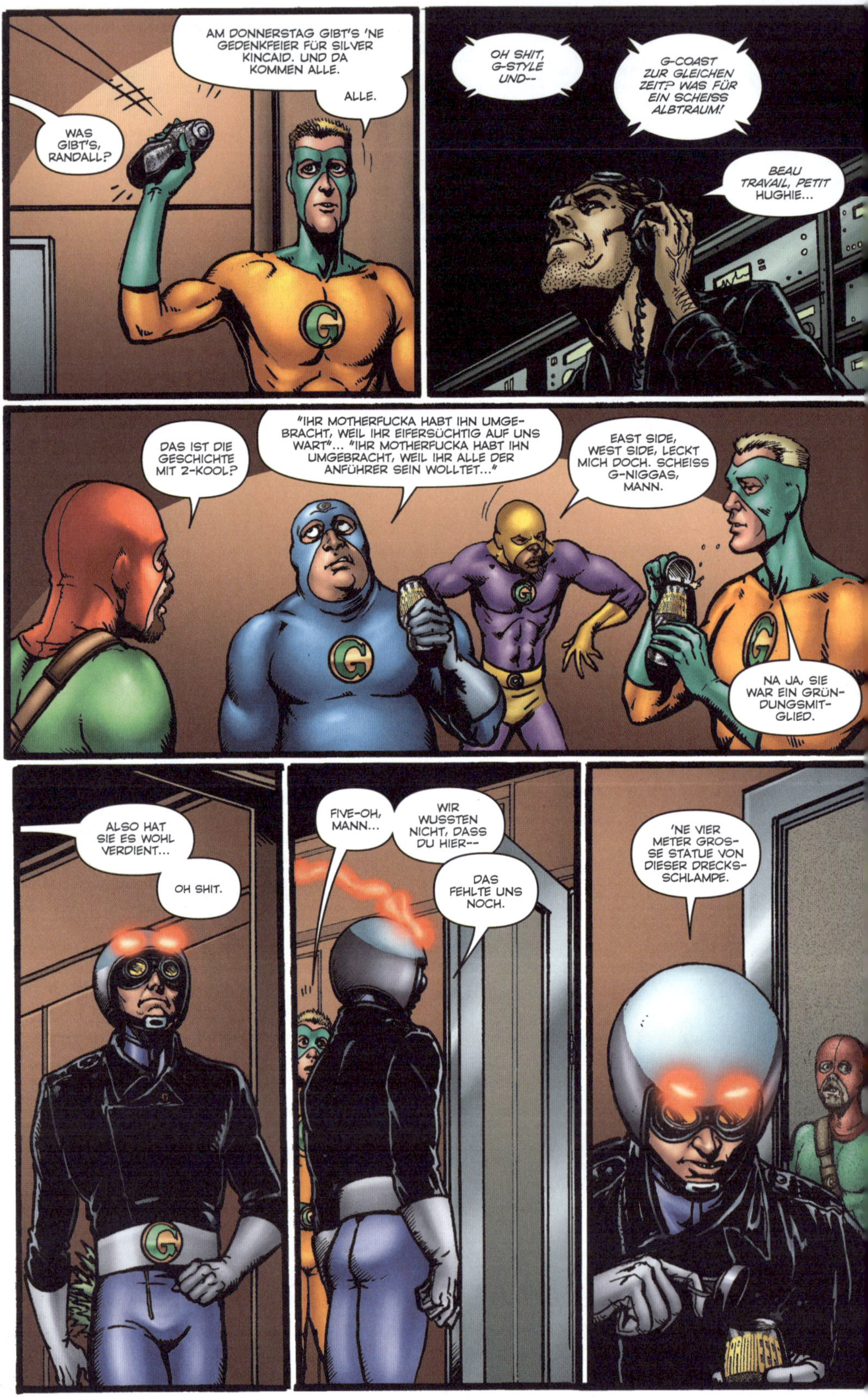

ALSO HAT SIE ES WOHL VERDIENT...
OH SHIT.
FIVE-OH, MANN...
WIR WUSSTEN NICHT, DASS DU HIER--
DAS FEHLTE UNS NOCH.
'NE VIER METER GROSSE STATUE VON DIESER DRECKSSCHLAMPE.

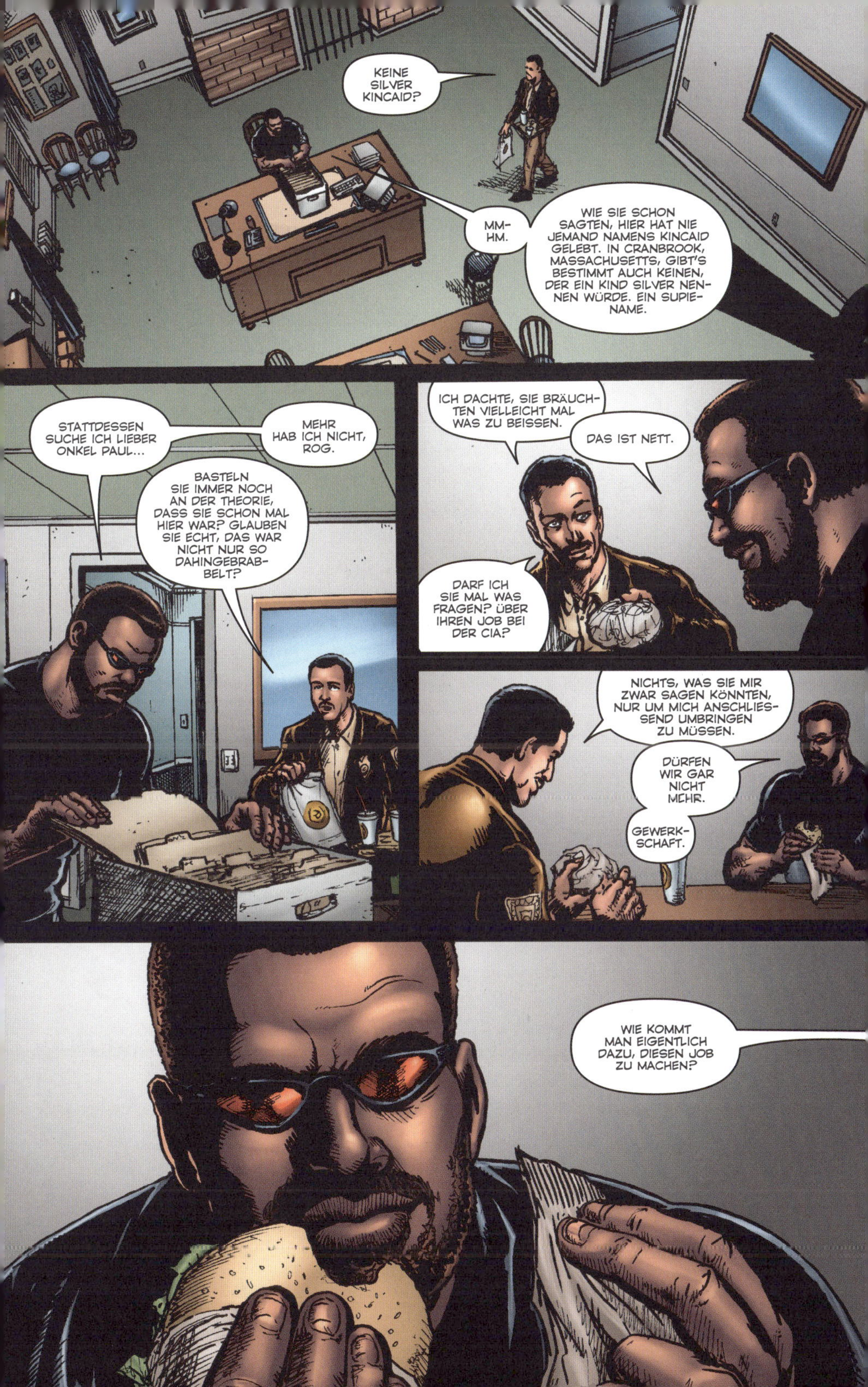
KEINE SILVER KINCAID?
MM-HM.
WIE SIE SCHON SAGTEN, HIER HAT NIE JEMAND NAMENS KINCAID GELEBT. IN CRANBROOK, MASSACHUSETTS, GIBT'S BESTIMMT AUCH KEINEN, DER EIN KIND SILVER NENNEN WÜRDE. EIN SUPIE-NAME.
STATTDESSEN SUCHE ICH LIEBER ONKEL PAUL...
MEHR HAB ICH NICHT, ROG.
BASTELN SIE IMMER NOCH AN DER THEORIE, DASS SIE SCHON MAL HIER WAR? GLAUBEN SIE ECHT, DAS WAR NICHT NUR SO DAHINGEBRABBELT?
ICH DACHTE, SIE BRÄUCHTEN VIELLEICHT MAL WAS ZU BEISSEN.
DAS IST NETT.
DARF ICH SIE MAL WAS FRAGEN? ÜBER IHREN JOB BEI DER CIA?
NICHTS, WAS SIE MIR ZWAR SAGEN KÖNNTEN, NUR UM MICH ANSCHLIESSEND UMBRINGEN ZU MÜSSEN.
DÜRFEN WIR GAR NICHT MEHR.
GEWERKSCHAFT.
WIE KOMMT MAN EIGENTLICH DAZU, DIESEN JOB ZU MACHEN?

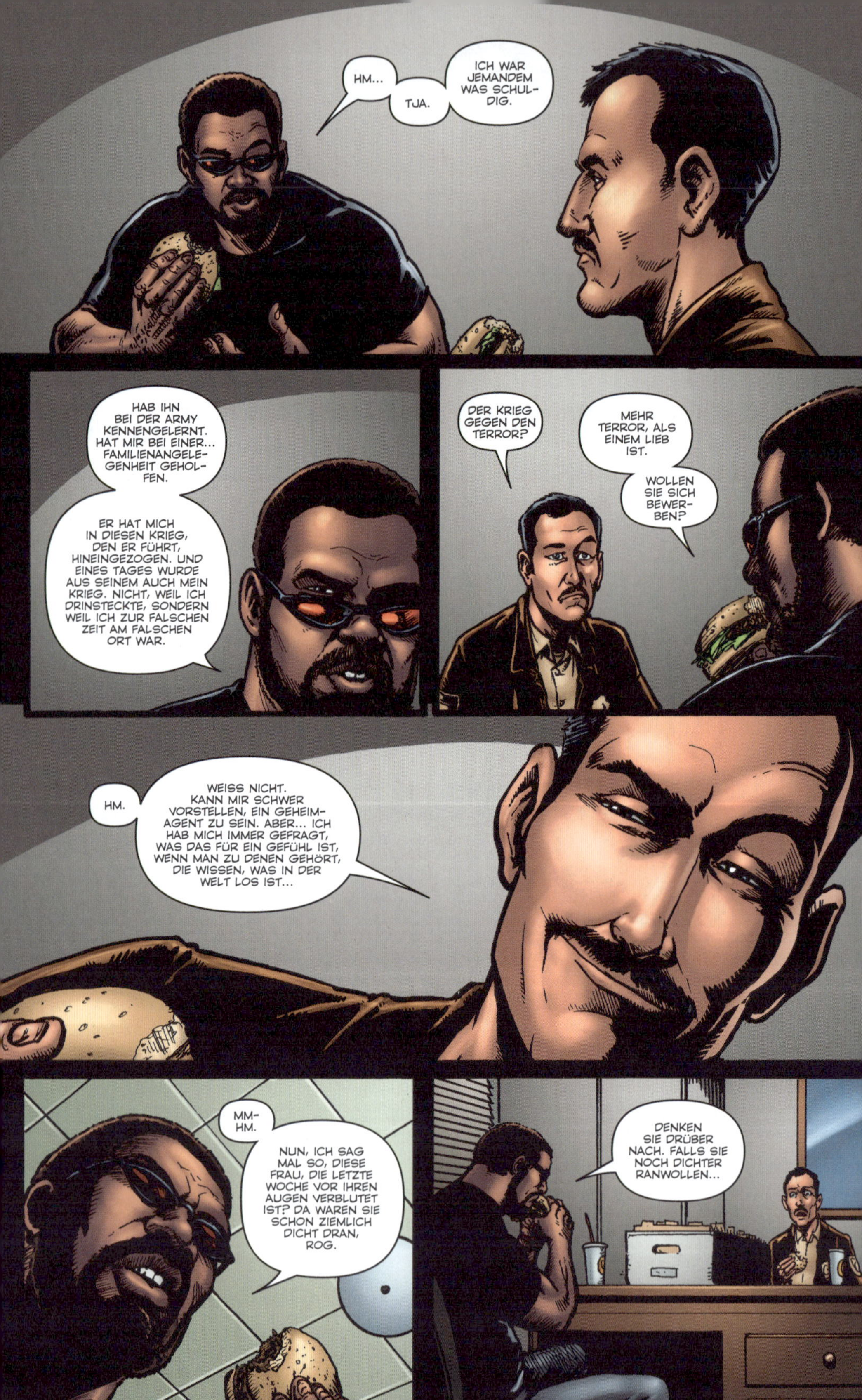
HM...
TJA.
ICH WAR JEMANDEM WAS SCHULDIG.
HAB IHN BEI DER ARMY KENNENGELERNT. HAT MIR BEI EINER... FAMILIENANGELEGENHEIT GEHOLFEN.
ER HAT MICH IN DIESEN KRIEG, DEN ER FÜHRT, HINEINGEZOGEN. UND EINES TAGES WURDE AUS SEINEM AUCH MEIN KRIEG. NICHT, WEIL ICH DRINSTECKTE, SONDERN WEIL ICH ZUR FALSCHEN ZEIT AM FALSCHEN ORT WAR.
DER KRIEG GEGEN DEN TERROR?
MEHR TERROR, ALS EINEM LIEB IST.
WOLLEN SIE SICH BEWERBEN?
HM.
WEISS NICHT. KANN MIR SCHWER VORSTELLEN, EIN GEHEIMAGENT ZU SEIN. ABER... ICH HAB MICH IMMER GEFRAGT, WAS DAS FÜR EIN GEFÜHL IST, WENN MAN ZU DENEN GEHÖRT, DIE WISSEN, WAS IN DER WELT LOS IST...
MM-HM.
NUN, ICH SAG MAL SO, DIESE FRAU, DIE LETZTE WOCHE VOR IHREN AUGEN VERBLUTET IST? DA WAREN SIE SCHON ZIEMLICH DICHT DRAN, ROG.
DENKEN SIE DRÜBER NACH. FALLS SIE NOCH DICHTER RANWOLLEN...

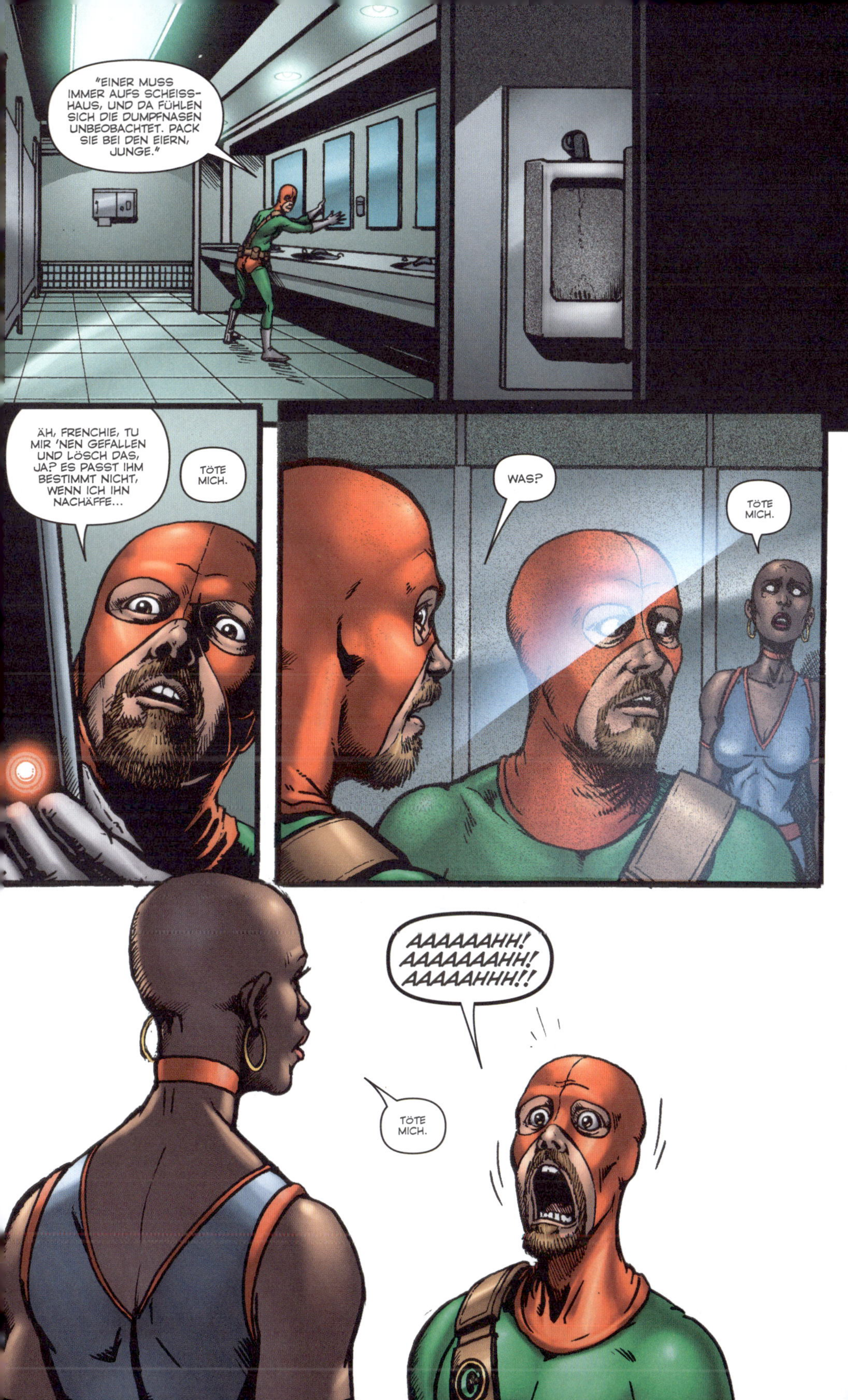
"EINER MUSS IMMER AUFS SCHEISS-HAUS, UND DA FÜHLEN SICH DIE DUMPFNASEN UNBEOBACHTET. PACK SIE BEI DEN EIERN, JUNGE."
ÄH, FRENCHIE, TU MIR 'NEN GEFALLEN UND LÖSCH DAS, JA? ES PASST IHM BESTIMMT NICHT, WENN ICH IHN NACHÄFFE...
TÖTE MICH.
WAS?
TÖTE MICH.
AAAAAAAHH! AAAAAAAAHH! AAAAAHHH!!
TÖTE MICH.

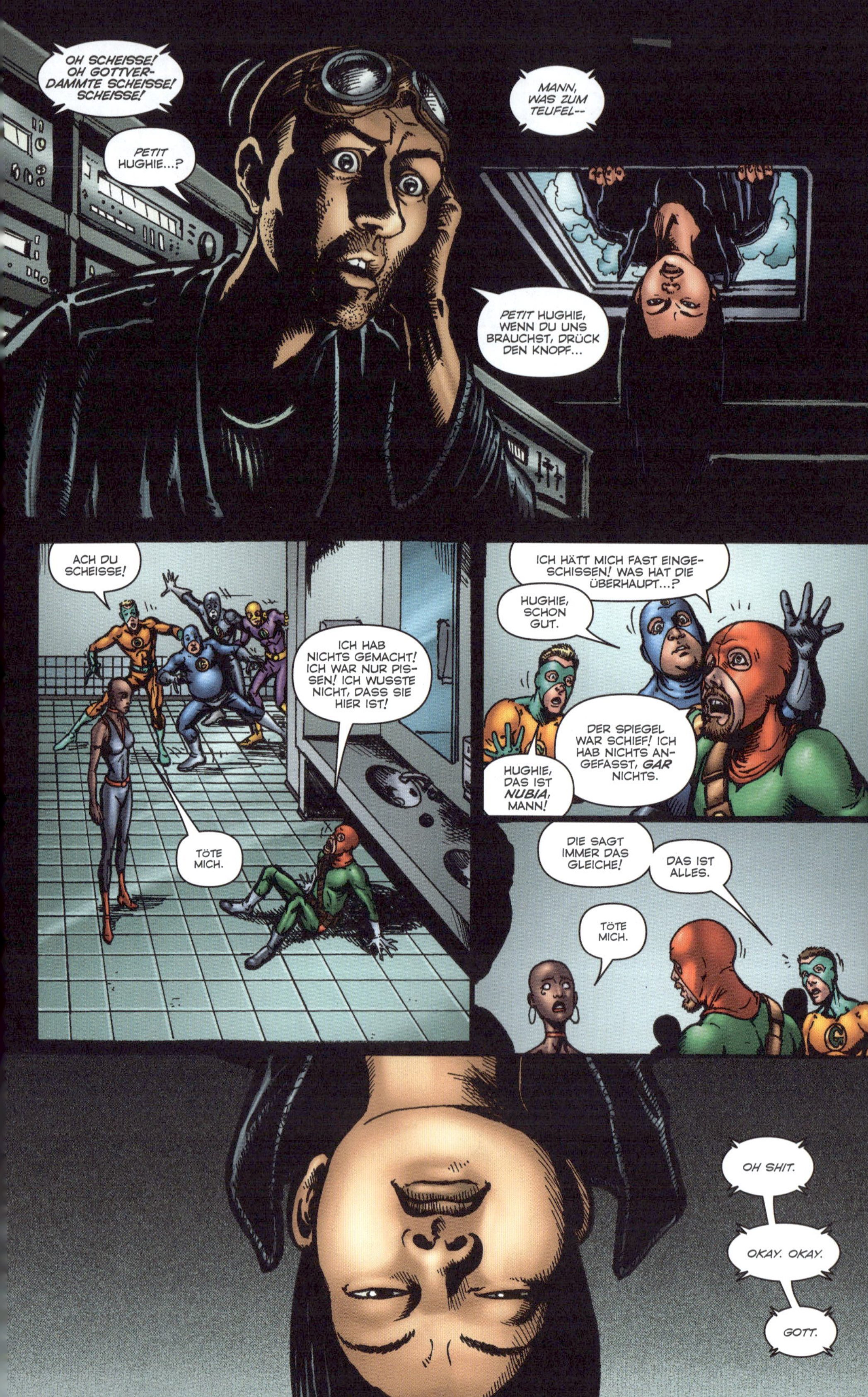
OH SCHEISSE! OH GOTTVERDAMMTE SCHEISSE! SCHEISSE!
PETIT HUGHIE...?
MANN, WAS ZUM TEUFEL--
PETIT HUGHIE, WENN DU UNS BRAUCHST, DRÜCK DEN KNOPF...
ACH DU SCHEISSE!
ICH HAB NICHTS GEMACHT! ICH WAR NUR PISSEN! ICH WUSSTE NICHT, DASS SIE HIER IST!
TÖTE MICH.
ICH HÄTT MICH FAST EINGESCHISSEN! WAS HAT DIE ÜBERHAUPT...?
HUGHIE, SCHON GUT.
DER SPIEGEL WAR SCHIEF! ICH HAB NICHTS ANGEFASST, *GAR* NICHTS.
HUGHIE, DAS IST *NUBIA*, MANN!
DIE SAGT IMMER DAS GLEICHE!
DAS IST ALLES.
TÖTE MICH.
OH SHIT.
OKAY. OKAY.
GOTT.

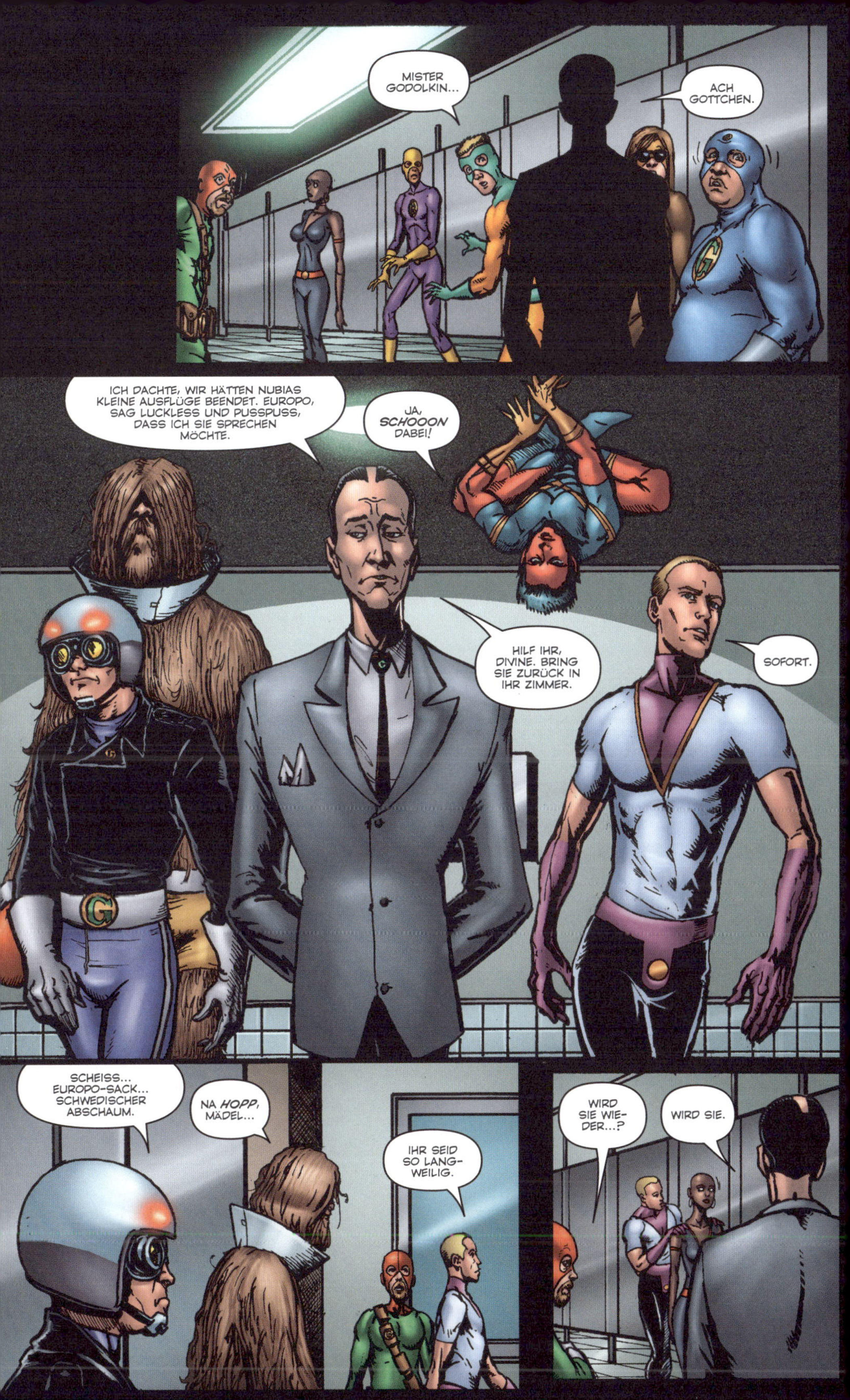
MISTER GODOLKIN...
ACH GOTTCHEN.
ICH DACHTE, WIR HÄTTEN NUBIAS KLEINE AUSFLÜGE BEENDET. EUROPO, SAG LUCKLESS UND PUSSPUSS, DASS ICH SIE SPRECHEN MÖCHTE.
JA, SCHOOON DABEI!
HILF IHR, DIVINE. BRING SIE ZURÜCK IN IHR ZIMMER.
SOFORT.
SCHEISS... EUROPO-SACK... SCHWEDISCHER ABSCHAUM.
NA HOPP, MÄDEL...
IHR SEID SO LANG-WEILIG.
WIRD SIE WIE-DER...?
WIRD SIE.

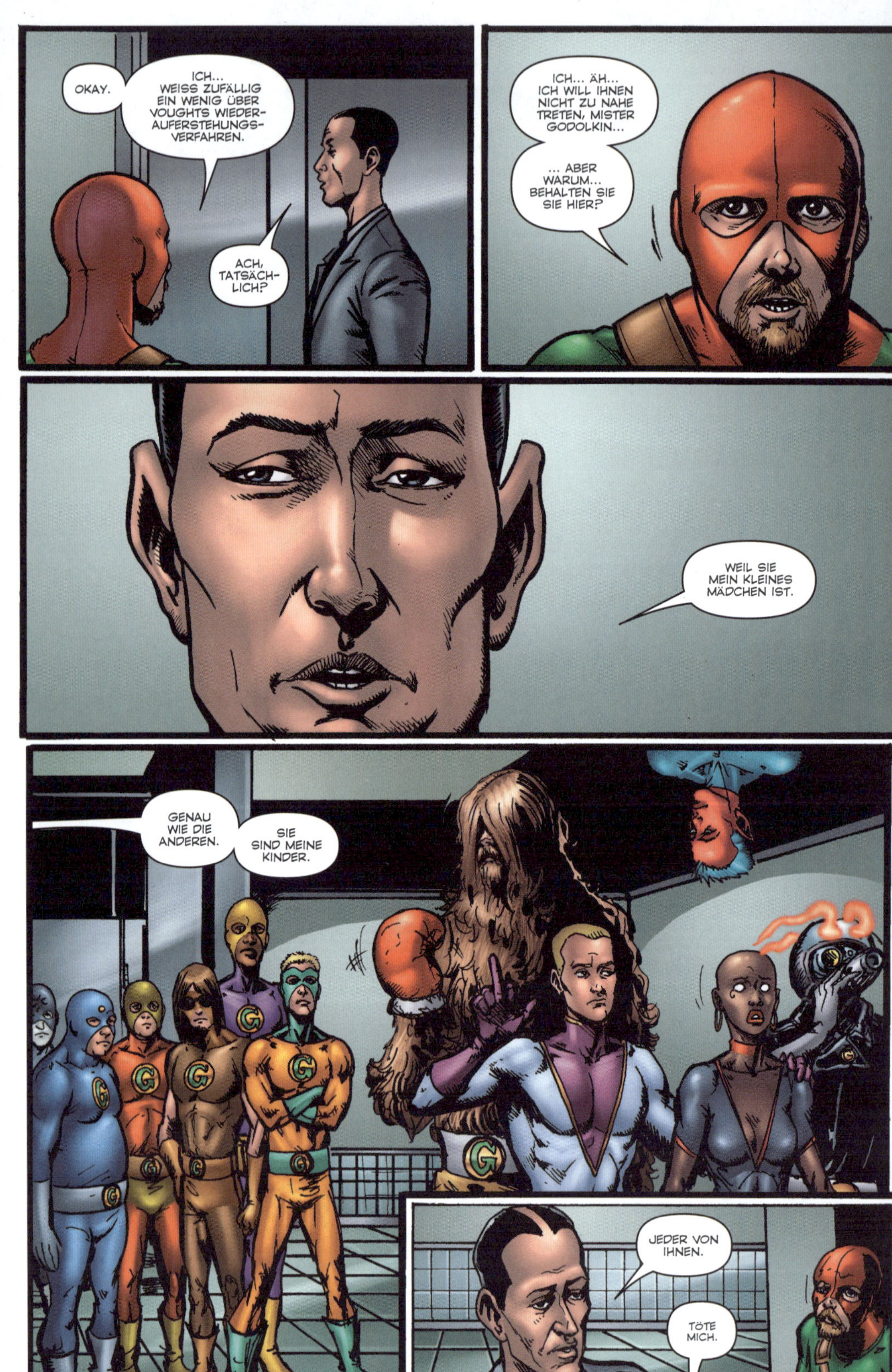
OKAY.
ICH... WEISS ZUFÄLLIG EIN WENIG ÜBER VOUGHTS WIEDER-AUFERSTEHUNGS-VERFAHREN.
ACH, TATSÄCH-LICH?
ICH... ÄH... ICH WILL IHNEN NICHT ZU NAHE TRETEN, MISTER GODOLKIN...
... ABER WARUM... BEHALTEN SIE SIE HIER?
WEIL SIE MEIN KLEINES MÄDCHEN IST.
GENAU WIE DIE ANDEREN.
SIE SIND MEINE KINDER.
JEDER VON IHNEN.
TÖTE MICH.

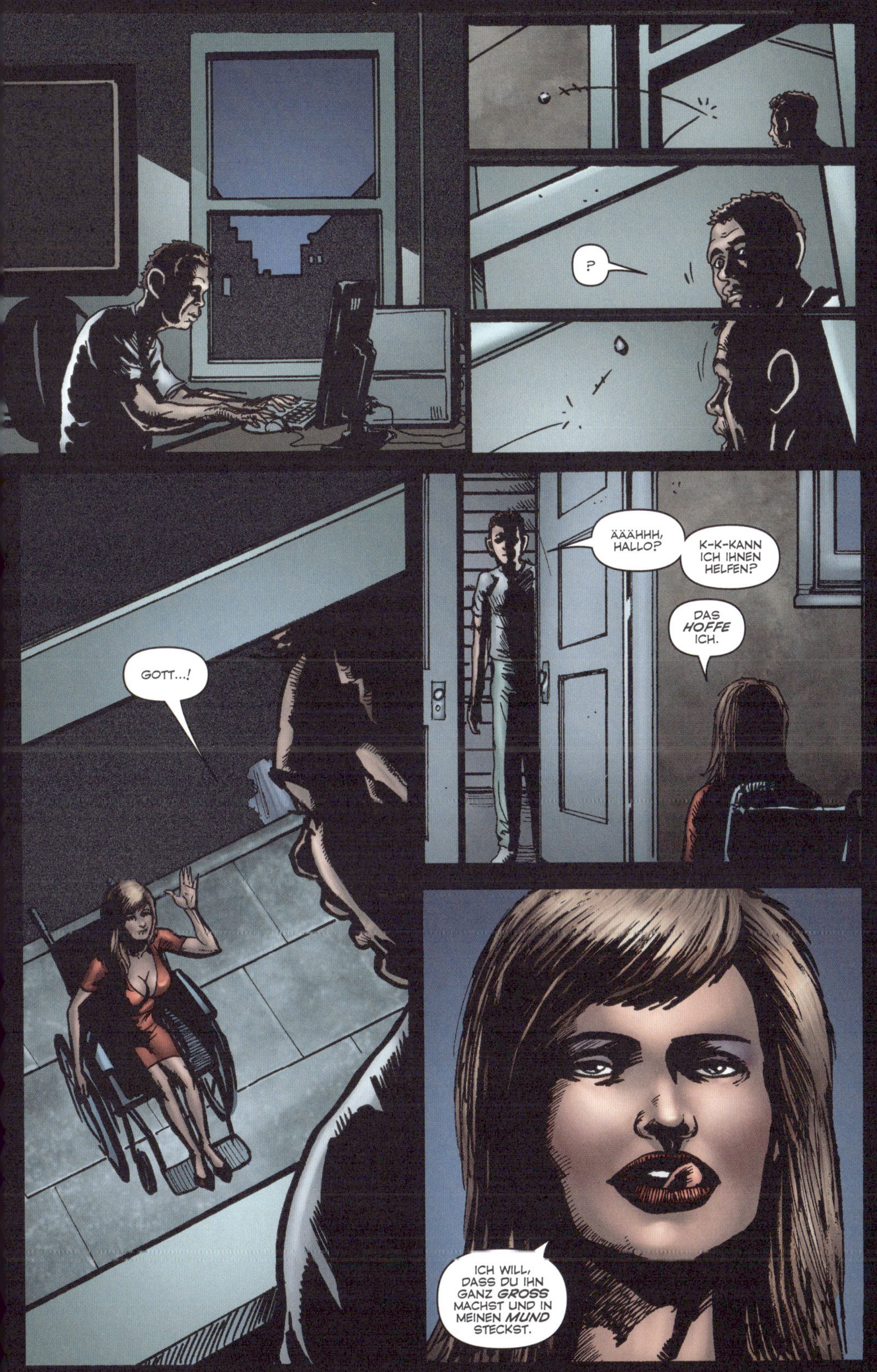
?
ÄÄÄHH, HALLO?
K-K-KANN ICH IHNEN HELFEN?
DAS HOFFE ICH.
GOTT...!
ICH WILL, DASS DU IHN GANZ GROSS MACHST UND IN MEINEN MUND STECKST.

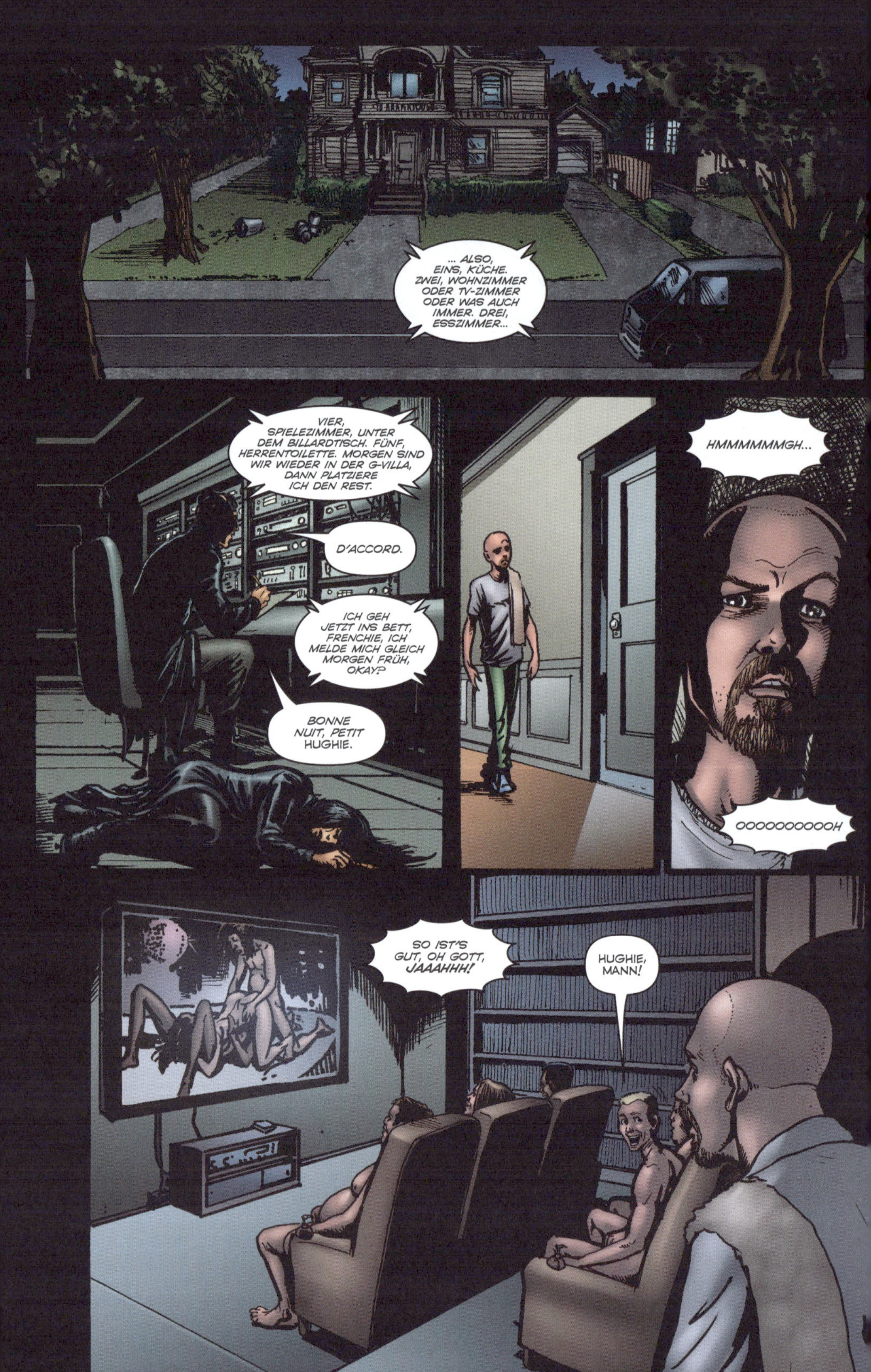
… ALSO, EINS, KÜCHE. ZWEI, WOHNZIMMER ODER TV-ZIMMER ODER WAS AUCH IMMER. DREI, ESSZIMMER…
VIER, SPIELEZIMMER, UNTER DEM BILLARDTISCH. FÜNF, HERRENTOILETTE. MORGEN SIND WIR WIEDER IN DER G-VILLA, DANN PLATZIERE ICH DEN REST.
D'ACCORD.
ICH GEH JETZT INS BETT, FRENCHIE, ICH MELDE MICH GLEICH MORGEN FRÜH, OKAY?
BONNE NUIT, PETIT HUGHIE.
HMMMMMMGH…
OOOOOOOOOOH
SO IST'S GUT, OH GOTT, JAAAHHH!
HUGHIE, MANN!

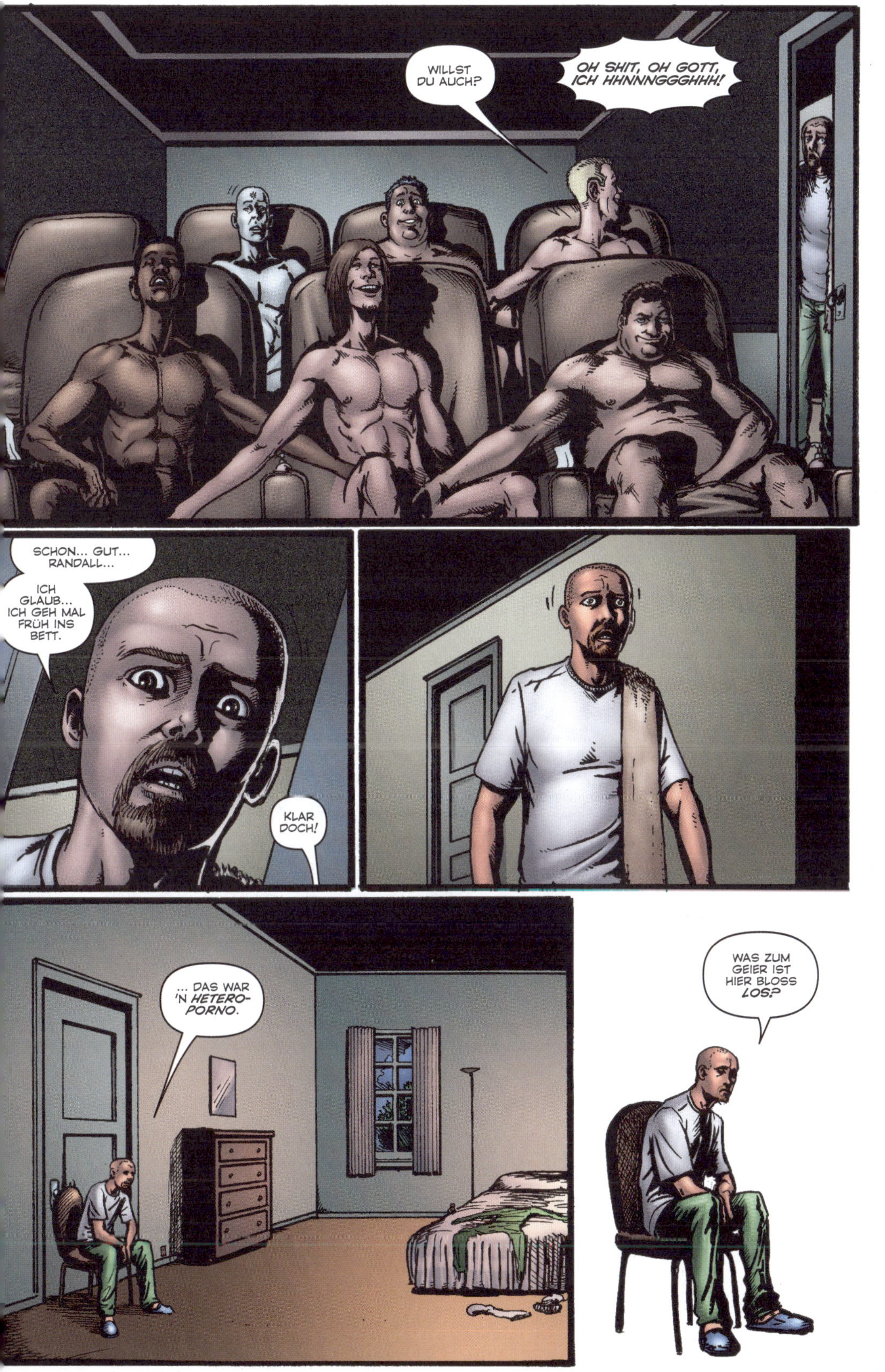

WILLST DU AUCH?

OH SHIT, OH GOTT, ICH HHNNNGGGHHH!

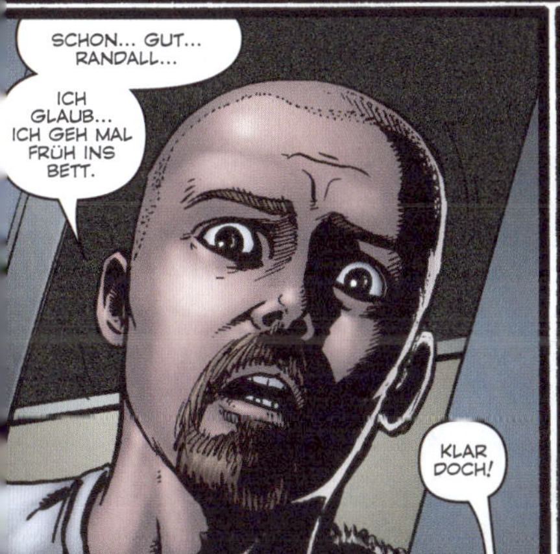

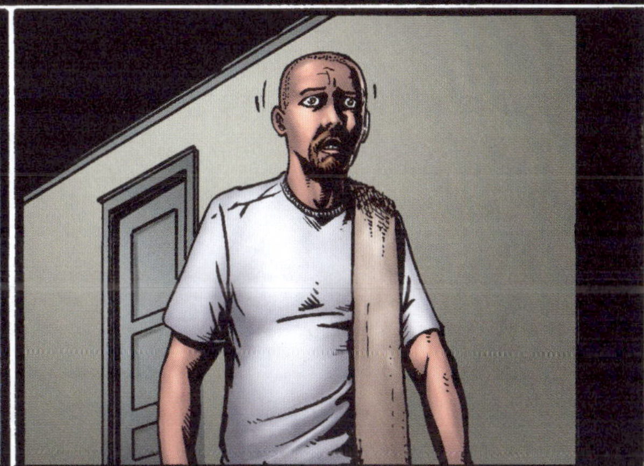

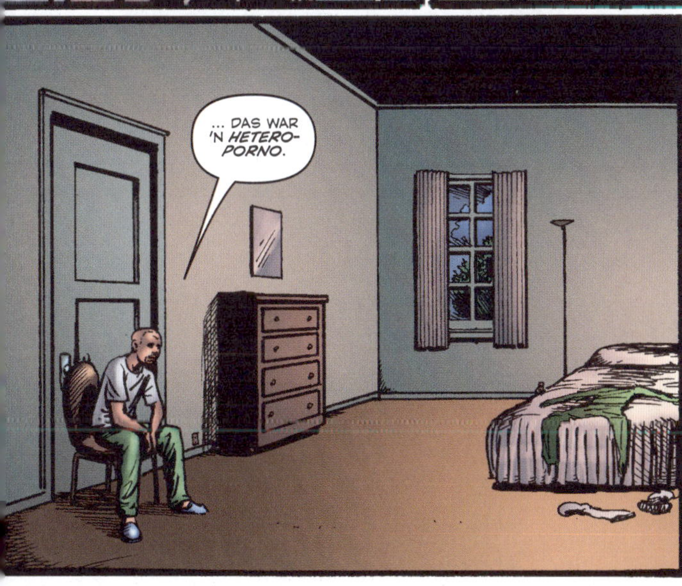

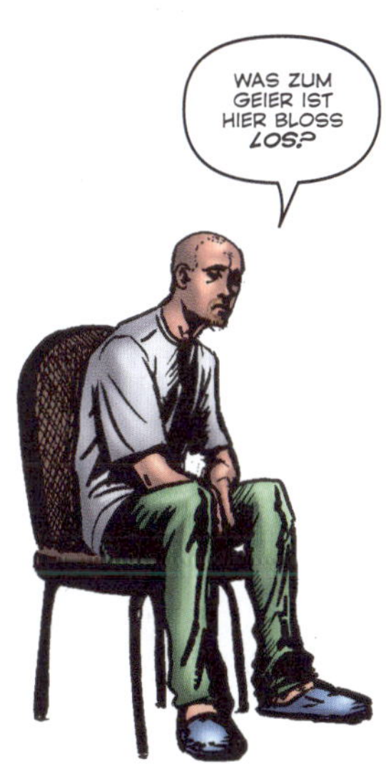

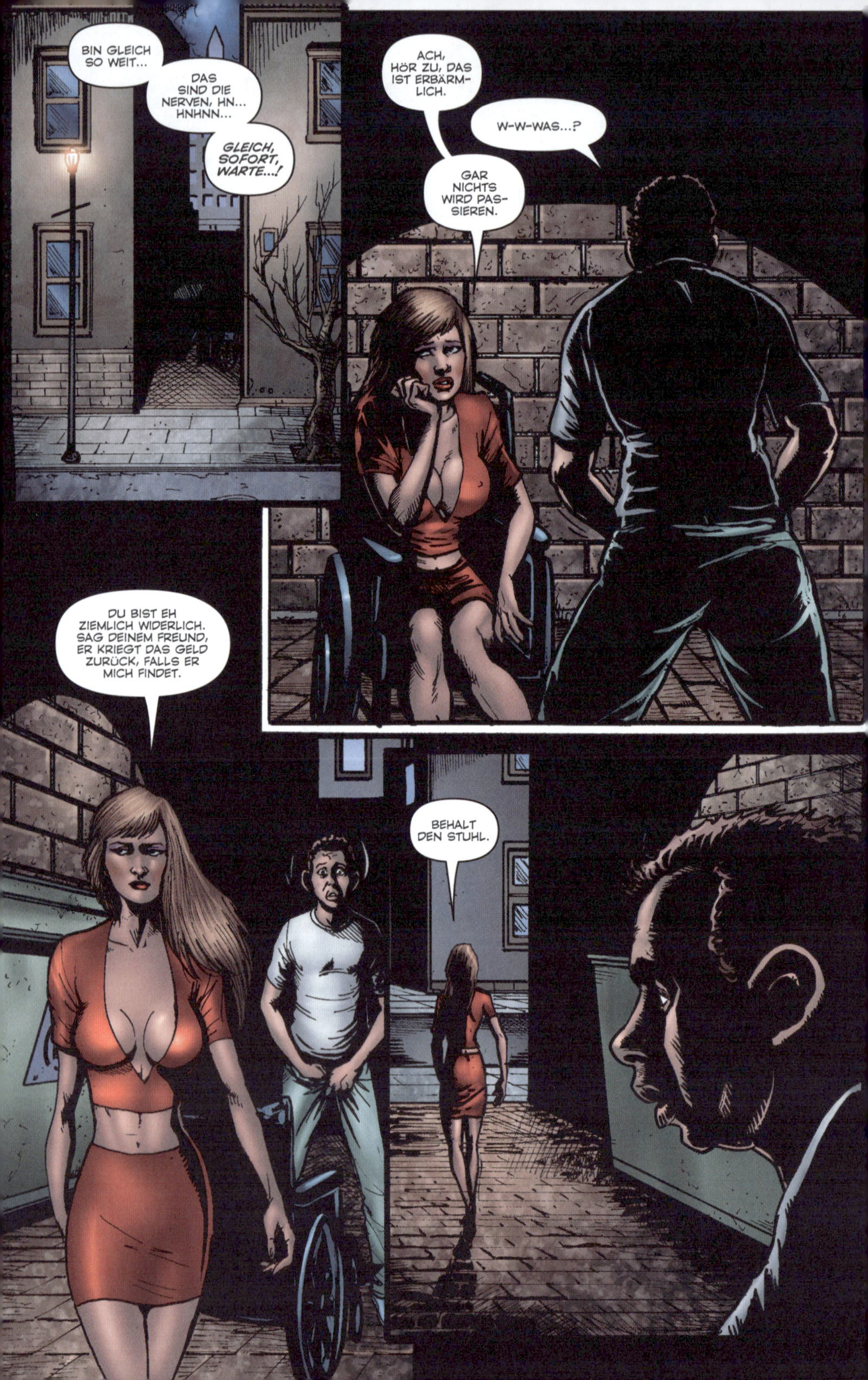
BIN GLEICH SO WEIT...
DAS SIND DIE NERVEN, HN... HNHNN...
GLEICH, SOFORT, WARTE...!
ACH, HÖR ZU, DAS IST ERBÄRMLICH.
W-W-WAS...?
GAR NICHTS WIRD PASSIEREN.
DU BIST EH ZIEMLICH WIDERLICH. SAG DEINEM FREUND, ER KRIEGT DAS GELD ZURÜCK, FALLS ER MICH FINDET.
BEHALT DEN STUHL.

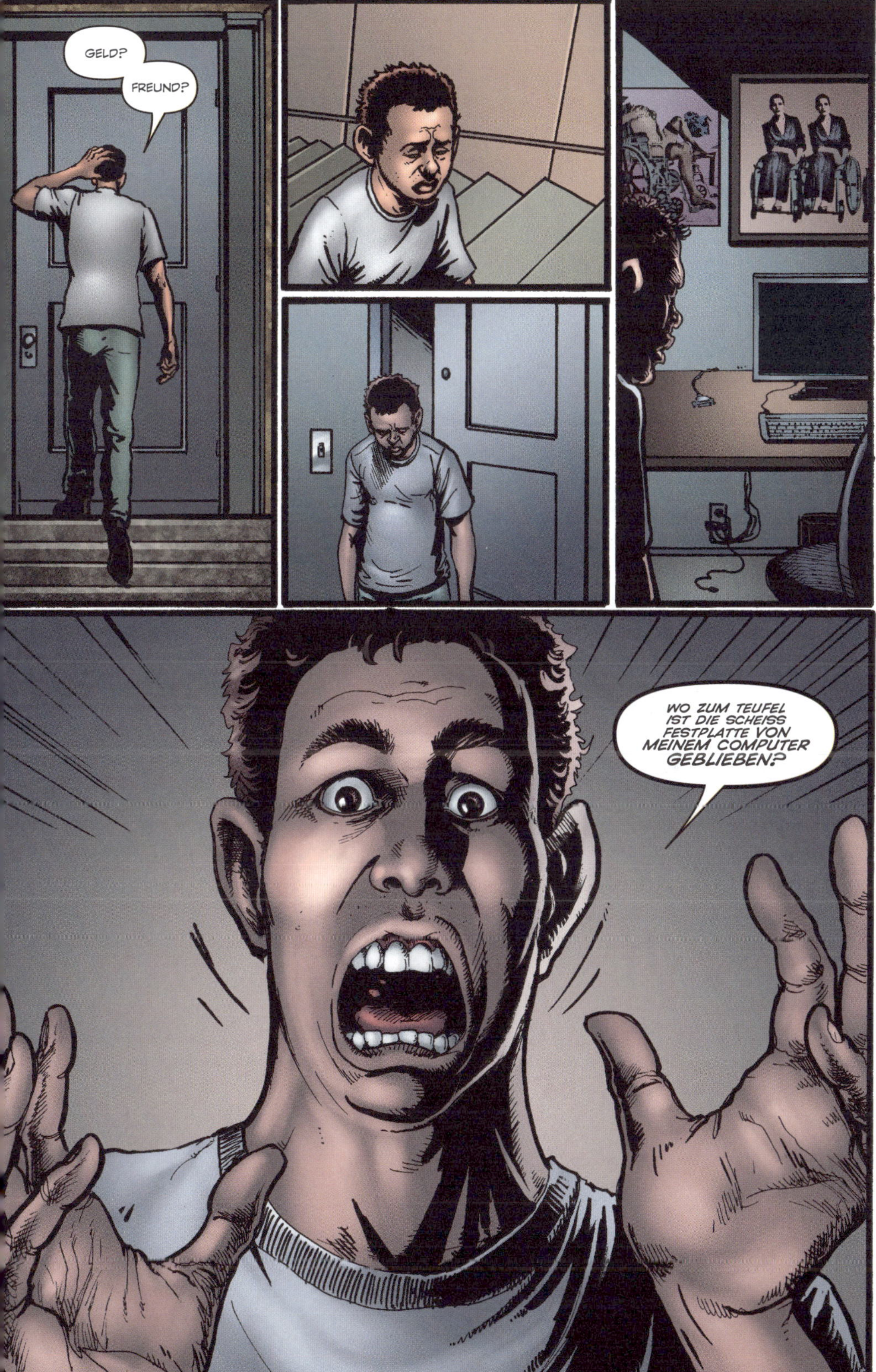
GELD?
FREUND?
WO ZUM TEUFEL IST DIE SCHEISS FESTPLATTE VON MEINEM COMPUTER GEBLIEBEN?

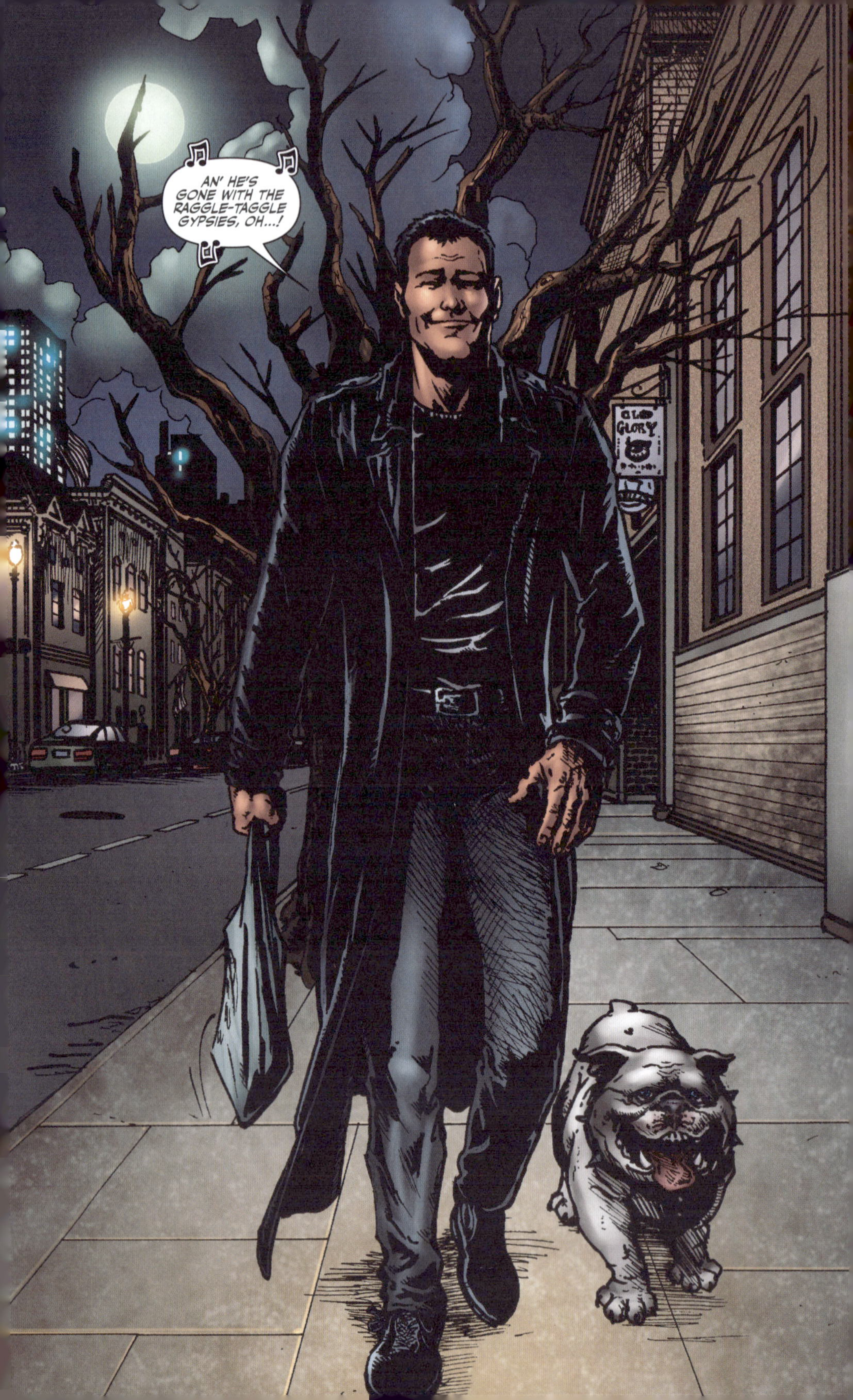
AN' HE'S GONE WITH THE RAGGLE-TAGGLE GYPSIES, OH...!
OLD GLORY

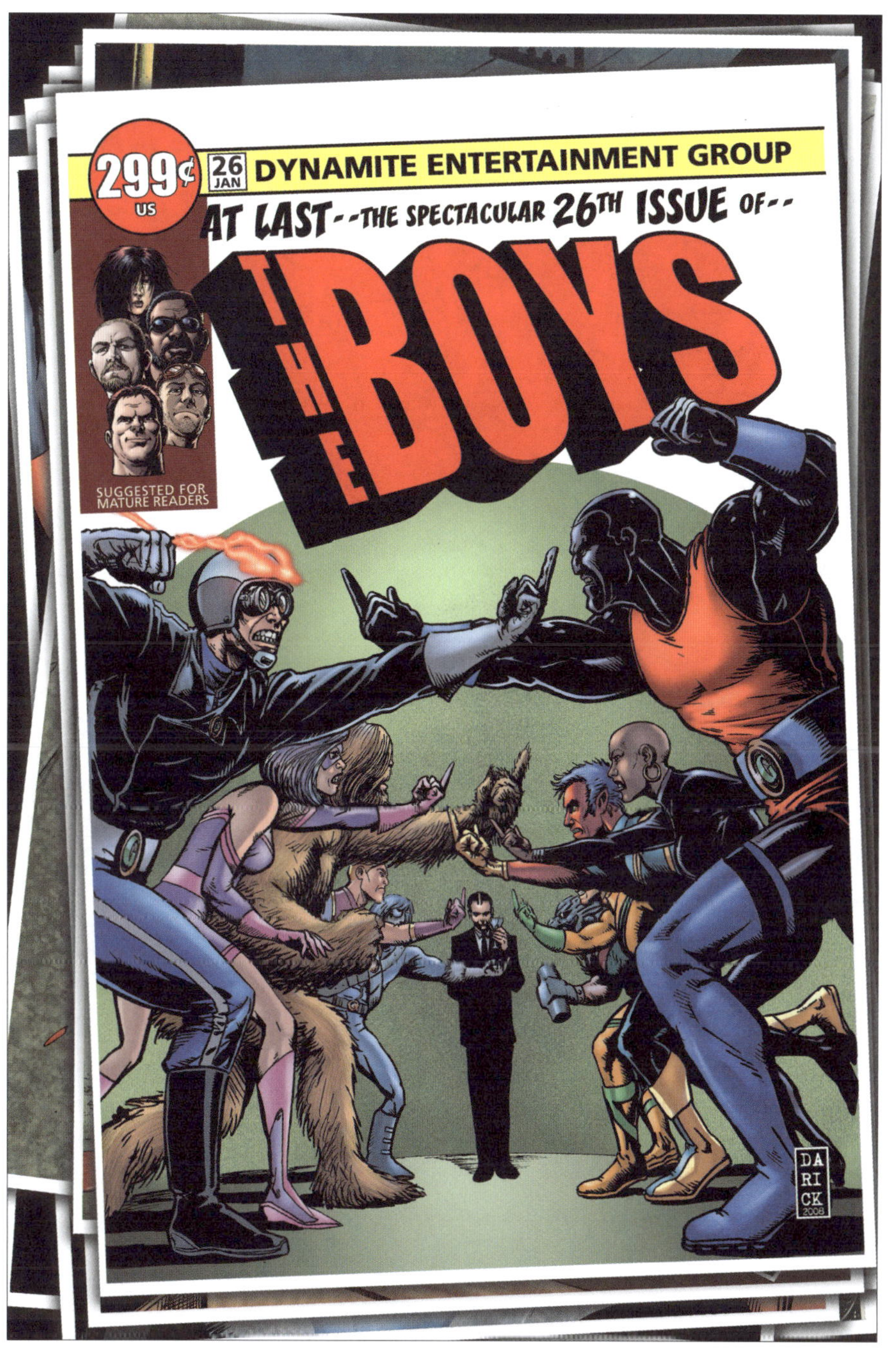

The Boys (2006) 26
Cover von **DARICK ROBERTSON**

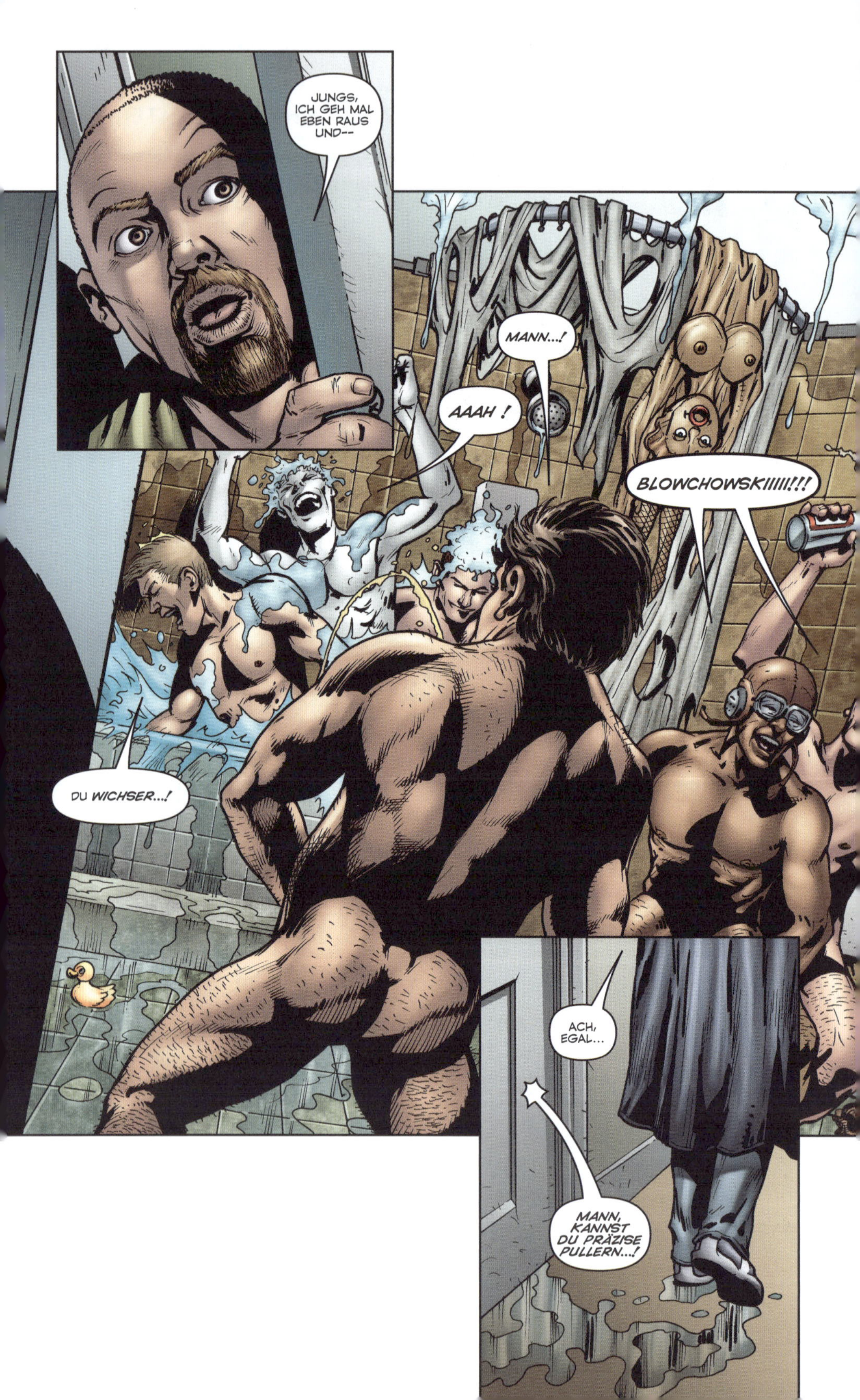
JUNGS, ICH GEH MAL EBEN RAUS UND--
MANN...!
AAAH !
BLOWCHOWSKIIIIII!!!
DU WICHSER...!
ACH, EGAL...
MANN, KANNST DU PRÄZISE PULLERN...!

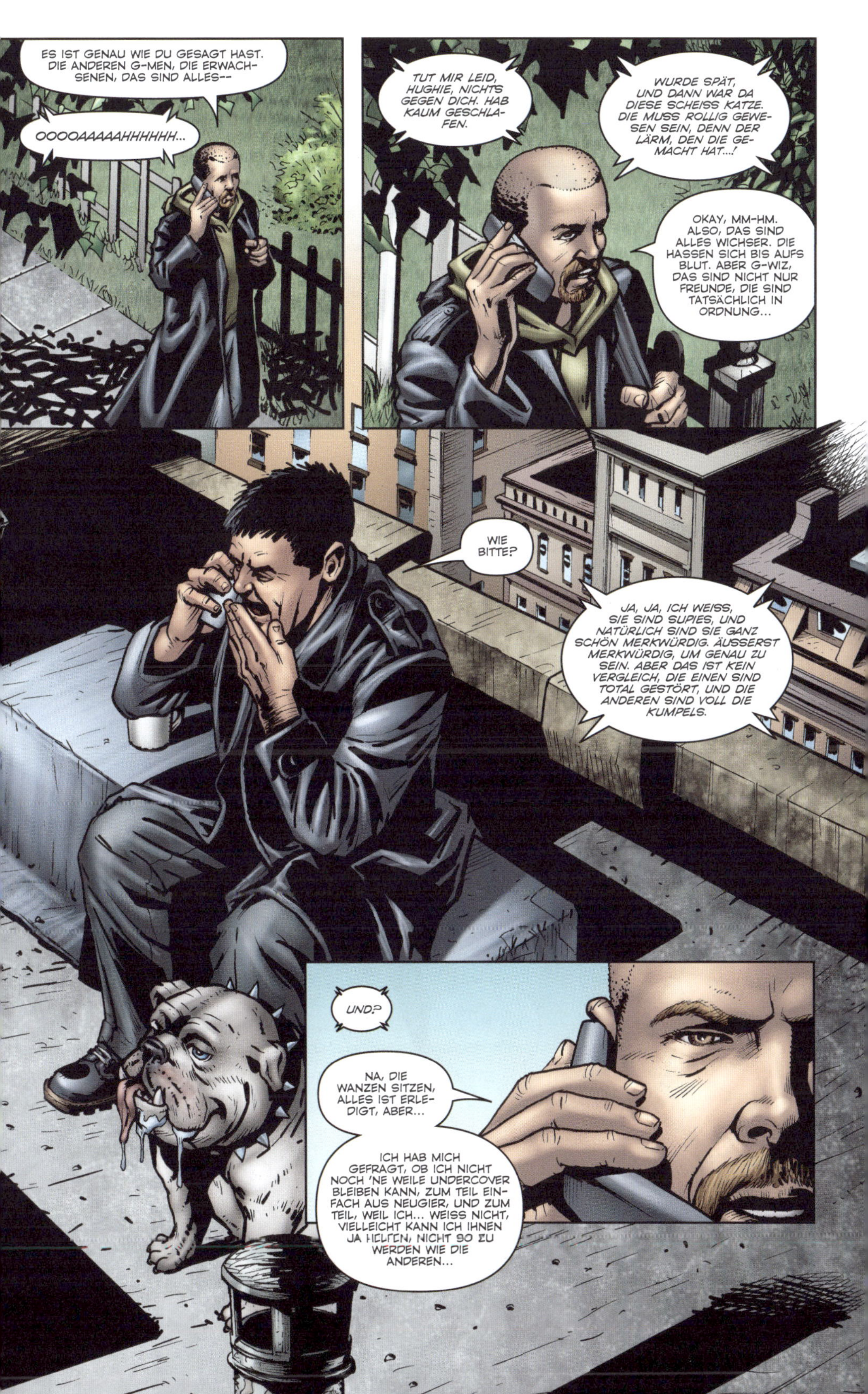
ES IST GENAU WIE DU GESAGT HAST. DIE ANDEREN G-MEN, DIE ERWACHSENEN, DAS SIND ALLES--
OOOOAAAAAHHHHHH...
TUT MIR LEID, HUGHIE, NICHTS GEGEN DICH. HAB KAUM GESCHLAFEN.
WURDE SPÄT, UND DANN WAR DA DIESE SCHEISS KATZE. DIE MUSS ROLLIG GEWESEN SEIN, DENN DER LÄRM, DEN DIE GEMACHT HAT...!
OKAY, MM-HM. ALSO, DAS SIND ALLES WICHSER. DIE HASSEN SICH BIS AUFS BLUT. ABER G-WIZ, DAS SIND NICHT NUR FREUNDE, DIE SIND TATSÄCHLICH IN ORDNUNG...
WIE BITTE?
JA, JA, ICH WEISS, SIE SIND SUPIES, UND NATÜRLICH SIND SIE GANZ SCHÖN MERKWÜRDIG. ÄUSSERST MERKWÜRDIG, UM GENAU ZU SEIN. ABER DAS IST KEIN VERGLEICH, DIE EINEN SIND TOTAL GESTÖRT, UND DIE ANDEREN SIND VOLL DIE KUMPELS.
UND?
NA, DIE WANZEN SITZEN, ALLES IST ERLEDIGT, ABER...
ICH HAB MICH GEFRAGT, OB ICH NICHT NOCH 'NE WEILE UNDERCOVER BLEIBEN KANN, ZUM TEIL EINFACH AUS NEUGIER, UND ZUM TEIL, WEIL ICH... WEISS NICHT, VIELLEICHT KANN ICH IHNEN JA HELFEN, NICHT SO ZU WERDEN WIE DIE ANDEREN...

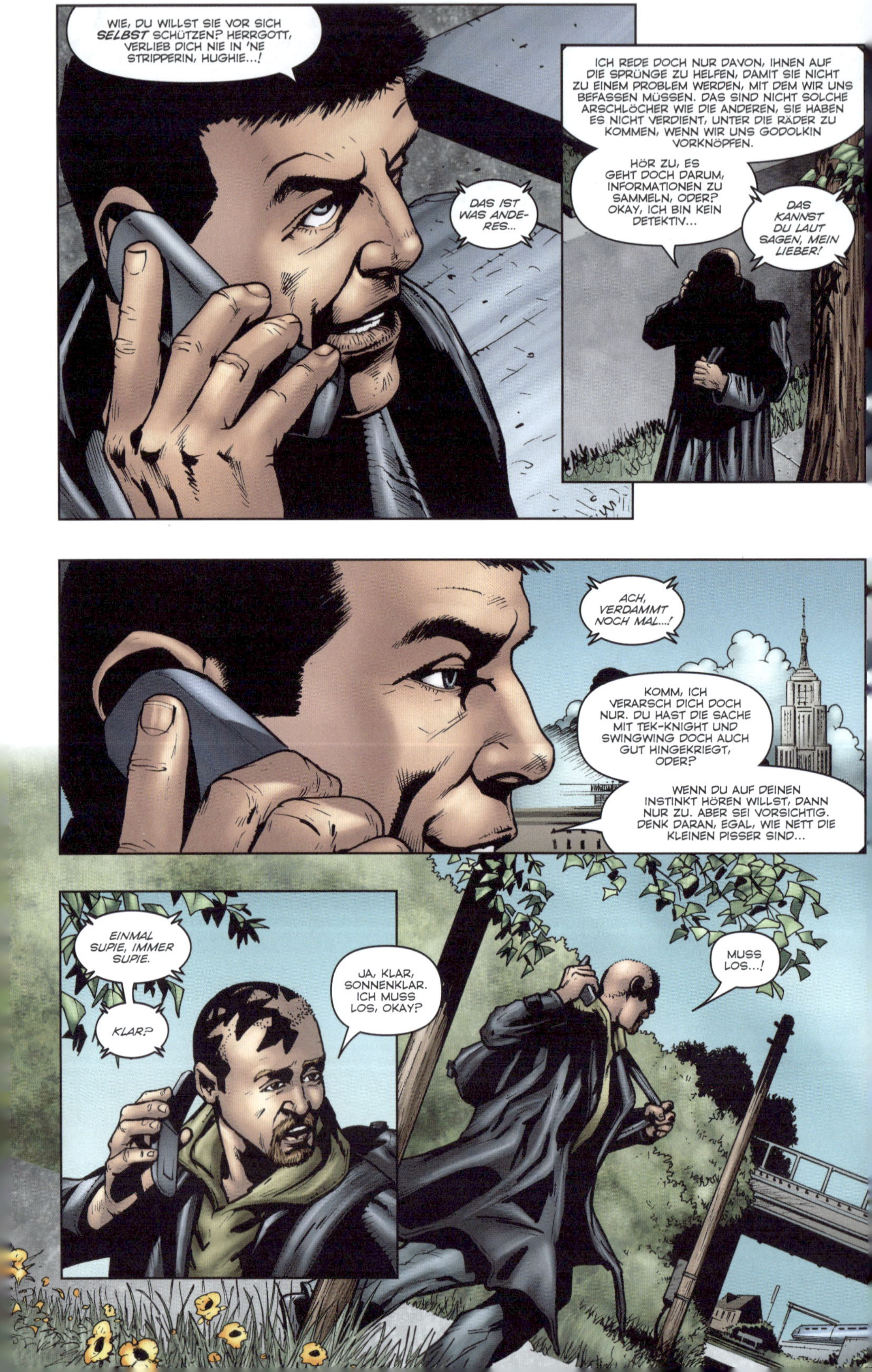

WIE, DU WILLST SIE VOR SICH SELBST SCHÜTZEN? HERRGOTT, VERLIEB DICH NIE IN 'NE STRIPPERIN, HUGHIE...!
DAS IST WAS ANDERES...
ICH REDE DOCH NUR DAVON, IHNEN AUF DIE SPRÜNGE ZU HELFEN, DAMIT SIE NICHT ZU EINEM PROBLEM WERDEN, MIT DEM WIR UNS BEFASSEN MÜSSEN. DAS SIND NICHT SOLCHE ARSCHLÖCHER WIE DIE ANDEREN, SIE HABEN ES NICHT VERDIENT, UNTER DIE RÄDER ZU KOMMEN, WENN WIR UNS GODOLKIN VORKNÖPFEN.
HÖR ZU, ES GEHT DOCH DARUM, INFORMATIONEN ZU SAMMELN, ODER? OKAY, ICH BIN KEIN DETEKTIV...
DAS KANNST DU LAUT SAGEN, MEIN LIEBER!
ACH, VERDAMMT NOCH MAL...!
KOMM, ICH VERARSCH DICH DOCH NUR. DU HAST DIE SACHE MIT TEK-KNIGHT UND SWINGWING DOCH AUCH GUT HINGEKRIEGT, ODER?
WENN DU AUF DEINEN INSTINKT HÖREN WILLST, DANN NUR ZU. ABER SEI VORSICHTIG. DENK DARAN, EGAL, WIE NETT DIE KLEINEN PISSER SIND...
EINMAL SUPIE, IMMER SUPIE.
KLAR?
JA, KLAR, SONNENKLAR. ICH MUSS LOS, OKAY?
MUSS LOS...!

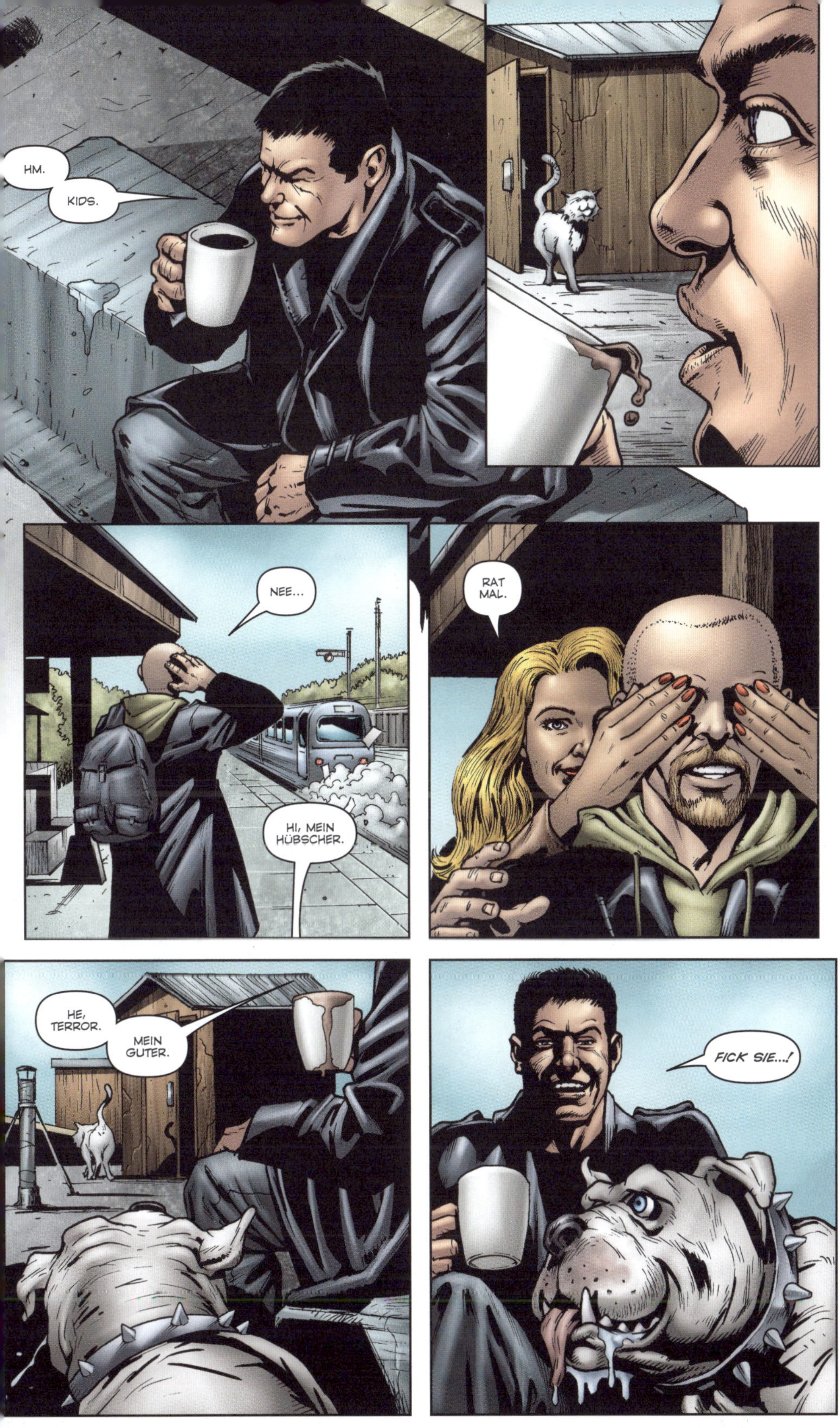

HM.
KIDS.
NEE...
HI, MEIN HÜBSCHER.
RAT MAL.

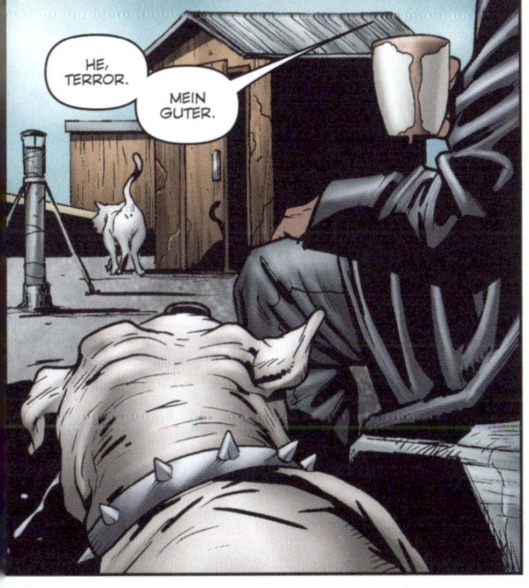
HE, TERROR.
MEIN GUTER.

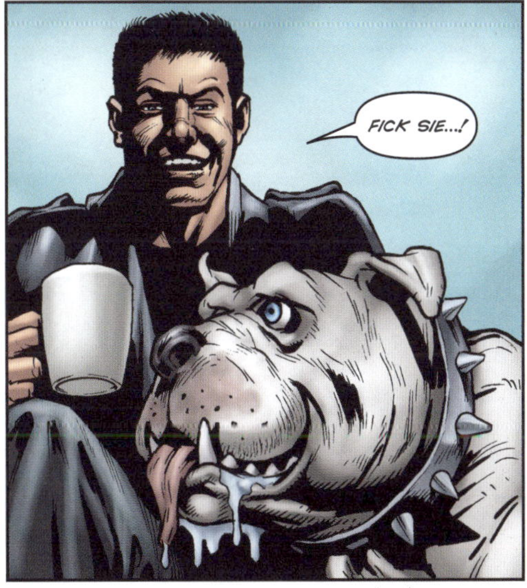
FICK SIE...!

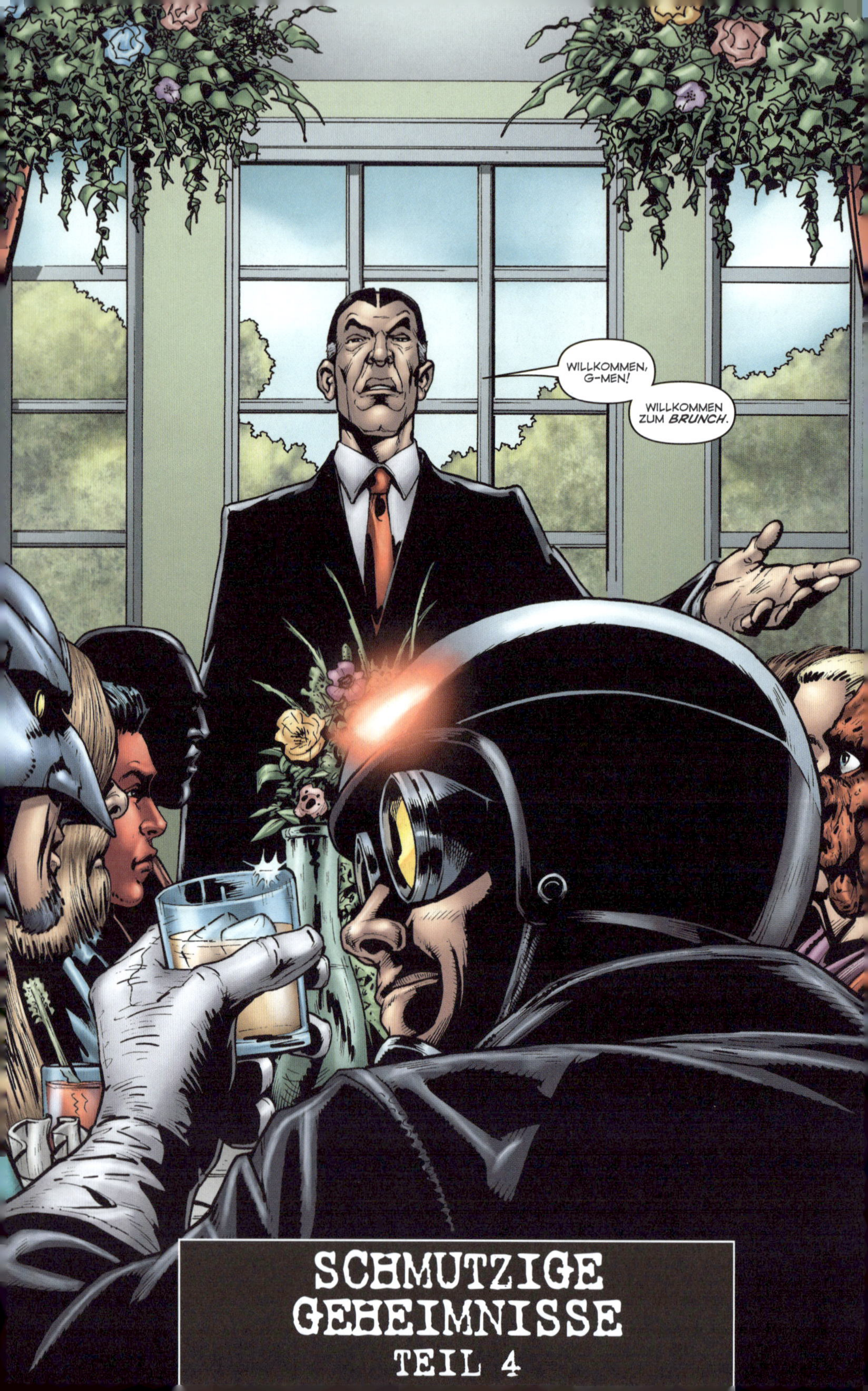
WILLKOMMEN, G-MEN!
WILLKOMMEN ZUM BRUNCH.
SCHMUTZIGE GEHEIMNISSE
TEIL 4

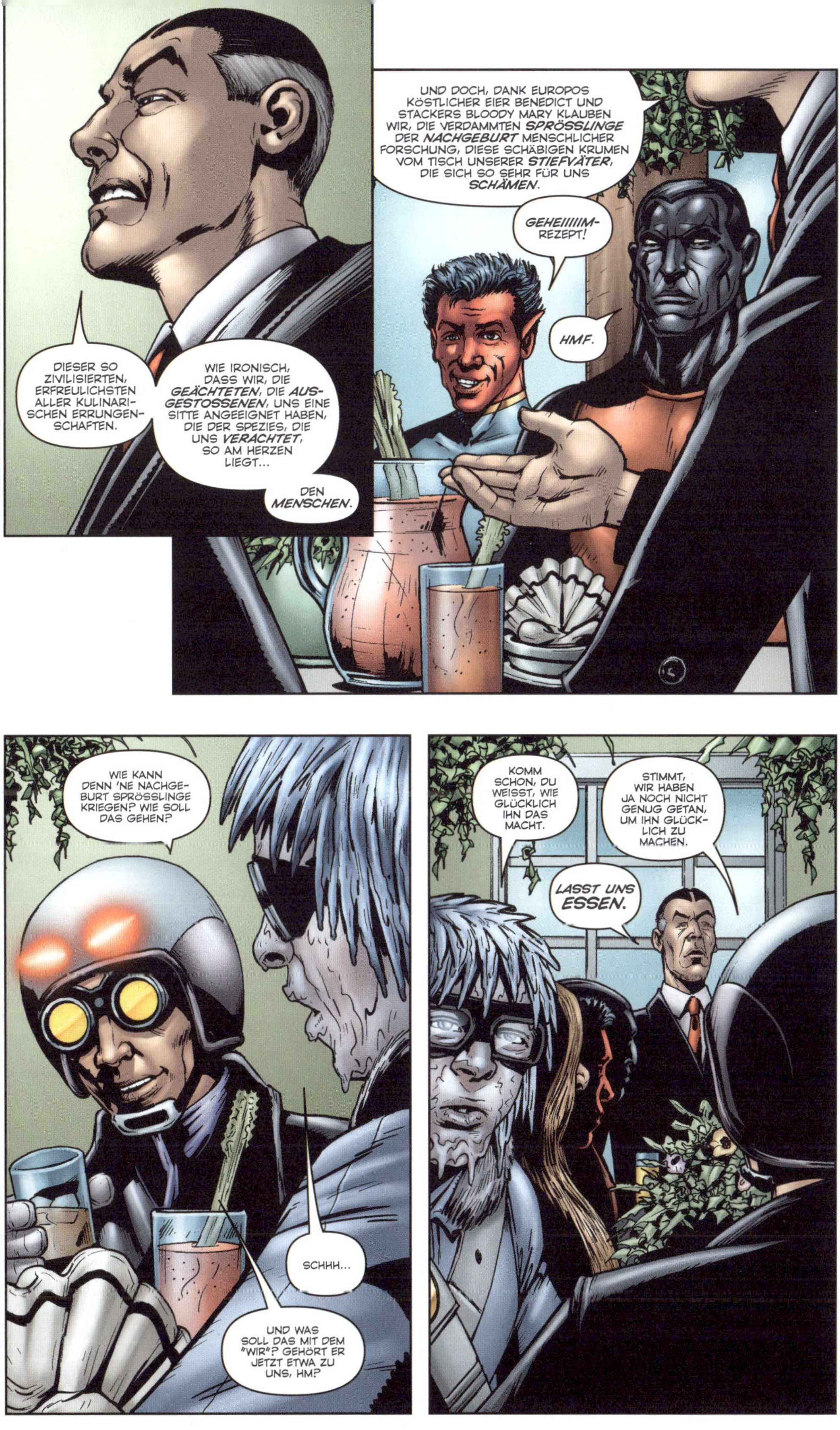

DIESER SO ZIVILISIERTEN, ERFREULICHSTEN ALLER KULINARISCHEN ERRUNGENSCHAFTEN.
WIE IRONISCH, DASS WIR, DIE *GEÄCHTETEN*, DIE *AUSGESTOSSENEN*, UNS EINE SITTE ANGEEIGNET HABEN, DIE DER SPEZIES, DIE UNS *VERACHTET*, SO AM HERZEN LIEGT...
DEN *MENSCHEN*.

UND DOCH, DANK EUROPOS KÖSTLICHER EIER BENEDICT UND STACKERS BLOODY MARY KLAUBEN WIR, DIE VERDAMMTEN *SPRÖSSLINGE* DER *NACHGEBURT* MENSCHLICHER FORSCHUNG, DIESE SCHÄBIGEN KRUMEN VOM TISCH UNSERER *STIEFVÄTER*, DIE SICH SO SEHR FÜR UNS *SCHÄMEN*.
GEHEIIIIIM-REZEPT!
HMF.

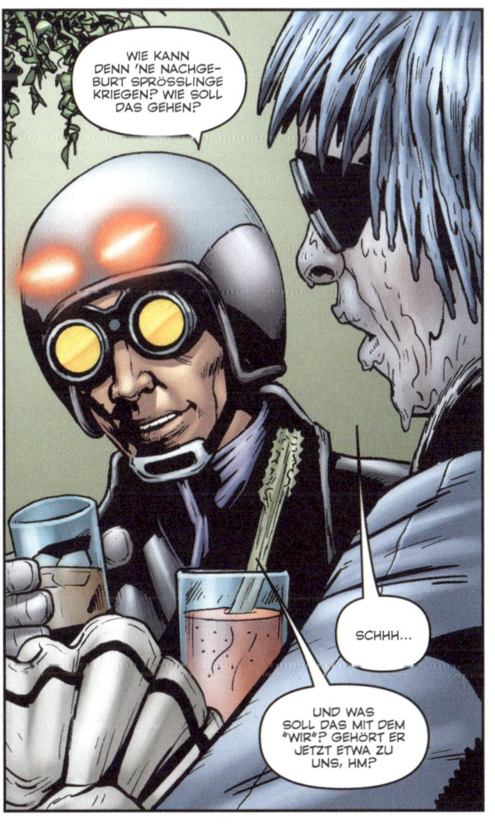

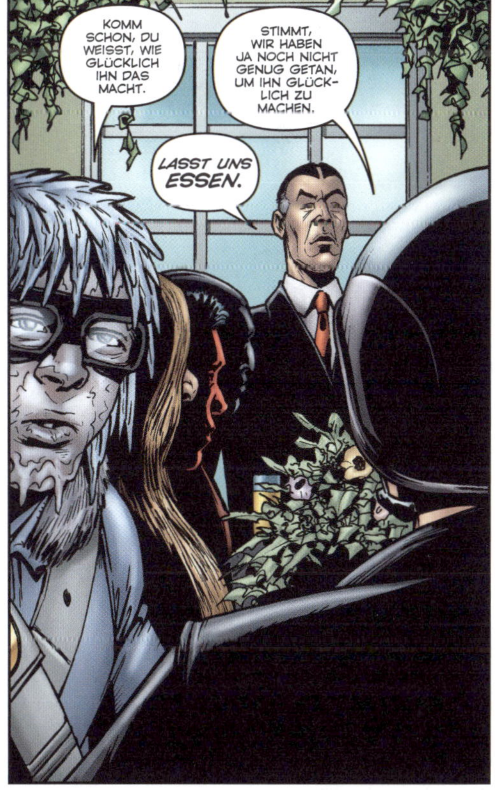

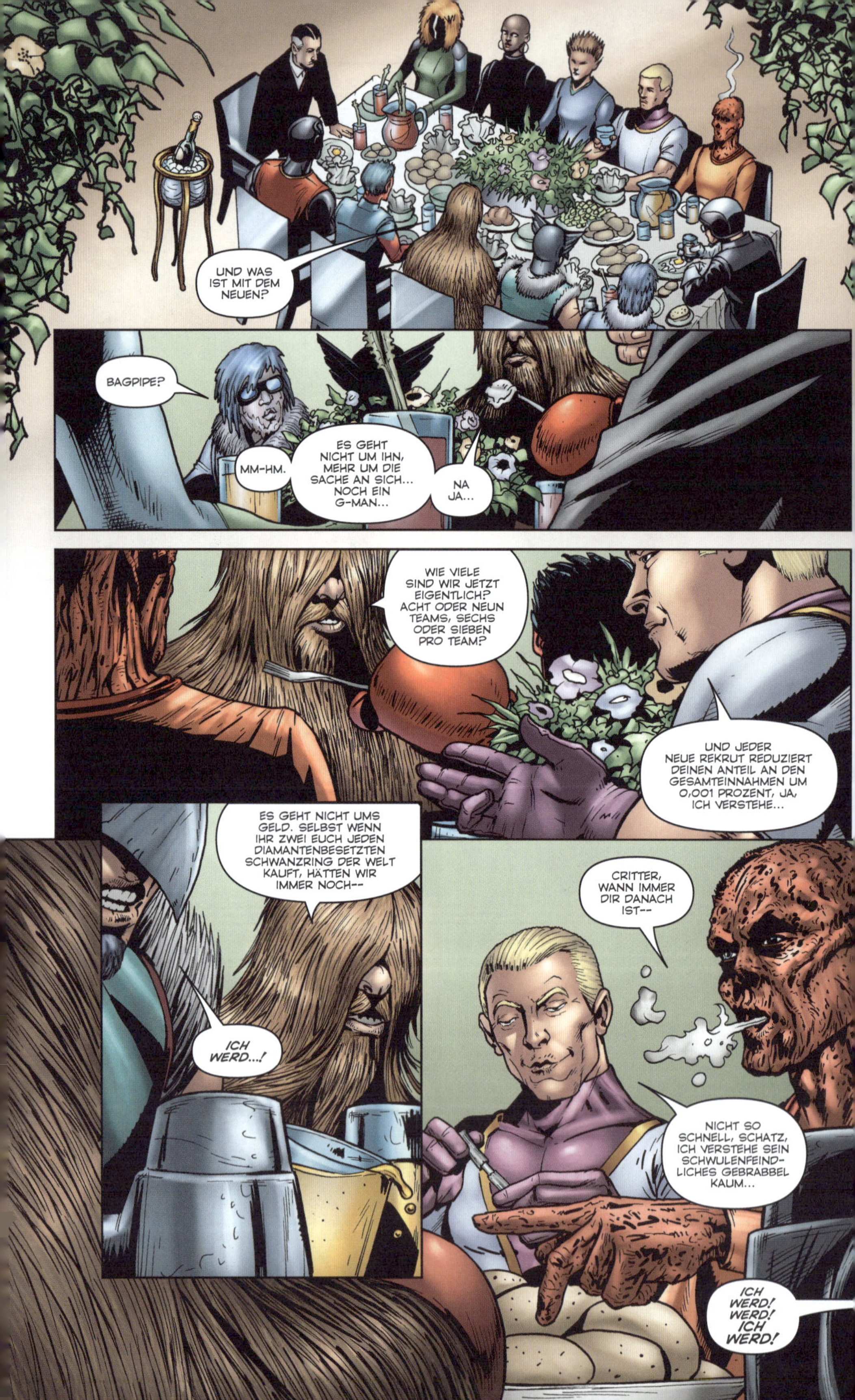
UND WAS IST MIT DEM NEUEN?
BAGPIPE?
MM-HM.
ES GEHT NICHT UM IHN, MEHR UM DIE SACHE AN SICH... NOCH EIN G-MAN...
NA JA...
WIE VIELE SIND WIR JETZT EIGENTLICH? ACHT ODER NEUN TEAMS, SECHS ODER SIEBEN PRO TEAM?
UND JEDER NEUE REKRUT REDUZIERT DEINEN ANTEIL AN DEN GESAMTEINNAHMEN UM 0,001 PROZENT, JA, ICH VERSTEHE...
ES GEHT NICHT UMS GELD. SELBST WENN IHR ZWEI EUCH JEDEN DIAMANTENBESETZTEN SCHWANZRING DER WELT KAUFT, HÄTTEN WIR IMMER NOCH--
ICH WERD...!
CRITTER, WANN IMMER DIR DANACH IST--
NICHT SO SCHNELL, SCHATZ, ICH VERSTEHE SEIN SCHWULENFEINDLICHES GEBRABBEL KAUM...
ICH WERD! WERD! ICH WERD!

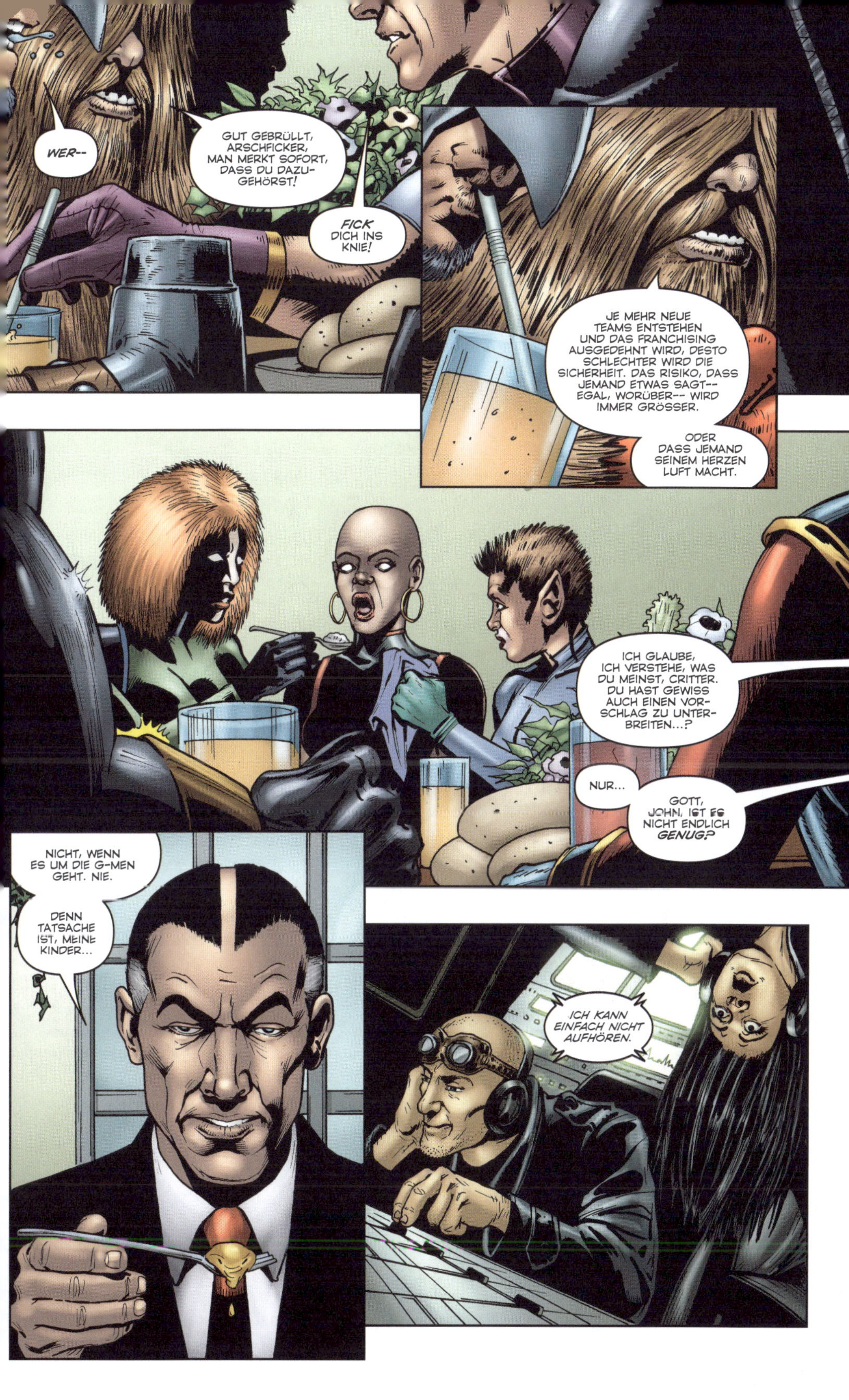
WER--
GUT GEBRÜLLT, ARSCHFICKER, MAN MERKT SOFORT, DASS DU DAZU-GEHÖRST!
FICK DICH INS KNIE!
JE MEHR NEUE TEAMS ENTSTEHEN UND DAS FRANCHISING AUSGEDEHNT WIRD, DESTO SCHLECHTER WIRD DIE SICHERHEIT. DAS RISIKO, DASS JEMAND ETWAS SAGT-- EGAL, WORÜBER-- WIRD IMMER GRÖSSER.
ODER DASS JEMAND SEINEM HERZEN LUFT MACHT.
ICH GLAUBE, ICH VERSTEHE, WAS DU MEINST, CRITTER. DU HAST GEWISS AUCH EINEN VOR-SCHLAG ZU UNTER-BREITEN...?
NUR...
GOTT, JOHN, IST ES NICHT ENDLICH GENUG?
NICHT, WENN ES UM DIE G-MEN GEHT. NIE.
DENN TATSACHE IST, MEINE KINDER...
ICH KANN EINFACH NICHT AUFHÖREN.

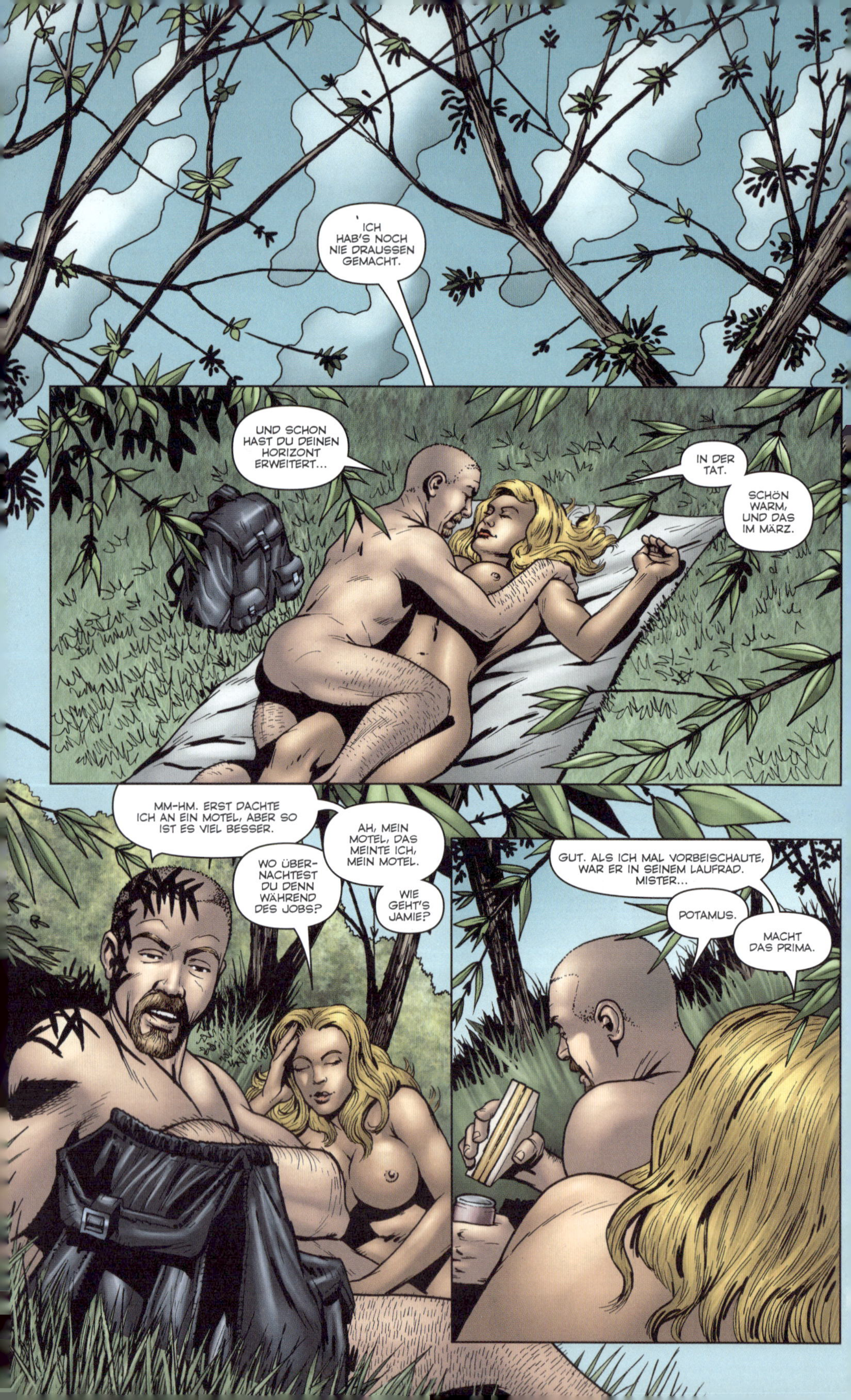
ICH HAB'S NOCH NIE DRAUSSEN GEMACHT.
UND SCHON HAST DU DEINEN HORIZONT ERWEITERT...
IN DER TAT.
SCHÖN WARM, UND DAS IM MÄRZ.
MM-HM. ERST DACHTE ICH AN EIN MOTEL, ABER SO IST ES VIEL BESSER.
WO ÜBERNACHTEST DU DENN WÄHREND DES JOBS?
AH, MEIN MOTEL, DAS MEINTE ICH, MEIN MOTEL.
WIE GEHT'S JAMIE?
GUT. ALS ICH MAL VORBEISCHAUTE, WAR ER IN SEINEM LAUFRAD. MISTER...
POTAMUS.
MACHT DAS PRIMA.

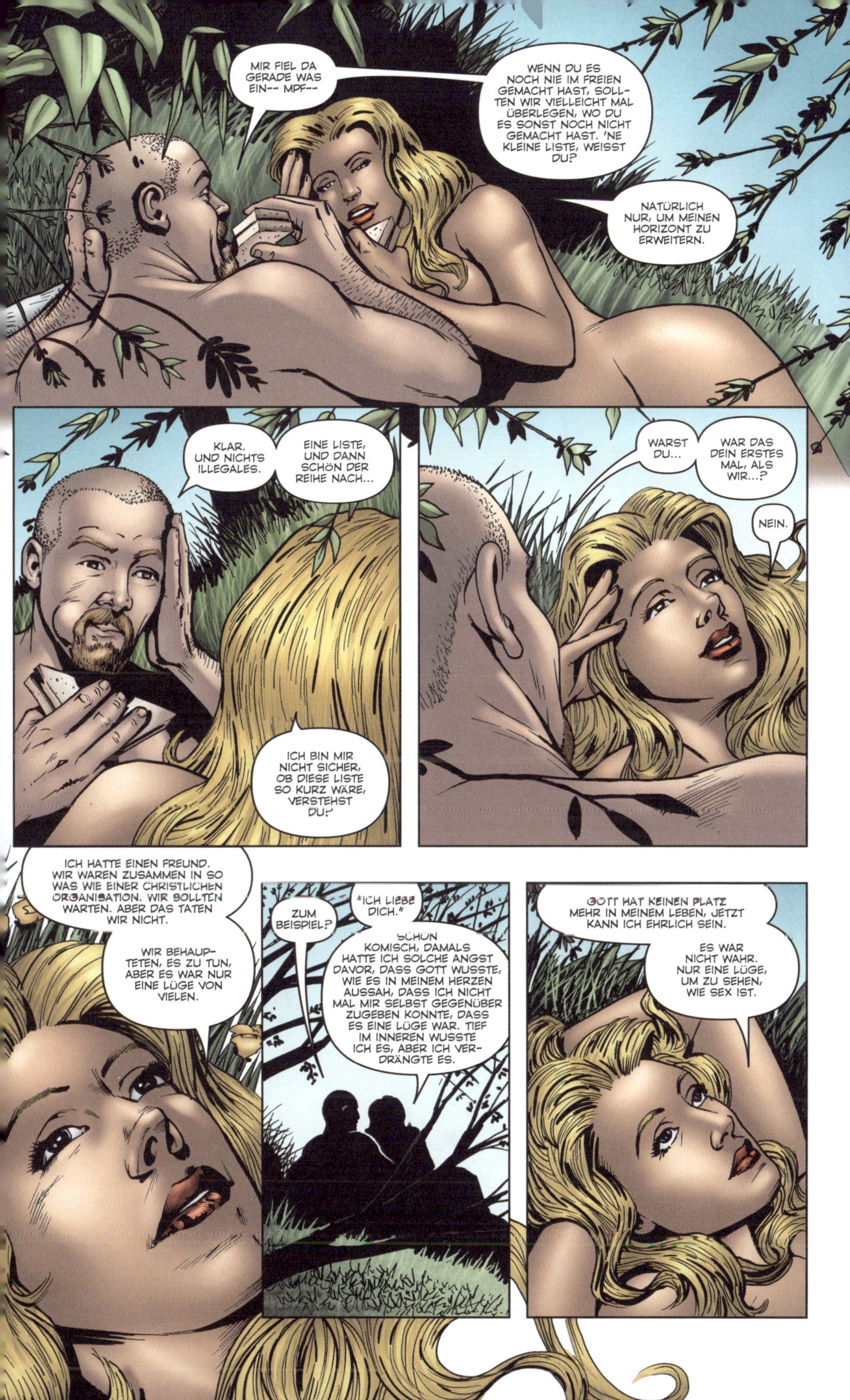
MIR FIEL DA GERADE WAS EIN-- MPF--
WENN DU ES NOCH NIE IM FREIEN GEMACHT HAST, SOLLTEN WIR VIELLEICHT MAL ÜBERLEGEN, WO DU ES SONST NOCH NICHT GEMACHT HAST. 'NE KLEINE LISTE, WEISST DU?
NATÜRLICH NUR, UM MEINEN HORIZONT ZU ERWEITERN.
KLAR. UND NICHTS ILLEGALES.
EINE LISTE, UND DANN SCHÖN DER REIHE NACH...
ICH BIN MIR NICHT SICHER, OB DIESE LISTE SO KURZ WÄRE, VERSTEHST DU?
WARST DU...
WAR DAS DEIN ERSTES MAL, ALS WIR...?
NEIN.
ICH HATTE EINEN FREUND. WIR WAREN ZUSAMMEN IN SO WAS WIE EINER CHRISTLICHEN ORGANISATION. WIR SOLLTEN WARTEN. ABER DAS TATEN WIR NICHT.
WIR BEHAUPTETEN, ES ZU TUN, ABER ES WAR NUR EINE LÜGE VON VIELEN.
ZUM BEISPIEL?
"ICH LIEBE DICH."
SCHON KOMISCH, DAMALS HATTE ICH SOLCHE ANGST DAVOR, DASS GOTT WUSSTE, WIE ES IN MEINEM HERZEN AUSSAH, DASS ICH NICHT MAL MIR SELBST GEGENÜBER ZUGEBEN KONNTE, DASS ES EINE LÜGE WAR. TIEF IM INNEREN WUSSTE ICH ES, ABER ICH VERDRÄNGTE ES.
GOTT HAT KEINEN PLATZ MEHR IN MEINEM LEBEN, JETZT KANN ICH EHRLICH SEIN.
ES WAR NICHT WAHR. NUR EINE LÜGE, UM ZU SEHEN, WIE SEX IST.

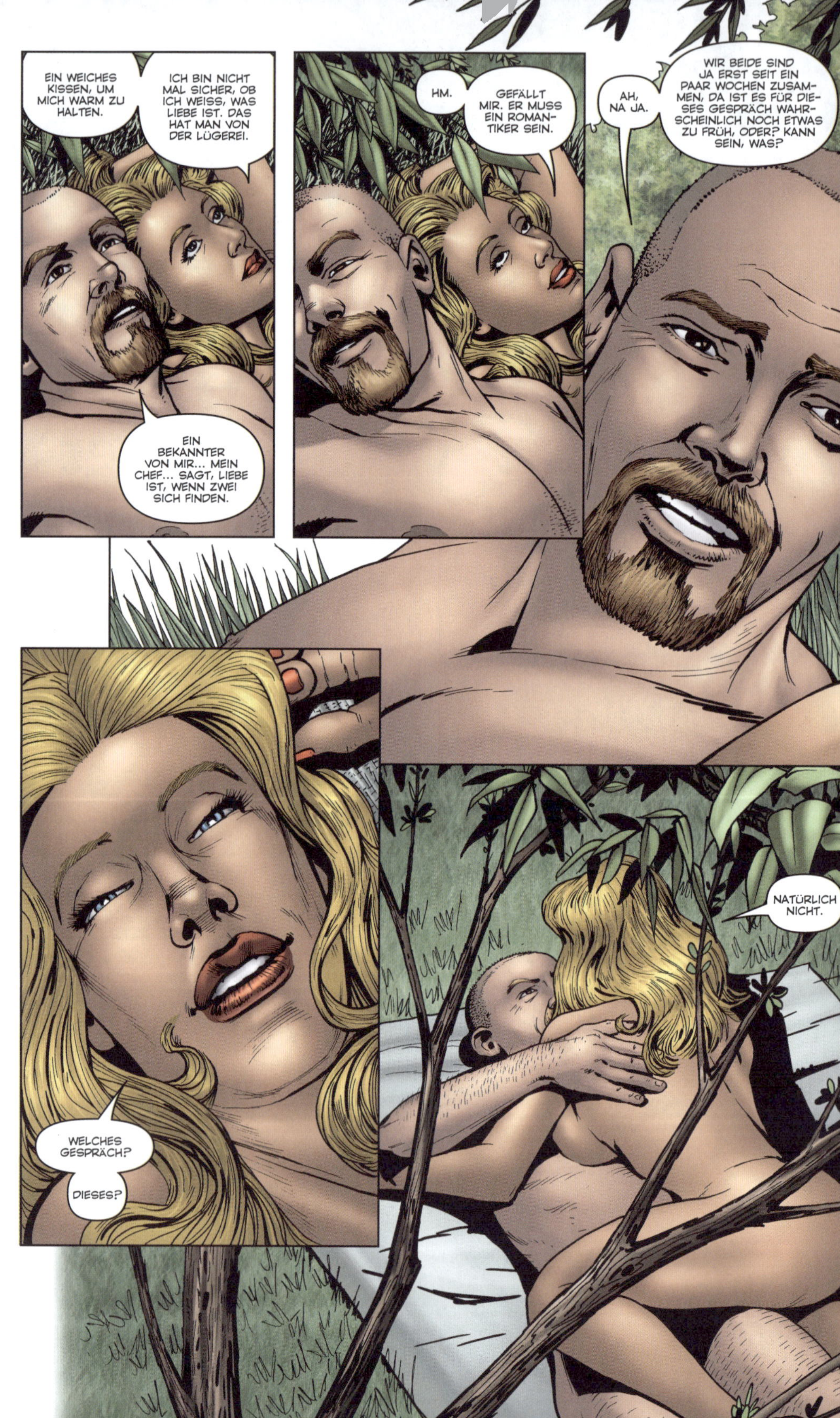
EIN WEICHES KISSEN, UM MICH WARM ZU HALTEN.
ICH BIN NICHT MAL SICHER, OB ICH WEISS, WAS LIEBE IST. DAS HAT MAN VON DER LÜGEREI.
EIN BEKANNTER VON MIR... MEIN CHEF... SAGT, LIEBE IST, WENN ZWEI SICH FINDEN.
HM.
GEFÄLLT MIR. ER MUSS EIN ROMANTIKER SEIN.
AH, NA JA.
WIR BEIDE SIND JA ERST SEIT EIN PAAR WOCHEN ZUSAMMEN, DA IST ES FÜR DIESES GESPRÄCH WAHRSCHEINLICH NOCH ETWAS ZU FRÜH, ODER? KANN SEIN, WAS?
WELCHES GESPRÄCH?
DIESES?
NATÜRLICH NICHT.

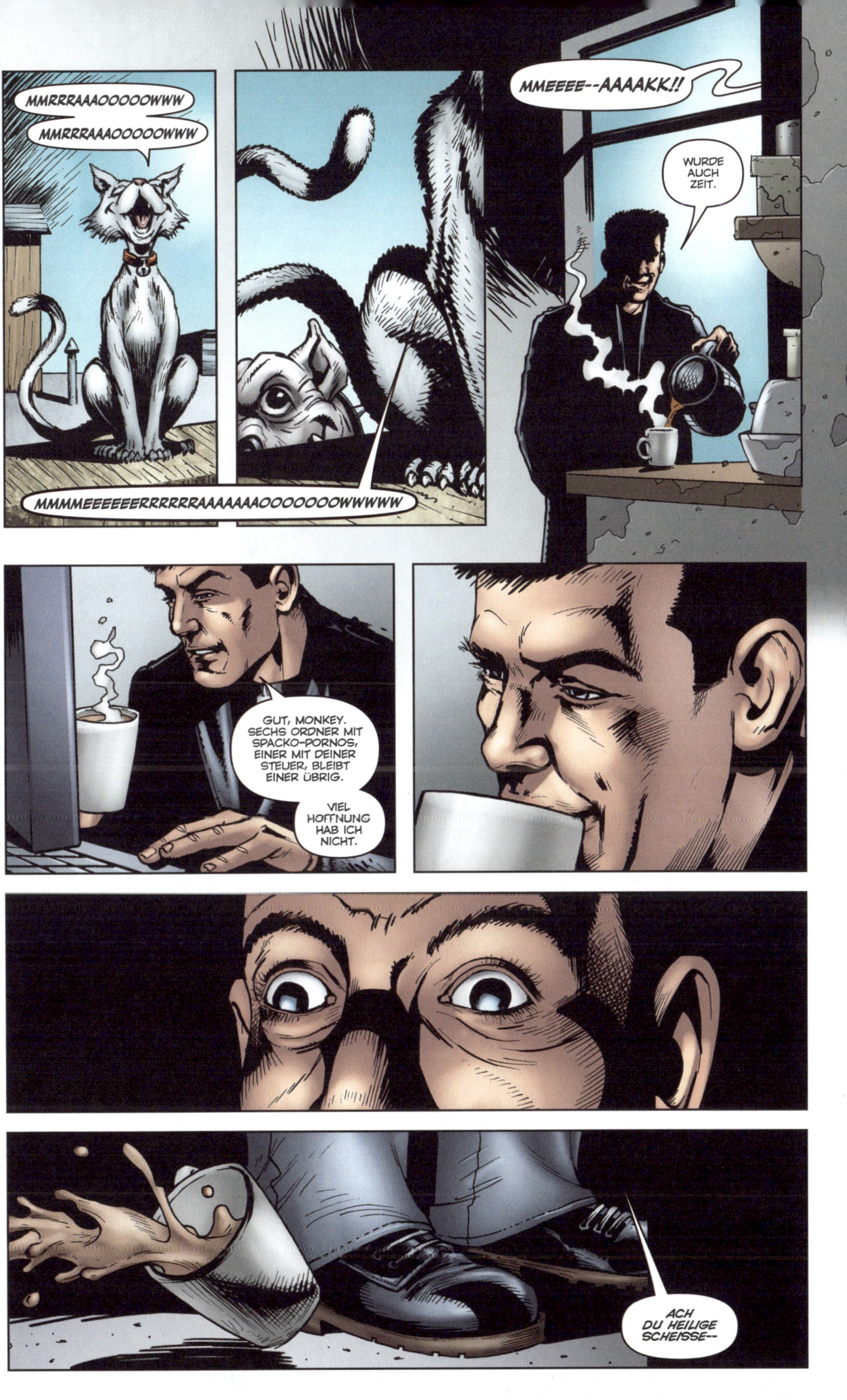

MMRRRAAAOOOOOWWW
MMRRRAAAOOOOOWWW
MMMMEEEEEERRRRRRAAAAAAAOOOOOOOWWWWW
MMEEEE--AAAAKK!!
WURDE AUCH ZEIT.

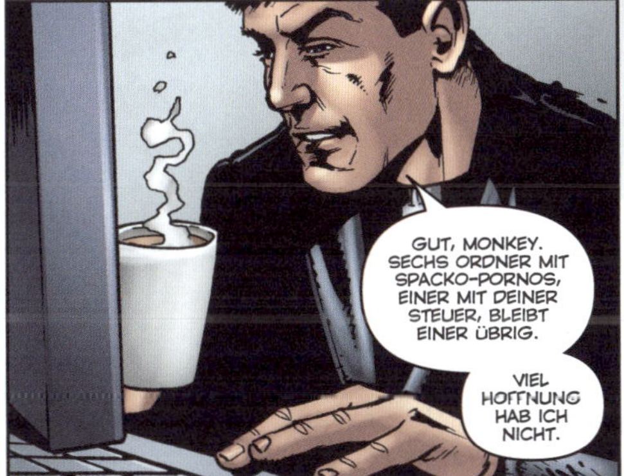
GUT, MONKEY. SECHS ORDNER MIT SPACKO-PORNOS, EINER MIT DEINER STEUER, BLEIBT EINER ÜBRIG.
VIEL HOFFNUNG HAB ICH NICHT.

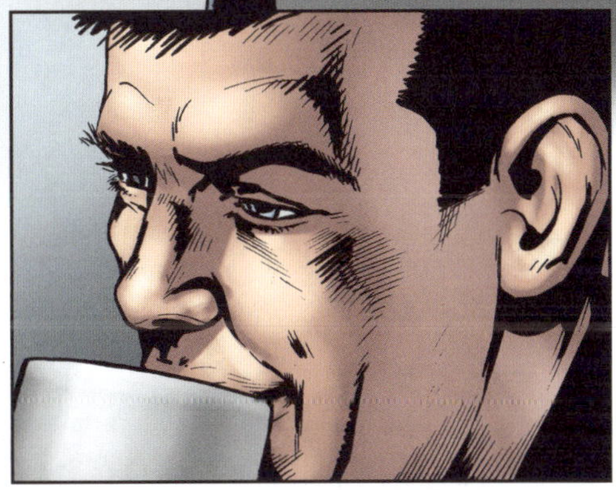

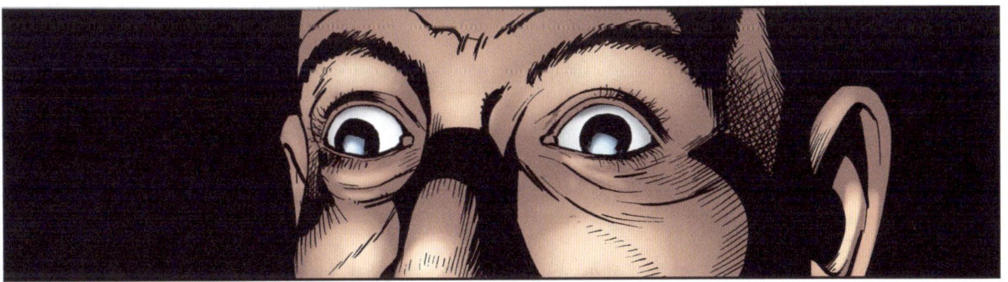

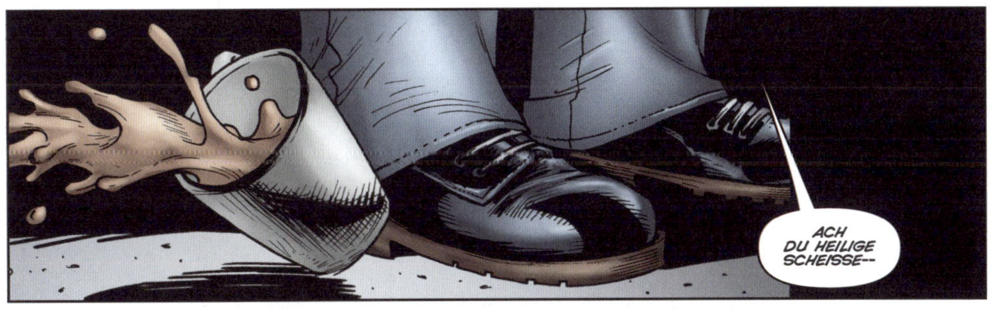
ACH DU HEILIGE SCHEISSE--

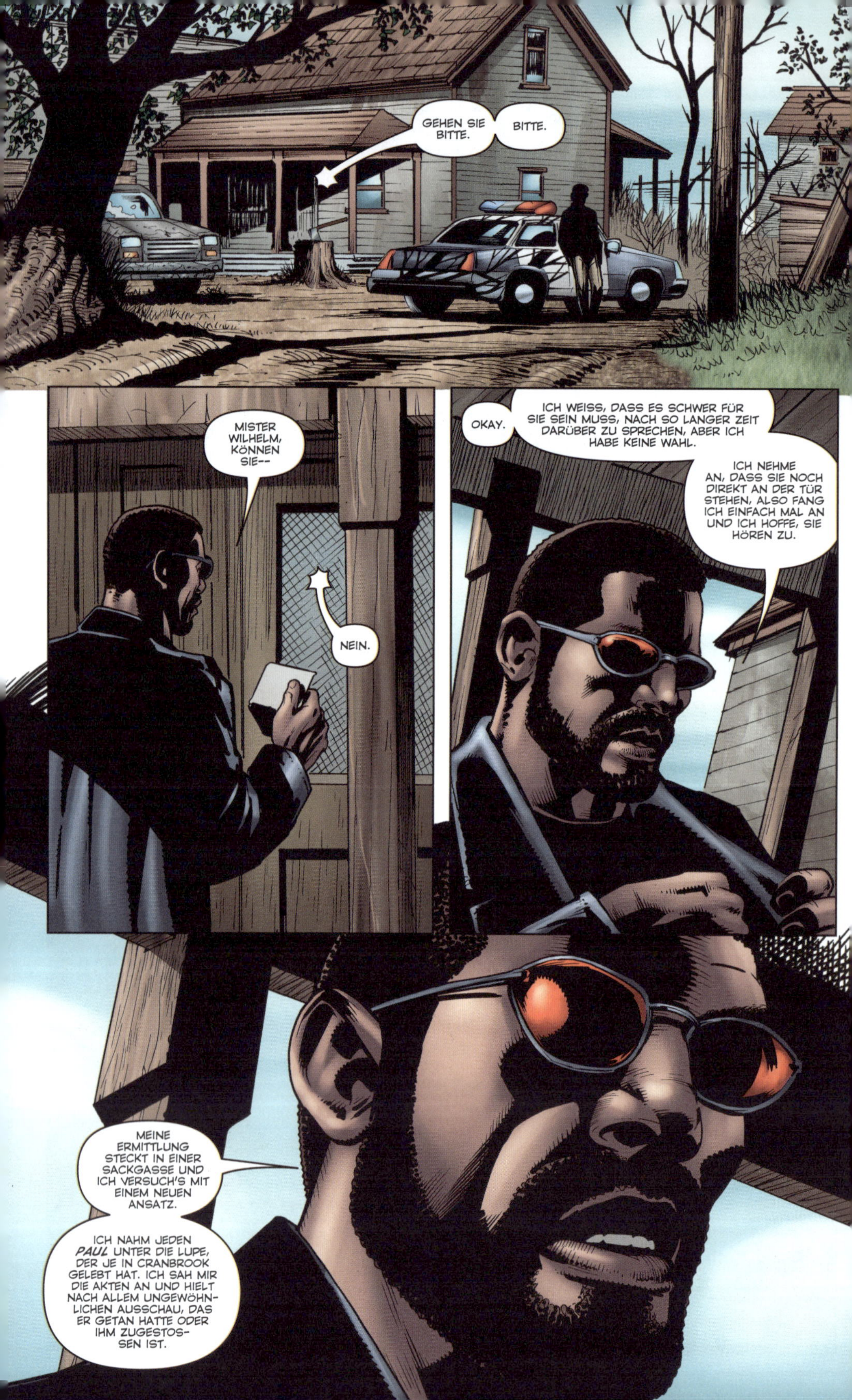
GEHEN SIE BITTE.
BITTE.
MISTER WILHELM, KÖNNEN SIE--
NEIN.
OKAY.
ICH WEISS, DASS ES SCHWER FÜR SIE SEIN MUSS, NACH SO LANGER ZEIT DARÜBER ZU SPRECHEN, ABER ICH HABE KEINE WAHL.
ICH NEHME AN, DASS SIE NOCH DIREKT AN DER TÜR STEHEN, ALSO FANG ICH EINFACH MAL AN UND ICH HOFFE, SIE HÖREN ZU.
MEINE ERMITTLUNG STECKT IN EINER SACKGASSE UND ICH VERSUCH'S MIT EINEM NEUEN ANSATZ.
ICH NAHM JEDEN *PAUL* UNTER DIE LUPE, DER JE IN CRANBROOK GELEBT HAT. ICH SAH MIR DIE AKTEN AN UND HIELT NACH ALLEM UNGEWÖHNLICHEN AUSSCHAU, DAS ER GETAN HATTE ODER IHM ZUGESTOSSEN IST.

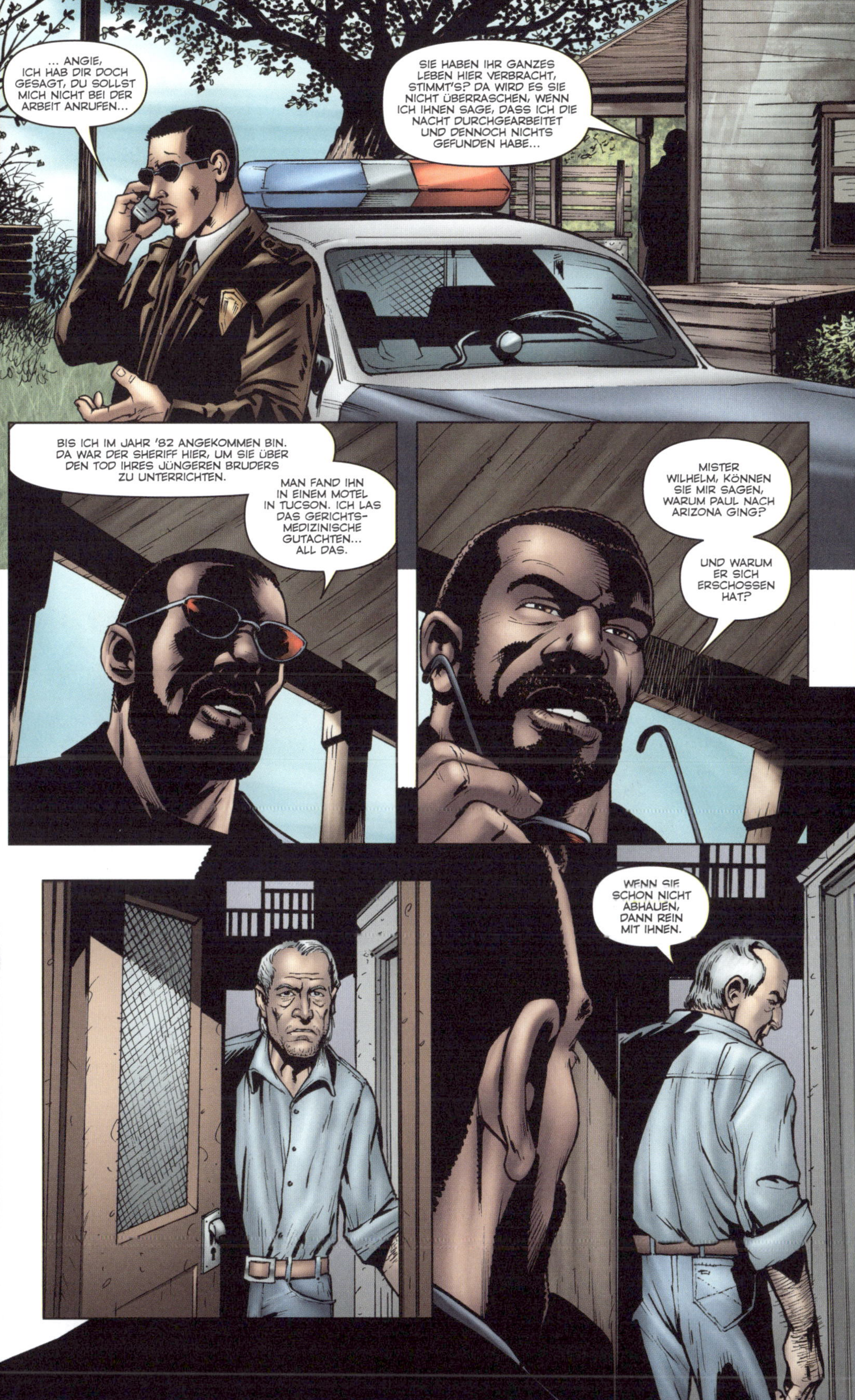
... ANGIE, ICH HAB DIR DOCH GESAGT, DU SOLLST MICH NICHT BEI DER ARBEIT ANRUFEN...
SIE HABEN IHR GANZES LEBEN HIER VERBRACHT, STIMMT'S? DA WIRD ES SIE NICHT ÜBERRASCHEN, WENN ICH IHNEN SAGE, DASS ICH DIE NACHT DURCHGEARBEITET UND DENNOCH NICHTS GEFUNDEN HABE...
BIS ICH IM JAHR '82 ANGEKOMMEN BIN. DA WAR DER SHERIFF HIER, UM SIE ÜBER DEN TOD IHRES JÜNGEREN BRUDERS ZU UNTERRICHTEN.
MAN FAND IHN IN EINEM MOTEL IN TUCSON. ICH LAS DAS GERICHTS-MEDIZINISCHE GUTACHTEN... ALL DAS.
MISTER WILHELM, KÖNNEN SIE MIR SAGEN, WARUM PAUL NACH ARIZONA GING?
UND WARUM ER SICH ERSCHOSSEN HAT?
WENN SIE SCHON NICHT ABHAUEN, DANN REIN MIT IHNEN.

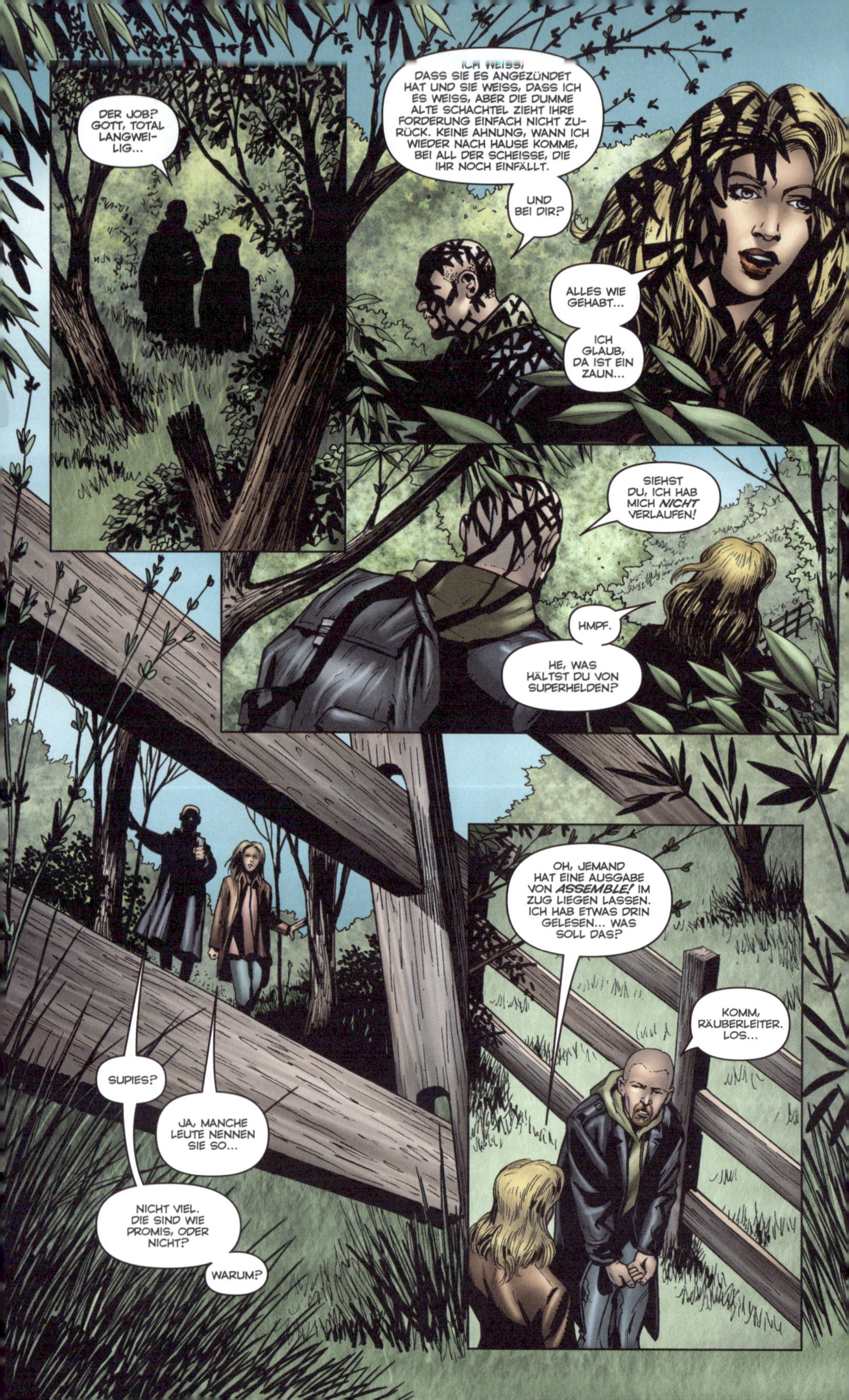
DER JOB? GOTT, TOTAL LANGWEILIG...
ICH WEISS, DASS SIE ES ANGEZÜNDET HAT UND SIE WEISS, DASS ICH ES WEISS, ABER DIE DUMME ALTE SCHACHTEL ZIEHT IHRE FORDERUNG EINFACH NICHT ZURÜCK. KEINE AHNUNG, WANN ICH WIEDER NACH HAUSE KOMME, BEI ALL DER SCHEISSE, DIE IHR NOCH EINFÄLLT.
UND BEI DIR?
ALLES WIE GEHABT...
ICH GLAUB, DA IST EIN ZAUN...
SIEHST DU, ICH HAB MICH *NICHT* VERLAUFEN!
HMPF.
HE, WAS HÄLTST DU VON SUPERHELDEN?
SUPIES?
JA, MANCHE LEUTE NENNEN SIE SO...
NICHT VIEL. DIE SIND WIE PROMIS, ODER NICHT?
WARUM?
OH, JEMAND HAT EINE AUSGABE VON *ASSEMBLE!* IM ZUG LIEGEN LASSEN. ICH HAB ETWAS DRIN GELESEN... WAS SOLL DAS?
KOMM, RÄUBERLEITER. LOS...

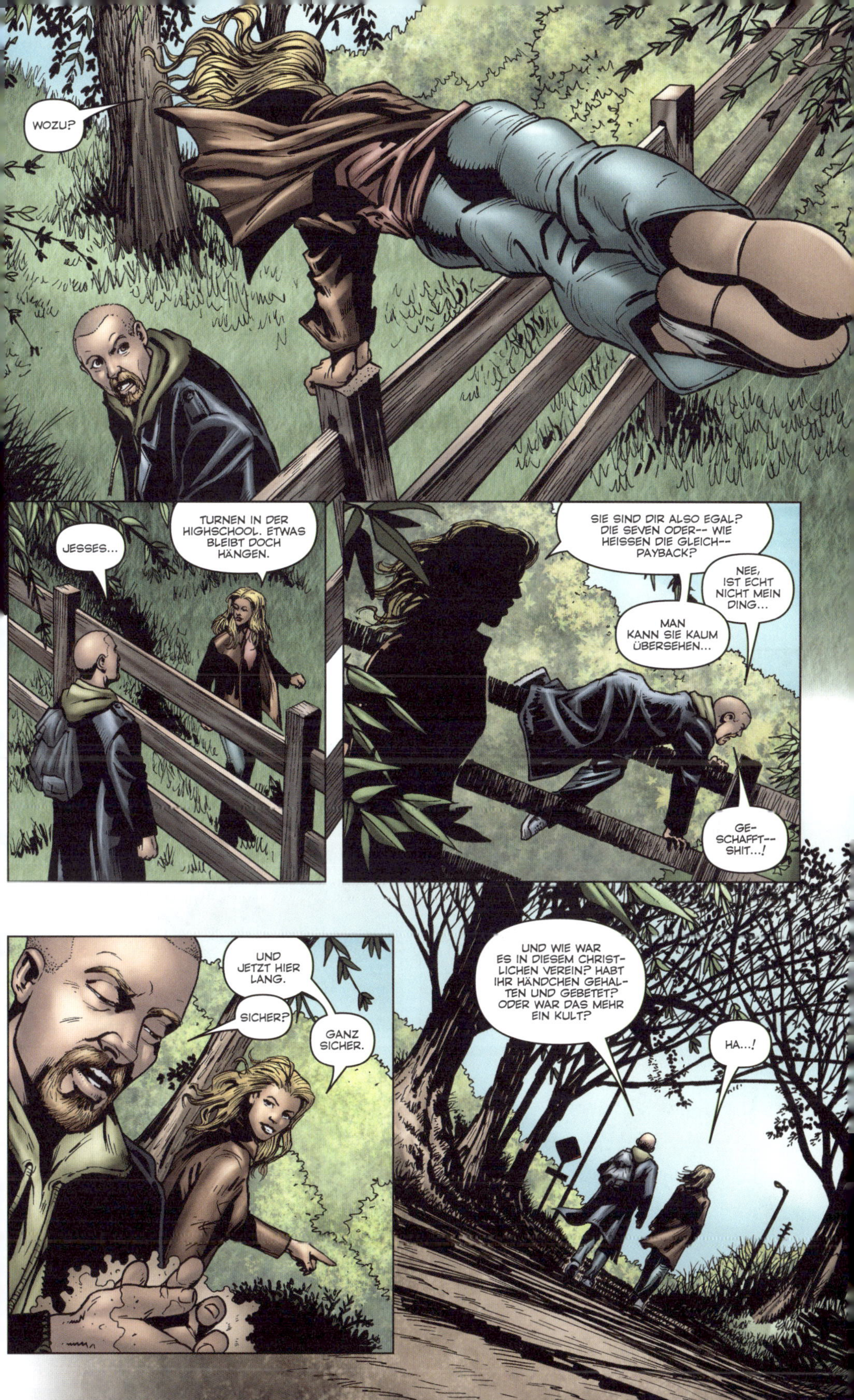
WOZU?
JESSES...
TURNEN IN DER HIGHSCHOOL. ETWAS BLEIBT DOCH HÄNGEN.
SIE SIND DIR ALSO EGAL? DIE SEVEN ODER-- WIE HEISSEN DIE GLEICH-- PAYBACK?
NEE, IST ECHT NICHT MEIN DING...
MAN KANN SIE KAUM ÜBERSEHEN...
GE-SCHAFFT-- SHIT...!
UND JETZT HIER LANG.
SICHER?
GANZ SICHER.
UND WIE WAR ES IN DIESEM CHRISTLICHEN VEREIN? HABT IHR HÄNDCHEN GEHALTEN UND GEBETET? ODER WAR DAS MEHR EIN KULT?
HA...!

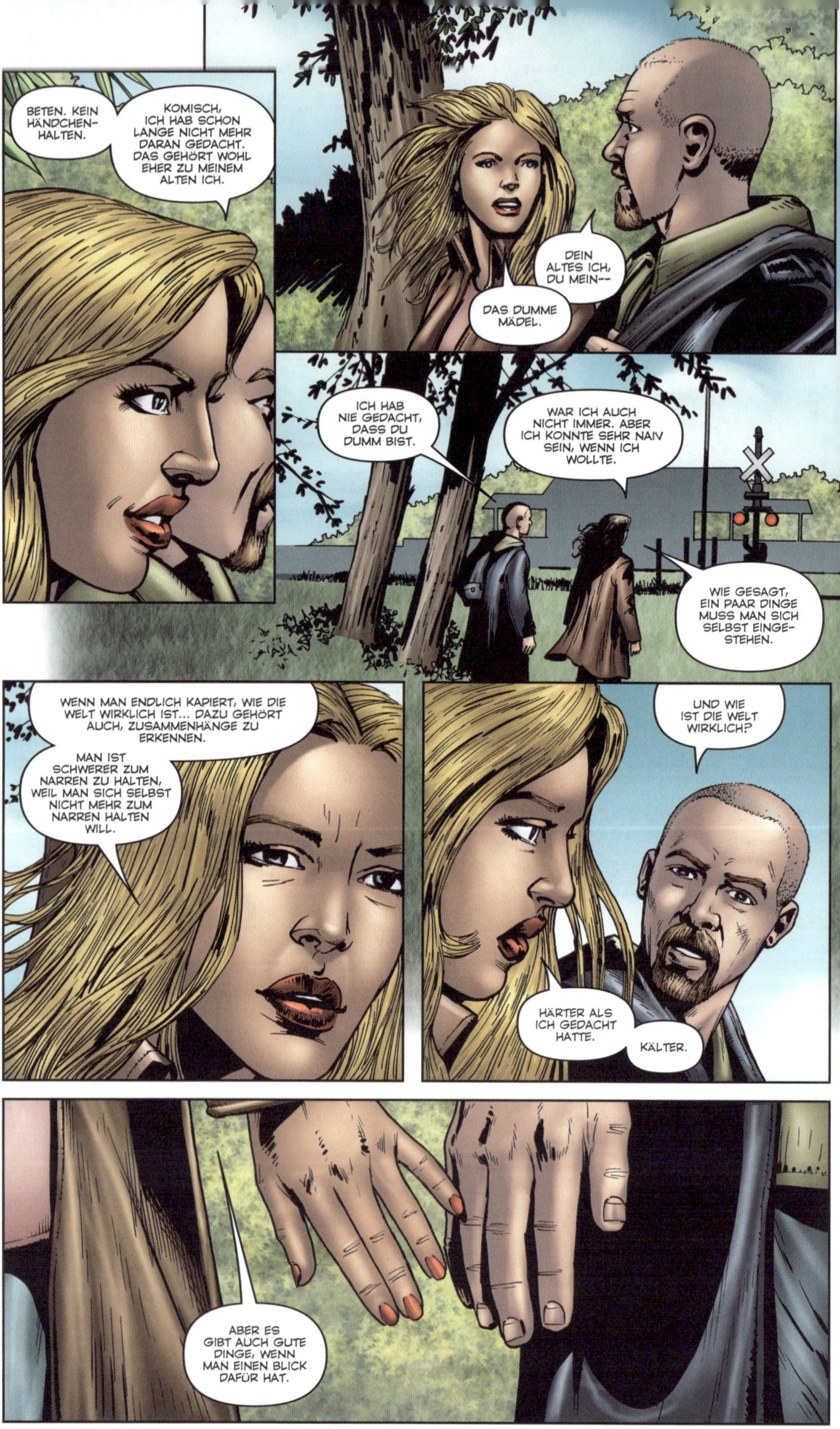

BETEN. KEIN HÄNDCHEN-HALTEN.

KOMISCH, ICH HAB SCHON LANGE NICHT MEHR DARAN GEDACHT. DAS GEHÖRT WOHL EHER ZU MEINEM ALTEN ICH.

DEIN ALTES ICH, DU MEIN--

DAS DUMME MÄDEL.

ICH HAB NIE GEDACHT, DASS DU DUMM BIST.

WAR ICH AUCH NICHT IMMER. ABER ICH KONNTE SEHR NAIV SEIN, WENN ICH WOLLTE.

WIE GESAGT, EIN PAAR DINGE MUSS MAN SICH SELBST EINGE-STEHEN.

WENN MAN ENDLICH KAPIERT, WIE DIE WELT WIRKLICH IST... DAZU GEHÖRT AUCH, ZUSAMMENHÄNGE ZU ERKENNEN.

MAN IST SCHWERER ZUM NARREN ZU HALTEN, WEIL MAN SICH SELBST NICHT MEHR ZUM NARREN HALTEN WILL.

UND WIE IST DIE WELT WIRKLICH?

HÄRTER ALS ICH GEDACHT HATTE.

KÄLTER.

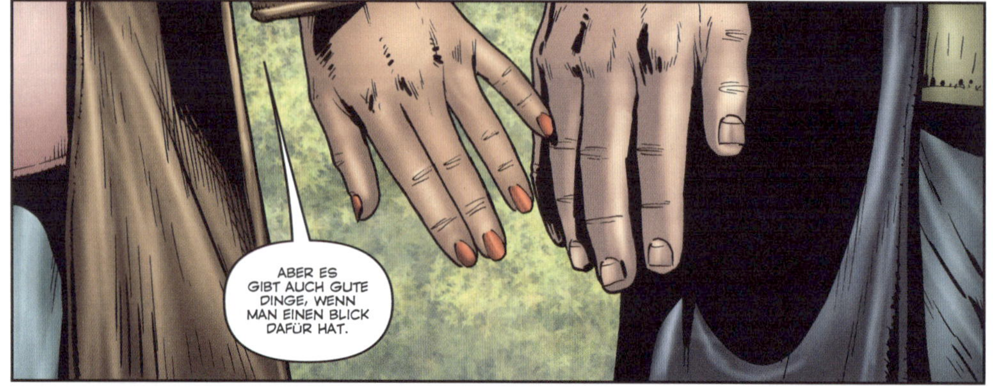

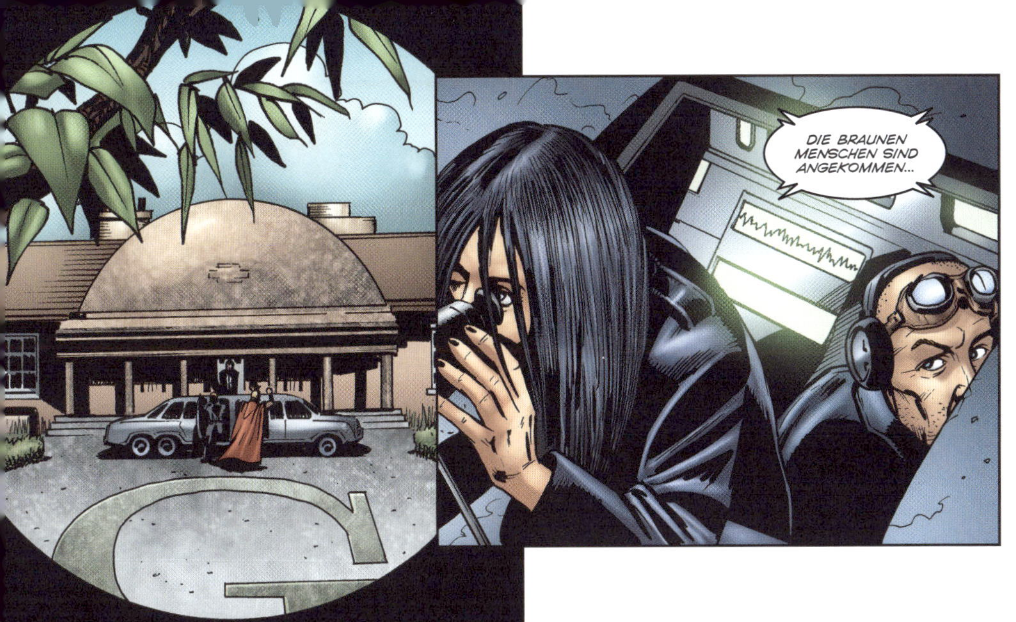
DIE BRAUNEN MENSCHEN SIND ANGEKOMMEN...

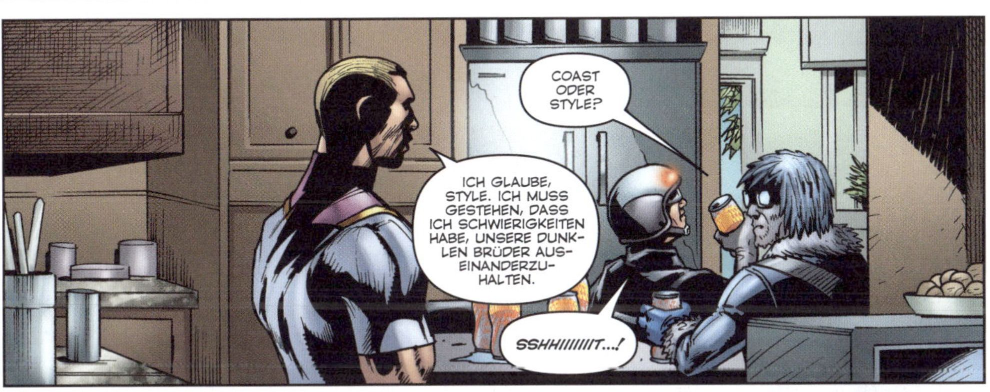
COAST ODER STYLE?
ICH GLAUBE, STYLE. ICH MUSS GESTEHEN, DASS ICH SCHWIERIGKEITEN HABE, UNSERE DUNKLEN BRÜDER AUSEINANDERZUHALTEN.
SSHHIIIIIIIT...!

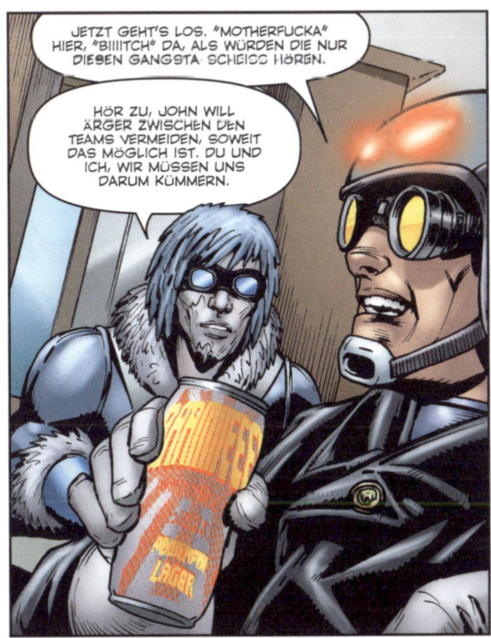
JETZT GEHT'S LOS. "MOTHERFUCKA" HIER, "BIIIITCH" DA, ALS WÜRDEN DIE NUR DIESEN GANGSTA-SCHEISS HÖREN.
HÖR ZU, JOHN WILL ÄRGER ZWISCHEN DEN TEAMS VERMEIDEN, SOWEIT DAS MÖGLICH IST. DU UND ICH, WIR MÜSSEN UNS DARUM KÜMMERN.
LAGER

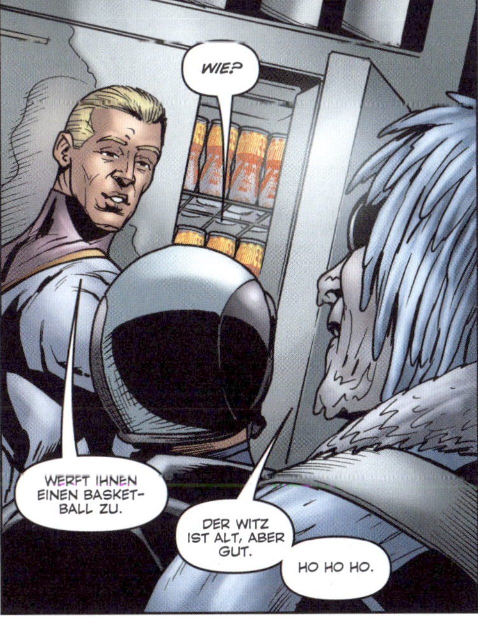
WIE?
WERFT IHNEN EINEN BASKETBALL ZU.
DER WITZ IST ALT, ABER GUT.
HO HO HO.

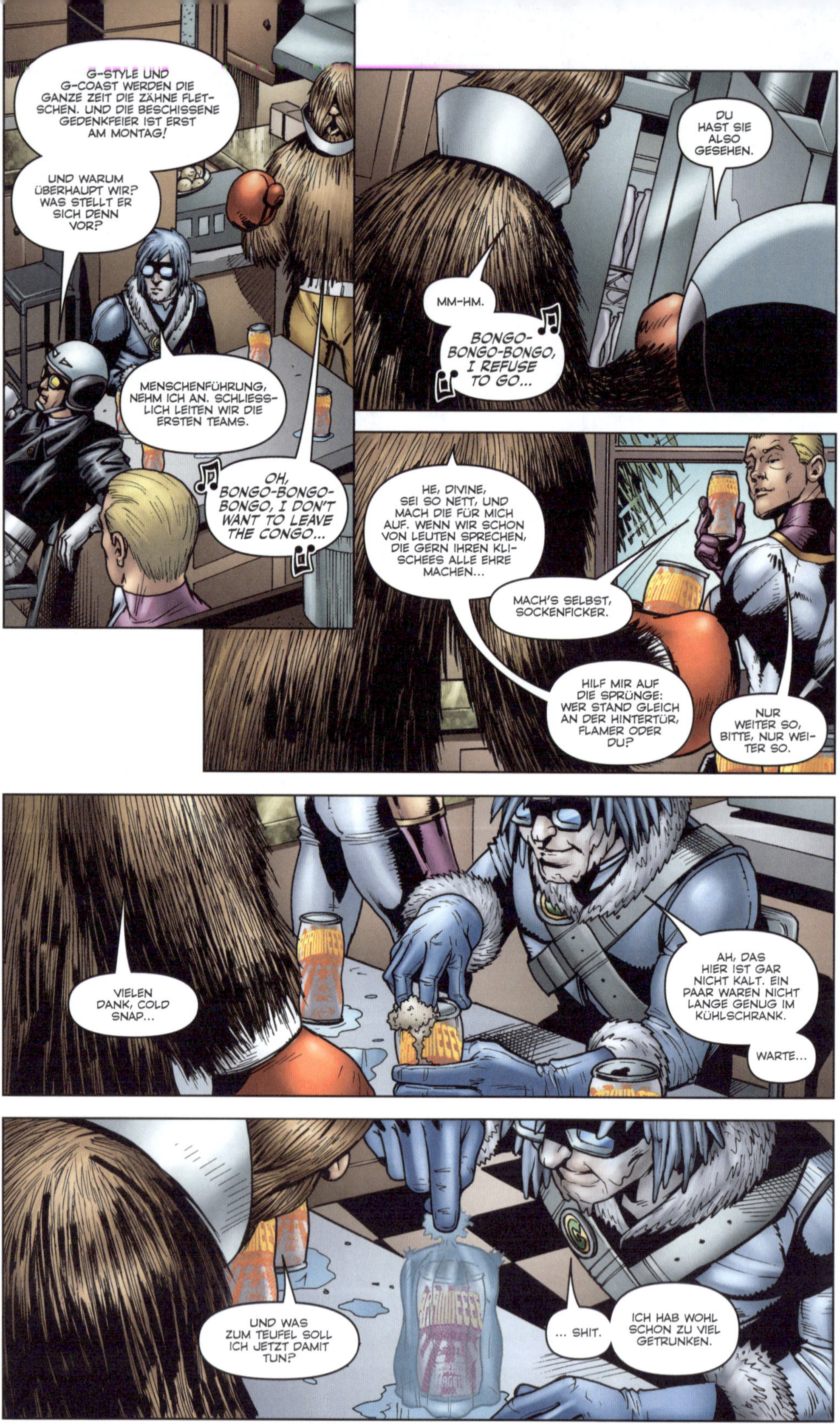

G-STYLE UND G-COAST WERDEN DIE GANZE ZEIT DIE ZÄHNE FLETSCHEN. UND DIE BESCHISSENE GEDENKFEIER IST ERST AM MONTAG!

UND WARUM ÜBERHAUPT WIR? WAS STELLT ER SICH DENN VOR?

MENSCHENFÜHRUNG, NEHM ICH AN. SCHLIESSLICH LEITEN WIR DIE ERSTEN TEAMS.

OH, BONGO-BONGO-BONGO, I DON'T WANT TO LEAVE THE CONGO...

DU HAST SIE ALSO GESEHEN.

MM-HM.

BONGO-BONGO-BONGO, I REFUSE TO GO...

HE, DIVINE, SEI SO NETT, UND MACH DIE FÜR MICH AUF. WENN WIR SCHON VON LEUTEN SPRECHEN, DIE GERN IHREN KLISCHEES ALLE EHRE MACHEN...

MACH'S SELBST, SOCKENFICKER.

HILF MIR AUF DIE SPRÜNGE: WER STAND GLEICH AN DER HINTERTÜR, FLAMER ODER DU?

NUR WEITER SO, BITTE, NUR WEITER SO.

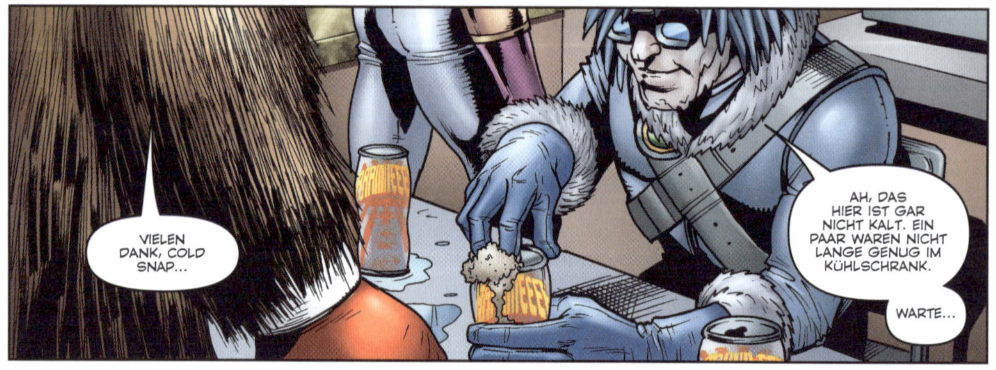

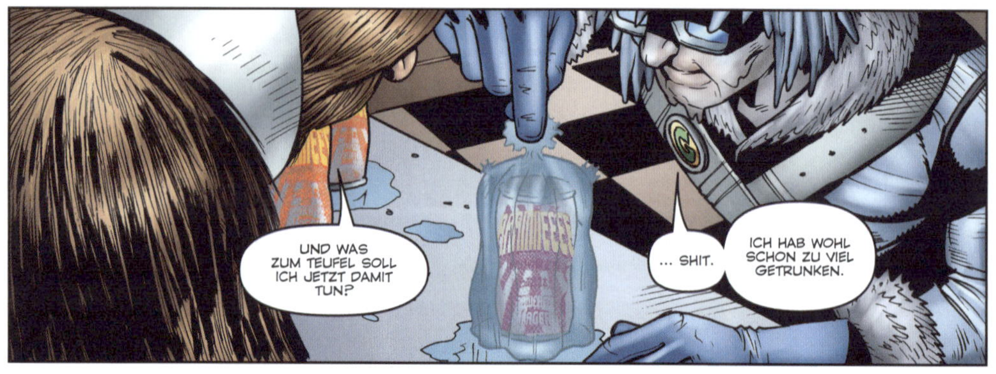

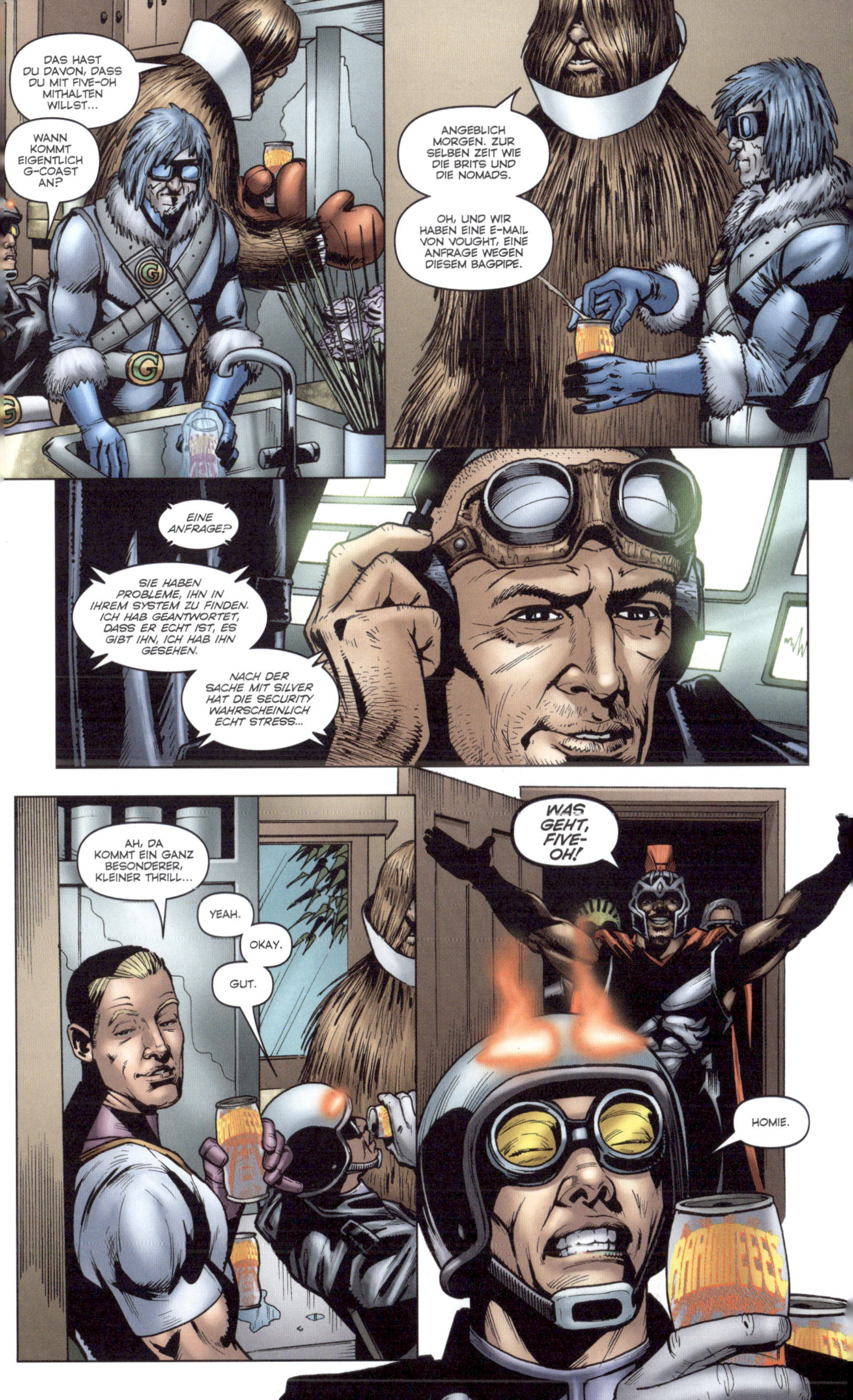
DAS HAST DU DAVON, DASS DU MIT FIVE-OH MITHALTEN WILLST...
WANN KOMMT EIGENTLICH G-COAST AN?
ANGEBLICH MORGEN. ZUR SELBEN ZEIT WIE DIE BRITS UND DIE NOMADS.
OH, UND WIR HABEN EINE E-MAIL VON VOUGHT, EINE ANFRAGE WEGEN DIESEM BAGPIPE.
EINE ANFRAGE?
SIE HABEN PROBLEME, IHN IN IHREM SYSTEM ZU FINDEN. ICH HAB GEANTWORTET, DASS ER ECHT IST, ES GIBT IHN, ICH HAB IHN GESEHEN.
NACH DER SACHE MIT SILVER HAT DIE SECURITY WAHRSCHEINLICH ECHT STRESS...
AH, DA KOMMT EIN GANZ BESONDERER, KLEINER THRILL...
YEAH.
OKAY.
GUT.
WAS GEHT, FIVE-OH!
HOMIE.

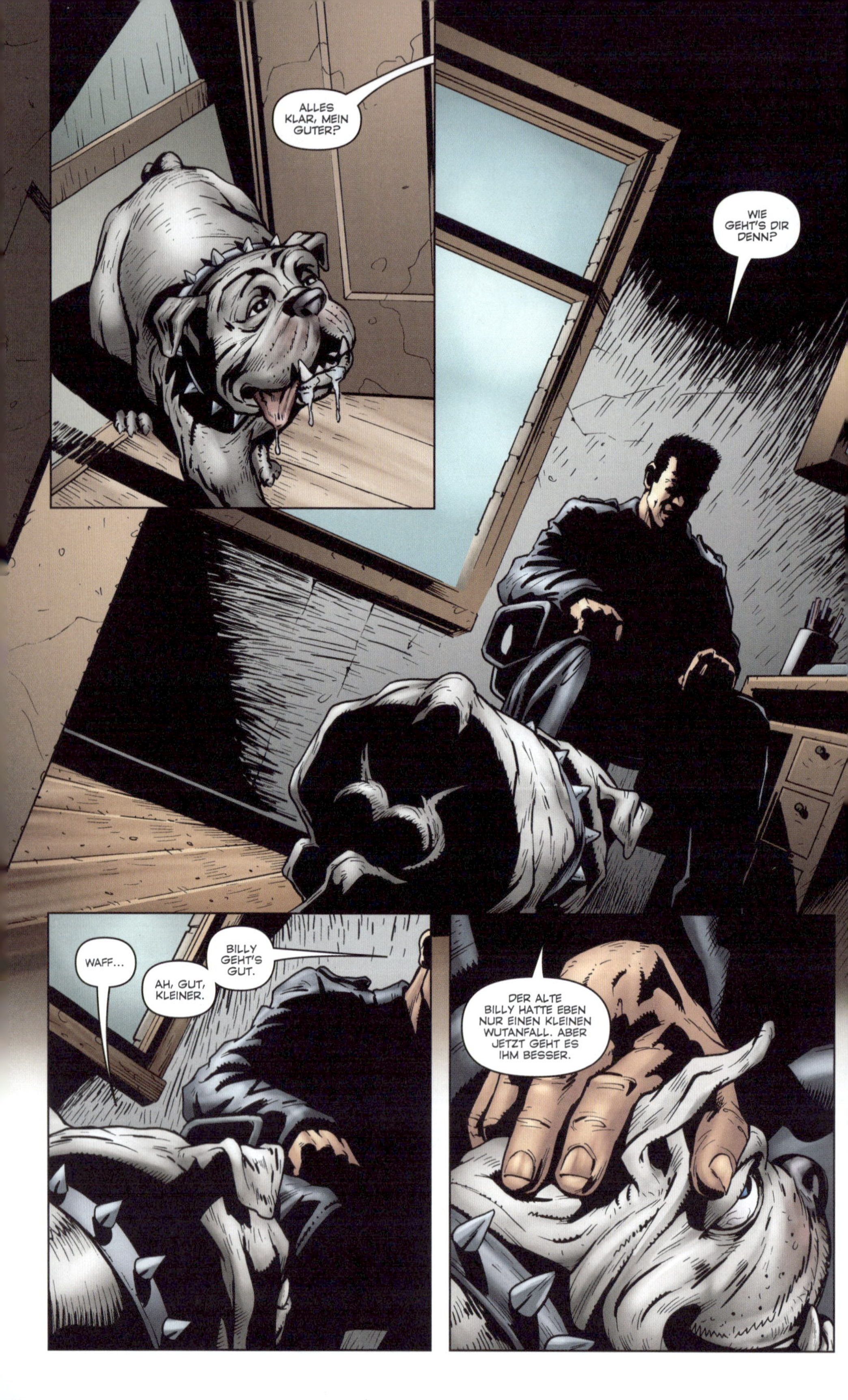

ALLES KLAR, MEIN GUTER?
WIE GEHT'S DIR DENN?
WAFF...
BILLY GEHT'S GUT.
AH, GUT, KLEINER.
DER ALTE BILLY HATTE EBEN NUR EINEN KLEINEN WUTANFALL. ABER JETZT GEHT ES IHM BESSER.

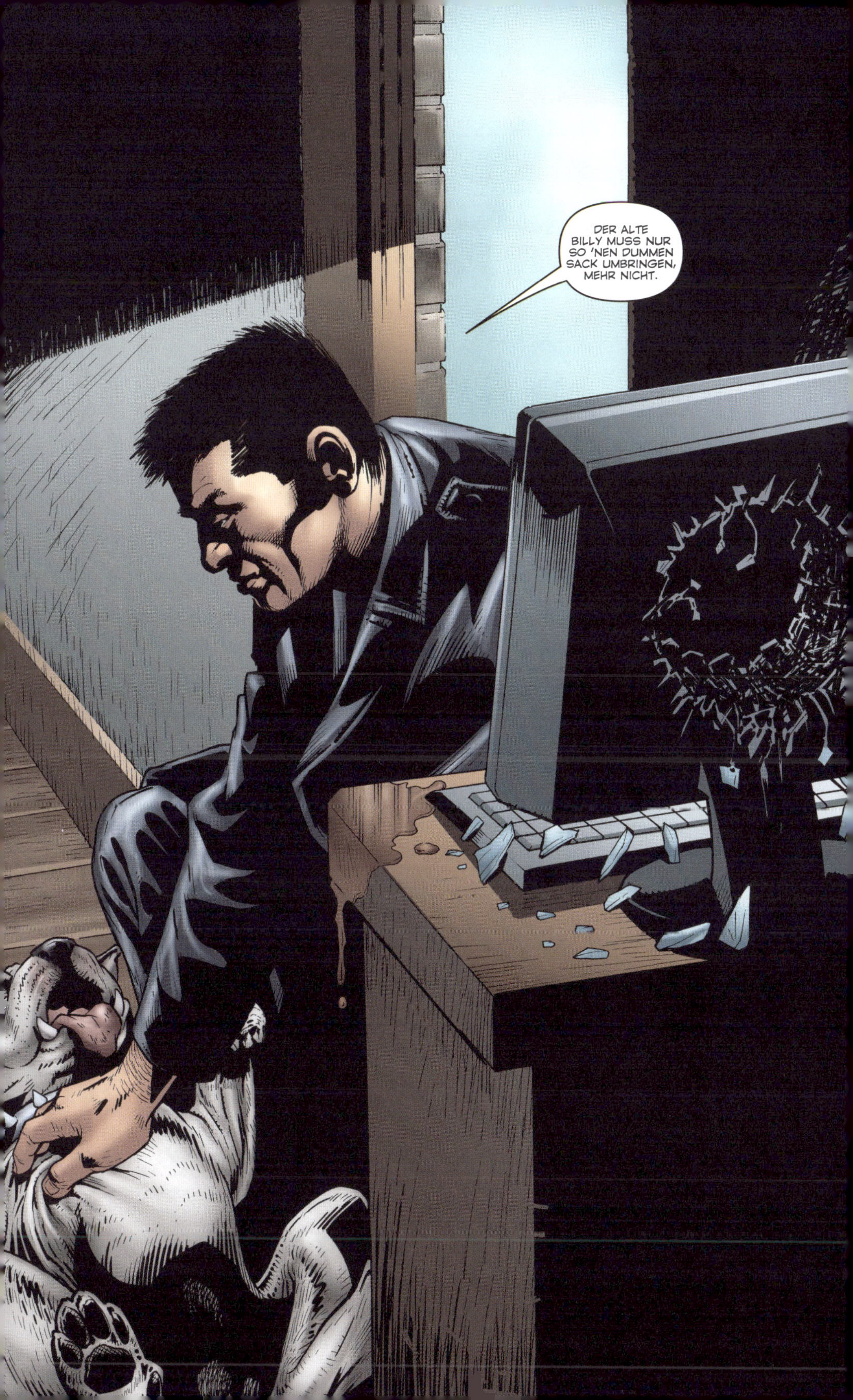
DER ALTE BILLY MUSS NUR SO 'NEN DUMMEN SACK UMBRINGEN, MEHR NICHT.

SCHMUTZIGE GEHEIMNISSE, TEIL 5

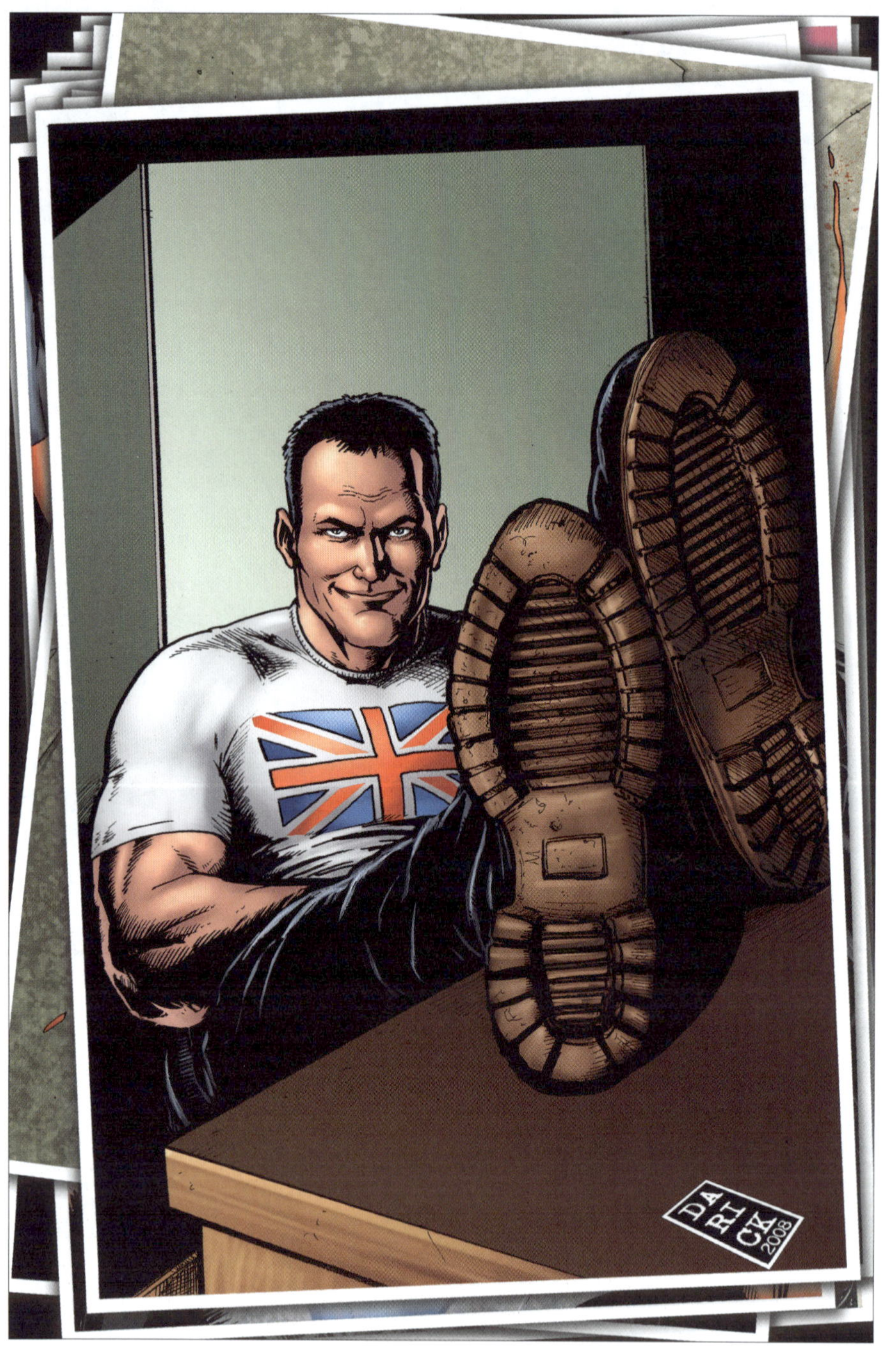

The Boys (2006) 27
Cover von **DARICK ROBERTSON**

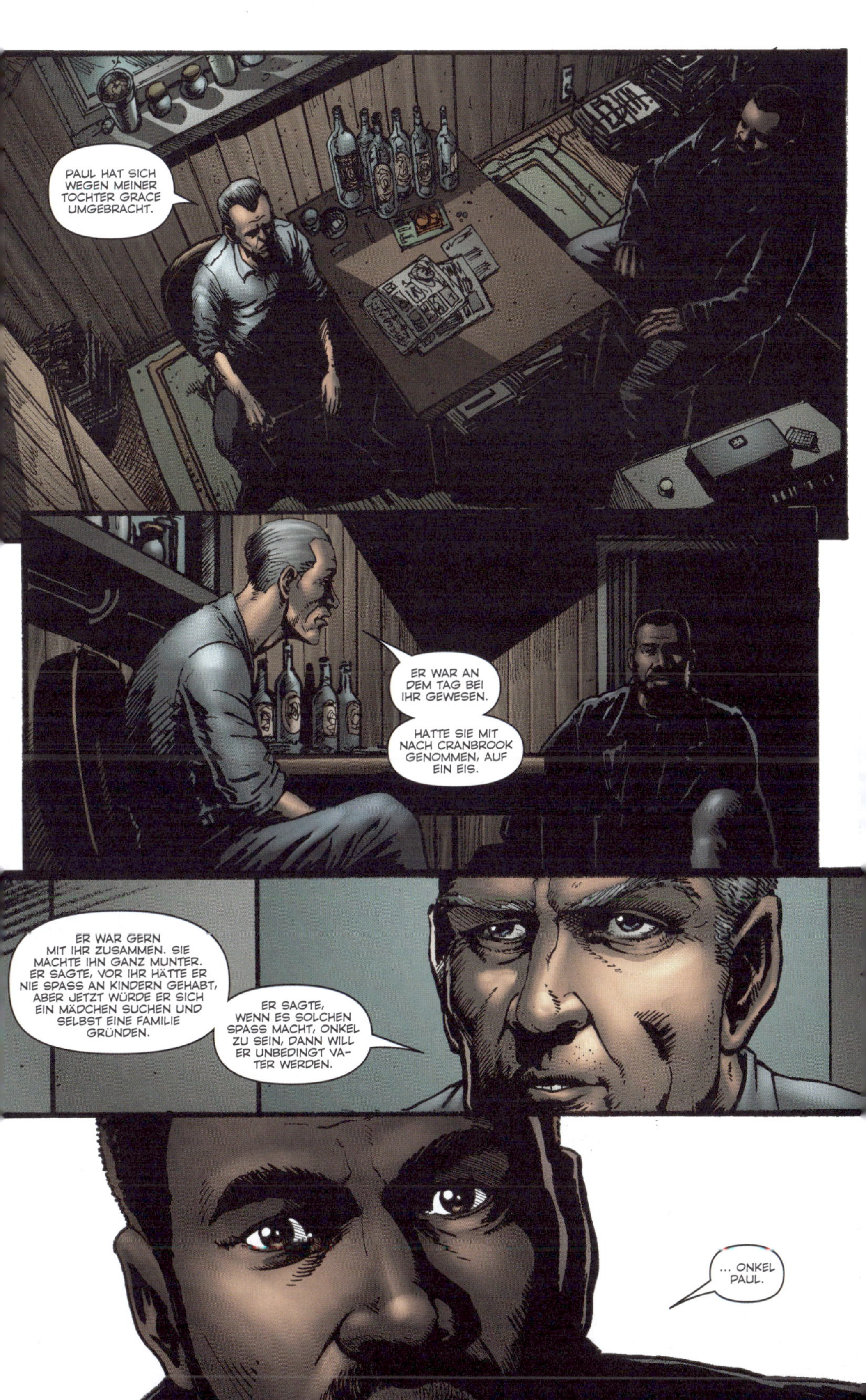
PAUL HAT SICH WEGEN MEINER TOCHTER GRACE UMGEBRACHT.
ER WAR AN DEM TAG BEI IHR GEWESEN.
HATTE SIE MIT NACH CRANBROOK GENOMMEN, AUF EIN EIS.
ER WAR GERN MIT IHR ZUSAMMEN. SIE MACHTE IHN GANZ MUNTER. ER SAGTE, VOR IHR HÄTTE ER NIE SPASS AN KINDERN GEHABT, ABER JETZT WÜRDE ER SICH EIN MÄDCHEN SUCHEN UND SELBST EINE FAMILIE GRÜNDEN.
ER SAGTE, WENN ES SOLCHEN SPASS MACHT, ONKEL ZU SEIN, DANN WILL ER UNBEDINGT VATER WERDEN.
... ONKEL PAUL.

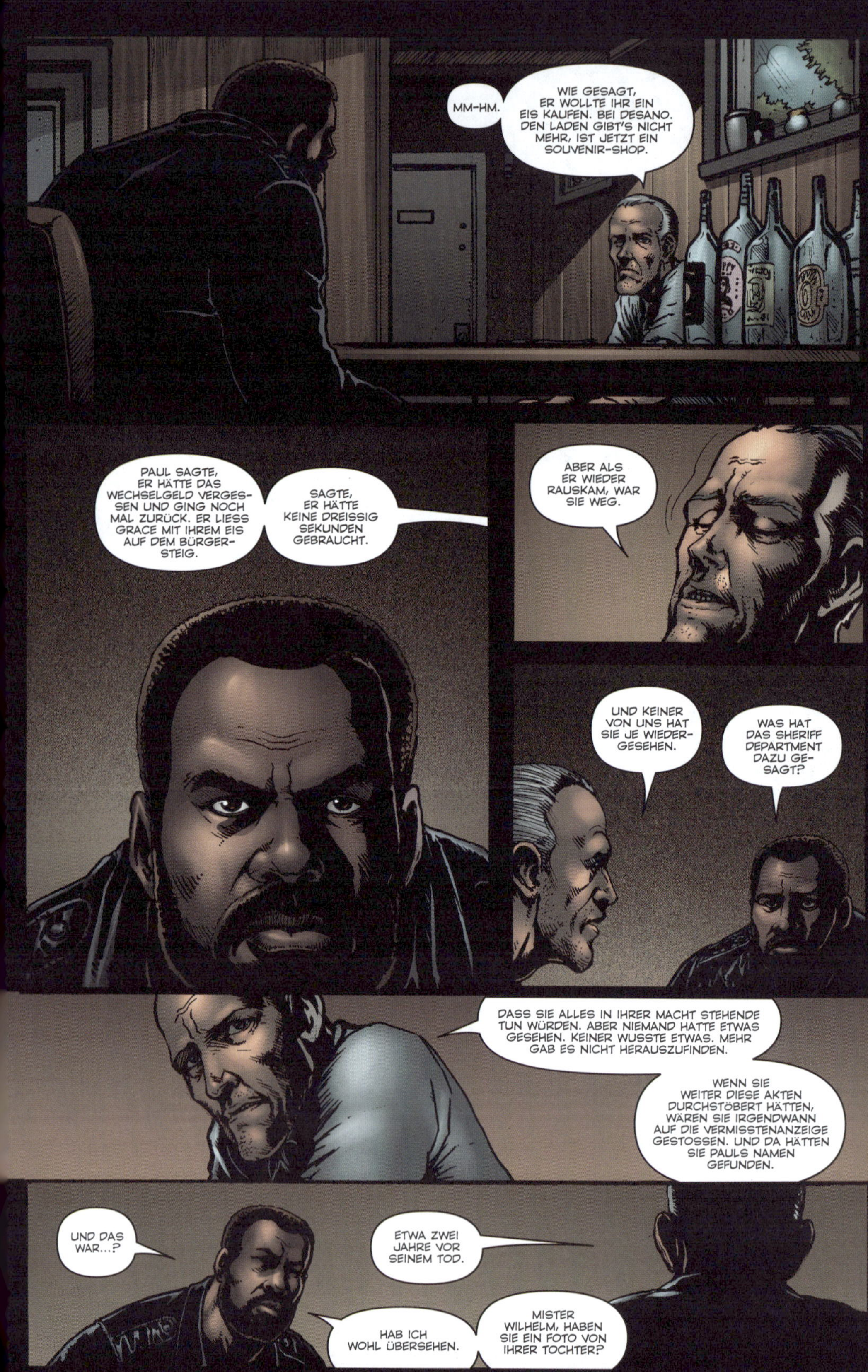
MM-HM.
WIE GESAGT, ER WOLLTE IHR EIN EIS KAUFEN. BEI DESANO. DEN LADEN GIBT'S NICHT MEHR, IST JETZT EIN SOUVENIR-SHOP.
PAUL SAGTE, ER HÄTTE DAS WECHSELGELD VERGESSEN UND GING NOCH MAL ZURÜCK. ER LIESS GRACE MIT IHREM EIS AUF DEM BÜRGERSTEIG.
SAGTE, ER HÄTTE KEINE DREISSIG SEKUNDEN GEBRAUCHT.
ABER ALS ER WIEDER RAUSKAM, WAR SIE WEG.
UND KEINER VON UNS HAT SIE JE WIEDERGESEHEN.
WAS HAT DAS SHERIFF DEPARTMENT DAZU GESAGT?
DASS SIE ALLES IN IHRER MACHT STEHENDE TUN WÜRDEN. ABER NIEMAND HATTE ETWAS GESEHEN. KEINER WUSSTE ETWAS. MEHR GAB ES NICHT HERAUSZUFINDEN.
WENN SIE WEITER DIESE AKTEN DURCHSTÖBERT HÄTTEN, WÄREN SIE IRGENDWANN AUF DIE VERMISSTENANZEIGE GESTOSSEN. UND DA HÄTTEN SIE PAULS NAMEN GEFUNDEN.
UND DAS WAR...?
ETWA ZWEI JAHRE VOR SEINEM TOD.
HAB ICH WOHL ÜBERSEHEN.
MISTER WILHELM, HABEN SIE EIN FOTO VON IHRER TOCHTER?

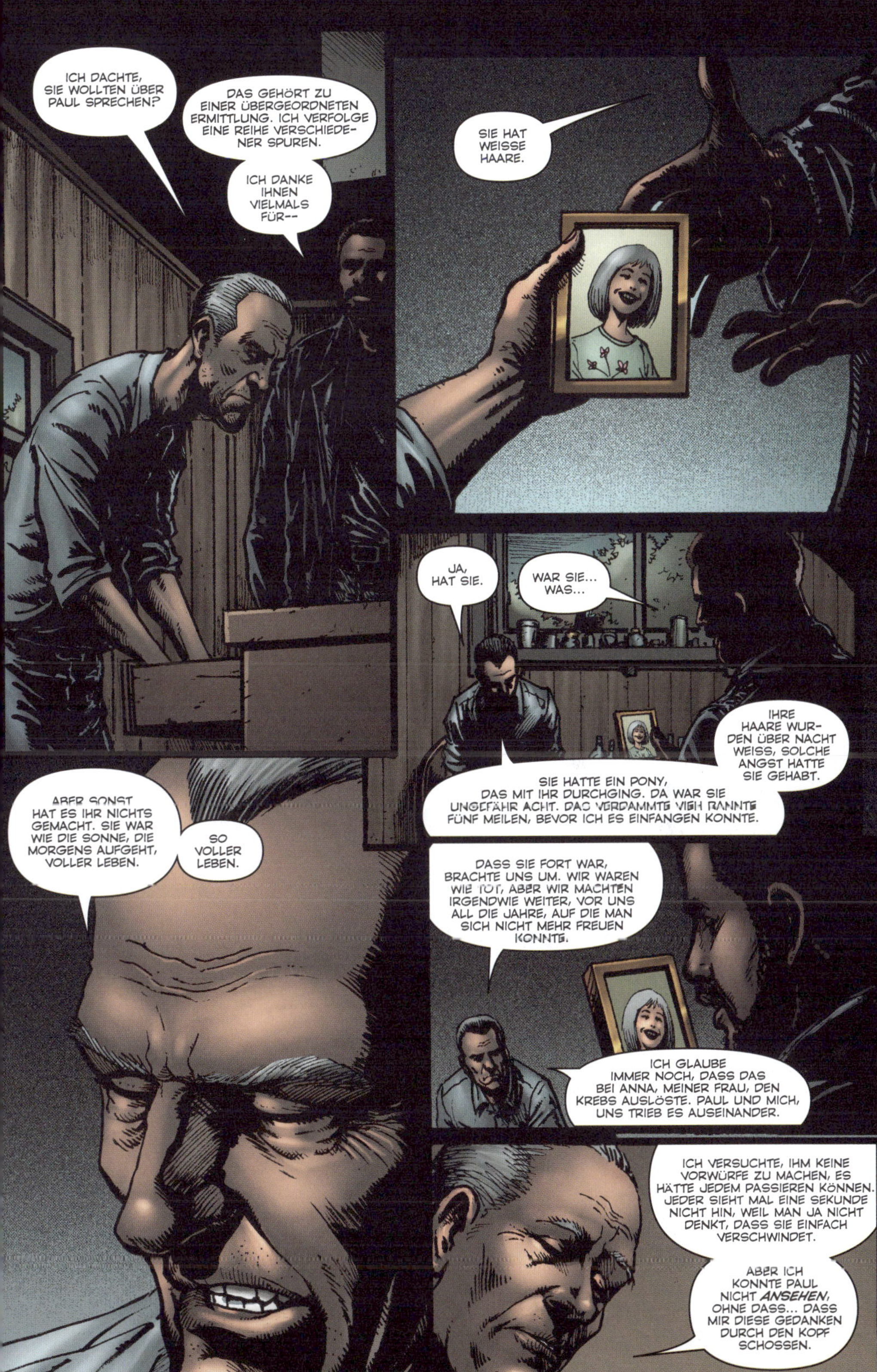
ICH DACHTE, SIE WOLLTEN ÜBER PAUL SPRECHEN?
DAS GEHÖRT ZU EINER ÜBERGEORDNETEN ERMITTLUNG. ICH VERFOLGE EINE REIHE VERSCHIEDENER SPUREN.
ICH DANKE IHNEN VIELMALS FÜR--
SIE HAT WEISSE HAARE.
JA, HAT SIE.
WAR SIE... WAS...
IHRE HAARE WURDEN ÜBER NACHT WEISS, SOLCHE ANGST HATTE SIE GEHABT.
SIE HATTE EIN PONY, DAS MIT IHR DURCHGING. DA WAR SIE UNGEFÄHR ACHT. DAS VERDAMMTE VIEH RANNTE FÜNF MEILEN, BEVOR ICH ES EINFANGEN KONNTE.
ABER SONST HAT ES IHR NICHTS GEMACHT. SIE WAR WIE DIE SONNE, DIE MORGENS AUFGEHT, VOLLER LEBEN.
SO VOLLER LEBEN.
DASS SIE FORT WAR, BRACHTE UNS UM. WIR WAREN WIE TOT, ABER WIR MACHTEN IRGENDWIE WEITER, VOR UNS ALL DIE JAHRE, AUF DIE MAN SICH NICHT MEHR FREUEN KONNTE.
ICH GLAUBE IMMER NOCH, DASS DAS BEI ANNA, MEINER FRAU, DEN KREBS AUSLÖSTE. PAUL UND MICH, UNS TRIEB ES AUSEINANDER.
ICH VERSUCHTE, IHM KEINE VORWÜRFE ZU MACHEN, ES HÄTTE JEDEM PASSIEREN KÖNNEN. JEDER SIEHT MAL EINE SEKUNDE NICHT HIN, WEIL MAN JA NICHT DENKT, DASS SIE EINFACH VERSCHWINDET.
ABER ICH KONNTE PAUL NICHT ANSEHEN, OHNE DASS... DASS MIR DIESE GEDANKEN DURCH DEN KOPF SCHOSSEN.

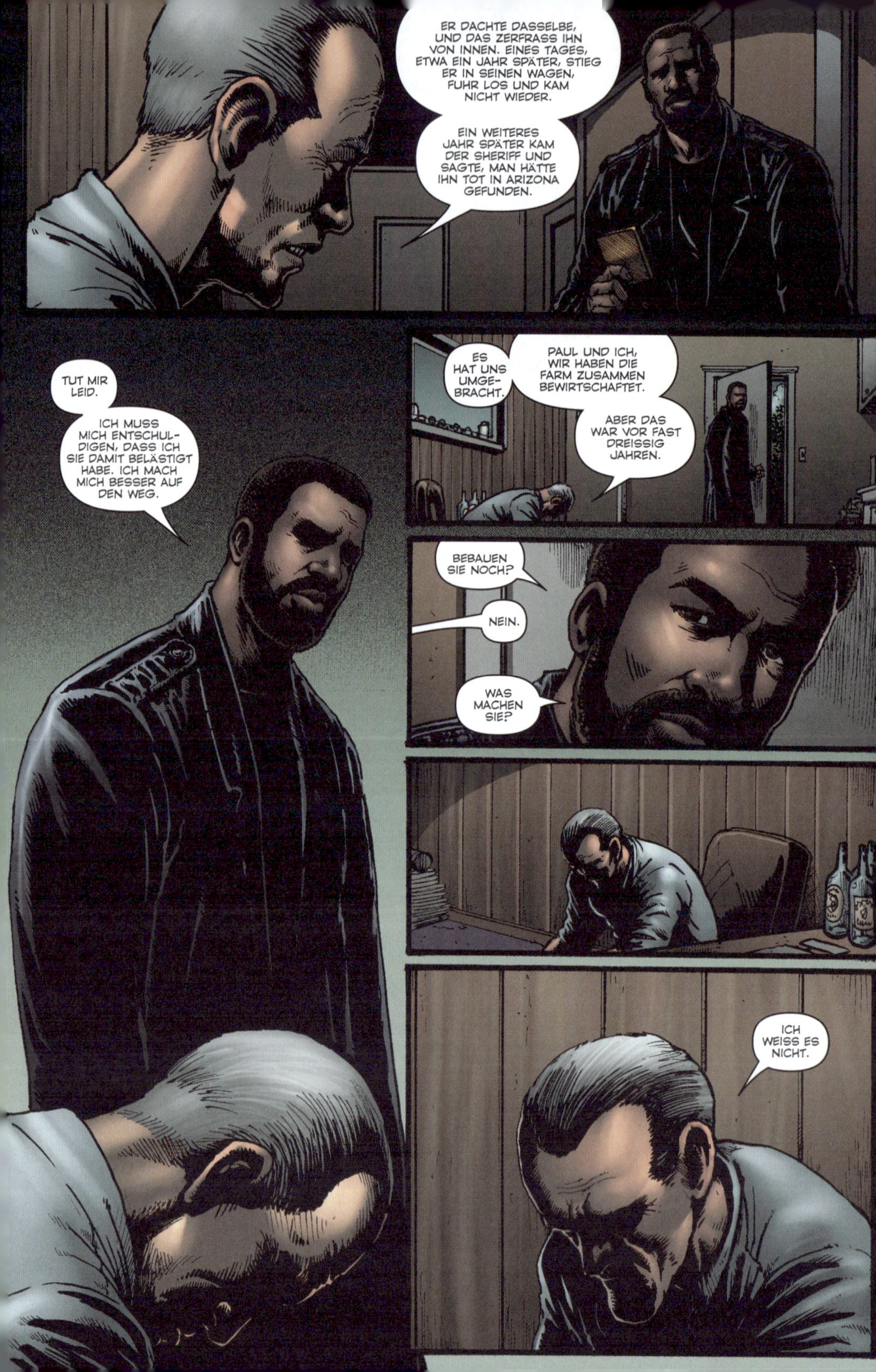
ER DACHTE DASSELBE, UND DAS ZERFRASS IHN VON INNEN. EINES TAGES, ETWA EIN JAHR SPÄTER, STIEG ER IN SEINEN WAGEN, FUHR LOS UND KAM NICHT WIEDER.
EIN WEITERES JAHR SPÄTER KAM DER SHERIFF UND SAGTE, MAN HÄTTE IHN TOT IN ARIZONA GEFUNDEN.
TUT MIR LEID.
ICH MUSS MICH ENTSCHULDIGEN, DASS ICH SIE DAMIT BELÄSTIGT HABE. ICH MACH MICH BESSER AUF DEN WEG.
ES HAT UNS UMGEBRACHT.
PAUL UND ICH, WIR HABEN DIE FARM ZUSAMMEN BEWIRTSCHAFTET.
ABER DAS WAR VOR FAST DREISSIG JAHREN.
BEBAUEN SIE NOCH?
NEIN.
WAS MACHEN SIE?
ICH WEISS ES NICHT.

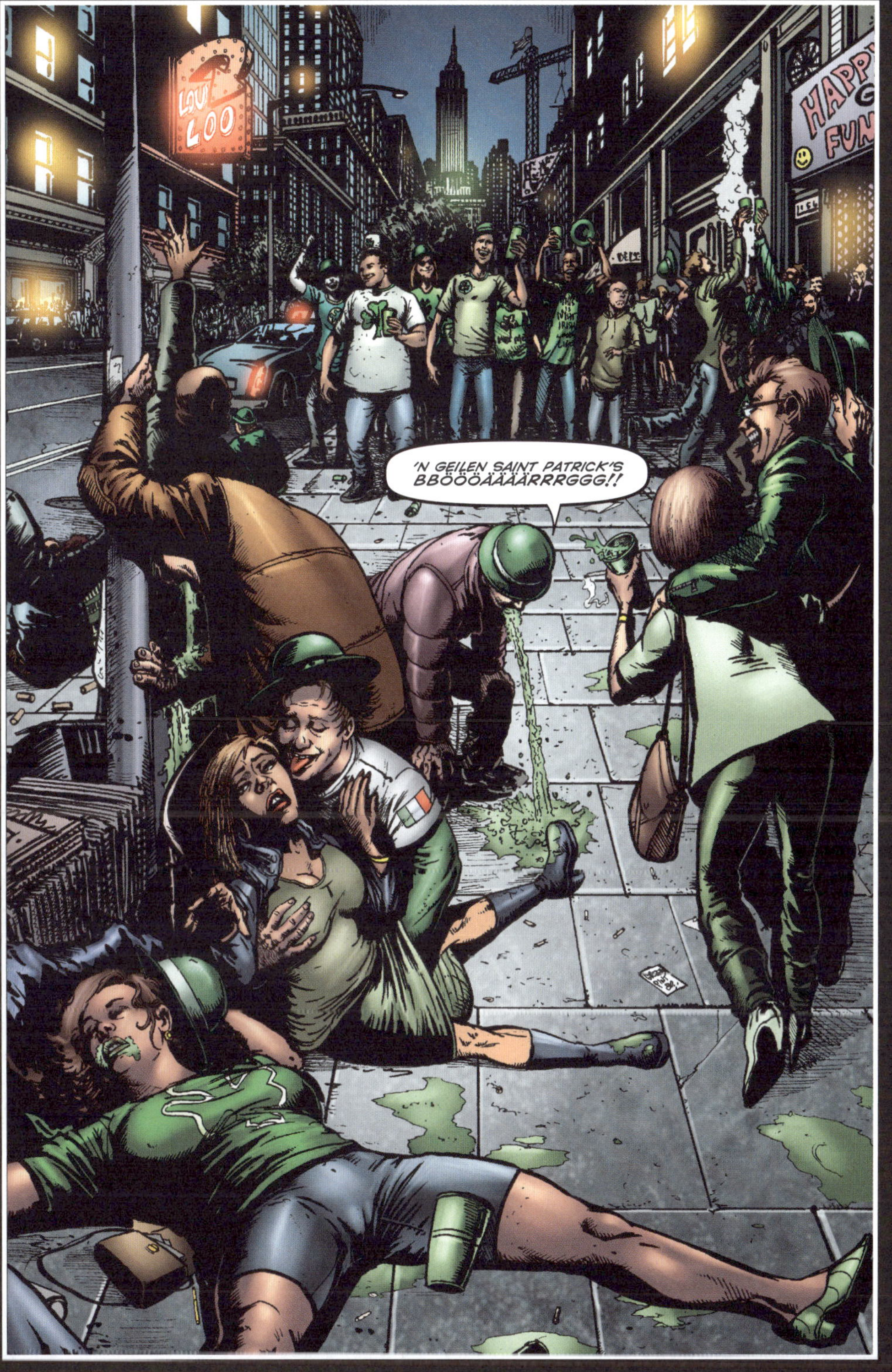

SCHMUTZIGE GEHEIMNISSE
TEIL 5

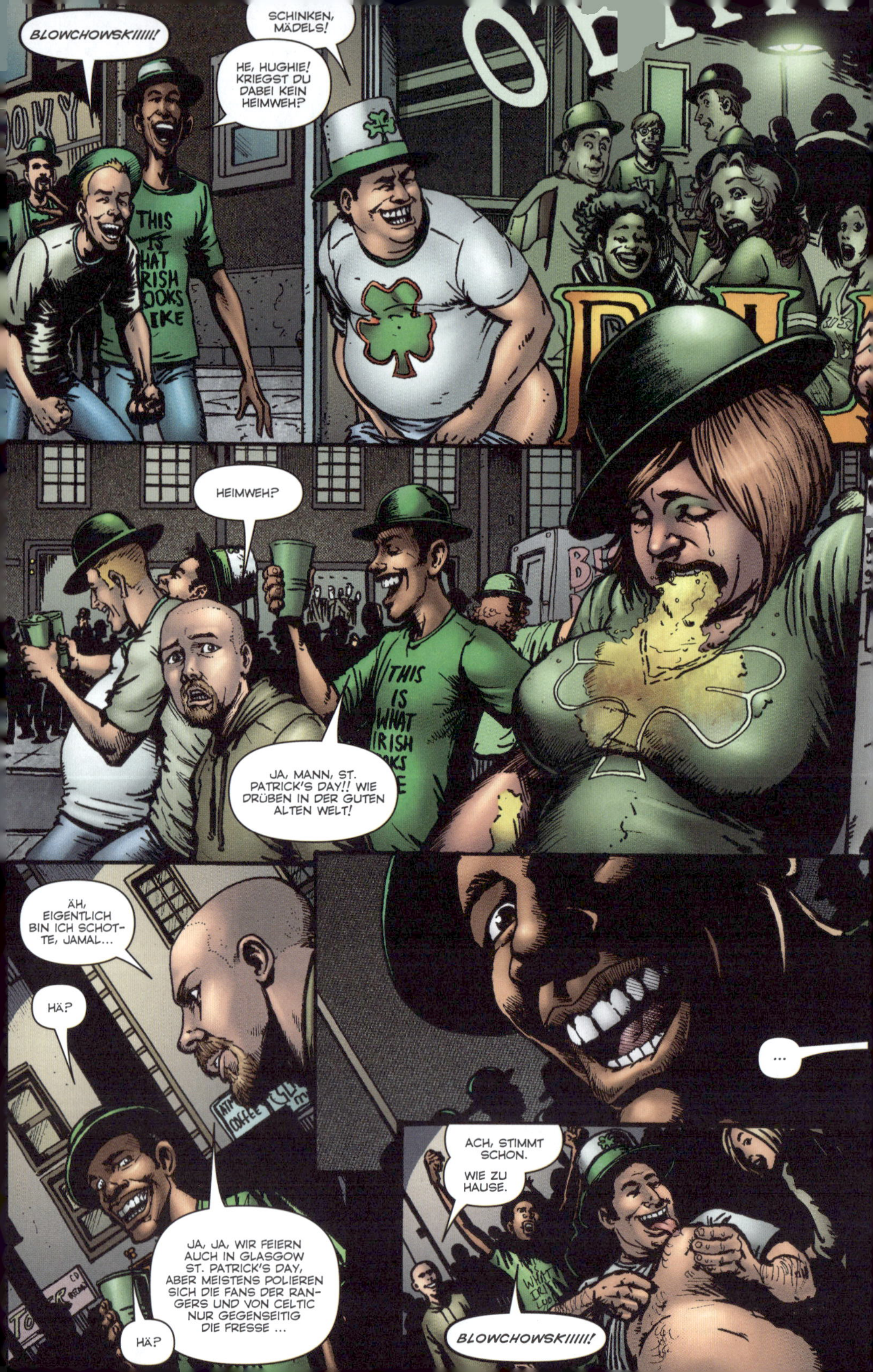
BLOWCHOWSKIIIII!
SCHINKEN, MÄDELS!
HE, HUGHIE! KRIEGST DU DABEI KEIN HEIMWEH?
HEIMWEH?
JA, MANN, ST. PATRICK'S DAY!! WIE DRÜBEN IN DER GUTEN ALTEN WELT!
ÄH, EIGENTLICH BIN ICH SCHOTTE, JAMAL...
HÄ?
JA, JA, WIR FEIERN AUCH IN GLASGOW ST. PATRICK'S DAY, ABER MEISTENS POLIEREN SICH DIE FANS DER RANGERS UND VON CELTIC NUR GEGENSEITIG DIE FRESSE ...
HÄ?
...
ACH, STIMMT SCHON.
WIE ZU HAUSE.
BLOWCHOWSKIIIII!

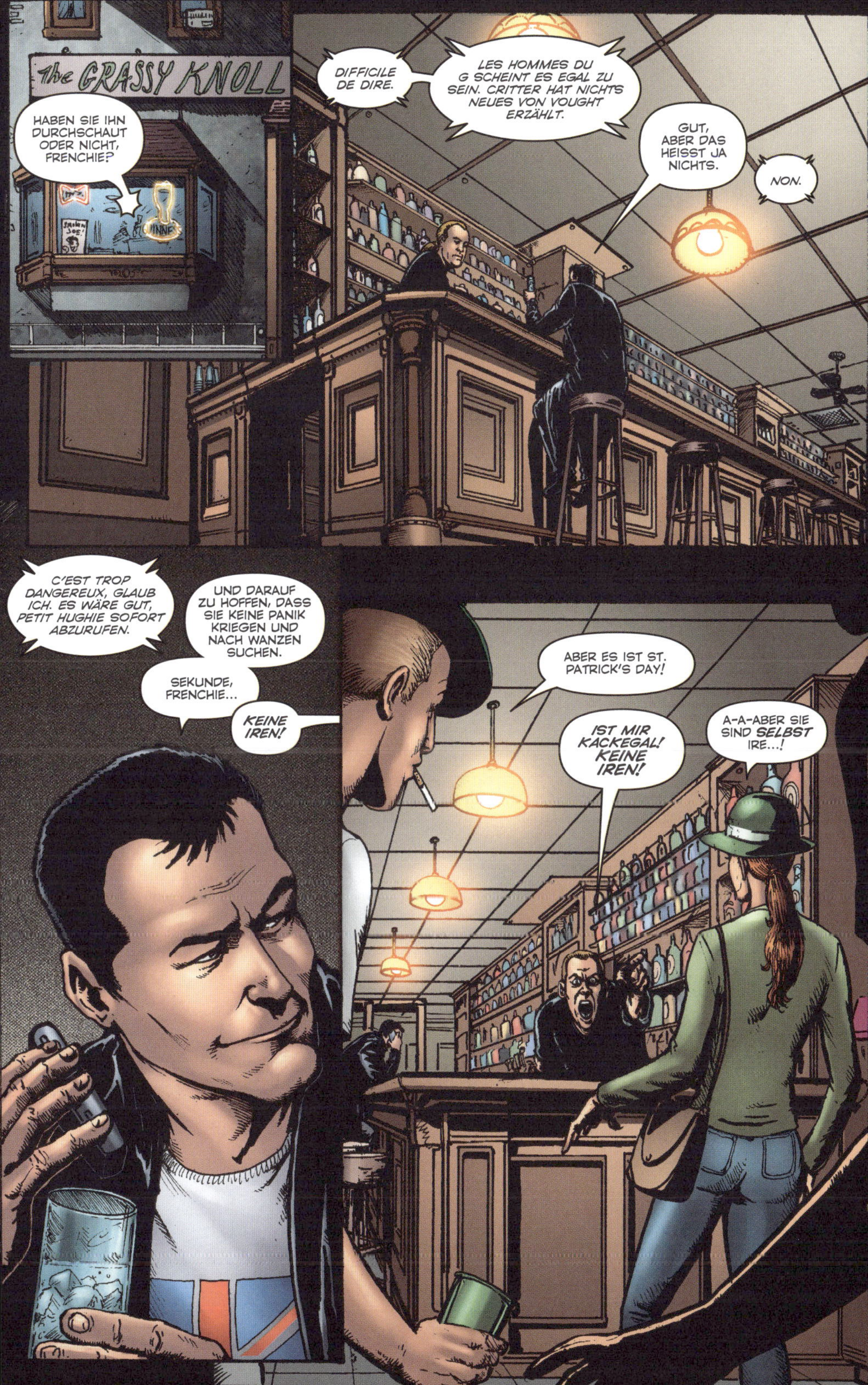
The GRASSY KNOLL
HABEN SIE IHN DURCHSCHAUT ODER NICHT, FRENCHIE?
DIFFICILE DE DIRE.
LES HOMMES DU G SCHEINT ES EGAL ZU SEIN. CRITTER HAT NICHTS NEUES VON VOUGHT ERZÄHLT.
GUT, ABER DAS HEISST JA NICHTS.
NON.
C'EST TROP DANGEREUX, GLAUB ICH. ES WÄRE GUT, PETIT HUGHIE SOFORT ABZURUFEN.
UND DARAUF ZU HOFFEN, DASS SIE KEINE PANIK KRIEGEN UND NACH WANZEN SUCHEN.
SEKUNDE, FRENCHIE...
KEINE IREN!
ABER ES IST ST. PATRICK'S DAY!
IST MIR KACKEGAL! KEINE IREN!
A-A-ABER SIE SIND SELBST IRE...!

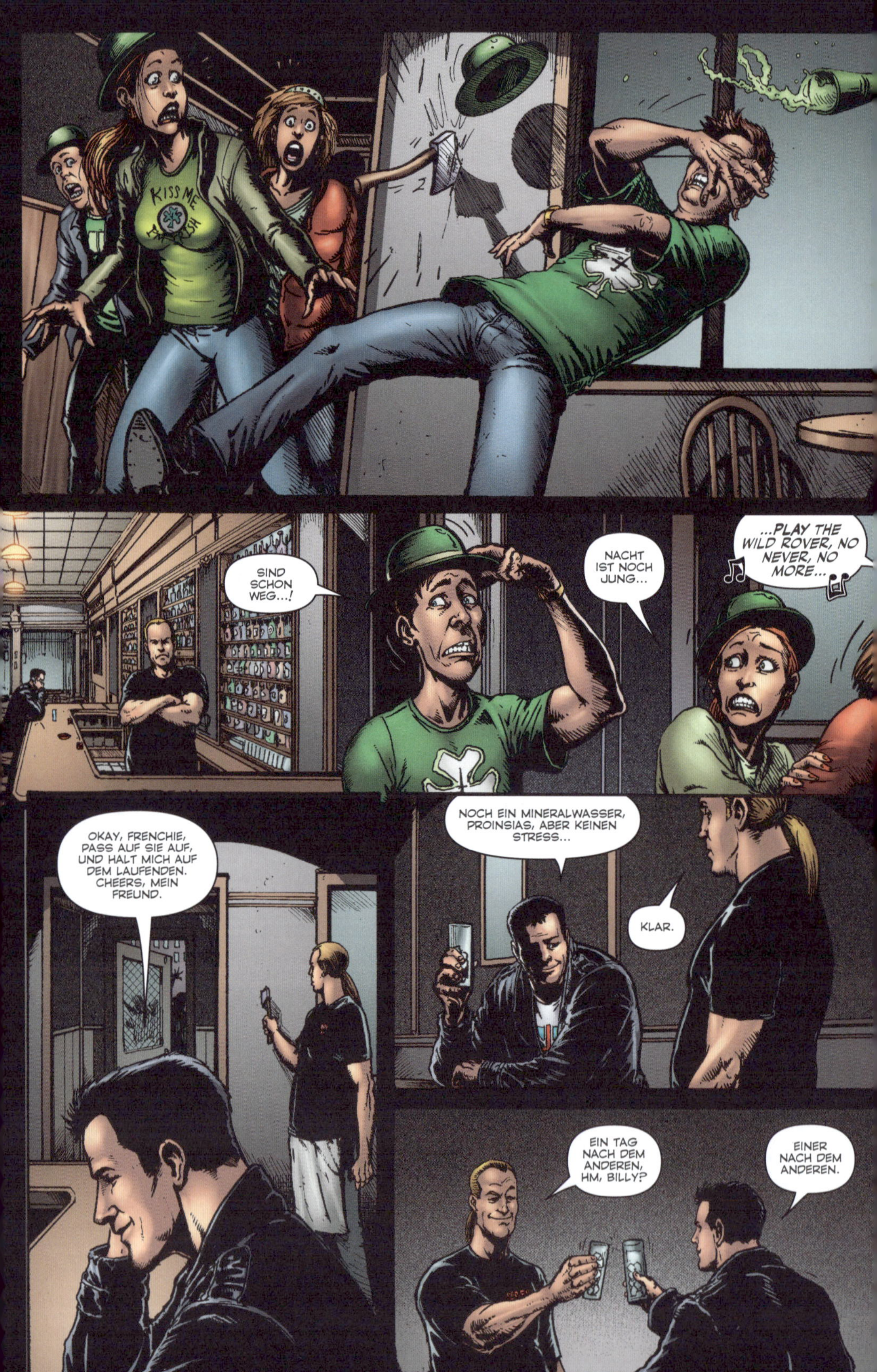
SIND SCHON WEG...!
NACHT IST NOCH JUNG...
...PLAY THE WILD ROVER, NO NEVER, NO MORE...
OKAY, FRENCHIE, PASS AUF SIE AUF, UND HALT MICH AUF DEM LAUFENDEN. CHEERS, MEIN FREUND.
NOCH EIN MINERALWASSER, PROINSIAS, ABER KEINEN STRESS...
KLAR.
EIN TAG NACH DEM ANDEREN, HM, BILLY?
EINER NACH DEM ANDEREN.

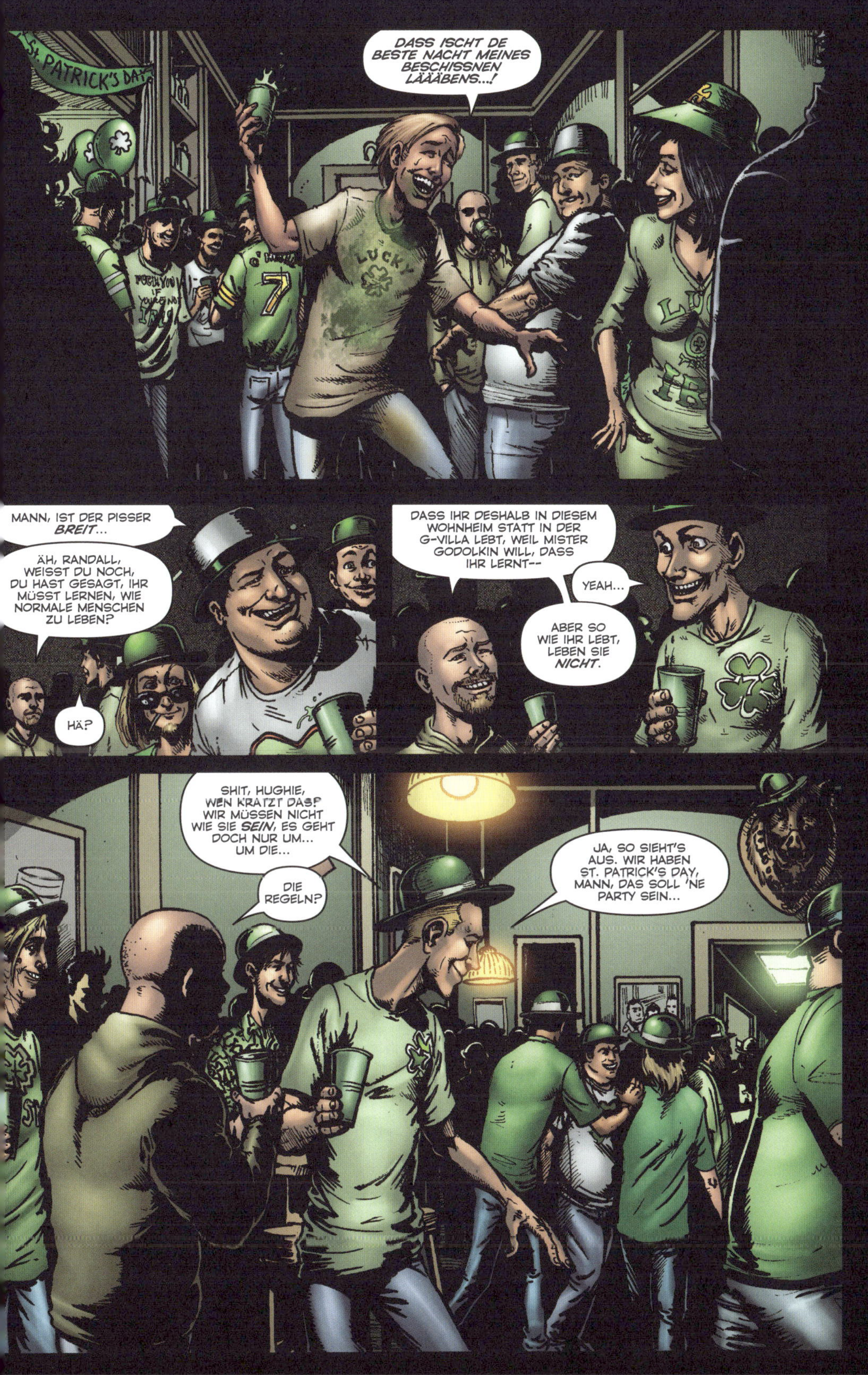
ST. PATRICK'S DAY
DASS ISCHT DE BESTE NACHT MEINES BESCHISSNEN LÄÄÄBENS...!
LUCKY
MANN, IST DER PISSER *BREIT*...
ÄH, RANDALL, WEISST DU NOCH, DU HAST GESAGT, IHR MÜSST LERNEN, WIE NORMALE MENSCHEN ZU LEBEN?
HÄ?
DASS IHR DESHALB IN DIESEM WOHNHEIM STATT IN DER G-VILLA LEBT, WEIL MISTER GODOLKIN WILL, DASS IHR LERNT--
YEAH...
ABER SO WIE IHR LEBT, LEBEN SIE *NICHT*.
SHIT, HUGHIE, WEN KRATZT DAS? WIR MÜSSEN NICHT WIE SIE *SEIN*, ES GEHT DOCH NUR UM... UM DIE...
DIE REGELN?
JA, SO SIEHT'S AUS. WIR HABEN ST. PATRICK'S DAY, MANN, DAS SOLL 'NE PARTY SEIN...

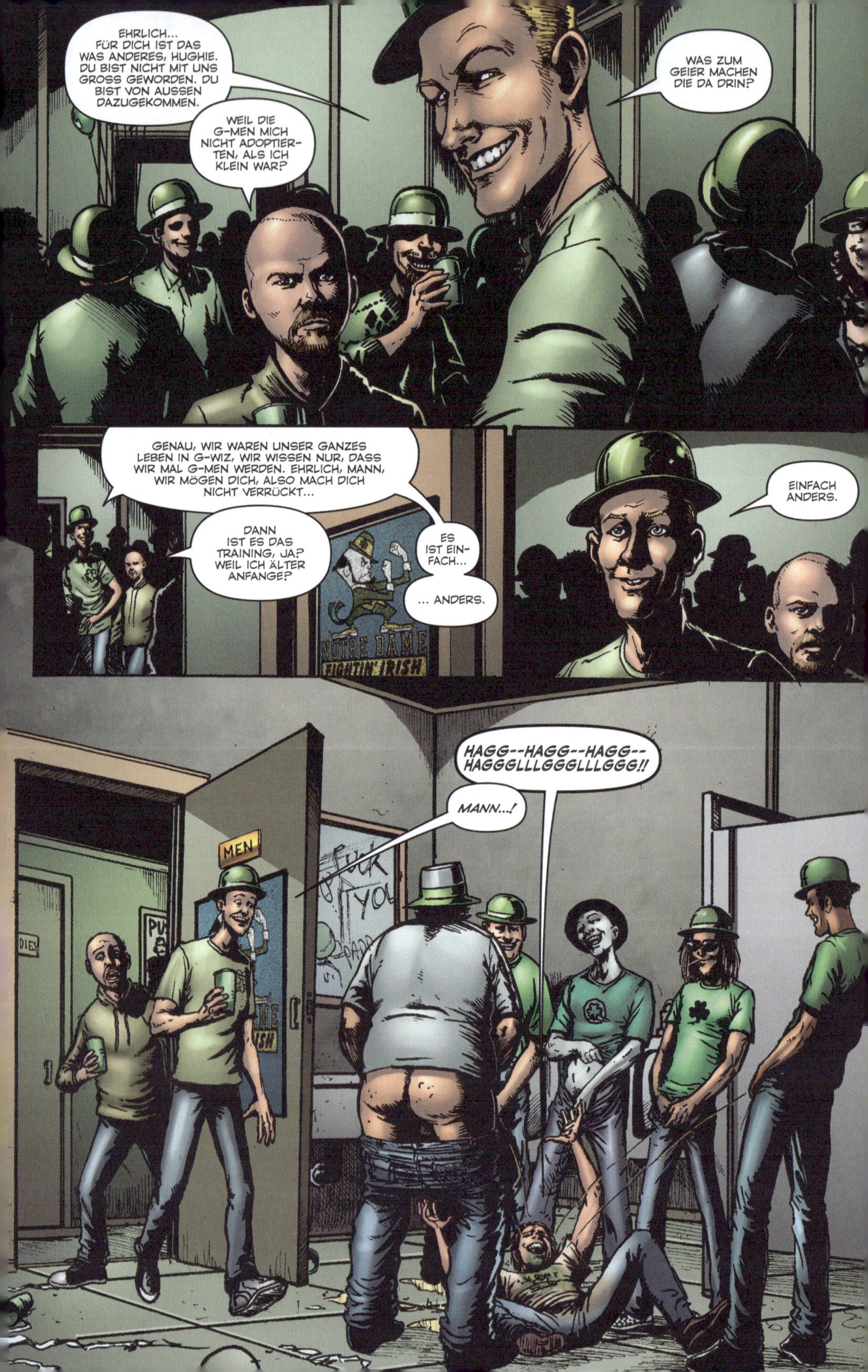

EHRLICH... FÜR DICH IST DAS WAS ANDERES, HUGHIE. DU BIST NICHT MIT UNS GROSS GEWORDEN. DU BIST VON AUSSEN DAZUGEKOMMEN.
WEIL DIE G-MEN MICH NICHT ADOPTIERTEN, ALS ICH KLEIN WAR?
WAS ZUM GEIER MACHEN DIE DA DRIN?
GENAU, WIR WAREN UNSER GANZES LEBEN IN G-WIZ, WIR WISSEN NUR, DASS WIR MAL G-MEN WERDEN. EHRLICH, MANN, WIR MÖGEN DICH, ALSO MACH DICH NICHT VERRÜCKT...
DANN IST ES DAS TRAINING, JA? WEIL ICH ÄLTER ANFANGE?
ES IST EINFACH...
... ANDERS.
NOTRE DAME
FIGHTIN' IRISH
EINFACH ANDERS.
HAGG--HAGG--HAGG--HAGGGLLLGGGLLLGGG!!
MANN...!
MEN

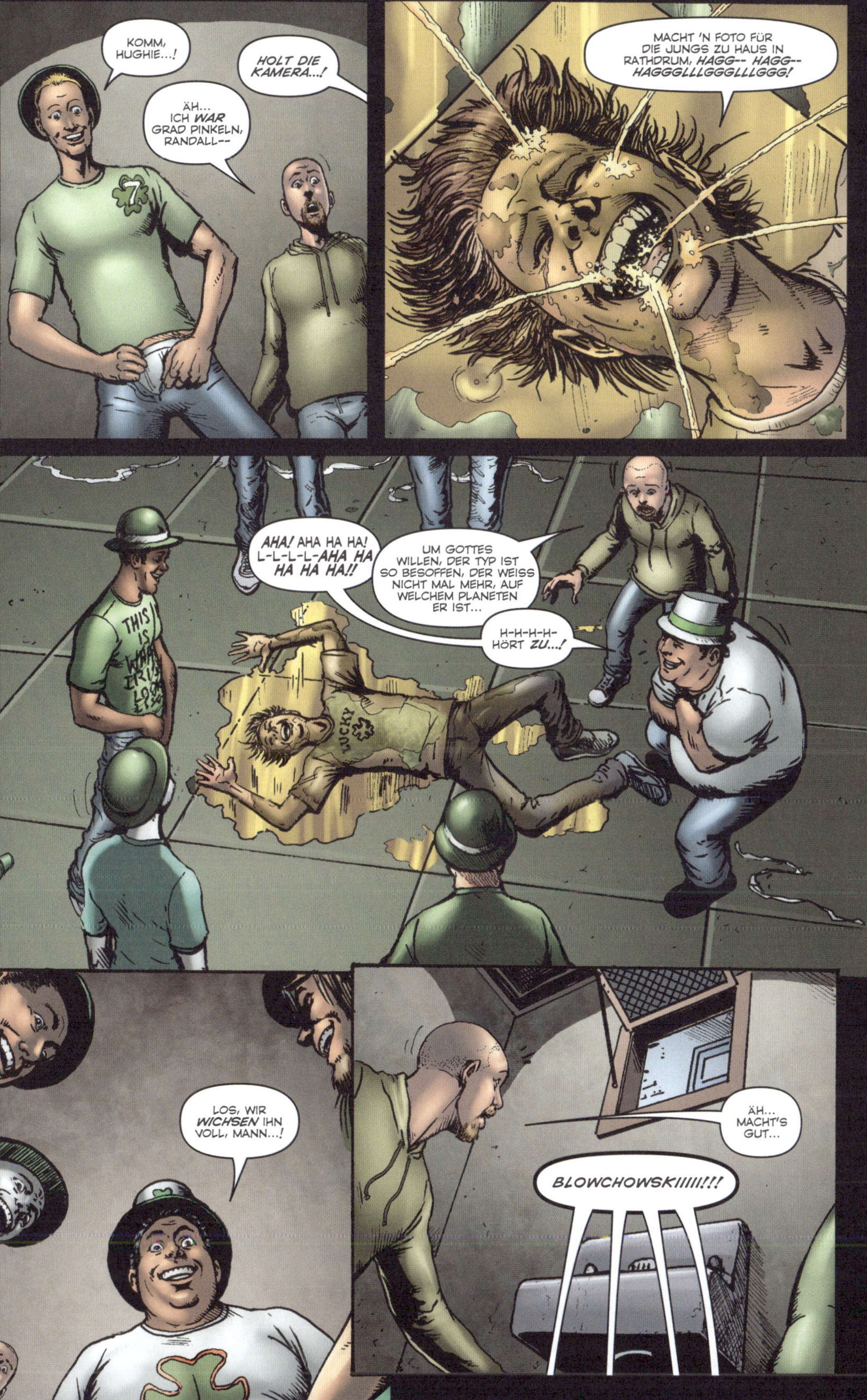
KOMM, HUGHIE...!
ÄH... ICH WAR GRAD PINKELN, RANDALL--
HOLT DIE KAMERA...!
MACHT 'N FOTO FÜR DIE JUNGS ZU HAUS IN RATHDRUM, HAGG-- HAGG-- HAGGGLLLGGGLLLGGG!
AHA! AHA HA HA! L-L-L-L-AHA HA HA HA HA!!
UM GOTTES WILLEN, DER TYP IST SO BESOFFEN, DER WEISS NICHT MAL MEHR, AUF WELCHEM PLANETEN ER IST...
H-H-H-H-HÖRT ZU...!
LOS, WIR WICHSEN IHN VOLL, MANN...!
ÄH... MACHT'S GUT...
BLOWCHOWSKIIIIII!!!

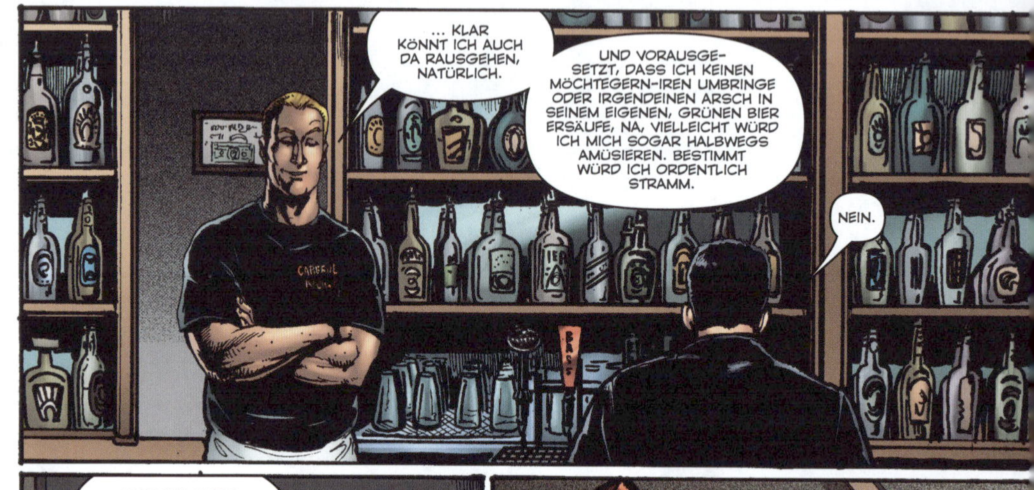

... KLAR KÖNNT ICH AUCH DA RAUSGEHEN, NATÜRLICH.
UND VORAUSGESETZT, DASS ICH KEINEN MÖCHTEGERN-IREN UMBRINGE ODER IRGENDEINEN ARSCH IN SEINEM EIGENEN, GRÜNEN BIER ERSÄUFE, NA, VIELLEICHT WÜRD ICH MICH SOGAR HALBWEGS AMÜSIEREN. BESTIMMT WÜRD ICH ORDENTLICH STRAMM.
NEIN.

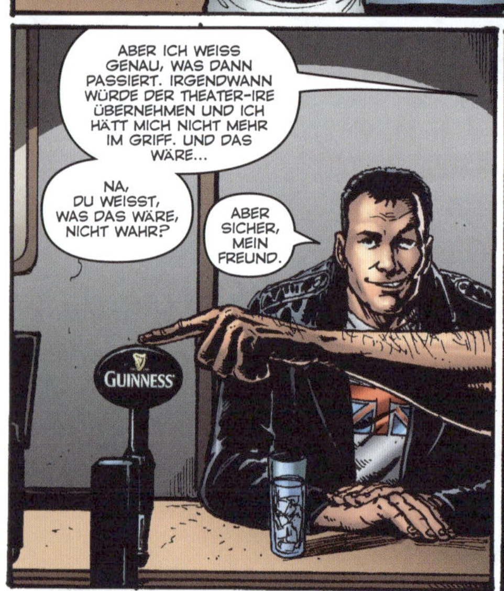

ABER ICH WEISS GENAU, WAS DANN PASSIERT. IRGENDWANN WÜRDE DER THEATER-IRE ÜBERNEHMEN UND ICH HÄTT MICH NICHT MEHR IM GRIFF. UND DAS WÄRE...
NA, DU WEISST, WAS DAS WÄRE, NICHT WAHR?
ABER SICHER, MEIN FREUND.
GUINNESS

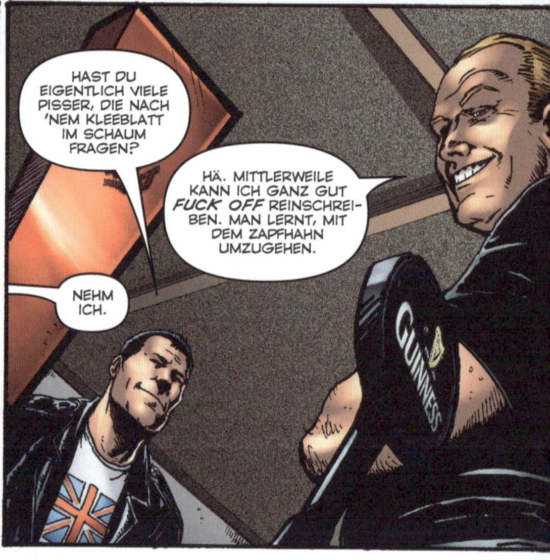

HAST DU EIGENTLICH VIELE PISSER, DIE NACH 'NEM KLEEBLATT IM SCHAUM FRAGEN?
HÄ. MITTLERWEILE KANN ICH GANZ GUT ***FUCK OFF*** REINSCHREIBEN. MAN LERNT, MIT DEM ZAPFHAHN UMZUGEHEN.
NEHM ICH.
GUINNESS

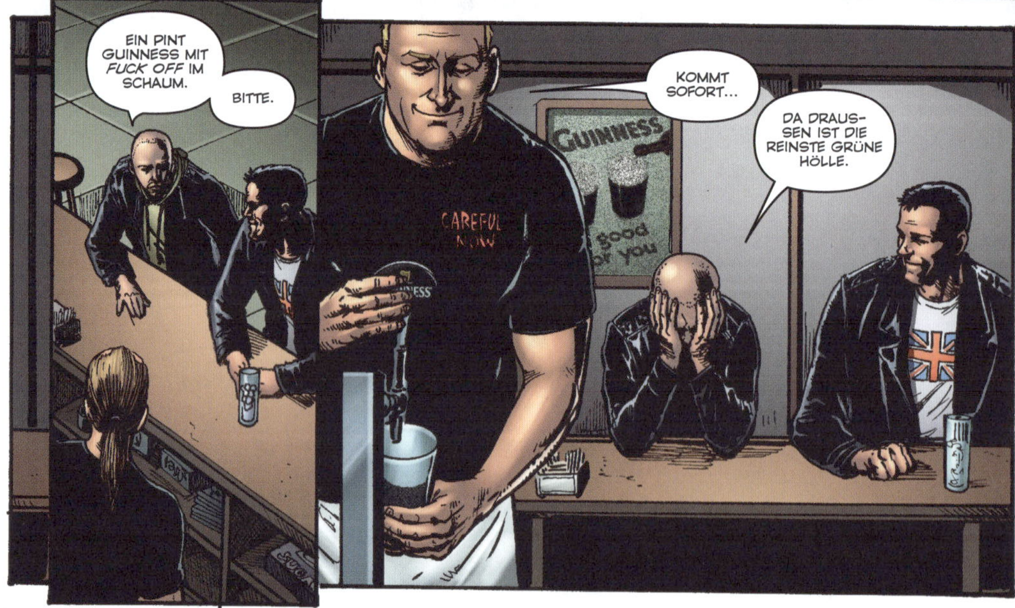

EIN PINT GUINNESS MIT *FUCK OFF* IM SCHAUM.
BITTE.
KOMMT SOFORT...
DA DRAUSSEN IST DIE REINSTE GRÜNE HÖLLE.
GUINNESS

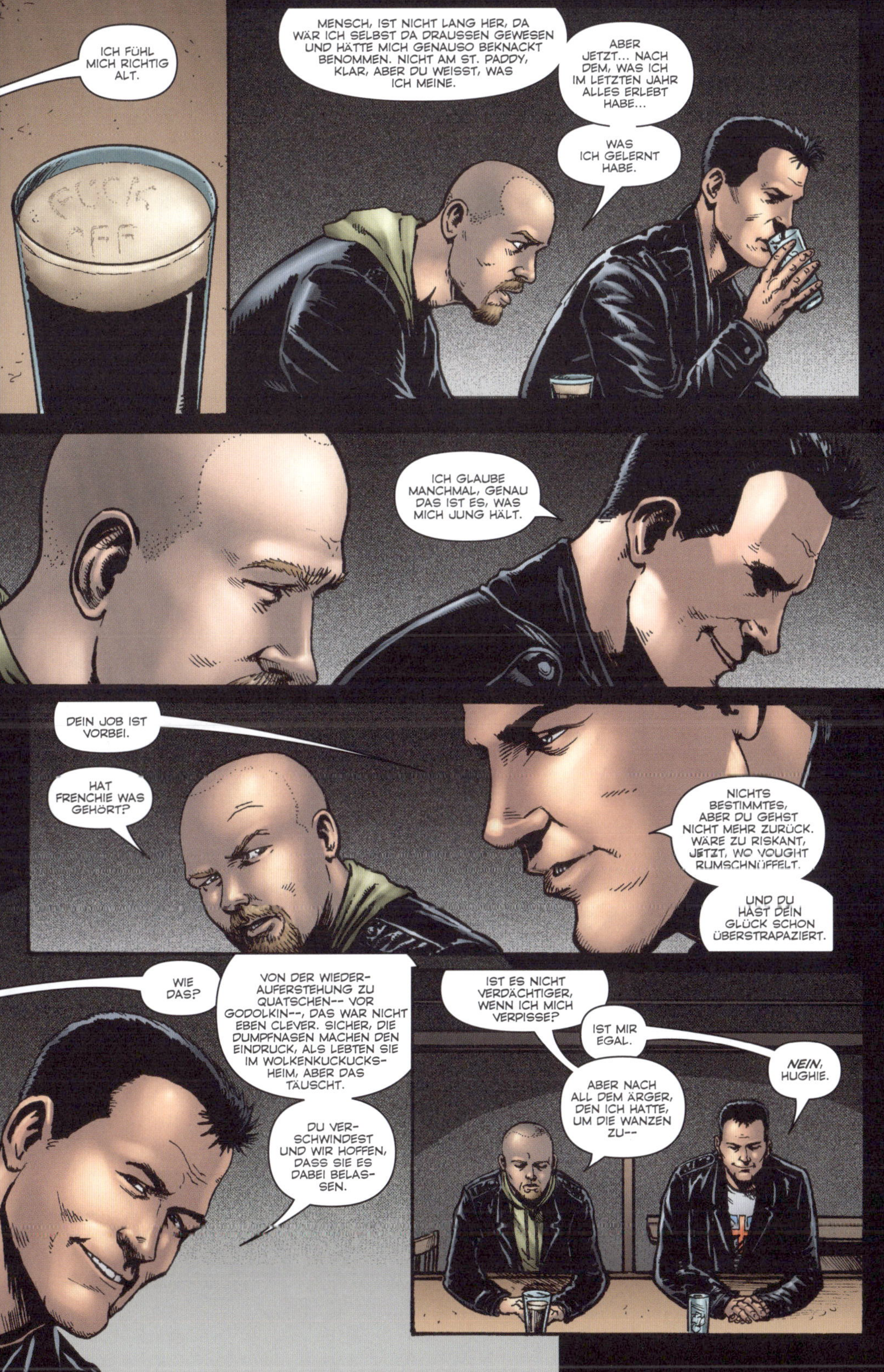
ICH FÜHL MICH RICHTIG ALT.
FUCK OFF
MENSCH, IST NICHT LANG HER, DA WÄR ICH SELBST DA DRAUSSEN GEWESEN UND HÄTTE MICH GENAUSO BEKNACKT BENOMMEN. NICHT AM ST. PADDY, KLAR, ABER DU WEISST, WAS ICH MEINE.
ABER JETZT... NACH DEM, WAS ICH IM LETZTEN JAHR ALLES ERLEBT HABE...
WAS ICH GELERNT HABE.
ICH GLAUBE MANCHMAL, GENAU DAS IST ES, WAS MICH JUNG HÄLT.
DEIN JOB IST VORBEI.
HAT FRENCHIE WAS GEHÖRT?
NICHTS BESTIMMTES, ABER DU GEHST NICHT MEHR ZURÜCK. WÄRE ZU RISKANT, JETZT, WO VOUGHT RUMSCHNÜFFELT.
UND DU HAST DEIN GLÜCK SCHON ÜBERSTRAPAZIERT.
WIE DAS?
VON DER WIEDER-AUFERSTEHUNG ZU QUATSCHEN-- VOR GODOLKIN--, DAS WAR NICHT EBEN CLEVER. SICHER, DIE DUMPFNASEN MACHEN DEN EINDRUCK, ALS LEBTEN SIE IM WOLKENKUCKUCKS-HEIM, ABER DAS TÄUSCHT.
DU VER-SCHWINDEST UND WIR HOFFEN, DASS SIE ES DABEI BELAS-SEN.
IST ES NICHT VERDÄCHTIGER, WENN ICH MICH VERPISSE?
IST MIR EGAL.
ABER NACH ALL DEM ÄRGER, DEN ICH HATTE, UM DIE WANZEN ZU--
NEIN, HUGHIE.

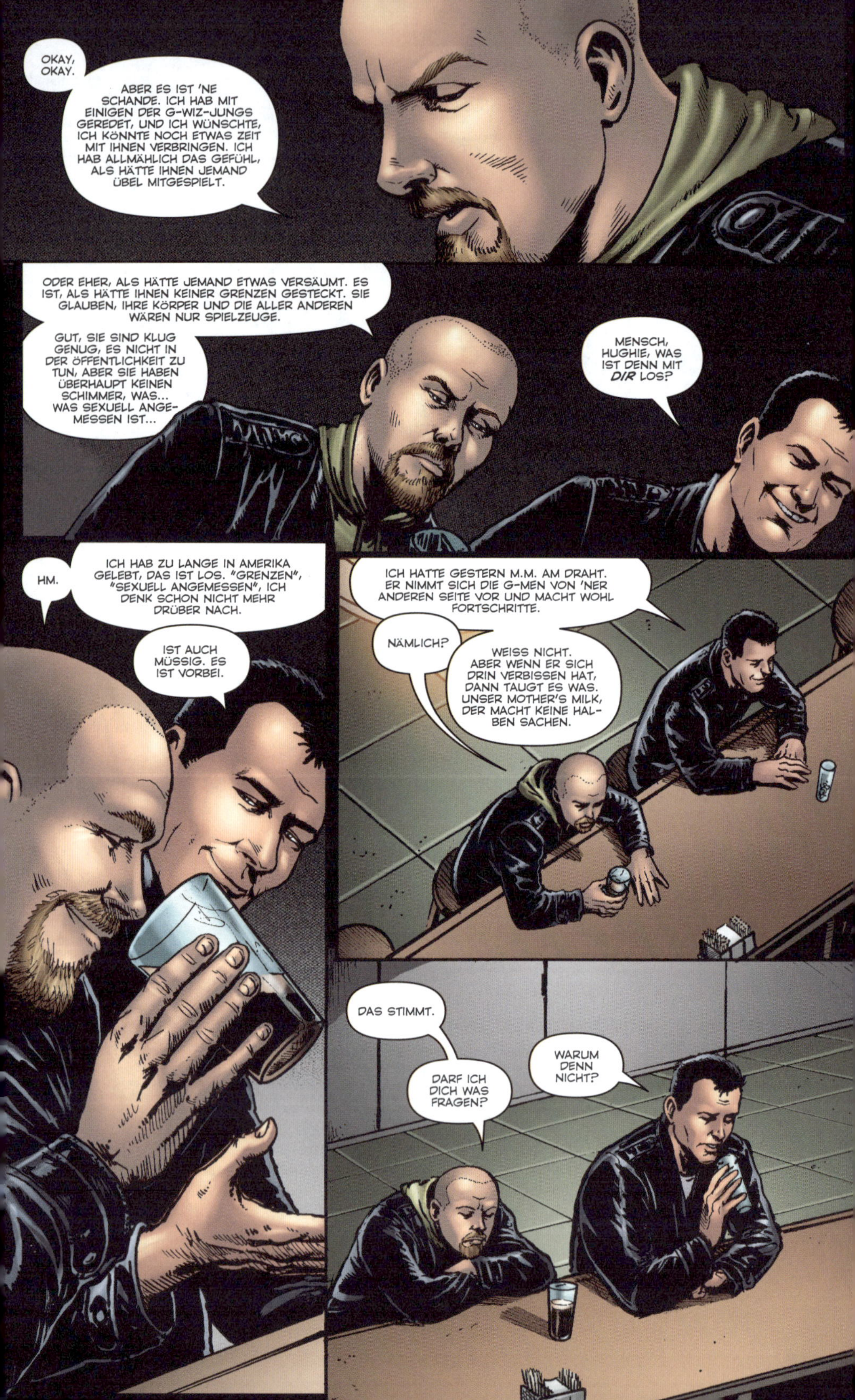
OKAY, OKAY.
ABER ES IST 'NE SCHANDE. ICH HAB MIT EINIGEN DER G-WIZ-JUNGS GEREDET, UND ICH WÜNSCHTE, ICH KÖNNTE NOCH ETWAS ZEIT MIT IHNEN VERBRINGEN. ICH HAB ALLMÄHLICH DAS GEFÜHL, ALS HÄTTE IHNEN JEMAND ÜBEL MITGESPIELT.
ODER EHER, ALS HÄTTE JEMAND ETWAS VERSÄUMT. ES IST, ALS HÄTTE IHNEN KEINER GRENZEN GESTECKT. SIE GLAUBEN, IHRE KÖRPER UND DIE ALLER ANDEREN WÄREN NUR SPIELZEUGE.
GUT, SIE SIND KLUG GENUG, ES NICHT IN DER ÖFFENTLICHKEIT ZU TUN, ABER SIE HABEN ÜBERHAUPT KEINEN SCHIMMER, WAS... WAS SEXUELL ANGEMESSEN IST...
MENSCH, HUGHIE, WAS IST DENN MIT *DIR* LOS?
HM.
ICH HAB ZU LANGE IN AMERIKA GELEBT, DAS IST LOS. "GRENZEN", "SEXUELL ANGEMESSEN", ICH DENK SCHON NICHT MEHR DRÜBER NACH.
IST AUCH MÜSSIG. ES IST VORBEI.
ICH HATTE GESTERN M.M. AM DRAHT. ER NIMMT SICH DIE G-MEN VON 'NER ANDEREN SEITE VOR UND MACHT WOHL FORTSCHRITTE.
NÄMLICH?
WEISS NICHT. ABER WENN ER SICH DRIN VERBISSEN HAT, DANN TAUGT ES WAS. UNSER MOTHER'S MILK, DER MACHT KEINE HALBEN SACHEN.
DAS STIMMT.
DARF ICH DICH WAS FRAGEN?
WARUM DENN NICHT?

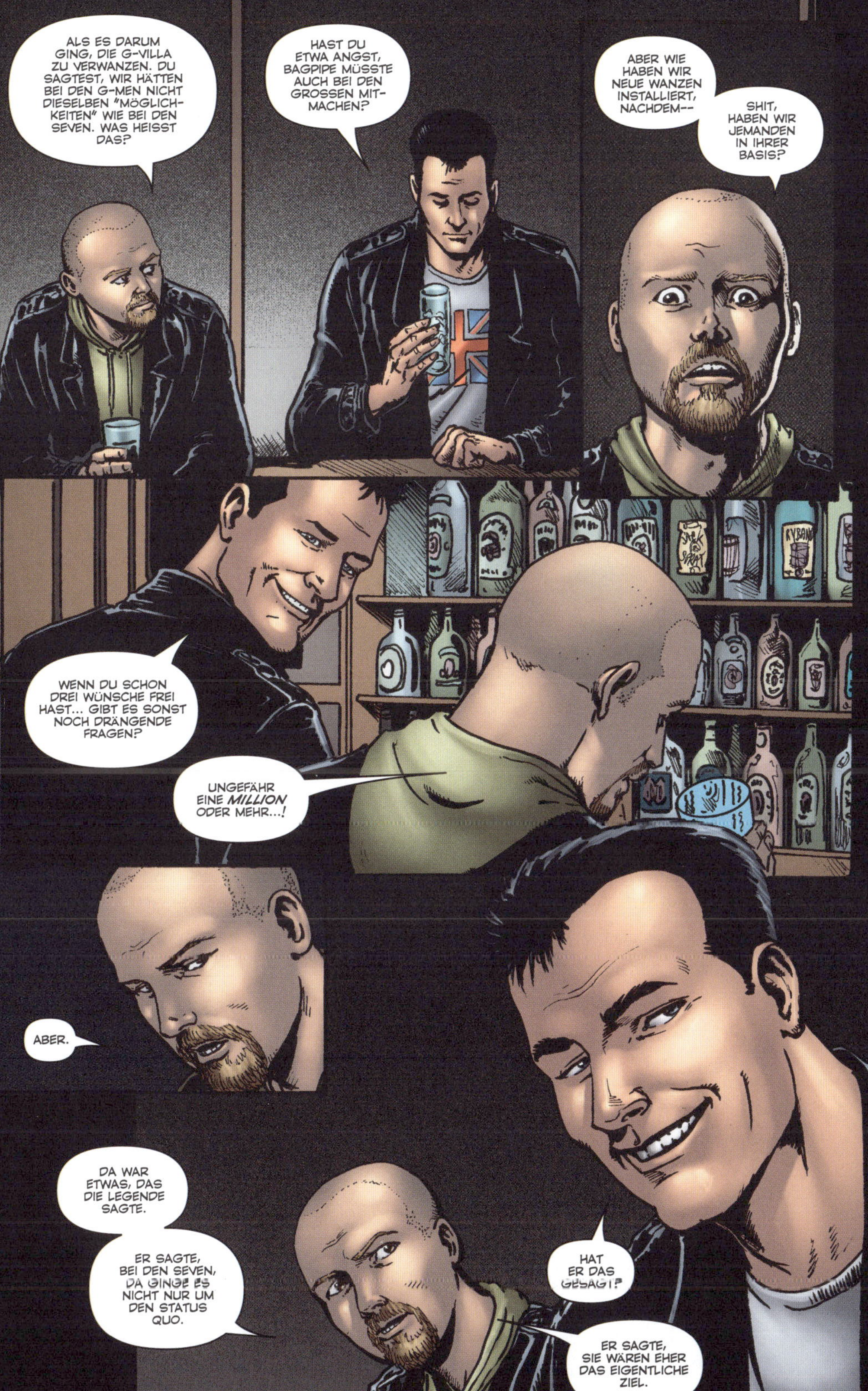
ALS ES DARUM GING, DIE G-VILLA ZU VERWANZEN. DU SAGTEST, WIR HÄTTEN BEI DEN G-MEN NICHT DIESELBEN "MÖGLICHKEITEN" WIE BEI DEN SEVEN. WAS HEISST DAS?
HAST DU ETWA ANGST, BAGPIPE MÜSSTE AUCH BEI DEN GROSSEN MITMACHEN?
ABER WIE HABEN WIR NEUE WANZEN INSTALLIERT, NACHDEM--
SHIT, HABEN WIR JEMANDEN IN IHRER BASIS?
WENN DU SCHON DREI WÜNSCHE FREI HAST... GIBT ES SONST NOCH DRÄNGENDE FRAGEN?
UNGEFÄHR EINE *MILLION* ODER MEHR...!
ABER.
DA WAR ETWAS, DAS DIE LEGENDE SAGTE.
ER SAGTE, BEI DEN SEVEN, DA GINGE ES NICHT NUR UM DEN STATUS QUO.
HAT ER DAS GESAGT?
ER SAGTE, SIE WÄREN EHER DAS EIGENTLICHE ZIEL.

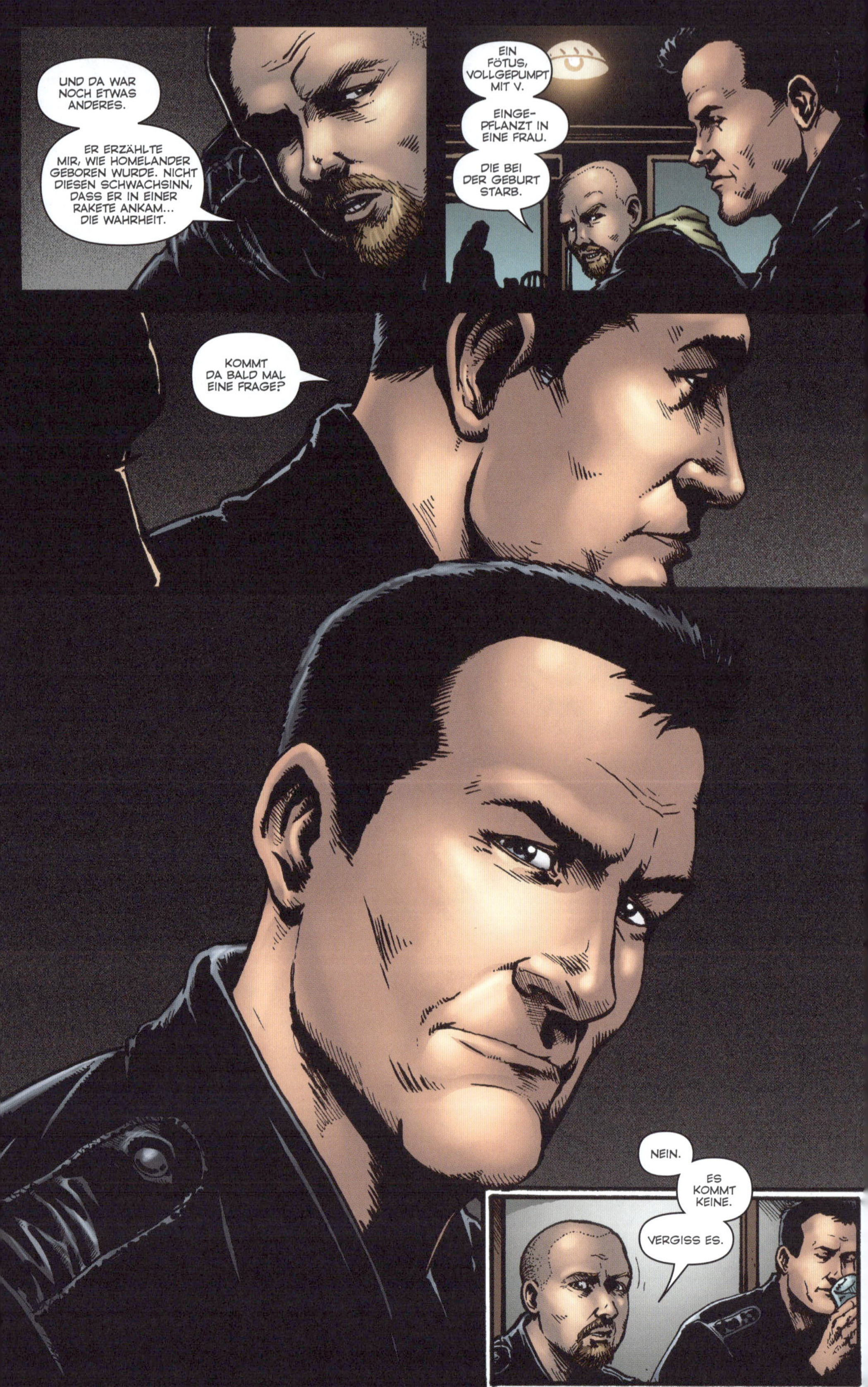
UND DA WAR NOCH ETWAS ANDERES.
ER ERZÄHLTE MIR, WIE HOMELANDER GEBOREN WURDE. NICHT DIESEN SCHWACHSINN, DASS ER IN EINER RAKETE ANKAM... DIE WAHRHEIT.
EIN FÖTUS, VOLLGEPUMPT MIT V.
EINGE-PFLANZT IN EINE FRAU.
DIE BEI DER GEBURT STARB.
KOMMT DA BALD MAL EINE FRAGE?
NEIN.
ES KOMMT KEINE.
VERGISS ES.

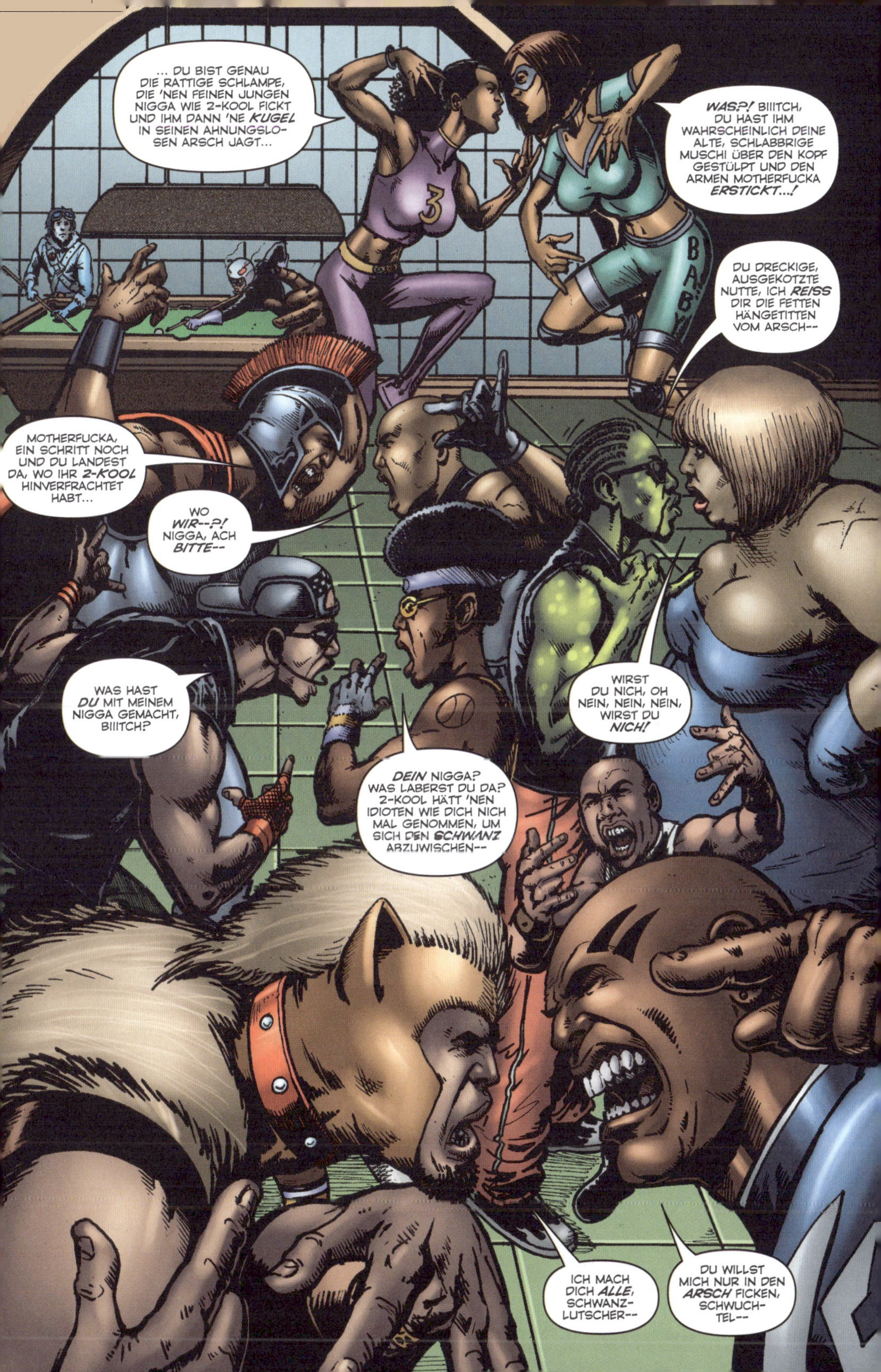
... DU BIST GENAU DIE RATTIGE SCHLAMPE, DIE 'NEN FEINEN JUNGEN NIGGA WIE 2-KOOL FICKT UND IHM DANN 'NE KUGEL IN SEINEN AHNUNGSLOSEN ARSCH JAGT...
WAS?! BIIITCH, DU HAST IHM WAHRSCHEINLICH DEINE ALTE, SCHLABBRIGE MUSCHI ÜBER DEN KOPF GESTÜLPT UND DEN ARMEN MOTHERFUCKA ERSTICKT...!
DU DRECKIGE, AUSGEKOTZTE NUTTE, ICH REISS DIR DIE FETTEN HÄNGETITTEN VOM ARSCH--
MOTHERFUCKA, EIN SCHRITT NOCH UND DU LANDEST DA, WO IHR 2-KOOL HINVERFRACHTET HABT...
WO WIR--?! NIGGA, ACH BITTE--
WAS HAST DU MIT MEINEM NIGGA GEMACHT, BIIITCH?
DEIN NIGGA? WAS LABERST DU DA? 2-KOOL HÄTT 'NEN IDIOTEN WIE DICH NICH MAL GENOMMEN, UM SICH DEN SCHWANZ ABZUWISCHEN--
WIRST DU NICH, OH NEIN, NEIN, NEIN, WIRST DU NICH!
ICH MACH DICH ALLE, SCHWANZ-LUTSCHER--
DU WILLST MICH NUR IN DEN ARSCH FICKEN, SCHWUCH-TEL--

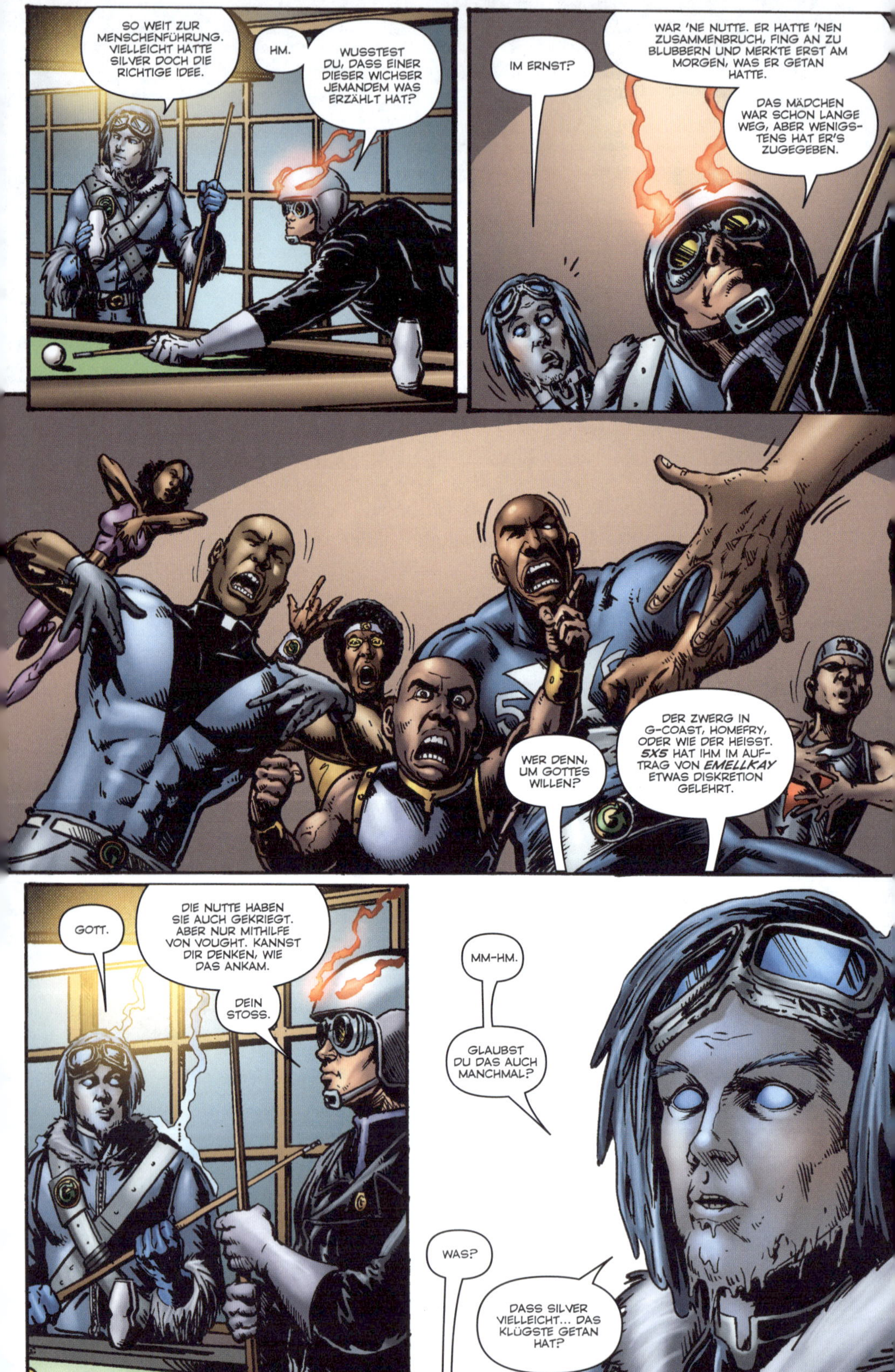
SO WEIT ZUR MENSCHENFÜHRUNG. VIELLEICHT HATTE SILVER DOCH DIE RICHTIGE IDEE.
HM.
WUSSTEST DU, DASS EINER DIESER WICHSER JEMANDEM WAS ERZÄHLT HAT?
IM ERNST?
WAR 'NE NUTTE. ER HATTE 'NEN ZUSAMMENBRUCH, FING AN ZU BLUBBERN UND MERKTE ERST AM MORGEN, WAS ER GETAN HATTE.
DAS MÄDCHEN WAR SCHON LANGE WEG, ABER WENIGSTENS HAT ER'S ZUGEGEBEN.
WER DENN, UM GOTTES WILLEN?
DER ZWERG IN G-COAST, HOMEFRY, ODER WIE DER HEISST. 5X5 HAT IHM IM AUFTRAG VON EMELLKAY ETWAS DISKRETION GELEHRT.
GOTT.
DIE NUTTE HABEN SIE AUCH GEKRIEGT. ABER NUR MITHILFE VON VOUGHT. KANNST DIR DENKEN, WIE DAS ANKAM.
DEIN STOSS.
MM-HM.
GLAUBST DU DAS AUCH MANCHMAL?
WAS?
DASS SILVER VIELLEICHT... DAS KLÜGSTE GETAN HAT?

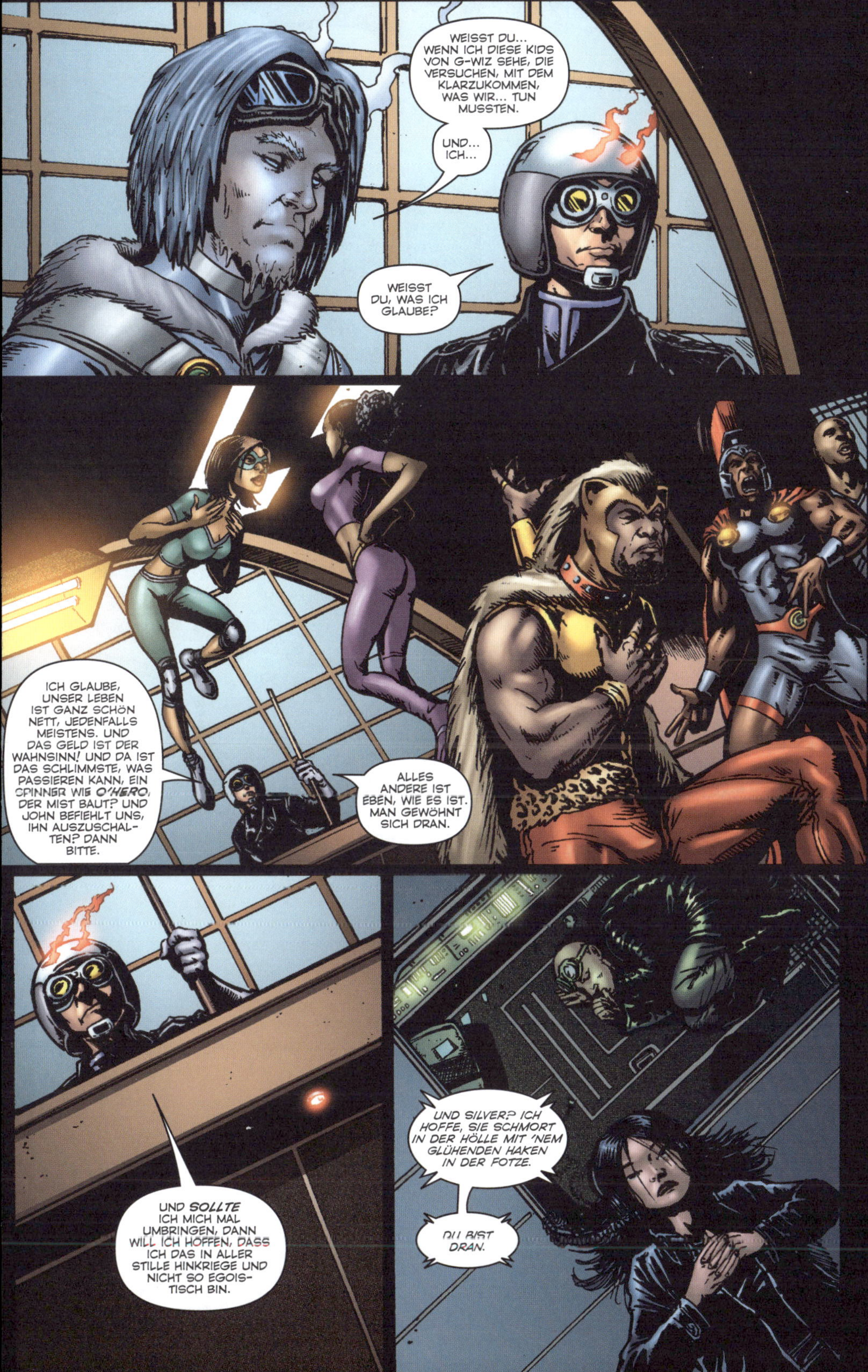
WEISST DU... WENN ICH DIESE KIDS VON G-WIZ SEHE, DIE VERSUCHEN, MIT DEM KLARZUKOMMEN, WAS WIR... TUN MUSSTEN.
UND... ICH...
WEISST DU, WAS ICH GLAUBE?
ICH GLAUBE, UNSER LEBEN IST GANZ SCHÖN NETT, JEDENFALLS MEISTENS. UND DAS GELD IST DER WAHNSINN! UND DA IST DAS SCHLIMMSTE, WAS PASSIEREN KANN, EIN SPINNER WIE O'HERO, DER MIST BAUT? UND JOHN BEFIEHLT UNS, IHN AUSZUSCHALTEN? DANN BITTE.
ALLES ANDERE IST EBEN, WIE ES IST. MAN GEWÖHNT SICH DRAN.
UND SOLLTE ICH MICH MAL UMBRINGEN, DANN WILL ICH HOFFEN, DASS ICH DAS IN ALLER STILLE HINKRIEGE UND NICHT SO EGOISTISCH BIN.
UND SILVER? ICH HOFFE, SIE SCHMORT IN DER HÖLLE MIT 'NEM GLÜHENDEN HAKEN IN DER FOTZE.
DU BIST DRAN.

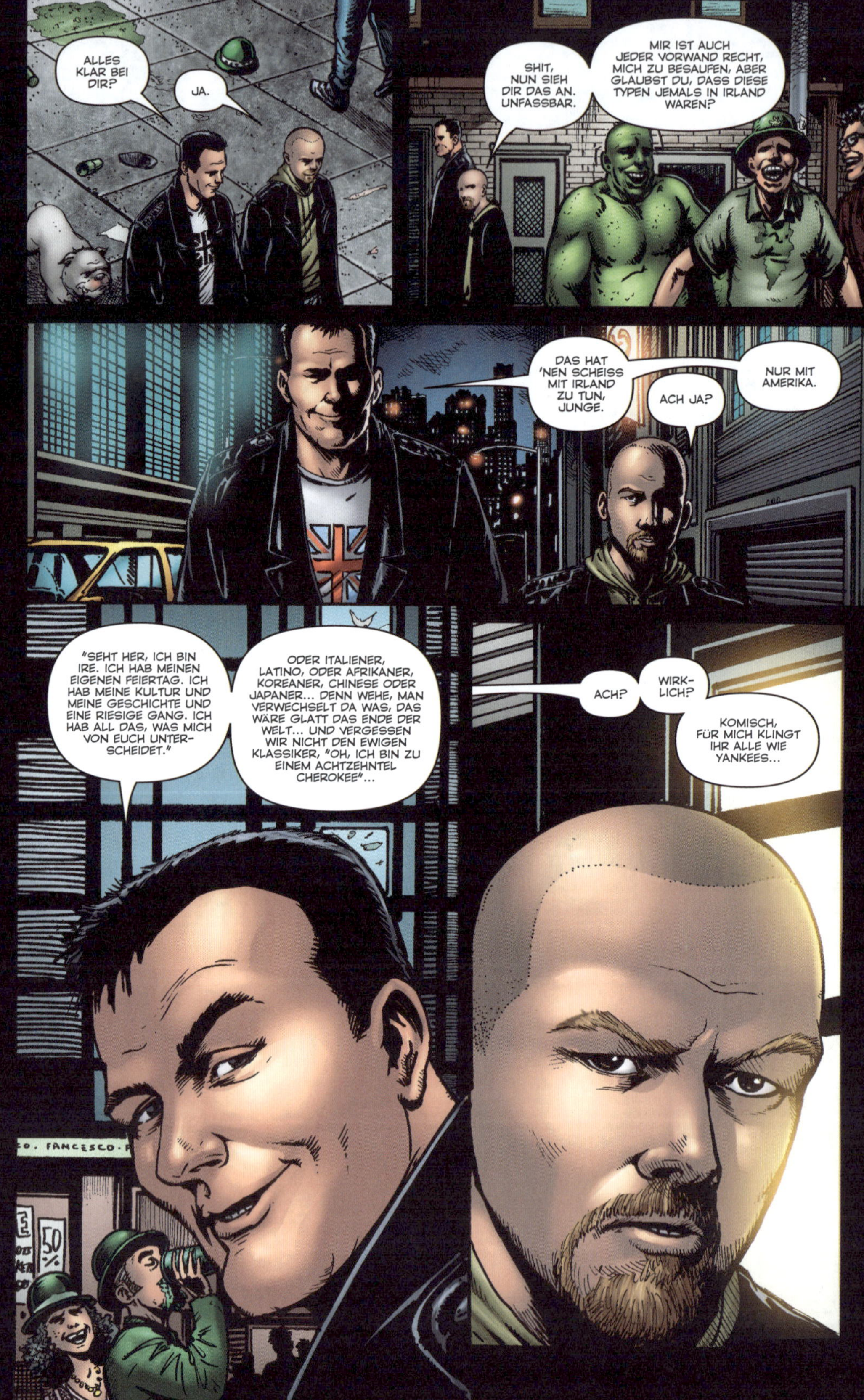
ALLES KLAR BEI DIR?
JA.
SHIT, NUN SIEH DIR DAS AN. UNFASSBAR.
MIR IST AUCH JEDER VORWAND RECHT, MICH ZU BESAUFEN, ABER GLAUBST DU, DASS DIESE TYPEN JEMALS IN IRLAND WAREN?
DAS HAT 'NEN SCHEISS MIT IRLAND ZU TUN, JUNGE.
NUR MIT AMERIKA.
ACH JA?
"SEHT HER, ICH BIN IRE. ICH HAB MEINEN EIGENEN FEIERTAG. ICH HAB MEINE KULTUR UND MEINE GESCHICHTE UND EINE RIESIGE GANG. ICH HAB ALL DAS, WAS MICH VON EUCH UNTERSCHEIDET."
ODER ITALIENER, LATINO, ODER AFRIKANER, KOREANER, CHINESE ODER JAPANER... DENN WEHE, MAN VERWECHSELT DA WAS, DAS WÄRE GLATT DAS ENDE DER WELT... UND VERGESSEN WIR NICHT DEN EWIGEN KLASSIKER, "OH, ICH BIN ZU EINEM ACHTZEHNTEL CHEROKEE"...
ACH?
WIRKLICH?
KOMISCH, FÜR MICH KLINGT IHR ALLE WIE YANKEES...
FANCESCO

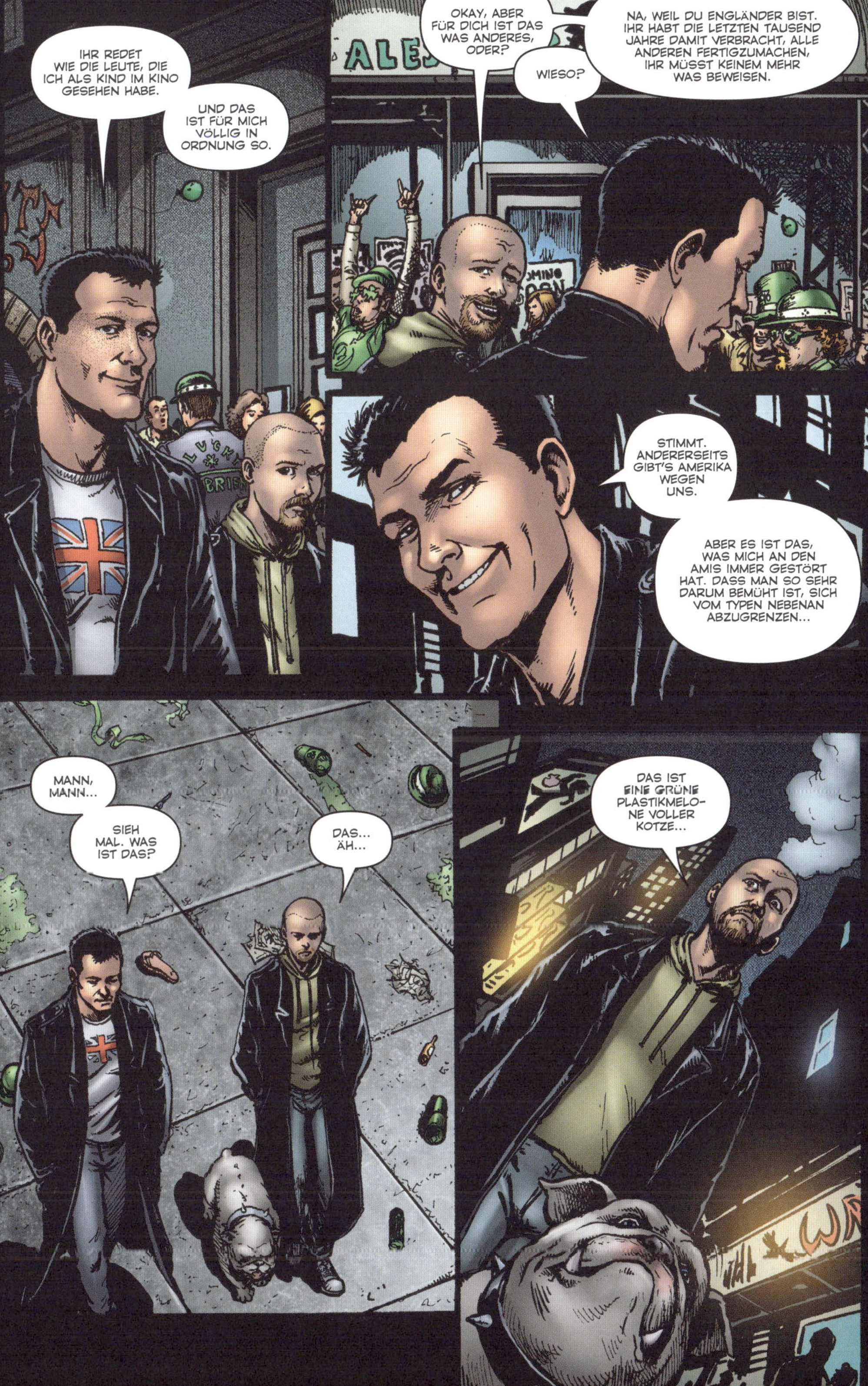
IHR REDET WIE DIE LEUTE, DIE ICH ALS KIND IM KINO GESEHEN HABE.
UND DAS IST FÜR MICH VÖLLIG IN ORDNUNG SO.
OKAY, ABER FÜR DICH IST DAS WAS ANDERES, ODER?
WIESO?
NA, WEIL DU ENGLÄNDER BIST. IHR HABT DIE LETZTEN TAUSEND JAHRE DAMIT VERBRACHT, ALLE ANDEREN FERTIGZUMACHEN, IHR MÜSST KEINEM MEHR WAS BEWEISEN.
STIMMT. ANDERERSEITS GIBT'S AMERIKA WEGEN UNS.
ABER ES IST DAS, WAS MICH AN DEN AMIS IMMER GESTÖRT HAT. DASS MAN SO SEHR DARUM BEMÜHT IST, SICH VOM TYPEN NEBENAN ABZUGRENZEN...
MANN, MANN...
SIEH MAL. WAS IST DAS?
DAS... ÄH...
DAS IST EINE GRÜNE PLASTIKMELONE VOLLER KOTZE...

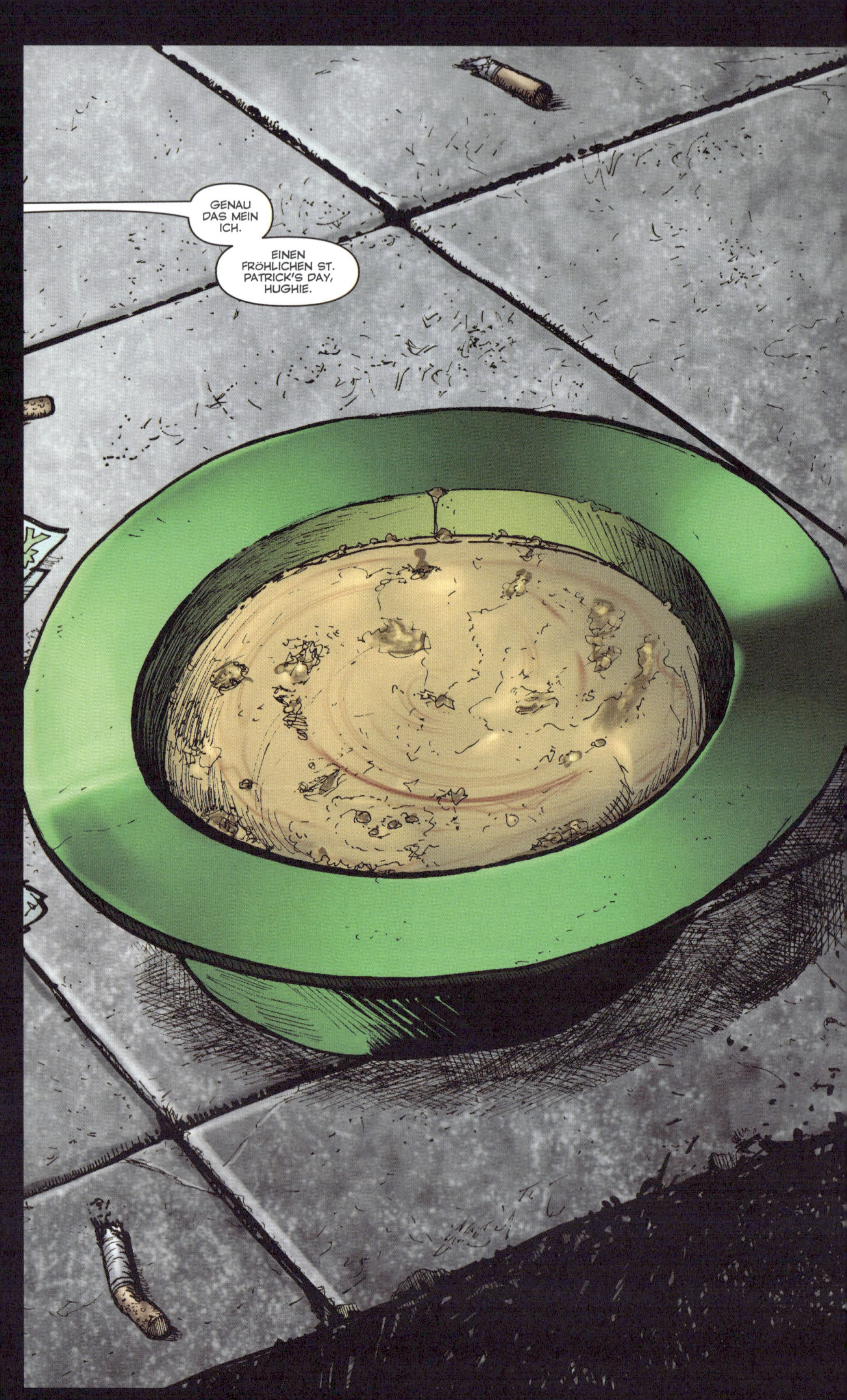
GENAU DAS MEIN ICH.
EINEN FRÖHLICHEN ST. PATRICK'S DAY, HUGHIE.

SCHMUTZIGE GEHEIMNISSE, TEIL 6

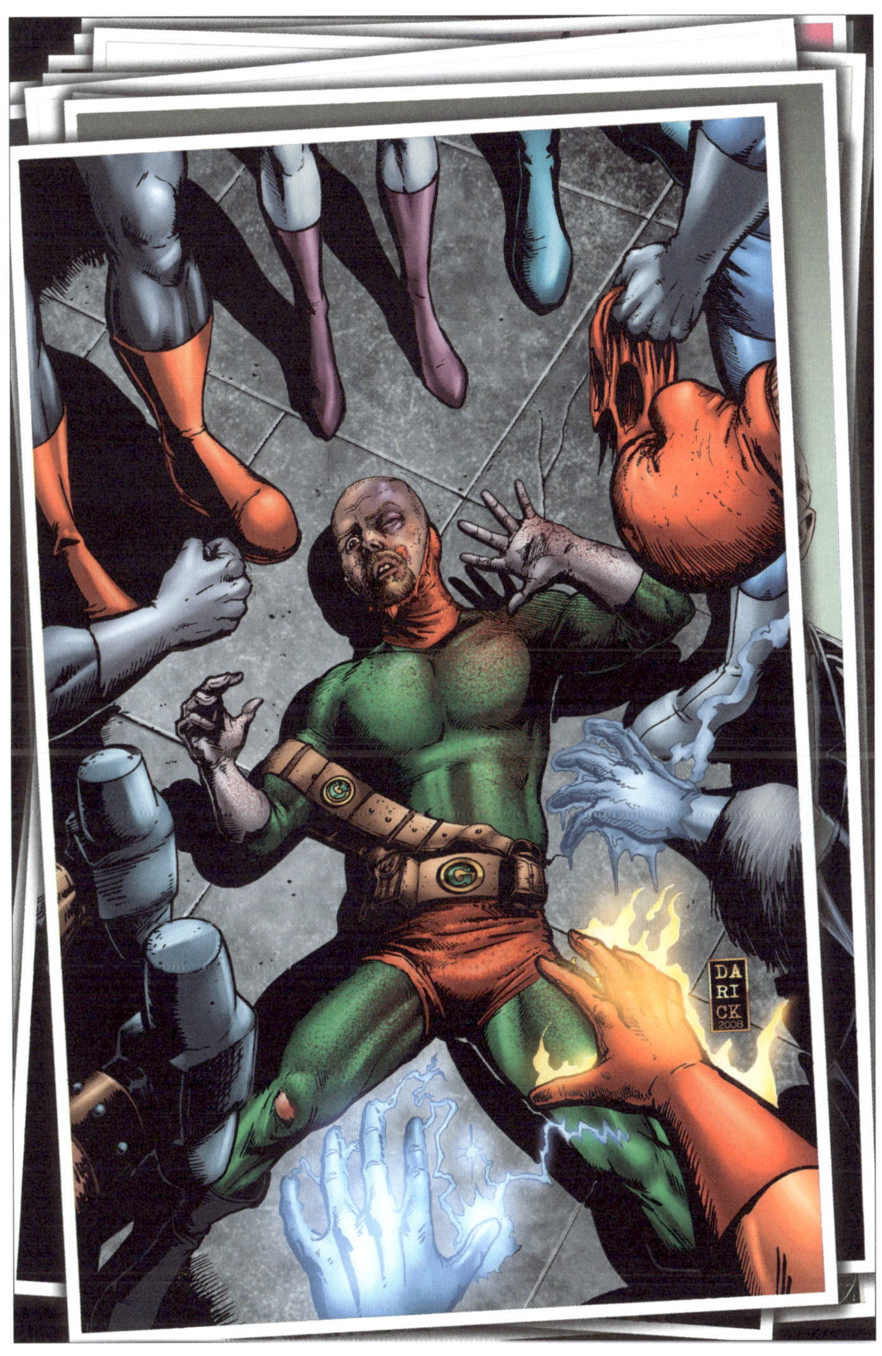

The Boys (2006) 28
Cover von **DARICK ROBERTSON**

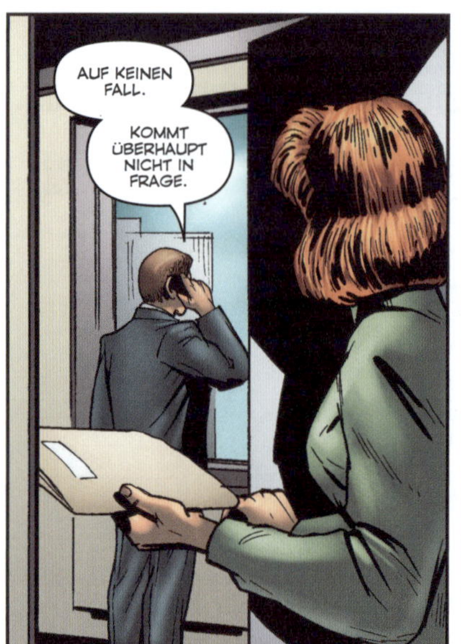
AUF KEINEN FALL.
KOMMT ÜBERHAUPT NICHT IN FRAGE.

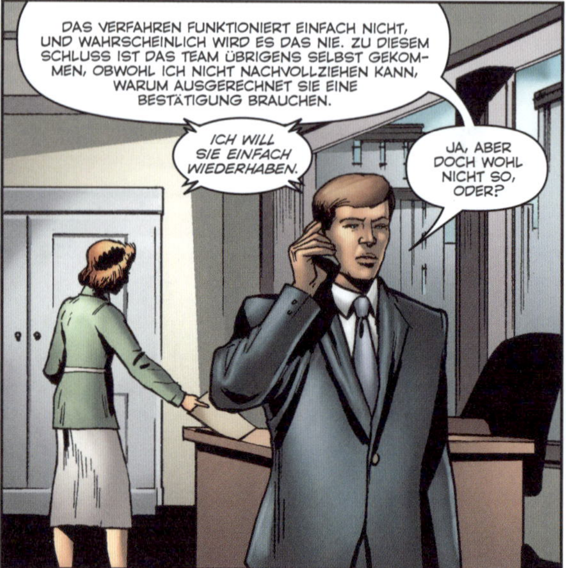
DAS VERFAHREN FUNKTIONIERT EINFACH NICHT, UND WAHRSCHEINLICH WIRD ES DAS NIE. ZU DIESEM SCHLUSS IST DAS TEAM ÜBRIGENS SELBST GEKOMMEN, OBWOHL ICH NICHT NACHVOLLZIEHEN KANN, WARUM AUSGERECHNET SIE EINE BESTÄTIGUNG BRAUCHEN.
ICH WILL SIE EINFACH WIEDERHABEN.
JA, ABER DOCH WOHL NICHT SO, ODER?

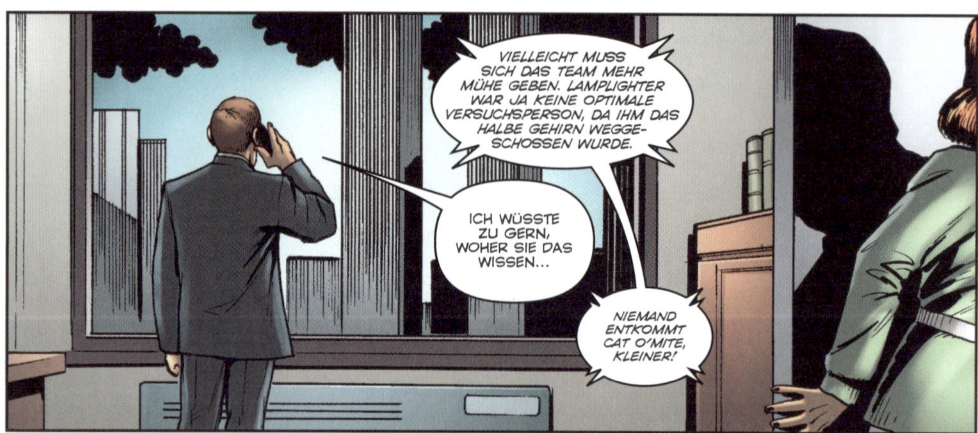
VIELLEICHT MUSS SICH DAS TEAM MEHR MÜHE GEBEN. LAMPLIGHTER WAR JA KEINE OPTIMALE VERSUCHSPERSON, DA IHM DAS HALBE GEHIRN WEGGESCHOSSEN WURDE.
ICH WÜSSTE ZU GERN, WOHER SIE DAS WISSEN...
NIEMAND ENTKOMMT CAT O'MITE, KLEINER!

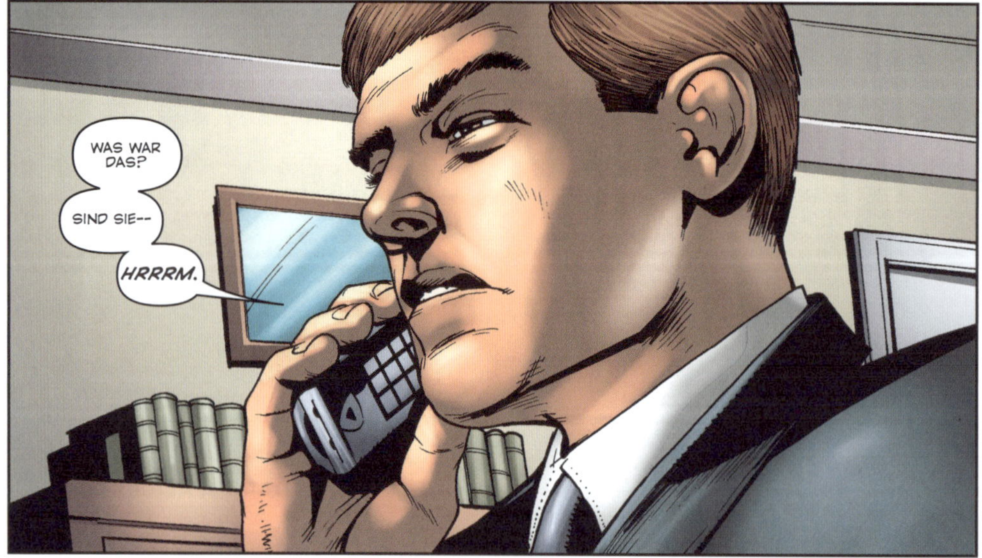
WAS WAR DAS?
SIND SIE--
HRRRM.

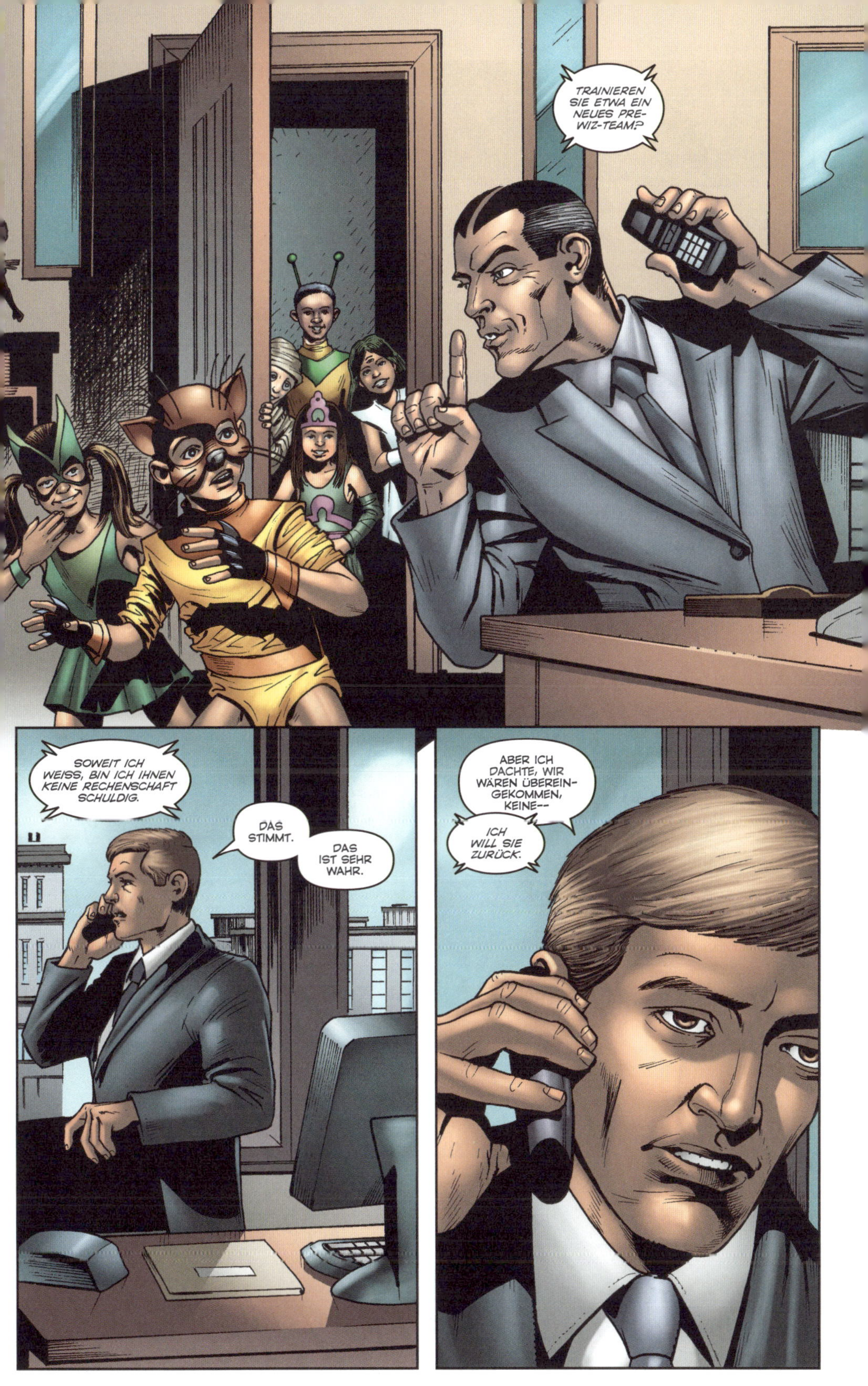

TRAINIEREN SIE ETWA EIN NEUES PRE-WIZ-TEAM?

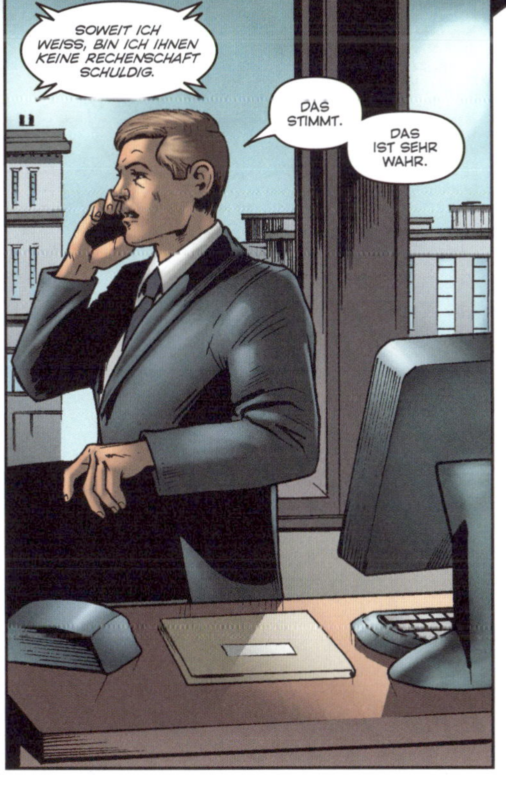

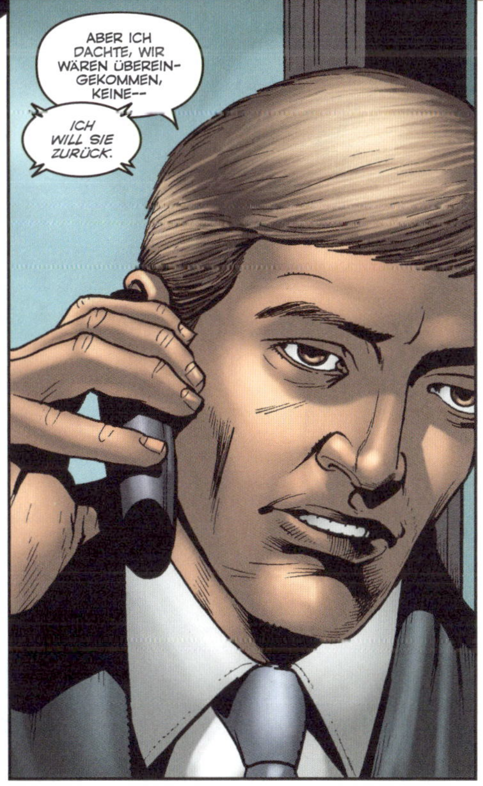

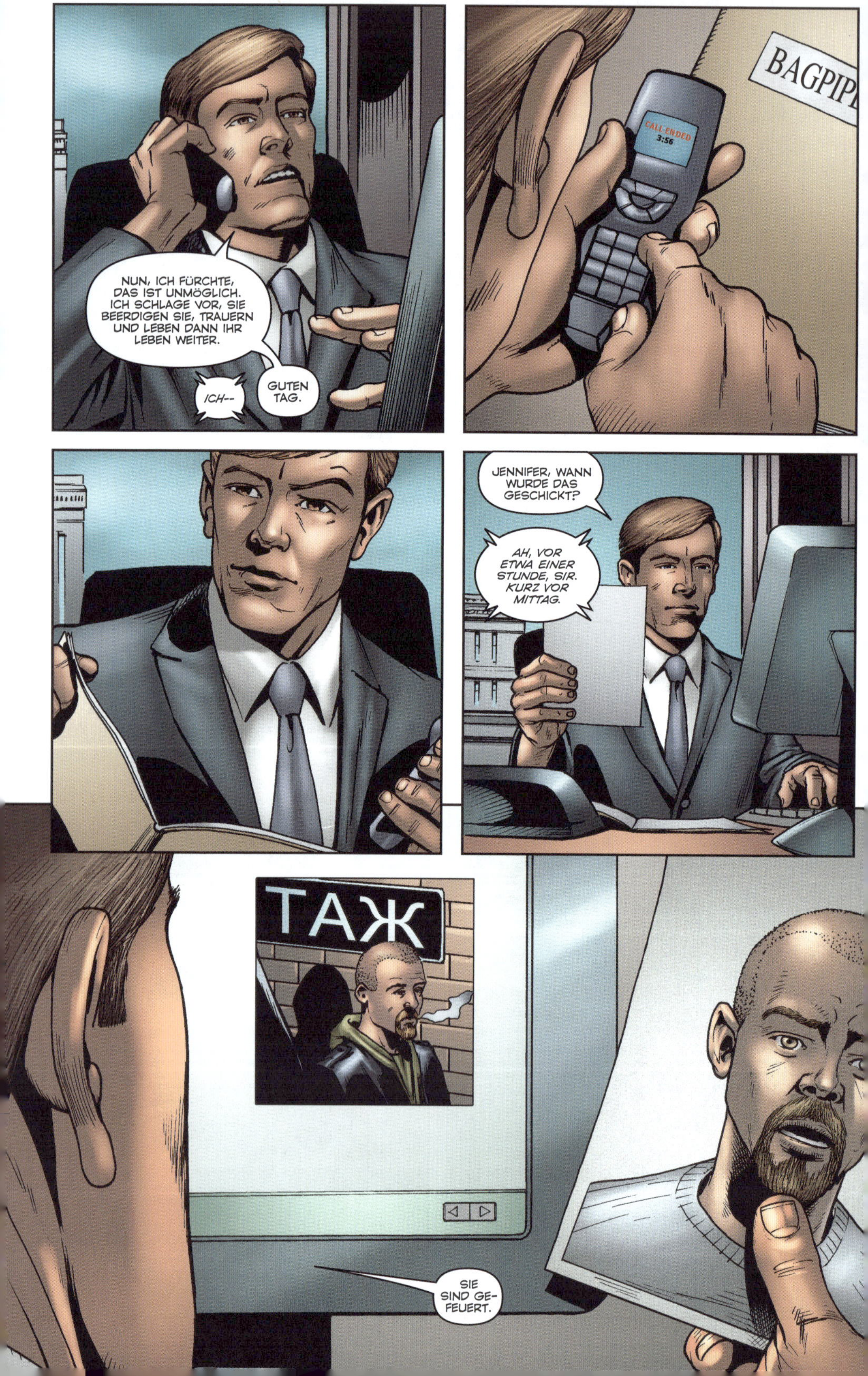

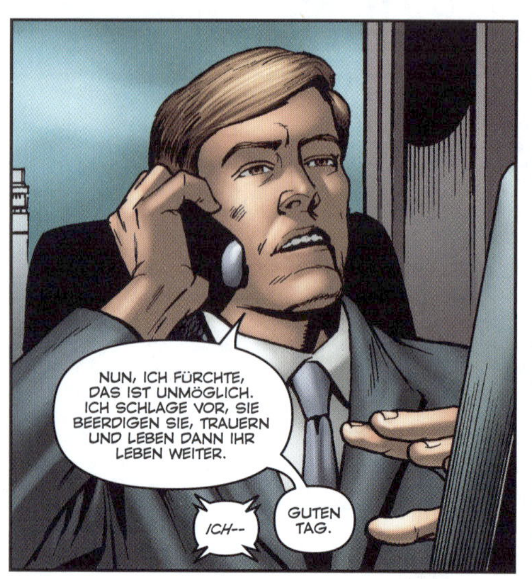
NUN, ICH FÜRCHTE, DAS IST UNMÖGLICH. ICH SCHLAGE VOR, SIE BEERDIGEN SIE, TRAUERN UND LEBEN DANN IHR LEBEN WEITER.
ICH--
GUTEN TAG.

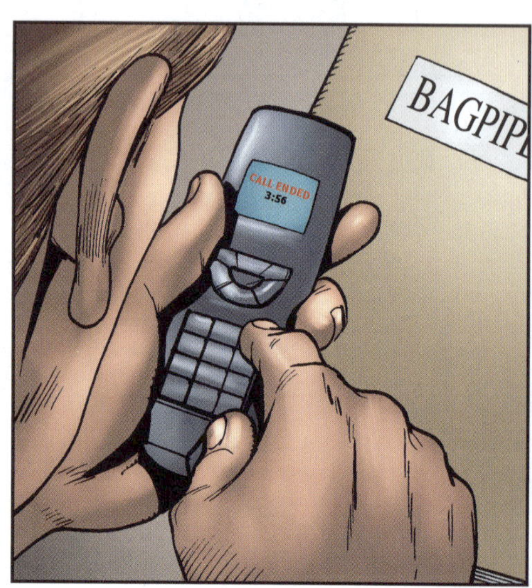
CALL ENDED
3:56

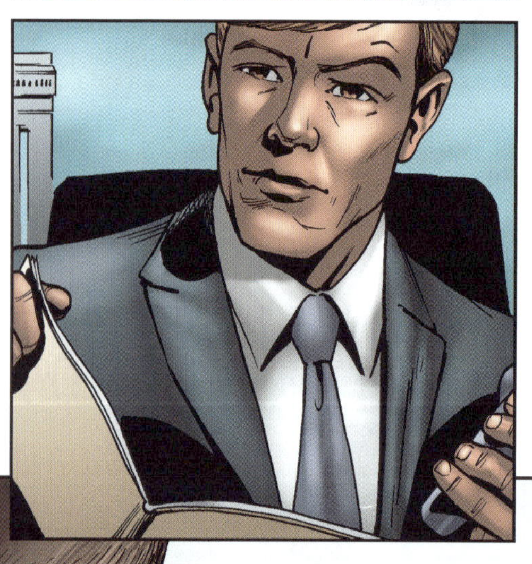

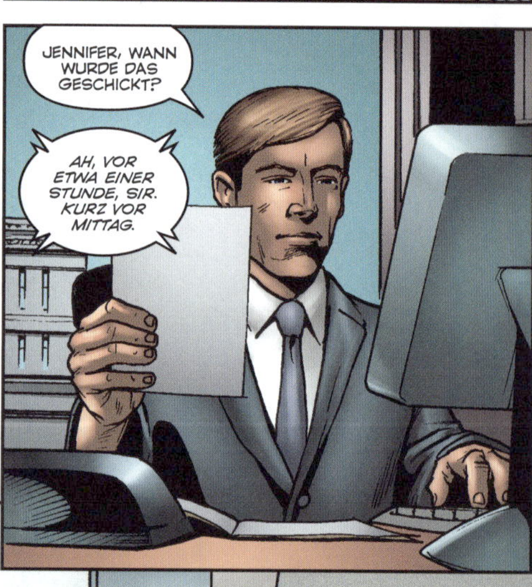
JENNIFER, WANN WURDE DAS GESCHICKT?
AH, VOR ETWA EINER STUNDE, SIR. KURZ VOR MITTAG.

TAЖ
SIE SIND GE-FEUERT.

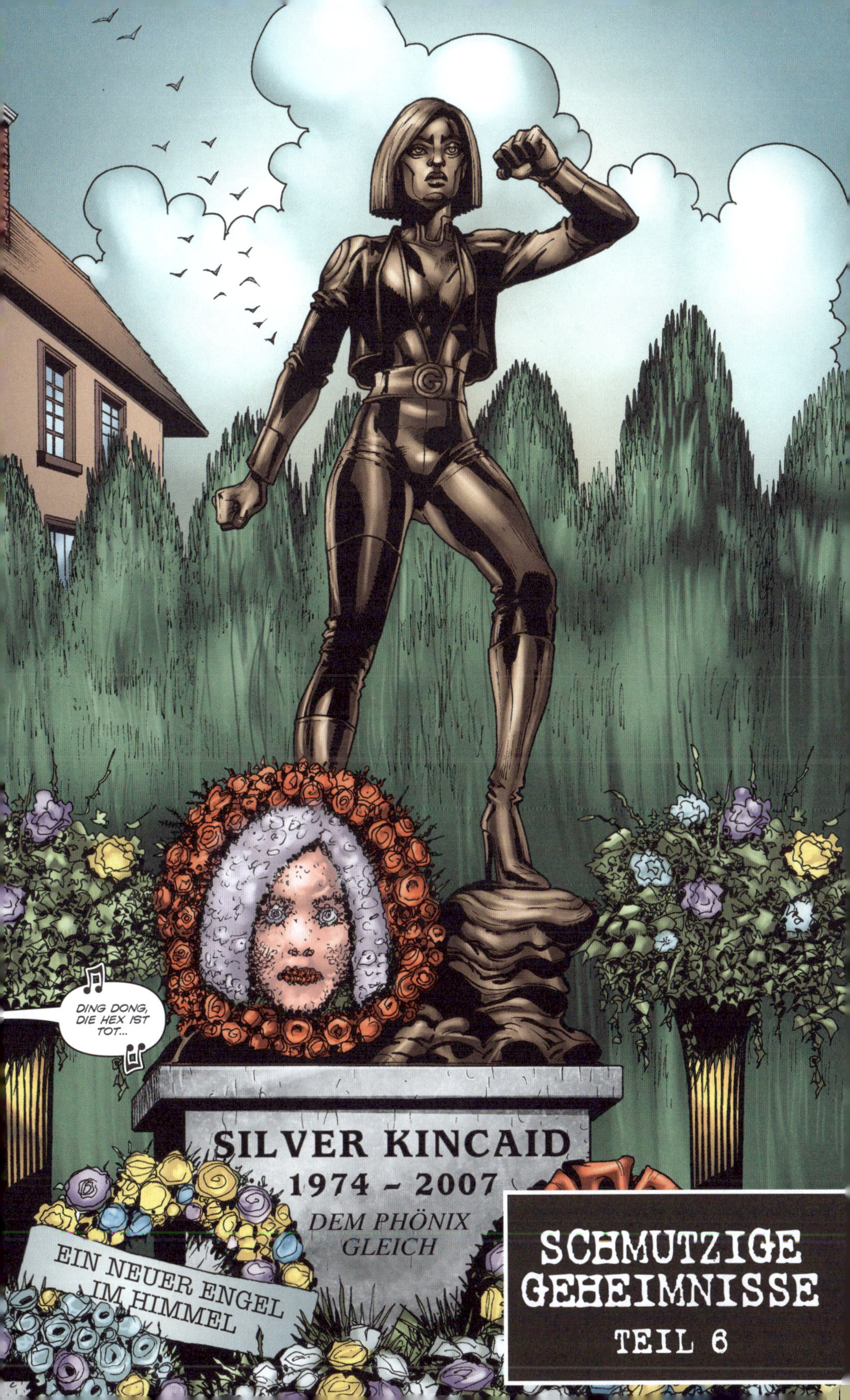
DING DONG, DIE HEX IST TOT...
SILVER KINCAID
1974 – 2007
DEM PHÖNIX GLEICH
EIN NEUER ENGEL IM HIMMEL
SCHMUTZIGE GEHEIMNISSE
TEIL 6

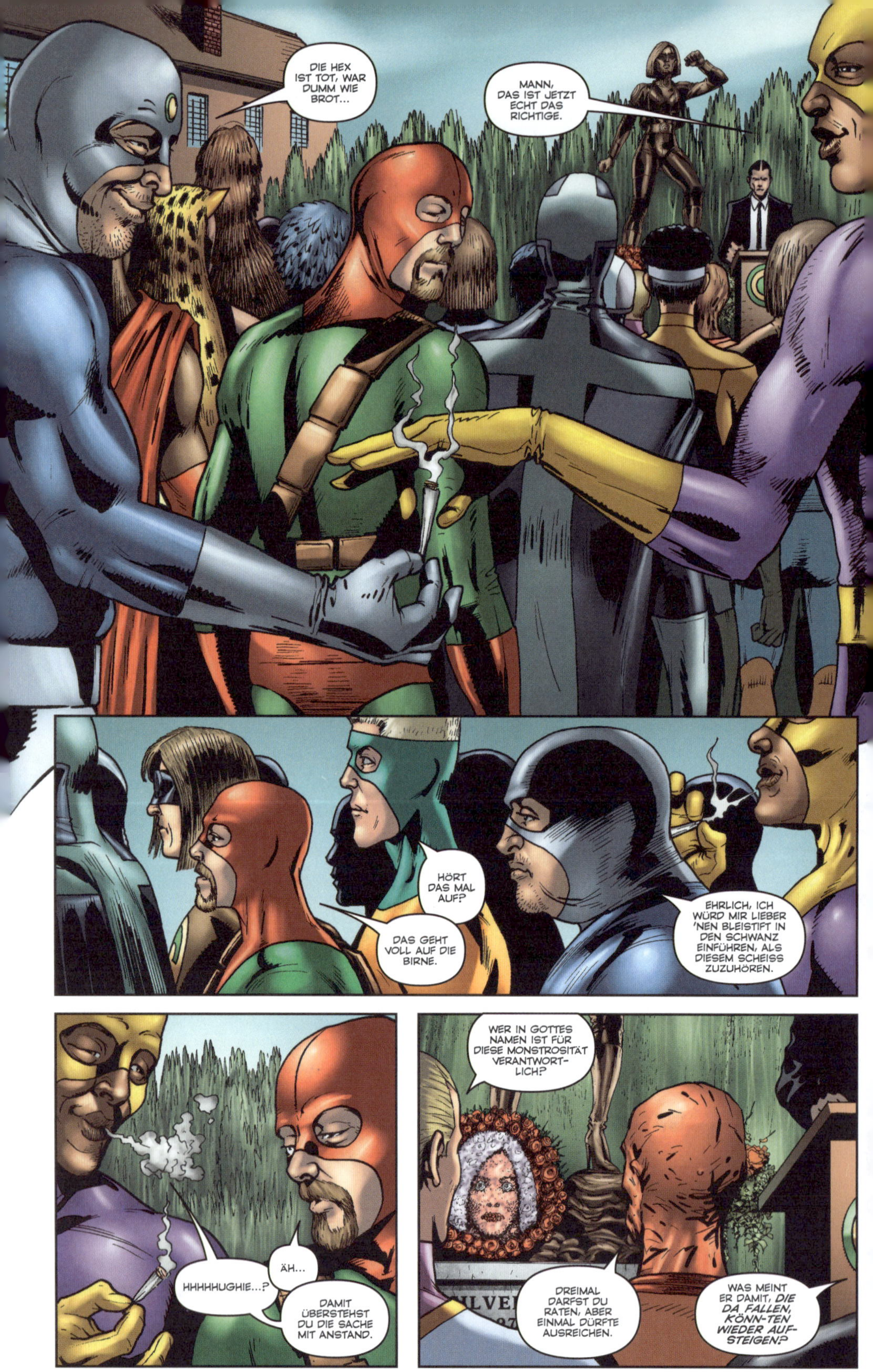

DIE HEX IST TOT, WAR DUMM WIE BROT...
MANN, DAS IST JETZT ECHT DAS RICHTIGE.
HÖRT DAS MAL AUF?
DAS GEHT VOLL AUF DIE BIRNE.
EHRLICH, ICH WÜRD MIR LIEBER 'NEN BLEISTIFT IN DEN SCHWANZ EINFÜHREN, ALS DIESEM SCHEISS ZUZUHÖREN.

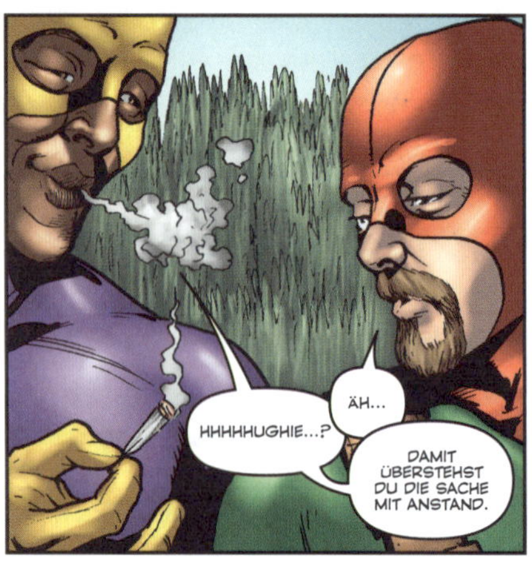

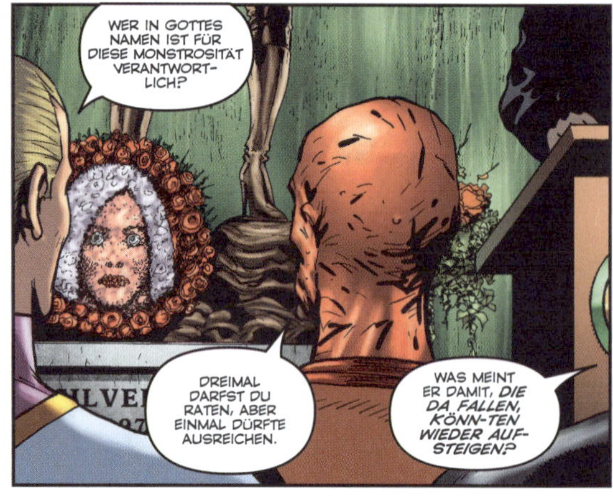

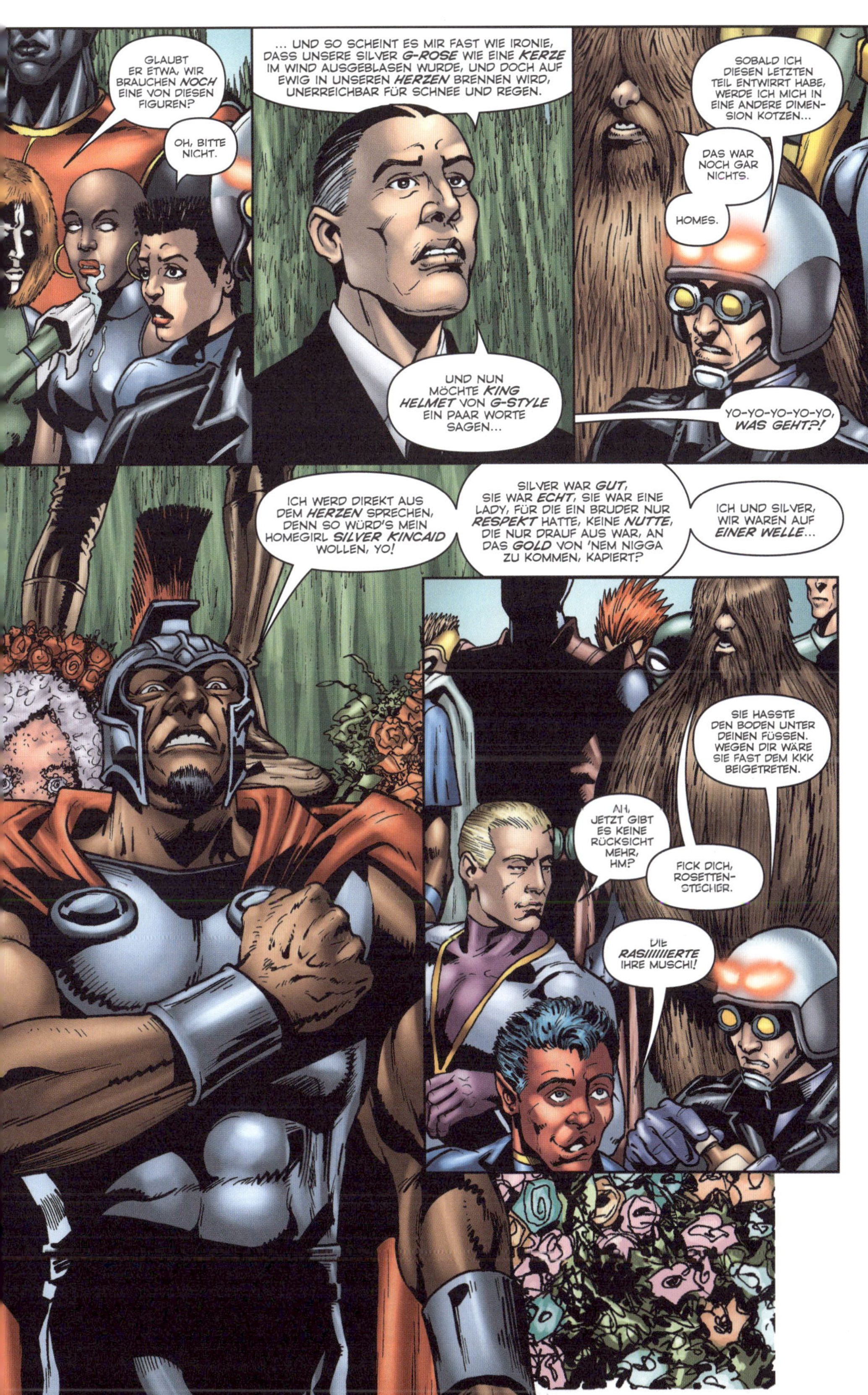
GLAUBT ER ETWA, WIR BRAUCHEN NOCH EINE VON DIESEN FIGUREN?
OH, BITTE NICHT.
... UND SO SCHEINT ES MIR FAST WIE IRONIE, DASS UNSERE SILVER G-ROSE WIE EINE KERZE IM WIND AUSGEBLASEN WURDE, UND DOCH AUF EWIG IN UNSEREN HERZEN BRENNEN WIRD, UNERREICHBAR FÜR SCHNEE UND REGEN.
UND NUN MÖCHTE KING HELMET VON G-STYLE EIN PAAR WORTE SAGEN...
SOBALD ICH DIESEN LETZTEN TEIL ENTWIRRT HABE, WERDE ICH MICH IN EINE ANDERE DIMENSION KOTZEN...
DAS WAR NOCH GAR NICHTS.
HOMES.
YO-YO-YO-YO-YO, WAS GEHT?!
ICH WERD DIREKT AUS DEM HERZEN SPRECHEN, DENN SO WÜRD'S MEIN HOMEGIRL SILVER KINCAID WOLLEN, YO!
SILVER WAR GUT, SIE WAR ECHT, SIE WAR EINE LADY, FÜR DIE EIN BRUDER NUR RESPEKT HATTE, KEINE NUTTE, DIE NUR DRAUF AUS WAR, AN DAS GOLD VON 'NEM NIGGA ZU KOMMEN, KAPIERT?
ICH UND SILVER, WIR WAREN AUF EINER WELLE...
SIE HASSTE DEN BODEN UNTER DEINEN FÜSSEN. WEGEN DIR WÄRE SIE FAST DEM KKK BEIGETRETEN.
AH, JETZT GIBT ES KEINE RÜCKSICHT MEHR, HM?
FICK DICH, ROSETTEN-STECHER.
DIE RASIIIIIERTE IHRE MUSCHI!

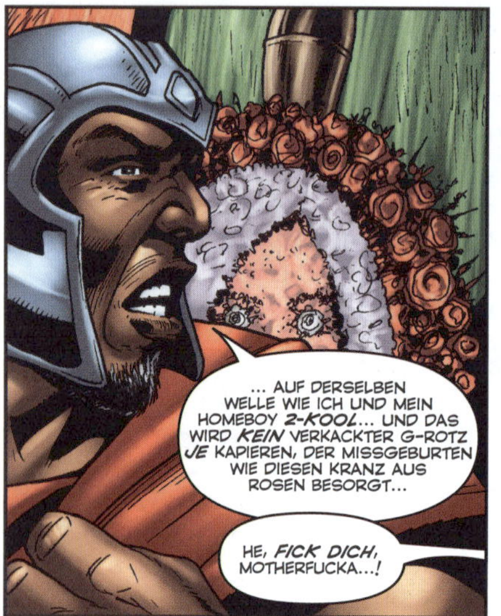
... AUF DERSELBEN WELLE WIE ICH UND MEIN HOMEBOY 2-KOOL... UND DAS WIRD KEIN VERKACKTER G-ROTZ JE KAPIEREN, DER MISSGEBURTEN WIE DIESEN KRANZ AUS ROSEN BESORGT...
HE, FICK DICH, MOTHERFUCKA...!
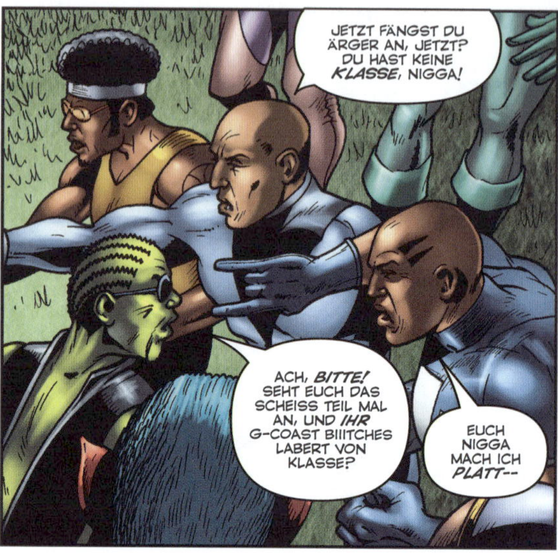
JETZT FÄNGST DU ÄRGER AN, JETZT? DU HAST KEINE KLASSE, NIGGA!
ACH, BITTE! SEHT EUCH DAS SCHEISS TEIL MAL AN, UND IHR G-COAST BIIITCHES LABERT VON KLASSE?
EUCH NIGGA MACH ICH PLATT--
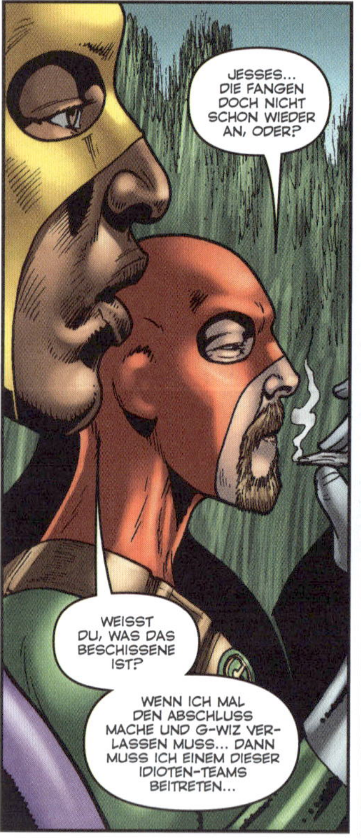
JESSES... DIE FANGEN DOCH NICHT SCHON WIEDER AN, ODER?
WEISST DU, WAS DAS BESCHISSENE IST?
WENN ICH MAL DEN ABSCHLUSS MACHE UND G-WIZ VERLASSEN MUSS... DANN MUSS ICH EINEM DIESER IDIOTEN-TEAMS BEITRETEN...
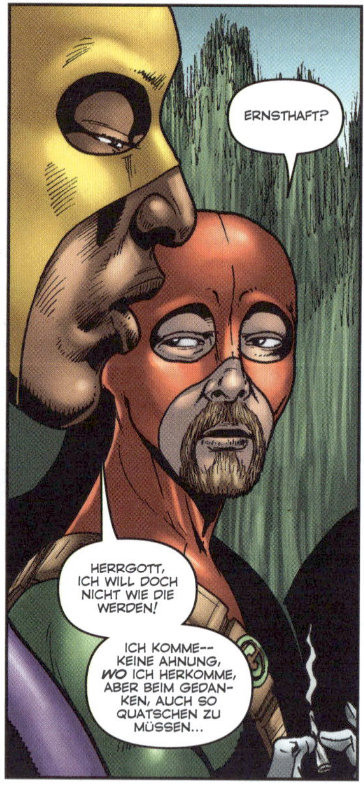
ERNSTHAFT?
HERRGOTT, ICH WILL DOCH NICHT WIE DIE WERDEN!
ICH KOMME-- KEINE AHNUNG, WO ICH HERKOMME, ABER BEIM GEDANKEN, AUCH SO QUATSCHEN ZU MÜSSEN...
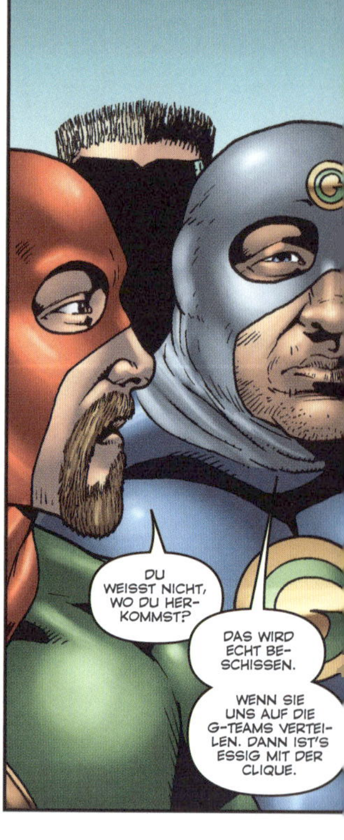
DU WEISST NICHT, WO DU HERKOMMST?
DAS WIRD ECHT BESCHISSEN.
WENN SIE UNS AUF DIE G-TEAMS VERTEILEN. DANN IST'S ESSIG MIT DER CLIQUE.
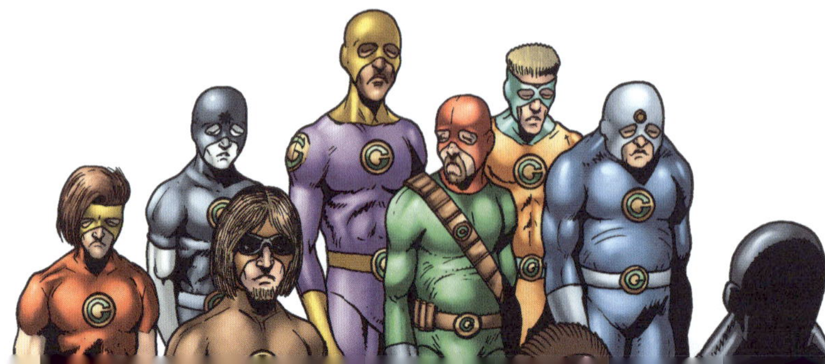

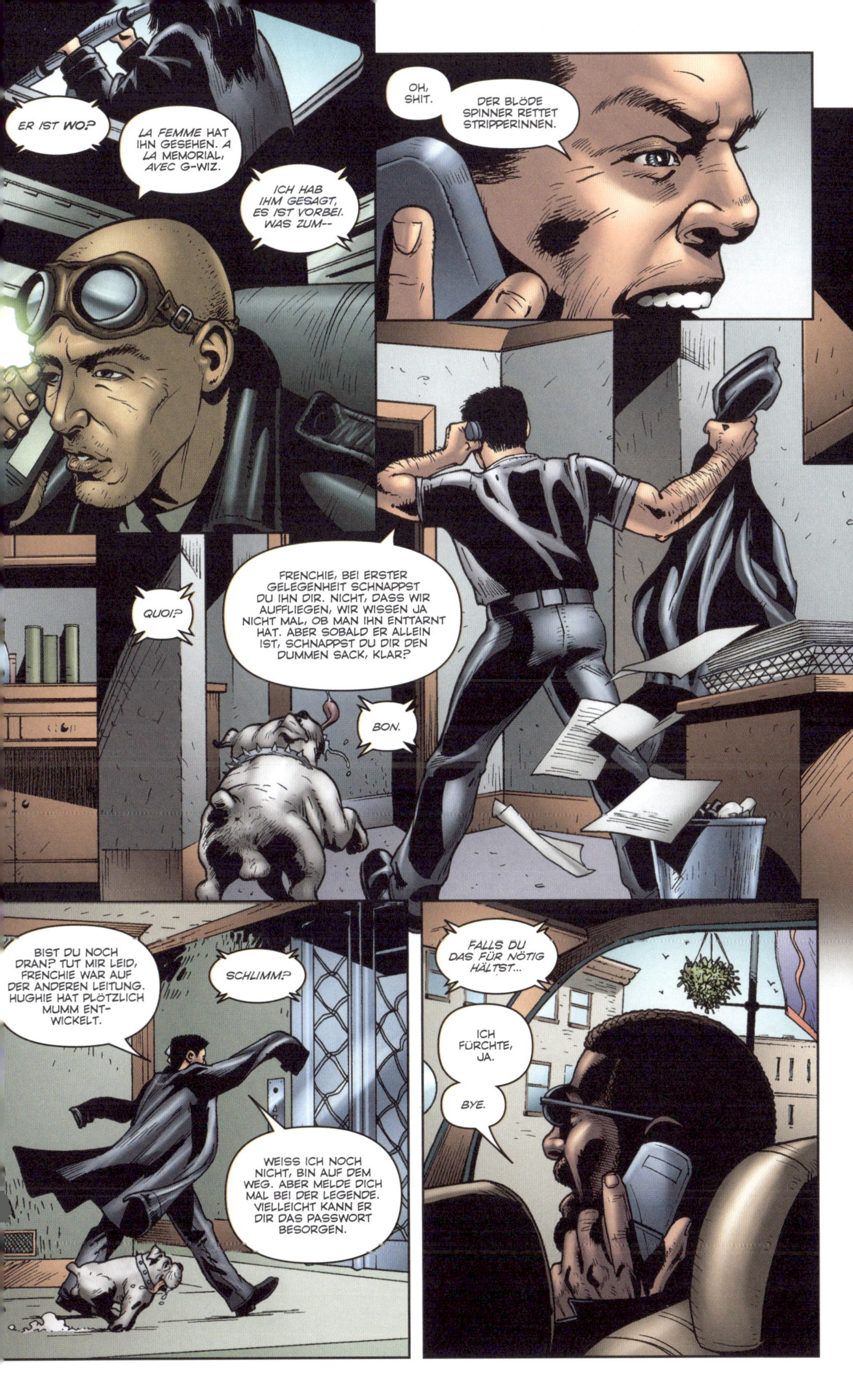
ER IST WO?
LA FEMME HAT IHN GESEHEN. A LA MEMORIAL, AVEC G-WIZ.
ICH HAB IHM GESAGT, ES IST VORBEI. WAS ZUM--
OH, SHIT.
DER BLÖDE SPINNER RETTET STRIPPERINNEN.
QUOI?
FRENCHIE, BEI ERSTER GELEGENHEIT SCHNAPPST DU IHN DIR. NICHT, DASS WIR AUFFLIEGEN, WIR WISSEN JA NICHT MAL, OB MAN IHN ENTTARNT HAT. ABER SOBALD ER ALLEIN IST, SCHNAPPST DU DIR DEN DUMMEN SACK, KLAR?
BON.
BIST DU NOCH DRAN? TUT MIR LEID, FRENCHIE WAR AUF DER ANDEREN LEITUNG. HUGHIE HAT PLÖTZLICH MUMM ENTWICKELT.
SCHLIMM?
WEISS ICH NOCH NICHT, BIN AUF DEM WEG. ABER MELDE DICH MAL BEI DER LEGENDE. VIELLEICHT KANN ER DIR DAS PASSWORT BESORGEN.
FALLS DU DAS FÜR NÖTIG HÄLTST...
ICH FÜRCHTE, JA.
BYE.

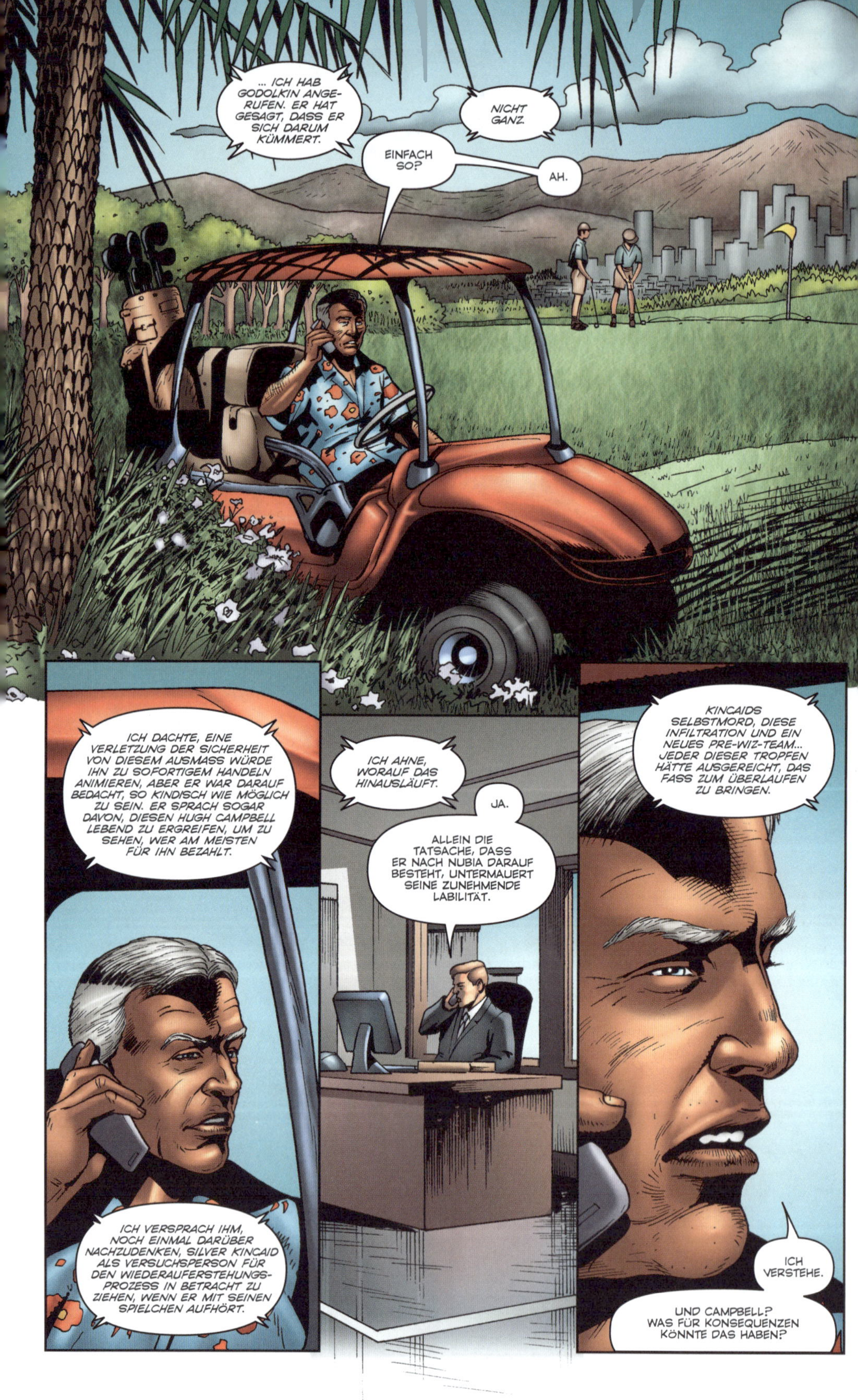
... ICH HAB GODOLKIN ANGERUFEN. ER HAT GESAGT, DASS ER SICH DARUM KÜMMERT.
EINFACH SO?
NICHT GANZ.
AH.
ICH DACHTE, EINE VERLETZUNG DER SICHERHEIT VON DIESEM AUSMASS WÜRDE IHN ZU SOFORTIGEM HANDELN ANIMIEREN, ABER ER WAR DARAUF BEDACHT, SO KINDISCH WIE MÖGLICH ZU SEIN. ER SPRACH SOGAR DAVON, DIESEN HUGH CAMPBELL LEBEND ZU ERGREIFEN, UM ZU SEHEN, WER AM MEISTEN FÜR IHN BEZAHLT.
ICH VERSPRACH IHM, NOCH EINMAL DARÜBER NACHZUDENKEN, SILVER KINCAID ALS VERSUCHSPERSON FÜR DEN WIEDERAUFERSTEHUNGS-PROZESS IN BETRACHT ZU ZIEHEN, WENN ER MIT SEINEN SPIELCHEN AUFHÖRT.
ICH AHNE, WORAUF DAS HINAUSLÄUFT.
JA.
ALLEIN DIE TATSACHE, DASS ER NACH NUBIA DARAUF BESTEHT, UNTERMAUERT SEINE ZUNEHMENDE LABILITÄT.
KINCAIDS SELBSTMORD, DIESE INFILTRATION UND EIN NEUES PRE-WIZ-TEAM... JEDER DIESER TROPFEN HÄTTE AUSGEREICHT, DAS FASS ZUM ÜBERLAUFEN ZU BRINGEN.
ICH VERSTEHE.
UND CAMPBELL? WAS FÜR KONSEQUENZEN KÖNNTE DAS HABEN?

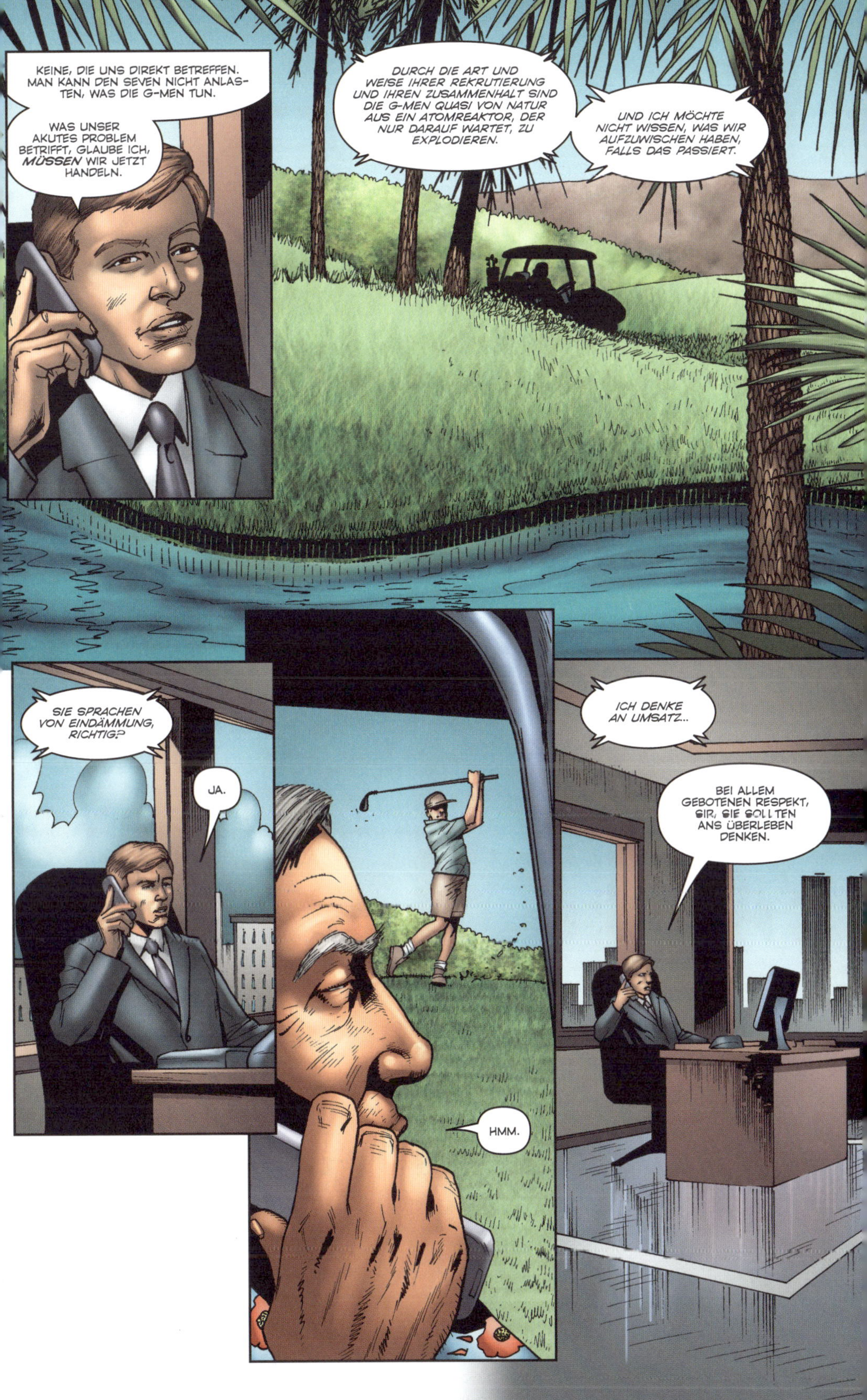
KEINE, DIE UNS DIREKT BETREFFEN. MAN KANN DEN SEVEN NICHT ANLASTEN, WAS DIE G-MEN TUN.
WAS UNSER AKUTES PROBLEM BETRIFFT, GLAUBE ICH, MÜSSEN WIR JETZT HANDELN.
DURCH DIE ART UND WEISE IHRER REKRUTIERUNG UND IHREN ZUSAMMENHALT SIND DIE G-MEN QUASI VON NATUR AUS EIN ATOMREAKTOR, DER NUR DARAUF WARTET, ZU EXPLODIEREN.
UND ICH MÖCHTE NICHT WISSEN, WAS WIR AUFZUWISCHEN HABEN, FALLS DAS PASSIERT.
SIE SPRACHEN VON EINDÄMMUNG, RICHTIG?
JA.
HMM.
ICH DENKE AN UMSATZ...
BEI ALLEM GEBOTENEN RESPEKT, SIR, SIE SOLLTEN ANS ÜBERLEBEN DENKEN.

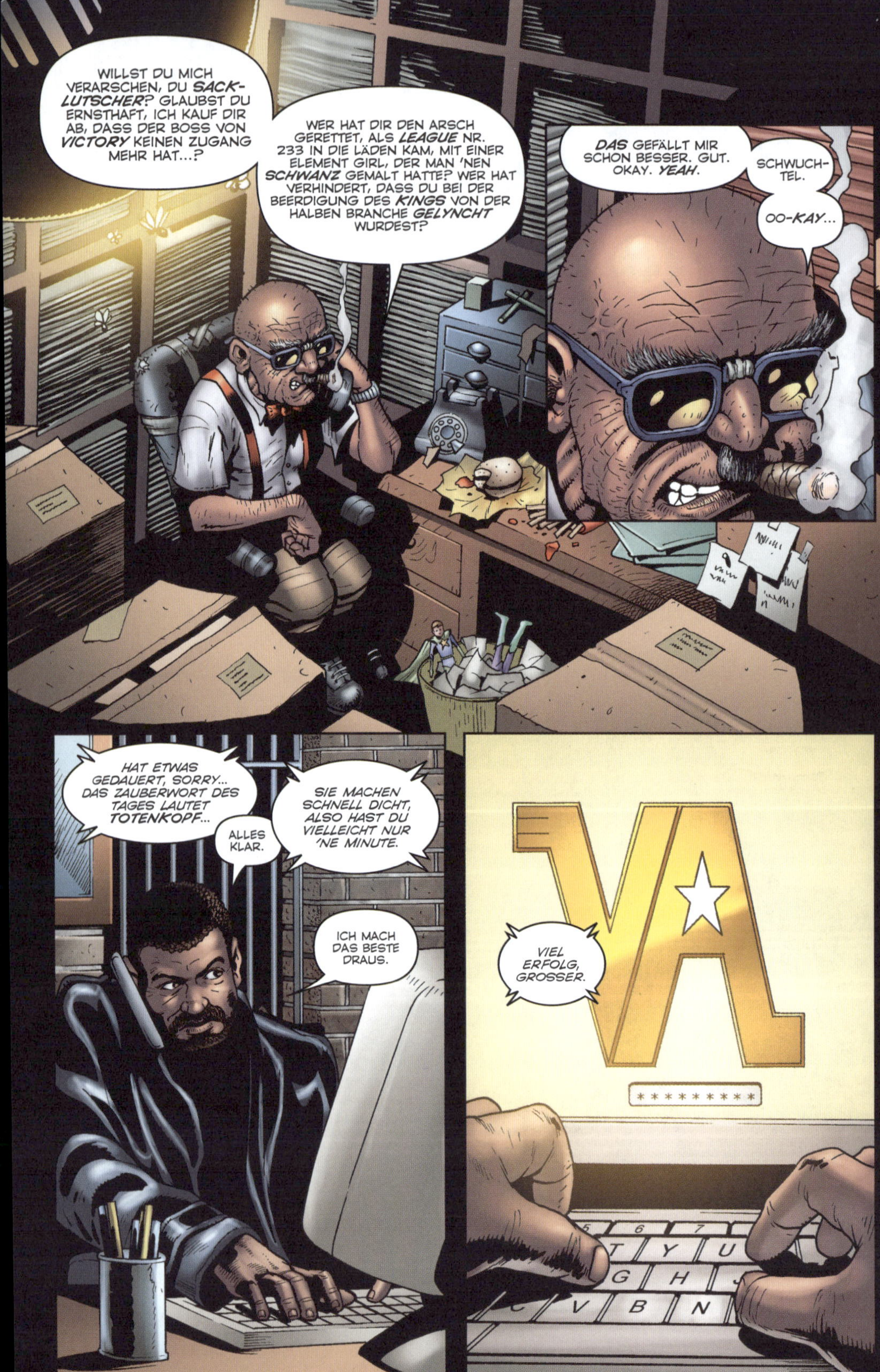
WILLST DU MICH VERARSCHEN, DU SACK-LUTSCHER? GLAUBST DU ERNSTHAFT, ICH KAUF DIR AB, DASS DER BOSS VON VICTORY KEINEN ZUGANG MEHR HAT...?
WER HAT DIR DEN ARSCH GERETTET, ALS LEAGUE NR. 233 IN DIE LÄDEN KAM, MIT EINER ELEMENT GIRL, DER MAN 'NEN SCHWANZ GEMALT HATTE? WER HAT VERHINDERT, DASS DU BEI DER BEERDIGUNG DES KINGS VON DER HALBEN BRANCHE GELYNCHT WURDEST?
DAS GEFÄLLT MIR SCHON BESSER. GUT. OKAY. YEAH.
SCHWUCH-TEL.
OO-KAY...
HAT ETWAS GEDAUERT, SORRY... DAS ZAUBERWORT DES TAGES LAUTET TOTENKOPF...
ALLES KLAR.
SIE MACHEN SCHNELL DICHT, ALSO HAST DU VIELLEICHT NUR 'NE MINUTE.
ICH MACH DAS BESTE DRAUS.
VA
VIEL ERFOLG, GROSSER.
****

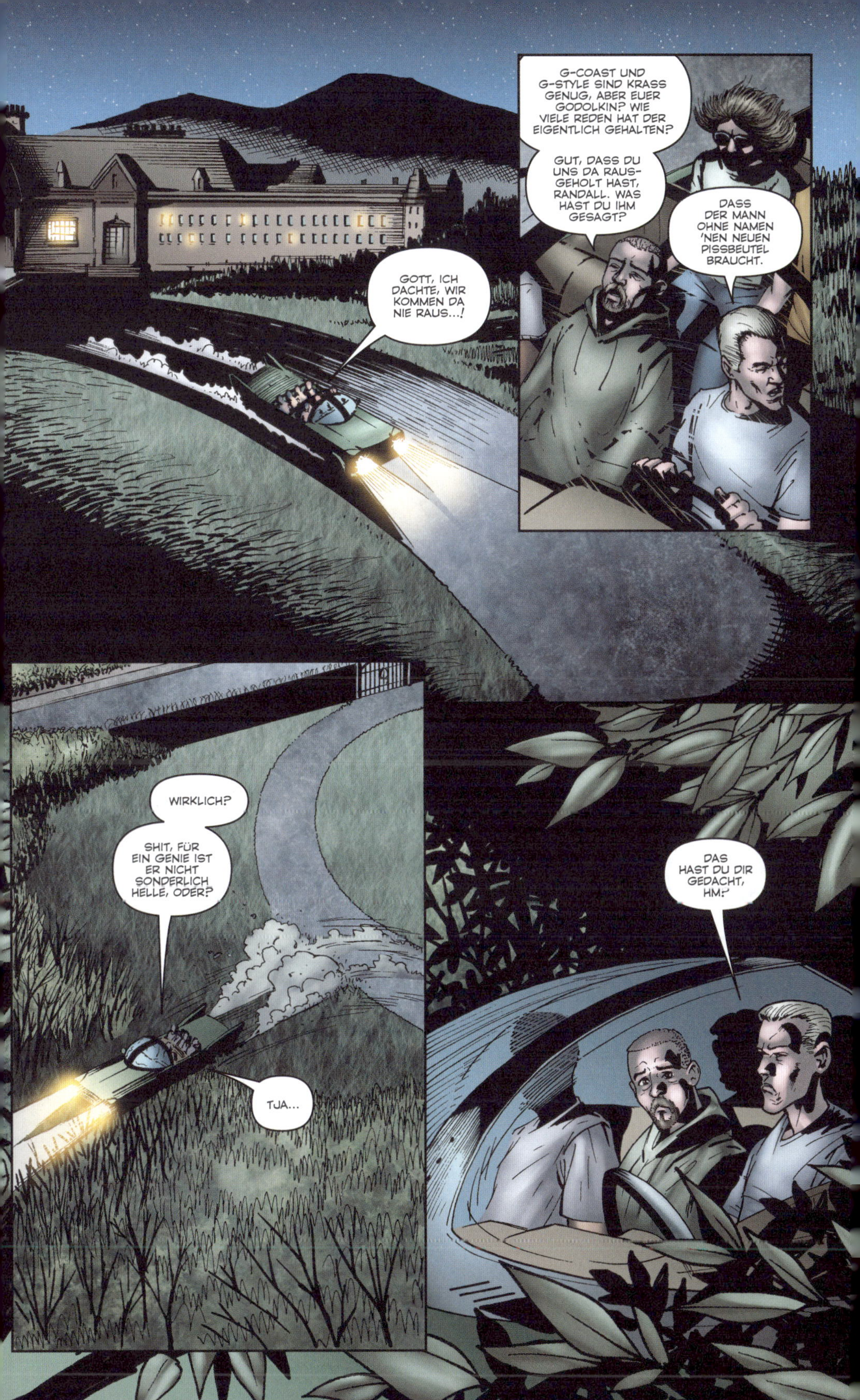
GOTT, ICH DACHTE, WIR KOMMEN DA NIE RAUS...!
G-COAST UND G-STYLE SIND KRASS GENUG, ABER EUER GODOLKIN? WIE VIELE REDEN HAT DER EIGENTLICH GEHALTEN?
GUT, DASS DU UNS DA RAUSGEHOLT HAST, RANDALL. WAS HAST DU IHM GESAGT?
DASS DER MANN OHNE NAMEN 'NEN NEUEN PISSBEUTEL BRAUCHT.
WIRKLICH?
SHIT, FÜR EIN GENIE IST ER NICHT SONDERLICH HELLE, ODER?
TJA...
DAS HAST DU DIR GEDACHT, HM?

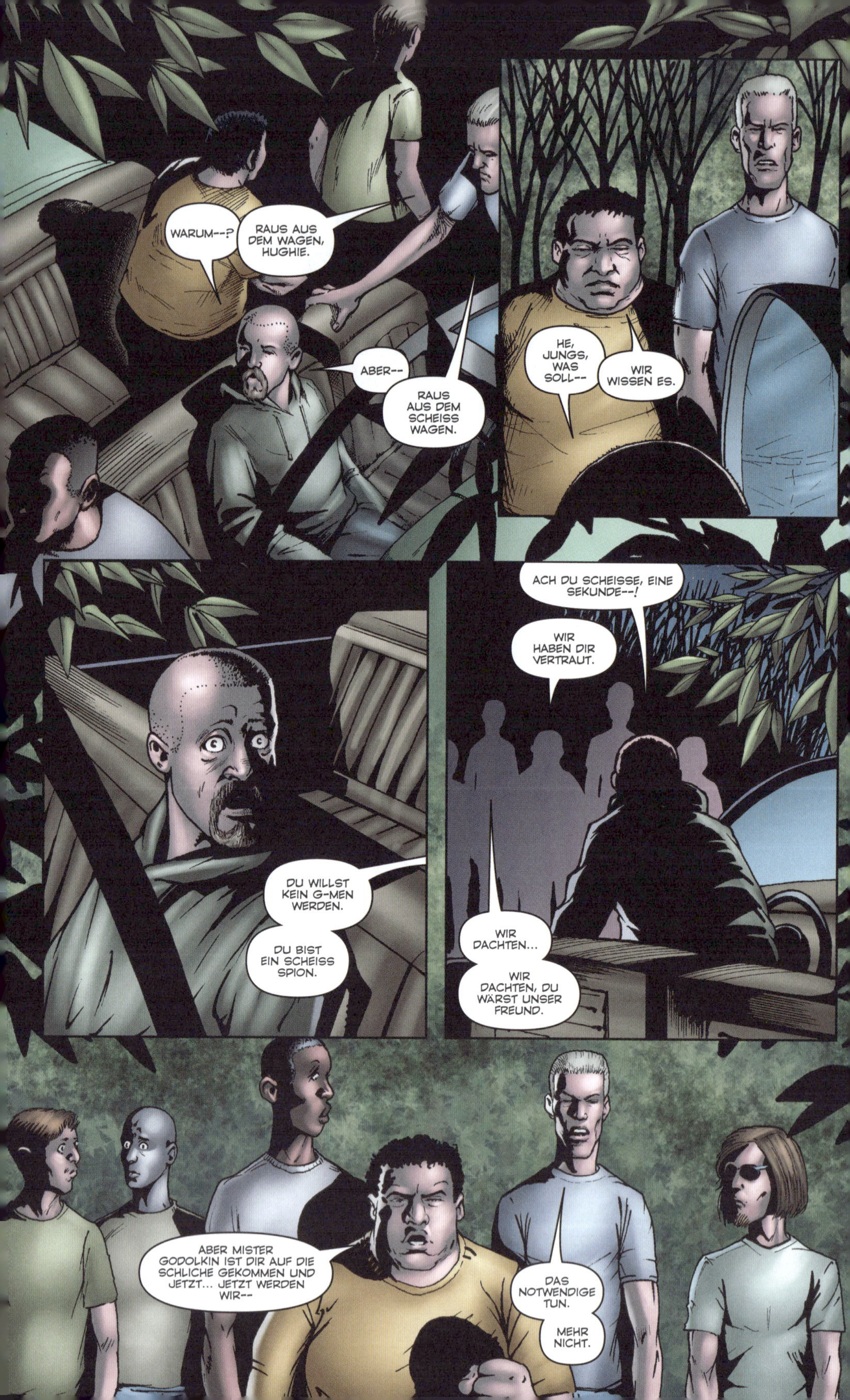
WARUM--?
RAUS AUS DEM WAGEN, HUGHIE.
ABER--
RAUS AUS DEM SCHEISS WAGEN.
HE, JUNGS, WAS SOLL--
WIR WISSEN ES.
DU WILLST KEIN G-MEN WERDEN.
DU BIST EIN SCHEISS SPION.
ACH DU SCHEISSE, EINE SEKUNDE--!
WIR HABEN DIR VERTRAUT.
WIR DACHTEN...
WIR DACHTEN, DU WÄRST UNSER FREUND.
ABER MISTER GODOLKIN IST DIR AUF DIE SCHLICHE GEKOMMEN UND JETZT... JETZT WERDEN WIR--
DAS NOTWENDIGE TUN.
MEHR NICHT.

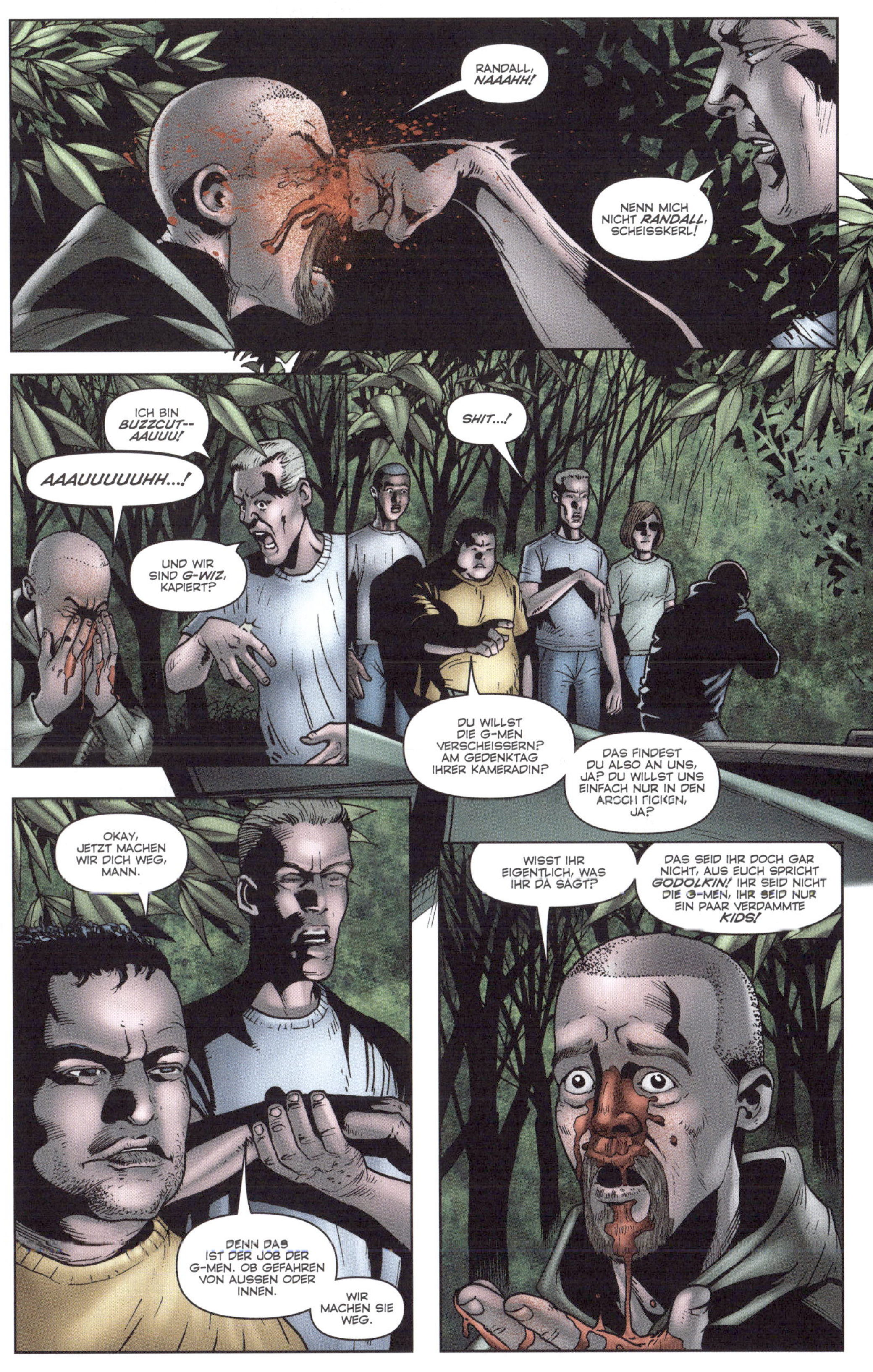
RANDALL, NAAAHH!
NENN MICH NICHT RANDALL, SCHEISSKERL!
ICH BIN BUZZCUT-- AAUUU!
AAAUUUUUHH...!
UND WIR SIND G-WIZ, KAPIERT?
SHIT...!
DU WILLST DIE G-MEN VERSCHEISSERN? AM GEDENKTAG IHRER KAMERADIN?
DAS FINDEST DU ALSO AN UNS, JA? DU WILLST UNS EINFACH NUR IN DEN ARSCH FICKEN, JA?
OKAY, JETZT MACHEN WIR DICH WEG, MANN.
DENN DAS IST DER JOB DER G-MEN. OB GEFAHREN VON AUSSEN ODER INNEN.
WIR MACHEN SIE WEG.
WISST IHR EIGENTLICH, WAS IHR DA SAGT?
DAS SEID IHR DOCH GAR NICHT, AUS EUCH SPRICHT GODOLKIN! IHR SEID NICHT DIE G-MEN, IHR SEID NUR EIN PAAR VERDAMMTE KIDS!

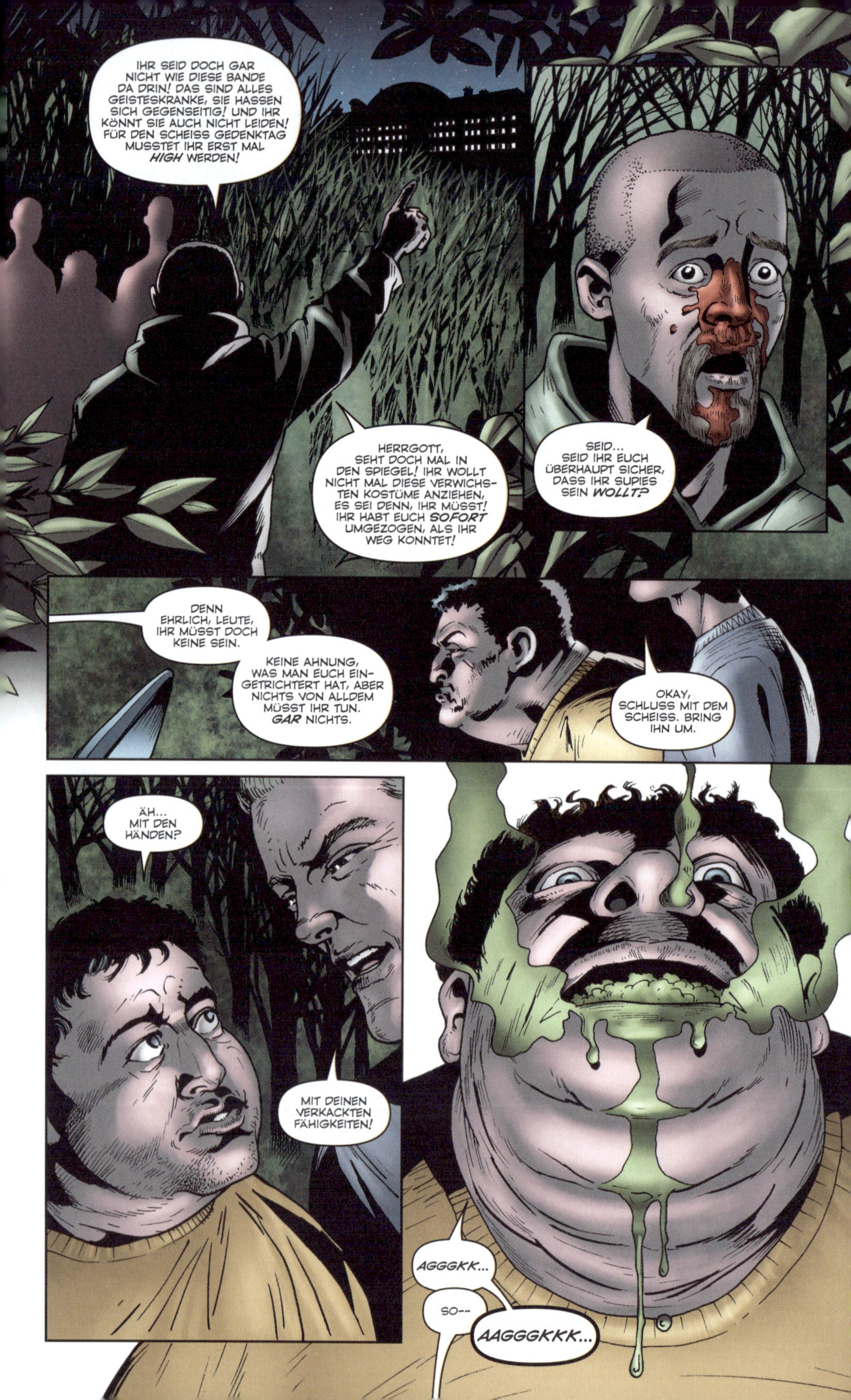
IHR SEID DOCH GAR NICHT WIE DIESE BANDE DA DRIN! DAS SIND ALLES GEISTESKRANKE, SIE HASSEN SICH GEGENSEITIG! UND IHR KÖNNT SIE AUCH NICHT LEIDEN! FÜR DEN SCHEISS GEDENKTAG MUSSTET IHR ERST MAL HIGH WERDEN!
HERRGOTT, SEHT DOCH MAL IN DEN SPIEGEL! IHR WOLLT NICHT MAL DIESE VERWICHSTEN KOSTÜME ANZIEHEN, ES SEI DENN, IHR MÜSST! IHR HABT EUCH SOFORT UMGEZOGEN, ALS IHR WEG KONNTET!
SEID... SEID IHR EUCH ÜBERHAUPT SICHER, DASS IHR SUPIES SEIN WOLLT?
DENN EHRLICH, LEUTE, IHR MÜSST DOCH KEINE SEIN.
KEINE AHNUNG, WAS MAN EUCH EINGETRICHTERT HAT, ABER NICHTS VON ALLDEM MÜSST IHR TUN. GAR NICHTS.
OKAY, SCHLUSS MIT DEM SCHEISS. BRING IHN UM.
ÄH... MIT DEN HÄNDEN?
MIT DEINEN VERKACKTEN FÄHIGKEITEN!
AGGGKK...
SO--
AAGGGKKK...

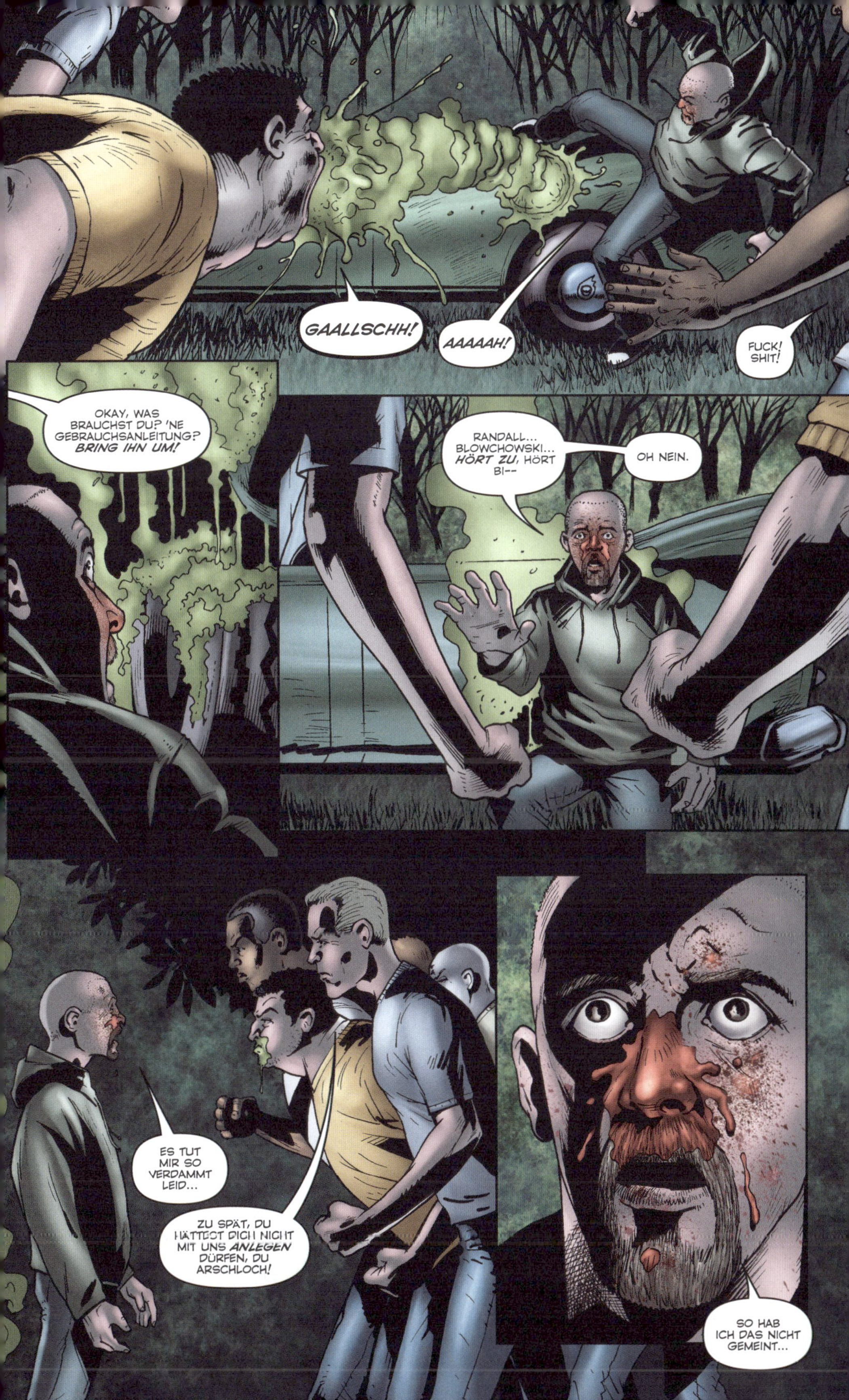
GAALLSCHH!
AAAAAH!
FUCK! SHIT!
OKAY, WAS BRAUCHST DU? 'NE GEBRAUCHSANLEITUNG? BRING IHN UM!
RANDALL... BLOWCHOWSKI... HÖRT ZU, HÖRT BI--
OH NEIN.
ES TUT MIR SO VERDAMMT LEID...
ZU SPÄT, DU HÄTTEST DICH NICHT MIT UNS ANLEGEN DÜRFEN, DU ARSCHLOCH!
SO HAB ICH DAS NICHT GEMEINT...

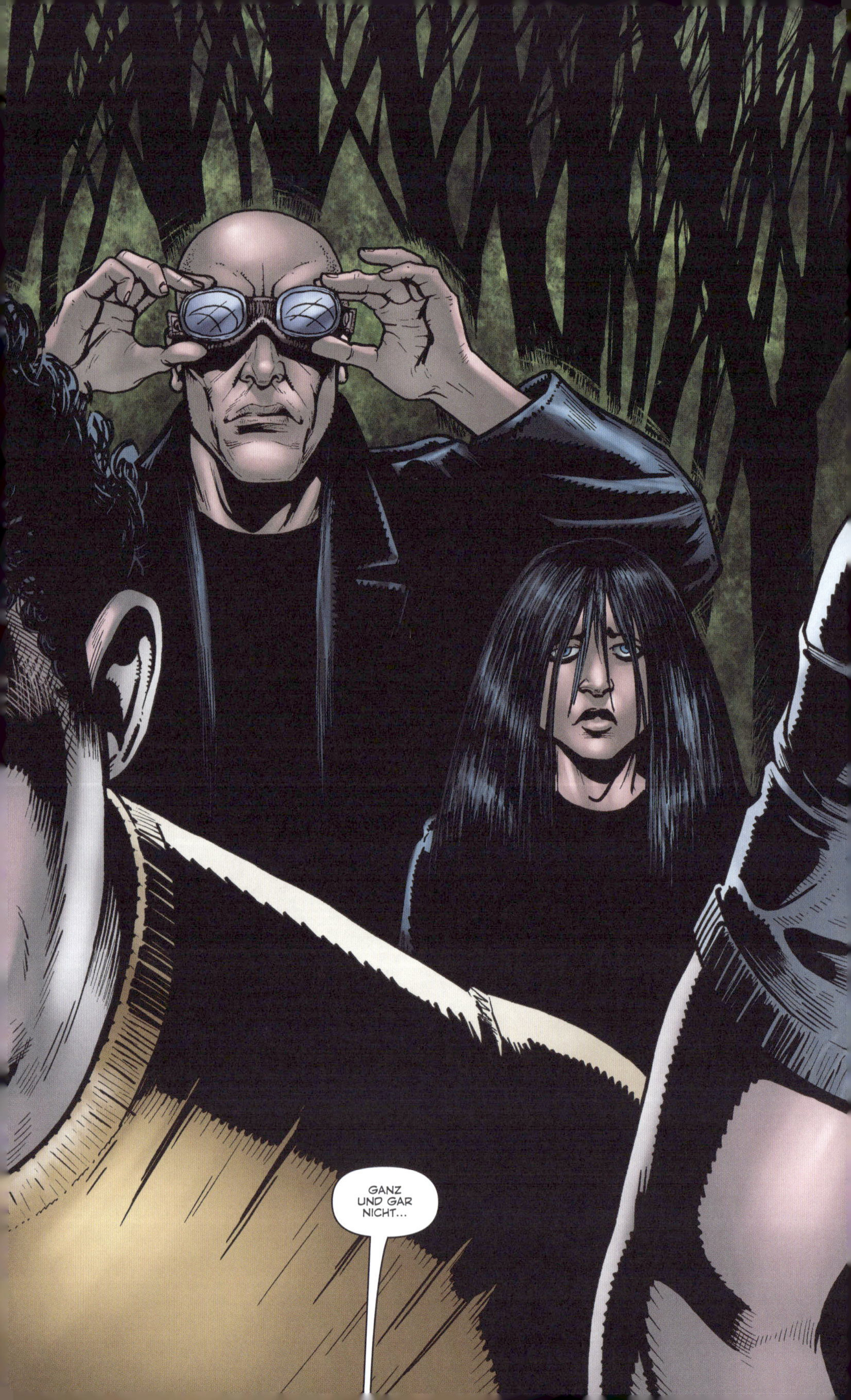
GANZ UND GAR NICHT...

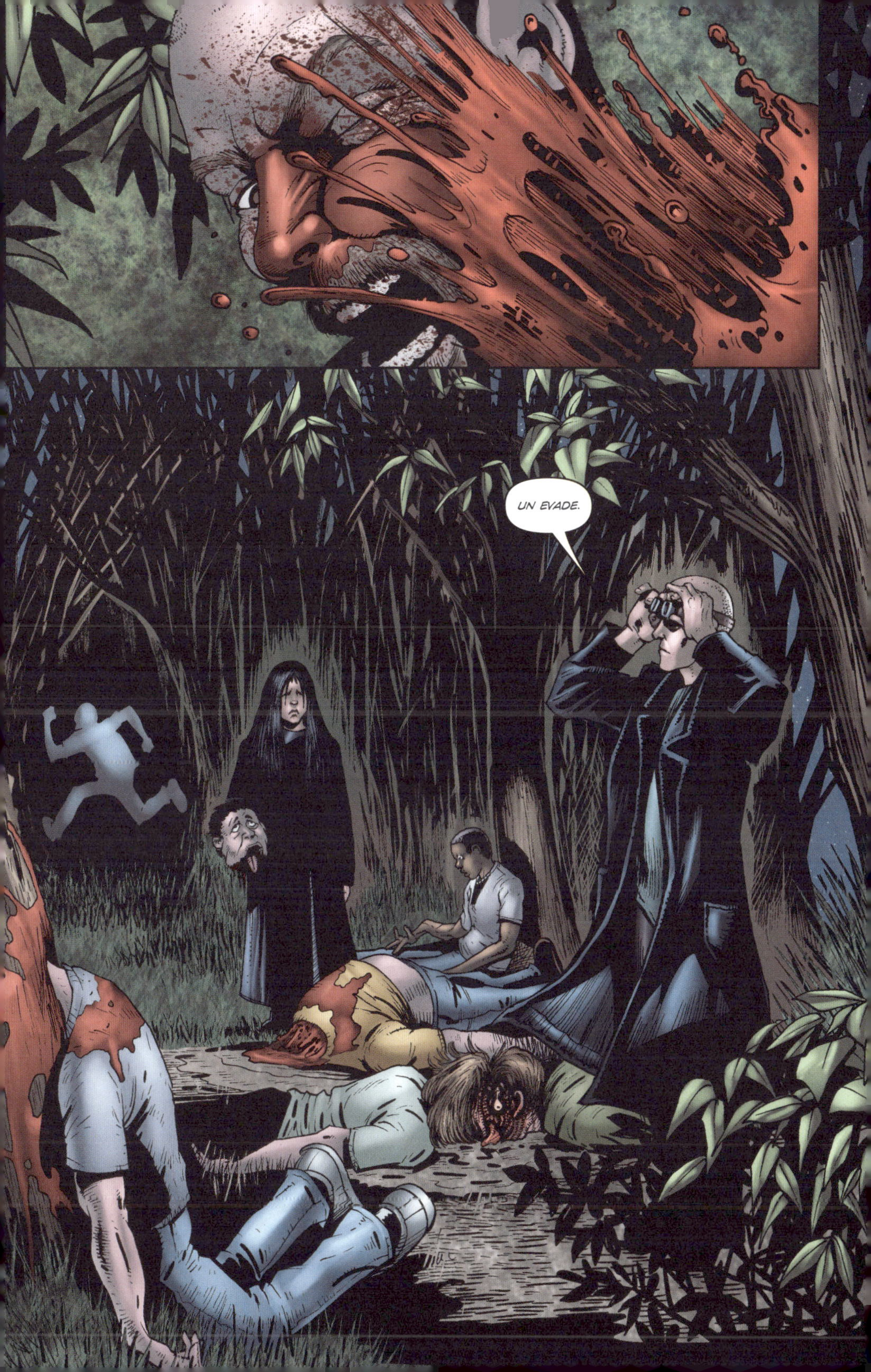
UN EVADE.

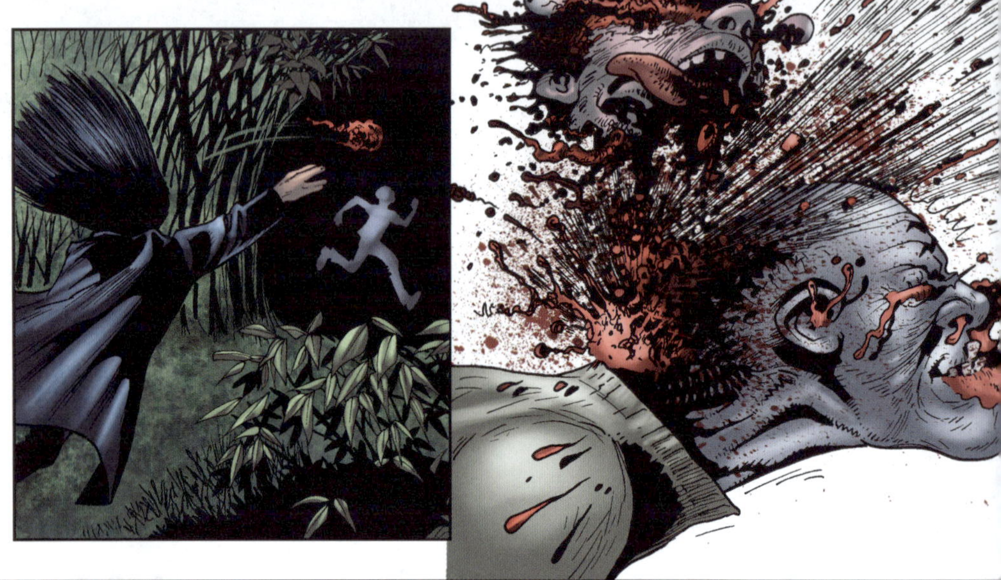

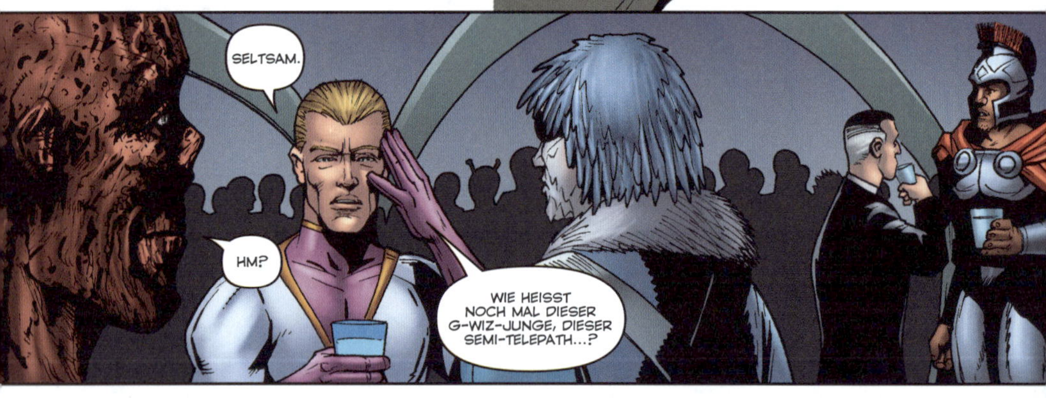

SELTSAM.
HM?
WIE HEISST NOCH MAL DIESER G-WIZ-JUNGE, DIESER SEMI-TELEPATH...?

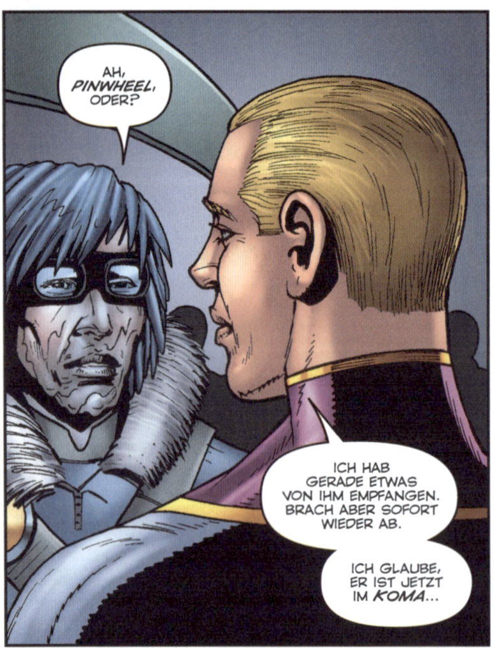

AH, *PINWHEEL*, ODER?
ICH HAB GERADE ETWAS VON IHM EMPFANGEN. BRACH ABER SOFORT WIEDER AB.
ICH GLAUBE, ER IST JETZT IM *KOMA*...

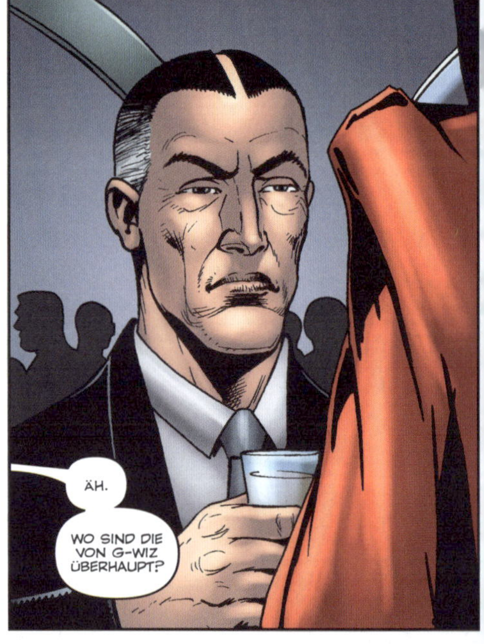

ÄH.
WO SIND DIE VON G-WIZ ÜBERHAUPT?

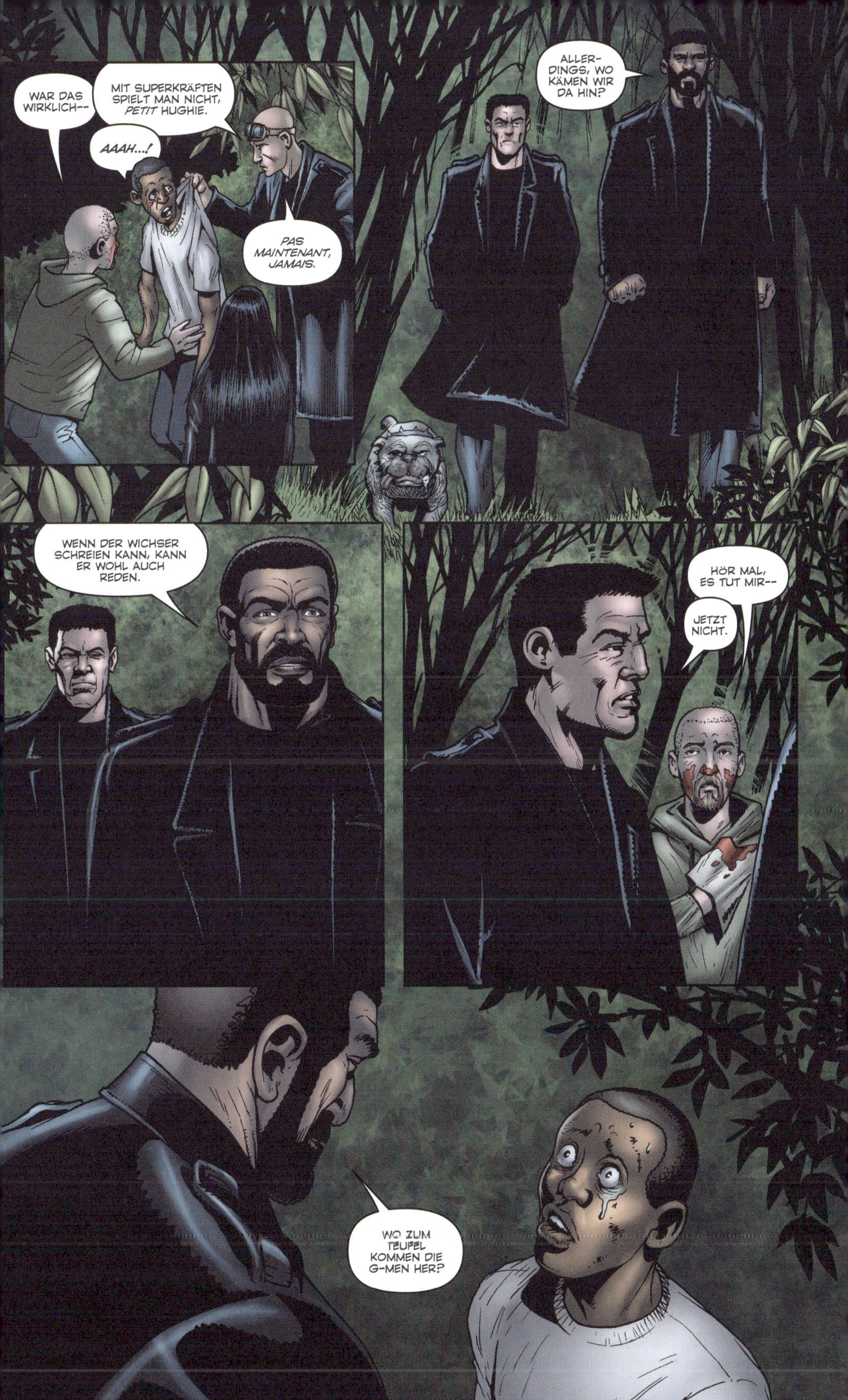
WAR DAS WIRKLICH--
MIT SUPERKRÄFTEN SPIELT MAN NICHT, PETIT HUGHIE.
AAAH...!
PAS MAINTENANT, JAMAIS.
ALLER-DINGS, WO KÄMEN WIR DA HIN?
WENN DER WICHSER SCHREIEN KANN, KANN ER WOHL AUCH REDEN.
HÖR MAL, ES TUT MIR--
JETZT NICHT.
WO ZUM TEUFEL KOMMEN DIE G-MEN HER?

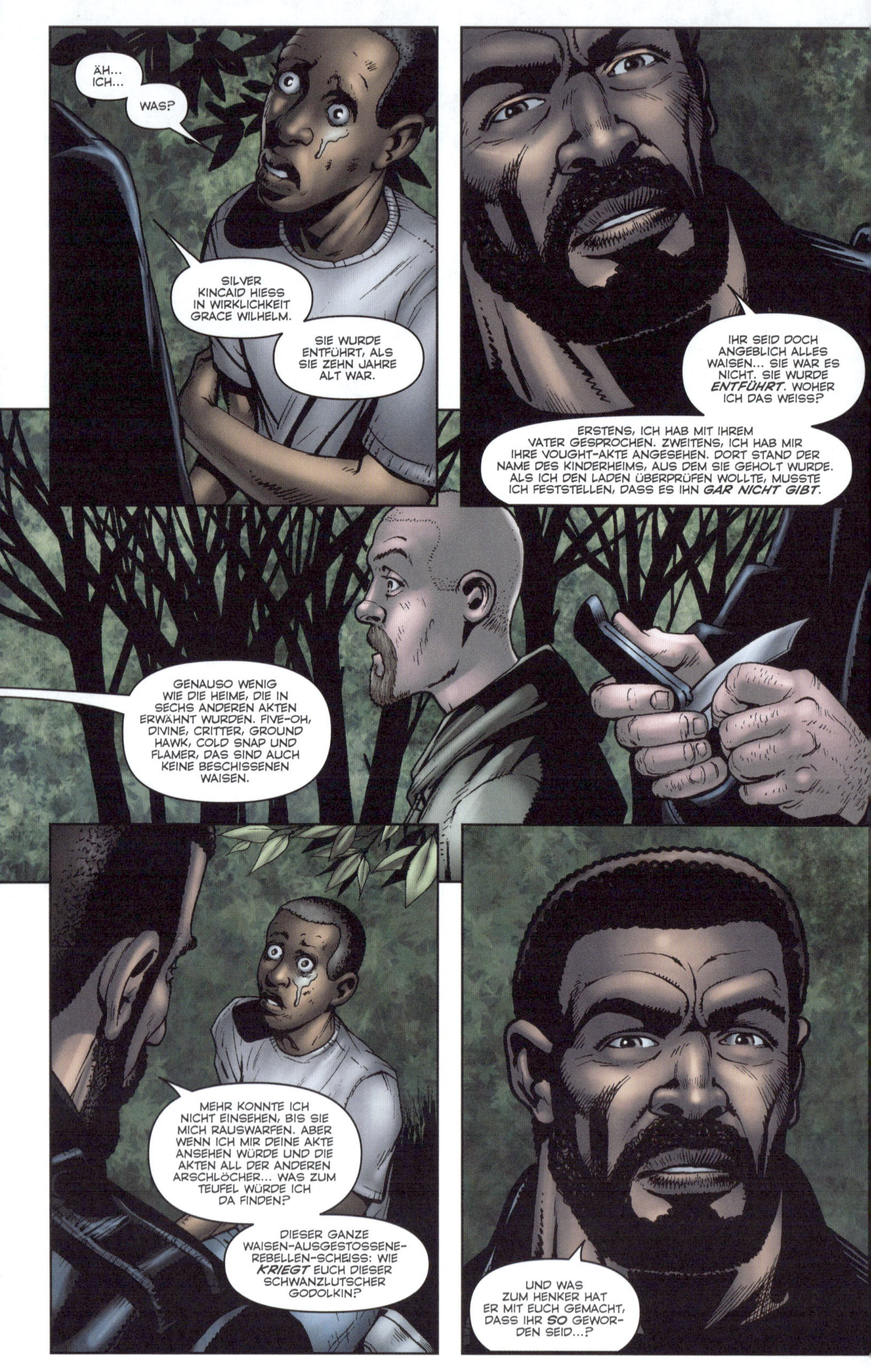
ÄH... ICH...
WAS?
SILVER KINCAID HIESS IN WIRKLICHKEIT GRACE WILHELM.
SIE WURDE ENTFÜHRT, ALS SIE ZEHN JAHRE ALT WAR.
IHR SEID DOCH ANGEBLICH ALLES WAISEN... SIE WAR ES NICHT. SIE WURDE ENTFÜHRT. WOHER ICH DAS WEISS?
ERSTENS, ICH HAB MIT IHREM VATER GESPROCHEN. ZWEITENS, ICH HAB MIR IHRE VOUGHT-AKTE ANGESEHEN. DORT STAND DER NAME DES KINDERHEIMS, AUS DEM SIE GEHOLT WURDE. ALS ICH DEN LADEN ÜBERPRÜFEN WOLLTE, MUSSTE ICH FESTSTELLEN, DASS ES IHN GAR NICHT GIBT.
GENAUSO WENIG WIE DIE HEIME, DIE IN SECHS ANDEREN AKTEN ERWÄHNT WURDEN. FIVE-OH, DIVINE, CRITTER, GROUND HAWK, COLD SNAP UND FLAMER, DAS SIND AUCH KEINE BESCHISSENEN WAISEN.
MEHR KONNTE ICH NICHT EINSEHEN, BIS SIE MICH RAUSWARFEN. ABER WENN ICH MIR DEINE AKTE ANSEHEN WÜRDE UND DIE AKTEN ALL DER ANDEREN ARSCHLÖCHER... WAS ZUM TEUFEL WÜRDE ICH DA FINDEN?
DIESER GANZE WAISEN-AUSGESTOSSENE-REBELLEN-SCHEISS: WIE KRIEGT EUCH DIESER SCHWANZLUTSCHER GODOLKIN?
UND WAS ZUM HENKER HAT ER MIT EUCH GEMACHT, DASS IHR SO GEWORDEN SEID...?

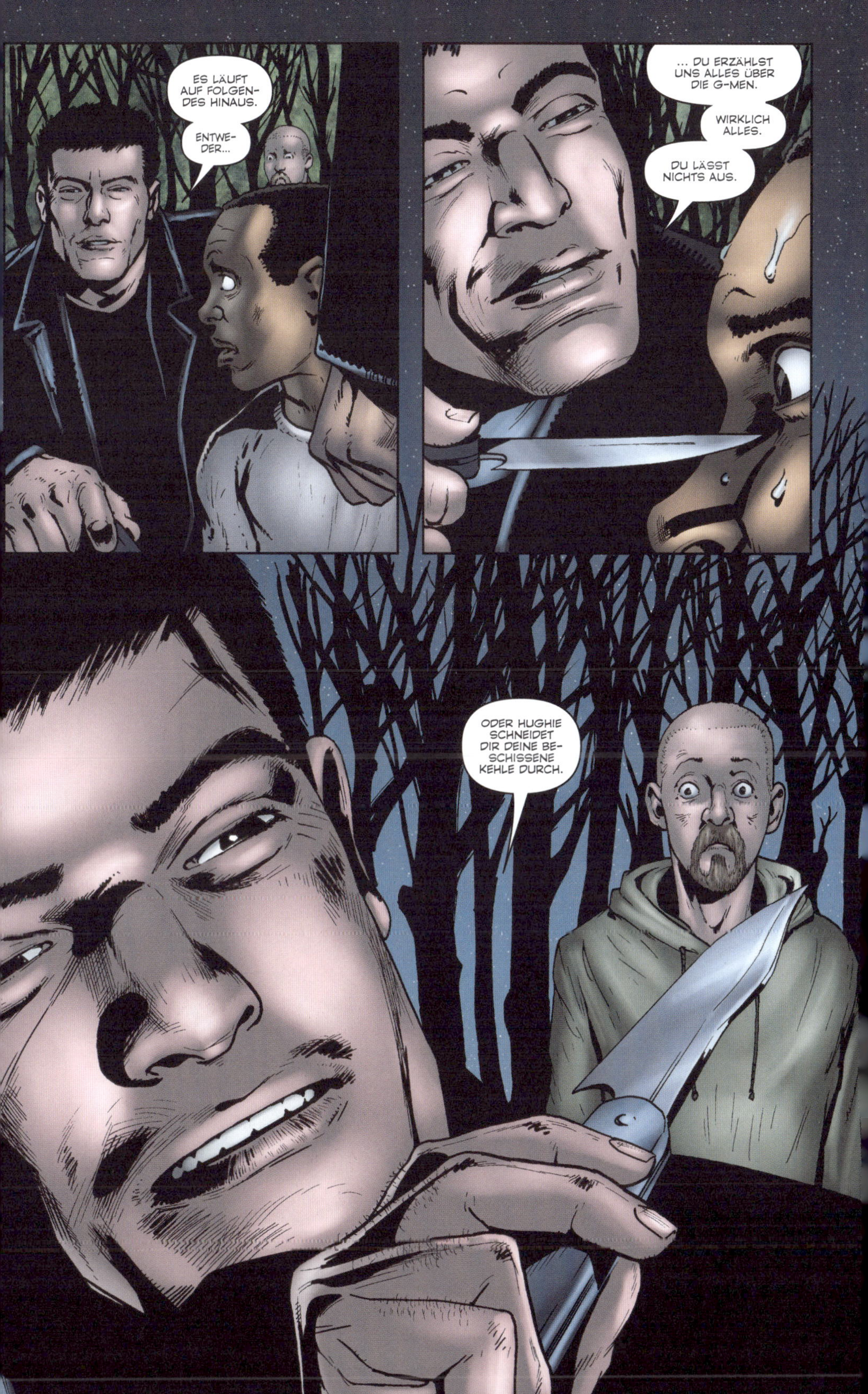
ES LÄUFT AUF FOLGENDES HINAUS.
ENTWEDER...
... DU ERZÄHLST UNS ALLES ÜBER DIE G-MEN.
WIRKLICH ALLES.
DU LÄSST NICHTS AUS.
ODER HUGHIE SCHNEIDET DIR DEINE BESCHISSENE KEHLE DURCH.

SCHMUTZIGE GEHEIMNISSE, LETZTER TEIL

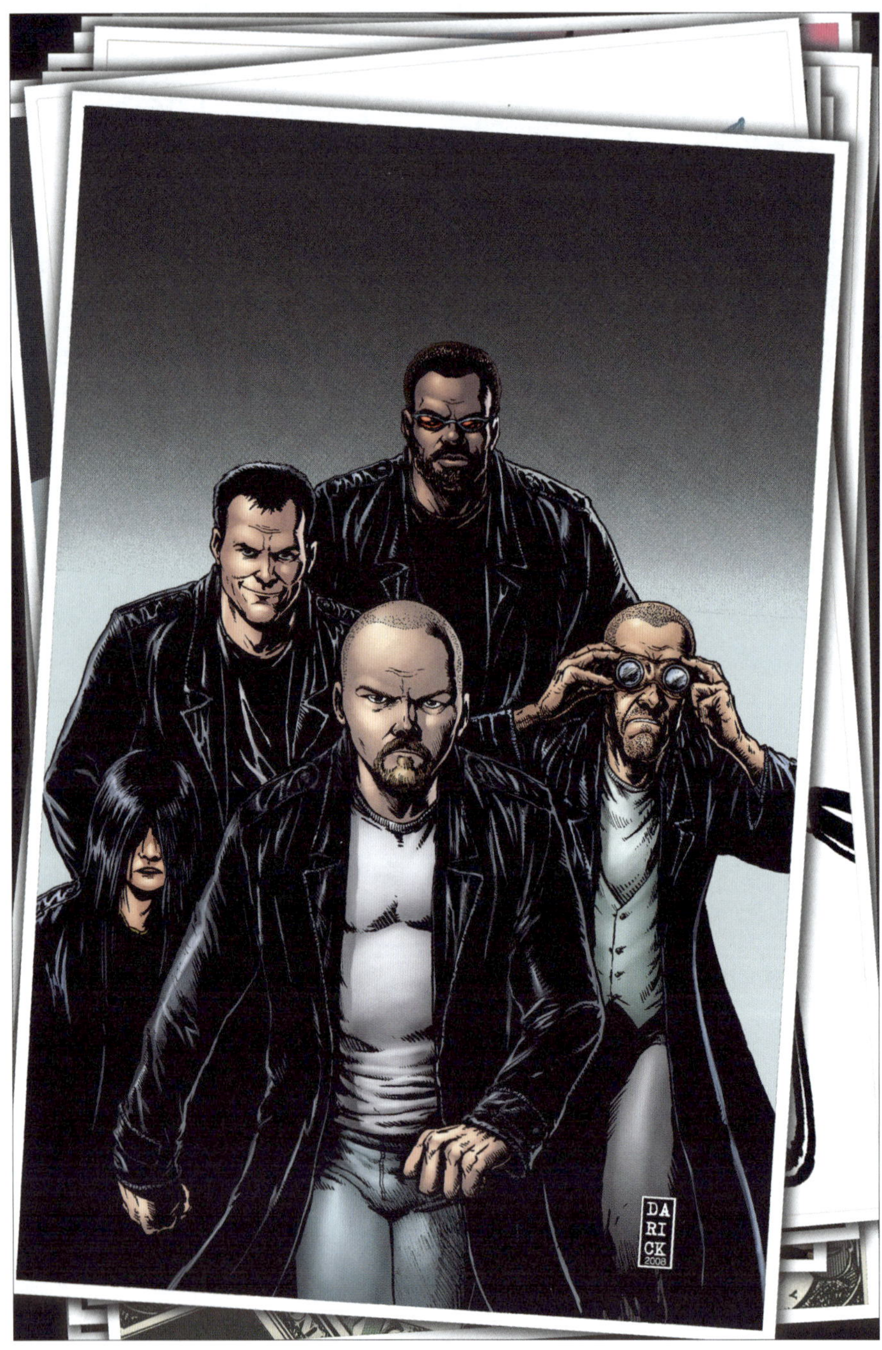

The Boys (2006) 29
Cover von **DARICK ROBERTSON**

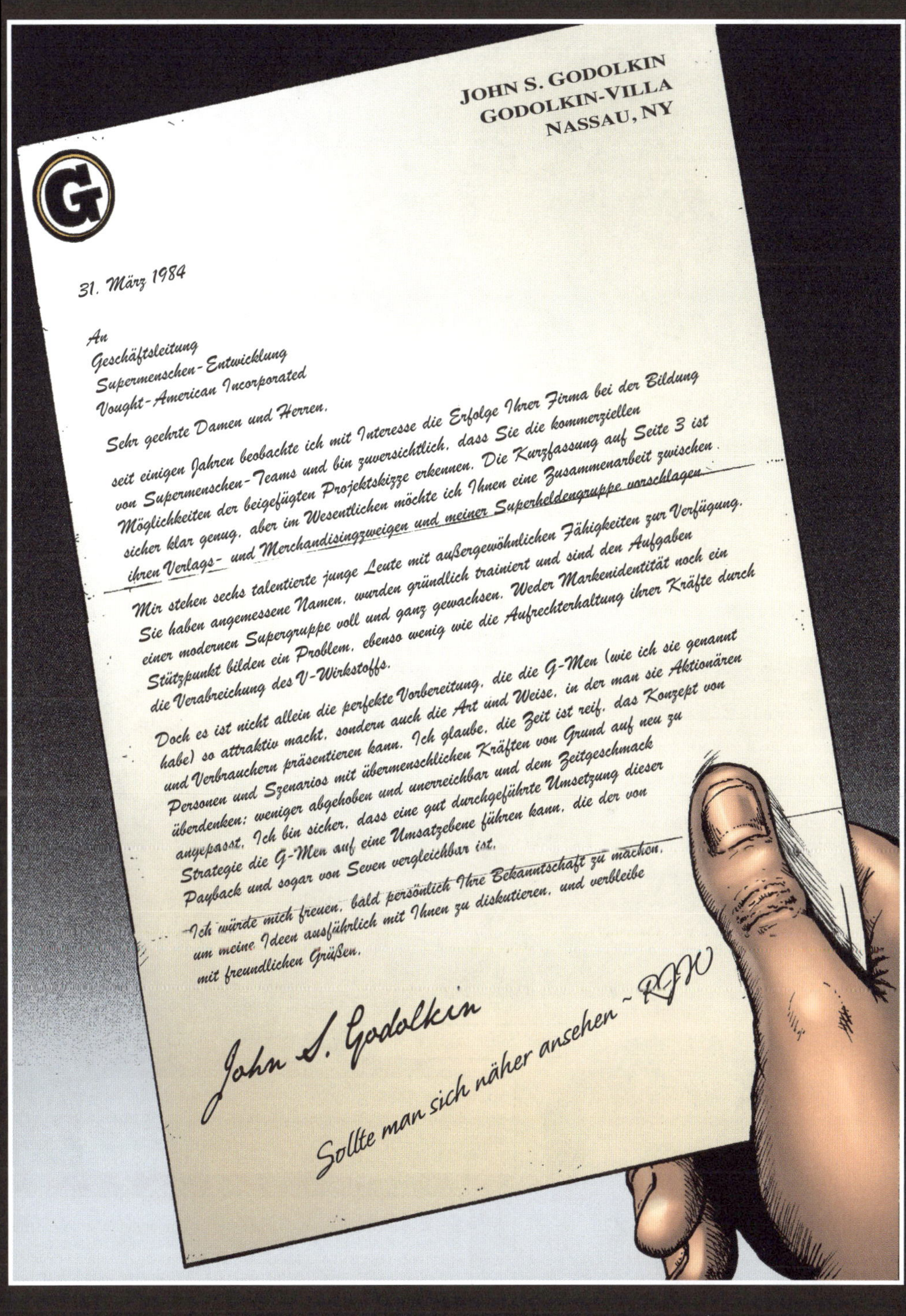

G

JOHN S. GODOLKIN
GODOLKIN-VILLA
NASSAU, NY

31. März 1984

An
Geschäftsleitung
Supermenschen-Entwicklung
Vought-American Incorporated

Sehr geehrte Damen und Herren,

seit einigen Jahren beobachte ich mit Interesse die Erfolge Ihrer Firma bei der Bildung von Supermenschen-Teams und bin zuversichtlich, dass Sie die kommerziellen Möglichkeiten der beigefügten Projektskizze erkennen. Die Kurzfassung auf Seite 3 ist sicher klar genug, aber im Wesentlichen möchte ich Ihnen eine Zusammenarbeit zwischen ihren Verlags- und Merchandisingzweigen und meiner Superheldengruppe vorschlagen.

Mir stehen sechs talentierte junge Leute mit außergewöhnlichen Fähigkeiten zur Verfügung. Sie haben angemessene Namen, wurden gründlich trainiert und sind den Aufgaben einer modernen Supergruppe voll und ganz gewachsen. Weder Markenidentität noch ein Stützpunkt bilden ein Problem, ebenso wenig wie die Aufrechterhaltung ihrer Kräfte durch die Verabreichung des V-Wirkstoffs.

Doch es ist nicht allein die perfekte Vorbereitung, die die G-Men (wie ich sie genannt habe) so attraktiv macht, sondern auch die Art und Weise, in der man sie Aktionären und Verbrauchern präsentieren kann. Ich glaube, die Zeit ist reif, das Konzept von Personen und Szenarios mit übermenschlichen Kräften von Grund auf neu zu überdenken; weniger abgehoben und unerreichbar und dem Zeitgeschmack angepasst. Ich bin sicher, dass eine gut durchgeführte Umsetzung dieser Strategie die G-Men auf eine Umsatzebene führen kann, die der von Payback und sogar von Seven vergleichbar ist.

Ich würde mich freuen, bald persönlich Ihre Bekanntschaft zu machen, um meine Ideen ausführlich mit Ihnen zu diskutieren, und verbleibe mit freundlichen Grüßen,

John S. Godolkin

Sollte man sich näher ansehen ~ RJW

SCHMUTZIGE GEHEIMNISSE
LETZTER TEIL

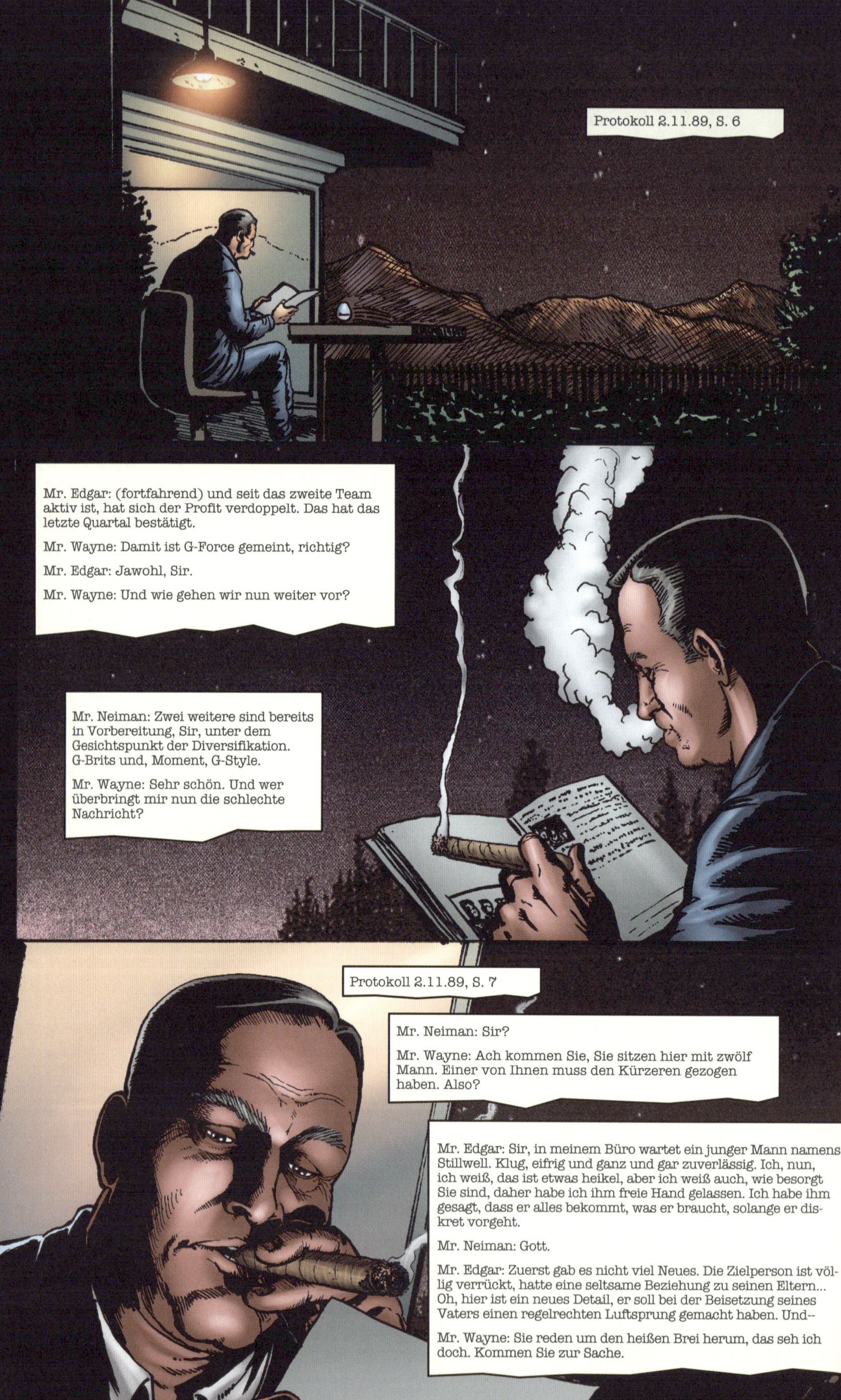

Protokoll 2.11.89, S. 6
Mr. Edgar: (fortfahrend) und seit das zweite Team aktiv ist, hat sich der Profit verdoppelt. Das hat das letzte Quartal bestätigt.
Mr. Wayne: Damit ist G-Force gemeint, richtig?
Mr. Edgar: Jawohl, Sir.
Mr. Wayne: Und wie gehen wir nun weiter vor?
Mr. Neiman: Zwei weitere sind bereits in Vorbereitung, Sir, unter dem Gesichtspunkt der Diversifikation. G-Brits und, Moment, G-Style.
Mr. Wayne: Sehr schön. Und wer überbringt mir nun die schlechte Nachricht?
Protokoll 2.11.89, S. 7
Mr. Neiman: Sir?
Mr. Wayne: Ach kommen Sie, Sie sitzen hier mit zwölf Mann. Einer von Ihnen muss den Kürzeren gezogen haben. Also?
Mr. Edgar: Sir, in meinem Büro wartet ein junger Mann namens Stillwell. Klug, eifrig und ganz und gar zuverlässig. Ich, nun, ich weiß, das ist etwas heikel, aber ich weiß auch, wie besorgt Sie sind, daher habe ich ihm freie Hand gelassen. Ich habe ihm gesagt, dass er alles bekommt, was er braucht, solange er diskret vorgeht.
Mr. Neiman: Gott.
Mr. Edgar: Zuerst gab es nicht viel Neues. Die Zielperson ist völlig verrückt, hatte eine seltsame Beziehung zu seinen Eltern... Oh, hier ist ein neues Detail, er soll bei der Beisetzung seines Vaters einen regelrechten Luftsprung gemacht haben. Und--
Mr. Wayne: Sie reden um den heißen Brei herum, das seh ich doch. Kommen Sie zur Sache.

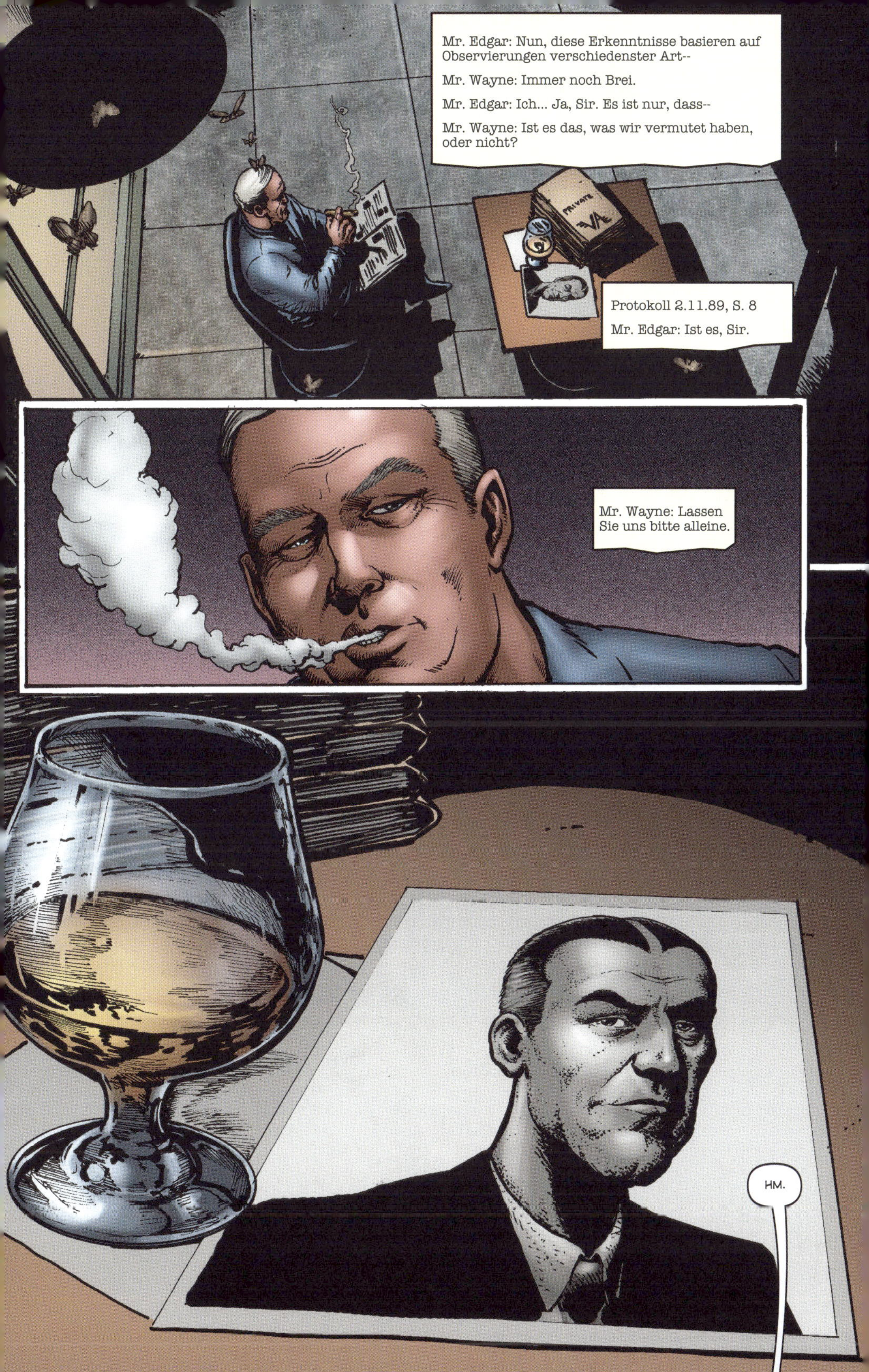
Mr. Edgar: Nun, diese Erkenntnisse basieren auf Observierungen verschiedenster Art--
Mr. Wayne: Immer noch Brei.
Mr. Edgar: Ich... Ja, Sir. Es ist nur, dass--
Mr. Wayne: Ist es das, was wir vermutet haben, oder nicht?
PRIVATE
Protokoll 2.11.89, S. 8
Mr. Edgar: Ist es, Sir.
Mr. Wayne: Lassen Sie uns bitte alleine.
HM.

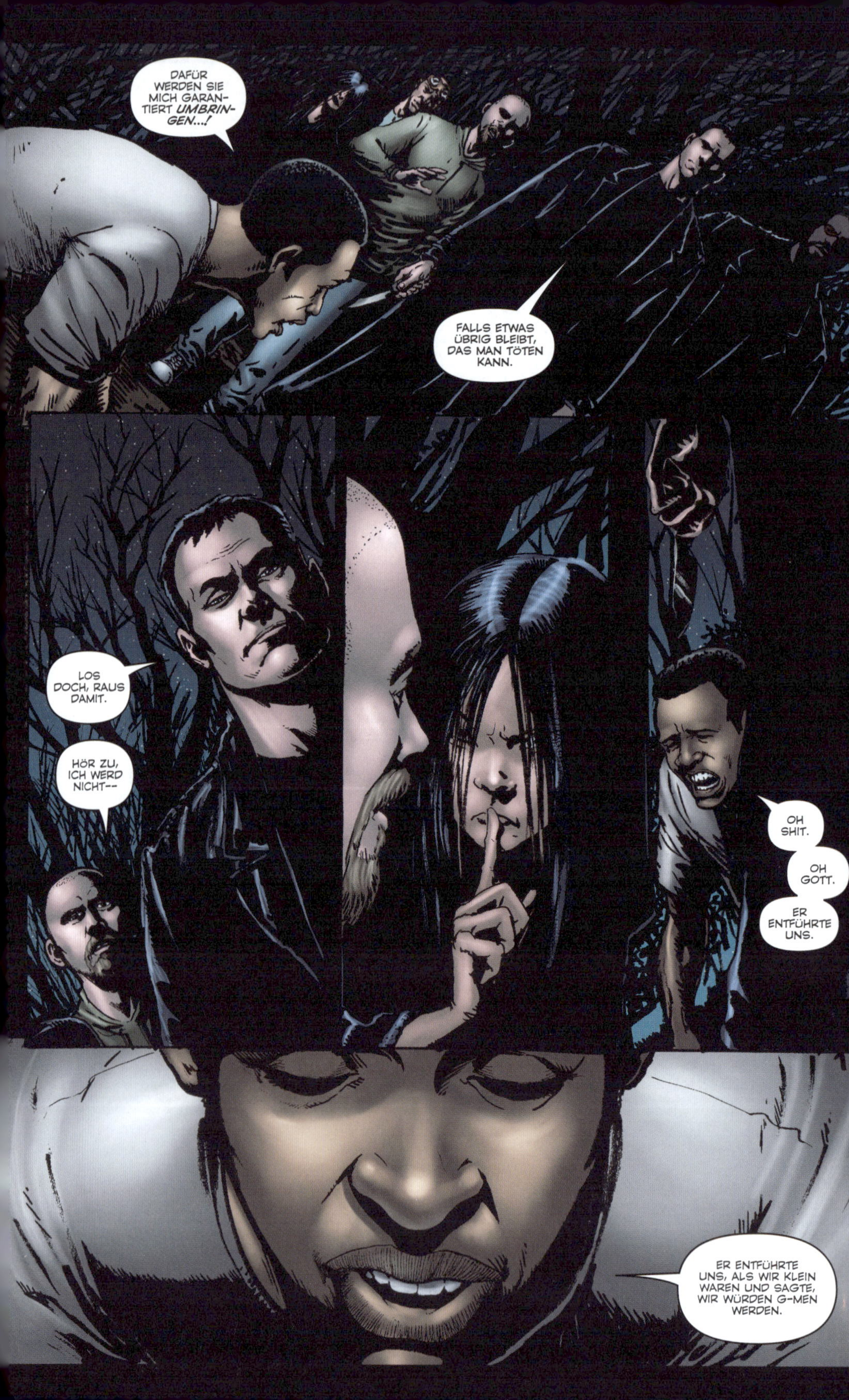
DAFÜR WERDEN SIE MICH GARANTIERT *UMBRINGEN...!*
FALLS ETWAS ÜBRIG BLEIBT, DAS MAN TÖTEN KANN.
LOS DOCH, RAUS DAMIT.
HÖR ZU, ICH WERD NICHT--
OH SHIT.
OH GOTT.
ER ENTFÜHRTE UNS.
ER ENTFÜHRTE UNS, ALS WIR KLEIN WAREN UND SAGTE, WIR WÜRDEN G-MEN WERDEN.

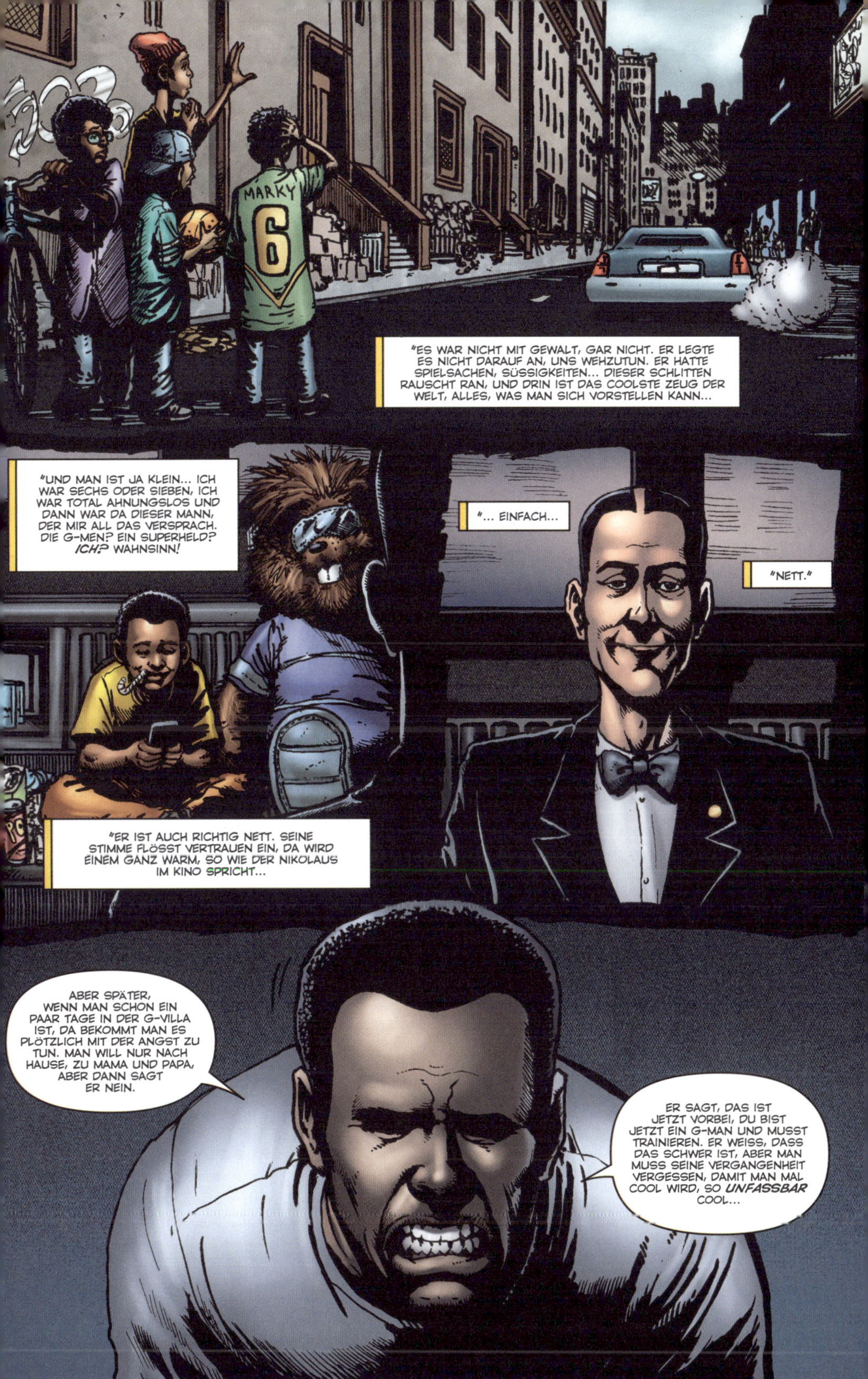
MARKY
6
"ES WAR NICHT MIT GEWALT, GAR NICHT. ER LEGTE ES NICHT DARAUF AN, UNS WEHZUTUN. ER HATTE SPIELSACHEN, SÜSSIGKEITEN... DIESER SCHLITTEN RAUSCHT RAN, UND DRIN IST DAS COOLSTE ZEUG DER WELT, ALLES, WAS MAN SICH VORSTELLEN KANN...
"UND MAN IST JA KLEIN... ICH WAR SECHS ODER SIEBEN, ICH WAR TOTAL AHNUNGSLOS UND DANN WAR DA DIESER MANN, DER MIR ALL DAS VERSPRACH. DIE G-MEN? EIN SUPERHELD? *ICH?* WAHNSINN!
"ER IST AUCH RICHTIG NETT. SEINE STIMME FLÖSST VERTRAUEN EIN, DA WIRD EINEM GANZ WARM, SO WIE DER NIKOLAUS IM KINO SPRICHT...
"... EINFACH...
"NETT."
ABER SPÄTER, WENN MAN SCHON EIN PAAR TAGE IN DER G-VILLA IST, DA BEKOMMT MAN ES PLÖTZLICH MIT DER ANGST ZU TUN. MAN WILL NUR NACH HAUSE, ZU MAMA UND PAPA, ABER DANN SAGT ER NEIN.
ER SAGT, DAS IST JETZT VORBEI, DU BIST JETZT EIN G-MAN UND MUSST TRAINIEREN. ER WEISS, DASS DAS SCHWER IST, ABER MAN MUSS SEINE VERGANGENHEIT VERGESSEN, DAMIT MAN MAL COOL WIRD, SO *UNFASSBAR* COOL...

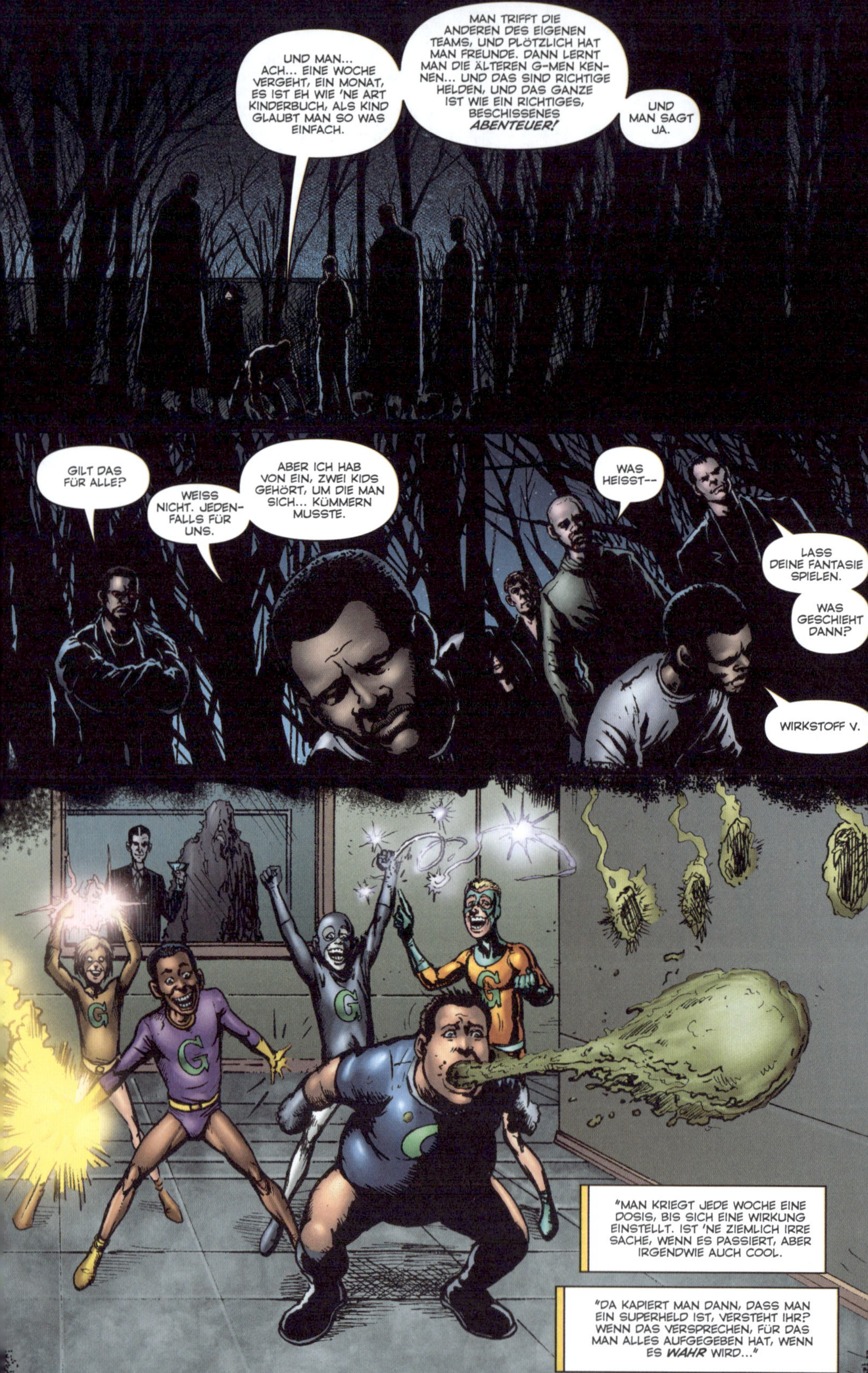
UND MAN... ACH... EINE WOCHE VERGEHT, EIN MONAT, ES IST EH WIE 'NE ART KINDERBUCH, ALS KIND GLAUBT MAN SO WAS EINFACH.
MAN TRIFFT DIE ANDEREN DES EIGENEN TEAMS, UND PLÖTZLICH HAT MAN FREUNDE. DANN LERNT MAN DIE ÄLTEREN G-MEN KENNEN... UND DAS SIND RICHTIGE HELDEN, UND DAS GANZE IST WIE EIN RICHTIGES, BESCHISSENES ABENTEUER!
UND MAN SAGT JA.
GILT DAS FÜR ALLE?
WEISS NICHT. JEDENFALLS FÜR UNS.
ABER ICH HAB VON EIN, ZWEI KIDS GEHÖRT, UM DIE MAN SICH... KÜMMERN MUSSTE.
WAS HEISST--
LASS DEINE FANTASIE SPIELEN.
WAS GESCHIEHT DANN?
WIRKSTOFF V.
"MAN KRIEGT JEDE WOCHE EINE DOSIS, BIS SICH EINE WIRKUNG EINSTELLT. IST 'NE ZIEMLICH IRRE SACHE, WENN ES PASSIERT, ABER IRGENDWIE AUCH COOL.
"DA KAPIERT MAN DANN, DASS MAN EIN SUPERHELD IST, VERSTEHT IHR? WENN DAS VERSPRECHEN, FÜR DAS MAN ALLES AUFGEGEBEN HAT, WENN ES WAHR WIRD..."

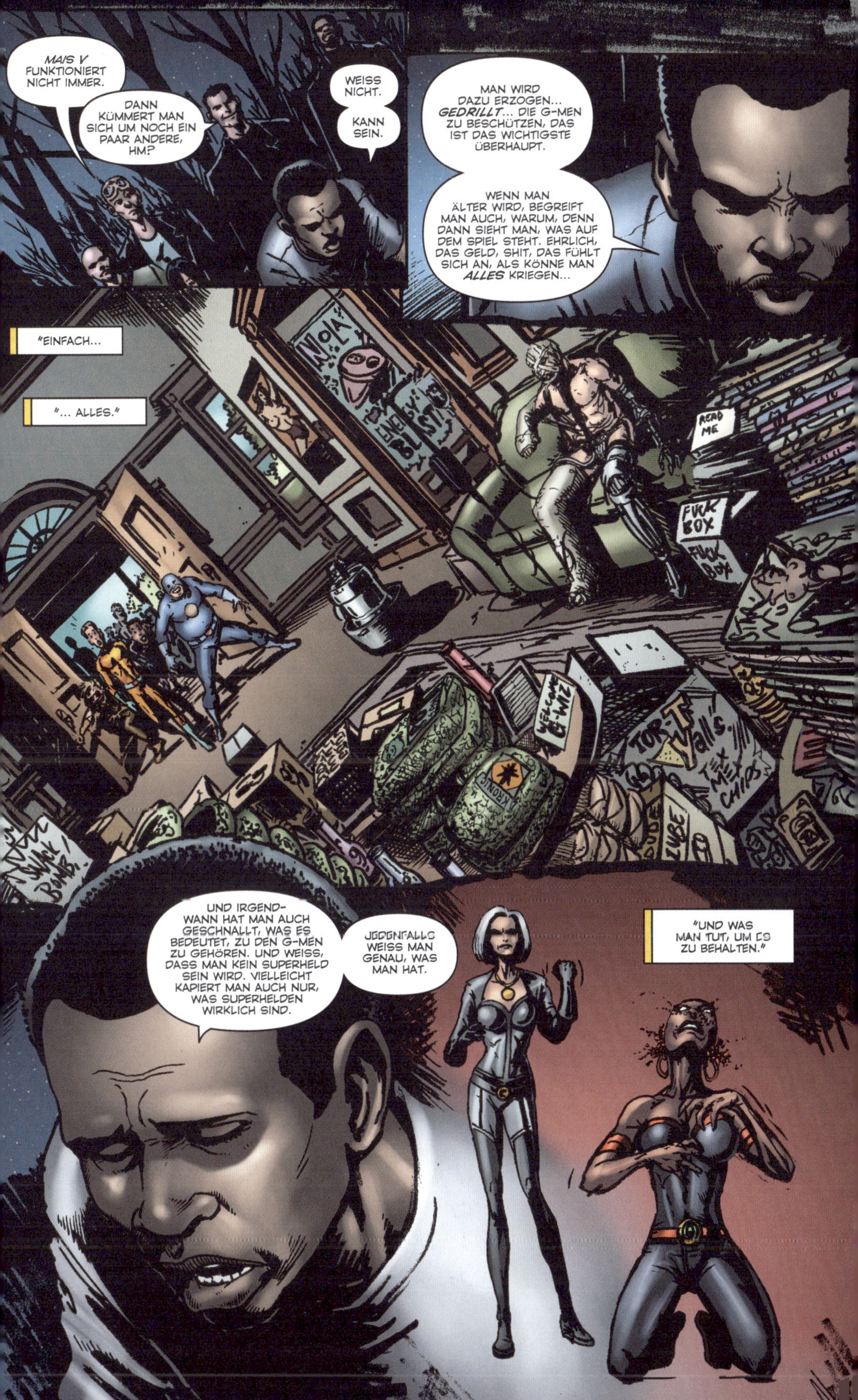
MA'S V FUNKTIONIERT NICHT IMMER.
DANN KÜMMERT MAN SICH UM NOCH EIN PAAR ANDERE, HM?
WEISS NICHT.
KANN SEIN.
MAN WIRD DAZU ERZOGEN... GEDRILLT... DIE G-MEN ZU BESCHÜTZEN, DAS IST DAS WICHTIGSTE ÜBERHAUPT.
WENN MAN ÄLTER WIRD, BEGREIFT MAN AUCH, WARUM, DENN DANN SIEHT MAN, WAS AUF DEM SPIEL STEHT. EHRLICH, DAS GELD, SHIT, DAS FÜHLT SICH AN, ALS KÖNNE MAN ALLES KRIEGEN...
"EINFACH...
"... ALLES."
READ ME
FUCK BOX
FUCK BOX
WELCOME G-WIZ
TOR-T YALLS TEX MEX CHIPS
UND IRGENDWANN HAT MAN AUCH GESCHNALLT, WAS ES BEDEUTET, ZU DEN G-MEN ZU GEHÖREN. UND WEISS, DASS MAN KEIN SUPERHELD SEIN WIRD. VIELLEICHT KAPIERT MAN AUCH NUR, WAS SUPERHELDEN WIRKLICH SIND.
JEDENFALLS WEISS MAN GENAU, WAS MAN HAT.
"UND WAS MAN TUT, UM ES ZU BEHALTEN."

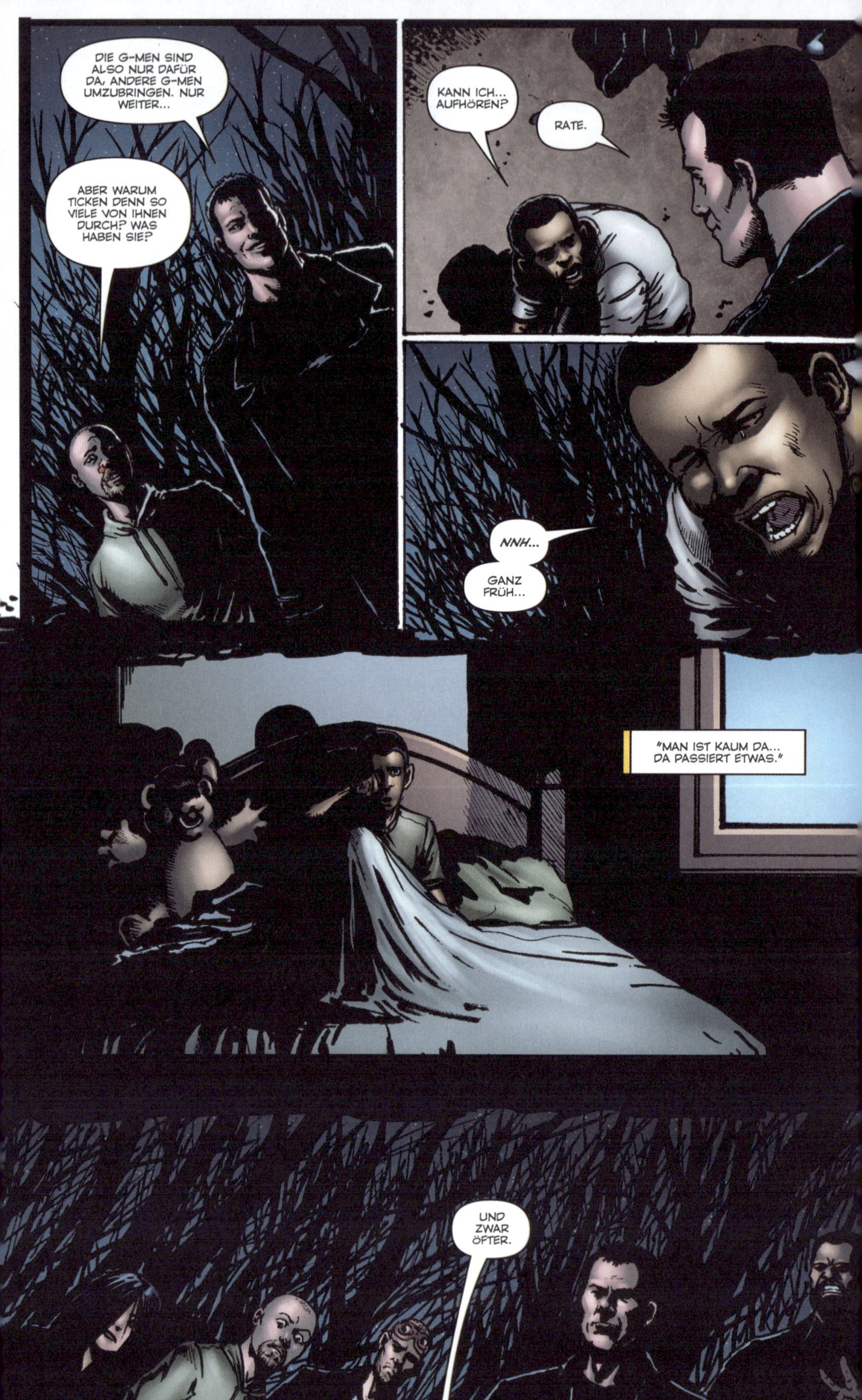
DIE G-MEN SIND ALSO NUR DAFÜR DA, ANDERE G-MEN UMZUBRINGEN. NUR WEITER...
ABER WARUM TICKEN DENN SO VIELE VON IHNEN DURCH? WAS HABEN SIE?
KANN ICH... AUFHÖREN?
RATE.
NNH...
GANZ FRÜH...
"MAN IST KAUM DA... DA PASSIERT ETWAS."
UND ZWAR ÖFTER.

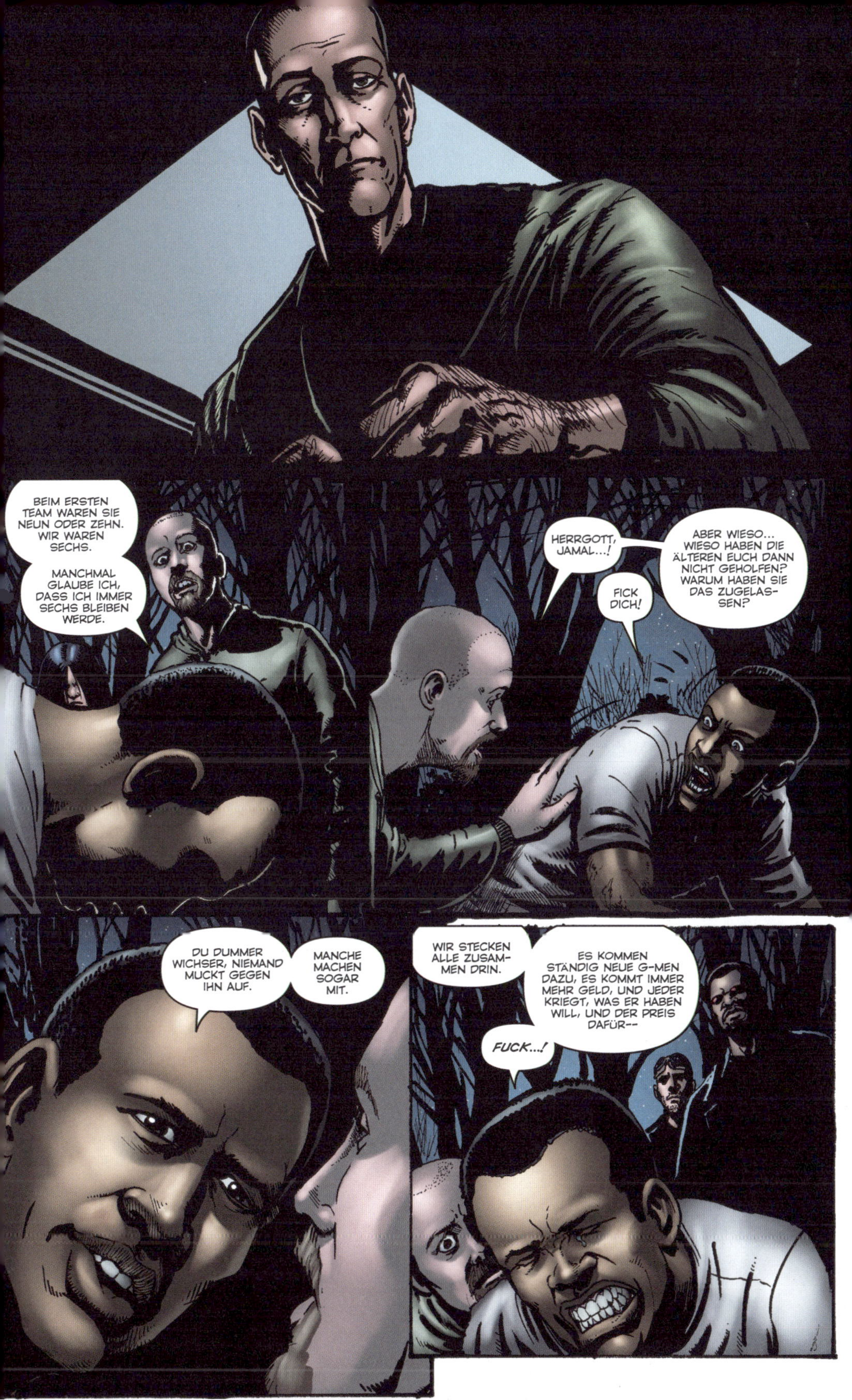
BEIM ERSTEN TEAM WAREN SIE NEUN ODER ZEHN. WIR WAREN SECHS.
MANCHMAL GLAUBE ICH, DASS ICH IMMER SECHS BLEIBEN WERDE.
HERRGOTT, JAMAL...!
ABER WIESO... WIESO HABEN DIE ÄLTEREN EUCH DANN NICHT GEHOLFEN? WARUM HABEN SIE DAS ZUGELAS-SEN?
FICK DICH!
DU DUMMER WICHSER, NIEMAND MUCKT GEGEN IHN AUF.
MANCHE MACHEN SOGAR MIT.
WIR STECKEN ALLE ZUSAM-MEN DRIN.
ES KOMMEN STÄNDIG NEUE G-MEN DAZU, ES KOMMT IMMER MEHR GELD, UND JEDER KRIEGT, WAS ER HABEN WILL, UND DER PREIS DAFÜR--
FUCK...!

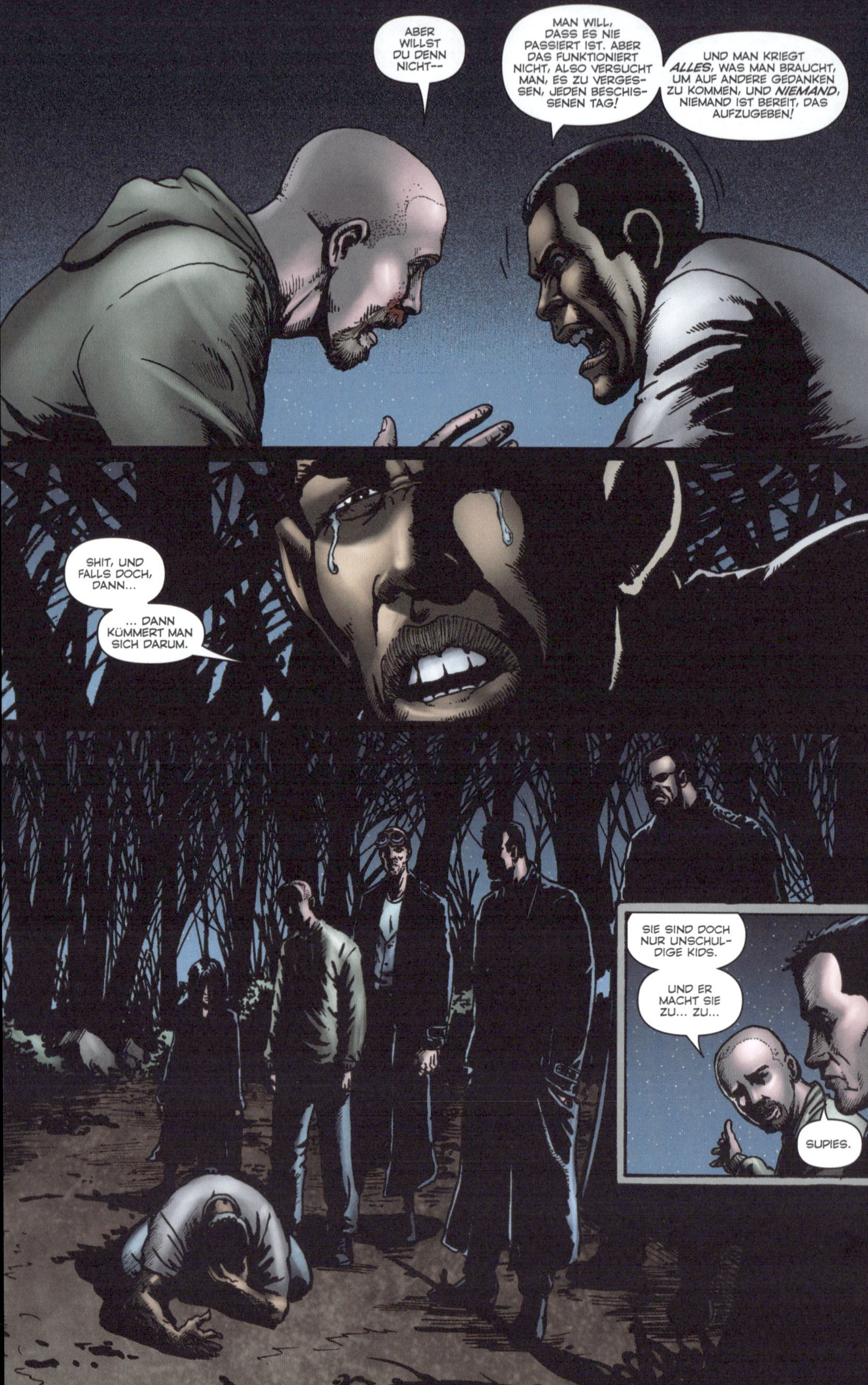
ABER WILLST DU DENN NICHT--
MAN WILL, DASS ES NIE PASSIERT IST. ABER DAS FUNKTIONIERT NICHT, ALSO VERSUCHT MAN, ES ZU VERGESSEN, JEDEN BESCHISSENEN TAG!
UND MAN KRIEGT ALLES, WAS MAN BRAUCHT, UM AUF ANDERE GEDANKEN ZU KOMMEN, UND NIEMAND, NIEMAND IST BEREIT, DAS AUFZUGEBEN!
SHIT, UND FALLS DOCH, DANN...
... DANN KÜMMERT MAN SICH DARUM.
SIE SIND DOCH NUR UNSCHULDIGE KIDS.
UND ER MACHT SIE ZU... ZU...
SUPIES.

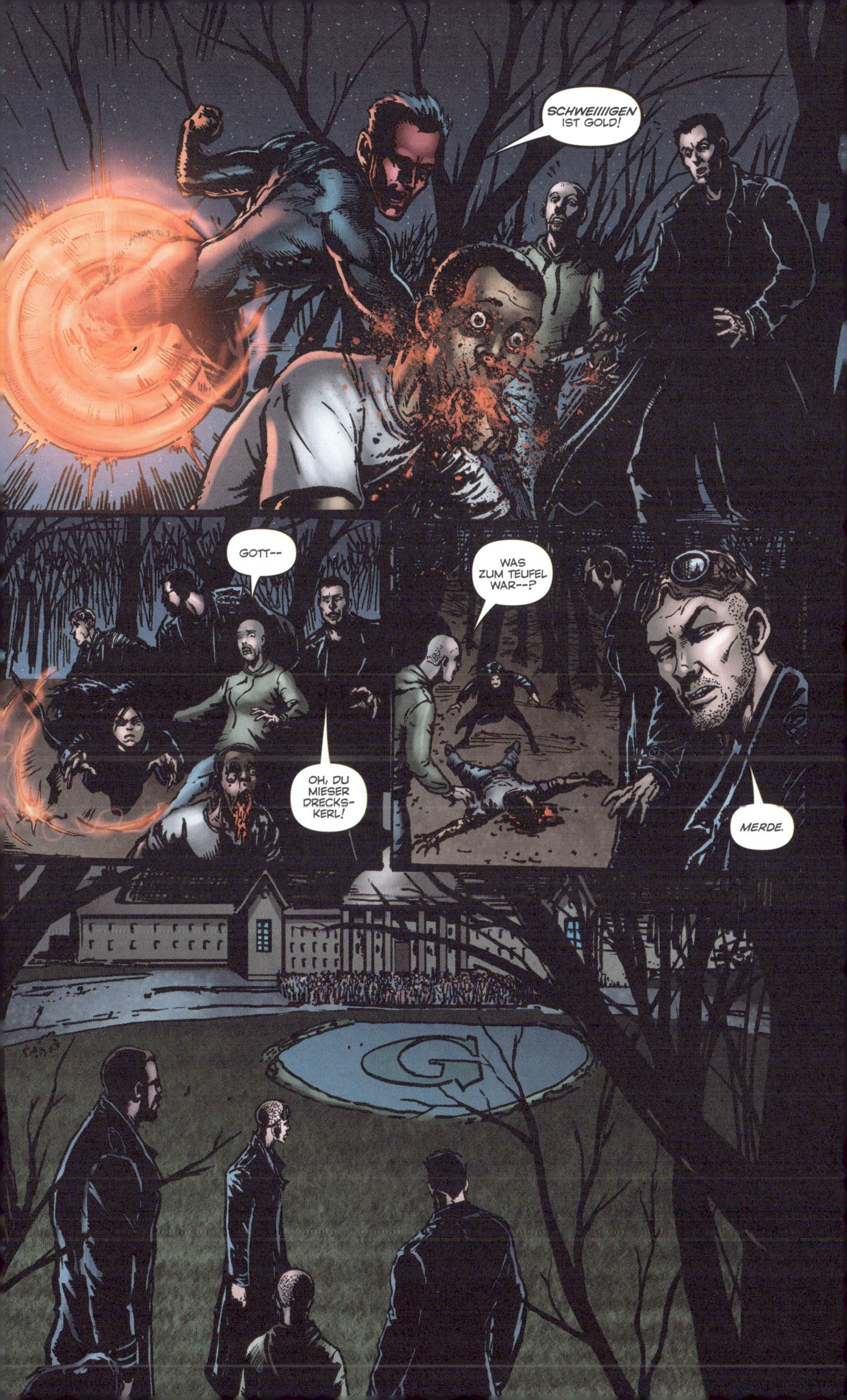

SCHWEIIIIGEN IST GOLD!
GOTT--
OH, DU MIESER DRECKS-KERL!
WAS ZUM TEUFEL WAR--?
MERDE.

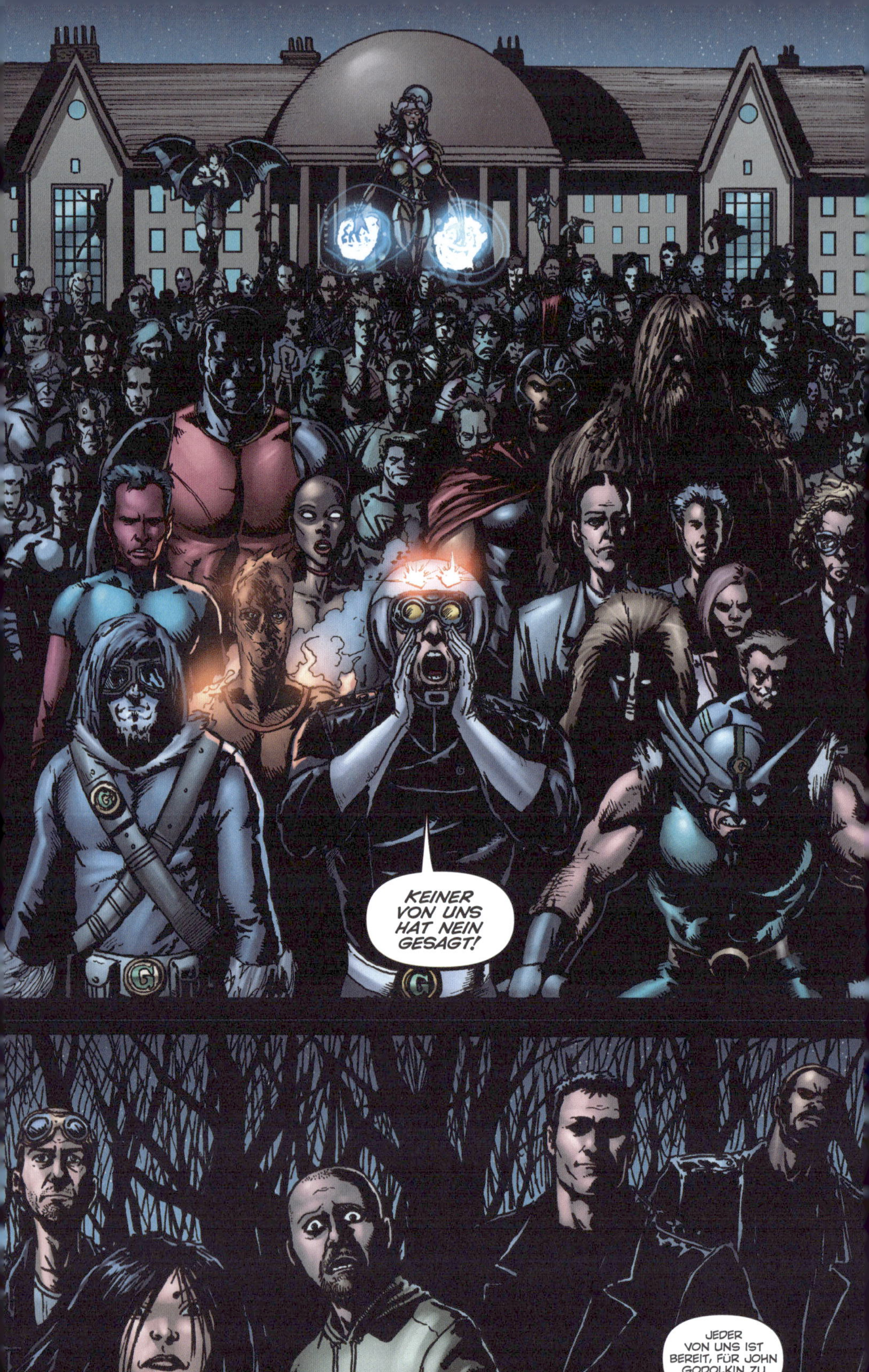
KEINER VON UNS HAT NEIN GESAGT!
JEDER VON UNS IST BEREIT, FÜR JOHN GODOLKIN ZU STERBEN!

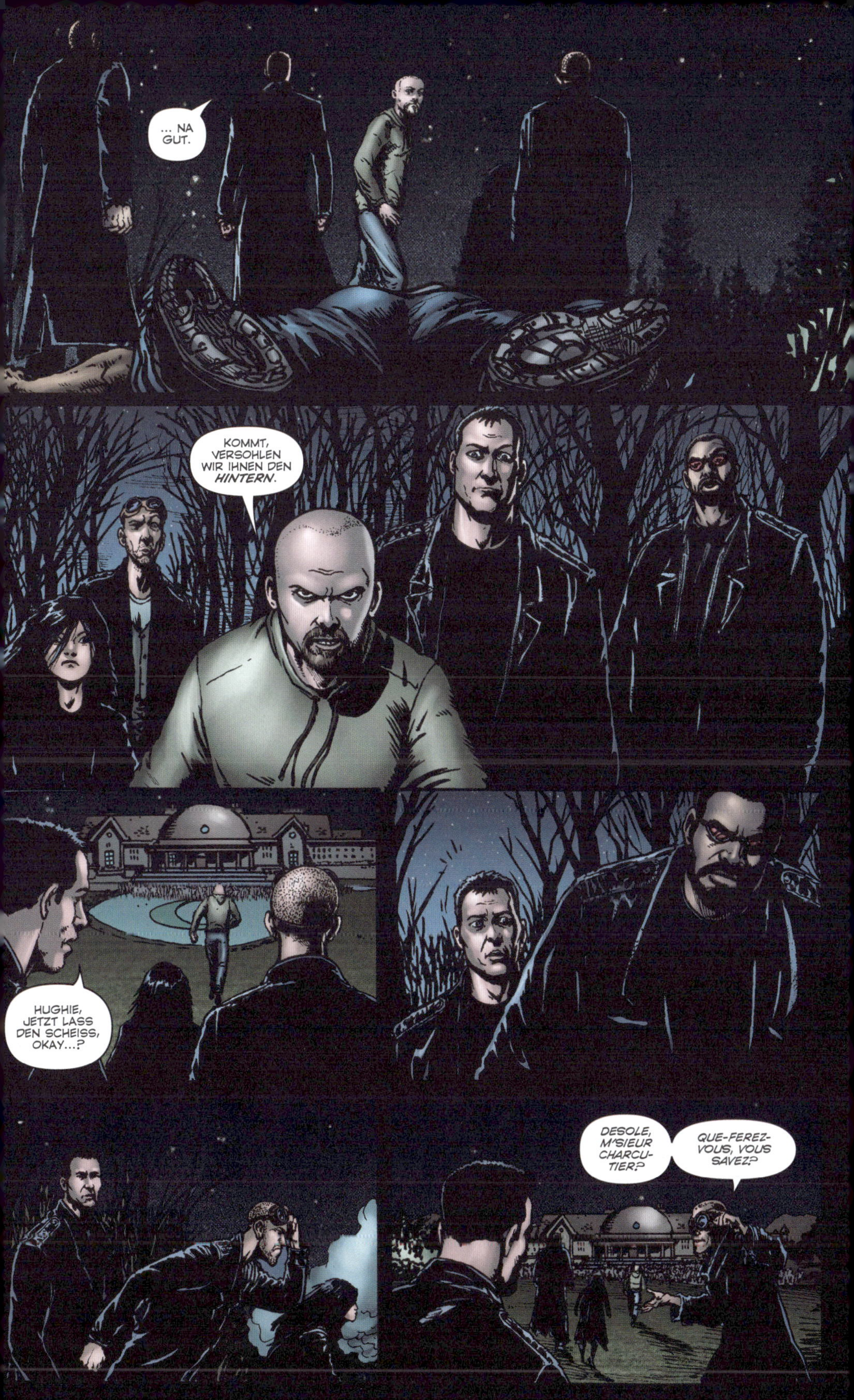
... NA GUT.
KOMMT, VERSOHLEN WIR IHNEN DEN *HINTERN*.
HUGHIE, JETZT LASS DEN SCHEISS, OKAY...?
DESOLE, M'SIEUR CHARCU- TIER?
QUE-FEREZ- VOUS, VOUS SAVEZ?

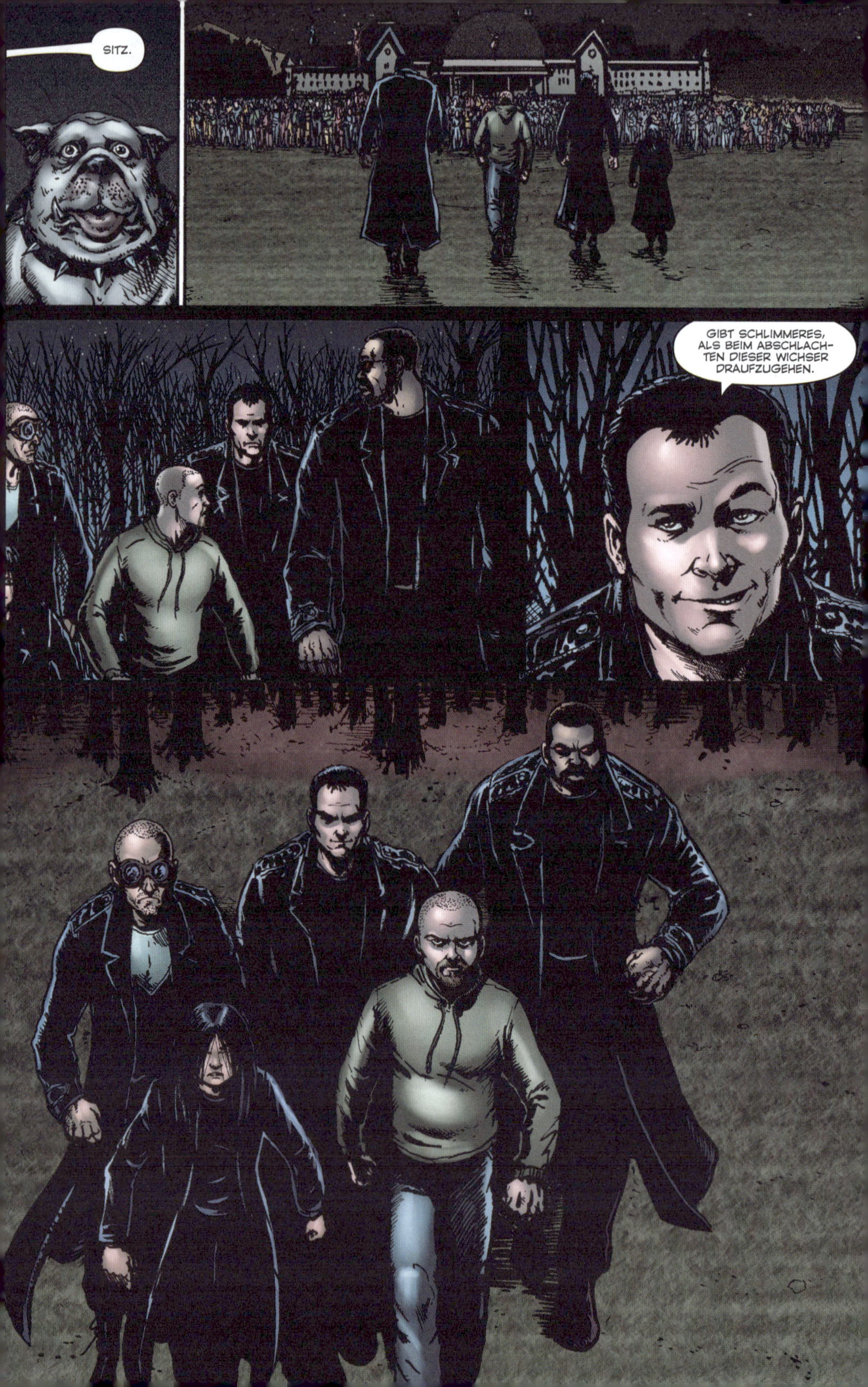
SITZ.
GIBT SCHLIMMERES, ALS BEIM ABSCHLACHTEN DIESER WICHSER DRAUFZUGEHEN.

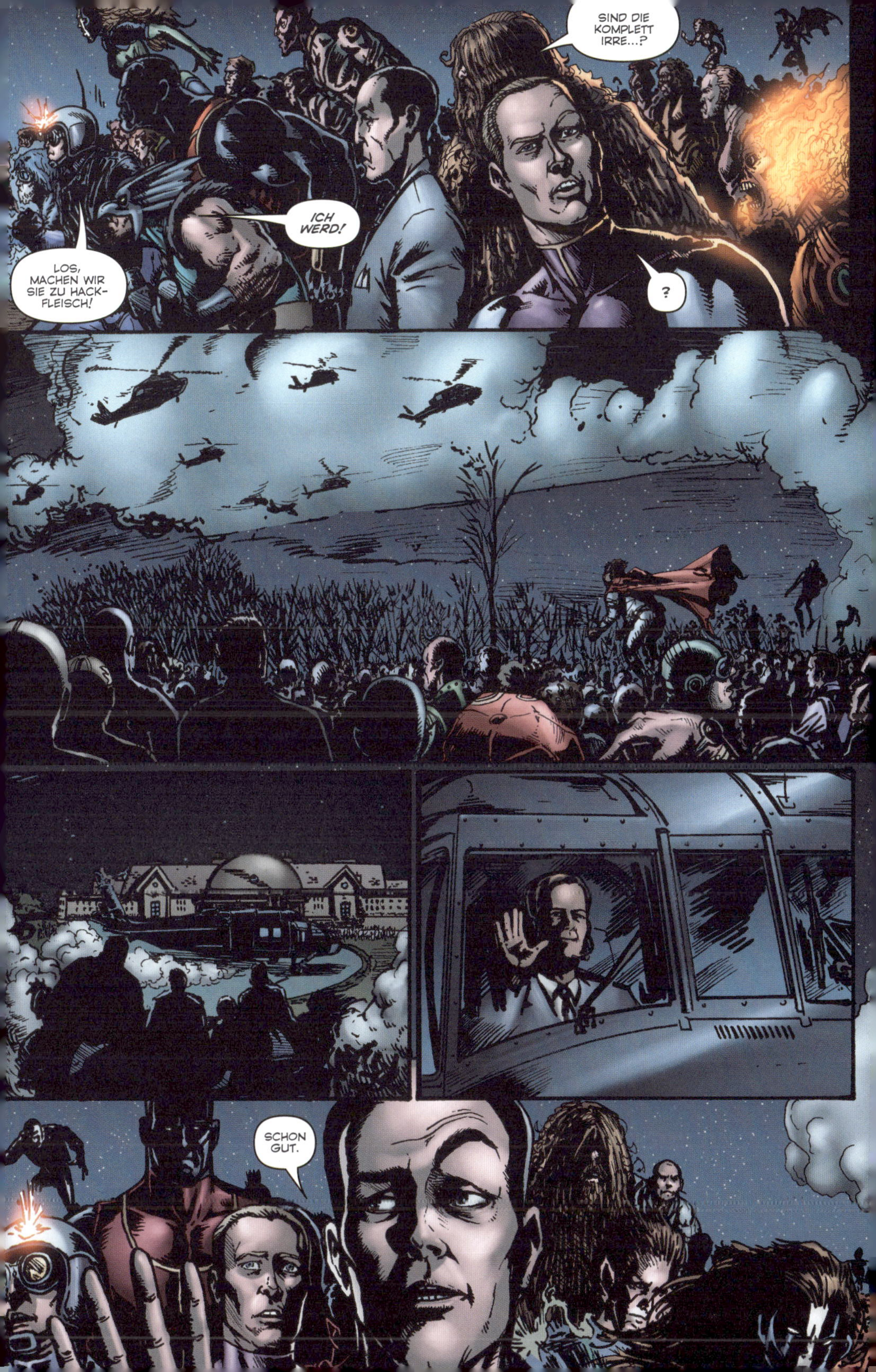
SIND DIE KOMPLETT IRRE…?
ICH WERD!
LOS, MACHEN WIR SIE ZU HACK-FLEISCH!
?
SCHON GUT.

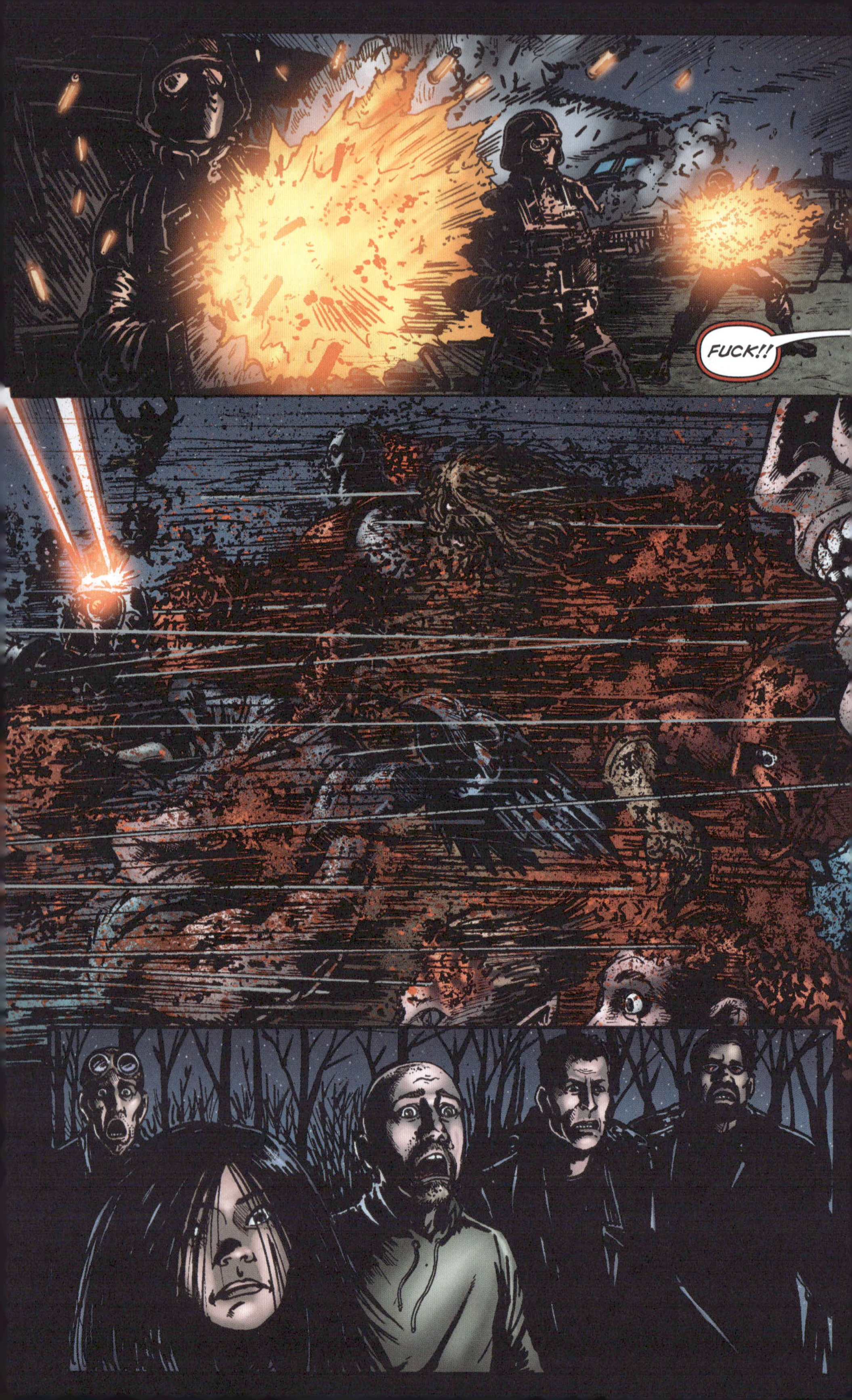
FUCK!!

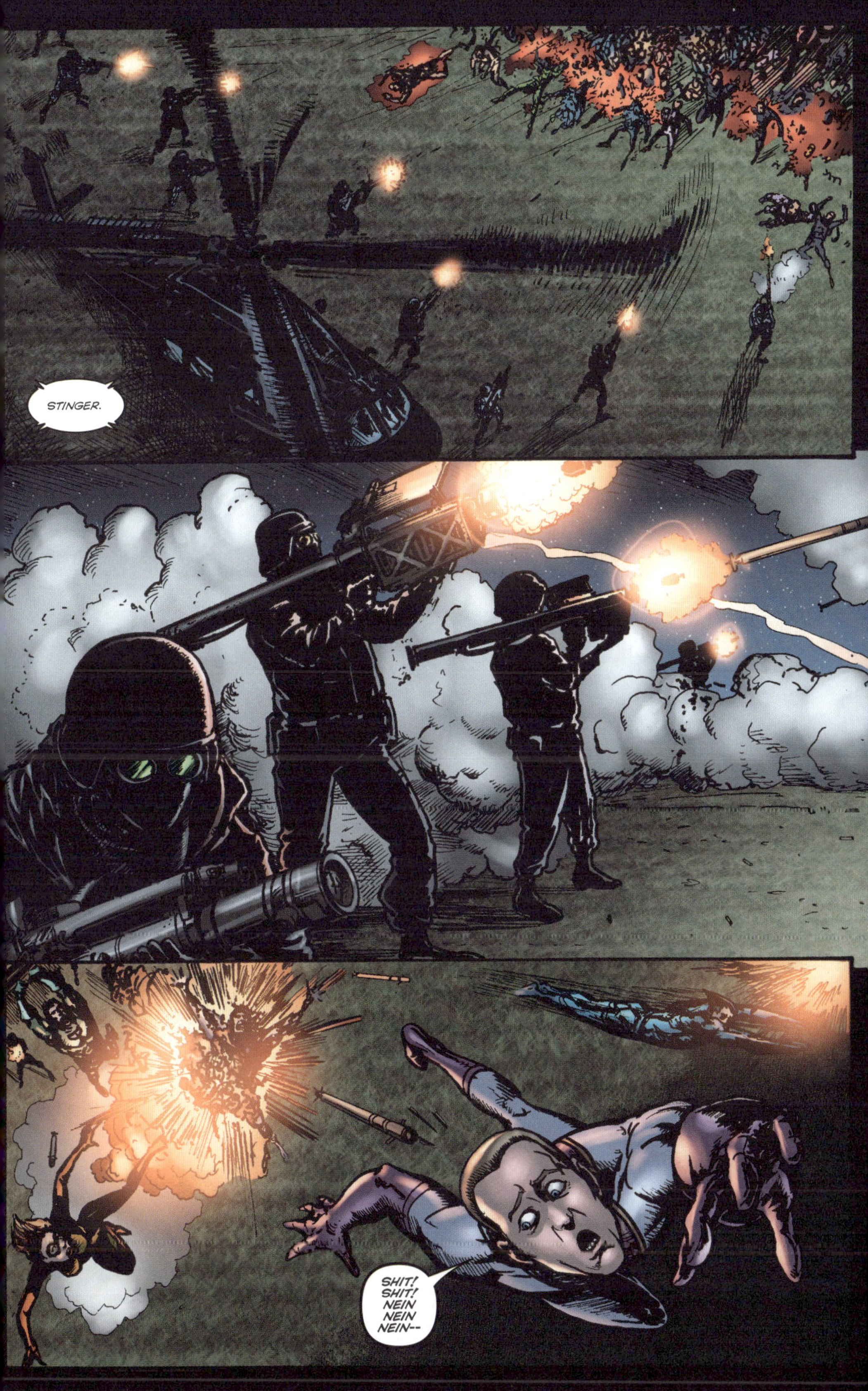
STINGER.
SHIT! SHIT! NEIN NEIN NEIN--

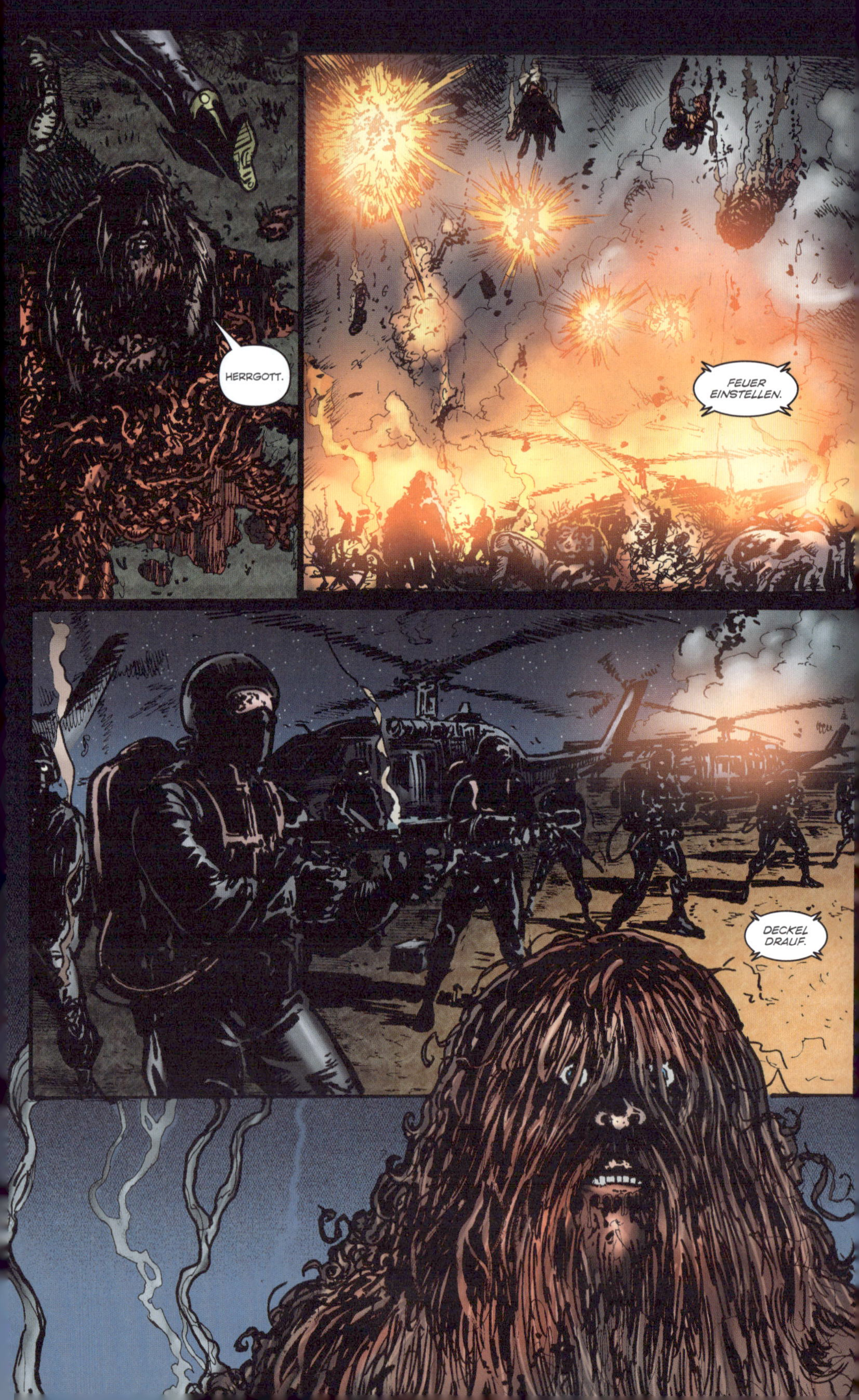
HERRGOTT.
FEUER EINSTELLEN.
DECKEL DRAUF.

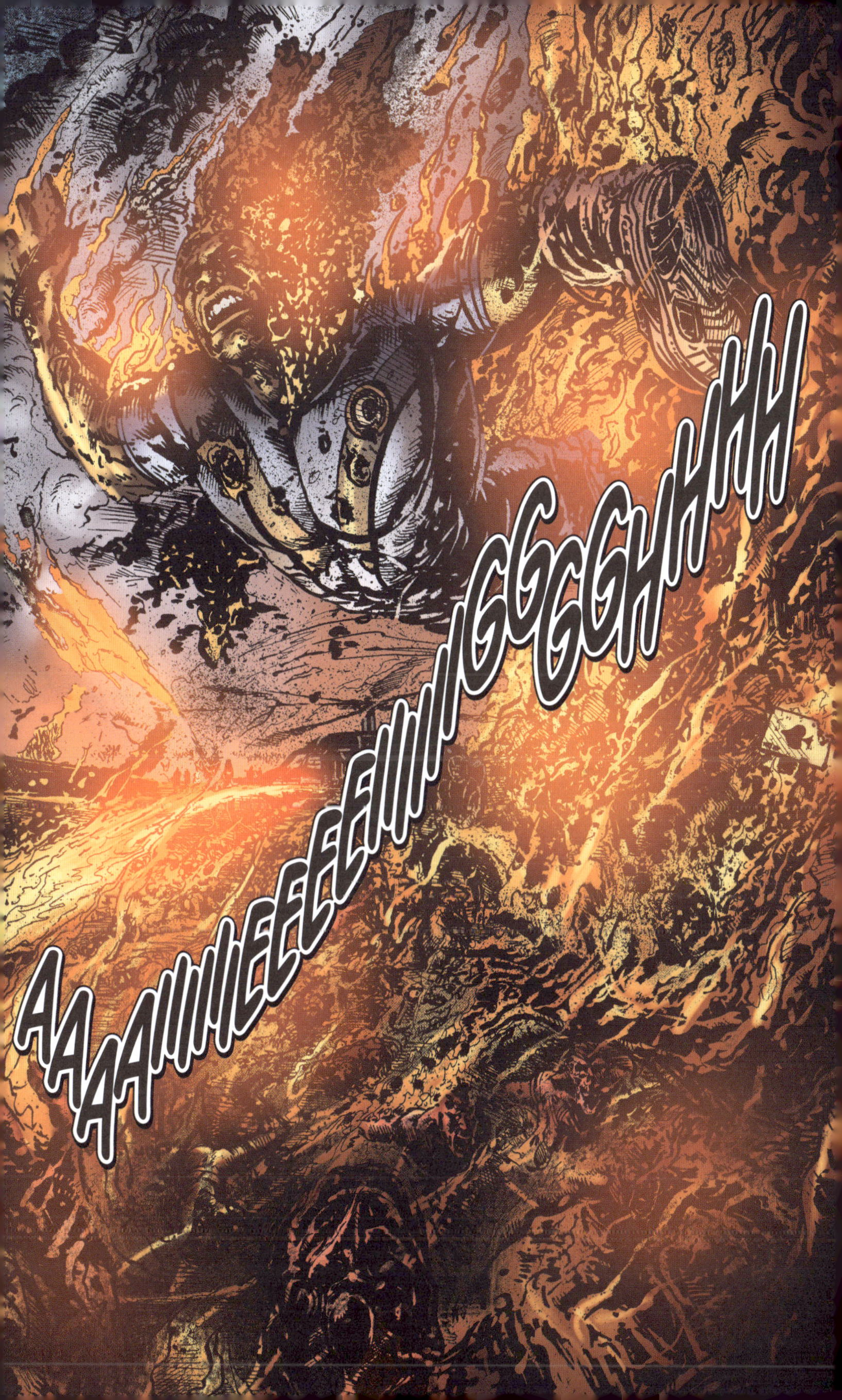
AAAIIIIIIEEEEIIIIIIGGGHHHH

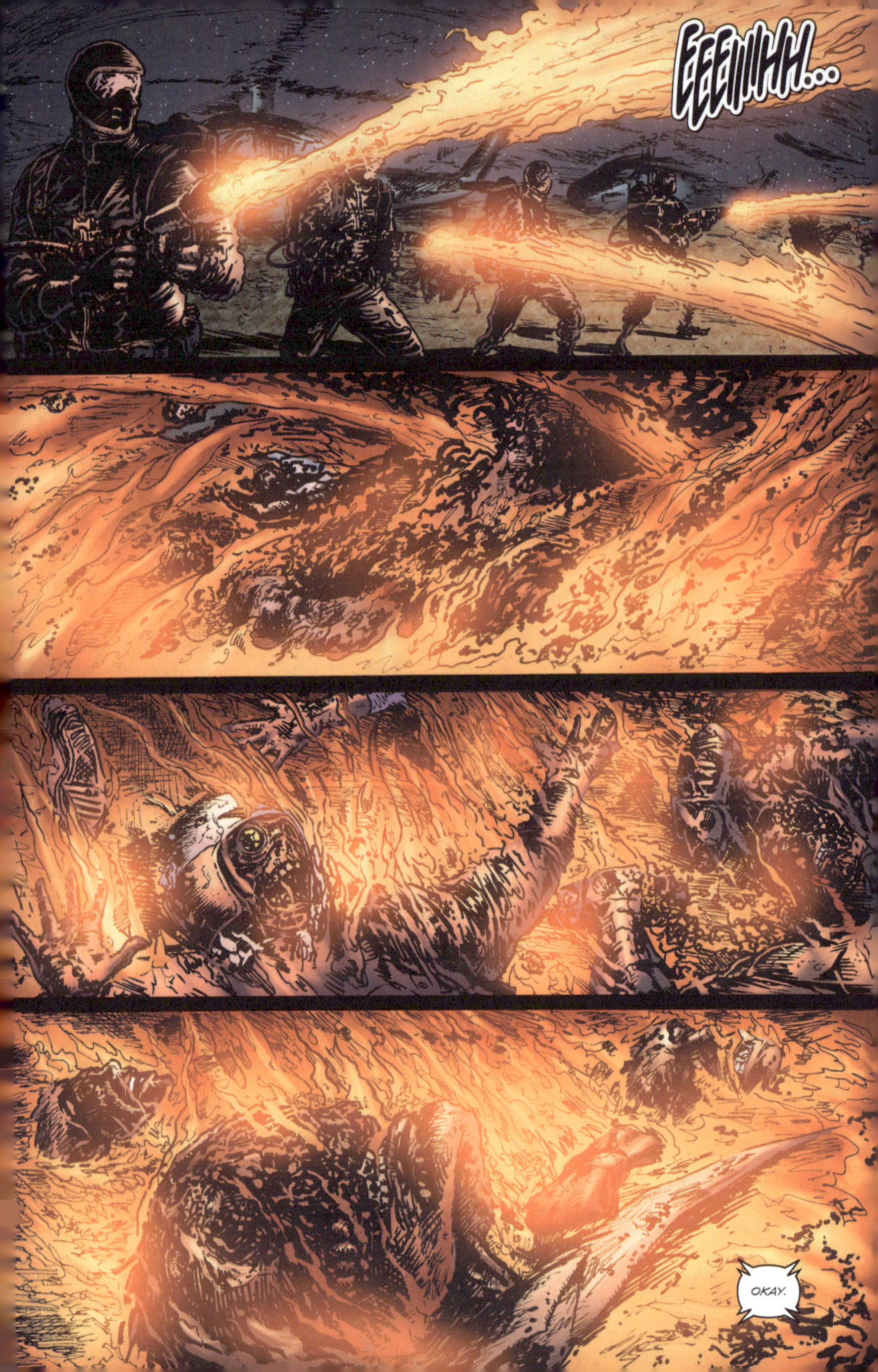
EEEIIIIHH...
OKAY.

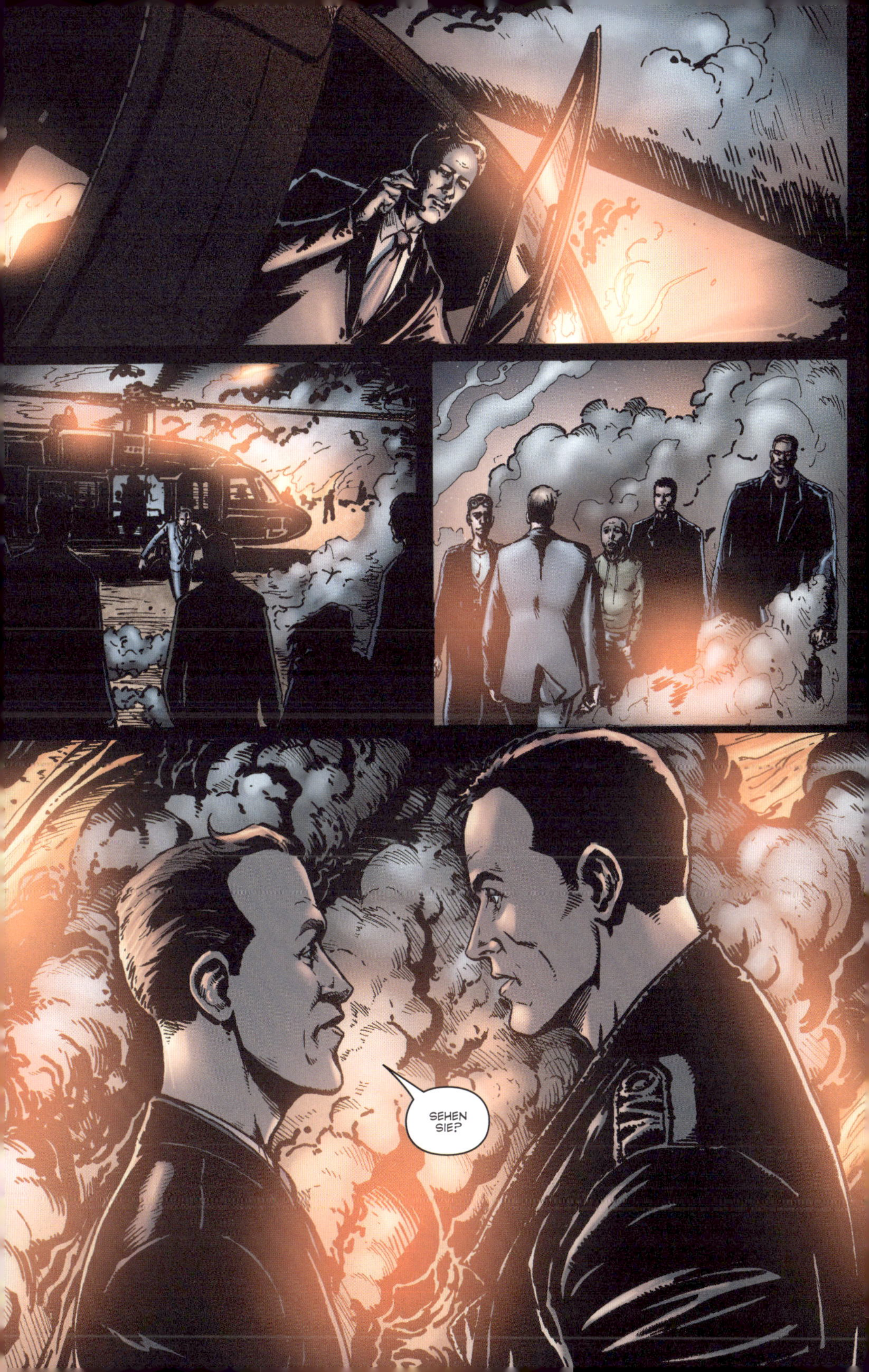
SEHEN SIE?

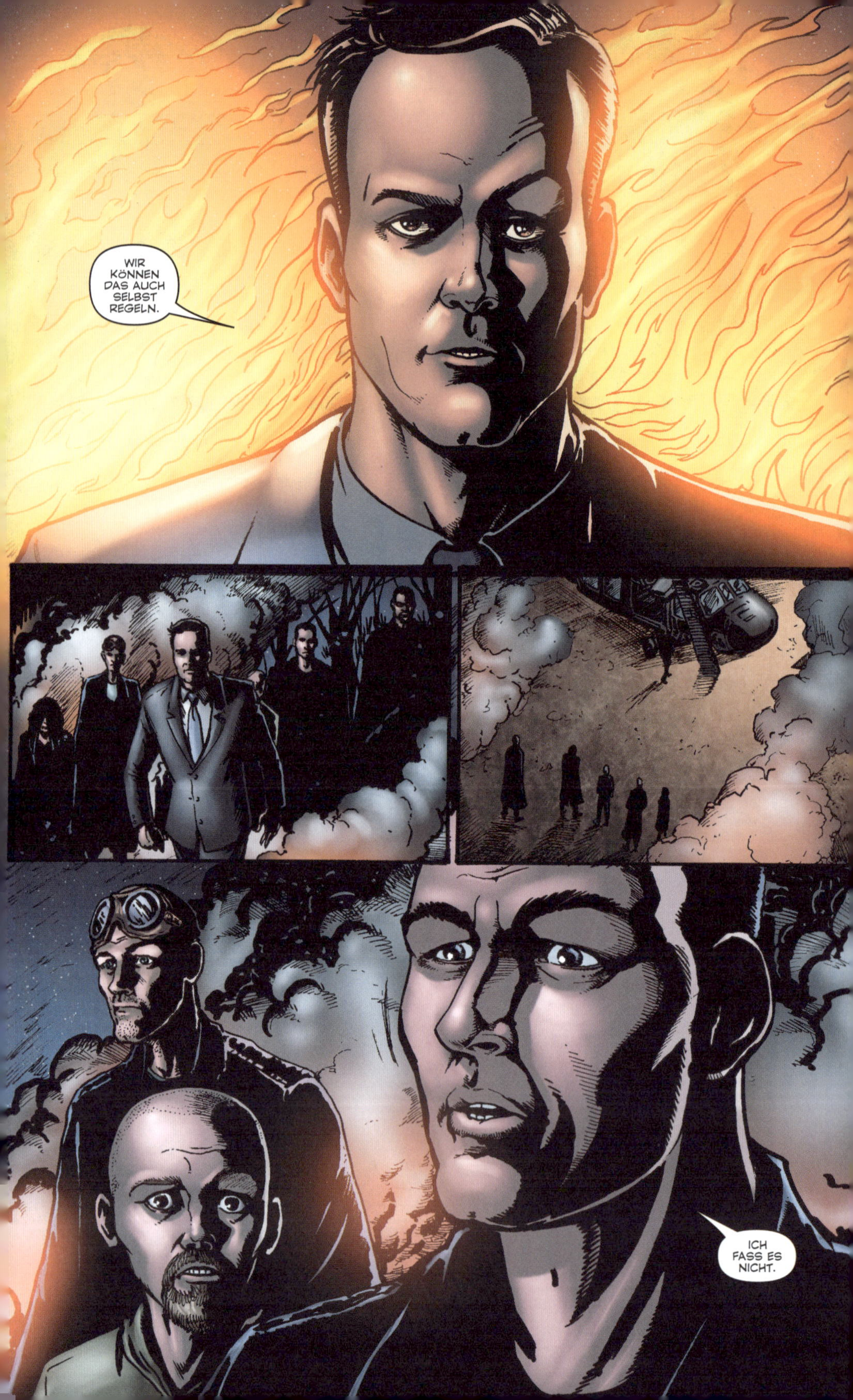
WIR KÖNNEN DAS AUCH SELBST REGELN.
ICH FASS ES NICHT.

RODEO–FICK

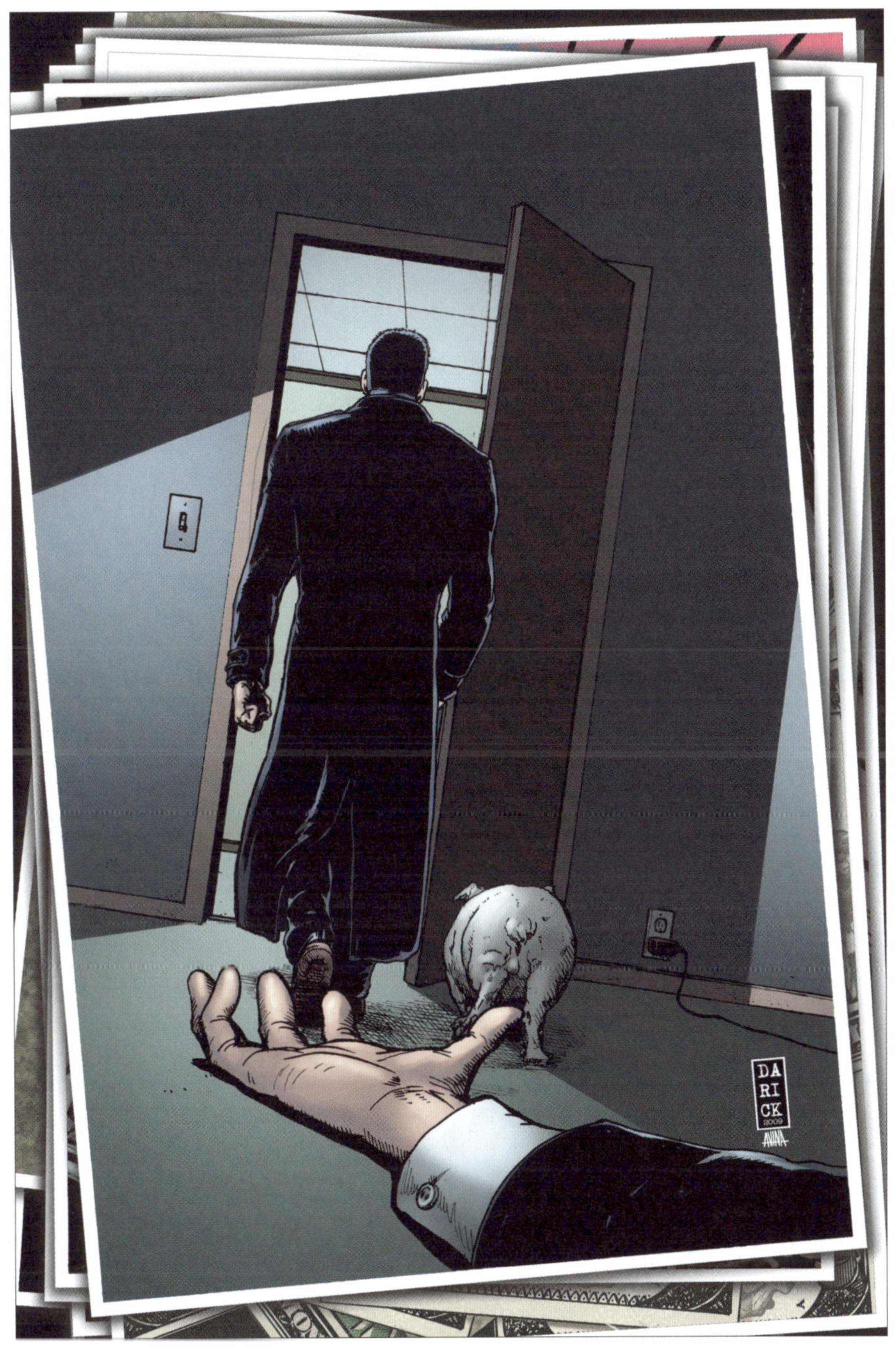

The Boys (2006) 30
Cover von **DARICK ROBERTSON**

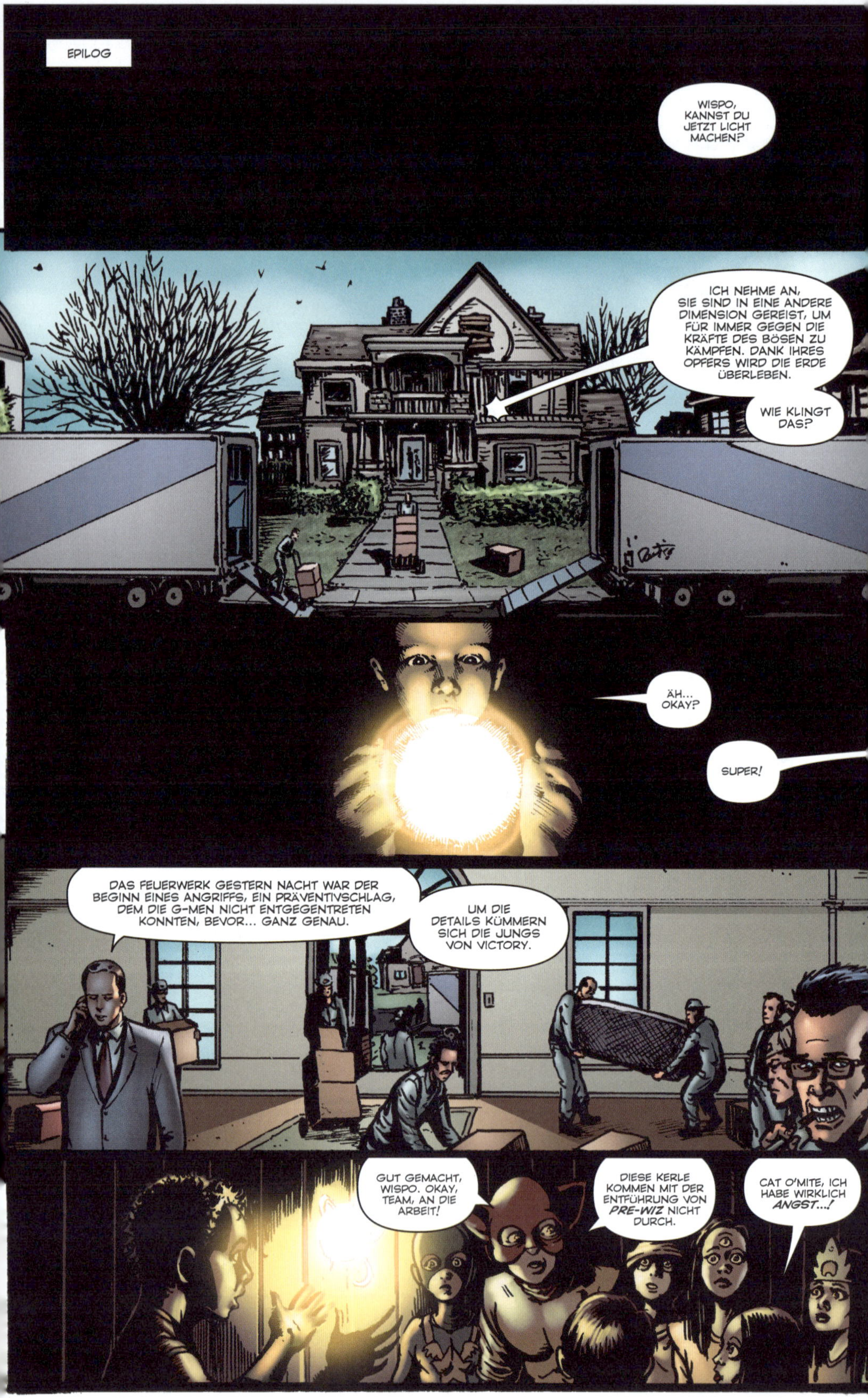

EPILOG
WISPO, KANNST DU JETZT LICHT MACHEN?
ICH NEHME AN, SIE SIND IN EINE ANDERE DIMENSION GEREIST, UM FÜR IMMER GEGEN DIE KRÄFTE DES BÖSEN ZU KÄMPFEN. DANK IHRES OPFERS WIRD DIE ERDE ÜBERLEBEN.
WIE KLINGT DAS?
ÄH... OKAY?
SUPER!
DAS FEUERWERK GESTERN NACHT WAR DER BEGINN EINES ANGRIFFS, EIN PRÄVENTIVSCHLAG, DEM DIE G-MEN NICHT ENTGEGENTRETEN KONNTEN, BEVOR... GANZ GENAU.
UM DIE DETAILS KÜMMERN SICH DIE JUNGS VON VICTORY.
GUT GEMACHT, WISPO. OKAY, TEAM, AN DIE ARBEIT!
DIESE KERLE KOMMEN MIT DER ENTFÜHRUNG VON ***PRE-WIZ*** NICHT DURCH.
CAT O'MITE, ICH HABE WIRKLICH ***ANGST...!***

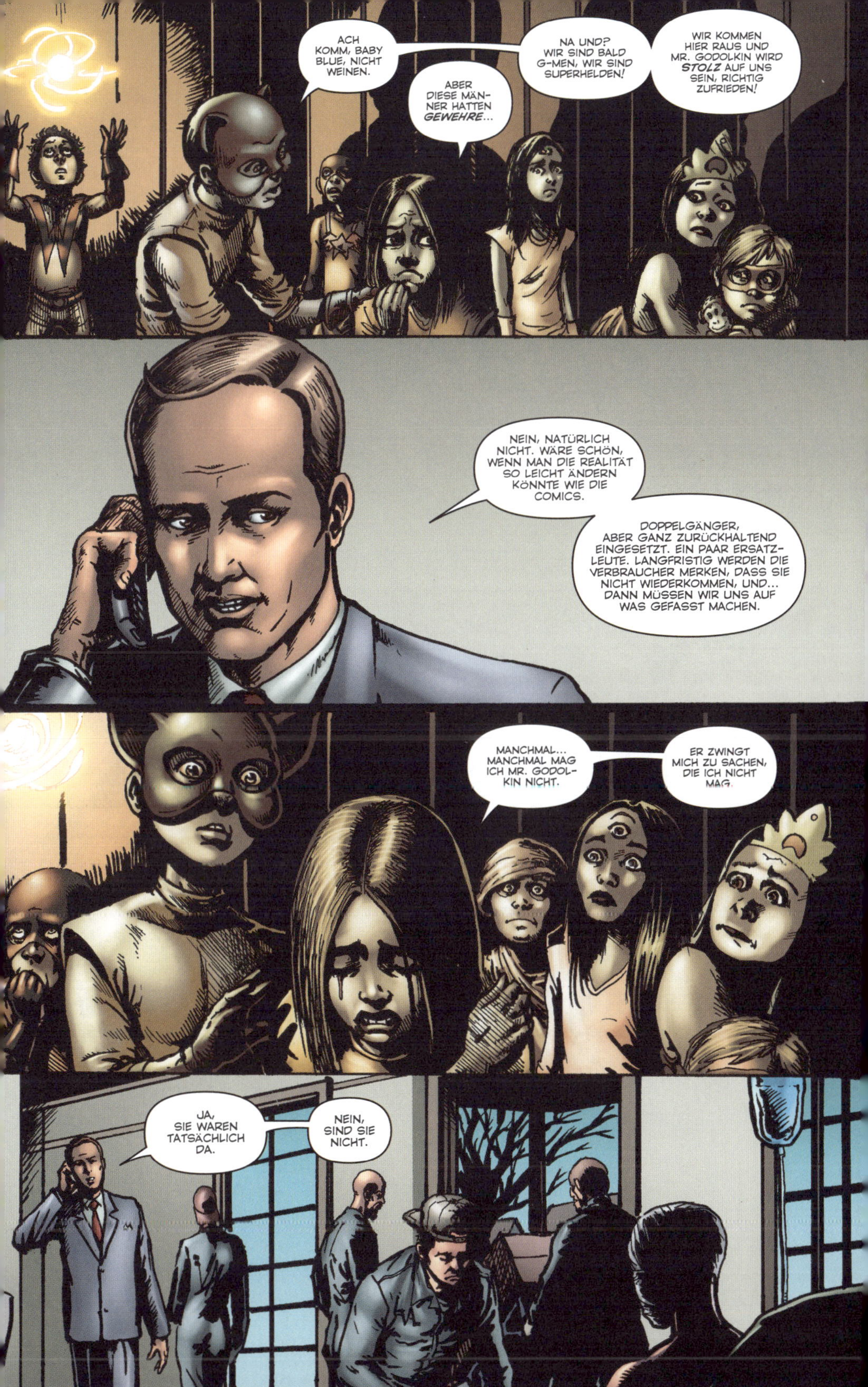
ACH KOMM, BABY BLUE, NICHT WEINEN.
ABER DIESE MÄNNER HATTEN *GEWEHRE*...
NA UND? WIR SIND BALD G-MEN, WIR SIND SUPERHELDEN!
WIR KOMMEN HIER RAUS UND MR. GODOLKIN WIRD **STOLZ** AUF UNS SEIN, RICHTIG ZUFRIEDEN!
NEIN, NATÜRLICH NICHT. WÄRE SCHÖN, WENN MAN DIE REALITÄT SO LEICHT ÄNDERN KÖNNTE WIE DIE COMICS.
DOPPELGÄNGER, ABER GANZ ZURÜCKHALTEND EINGESETZT. EIN PAAR ERSATZLEUTE. LANGFRISTIG WERDEN DIE VERBRAUCHER MERKEN, DASS SIE NICHT WIEDERKOMMEN, UND... DANN MÜSSEN WIR UNS AUF WAS GEFASST MACHEN.
MANCHMAL... MANCHMAL MAG ICH MR. GODOLKIN NICHT.
ER ZWINGT MICH ZU SACHEN, DIE ICH NICHT MAG.
JA, SIE WAREN TATSÄCHLICH DA.
NEIN, SIND SIE NICHT.

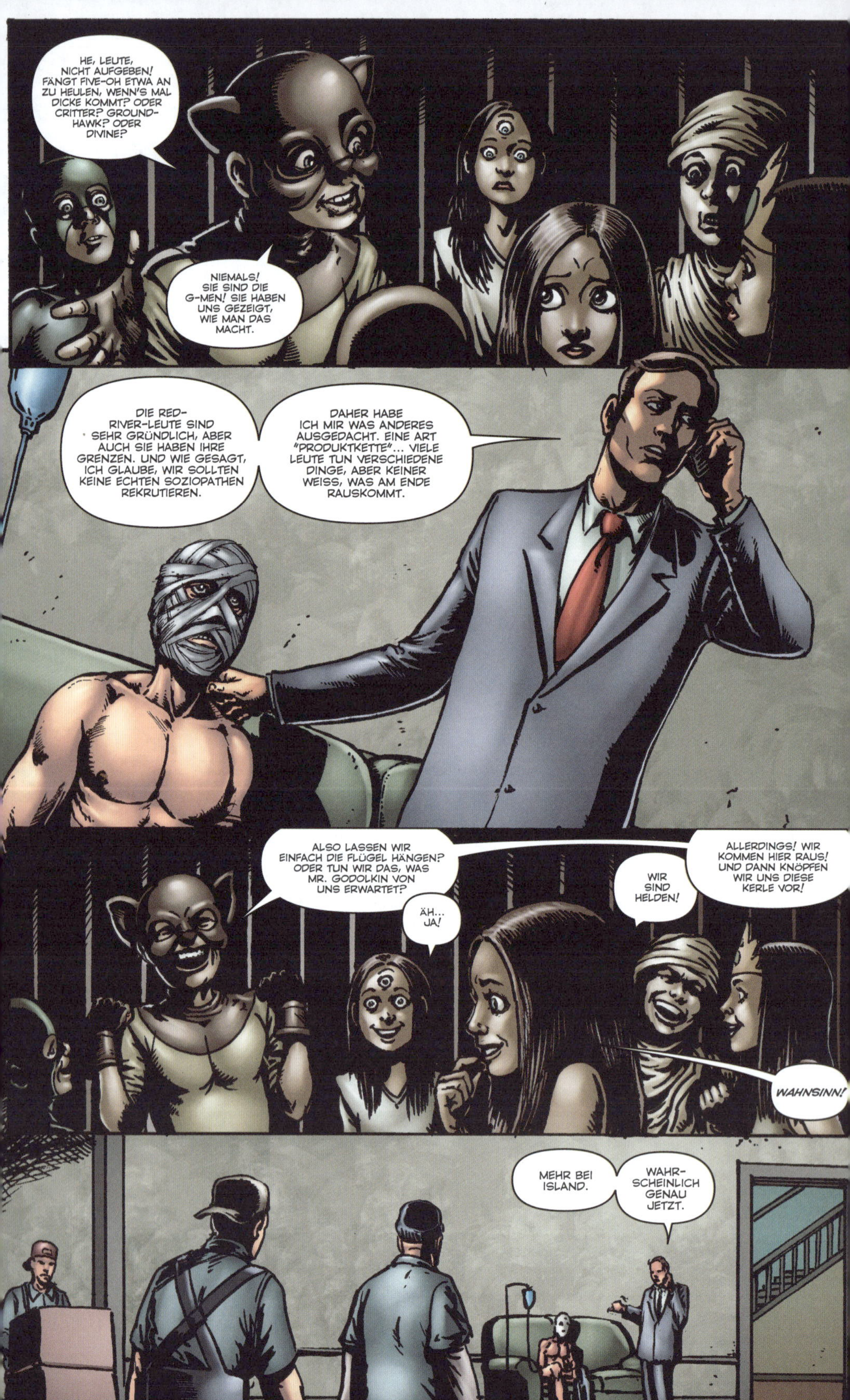
HE, LEUTE, NICHT AUFGEBEN! FÄNGT FIVE-OH ETWA AN ZU HEULEN, WENN'S MAL DICKE KOMMT? ODER CRITTER? GROUND-HAWK? ODER DIVINE?
NIEMALS! SIE SIND DIE G-MEN! SIE HABEN UNS GEZEIGT, WIE MAN DAS MACHT.
DIE RED-RIVER-LEUTE SIND SEHR GRÜNDLICH, ABER AUCH SIE HABEN IHRE GRENZEN. UND WIE GESAGT, ICH GLAUBE, WIR SOLLTEN KEINE ECHTEN SOZIOPATHEN REKRUTIEREN.
DAHER HABE ICH MIR WAS ANDERES AUSGEDACHT. EINE ART "PRODUKTKETTE"... VIELE LEUTE TUN VERSCHIEDENE DINGE, ABER KEINER WEISS, WAS AM ENDE RAUSKOMMT.
ALSO LASSEN WIR EINFACH DIE FLÜGEL HÄNGEN? ODER TUN WIR DAS, WAS MR. GODOLKIN VON UNS ERWARTET?
ÄH... JA!
WIR SIND HELDEN!
ALLERDINGS! WIR KOMMEN HIER RAUS! UND DANN KNÖPFEN WIR UNS DIESE KERLE VOR!
WAHNSINN!
MEHR BEI ISLAND.
WAHR-SCHEINLICH GENAU JETZT.

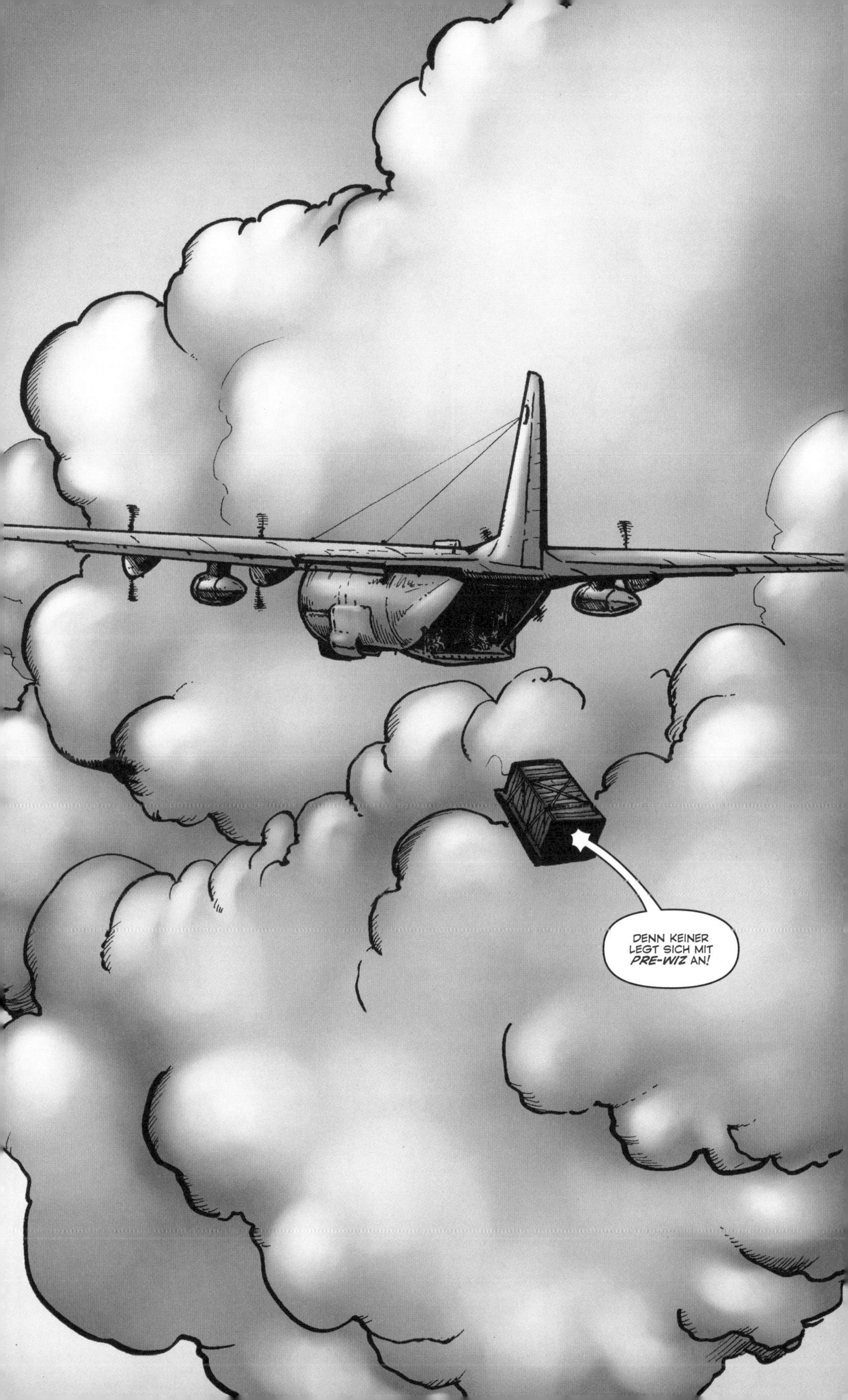
DENN KEINER LEGT SICH MIT *PRE-WIZ* AN!

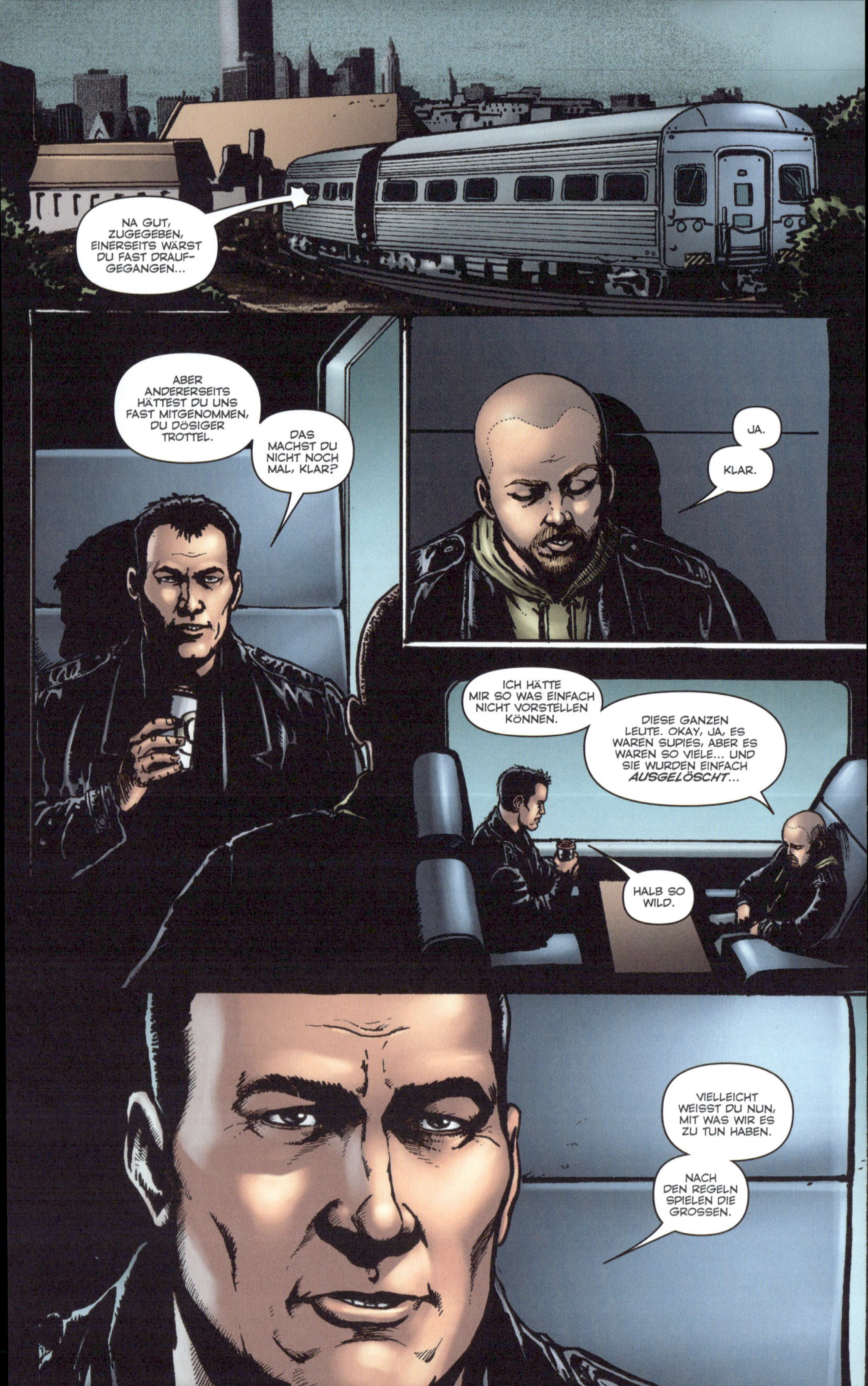
NA GUT, ZUGEGEBEN, EINERSEITS WÄRST DU FAST DRAUF-GEGANGEN...
ABER ANDERERSEITS HÄTTEST DU UNS FAST MITGENOMMEN, DU DÖSIGER TROTTEL.
DAS MACHST DU NICHT NOCH MAL, KLAR?
JA.
KLAR.
ICH HÄTTE MIR SO WAS EINFACH NICHT VORSTELLEN KÖNNEN.
DIESE GANZEN LEUTE. OKAY, JA, ES WAREN SUPIES, ABER ES WAREN SO VIELE... UND SIE WURDEN EINFACH *AUSGELÖSCHT*...
HALB SO WILD.
VIELLEICHT WEISST DU NUN, MIT WAS WIR ES ZU TUN HABEN.
NACH DEN REGELN SPIELEN DIE GROSSEN.

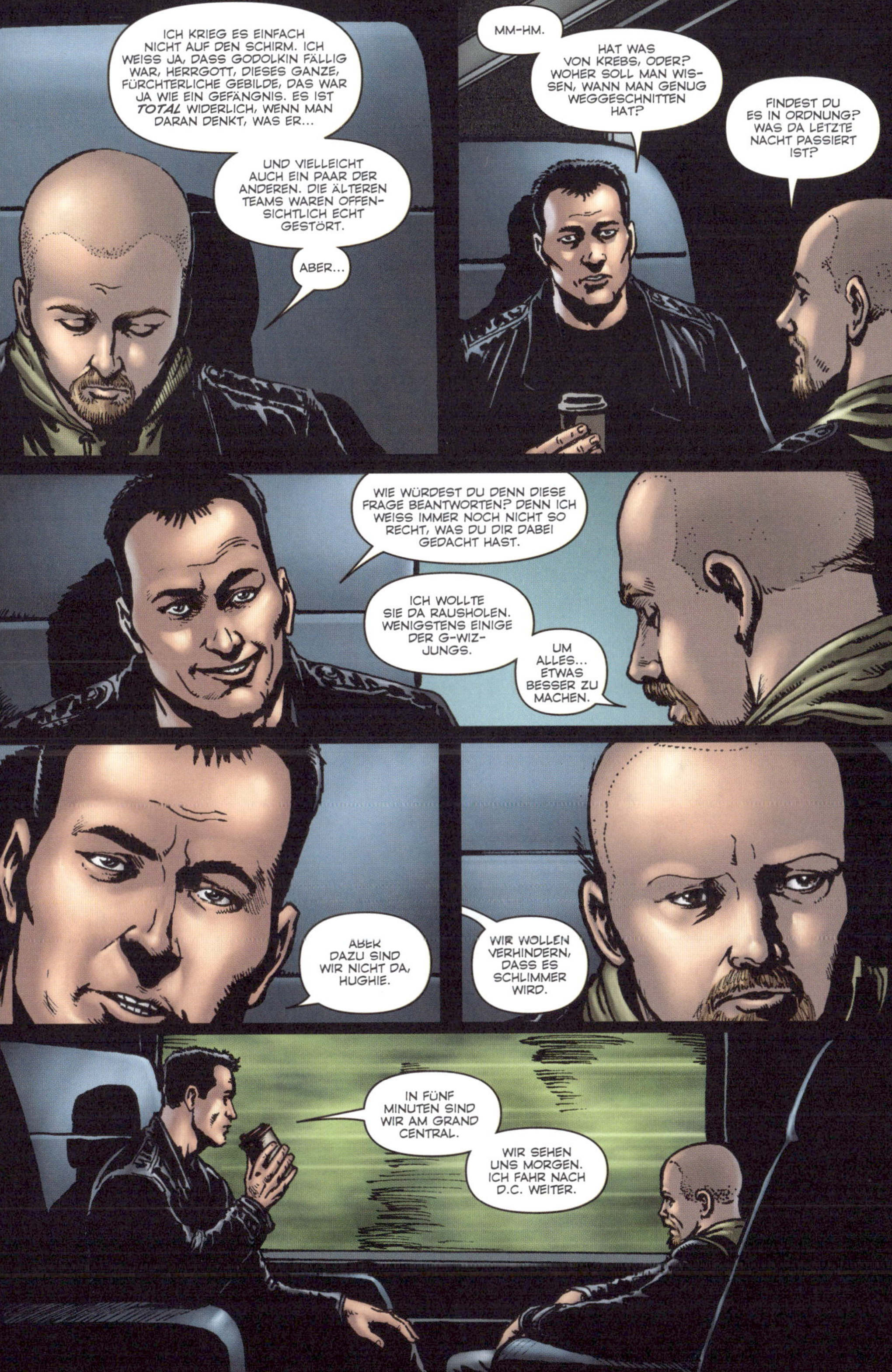
ICH KRIEG ES EINFACH NICHT AUF DEN SCHIRM. ICH WEISS JA, DASS GODOLKIN FÄLLIG WAR, HERRGOTT, DIESES GANZE, FÜRCHTERLICHE GEBILDE, DAS WAR JA WIE EIN GEFÄNGNIS. ES IST TOTAL WIDERLICH, WENN MAN DARAN DENKT, WAS ER...
UND VIELLEICHT AUCH EIN PAAR DER ANDEREN. DIE ÄLTEREN TEAMS WAREN OFFENSICHTLICH ECHT GESTÖRT.
ABER...
MM-HM.
HAT WAS VON KREBS, ODER? WOHER SOLL MAN WISSEN, WANN MAN GENUG WEGGESCHNITTEN HAT?
FINDEST DU ES IN ORDNUNG? WAS DA LETZTE NACHT PASSIERT IST?
WIE WÜRDEST DU DENN DIESE FRAGE BEANTWORTEN? DENN ICH WEISS IMMER NOCH NICHT SO RECHT, WAS DU DIR DABEI GEDACHT HAST.
ICH WOLLTE SIE DA RAUSHOLEN. WENIGSTENS EINIGE DER G-WIZ-JUNGS.
UM ALLES... ETWAS BESSER ZU MACHEN.
ABER DAZU SIND WIR NICHT DA, HUGHIE.
WIR WOLLEN VERHINDERN, DASS ES SCHLIMMER WIRD.
IN FÜNF MINUTEN SIND WIR AM GRAND CENTRAL.
WIR SEHEN UNS MORGEN. ICH FAHR NACH D.C. WEITER.

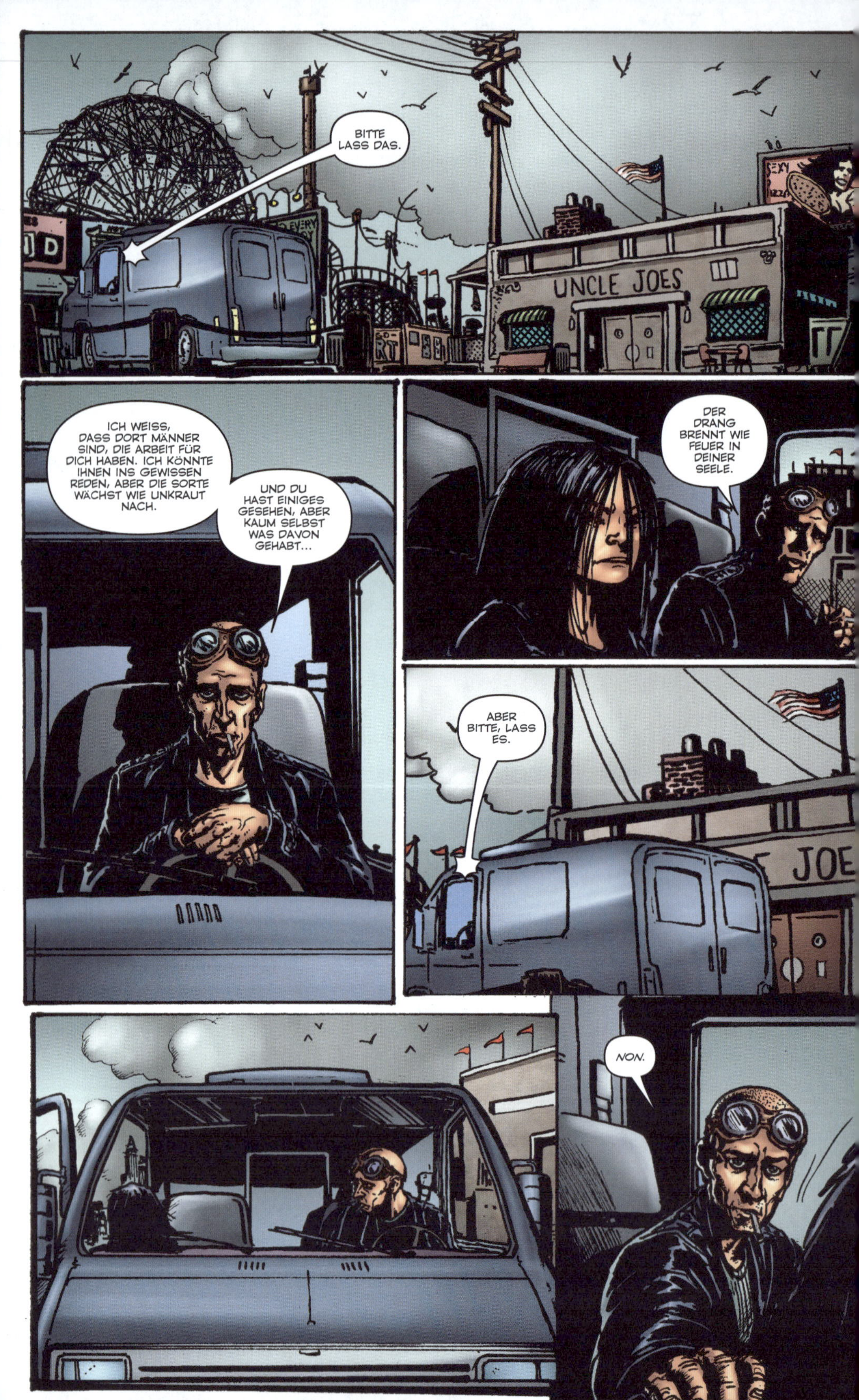
BITTE LASS DAS.
UNCLE JOES
ICH WEISS, DASS DORT MÄNNER SIND, DIE ARBEIT FÜR DICH HABEN. ICH KÖNNTE IHNEN INS GEWISSEN REDEN, ABER DIE SORTE WÄCHST WIE UNKRAUT NACH.
UND DU HAST EINIGES GESEHEN, ABER KAUM SELBST WAS DAVON GEHABT...
DER DRANG BRENNT WIE FEUER IN DEINER SEELE.
ABER BITTE, LASS ES.
NON.

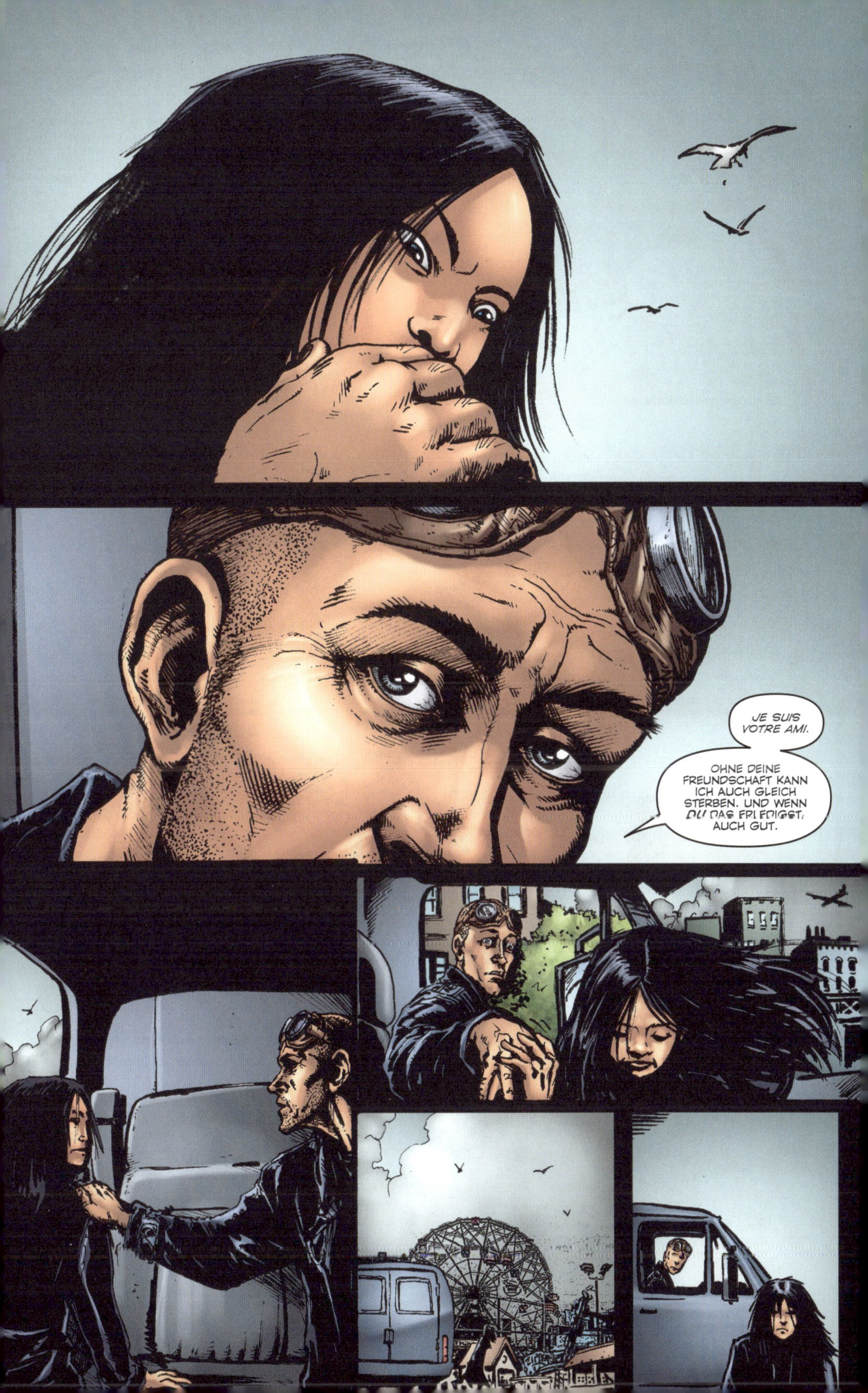
JE SUIS VOTRE AMI.
OHNE DEINE FREUNDSCHAFT KANN ICH AUCH GLEICH STERBEN. UND WENN *DU* DAS ERLEDIGST, AUCH GUT.

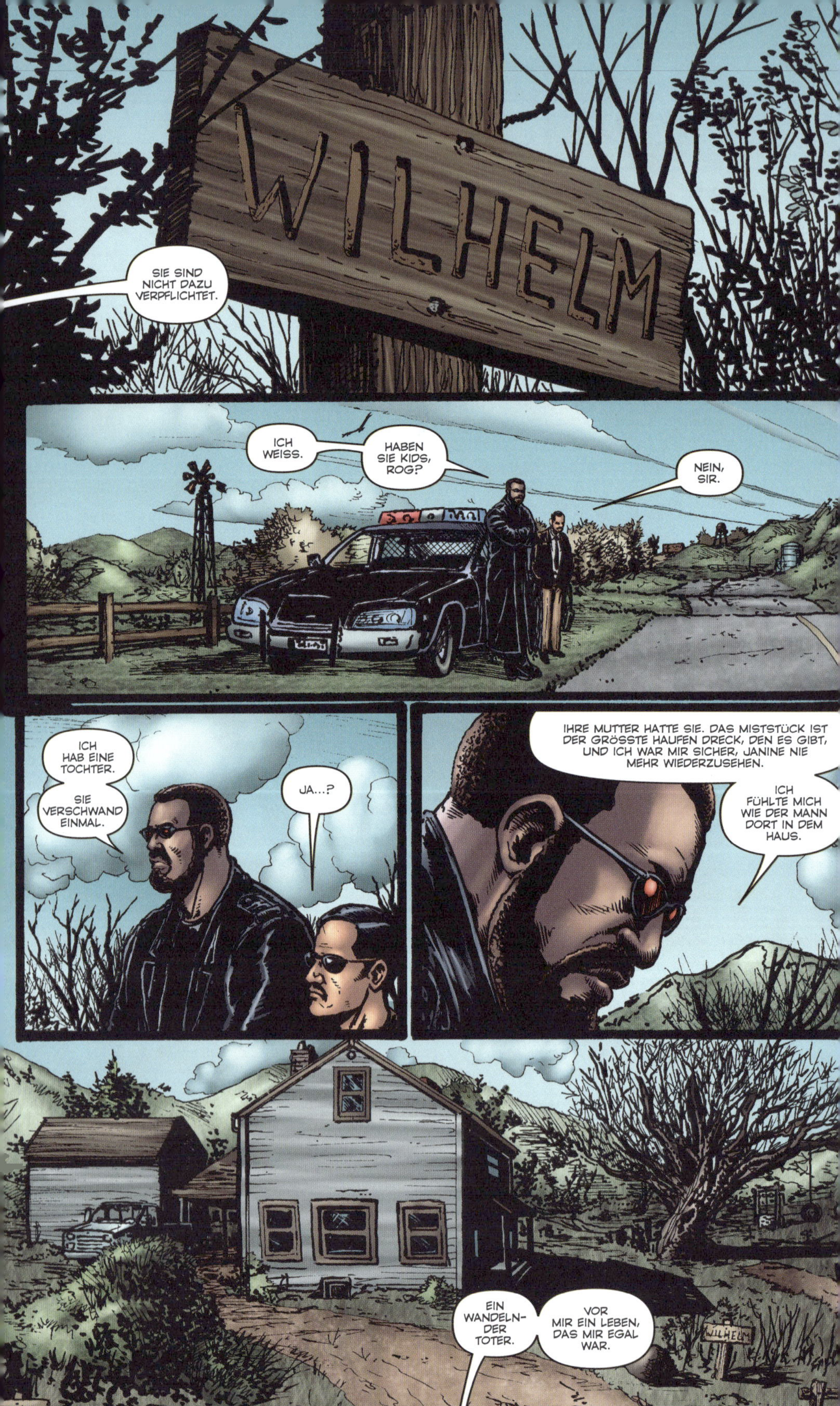
WILHELM
SIE SIND NICHT DAZU VERPFLICHTET.
ICH WEISS.
HABEN SIE KIDS, ROG?
NEIN, SIR.
ICH HAB EINE TOCHTER.
SIE VERSCHWAND EINMAL.
JA...?
IHRE MUTTER HATTE SIE. DAS MISTSTÜCK IST DER GRÖSSTE HAUFEN DRECK, DEN ES GIBT, UND ICH WAR MIR SICHER, JANINE NIE MEHR WIEDERZUSEHEN.
ICH FÜHLTE MICH WIE DER MANN DORT IN DEM HAUS.
EIN WANDELN-DER TOTER.
VOR MIR EIN LEBEN, DAS MIR EGAL WAR.
WILHELM

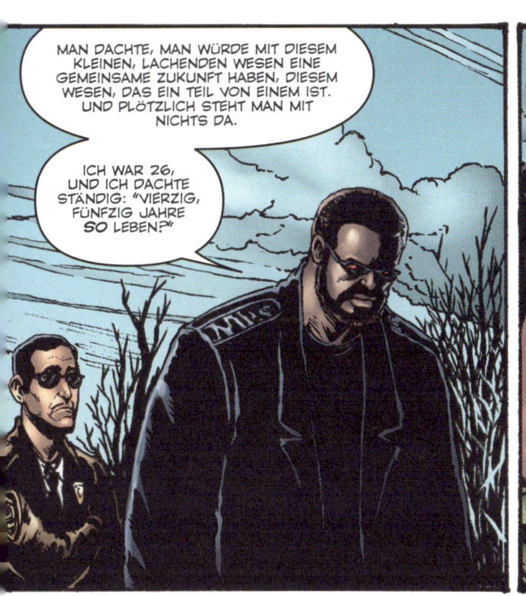
MAN DACHTE, MAN WÜRDE MIT DIESEM KLEINEN, LACHENDEN WESEN EINE GEMEINSAME ZUKUNFT HABEN, DIESEM WESEN, DAS EIN TEIL VON EINEM IST. UND PLÖTZLICH STEHT MAN MIT NICHTS DA.
ICH WAR 26, UND ICH DACHTE STÄNDIG: "VIERZIG, FÜNFZIG JAHRE SO LEBEN?"

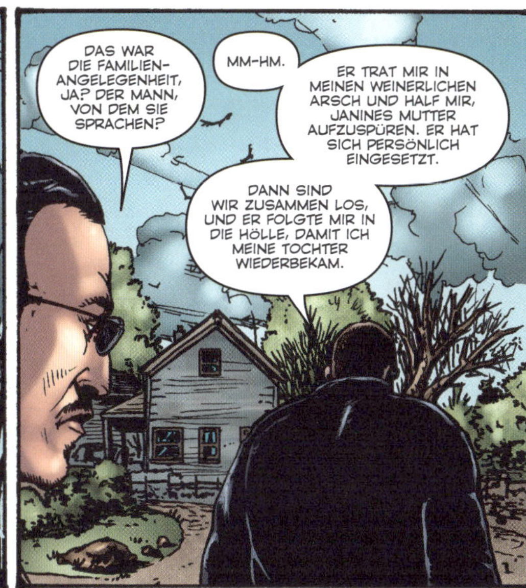
DAS WAR DIE FAMILIEN-ANGELEGENHEIT, JA? DER MANN, VON DEM SIE SPRACHEN?
MM-HM.
ER TRAT MIR IN MEINEN WEINERLICHEN ARSCH UND HALF MIR, JANINES MUTTER AUFZUSPÜREN. ER HAT SICH PERSÖNLICH EINGESETZT.
DANN SIND WIR ZUSAMMEN LOS, UND ER FOLGTE MIR IN DIE HÖLLE, DAMIT ICH MEINE TOCHTER WIEDERBEKAM.

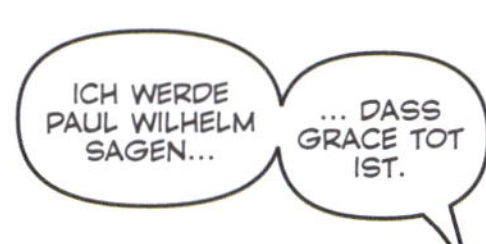
ICH WERDE PAUL WILHELM SAGEN...
... DASS GRACE TOT IST.

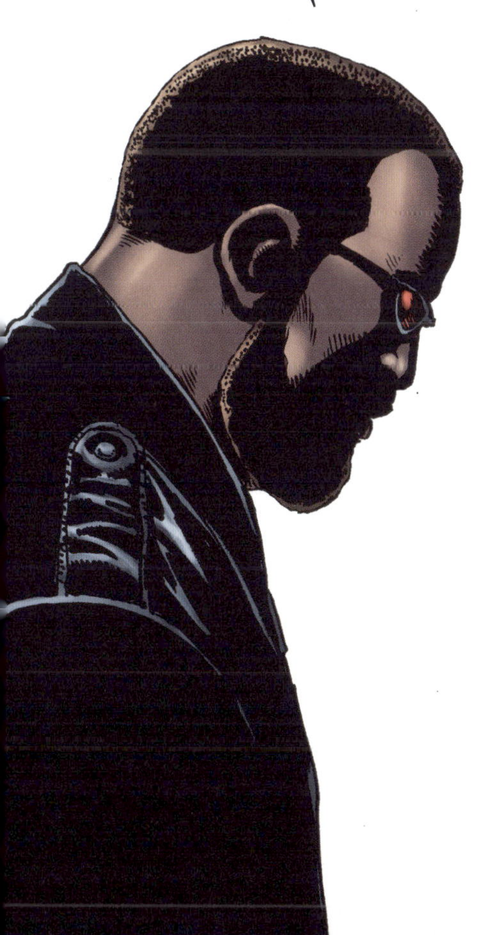

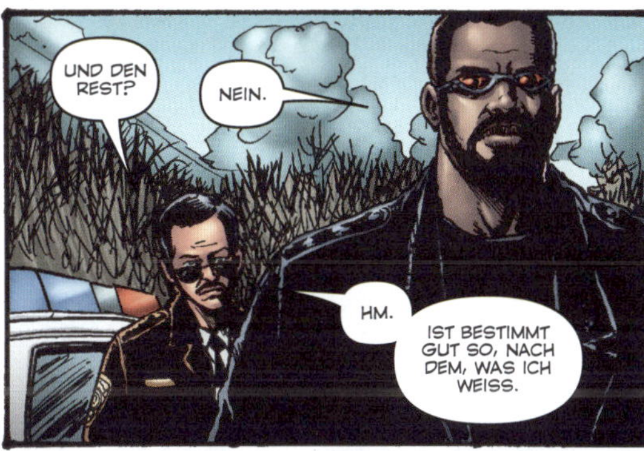
UND DEN REST?
NEIN.
HM.
IST BESTIMMT GUT SO, NACH DEM, WAS ICH WEISS.

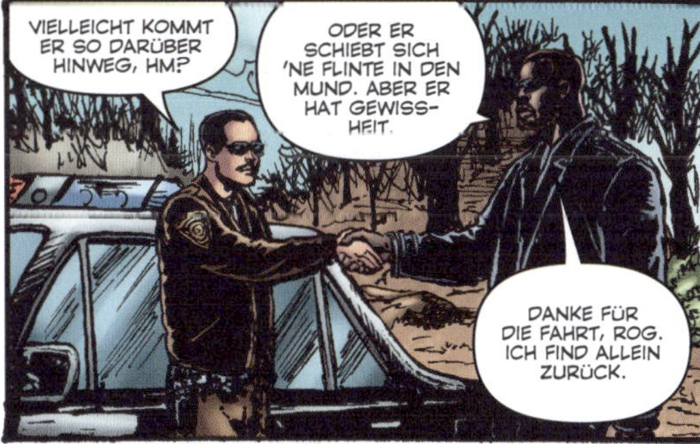
VIELLEICHT KOMMT ER SO DARÜBER HINWEG, HM?
ODER ER SCHIEBT SICH 'NE FLINTE IN DEN MUND. ABER ER HAT GEWISS-HEIT.
DANKE FÜR DIE FAHRT, ROG. ICH FIND ALLEIN ZURÜCK.

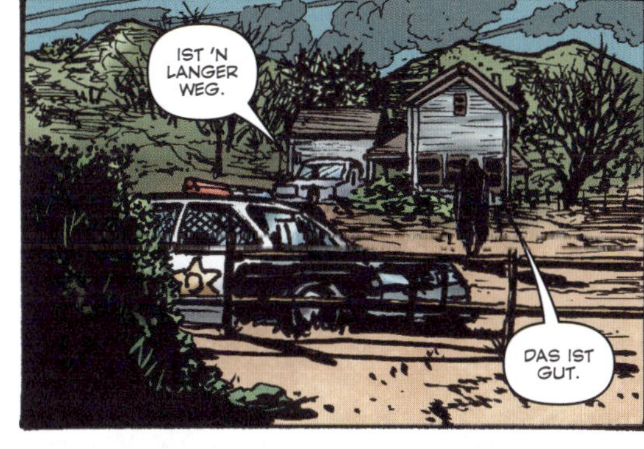
IST 'N LANGER WEG.
DAS IST GUT.

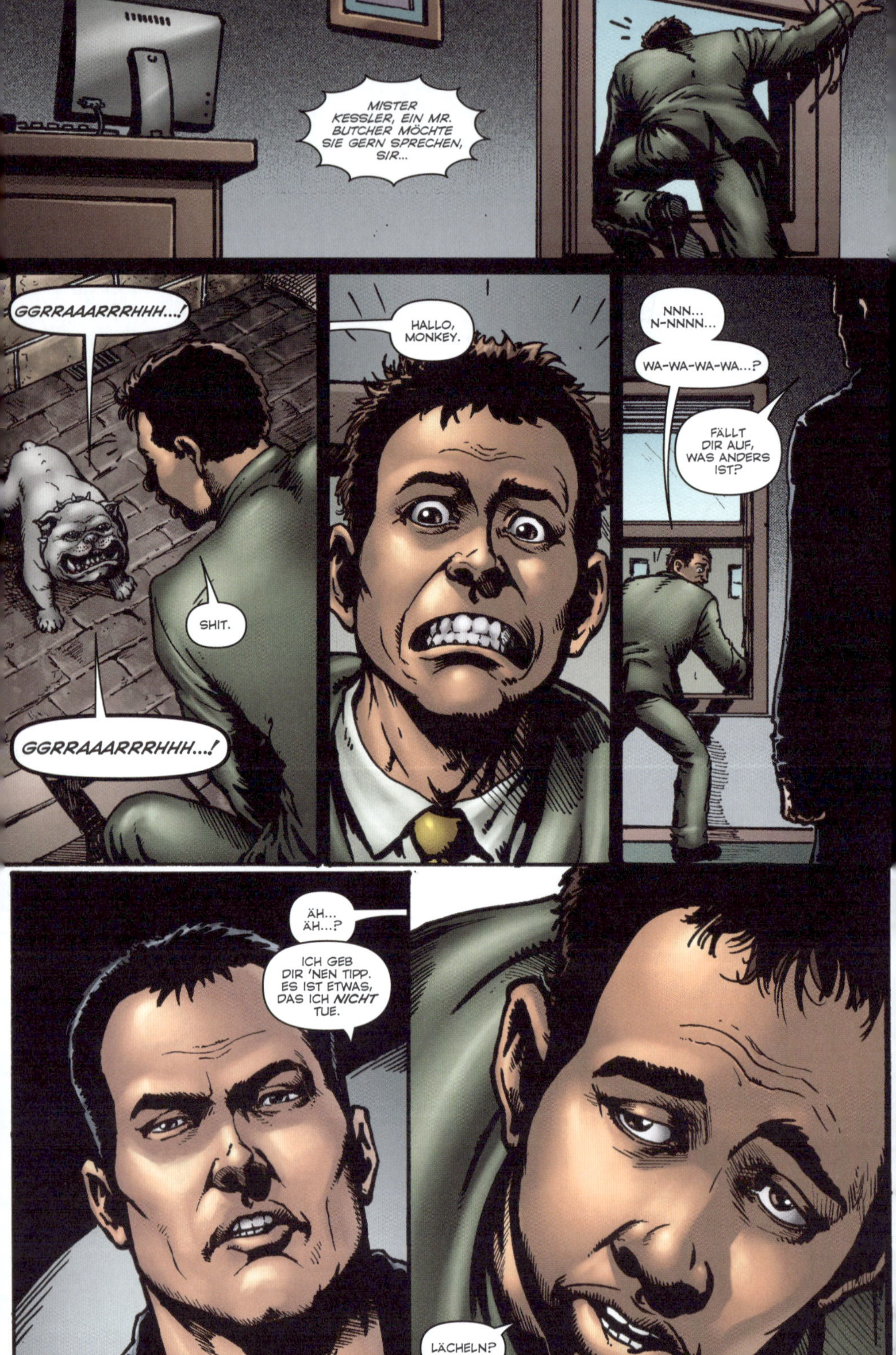
MISTER KESSLER, EIN MR. BUTCHER MÖCHTE SIE GERN SPRECHEN, SIR...
GGRRAAARRRHHH...!
SHIT.
GGRRAAARRRHHH...!
HALLO, MONKEY.
NNN... N-NNNN...
WA-WA-WA-WA...?
FÄLLT DIR AUF, WAS ANDERS IST?
ÄH... ÄH...?
ICH GEB DIR 'NEN TIPP. ES IST ETWAS, DAS ICH *NICHT* TUE.
LÄCHELN?

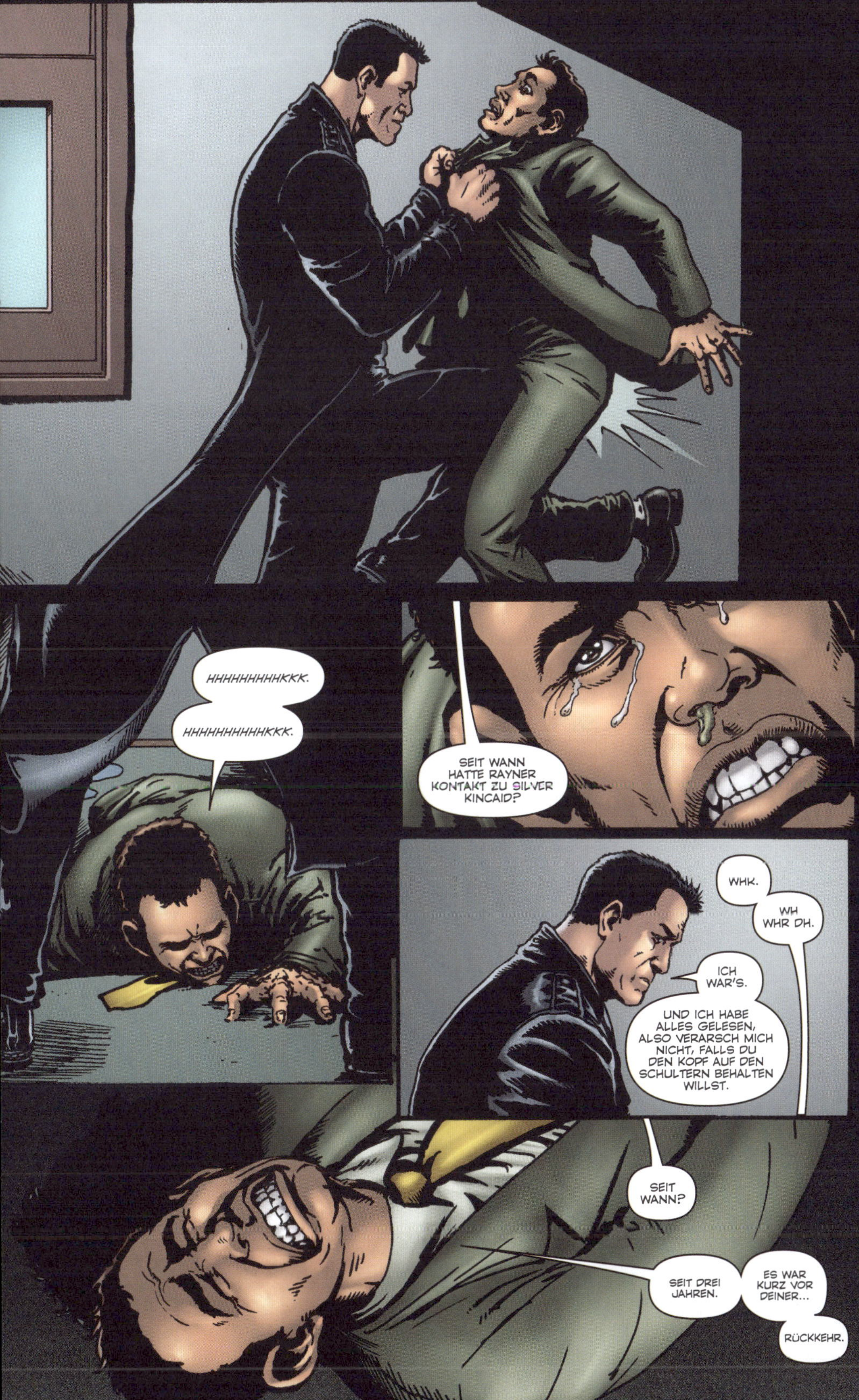
HHHHHHHHHHKKK.
HHHHHHHHHHHKKK.
SEIT WANN HATTE RAYNER KONTAKT ZU SILVER KINCAID?
WHK.
WH WHR DH.
ICH WAR'S.
UND ICH HABE ALLES GELESEN, ALSO VERARSCH MICH NICHT, FALLS DU DEN KOPF AUF DEN SCHULTERN BEHALTEN WILLST.
SEIT WANN?
SEIT DREI JAHREN.
ES WAR KURZ VOR DEINER...
RÜCKKEHR.

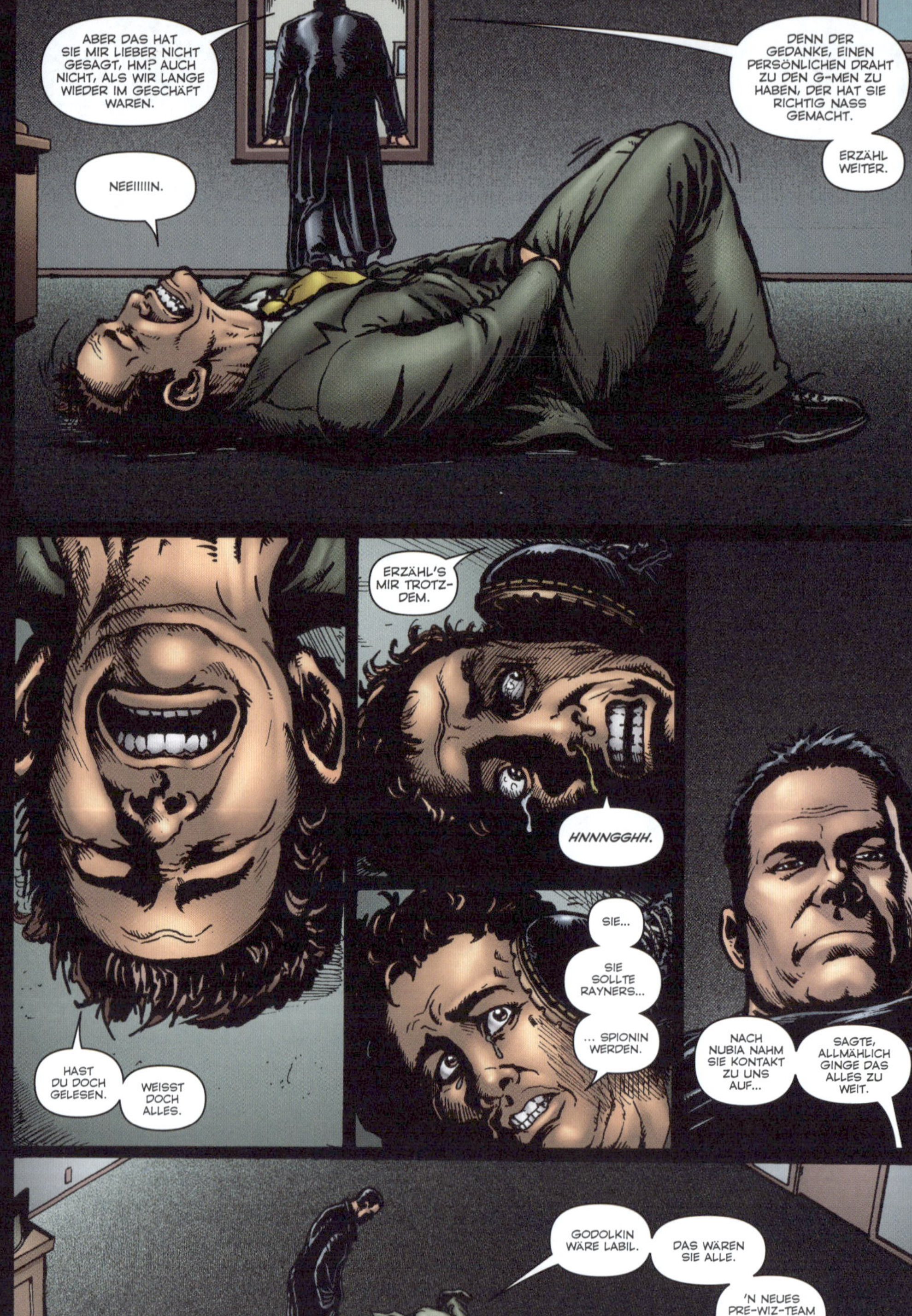
ABER DAS HAT SIE MIR LIEBER NICHT GESAGT, HM? AUCH NICHT, ALS WIR LANGE WIEDER IM GESCHÄFT WAREN.
DENN DER GEDANKE, EINEN PERSÖNLICHEN DRAHT ZU DEN G-MEN ZU HABEN, DER HAT SIE RICHTIG NASS GEMACHT.
NEEIIIIIN.
ERZÄHL WEITER.
ERZÄHL'S MIR TROTZ-DEM.
HNNNGGHH.
HAST DU DOCH GELESEN.
WEISST DOCH ALLES.
SIE...
SIE SOLLTE RAYNERS...
... SPIONIN WERDEN.
NACH NUBIA NAHM SIE KONTAKT ZU UNS AUF...
SAGTE, ALLMÄHLICH GINGE DAS ALLES ZU WEIT.
GODOLKIN WÄRE LABIL.
DAS WÄREN SIE ALLE.
'N NEUES PRE-WIZ-TEAM WAR AM START.
O'HERO VERGEWALTIGTE HALB CORK.

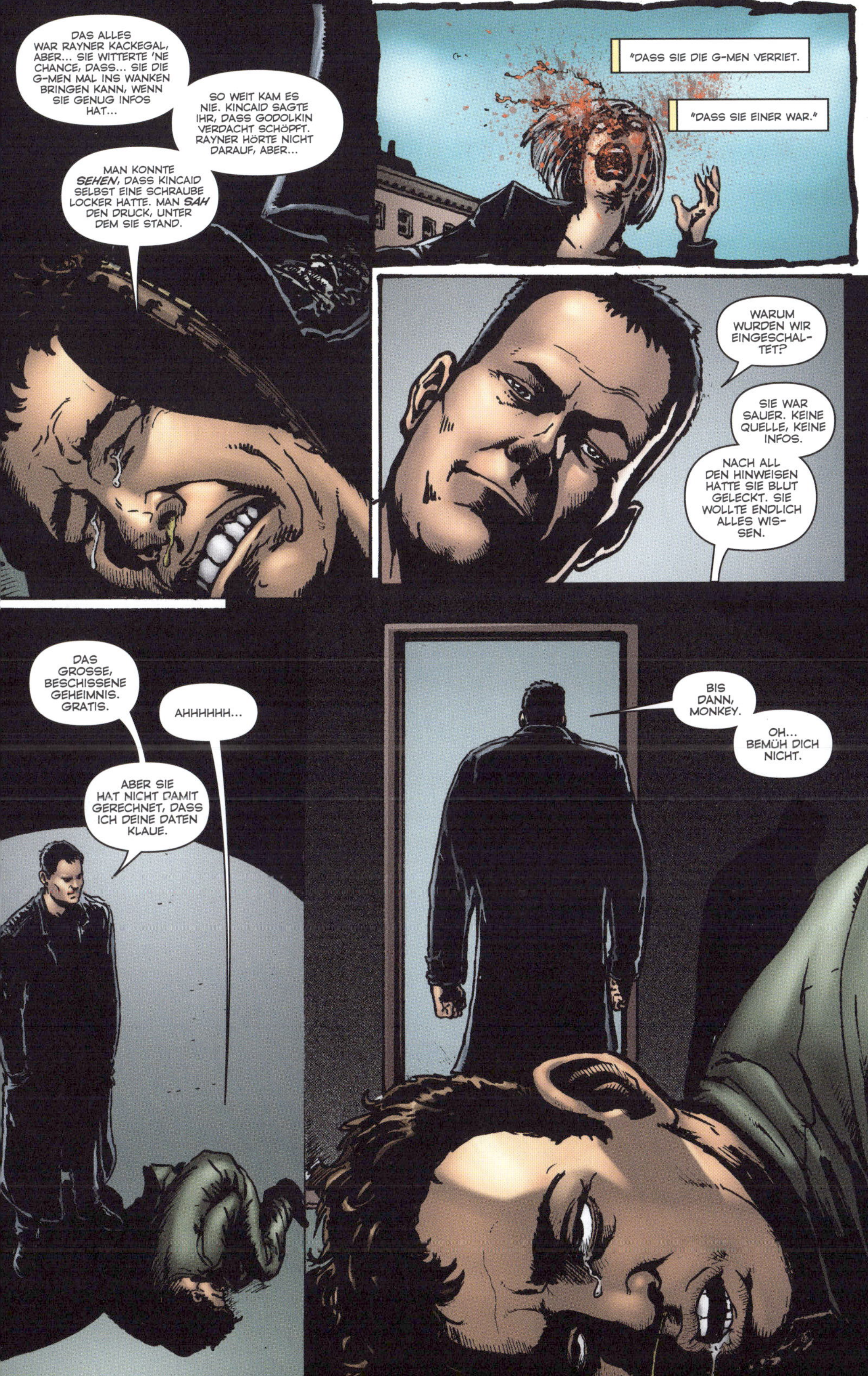
DAS ALLES WAR RAYNER KACKEGAL, ABER... SIE WITTERTE 'NE CHANCE, DASS... SIE DIE G-MEN MAL INS WANKEN BRINGEN KANN, WENN SIE GENUG INFOS HAT...
SO WEIT KAM ES NIE. KINCAID SAGTE IHR, DASS GODOLKIN VERDACHT SCHÖPFT. RAYNER HÖRTE NICHT DARAUF, ABER...
MAN KONNTE SEHEN, DASS KINCAID SELBST EINE SCHRAUBE LOCKER HATTE. MAN SAH DEN DRUCK, UNTER DEM SIE STAND.
"DASS SIE DIE G-MEN VERRIET.
"DASS SIE EINER WAR."
WARUM WURDEN WIR EINGESCHALTET?
SIE WAR SAUER. KEINE QUELLE, KEINE INFOS.
NACH ALL DEN HINWEISEN HATTE SIE BLUT GELECKT. SIE WOLLTE ENDLICH ALLES WISSEN.
DAS GROSSE, BESCHISSENE GEHEIMNIS. GRATIS.
AHHHHHH...
ABER SIE HAT NICHT DAMIT GERECHNET, DASS ICH DEINE DATEN KLAUE.
BIS DANN, MONKEY.
OH... BEMÜH DICH NICHT.

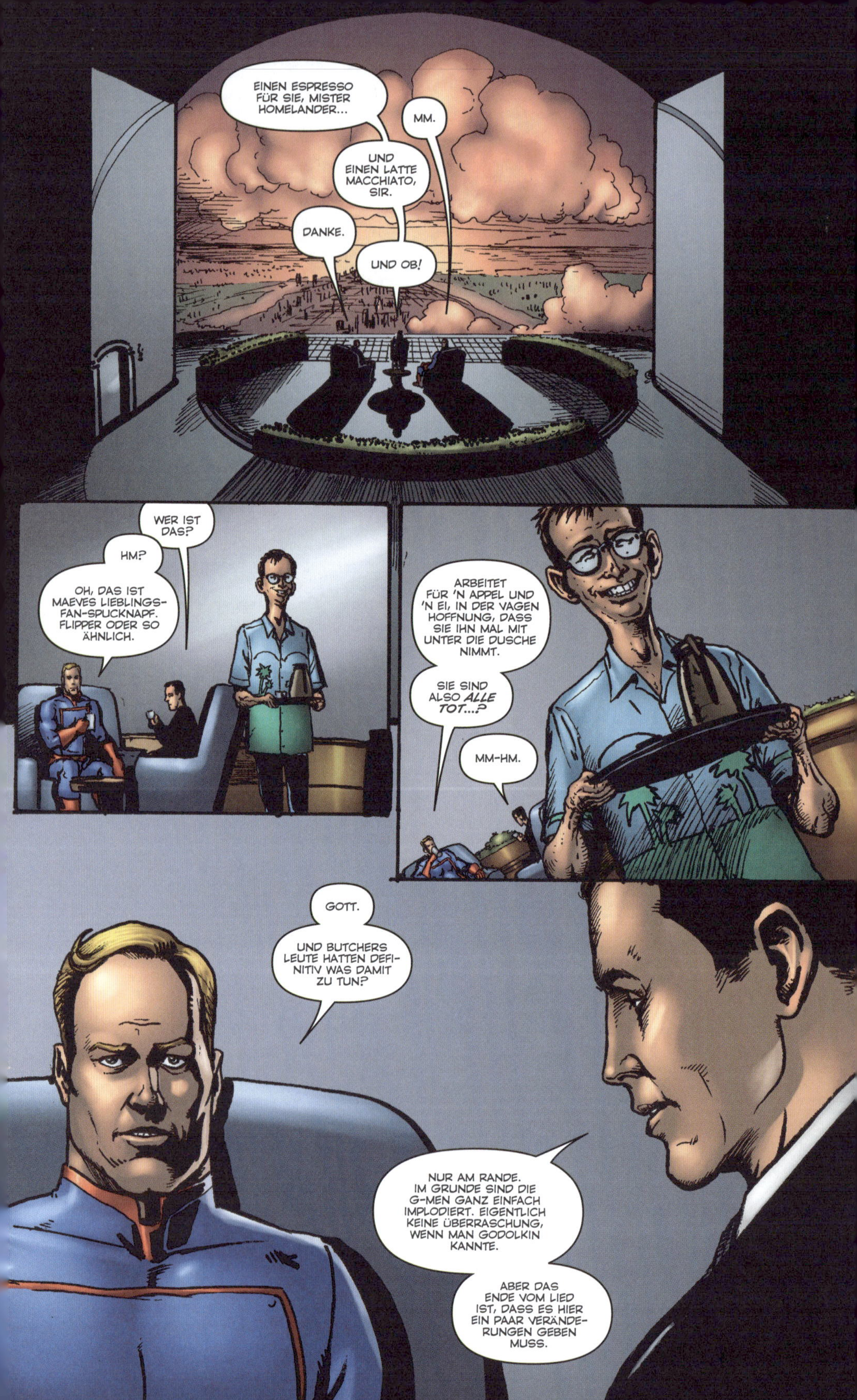
EINEN ESPRESSO FÜR SIE, MISTER HOMELANDER...
MM.
UND EINEN LATTE MACCHIATO, SIR.
DANKE.
UND OB!
WER IST DAS?
HM?
OH, DAS IST MAEVES LIEBLINGS-FAN-SPUCKNAPF. FLIPPER ODER SO ÄHNLICH.
ARBEITET FÜR 'N APPEL UND 'N EI, IN DER VAGEN HOFFNUNG, DASS SIE IHN MAL MIT UNTER DIE DUSCHE NIMMT.
SIE SIND ALSO *ALLE TOT...?*
MM-HM.
GOTT.
UND BUTCHERS LEUTE HATTEN DEFINITIV WAS DAMIT ZU TUN?
NUR AM RANDE. IM GRUNDE SIND DIE G-MEN GANZ EINFACH IMPLODIERT. EIGENTLICH KEINE ÜBERRASCHUNG, WENN MAN GODOLKIN KANNTE.
ABER DAS ENDE VOM LIED IST, DASS ES HIER EIN PAAR VERÄNDERUNGEN GEBEN MUSS.

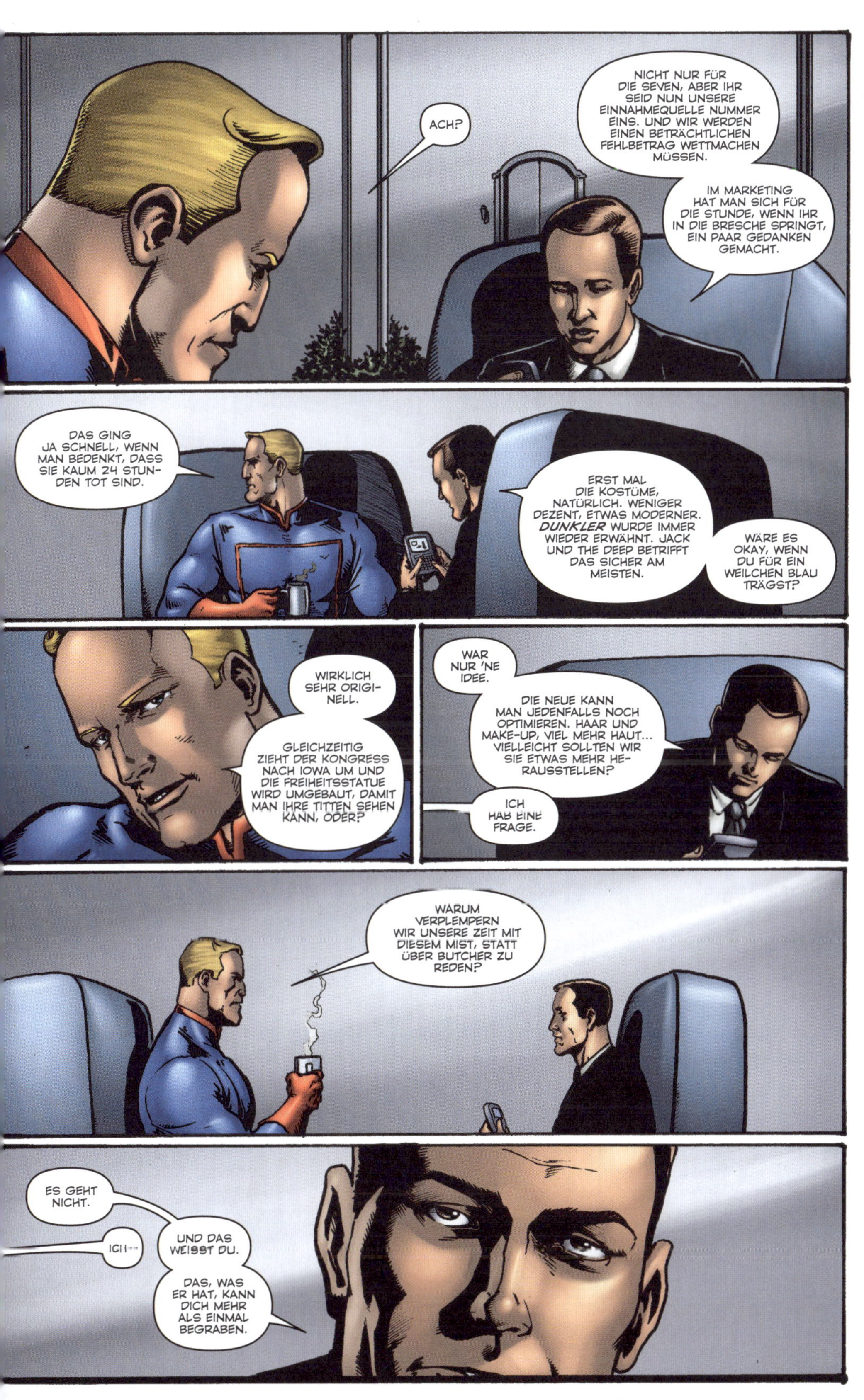
ACH?
NICHT NUR FÜR DIE SEVEN, ABER IHR SEID NUN UNSERE EINNAHMEQUELLE NUMMER EINS. UND WIR WERDEN EINEN BETRÄCHTLICHEN FEHLBETRAG WETTMACHEN MÜSSEN.
IM MARKETING HAT MAN SICH FÜR DIE STUNDE, WENN IHR IN DIE BRESCHE SPRINGT, EIN PAAR GEDANKEN GEMACHT.
DAS GING JA SCHNELL, WENN MAN BEDENKT, DASS SIE KAUM 24 STUNDEN TOT SIND.
ERST MAL DIE KOSTÜME, NATÜRLICH. WENIGER DEZENT, ETWAS MODERNER. DUNKLER WURDE IMMER WIEDER ERWÄHNT. JACK UND THE DEEP BETRIFFT DAS SICHER AM MEISTEN.
WÄRE ES OKAY, WENN DU FÜR EIN WEILCHEN BLAU TRÄGST?
WIRKLICH SEHR ORIGINELL.
GLEICHZEITIG ZIEHT DER KONGRESS NACH IOWA UM UND DIE FREIHEITSSTATUE WIRD UMGEBAUT, DAMIT MAN IHRE TITTEN SEHEN KANN, ODER?
WAR NUR 'NE IDEE.
DIE NEUE KANN MAN JEDENFALLS NOCH OPTIMIEREN. HAAR UND MAKE-UP, VIEL MEHR HAUT... VIELLEICHT SOLLTEN WIR SIE ETWAS MEHR HERAUSSTELLEN?
ICH HAB EINE FRAGE.
WARUM VERPLEMPERN WIR UNSERE ZEIT MIT DIESEM MIST, STATT ÜBER BUTCHER ZU REDEN?
ES GEHT NICHT.
ICH--
UND DAS WEISST DU.
DAS, WAS ER HAT, KANN DICH MEHR ALS EINMAL BEGRABEN.

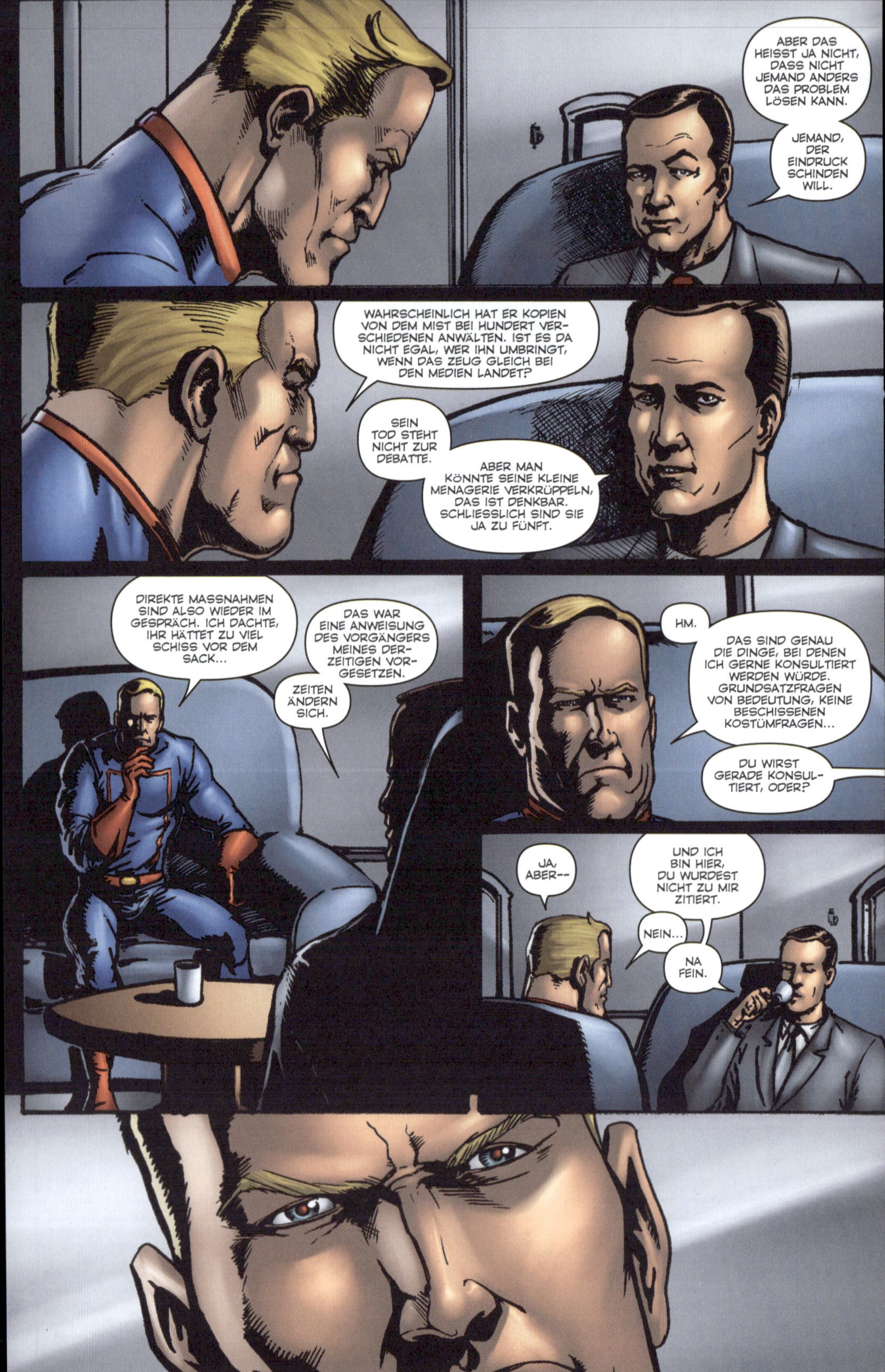
ABER DAS HEISST JA NICHT, DASS NICHT JEMAND ANDERS DAS PROBLEM LÖSEN KANN.
JEMAND, DER EINDRUCK SCHINDEN WILL.
WAHRSCHEINLICH HAT ER KOPIEN VON DEM MIST BEI HUNDERT VERSCHIEDENEN ANWÄLTEN. IST ES DA NICHT EGAL, WER IHN UMBRINGT, WENN DAS ZEUG GLEICH BEI DEN MEDIEN LANDET?
SEIN TOD STEHT NICHT ZUR DEBATTE.
ABER MAN KÖNNTE SEINE KLEINE MENAGERIE VERKRÜPPELN, DAS IST DENKBAR. SCHLIESSLICH SIND SIE JA ZU FÜNFT.
DIREKTE MASSNAHMEN SIND ALSO WIEDER IM GESPRÄCH. ICH DACHTE, IHR HÄTTET ZU VIEL SCHISS VOR DEM SACK...
DAS WAR EINE ANWEISUNG DES VORGÄNGERS MEINES DERZEITIGEN VORGESETZEN.
ZEITEN ÄNDERN SICH.
HM.
DAS SIND GENAU DIE DINGE, BEI DENEN ICH GERNE KONSULTIERT WERDEN WÜRDE. GRUNDSATZFRAGEN VON BEDEUTUNG, KEINE BESCHISSENEN KOSTÜMFRAGEN...
DU WIRST GERADE KONSULTIERT, ODER?
JA, ABER--
UND ICH BIN HIER, DU WURDEST NICHT ZU MIR ZITIERT.
NEIN...
NA FEIN.

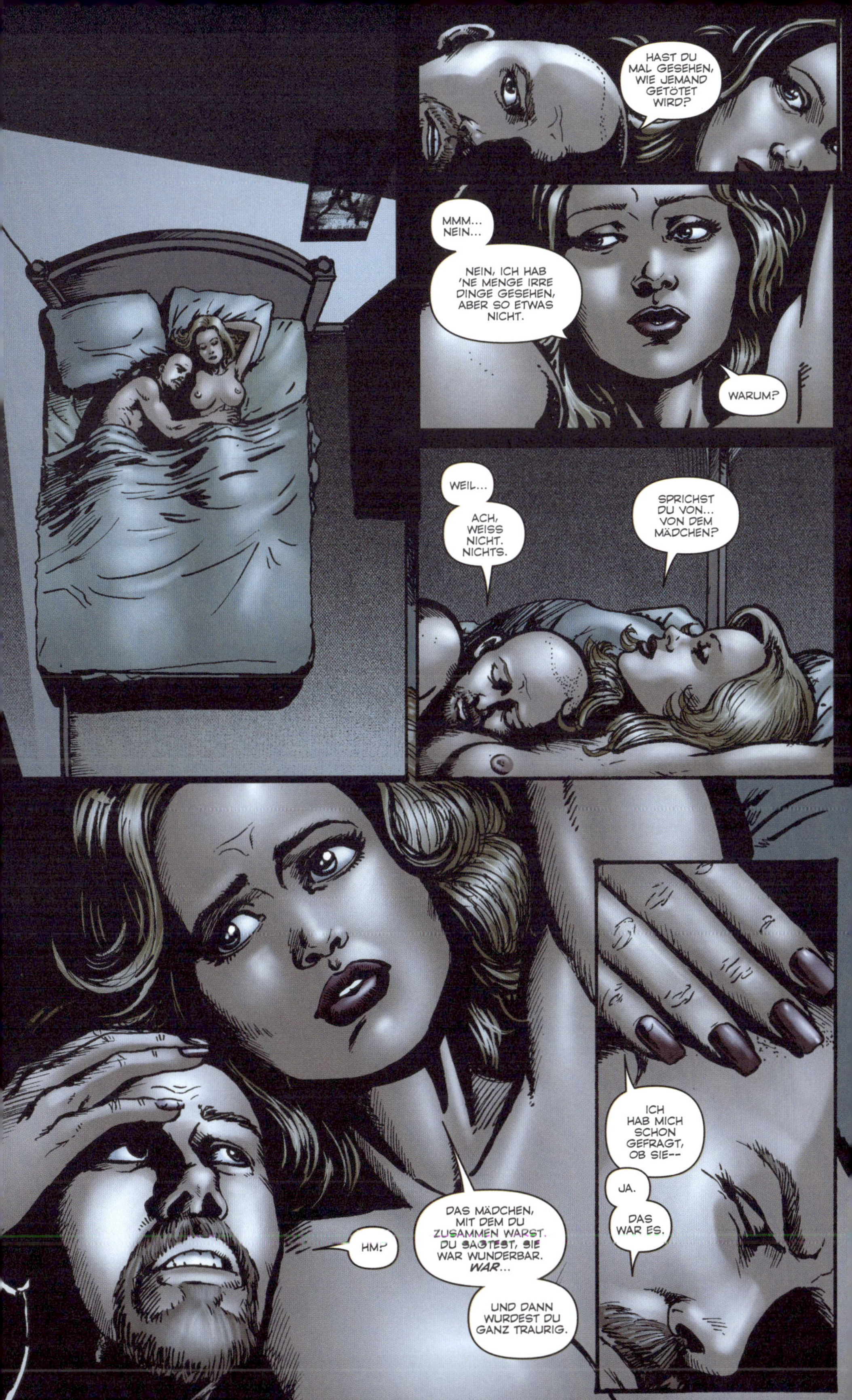
HAST DU MAL GESEHEN, WIE JEMAND GETÖTET WIRD?
MMM... NEIN...
NEIN, ICH HAB 'NE MENGE IRRE DINGE GESEHEN, ABER SO ETWAS NICHT.
WARUM?
WEIL...
ACH, WEISS NICHT. NICHTS.
SPRICHST DU VON... VON DEM MÄDCHEN?
HM?
DAS MÄDCHEN, MIT DEM DU ZUSAMMEN WARST. DU SAGTEST, SIE WAR WUNDERBAR. *WAR*...
UND DANN WURDEST DU GANZ TRAURIG.
ICH HAB MICH SCHON GEFRAGT, OB SIE--
JA.
DAS WAR ES.

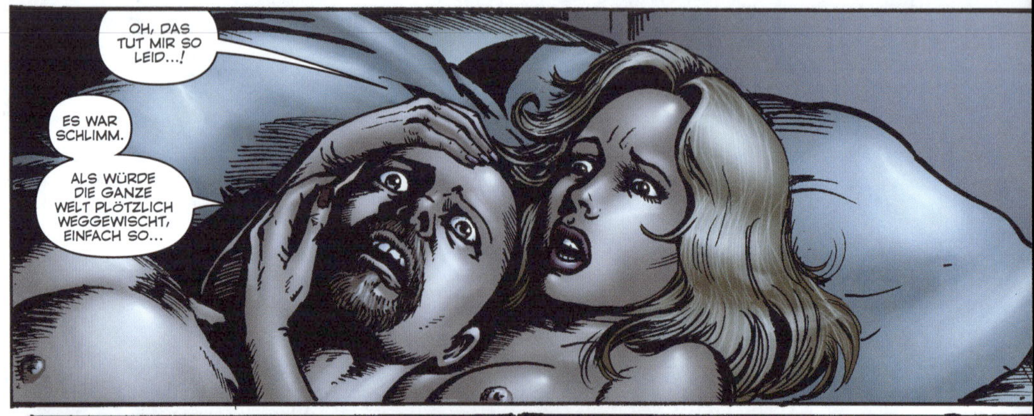
OH, DAS TUT MIR SO LEID...!
ES WAR SCHLIMM.
ALS WÜRDE DIE GANZE WELT PLÖTZLICH WEGGEWISCHT, EINFACH SO...

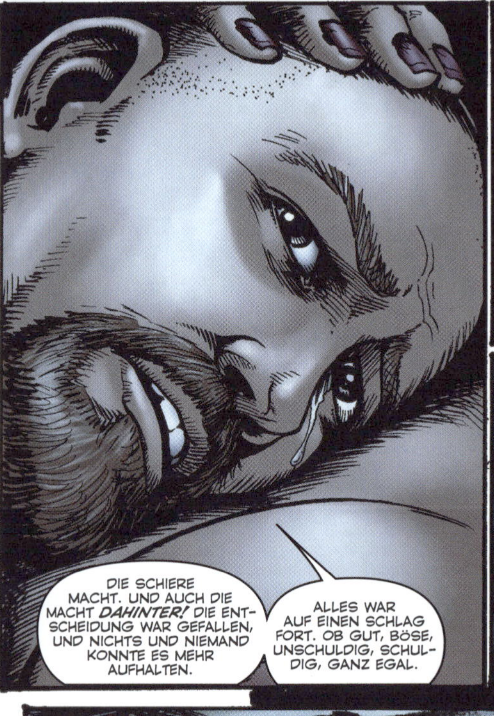

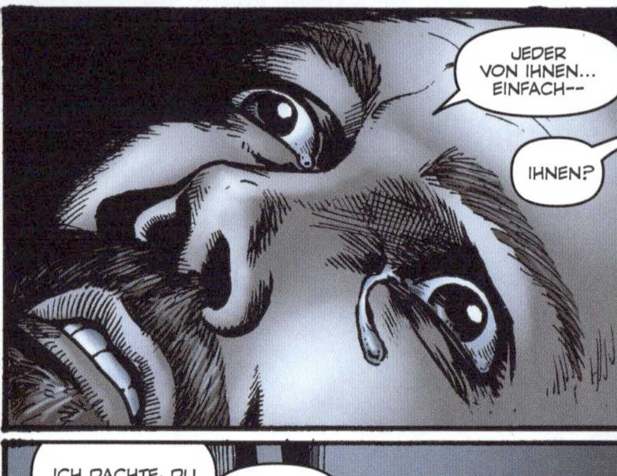
JEDER VON IHNEN... EINFACH--
IHNEN?

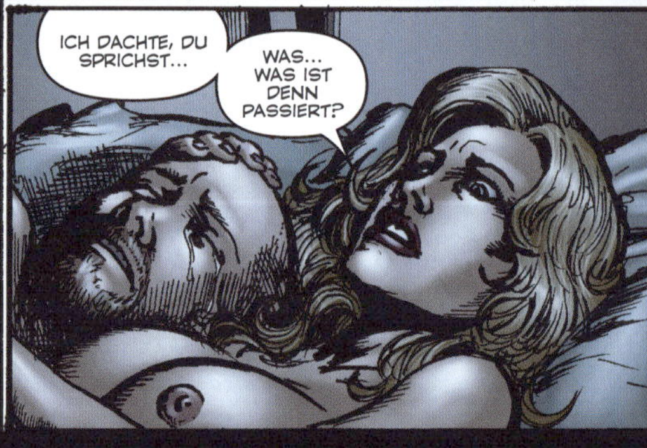
ICH DACHTE, DU SPRICHST...
WAS... WAS IST DENN PASSIERT?
DIE SCHIERE MACHT. UND AUCH DIE MACHT *DAHINTER!* DIE ENTSCHEIDUNG WAR GEFALLEN, UND NICHTS UND NIEMAND KONNTE ES MEHR AUFHALTEN.
ALLES WAR AUF EINEN SCHLAG FORT. OB GUT, BÖSE, UNSCHULDIG, SCHULDIG, GANZ EGAL.

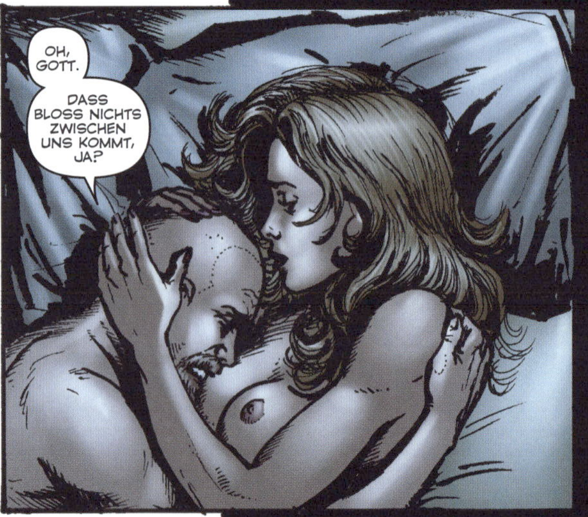
OH, GOTT.
DASS BLOSS NICHTS ZWISCHEN UNS KOMMT, JA?

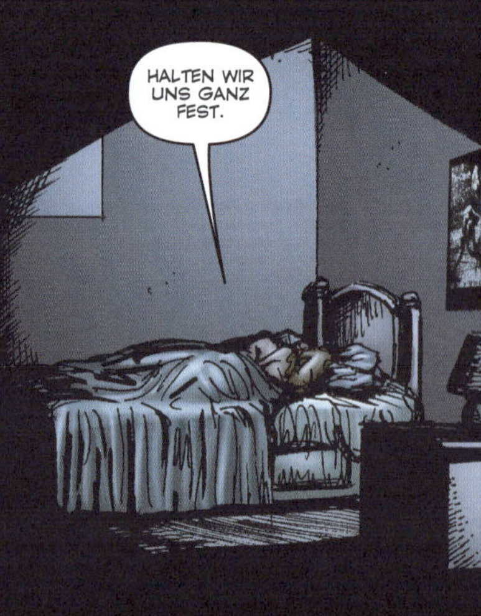
HALTEN WIR UNS GANZ FEST.

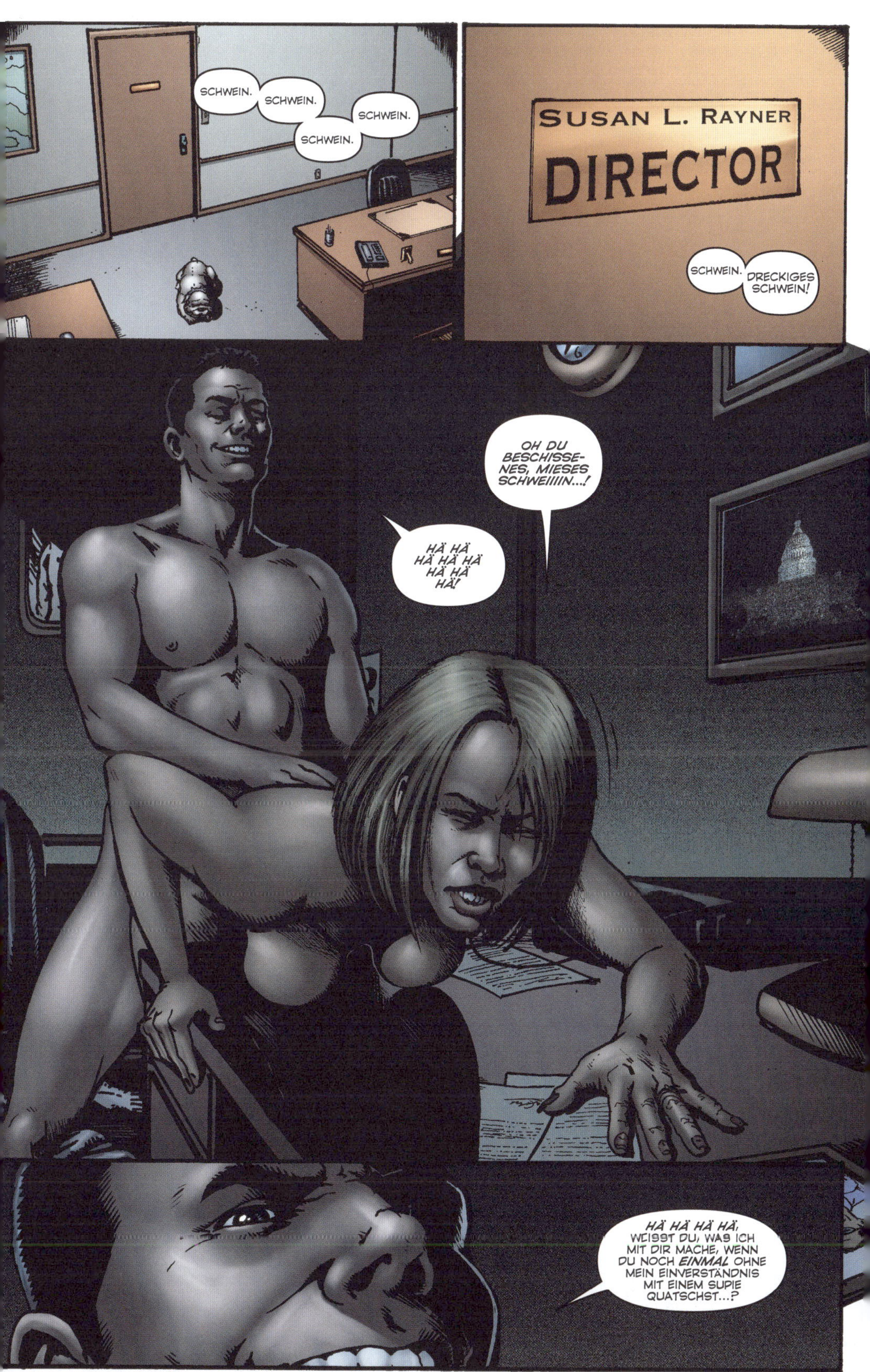
SCHWEIN.
SCHWEIN.
SCHWEIN.
SCHWEIN.
SUSAN L. RAYNER
DIRECTOR
SCHWEIN.
DRECKIGES SCHWEIN!
OH DU BESCHISSE-NES, MIESES SCHWEIIIIN...!
HÄ HÄ HÄ HÄ HÄ HÄ HÄ HÄ!
HÄ HÄ HÄ HÄ, WEISST DU, WAS ICH MIT DIR MACHE, WENN DU NOCH EINMAL OHNE MEIN EINVERSTÄNDNIS MIT EINEM SUPIE QUATSCHST...?

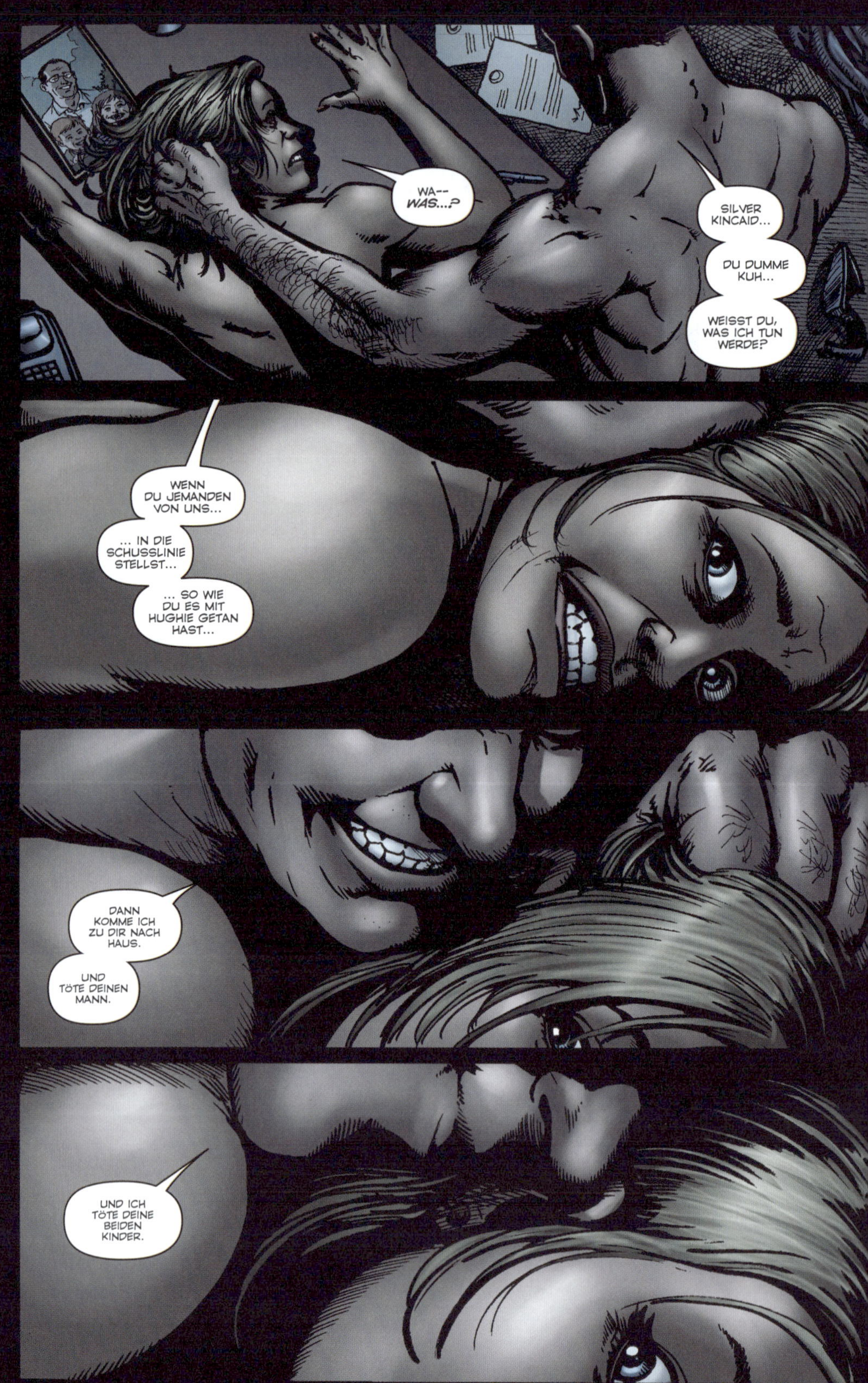
WA--
WAS...?
SILVER KINCAID...
DU DUMME KUH...
WEISST DU, WAS ICH TUN WERDE?
WENN DU JEMANDEN VON UNS...
... IN DIE SCHUSSLINIE STELLST...
... SO WIE DU ES MIT HUGHIE GETAN HAST...
DANN KOMME ICH ZU DIR NACH HAUS.
UND TÖTE DEINEN MANN.
UND ICH TÖTE DEINE BEIDEN KINDER.

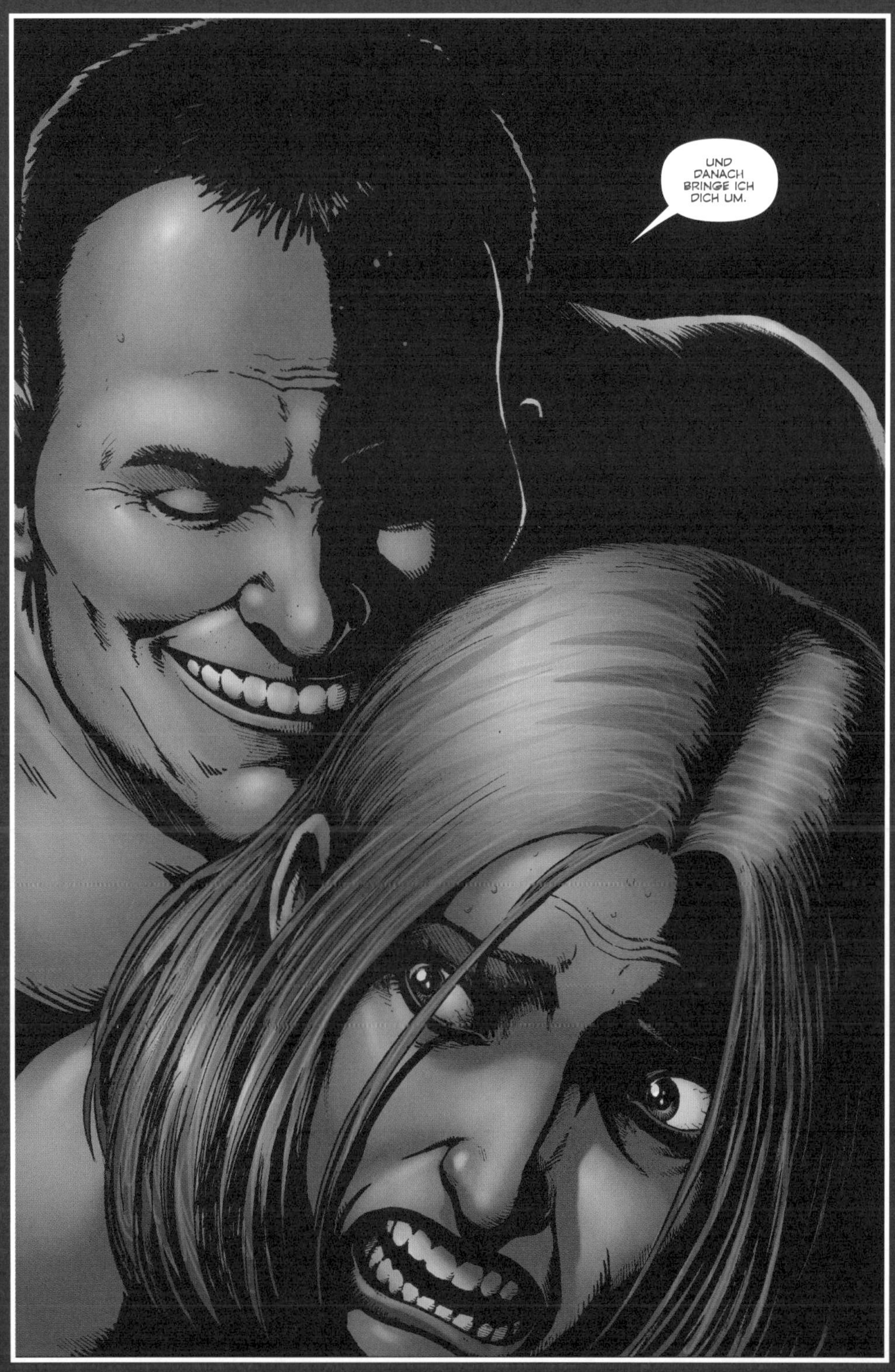

RODEO-FICK

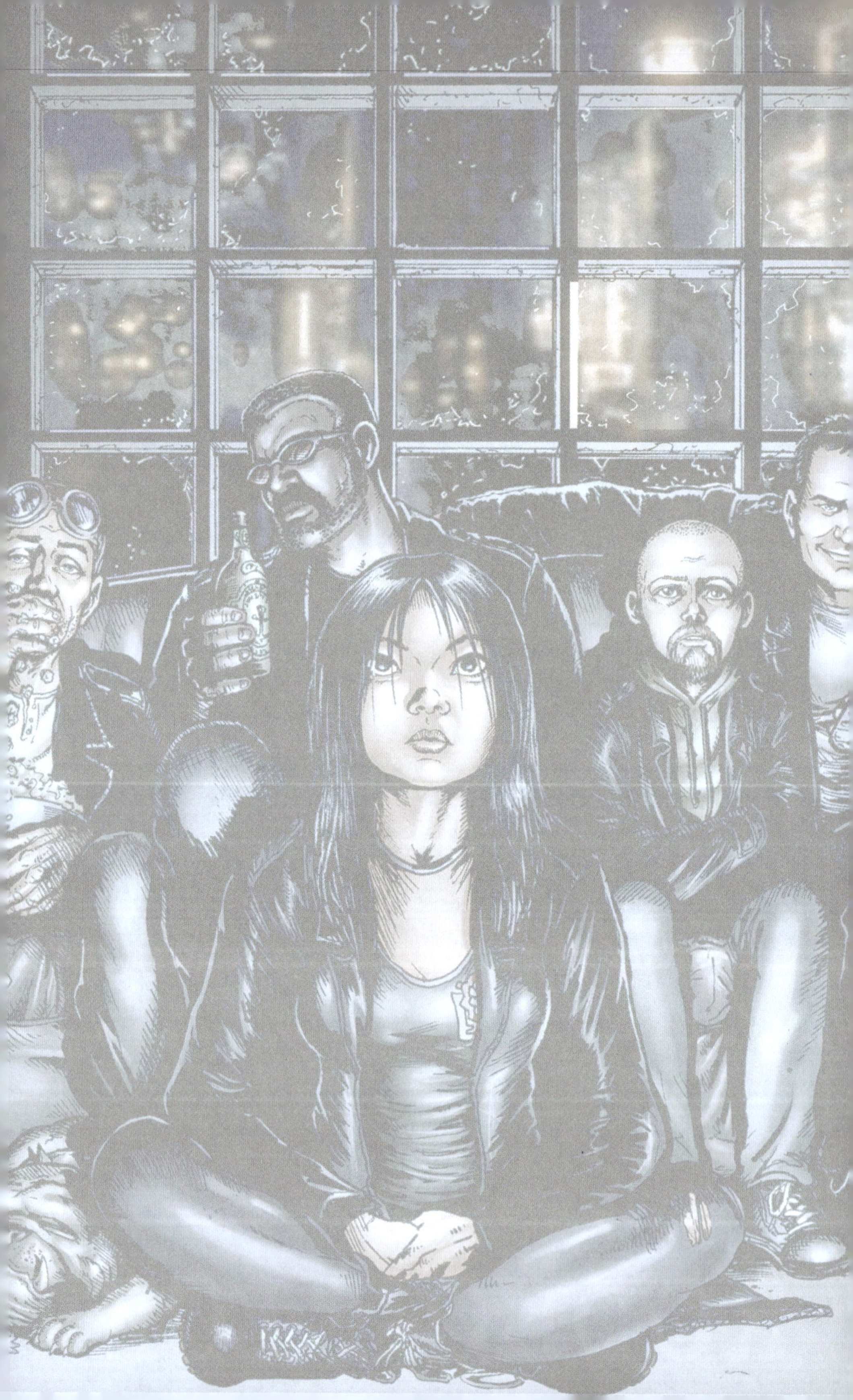

BEREITS ERHÄLTLICH:

THE BOYS
BAND 1

DAS WIRD SEHR WEH TUN!

ES GEHT WEITER IN

THE BOYS
BAND 3

SAGEN WIR MAL SO ...

The BOYS™